2022年国家法律职业资格考试

民法宝典

MIN FA BAO DIAN

方志平◎编著

中国政法大学出版社

2022·北京

图书在版编目（ＣＩＰ）数据

民法宝典/方志平编著.—北京：中国政法大学出版社，2022.1
ISBN 978-7-5764-0273-5

Ⅰ.①民…　Ⅱ.①方…　Ⅲ.①民法－中国－资格考试－自学参考资料　Ⅳ.①D923

中国版本图书馆CIP数据核字(2022)第009561号

出　版　者　　中国政法大学出版社

地　　　址　　北京市海淀区西土城路25号

邮寄地址　　北京100088信箱8034分箱　邮编100088

网　　　址　　http://www.cuplpress.com（网络实名：中国政法大学出版社）

电　　　话　　010-58908285(总编室)　58908433（编辑部）58908334(邮购部)

承　　　印　　固安华明印业有限公司

开　　　本　　787mm×1092mm　1/16

印　　　张　　31.25

字　　　数　　750千字

版　　　次　　2022年1月第1版

印　　　次　　2022年1月第1次印刷

定　　　价　　95.00元

2022 版《民法宝典》使用方法

纵有千言万语，也抵不过司法部发的那个证。如果要拿到这个证，我们需要打通 2 关：第 1 关，客观题过，入围主观题考试。第 2 关，主观题过，强强 PK 优者胜出。无论是通第 1 关，还是通第 2 关，我们除了学习要努力之外，还需要坚持一个原则：根据"科目性价比"去计算"投入产出比"，"得过且过"，恰到好处。

如何打通第 1 关，拿到参加主观题考试的门票？客观题是真正的要打通全科，但也不是要求十全十美，日断 200 案，即使存在少量冤假错案，也不影响我们通关客观题，我们需要做到的是将"冤假错案"控制在一个有限的范围。

在客观题全科复习中，我们都知道把全科区分为：基础科目和突击科目。基础科目是民法、刑法，他们的特点就是需要一定的"沉浸式"学习，因此取得"法感"，带着这个法感也可以给我们做该科目试题贡献一半的正确率。民法科目是商法、民诉法的一个铺垫性的科目，先学民法是符合学习规律的。刑法科目与刑事诉讼法这 2 个科目实际上"同名"但不同"性"，基本上关联不大，主观题考试时也是 2 个案例分别考查。除了民法和刑法两个基础科目，其他的科目都是突击科目：民诉、刑诉、商法、行政法、理论法、三国法。

以上的分类是没有什么问题的，但是，还差一点点精准度，就是这里头还存在一个小问题：刑诉这个科目很奇葩，性价比很低，所以我建议考前 1 周不要花时间去搞它。既然如此，刑诉科目可以放在前头多花一点时间，而后客观题考前冲刺阶段时间太宝贵，就不需要花太多时间在它上头，反正主观题可以翻法条解决之。民诉和民法这 2 个科目融合度在第二阶段有体现，是综合考查大案例，为了确保一战而过，所以，民法和民诉前后脚跟着我来展开来学习，就是很有益处的安排。

然后，基础科目的教材包括我的《民法宝典》，在前期进行"沉浸式"学习后，沐浴在法感形成的氛围之中，到了后期，它就成为了我们学习的"字典"。取而代之的背诵版就是我作的"民法状元笔记"，反复碾压之，客观题必胜无疑。这中间是不需要启动题海战术的，做适量试题辅助培养法感即可。凡是基础科目，学习方法都同上。

到了主观题第二阶段，需要培养分析思维、逻辑思维；需要训练打字速度、写作能力；掌握全面评价原则，这些秘诀在我的大案例班和情景案例班中会有训练。

总而言之，《民法宝典》在我们最初学习时，是我们沉浸的对象；在我们后期学习时，是我们查找的字典。这就是本书的使用方法。

工欲善其事必先利其器，正确选择学习材料，科学布局学习阶段，合理分配学习精力，力争事半功倍，就可以相对轻松的通过法考。蜕变法律思维与取得法律资格两相兼顾，岂不惬意。你翻开本页，我们就是有缘，如阅读过程中有学习疑问或完善建议，可通过新浪微博或微信联系我，我的新浪微博号是方志平、我的微信号是 fzplaw。

方志平

2021. 11. 24

目 录

第七编 侵权责任编 ·· **452**

民法入门的 3 个思维

一、"物债 2 分"思维

1. "物"的思维。(1) 我有 1 个房屋（民法上叫不动产）、汽车（民法上叫特殊动产）、电脑（民法上叫动产）。(2) 这些具体的东西被我们抽象为"物"，我们对这些东西享有的权利，被表述为"物权"。

2. "债"的思维。(1) 我的房屋、汽车、电脑拿去卖、出借、出租。(2) 这些都是交易，是合同，被我们抽象为"债"，合同当事人基于合同而享有的权利，被表述为"债权"。

3. 物权和债权。(1) 民法世界，先有 1 个具体的东西，比如房屋、汽车、电脑，这些东西上头有我们的抽象的利益，我们把抽象的需要民法保护的利益叫做民事权利，而且我们把这个权利命名为"物权"。(2) 而后，比如有 1 个房屋、汽车、电脑的交易合同，合同上头有我们抽象的利益，我们把抽象的需要民法保护的利益叫做民事权利，而且我们把这个权利命名为"债权"。

4. 物债 2 分思维，是我们进入民法世界的基本思维。(1) 比如，我们签订了房屋买卖合同，在当事人之间会产生债权债务关系，即买方有权请求卖方交付房屋并且办理房屋过户手续，这个权利来自合同，是合同债权；卖方有权请求买方支付价款，这个权利来自合同，是合同债权。我们把要请求别人实施一定行为的权利叫"请求权"，合称债权请求权。(2) 但是，我们签订了房屋买卖合同不等于买方就马上取得了房屋所有权，买方必须在房屋过户登记时才能取得房屋所有权，我们把房屋所有权因为"办理过户手续"从卖方转移到买方的现象叫"物权变动"，买方因此取得房屋所有权，我们把这个所有权叫"物权"。

5. 推而广之，凡是有合同的地方，我们就要思考物债 2 分；凡是有物权的地方，我们也要思考物债 2 分。(1) 比如，房屋买卖合同，我们先要思考这个合同是否有效，是否受法律保护；然后我们再思考买方是否获得所有权（物权）。(2) 比如抵押合同，我们先要思考这个合同是否有效，是否受法律保护；然后我们再思考当事人是否取得抵押权（物权）。(3) 比如质押合同，我们先要思考这个合同是否有效，是否受法律保护；然后我们再思考当事人是否取得质权（物权）。(4) 比如让与担保合同，我们先要思考这个合同是否有效，是否受法律保护；然后我们再思考当事人是否取得让与担保权。（请小白在读完全书后再来回顾该段表述）

6. 民法要保护的权利叫民事权利，包括的范围很广，包括人身权和财产权。(1) 人身权是围绕人的人格利益和身份利益所体现的权利，比如生命权、健康权、身体权等。(2) 但是，我们人身权的保护和人格尊严的保护，是需要一定的物质基础的，如果没有财产权护航，人就难以生存，从这个角度上讲，人身权是我们人的生存目的，而财产权是我们人生存的一个工具。(3) 物债 2 分思维适用于财产权领域，在财产权领域，人实施的行为，无非是要获得某个东西（追求的是物权），通过交易来获得某个东西（合同是工具）；在获得某个东西之后又可能会将这个东西去进行交易（合同又是工具），以此获得货币（追求的是物权）。

秒杀"物债2分":(1)债找"143"(合同是典型的债,该合同有效需要满足《民法典》第143条有效民事法律行为的3要件=当事人有相应的行为能力+意思表示真实+内容合法)。(2)物找"基3"(基于法律行为即基于合同发生的物权变动需要具备3个要件=有权处分+法律行为有效+公示)。

二、"请求权基础"思维[1]

1. 什么是请求权基础?所谓请求权基础,即甲对乙提出请求的法条依据,即所谓"找法条"。实务中,是律师"帮助"法官去寻找适用于本案的法条。原告律师的起诉状(会写法条依据)、被告律师的答辩状(会写法条依据),都要先于法官作出的判决书。

2. 什么是请求权基础思维?即当事人提出"请求"的依据可以有很多种可能,法律人需要一一检讨和分析。当事人有权选择提出A请求,也有权选择提出B请求,从权利角度上讲,是"请求权竞合"。但是,有权提出A请求对应的是一个法条,有权提出B请求对应的是另外一个法条,是"法条竞合",民法上的法条竞合处理方案很简单,一般都是赋予权利人选择权。

3. 典型示范

甲的牛被乙租用,租期内、租期届满后、牛死亡或者牛存在,分别分析甲可向乙提出什么请求?

(1)合同请求权(<u>一方基于合同对相对人享有的合同上请求权</u>)。如乙存在违约行为(比如不支付租金),甲可要求乙承担违约责任。【《民法典》第143、119、465条】

(2)缔约过失责任请求权(<u>一方基于对方过错导致合同不成立、无效、被撤销而请求对方承担缔约过失赔偿责任的请求权</u>)。如乙欺诈了甲而签订租牛合同,则甲可要求乙承担缔约过失责任。(前提是甲以受欺诈为由撤销该合同,可见,有的请求权道路是需要"形成权"规则来配合)。【《民法典》第148、149、500条】

(3)物权请求权(<u>物权人基于物权受到对方侵害而请求对方实施一定行为而回复到物权没有被侵害时的圆满状态的请求权</u>)。如租期到了乙不还牛,甲除了可要求乙承担违约责任赔钱外(合同请求权),还可要求乙还牛(物权请求权)(前提是牛还在,如牛不在,则只能要求违约责任)。【《民法典》第235条】

(4)无因管理请求权(<u>无因管理人因为没有"原因"为他人管理事务支出费用可请求对方支付无因管理费用的请求权</u>)。甲乙之间有合同,故不存在无因管理之可能。所谓无因管理,是无法定或约定之义务,管理他人事务,由此支出的费用可要求被管理人承担。本例甲乙之间的合同,乃"根据"、乃"因",故甲乙之间不可能成立无因管理关系。【《民法典》第121条】

(5)不当得利请求权(<u>一方没有合法根据获得利益而导致对方遭受损失,受损失人可请求得益人返还不当得利的请求权</u>)。甲乙之间有合同,故不存在不当得利请求权。如甲以受欺诈为由撤销该合同,则合同溯及无效,甲乙之间无合同,则甲可对乙启动缔约过失责任,也可对乙主张不当得利。【《民法典》第122条】

(6)侵权责任请求权(<u>一方实施侵权行为侵害对方合法权益,受害人可请求侵权人承担侵权责任的请求权</u>)。甲乙之间有合同,乙如果构成违约不支付租金,"侵犯了"甲的"租金债权",但是,"侵权责任"的"权"不包括债权,故乙不会对甲构成侵权。乙如果构成违约把租来的牛打死,则乙既是违约,又是侵权。甲可请求乙承担违约责任。甲也可请求乙承担侵

---

[1] 请"小白"在学完全书后再回过头来阅读关于"请求权基础思维"的论述,故此部分可以暂时跳过。有兴趣的同学可以读下去。

权责任，因为乙侵犯了甲的"牛"这个"物权"。"物权"属于侵权责任中的"权"，因为侵权责任保护的是"对世权"、绝对权和支配权。【《民法典》第 120 条、1165 条、1166 条】

> 秒杀"请求权基础"：单（单方行为）、侵（侵权行为）、无（'物权'请求权）、无（无因管理）、不（不当得利）、合（合同）、约（缔约过失）。

三、"条条道路通罗马"思维

1. 前述"请求权基础"思维，已经可以为我们解决一部分案件提供思考的方法。但是，当事人之间的关系，并不仅仅限于"我请求你"这一类主张，有时候还会包括"我说了算"这一类主张。

2. 所以我们在破解民事案件、解决民事纠纷时，才经常强调用"民事法律关系"的破案法，即通过描述当事人之间的民事法律关系，来处理他们之间的民事权利和民事义务。（1）我们会把民事法律关系破案法，作为民法最基本的破案法。（2）因为"请求权基础"思维具有一定的局限性，比如，我现在要和你解除合同，就是和你分手。按照民法规定，只要我有约定的或者法定的解除事由，即解除权，我就可以单方面通知你"分手"即解除合同，这样一种权利，就不是请求权，不是我请求和你解除合同，是我通知和你解除合同，我们把这种权利叫"形成权"[1]。（3）这样一种由单方说了算而不需要请求对方配合的权利，我们统称为形成权。如果该权利只要发通知到达对方就可以，我们称之为"单纯形成权"；如果该权利需要通过诉讼（法院）或者仲裁（仲裁委）才能实现，我们称之为"形成诉权"。

3. 基于民事法律关系破案法，既会用到请求权基础思维，又会兼而用到其他的思路来描述和解决当事人之间的权利义务争议，就形成了民法上的"条条道路通罗马"的思维。（1）从保护民事权利人的角度而言，民法上允许多元道路，权利人可选择主张。（2）在民诉上，就体现为律师给客户提交的"诉讼策略"。（3）因为民法上允许条条道路通罗马，所以民诉上的诉讼策略分析和选择才能够得以存在。

4. **典型示范**

甲受乙欺诈，被骗从乙处购买了劣质手机。从请求权基础思维角度分析，甲有如下 6 种道路。

（1）"撤"。形成权道路：甲可以到法院或仲裁委请求撤销该合同（因为甲受欺诈，其意思表示不真实，故享有撤销交易的权利）。撤销权属于形成权，有 1 年或 5 年的期间限制，称之为"除斥期间"。此情形，合同溯及无效。

（2）"撤"＋"索要缔约过失"。形成权和请求权道路：撤销该合同（撤销权＝形成权），而后要求乙承担"缔约过失责任"（要求对方承担缔约过失责任＝请求权）。由此可见，用请求权基础思维来分析案件，不单单是依赖于请求权本身，有时候还需要借助到"形成权"等其他相关民法规则）。该撤销权是形成权，有 1 年或 5 年的期间限制，称之为"除斥期间"。此情形，合同溯及无效。

（3）"减价"。形成权道路：不撤，要求乙承担物的瑕疵担保责任。甲可启动减价权，即仍然需要这部手机，而不撤销该合同（受欺诈所从事的交易，为可撤销的民事法律行为，受欺诈人可撤，也可以不撤。撤了则交易溯及无效对接缔约过失责任；没撤则交易继续有效）。所谓减价，即甲单方要求将手机价格从原来的 100 元减少为 80 元，为甲"单方说了算"，这属

---

[1] 到底有哪些是形成权，待读完全书自然知道。

于"形成权"，不需要乙同意。即甲将减价的通知送达到乙，减价的意思表示即生效，从此时开始计算乙需要向甲退20元的利息。由此继续可见，用请求权基础思维来分析案件，不单单是依赖于请求权本身，有时候还需要检讨形成权规则。该减价权是形成权，但法律没有规定期间限制。此情形，合同有效。

（4）"索要违约责任"。请求权道路：不撤，要求乙承担违约责任。违约责任的承担方式有继续履行、支付违约金或赔偿损失。本例中，甲可要求乙继续履行（即交真的新手机），或要求乙支付违约金，或者要求乙赔偿损失。此情形，合同有效。

（5）"解除合同"。形成权道路：不撤，要求解除与乙的合同。解除权是形成权。因为乙构成根本违约，故甲可主张解除合同。该解除权是形成权，有"合理期间"的期间限制，称之为"除斥期间"。此情形，合同有效。

（6）"解除合同" + "索要违约责任"。形成权和请求权道路：不撤，要求解除合同，同时要求乙承担违约责任。解除权乃形成权（适用"除斥期间"），要求乙承担违约责任乃请求权（适用"诉讼时效"）。此情形，合同有效。

（7）总结"条条道路通罗马"。❶第一步，看是否撤合同，撤了则合同无效。没撤则合同有效。❷第二步，合同有效情形下，怎么办？要么减价、要么要钱、要么解除合同、要么解除合同还要钱。❸第三，以上是诉讼思路，当事人可以选择提出最有利于自己的诉讼请求，在民事诉讼中，法官是"不告不理"。比如你只诉撤，法官只审撤。撤了后，你其实是可以要对方承担缔约过失责任，即要钱，而你没提诉讼请求，法官不处理。这在民诉法上叫"当事人行使处分权"。但是，你向对方要钱的请求权（缔约过失责任）是需要适用"诉讼时效的"，是有3年权利保质期的。还比如你只诉解除，法官只审解除。解除后，你其实可以要对方承担违约责任，即要钱，而你没有提诉讼请求，法官不处理。你向对方要钱的请求权（违约责任）是需要适用诉讼时效的，是有3年权利保质期的。

> 秒杀"条条道路通罗马"：撤（撤、撤 + 缔约过失责任）、不撤（减价、违约、解除、解除 + 违约）

民法宝典 → 第一编　民法总则编

❶民事主体
- ①自然人
- ②法人
- ③非法人组织

❷行为效力
- ①无效民事法律行为
- ②可撤销民事法律行为
- ③效力待定民事法律行为
- ④有效民事法律行为

❸代理

❹诉讼时效

　　《民法宝典》总则编说明：（1）生活上的关系，有的归民法管，有的不归民法管。（2）不归民法管的叫"非民事法律关系"；归民法管的叫民事法律关系，是指平等主体之间的民事权利和民事义务关系。（3）通俗一点讲，比如谈恋爱时为什么可以随时无理由分手，因为"恋爱当事人"之间没有"民事法律关系"，不存在"民事权利和民事义务"。但是婚姻关系中就不可以随时无理由离婚，离婚需要接受法律上的限制，因为婚姻当事人之间存在"民事法律关系"，存在"民事权利和民事义务"。（4）民事法律关系需要从主体和内容两方面观察，民事法律关系的主体就是民事主体，民事法律关系的内容就是民事权利和民事义务。（5）所以，民法典总则编需要讨论民事法律关系的主体，包括自然人、法人、非法人组织、和代理（代理本质上是与主体相关），他们是民事法律关系的参与者。（6）而后要讨论民事法律关系的内容即民事权利和民事义务，因为发生了一定的事实，会导致权利义务关系（民事法律关系）发生。我们把引起民事法律关系发生的原因，叫做"民事法律事实"。（7）任何一个法院的民事判决（同学们可以去裁判文书网随便看一份判决书，也可搜索"方志平代理律师"就可以看到我代理案件，有助于理解民法和民诉法），先根据涉案证据，查明案件事实，该案件事实即"民事法律事实"。（8）而后，法院进行说理，就是将该"事实"与法条"匹配"起来，叫"适用法律"（即将法律适用于本案）。（9）最后，本院判决如下，就是得出裁判结果，该裁判结果就是支持或反对谁对谁的主张，该"谁对谁的主张"，就是民事权利。从主张一方讲，是民事权利，从对方来讲，是民事义务。（10）也就是说，"本院判决如下……，"这一段讲的就是当事人之间的民事权利和民事义务，本质是"民事法律关系"，说清楚当事人之间的权利义务关系，即"定分止争"。（11）在这一段之前，"本院查明……，"这一段查明的就是"民事法律事实"。（12）我们通常说，打官司就是打"证据"，证据是要用来证明"待证事实"，该事实在民法看来就是"民事法律事实"。因此，民事法律事实是民法的灵魂，即任何一个民事法律关系，都是由民事法律事实引起的。任何一个民事案件，法院都需要去查明该"民事法律事实"。（13）最典型的民事法律事实，就是民事法律行为，所以，民法总则主要围绕民事法律行为展开，它的效力状态包括有效、无效、可撤销、效力待定4种类型。（14）有的民事权利是有保质期的，我们叫"诉讼时效"。（15）以上就是民法总则需要解决的问题：主体、民事法律行为、代理和诉讼时效。

第一章　民法基础

一、非民事法律关系

（一）情谊行为（好意施惠关系）

行为人在人际交往时以交流情感、建立友谊等为目标，实施的不具有法律效果意思的行为（所谓法律效果意思即当事人期待并希望其行为具有法律上的约束力）。（不符合《民法典》第2条）

例1：【朋友关系】 甲单独邀请朋友乙到家中吃饭，乙爽快答应并表示一定赴约。甲为此精心准备，还因炒菜被热油烫伤。但当日乙因其他应酬而未赴约，也未及时告知甲，致使甲准备的饭菜浪费。乙是否需要对甲承担责任？答：否。甲乙相约吃饭，但双方之间没有要缔结合同的意思，故甲乙之间不形成合同法律关系。乙对甲损害的发生无过错，故甲乙之间不形成侵权法律关系。（类似案情比如相约看演出、相约旅游，失约一方无需承担违约责任，因为当事人之间虽然有"约"，但不存在民法上的合同关系）

> 问：什么是法律关系？❶指的是当事人之间形成的权利义务关系。❷比如合同法律关系，是当事人之间形成的合同上的权利义务关系。❸比如侵权法律关系，是当事人之间形成的关于侵权责任人义务和受害人权利的关系。❹比如无因管理法律关系，是"做雷锋"的人为他人事务支出费用可向被管理人主张该笔费用的权利义务关系。

例2：【恋爱关系】（1）甲对女友书面承诺，如我在上海找到工作，则陪你去欧洲旅游，甲和女友之间不形成民事法律关系。但是，如果甲乙谈恋爱期间吵架，乙女因此要自杀，甲在场而未劝止，则甲乙之间形成侵权法律关系。（2）乙对甲讲，如你考上研究生，我就嫁给你，甲乙不形成民事法律关系。但是，如果甲以缔结婚姻为目的向乙给付彩礼，后甲乙未结婚，则甲乙之间形成彩礼返还法律关系。

例3：【同学关系】 某寝室六人约定谁拿奖学金谁请客吃饭，该寝室甲、乙均拿奖，同学之间不形成合同法律关系。但是，如果甲乙请大家到丙餐馆吃饭，因费用问题发生分歧，则甲乙等人与丙餐馆形成合同法律关系，丙餐馆可要求甲乙等人承担连带责任。

例4：【志愿活动】 甲作为青年志愿者，定期去福利院做帮工。甲和福利院之间不形成民事法律关系。但是，如甲在帮工期间致乙损害，则会发生帮工侵权法律关系。

例5：【好意搭乘】 甲开车回家，乙顺道搭乘，甲乙之间不形成运输合同法律关系。但是，如甲违章驾驶导致乙损害，则甲须负侵权赔偿责任，甲乙之间形成侵权法律关系。

例6：【好意帮忙】 甲将倒地老人扶起，甲与老人之间不形成合同法律关系。但是，如甲将倒地老人扶起并且打车将其送到医院救治支出费用100元，甲和老人之间形成无因管理的法律关系。

（二）戏谑行为

即戏言，是指表意人基于游戏目的而做出表示，并可预见他人能认识其表示欠缺诚意。（不符合《民法典》第2条）

例：【电视吹牛】某大师带着自己的三层镂空作品，参加电视台节目，说没人能做出更高的。主持人问如果有人做出来了呢？大师说做出来，就把自己之前的作品赠送给他。大师与主持人击掌为誓，并邀请观众做见证。节目播出后，有人做出了 5 层镂空作品。关于某大师的行为应如何定性？戏谑行为。

> 原理：①法律不是万能的，并不是所有的关系都由民法调整。②民法仅调整平等主体之间形成的人身关系和财产关系。

二、民事法律关系

（一）民事法律关系、行政法律关系与刑事法律关系的交叉

例：【交通肇事】甲醉酒后驾车将乙、丙、丁撞死，则会形成如下法律关系：①甲须对乙、丙、丁承担侵权责任（侵权责任是众多民事责任的一种表现形式）；②甲须承担行政责任；③甲须承担刑事责任；④民事主体的财产不足以支付的，优先用于承担民事责任（《民法典》第 187 条）。

（二）民事法律关系的原因：民事法律事实 = 自然事实 + 人[1] 的行为（民事法律行为/准民事法律行为/事实行为）

自然事实 {①事件 ②状态}

人的行为 {①民事法律行为 ②准民事法律行为 ③事实行为}

1. 自然事实：与人的意志无关的客观现象。可再分为事件和状态。

（1）事件：客观现象的发生。

例1：【死亡】甲死亡，继承人继承甲的遗产，该继承法律关系的产生是基于死亡这一事件。（《民法典》第 1121 条）

例2：【地震】地震导致甲房屋倒塌，该所有权的消灭是基于地震这一事件。（《民法典》第 180 条）

（2）状态：客观现象的持续。

例1：【时间经过】甲对乙有 100 万元债权，但一直未提出主张。经过 3 年后，甲才要求乙还款，则乙有权对甲的债权请求权提出诉讼时效届满的抗辩权（所谓诉讼时效就是权利人在一定期间内不主张权利，将导致该权利不能获得法院支持的制度）。（《民法典》第 188 条）

例2：【生死不明】甲离家出走，下落不明 4 年后，甲配偶乙申请法院宣告甲死亡。（《民法典》第 46 条）

2. 人的行为：与人的意志有关的行为。可再分为民事法律行为、准民事法律行为和事实行为。

---

[1] 民法上的人，包括自然人、法人和非法人组织，又称民事主体。自然人是基于自然规律出生的人、法人是具有法人资格的组织、非法人组织是不具有法人资格的组织。详细解释请参见本编第 2 章"自然人"和第 3 章"法人"的内容。

（1）民事法律行为：行为人通过意思表示[1]，旨在设立、变更或消灭民事法律关系的行为。因行为人有预期的效果意思（比如甲乙双方签订房屋买卖合同，卖方甲预期的效果意思就是卖房收钱，买方乙预期的效果意思就是收房交钱），所以，该行为能产生当事人意欲达到的民事法律关系产生、变更和消灭的效果。包括单方民事法律行为（1个意思表示）、双方民事法律行为（2个相对立意思表示"重合一致"的部分）和多方民事法律行为（多个意思表示指向同一方向）。（《民法典》第133、134条）

例1：【单方民事法律行为】 甲将1件旧手表抛弃，由6周岁的乙拾得。甲的抛弃行为，因其有1个抛弃所有权的意思表示，属于单方民事法律行为。但是，乙的"拾得"行为，叫先占，不属于民事法律行为，乃事实行为，乙先占无主物而取得所有权。

例2：【双方民事法律行为】 甲将1个手表赠送给乙，乙表示同意。甲有赠与的意思表示，乙有受赠的意思表示，成立赠与合同，有2个内容一致的意思表示，乃双方民事法律行为。

例3：【多方民事法律行为】 甲乙丙丁4人达成设立公司协议，开设"湘菜公主"餐饮有限责任公司。4人达成的设立公司协议，有4个意思表示，且指向同一方向，为了共同目标，乃多方民事法律行为。

> **原理：** ①以上民事法律行为，如自然人实施，则皆要启动行为能力制度。②有相应行为能力，才能实施。因为民事法律行为需要具备"意思表示"，没有一定民事行为能力的人（民事行为能力的概念请参见自然人部分），就无法做出"意思表示"。③比如13周岁的小孩，购买价值7万元的画，该合同效力就存在问题，因为一个13周岁的孩子，是无法对这个合同作出意思表示，作出判断的，所以法律为了保护这个孩子的利益，会规定这个合同属于"效力待定"，由孩子的监护人决定是否追认。

（2）准民事法律行为：当事人需要具有相应民事行为能力，但是其行为产生何种法律效果是由法律直接规定，而不是来自当事人主观意愿。因为准民事法律行为有"表意内容"但不属于"意思表示"的行为，称之为"准"民事法律行为，可分为意思通知、事实通知、感情表示。

❶意思通知。是指以一定的意愿为表示内容的行为。[2]

例：【履行债务通知】 甲对乙享有1万元到期债权，3年内某日，甲发微信要求乙偿还。甲微信内容即通知乙履行到期债务，该通知属于"准民事法律行为"。①债权是有"保质期"的，民法称之为"诉讼时效"，即如果债权人在3年内一直不主张权利，会导致诉讼时效届满，债务人可拒绝履行债务。②甲发出该意思通知，是人的行为，须具备民事行为能力。③甲发出意思通知将导致诉讼时效中断（所谓诉讼时效中断即一般情况下权利人在3年内向义务人提出权利主张，则该诉讼时效中断，自中断之日起重新计算3年诉讼时效期间），该法律效果是依据法律直接规定，而非依据当事人主观意愿。（《民法典》第195条）

❷事实通知。是指以通知对方或者公众一定客观事实为表意内容的行为。[3]

例：【质量瑕疵通知】 买受人甲收到出卖人乙网店交付的手机，发现手机屏幕有划痕，故

---

〔1〕　意思表示：当事人将内心希望发生法律效果的意思表达于外部的行为。如甲要卖房给乙，签订合同。甲的内心意思是出卖房屋，希望该意思具有法律效果，并且将该意思体现在合同中即"表示"。（《民法典》第137条）关于意思表示的详细解释请参见本编第4章"民事法律行为"的内容。

〔2〕　如留置权人对于债务人履行催告、无权代理关系中相对人对被代理人是否追认的催告、要约的拒绝等。

〔3〕　如股东大会召集公告、承诺迟到的通知、标的物瑕疵的告知等。迟到承诺的通知、授予代理权的通知、债权让与的通知等。

甲在乙的网店留言通知：手机屏幕有划痕，该通知属于"准民事法律行为"。①甲发出该事实通知，是人的行为，须具备行为能力。②甲发出该事实通知后，就会导致甲在买卖合同的质量异议期内对货物质量提出了异议，将导致质量异议期间"一次用尽"，即卖方不能以质量异议期间届满[1]为由豁免自己合同责任。该法律效果是依据法律的直接规定，而非依据当事人的主观意愿。（《民法典》第621条）

❸感情通知。是指以一定感情为表意内容的行为。

例：【宽恕表示】乙虐待其父甲情节严重，其后有悔改表现，甲生前表示宽恕，该宽恕属于"准民事法律行为"。①甲发出宽恕的感情通知，是人的行为，须具备行为能力。②甲发出宽恕的感情通知将导致乙不丧失继承权，该法律效果是依据法律直接规定，而非依据当事人主观意愿。（《民法典》第1125条）

> 问1：为什么准民事法律行为要适用民事行为能力制度（即行为人需要满足一定的年龄和具有比较好的精神状态）？为什么准民事法律行为的效果取决于法律规定？①准民事法律行为中，需要有表意内容，所以需要当事人具有相应的民事行为能力。②但是其发生法律效果不取决于当事人的意愿，而是依法产生法律效果。③正是这一点有别于民事法律行为，因为民事法律行为的法律效果是来自当事人的主观意愿，而非法律规定。
>
> 问2：什么是法律行为的效果？什么是准民事法律行为的效果？①法律行为的效果依照当事人的意思发生。比如合同约定的内容对当事人具有法律约束力，这是来自当事人的约定。虽然初步看是来自《民法典》合同编的规定，但根本原因还是甲乙自由意志，愿意接受其约束。故该合同效果来自当事人意愿，而不能说来自《民法典》合同编。但是，我们在观察其效力时，又不能脱离《民法典》合同编。总之，我们绝对不能说合同效果是来自《民法典》合同编。②准民事法律行为的效果是依照法律规定直接发生。比如催告对方履行债务会发生"诉讼时效中断"的后果，这是来自法律的直接规定。法律直接规定权利人主张权利会导致诉讼时效中断，法律不考虑权利人发出催告通知时是否真的有通过发通知来达到中断诉讼时效的意图。

（3）事实行为：行为人不具有设立、变更、终止民事法律关系的意图，但依照法律规定客观上能引起民事法律后果的行为。

❶先占行为：行为人以无主物属于自己所有的意思的占有（又称"自主占有"）。

例：【天降陨石】天上掉下来一块小陨石片，落在村民温某的院子里，唐某目睹这一过程，6周岁的潘某拣而拾之，村长说这是国家所有。则小陨石片归谁所有？归潘某所有。①小陨石属于无主物。潘某先占无主物，这个先占行为属于事实行为，而事实行为不适用民事行为能力制度（即将自然人区分为完全民事行为能力人、限制民事行为能力人和无民事行为能力人），故6周岁的潘某可以获得小陨石的所有权。②温某、唐某没有实施任何行为。③还比如孩子捕捉野外蜻蜓，可以获得所有权。

---

[1] 所谓质量异议期届满的抗辩，即如果买方没有在质量异议期内提出异议，那么卖方就可以主张其出卖货物合格的抗辩。所以在质量异议期内，买方必须对质量提出异议。因为一旦过了这个期间，就说不清楚到底是货物质量本身不好还是买方不当使用导致或者货物合理损耗了。

问：为什么先占的时候，先占人有"意思表示"，却不是法律行为？①很多同学会问为什么先占有意思表示，为什么不是法律行为。②这就是民法解释世界的一种方法。或者说现在民法解释世界的一种方法。如果你是人大代表，你可以选择你认为的方法去解释，但是要把结果解释的符合常理，要把话说圆了。现在民法之所以采用这个解释，肯定是方便一些。③如果把先占解释为法律行为，那么，孩子先占无无主物也可以。但是，民法又说了无民事行为能力人实施的民事法律行为是无效的。如果你选择了把先占解释为法律行为，那么你就必须要妥当地解释，为什么一个孩子可以去野外捕捉蜻蜓，怎么把他说圆了。你不能说孩子捕捉蜻蜓的这个行为是无效的。所以，如果你选择了将先占解释为法律行为，你就必须将孩子先占无主物这个行为是有效的，作为一个例外。如此一来，这就和孩子作为无民事行为能力人实施民事法律行为一概无效的规定相矛盾。④这，就是民法解释生活的意思。

❷侵权行为：行为人因过错侵犯他人权益或行为人虽无过错侵害他人权益但依法应承担侵权责任的行为。(《民法典》第1165条、1166条)

例：【熊孩子坑爹】7周岁甲将邻居老太太推的婴儿车连带婴儿从12楼抛下去，导致婴儿受害。①甲的过错侵权行为，属于事实行为。②法律不考虑甲是否有与婴儿发生侵权关系的效果意思，甲（和其监护人）均须依法对婴儿承担侵权责任。(《民法典》第1188条)

❸加工行为：在他人之物上附加自己的有价值的劳动，使之成为新的财产。

例：【增值加工】甲误将乙的价值100元的石头当作自己的进行雕刻，变成了价值1万元的石雕（价值增值巨大）。①甲是误以为别人的东西是自己的，实施了民法上的"加工行为"，这属于事实行为。②法律不考虑甲是否有取得石雕所有权的效果意思，自该加工行为完成之日，甲取得石雕的所有权，但需要给材料人乙进行补偿。③但是，如果将石头加工成石雕后价值变化不大，比如仅值105元，则石雕仍然归乙所有，乙给加工人甲补偿5元。(《民法典》第322条)

问：如果甲明知是乙的石头（价值为100元）还进行加工，加工后石雕价值有巨大增值（比如价值1万元）或者没有巨大增值（比如仅值105元），怎么办？①首先，这一行为构成加工行为，但同时也属于侵权行为。②其次，加工行为描述的是"物"的关系，即"物"到底归谁？加工人贡献大就归加工人；加工人贡献小就归原物主人，这个制度是考量到"物尽其用"，尽量避免损毁物的价值。③再次，侵权行为描述的是"债"的关系，即恶意加工者侵犯了石头主人的所有权，需要承担侵权责任（是一种债权债务关系，即侵权人需要对受害人实施一定给付行为即给付金钱）。④最后，这二者并不矛盾，我们叫"物债2分思维"。物权归属按照《民法典》（物权编）；债权债务关系（侵权之债）按照《民法典》（侵权责任编）来处理。

❹建造行为：在土地上建设房屋的行为。

例：【拿地盖房】甲公司取得某地块建设用地使用权，在该土地上建设房屋。①甲公司的建造行为，属于事实行为。②法律不考虑甲公司是否有取得房屋所有权的效果意思，只要甲公司建造行为完成，即取得该房屋的所有权。

❺无因管理：无法定或约定义务而管理他人事务，支出必要费用可要求被管理人偿还。(《民法典》第121条)

例：【孩子学雷锋】12周岁的甲将邻居生病的老太太送到医院，垫付医疗费。①甲的无因管理行为，属于事实行为。②法律不考虑甲是否有与老太太发生无因管理法律关系的效果意思，甲均可依法请求老太太支付无因管理发生的必要费用。(《民法典》第979条)

❻创作行为：行为人进行的独创性表达。

例：【天才画家】7周岁甲画了一幅画《爸爸在工作》。①甲的创作行为，属于事实行为。②法律不考虑甲是否有取得该画著作权的效果意思，自该美术作品完成之日起，甲就依法取得著作权。

> **秒杀口诀：**事实行为的类型，"先"（先占行为）、"侵"（侵权行为）、"加"（加工行为）、"建"（建造行为）、"无"（无因管理）、"创"（创作行为）。

> **问：为什么事实行为不需要行为人具有相应的民事行为能力？为什么未成年人也可以实施事实行为？**①事实行为中，行为人没有希望取得一定法律效果的意思，但是却依法要发生相应法律效果。②因为是人的行为却没有意思表示，故为"事实"；没有意思表示但却是人的行为，故为"行为"。③因为行为人没有效果意思，不要求行为人具备相应的民事行为能力。④既然行为没有效果意思，故其发生的法律效果自然不依据人的主观意愿，而是依据法律的规定。⑤<u>比如甲打了乙5个巴掌，法院判决甲赔乙5元钱，这个赔偿结果是依法确定的，而不考虑甲的内心意思，虽然甲在打乙的时候内心想着1个巴掌1块钱，但是法院判决甲赔5元是依据民法典侵权编作出的判决，而不是依据甲的内心意思作出的判决。侵权行为是事实行为，不考虑行为人是否有发生法律效果的意思。</u>⑥还比如6岁的孩子打人，我们不考虑孩子是否有要赔偿的意思，只要孩子构成侵权行为，就需要承担侵权责任，这个和年龄无关，因为侵权行为是事实行为。

人的行为	民事法律行为	准民事法律行为	事实行为
内容	有意思表示	有意思表示	无意思表示
种类	合同行为、遗嘱行为	意思通知；事实通知；感情通知	侵权行为；无因管理行为；创作行为；建造行为；先占行为等
效果	依意思表示发生	依法发生	依法发生
行为能力	要求行为能力	要求行为能力	不要求行为能力

> **秒杀判断：**①事实行为＝这件事任何人都可以做 + 做了就产生法律后果。②民事法律行为＝一定人才可以做＋做了是否产生法律效果还要根据情况判断比如是否满足年龄条件等。

（三）民事法律关系的分类：人身关系和财产关系（《民法典》第2条）

1. 人身法律关系：与民事主体的人身不可分离、为满足民事主体的人身利益所形成的民事法律关系，包括人格关系和身份关系。（利益是具有法律保护效力的利益，即法律上给予确认和保护的利益。）

（1）人格法律关系：民事主体为实现人格利益而发生的权利义务关系。①具体人格权：民事主体的生命权、身体权、健康权、姓名权、名称权、肖像权、名誉权、荣誉权、隐私权等权利。②一般人格权：自然人享有基于人身自由、人格尊严产生的其他人格权益。

例：【骨灰案＋恋爱案】保姆未通知子女将老人骨灰火化，子女可诉侵犯一般人格权；恋爱期间与第三人怀孕生子，未侵犯恋人的一般人格权，因为这是恋爱关系而不是婚姻关系。

（2）身份法律关系：民事主体基于身份利益而发生的权利义务关系。包括父母子女、兄弟姐妹、祖父母、外祖父母等亲属关系。

2. 财产法律关系：民事主体之间因财产的归属和流转而形成的，满足民事主体财产利益需要的民事法律关系，包括支配型财产关系和流转型财产关系。

（1）支配型财产关系：表述的是财产归何人控制的状态，回答财产"是谁的"或"由谁利用"的问题。如对物的支配，谓之物权。如对智力成果的支配，谓之知识产权。

（2）流转型财产关系：反映的是商品交换中的财产关系。如财产因买卖、租赁、借贷、承揽等行为而发生的转移状态。流转型财产关系民法上谓之债的关系。债的关系还包括侵权之债、不当得利之债、无因管理之债，这些都属于财产关系。

例：【狗咬人】甲被乙家的狗咬伤下嘴唇，要求乙承担赔偿责任。关于甲乙之间的索赔关系，属于人身关系还是财产关系？答：财产关系。

> 方志平回溯解题法：①索赔什么？索赔金钱。②为什么赔钱？因为侵犯人身权，而侵犯人身权属于侵权之债。③侵权之债是什么？是一种债，是债权债务关系。④债权债务关系是什么？债权债务关系是财产关系。

（四）民事法律关系的内容：民事权利

1. 人身权和财产权（根据权利内容区分）

（1）人身权：①生命权。②身体权。③健康权。④姓名权。⑤名称权。⑥肖像权。⑦名誉权。⑧荣誉权。⑨隐私权等

（2）财产权：①物权是支配物并具有排他性效力的财产权（房主所有权的实现，自己居住自己房屋，可以排除他人干扰，并且无需他人积极配合，他人只要不侵犯就可以）。②债权是得请求债务人为特定行为的财产权（债主债权的实现，有赖于请求债务人实施履行债务的行为）。③知识产权是以受保护的智力成果为客体的权利。④股权是指通过出资取得的按出资份额享有收益的权利。⑤继承权是按遗嘱或法律的直接规定承受被继承人遗产的权利。⑥数据、网络等虚拟财产，也依法受保护。

2. 绝对权和相对权（根据权利效力所及相对人范围区分）

（1）绝对权：权利效力所及相对人为不特定人的权利。绝对权的义务人是权利人之外的一切人（约束一切人），又称"对世权"。物权、人身权等均属绝对权。比如你对房屋的所有权，任何人都有不侵犯的义务（义务人是不特定人）。

（2）相对权：权利效力所及相对人仅为特定人的权利。相对权的效力仅仅及于特定的义务人（约束特定人），故又称"对人权"。债权就是典型的相对权。比如你对借款人的10万元借款债权，只能请求借款人还款（义务人是特定人）。

> 原理：①绝对权受到侵害，会向相对权转化，即出现了特定的义务主体。②如房屋所有权是绝对权，义务主体是不特定的人，即我可以住我的房屋，任何人不得干涉。③一旦有人侵犯房屋所有权，则属于绝对权受到侵害，义务主体就特定了，我有权请求义务人赔偿损失。
>
> 问：为什么要区分绝对权和相对权？（1）这涉及到世界秩序问题。绝对权在规范所有权秩序；而相对权在规范人的行为自由。（2）比如我对房屋享有所有权（绝对权），可以对抗一切人，这是一个安定的秩序。（3）但是你侵占了我的房屋（相对权），我只能对你主张权利，我不能对你的子女、你的学生主张权利，这避免了"株连"，维护了人的行为自由，谁的责任谁承担。（4）所以民法上的责任，以自己责任为原则，以连带责任为例外，故连带责任"比较重"，必须由法律规定或者当事人约定才可以。（《民法典》第178条）

3. 支配权、请求权、形成权和抗辩权（根据民事权利的作用区分）

（1）支配权：对权利客体进行直接的排他性支配并享受其利益的权利。如人格权、身份权、物权、知识产权都属于支配权（所谓排他的意思就是排除任何他人干扰，权利人行使权利时，任何他人负有不妨碍的义务）。

例：【汽车物权】甲对其汽车享有的所有权，为支配权。甲的支配权行使无须他人履行积极义务，仅需要他人容忍、不行使同样的支配行为即可。（《民法典》第 240 条）

（2）请求权：特定人得请求特定他人为一定行为或不为一定行为的权利。如债权。还如支配权受到侵害时，需要以请求权作为救济，称支配权请求权。

例：【合同债权】甲对乙有合同债权，为请求权。请求权人甲对权利客体（债务人乙的给付行为）不能直接支配，其权利的实现有赖于债务人乙的协助。（《民法典》第 119 条）

（3）形成权：依权利人单方意思表示就能使权利发生、变更或者消灭的权利。如撤销权（需要诉讼或仲裁）、解除权（不需要诉讼）、追认权（不需要诉讼）、抵销权（不需要诉讼）。

例：【解除合同】甲因乙未按期交付汽车故主张解除汽车买卖合同，解除权为形成权。只要形成权人甲一方意思表示就足以使权利发生法律效力。因其对相对人影响特别重大，故只有及时行使，才能使法律关系尽快明确，因此，形成权受期间限制，我们称该期间为"除斥期间"，在"除斥期间"内不行使，则形成权消灭。（《民法典》第 563、564 条）

> 原理 1：支配权一个人说了算，形成权也是一个人说了算，区别何在？①支配权是我的地盘我做主，对其他人不产生影响。②形成权是我决定与你怎么相处，对你会产生影响。
>
> 原理 2：形成权适用的"除斥期间"和请求权适用的"诉讼时效"有什么区别？❶除斥期间是不变期间，因为单方说了算，如果长时间不行使权利，会导致法律关系长久处于不稳定状态。❷诉讼时效是可变期间，因为是一方请求对方实施行为，只要一方提出了请求，会导致"3 年的诉讼时效中断"，再算另外一个 3 年。如此一来，这样对权利人才比较公平。
>
> 原理 3：如何将形成权区分为"单纯形成权"和"形成诉权"？①单纯形成权，当事人只要发函主张就可以，比如解除合同（需要符合法定解除事由）。②形成诉权，当事人必须到法院诉讼或者到仲裁委仲裁，才可以行使，比如撤销合同（需要符合法定撤销事由）。
>
> 原理 4：为什么形成权规则中，可以由 1 个人说了算？①因为他们都具有天然的正当性。②比如解除合同，解除权人有解除权。比如抵销权，你欠我的，我欠你的，彼此都可单方说了算主张抵销，这都是非常正当的。

（4）抗辩权：能够阻止请求权效力的权利。如诉讼时效届满的抗辩权、一般保证人的先诉抗辩权、双务合同中的同时履行抗辩权、双务合同中的顺序履行抗辩权、双务合同中的不安抗辩权（所谓双务合同就是指双方互负义务的合同，比如买卖合同，出卖人有交货义务，买受人也有付款义务）。

例 1：【"诉讼时效届满"】甲对乙享有 1 万元债权，因届期后 3 年内甲一直未向乙主张，当甲再向乙主张 1 万元债权时，乙享有诉讼时效届满的抗辩权。抗辩权是针对请求权而言，换言之，如果没有一方提出请求权主张，则不存在他方主张抗辩权问题。（《民法典》第 192 条）

例 2：【先诉抗辩权】甲向乙借款 1 万元，丙与乙签订保证合同，对该 1 万元主债提供一般保证。甲届期无力清偿，乙应先就甲的财产主张还款，穷尽甲的财产仍未受偿部分，才由丙承担责任。如乙先向丙主张保证责任，则一般保证人丙享有先诉抗辩权（即一般保证人可以对债权人抗辩说，你必须先去找主债务人还钱并执行其财产，未受偿部分才能轮到我一般保证人）。（《民法典》第 687 条）（保证人一定是第三人）

例 3：【双务合同同时履行抗辩权】甲乙签订买卖合同，约定一手交钱一手交货，甲未交货却要求乙交钱，则乙享有同时履行抗辩权，对抗甲的交钱请求。因为按合同约定，甲乙双方应同时履行。（《民法典》第 525 条）

例 4：【双务合同顺序履行抗辩权】甲乙签订买卖合同，约定甲先交货，乙后付款。甲未交货，却在约定付款日要求乙付款，则乙享有顺序履行抗辩权，对抗甲的交钱请求。因为按合

同约定，甲应该先交货。(《民法典》第 526 条)(避免恶人先告状)

例 5：【双务合同不安抗辩权】甲乙签订买卖合同，约定甲先交货，乙后付款。甲的交货日期到了的时候，乙却出现破产情形，乙要求甲交货，则甲可主张不安抗辩权，对抗乙的交货请求。因为乙的破产情形会导致甲的不安。(《民法典》第 527 条)

4. 民事权利的救济：公力救济 + 私力救济

(1) 公力救济：权利人通过行使诉权，诉请法院依照民事诉讼和强制执行程序保护自己权利的措施。在能够援用公力救济保护民事权利的场合，则排除适用自力救济。

(2) 私力救济：权利人依靠自己的力量救济自己权利的行为，包括自卫行为(正当防卫 + 紧急避险)和自助行为。①正当防卫是当公共利益、他人或本人的人身或其他利益受到不法侵害时，行为人所采取的一种防卫措施。(《民法典》第 181 条)②紧急避险是为了使公共利益、本人或他人的合法权益免受现实和紧急的损害危险，不得已而采取的致他人损害的行为。(《民法典》第 182 条)③自助行为是权利人为保证自己请求权的实现，在情况紧迫而又不能及时请求国家机关予以救助的情况下，对他人的财产或自由施加扣押、拘束或其他相应措施，而为法律或社会公德所认可的行为。如旅馆在客人住宿后不付住宿费，有权扣留客人所携带的行李("一旦有了明确的被告则情况不紧急了，不得实施自助行为")。(《民法典》第 1177 条)

> 原理：①因自力救济容易演变为侵权行为，故只有在来不及援用公力救济而权利被侵犯或者有被侵犯的现实危险时，才允许被例外使用，以弥补公力救济的不足。②自力救济不得超过一定的限度，超出限度的，构成侵权。

三、民法基本原则

(一) 平等原则

民事主体在民事活动中的地位一律平等。(《民法典》第 4 条)

1. 自然人民事权利能力一律平等[1]。2. 不同民事主体参与民事法律关系，适用相同的法律，各自处于平等地位。3. 民事主体在民事法律关系中必须平等协商。4. 对民事权利予以平等保护。

(二) 自愿原则

民事主体在从事民事活动时，在法律允许的范围内自由表达自己意愿，并按其意愿设立、变更、终止民事法律关系。又称意思自治原则。(《民法典》第 5 条)

1. 自主决定是否参加民事活动和以什么形式参加民事活动。2. 所有权自由(行使、抛弃所有权等的自由)。3. 合同自由。4. 婚姻自由。5. 遗嘱自由。6. 自由不是绝对的，而是相对的，当事人根据自己的意志从事民事活动，不得违背法律规定，不得损害国家利益和社会公共利益。

(三) 公平原则

民事主体本着公平的理念从事民事活动，司法机关应根据公平的理念处理民事纠纷。(《民法典》第 6 条)

1. 公平的理念贯彻在整个民事法律制度的设计中，均衡配置当事人之间的权利义务。如情势变更制度、显失公平制度、受害人减损义务、损益相抵规则等。2. 公平原则在合同关系

---

[1] 所谓民事权利能力，是民事主体(自然人、法人和非法人组织)取得民事权利和承担民事义务的资格。

中直接体现为等价交换原则。3. 公平原则在侵权法中体现为公平责任。

（四）诚信原则

民事主体从事民事活动时，应当诚实守信，正当行使民事权利并履行民事义务，在不损害他人利益和社会公共利益的前提下追求自己的利益。被誉为"帝王条款"。（《民法典》第7条）

1. 诚信原则的第一含义：民事主体从事民事活动时，必须将有关事项和真实情况如实告知对方，禁止隐瞒事实真相和欺骗对方当事人。

2. 诚信原则的第二含义：民事主体行使自己的民事权利，应适当兼顾社会公共利益和他人利益，不得滥用权利，加害于他人。

例：【坑邻居】甲、乙二人同村，宅基地毗邻。甲的宅基地倚山、地势较低，乙的宅基地在上将其环绕。乙因琐事与甲多次争吵而郁闷难解，便沿二人宅基地的边界线靠己方一侧，建起高5米围墙，使甲在自家院内却有身处监牢之感。乙的行为违背民法的什么原则？违反了民法的诚信原则。

（五）公序良俗原则

民事主体从事民事活动的内容和目的不得违反公共秩序和善良风俗。公共秩序是由法律和社会共同体维护的秩序；善良风俗是符合伦理道德习惯和风俗。（《民法典》第8条）

1. 损害正常的家庭关系秩序的行为：如双方离婚后约定禁止一方当事人生育，如约定断绝亲子关系，如夫妻在离婚时约定禁止任何一方在离婚后再婚，如订立劳动合同限制劳动者在几年内不得结婚、生育的合同等。

2. 违反有关收养关系的规定：如收养人和送养人在达成收养协议时约定送养人收取一定的报酬。

3. 违反性道德的行为：如有偿性服务合同。

4. 赌债偿还合同。

5. 贬损人格尊严和限制人身自由的合同：如在雇佣合同中规定不准雇员外出；或规定离开商场、工作场地，需要搜身等。

6. 限制职业选择自由的合同：如在合同中规定不准另一方选择任何合法的职业。

7. 违反公平竞争的行为，如拍卖或招标中的串通行为，数个企业互相约定共同哄抬价格、操纵市场等。

8. 违反劳动者保护的行为：如订立生死合同条款，即只要发生工伤事故雇主概不承担责任。

9. 禁止投诉的合同：如在合同中约定，禁止一方投诉另一方的某种违法行为。

例1：【北雁云依】指导案例89号："北雁云依"诉济南市公安局历下区分局燕山派出所公安行政登记案。公民选取或创设姓氏应当符合中华传统文化和伦理观念。仅凭个人喜好和愿望在父姓、母姓之外选取其他姓氏或者创设新的姓氏，不属于"有不违反公序良俗的其他正当理由"。法院认为没有原因为孩子取"第三姓"违反了公序良俗。

例2：【情人遗嘱】立遗嘱将个人财产给"情人"案：只要遗嘱人不是"旨在酬谢其满足自己的性欲或旨在决定或加强这种两性关系的继续"，因婚外同居所引起的赠遗就不违反公序良俗。

问1：什么是民法的法源？❶所谓法源，就是可以被法院或仲裁机构裁判案件拿来用的规定。民法的法源可以是法律（全国人大或全国人大常委会制定的规范性文件）。民法的规定也可以是习惯，但该习惯不得违反公序良俗。❷《民法典》第10条，处理民事纠纷，应当依照法律；法律没有规定的，可以适用习惯，但是不得违背公序良俗。

问2：什么是"避免向一般条款的逃避"的原理？①所谓"向一般条款的逃避"，即法律对某一类案件本有具体规定，法官根据这一具体规定可以断案；与此同时，法官适用公平原则或者诚实信用原则断案，与适用具体规定断案的结果相同。如果法官在裁判案件时，不适用该具体规定而适用公平原则或诚实信用原则，这构成向一般条款的逃避。②如果任由法官在判决时，有具体法条依据可以适用而不适用，却通过行使自由裁量权适用公平原则或诚实信用原则断案，会严重降低法律权威。③根据立法法原理，特别法优先于一般法适用。特别法中的法条优先于原则适用。④"避免向一般条款的逃避"即强调法院断案要适用具体的法条。

第二章 自然人

第一节 能力制度

问：甲在动物园用硫酸泼熊，导致熊毁容，痛苦的熊可否主张精神损害赔偿？答：不可以。因为熊不具有民事权利能力，不具备取得民事权利的资格。

一、民事权利能力（形式平等）

抽象层面，自然人取得民事权利和承担民事义务的资格（区分"人与非人"）

（一）法律确认的自然人享有民事权利、承担民事义务的 资格 。始于出生，终于死亡。（《民法典》第 13 条）

例：【死人无继承资格】甲死亡后遗有个人房屋 1 套，归甲妻和甲子二人继承，尚未分割。甲妻死亡后，甲妻的遗产，甲是否有权继承？①否。②因为甲已经死亡，不具有民事权利能力，无取得继承权的资格。③甲妻遗产应由甲子继承。

> 问：为什么要规定民事权利能力制度？①把人和"非人"做了区分。②比如，我不可以嫁给一只狗，因为狗没有民事权利能力，没有缔结婚姻的资格。③还比如人可以取得权利，熊就不可以取得权利，所以我伤害了一只熊，伤害的不是人身，而是财产。

（二）胎儿娩出为活体，视为有民事权利能力。胎儿娩出为死体，其民事权利能力自始不存在。（《民法典》第 16 条）

例：【胎儿抚养费】乙违章驾车撞死甲，甲与其妻丙育有 1 子，且丙有孕在身。双方在协商赔偿事宜期间，胎儿丁出生。乙是否需要支付丁的抚养费？①要。②因为胎儿丁出生，视为其在胎儿时即具有民事权利能力，故肇事的乙须赔偿胎儿的抚养费。③如果胎儿丁出生时为死体，则乙无须支付胎儿抚养费。④如果胎儿丁出生后旋即死亡，则乙仍需支付丁的抚养费，该笔费用作为胎儿丁的遗产发生继承。

> 原理：保护胎儿的继承权、保护胎儿受赠财产等利益，为什么不直接规定胎儿具有民事权利能力呢？因为如果直接规定胎儿具有民事权利能力，则会导致"计划"生育即为杀人。

二、民事行为能力（实质平等）[1]

具体层面，实际参加民事活动取得民事权利和承担民事义务的资格（区分是什么人）

---

[1] 民事权利能力类似男人与女人，都是人，无区别；行为能力类似男人与女人，有区别，比如男人没有"例假"。

（一）【完人＝完全民事行为能力人】18 周岁以上成年人或者 16～18 周岁以自己劳动收入为主要生活来源的未成年人。（《民法典》第 17、18 条）

例：【北漂打工】甲 16 周岁高中毕业去外地打工，靠演出收入作为主要生活来源。甲与乙签订购买汽车合同，该合同效力如何？①有效。②因为甲属于完全民事行为能力人。

问：未成年人都是无人或者限人吗？错。"北漂"者是未成年人，但是属于完人。

（二）【限人＝限制民事行为能力人】不能完全辨认自己行为的成年人或者 8 周岁以上的未成年人。（《民法典》第 19 条）

1. 可以实施：纯获得利益的行为＋与其年龄、智力相适应的民事法律行为。

例：【富二代有房】甲的爷爷与 9 周岁的甲签订赠与合同，将 1 套房屋赠与给甲，该合同效力如何？①有效。②因为甲属于限制行为能力人，但可以独立签订纯获得利益的合同。

2. 不可以实施：超越年龄的合同效力待定＋立遗嘱这一单方法律行为无效。

例 1：【富二代买手机】14 周岁的甲与 20 周岁的乙签订买卖 5000 元手机的合同，该合同效力如何？①效力待定。②因为甲属于限制行为能力人，其签订的买卖手机合同与其年龄、智力不相适应。该合同须待甲的法定代理人追认。（《民法典》第 22 条、145 条）

例 2：【天才小说家】小刘从小就显示出很高的文学天赋，9 岁时写了小说《隐形翅膀》，并将该小说的信息网络传播权转让给某网站。小刘的父母反对该转让行为。①问 1：谁是小说的作者？小刘。写小说乃创作行为，属于事实行为，而事实行为不适用民事行为能力制度。小刘将小说创作完成，即取得该文字作品著作权。②问 2：小说信息网络传播权转让合同效力如何？无效。小刘签订的转让小说信息网络传播权的合同与其年龄智力不相适应，本属于效力待定的合同，有待其法定代理人追认。但是，本案中，小刘的父母已经明确反对该转让行为，故该合同无效。

（三）【无人＝无民事行为能力人】完全不能辨认自己行为的成年人或者不满 8 周岁的未成年人。（《民法典》第 20 条）

例：【骨气妈妈不要公公的画】在小张 6 岁时，爷爷将家中祖传的一幅价值 200 万元的名画赠与丧父的小张。母亲刘某得知此事后，坚决表示反对。爷爷与小张赠与名画合同效力如何？①无效。②小张是无行为能力人，即使该合同对其属于纯获得利益，也不能签订，需要由法定代理人实施。③但是，该合同无效的原因不是因为其母亲没有追认，而是其一概无效。④如果要受赠名画，需要由小张母亲代为签订赠与合同。（《民法典》第 144 条）

原理：人与人的差别很多，为什么在区分完人、限人和无人时，只考虑年龄和辨认能力两个因素？①因为自然人行为能力制度，是与民事法律行为制度彼此配合的制度。也就是说只有在一个人实施民事法律行为时，我们才需要观察其是否具有相应的民事行为能力。②而实施民事法律行为时，必须要作出意思表示。③而作出意思表示时，必须要有意思能力；是否具有意思能力，不就取决于人的年龄和辨认能力吗？所以，从逻辑上形成闭环：因为人在实施民事法律行为的时候需要考虑意思能力，而意思能力就和人年龄和精神状态有关，所以，我们就按照年龄和精神状态把人做区分：完人、限人、无人。所以说民事行为能力制度，从字面理解就是人在实施"民事行为"时才要用到这个制度，故人在实施"事实行为"（比如侵权）时，我们就不考虑民事行为能力了。④立法上，年龄是坚持统一划分主义，是卡死的，保护弱势群体，不考虑个别情况下有"早熟"的人；⑤辨认能力则坚持个案审查制，对应民事诉讼法有宣告某自然人为无民事行为能力人、限制民事行为能力人的特别程序。（《民法典》第 24 条）

第二节　监护制度

问："无限人"都有民事权利能力，均有取得民事权利的资格。但是"无限人"通过民事法律行为即意思表示参加民事活动又受到民事行为能力制度的限制。通过什么制度可以协调民事权利能力和民事行为能力制度内部的矛盾，才能解决"'无限人'损害监护人"和"监护人损害'无限人'"的问题？答：监护。

一、谁担任监护人

（一）基于法律规定产生的监护人

1. 成年人的监护人：配偶＋父母子女＋其他近亲属＋其他愿意担任监护人个人或组织（经居委会或村委会或民政部门同意）＋民政部门兜底。（《民法典》第28、32条）

2. 未成年人的监护人：父母＋祖父母外祖父母＋兄姐＋其他愿意担任监护人的个人或组织（经居委会或村委会或民政部门同意）＋民政部门兜底。（《民法典》第27、32条）

> 问：爸爸妈妈过世，成年的姐姐需要扶养未成年的弟弟吗？成年的姐姐是法定监护人，有能力需要扶养弟弟。父母未经姐姐同意生了弟弟；弟弟也会反问，父母也未经自己同意生了姐姐。

3. 协议监护：依法具有监护资格的人之间可以协议确定监护人，应当尊重被监护人的真实意愿（无纠纷）。（《民法典》第30条）

例1：【两亲家争孙子】甲男作为上门女婿，与乙结婚。婚后夫妻双方从事活鸭运输业务，因交通意外双亡。留有一子，爷爷奶奶和外公外婆，协议确定外公外婆作为监护人，是否可行？①可以。②因为爷爷奶奶和外公外婆都有监护资格，具有监护资格人之间可以协议确定监护人。

例2：【夫妻离婚】甲男乙女离婚，协议确定乙女作为孩子监护人。①孩子对外侵权致人损害，应如何承担责任？乙女作为监护人与孩子作为共同被告，甲男未与孩子共同生活，但仍然应承担侵权法上责任，故甲男、乙女和孩子为共同被告。②甲男是否需要负担孩子的抚养费？需要。乙女"监护"的意思是乙女作为与孩子直接生活的一方，并非甲男就无须承担任何责任。如夫妻离婚，约定某一方无需负担抚养费，该约定对双方当事人有效，但不影响孩子在必要时（比如通货膨胀货币贬值或者孩子生重病）向该"某一方"主张相应抚养费。

4. 指定监护：对父母之外的监护人的确定有争议的，由被监护人住所地的居民委员会、村民委员会或者民政部门指定监护人，有关当事人对指定不服的，可以向人民法院申请指定监护人；有关当事人也可以直接向人民法院申请指定监护人。指定监护应尊重被监护人的真实意愿，按照最有利于被监护人的原则在依法具有监护资格的人中指定监护人。监护人被指定后，不得擅自变更；擅自变更的，不免除被指定的监护人的责任。（《民法典》第31条）

例1：【孤儿寡母】寡母携子改嫁他人，爷爷是否可以要求启动指定监护程序指定自己为监护人？①否。②因为父母是未成年人天然第一顺位监护人，不存在指定监护问题。（《民法典》第27条）

例2：【指定得罪人】甲父母早亡，年届25周岁，但是智力发育不健全。恰逢房屋拆迁，其大舅、二舅、三舅均到村委会要求指定自己作为甲的监护人。村委会不予处理，怎么办？

①当事人可以直接向法院申请指定监护人。②不是必须先向村委会申请指定而后对指定不服才可以去法院。即村委会指定并非向法院申请指定的前置程序。因为指定监护人会得罪人，而得罪人的事情一般村委会或居委会不愿意做，那么这个事情就应当由法院来做，避免法院和村委会居委会各自踢皮球。③法院就是得罪人的地方。

例3：【私人订制龙凤胎】甲男乙女婚后，乙女无生育能力。甲男提取精子，与买到的第三人卵子，在第四人代孕，生育出来龙凤胎。乙女将龙凤胎抚养到3周岁时，甲男因病去世，甲男父母与乙女均诉到法院要求成为龙凤胎监护人。<u>乙女是否具有监护资格？</u>①有。②乙女属于有抚养关系的继母，属于民法上的"父母"。（《民法典》第1127条）③故乙女是天然第一顺序监护人，本案不存在继母吸毒等不宜监护情形，故轮不到爷爷奶奶来争当监护人。（《民法典》第27条）

> 原理：①父母离异可以协议确定监护人，因为协议成功就没纠纷。②如果协议失败，则不得启动指定监护人，因为他们都是未成年人天然第一顺序监护人。③一句话：父母可以协议监护（无争议），不存在指定监护（有争议则因父母本来就是监护人故视为无争议＝不需要指定监护）。

（二）基于当事人意思产生的监护人

1. 遗嘱监护：被监护人的父母担任监护人的，可以通过遗嘱指定监护人。（《民法典》第29条）

例：【凶手碰瓷】甲因工钱纠纷将其雇主砍死后寻短见，到国道上找大货车"碰瓷"后死亡。死亡赔偿金分给甲母、甲妻、甲子。甲母和甲妻因赔偿款分配发生分歧，感情破裂。不料甲妻患艾滋病，<u>去世前希望为孩子确定孩子舅舅为监护人，是否可行？</u>①可以。②因为甲妻作为孩子的母亲，可以通过立遗嘱指定监护人。③假设孩子父亲在世，则孩子妈妈还可以立遗嘱确定孩子舅舅做监护人吗？可以。孩子舅舅和孩子父亲作为共同监护人。

2. 附条件的委托监护：具有完全民事行为能力的成年人，可以与其近亲属、其他愿意担任监护人的个人或者组织事先协商，以书面形式确定自己的监护人。协商确定的监护人在该成年人丧失或者部分丧失民事行为能力时，履行监护职责。（《民法典》第33条）

例1：70岁老爷爷甲有一对成年子女，已经独立生活。甲喜欢上50岁的老奶奶，于是定协议说："给你我一半的财产，当我丧失行为能力时，希望你能来照顾我"。如何评价该协议？❶协议有效，属于附条件的委托监护。❷甲可以自己选择监护人。❸该协议不是死亡时才生效，而是丧失行为能力时生效。

例2：【孤老钱没花完】上海孤老与一修手机夫妇梁祝因聊天熟识。孤老有1套房，拆迁即可获得600万元。孤老与祝发生关系后，梁祝回老家办理离婚手续，孤老与祝结婚。居委会出面担任监护人代理孤老与祝离婚，孤老被送至精神病老人院，并不符合老人意愿。<u>老人怎么办可以防患未然？</u>①老人与自己信任的人签订附条件的委托监护协议，待自己丧失行为能力时，由该人担任监护人。②兜底监护存在外部监督失效的风险。

> 原理：①《民法典》第29条规定的遗嘱监护，本质是对未成年人之法定监护顺序的修改。②《民法典》第33条规定的附条件委托监护，本质是对丧失行为能力成年人之法定监护顺序的修改。

二、监护人的职责

1. 非为被监护人利益，不得处分被监护人的财产。否则需要承担赔偿责任。（《民法典》

第34条、35条）

例1：【熊爹妈炒股坑孩】 甲8周岁，多次在国际钢琴大赛中获奖，并获得大量奖金。甲的父母乙、丙为了甲的利益，考虑到甲的奖金存放银行增值有限，遂将奖金全部购买了股票，但恰遇股市暴跌，甲的奖金损失过半。乙丙是否需要对甲承担赔偿责任？①是。②乙、丙行为不是无因管理，因为这属于履行监护职责，属于有因管理。③但乙丙不能随意处分甲的财产。④如甲主张赔偿，则其诉讼时效起算应从法定代理终止之日起计算3年。

例2：【爸爸坑孩子房屋帮叔叔借款】 爸爸将孩子房屋设定抵押，与银行签订抵押合同，并办理抵押权登记，担保叔叔从银行借款。该抵押合同有效吗？①无效。该合同违反了效力性强制性规定（所谓效力性强制性规定请参见"民事法律行为效力"的论述）。②因为抵押合同无效，故银行不能取得抵押权。因为"基于法律行为的物权变动"要求民事法律行为有效（所谓"基于法律行为的物权变动"请参见"物权变动"的论述）。

2. 履行监护职责不当导致严重后果，则由有关个人和组织申请法院撤销监护资格，如未申请，则由民政部门申请法院撤销监护人监护资格。（《民法典》第36条）

（1）撤销监护不影响被撤销者本应负担的抚养费、赡养费、扶养费义务（"各玩各的"）。（《民法典》第37条）

（2）一旦被撤销监护资格，只有被监护人的父母或子女可能恢复监护资格，其他则一概不得恢复。

（3）"父母"或"子女"对被监护人实施故意犯罪，则绝对不允许恢复监护资格。（《民法典》第38条）

例：【养父性侵养女】 养父依法收养孤儿为养女，后养父多次性侵养女。群众向公安机关匿名举报，媒体也纷纷曝光此事。法院判决养父构成强奸罪，判决有期徒刑3年。民政部门可以直接取消养父的监护人资格吗？①否。②应该由法院撤销养父监护资格。③撤销养父监护资格后，不影响养父应该承担的给付抚养费义务。④如果养父出狱有悔改表现，即使申请法院恢复其监护资格，法院也不能准许，因为养父对被监护人实施了故意犯罪。

> 问：疫情期间发生监护人暂时无法履行监护职责，应如何处理？《民法典》第34条第4款"疫情元素"之"临时生活照料"条款："因发生突发事件等紧急情况，监护人暂时无法履行监护职责，被监护人的生活处于无人照料状态的，被监护人住所地的居民委员会、村民委员会或者民政部门应当为被监护人安排必要的临时生活照料措施。"

第三节　宣告制度

甲公司将机动车出卖给唐某，交付但未办理车辆过户手续。唐某将车出租给张某，张某驾车肇事致行人李某损害。为了避免麻烦，甲公司欲将车辆过户给唐某，但是唐某完全失联，故无法办理过户手续。问：甲公司有何办法？答：宣告唐某失踪。

一、宣告失踪

自然人下落不明满2年，经利害关系人（近亲属或债权人债务人等）申请，由人民法院宣告该自然人为失踪人并为其设立财产代管人。（《民法典》第40条）

例：【老婆代管称职否】 老婆作为代管人，将被宣告失踪老公的房屋出卖，是有权处分还是无权处分？①具体情况具体分析，取决于代管是否适当，即为什么卖房。（《民法典》第43、

44条）②为救治公公，适当，则属于有权处分；③为自己，不适当，则属于无权处分；④莫名其妙（即题干未交待为什么卖房），不适当，则属于无权处分。⑤代管人不能获得报酬。所以代管人范围是比较广的，失踪人的财产由其配偶、成年子女、父母或者其他愿意担任财产代管人的人代管。代管有争议，没有前款规定的人，或者前款规定的人无代管能力的，由人民法院指定的人代管。（《民法典》第42条）

二、宣告死亡

自然人下落不明满4年（一般情况的下落不明如外出打工失联）、2年（因为发生意外下落不明如旅游意外游客失联＝"不一定死"）、或者0年（因为发生特殊意外下落不明如"普吉岛翻船游客失联"＝"死定了"），经利害关系人申请，由法院推定其死亡，宣告结束失踪人以生前住所地为中心的民事法律关系。（《民法典》第46条）

1. 申请冲突的解决办法：申请人无顺序要求＋一方申请宣告失踪他方申请宣告死亡则宣告死亡。（《民法典》第47条）

例：【婆媳矛盾】甲下落不明5年，有1套个人所有房屋，由其妻子乙居住。甲父母申请宣告甲死亡，乙不同意。则甲父母是否可宣告甲死亡？①可。②因为宣告死亡申请人并无顺序的限制。③如乙申请宣告失踪，甲父母申请宣告甲死亡，则法院判决宣告死亡。

2. 宣告死亡日期的确定：一般是宣告死亡判决作出日死亡＋因意外而被宣告死亡则是意外日为死亡日。（《民法典》第48条）

例：【普吉岛翻船】甲妻去普吉岛旅游，向保险公司购买了旅游意外险，有效期1周。因乘坐船舶出海倾覆，甲妻下落不明。甲申请法院宣告甲妻死亡，法院在半年后宣告甲妻死亡。甲持判决书要求保险公司支付保险金，保险公司以死亡日期并非保险期间为由拒绝。则保险公司主张是否成立？①否。②因为甲妻属于意外而宣告死亡，其死亡日期为意外日，而非法院判决日死亡。③甲妻死亡日恰好属于旅游意外险有效期间内，故属于出险，保险公司应该理赔。

3. 宣告死亡的法律效果≈自然死亡＝遗产发生继承＋婚姻关系消灭＋"归来亡者"实施民事法律行为效力不受影响。（《民法典》第49条）

例1：【"亡者归来"深圳卖房】甲在北京被宣告死亡，但在深圳与乙签订卖房合同，房价上涨后，甲以其在北京被宣告死亡为由主张合同无效。该主张是否成立？①否。②因为被宣告死亡人在被宣告死亡期间实施的民事法律行为不受死亡宣告的影响。③"各玩各的"。④发生冲突，以"归来亡者"的民事法律行为为准，如甲在深圳立遗嘱房屋归好友方志平（这叫"遗赠"），其妻在北京基于宣告死亡法定继承该房屋，后甲真的死亡了，怎么办？房屋归方志平。

例2：【坐火车人不见】甲、乙为夫妻，长期感情不和。2010年5月1日甲乘火车去外地出差，在火车上失踪，没有发现其被害尸体，也没有发现其在何处下车。2016年6月5日法院依照法定程序宣告甲死亡。之后，乙向法院起诉要求铁路公司对甲的死亡进行赔偿。甲被宣告死亡后有何法律效果？①甲的继承人可以继承其财产。②2016年6月5日为甲的死亡日期。③铁路公司无须负合同责任，也无须负侵权责任。因为无证据证明铁路公司有违约行为或侵权行为。

4. "亡者归来"之撤销宣告死亡的法律效果：孩子还是自己的孩子吗？＋老婆还是老婆吗？＋房子还是自己的房子吗？

（1）撤销死亡宣告后，不得以未经自己同意为由主张收养关系无效。（《民法典》第52条）

（2）撤销死亡宣告后，婚姻关系自动恢复，但有两种例外情形：①如配偶发生"异动"

（配偶再婚＋配偶再婚后离婚、或配偶再婚后配偶他方自然死亡、或配偶再婚后配偶他方宣告死亡）则不自行恢复。②或者配偶向婚姻登记机关书面说明不恢复婚姻关系则不自行恢复。（《民法典》第51条）

（3）撤销死亡宣告后，已经继承的遗产如果在继承人处，则原路退回；如果已经由第三人合法取得（受赠或购买），则第三人不退回，由继承人适当补偿。（《民法典》第53条）

例：【姐夫宣告死亡小舅子获得汽车】甲出境经商下落不明，2015年9月经其妻乙请求被K县法院宣告死亡，其后乙未再婚，乙是甲唯一的继承人。2016年3月，乙将家里的一辆轿车赠送给了弟弟丙，交付并办理了过户登记。2016年10月，经商失败的甲返回K县，为还债将登记于自己名下的一套夫妻共有住房私自卖给知情的丁；同年12月，甲的死亡宣告被撤销。如何评价本案？①甲、乙的婚姻关系自撤销死亡宣告之日起自行恢复。因为题干没提到配偶是否发生异动，也没提到配偶是否书面反对，故视为这些要件不具备，因此婚姻关系可自撤销死亡宣告之日起自行恢复。②乙有权赠与该轿车。因为轿车一半是遗产由妻子继承，另一半是妻子所有，故轿车为妻子乙所有，乙有权赠与轿车给弟弟丙。③丙可不返还该轿车。因为第三人已经基于合法受赠取得轿车。④甲出卖房屋的行为有效。⑤但是，丁是"知情"者，属于恶意。且丁没有取得房屋的过户登记，故其不构成民法上"善意取得"制度的构成要件（善意取得不动产所有权的4个构成要件是：卖方无权处分＋买方对卖方无权处分的事实不知情＋价格合理＋完成房屋过户登记），丁不能善意取得房屋所有权。

> 原理：①宣告失踪制度的价值在于救济因自然人下落不明而导致的财产关系不稳定状态，而不涉及失踪人的人身关系如婚姻关系，保护失踪人利益。②宣告死亡的制度价值在于维护生者的利益，包括配偶的再婚权、继承人的继承权、债权人的受偿权，保护生存人利益。

第三章　法人和非法人组织

甲年老孤苦无依，对其所养秋田犬感情深厚，拟立遗嘱将其全部财产赠与给秋田犬。问：该遗嘱是否有效。答：无效。秋田犬无民事权利能力。如甲立遗嘱将全部财产赠给"秋田犬基金会法人"，由该法人用该笔财产照料饲养秋田犬，则遗嘱有效。

一、法人

（一）法人性质和种类

1. 法人性质

法人是具有民事权利能力和民事行为能力，依法独立享有民事权利和承担民事义务的组织。（《民法典》第57条）法人财产属于法人所有，独立于出资人，也独立于其雇员。（《民法典》第60条）法定代表人以法人名义所为行为，其后果由法人承担。（《民法典》第61条）

例：【法人财产范围】德胜公司注册地在萨摩国并在该国设有总部和分支机构，但主要营业机构位于中国深圳，是一家由台湾地区凯旋集团公司全资设立的法人企业。由于决策失误，德胜公司在中国欠下700万元债务。如何承担该债务？①该债务应以深圳主营机构和萨摩国总部及分支机构的全部财产清偿。②无论德胜公司的全部财产能否清偿，凯旋公司作为股东仅以其出资范围为限承担责任。（《民法典》第60条）

2. 法人种类

（1）营利法人：以取得利润并分配给股东等出资人为目的成立的法人，为营利法人。（《民法典》第76条）

①营利法人包括有限责任公司（股东对公司享有股权，以出资为限对公司负债承担有限责任，股东人数50人以下，规模不大）[1]、股份有限公司（股东对公司享有股份，以出资为限对公司负债承担有限责任，股东人数2到200人，规模比较大）和其他企业法人（非依据公司法设立的企业法人）等。

②营利法人人格否认原则：营利法人的出资人不得滥用法人独立地位和出资人有限责任损害法人的债权人利益。滥用法人独立地位和出资人有限责任，逃避债务，严重损害法人的债权人利益的，应当对法人债务承担连带责任。（《民法典》第83条）

> 问1：什么是法人的独立地位和出资人有限责任？①法人的债务由法人承担，投资人即股东不承担。②所以"有限责任"是指股东出资给到营利法人，法人亏了，用法人全部财产赔偿。赔光了"法人破产"，股东不受影响。③"有限责任"是股东和法人之间的"防火墙"，股东可以借此控制"风险"。
>
> 问2：否认法人人格，否认的是什么？①自然人、法人、非法人组织，是民事主体，具有民事权利能力。②所以，否认法人人格，就是否认它的民事权利能力，否认它的主体资格，

---

〔1〕　有限责任公司是人资两合公司，具有人合性（强调股东之间的信任），又具有资合性（强调股东的出资）。股份公司则是资合公司（仅强调股东出资）。

所以它的债务就要由股东来连带。③说大白话就是，它被否认了，所以，不是法人了。所以要找股东来连带了。④非法人组织不就是设立人连带么。

例：【揭开公司面纱】为了资金周转，甲公司利用其控股地位，向其全资子公司多次无偿调取资金，各个子公司之间如果资金短缺，甲公司就在其所有全资子公司之间统一调度资金使用，且关联公司之间账目不清，甲公司的某全资子公司的债权人乙公司，因到期债权不能获得清偿，<u>乙公司能否要求甲公司及其各子公司承担连带责任？</u>①能。②因为甲公司及其各子公司构成财产混同，甲公司及其各子公司债权人可主张适用法人人格否定制度，要求甲公司及各子公司承担连带责任。

> 问1：什么是人格混同？（1）《九民纪要》第10条。（2）认定公司人格与股东人格是否存在混同，最根本的判断标准是公司是否具有独立意志和独立利益，最主要的表现是公司的财务或者财产与股东的财务或者财产是否混同，公司的财产是否独立。（3）出现以下情形之一的，可以认定为财务或者财产混同：股东无偿调拨公司资金或者财产，不作财务记载的；股东用公司的资金偿还股东个人的债务，或者调拨资金到关联公司且无偿使用，不作财务记载的；公司账簿与股东账簿不分；股东自身收益与公司盈利不加区分，致使双方利益不清；公司的财产记于股东名下，由股东占有、使用。（4）在出现人格混同的情况下，往往同时出现以下混同：公司业务和股东业务混同；公司员工与股东员工混同，特别是财务人员混同；公司住所与股东住所混同。（5）人民法院在审理这类案件时，<u>关键要看是否构成人格混同，而不要求同时具备其他方面的混同，其他方面的混同往往只是人格混同的补强</u>。
>
> 问2：什么是过度支配与控制？（1）《九民纪要》第11条。（2）公司控制股东对公司过度支配与控制，操纵公司的决策过程，使公司完全丧失独立性，沦为控制股东的工具或躯壳，严重损害公司债权人利益，应当否认公司人格，由滥用控制权的股东对公司债务承担连带责任。实践中常见的情形包括：❶母子公司之间或者子公司之间进行利益输送的；❷母子公司或者子公司之间进行交易，收益归一方，损失却由另一方承担的；❸先从原公司抽走资金，然后再成立经营目的相同或者类似的公司，逃避原公司债务的；❹先解散公司，再以原公司场所、设备、人员及相同或者相似的经营目的另设公司，逃避原公司债务的；❺过度支配与控制的其他情形。（3）控制股东或实际控制人控制多个子公司或者关联公司，滥用控制权使多个子公司或者关联公司财产边界不清、财务混同，利益相互输送，丧失人格独立性，沦为控制股东逃避债务、非法经营，甚至违法犯罪工具的，可以综合案件事实，否认子公司或者关联公司法人人格，判令承担连带责任。

（2）非营利法人：为公益目的或者其他非营利目的成立，不向出资人、设立人或者会员分配所取得利润的法人，为非营利法人。（《民法典》第87条）

①非营利法人包括事业单位（国家出资从事公益事业）、社会团体（会员加入开展活动实现会员共同意愿）、基金会（以一笔财产设立法人从事公益事业）、社会服务机构（民间资本从事公益事业）等。

②<u>公益法人坚持近似原则</u>：为公益目的成立的非营利法人终止时，不得向出资人、设立人或者会员分配剩余财产。剩余财产应当按照法人章程的规定或者权力机构的决议用于公益目的；无法按照法人章程的规定或者权力机构的决议处理的，由主管机关主持转给宗旨相同或者相近的法人，并向社会公告。（《民法典》第95条）

例：【众筹钱没花完】甲患白血病，经乙发起公益筹款获得100万元，后甲不治身亡，<u>该100万元应如何处理？</u>①应交由帮助白血病患者宗旨相同或近似的公益法人处理，不能作为甲的遗产。②也不需要退回给捐款者。

（3）特别法人。①机关法人（有独立预算经费的国家各级领导机关）、②农村集体经济组织法人（农村集体所有土地的所有人和管理经营农村集体资产的特别法人）、③城镇农村的合作经济组织法人（根据《农民专业合作社法》登记或依法设立的特别法人）、④基层群众性自治组织法人（居委会和村委会）。（《民法典》第96条）

> 问：什么是财团法人和社团法人？❶学理上对法人的分类。❷财团法人是财产的集合体，比如基金会法人（壹基金），他们没有成员，但是存在工作人员，因为为任何法人都有工作人员。❸社团法人是人的集合体，有成员，比如公司由股东组成（营利）；比如民法学会由研究民法的会员组成（非营利）。❹因此，公司在我国法人的法定分类体系中，属于营利法人。在学理上的分类体系中属于社团法人。❺基金会法人在我国法人的法定分类体系中，属于非营利法人，在学理上的分类体系中属于财团法人。

（二）法人权利能力和行为能力（《民法典》第57、59条）

1. 法人民事权利能力 = 法人民事行为能力

（1）法人民事权利能力：法律赋予法人参加民事法律关系，取得民事权利、承担民事义务的资格。

（2）法人民事行为能力：法律赋予法人独立进行民事活动的能力。法人的民事行为能力和法人的民事权利能力在范围上是一致的。

2. 法人民事权利能力的限制

（1）性质上的限制：基于自然人的天然属性而专属自然人的民事权利能力内容，法人不能享有。如身体权、健康权、隐私权、继承权、抚养请求权、婚姻自主权等。但法人享有名称、名誉、荣誉等，可构成商号、商誉等无形资产，在价值上可以评估，并可以转让，在性质上完全属于财产权，与自然人享有"同名同姓"的权利，却不同质。

例：【精神损害】甲公司在乙公司开设网店恶意差评，损害乙公司名誉权，致乙公司货品销售剧烈下滑，乙公司被迫降低员工工资薪金。乙公司及其员工可否主张甲公司承担精神损害赔偿责任？①否。②因为乙公司虽然有名誉权，但不具有主张精神损害赔偿的主体资格。

（2）法律上的限制：法人的权利能力范围受到法律的限制。如机关法人不得为保证人。（《担保制度解释》第5条第1款）

例：【国家背书】甲市政府为招商引资，为担保甲市乙公司与投资方丙公司履行合同，甲市政府与丙公司签订保证合同。该保证合同效力如何？①无效。②因为甲市政府不具有签订保证合同的民事权利能力。

（3）目的事业的限制：法人的民事权利能力范围，以其目的事业为限，原则上由法人章程或设立目的决定。企业、事业单位法人的权利能力范围以登记为准；基金会的权利能力则由捐赠人的意思决定。当事人超越经营范围订立合同，法院不因此认定合同无效，但违反国家限制经营、特许经营以及法律、行政法规禁止经营规定的除外。

例1：【一般超越】甲公司登记经营范围为网络咨询服务，却从事餐饮服务业，与乙公司签订了买卖食材的合同。该买卖合同效力如何？①有效。②甲公司超越经营范围签订的合同，须接受行政处罚，但不因此影响买卖合同效力。

例2：【致命超越】甲公司登记经营范围为网络咨询服务，却从事黄金买卖，与乙公司签订了黄金买卖合同。该买卖合同效力如何？①无效。②甲公司超越经营范围签订合同，但黄金属于国家限制经营的范围且违反国家限制经营的范围，故合同无效。

（三）法人的机构

1. 法人机构的性质和组成

（1）法人机构的性质：①根据章程或法律规定，对内形成法人意思或者对外代表法人为民事法律行为的自然人（法定代表人）或自然人团体（如股东会）。②法人机构是法人的组成部分，无独立人格。③法人只要存在，法人机构不可变更，但法人机构的具体担任人可以变更，如董事、董事长、监事长等可以换人，但不等于董事会、监事会发生了变更。

例：【大老板死了不影响法人】王某是甲公司的法定代表人，以甲公司名义向乙公司发出书面要约，愿以 10 万元价格出售甲公司的一块清代翡翠。王某在函件发出后 2 小时意外死亡，乙公司回函表示愿意以该价格购买。甲公司新任法定代表人以王某死亡，且未经董事会同意为由拒绝。如何评价缔约过程？①甲公司法定代表人以公司名义对外发出要约，希望与乙公司签订出卖翡翠的合同。②该要约到达乙公司后，发生效力，乙公司具有承诺的资格。③乙公司回函愿意购买，这属于承诺。④甲乙公司合同有效成立，不受王某死亡的影响。⑤甲公司内部对法定代表人权限的限制，不得对抗不知情的相对人。

（2）法人机构的组成：①意思机构 = 权力机构 = 形成法人意志的机构。②执行机构 = 执行法人意思机构的决定事项的机构。③监督机构 = 根据法人章程和意思机构的决议对法人执行机构、代表机构实施监督的机构。④代表机构 = 法定代表人 = "法人代表" = 法人的表示机构 = 也称法人代表机构 = 对外代表法人为意思表示，是法人的对外机构。

2. 法定代表人行为效果

（1）法定代表人签订合同的法律效果

①有权代表行为：法定代表人在代表权限范围内以法人名义从事的民事活动，其法律后果由法人承受，该合同约束法人和相对人。（《民法典》第 61 条）

例：【有权代表行为】甲公司法定代表人唐某在公司授权范围内，以甲公司名义与乙公司签订采购办公设备的合同，该合同是否约束唐某？①否。②因为唐某是公司法定代表人，其以公司名义对外签订合同，由公司承担法律后果，唐某不是合同当事人。③如唐某以自己名义在淘宝上购买一台家用打印机，该合同是否约束甲公司？否。因为唐某虽然是甲公司法定代表人，但其签订购买打印机合同时是以个人名义，基于合同相对性（所谓合同相对性是指合同只能约束当事人，不能约束其他人），应由唐某承担法律后果，甲公司不是合同当事人。④如唐某在其代表权限范围内委托员工小张与乙公司签订买卖合同，则唐某实施了代表行为，唐某委托员工小张对外与乙公司签约，应视为甲公司委托小张与乙公司签订合同。而小张则实施了有权代理行为，其与乙公司签订的合同约束被代理人甲公司和相对人乙公司。基于合同相对性，本案中，唐某和小张均不是合同当事人。

②越权代表行为：法人的法定代表人或者非法人组织的负责人超越权限订立的合同，除相对人知道或者应当知道其超越权限外，该代表行为有效，订立的合同对法人或者非法人组织发生效力。（《民法典》第 504 条）

如果相对方善意不知情，则构成表见代表，该合同约束法人。如果相对方恶意知情，则属于越权行为，该合同不能直接约束公司。

例1：【越权行为之对方知情】甲公司法定代表人唐某未经董事会决议便以公司名义与乙公司签订采购价值 100 万元电脑的合同，根据甲公司章程规定，唐某签订 50 万元以上合同，应经董事会决议。乙公司对此知情。则甲乙公司合同效力如何？该合同不能直接约束甲公司。

例2：【越权行为之对方不知情的"表见代表"】甲公司法定代表人唐某未经董事会决议便

以公司名义与乙公司签订采购价值 100 万元电脑的合同，根据甲公司章程规定，唐某签订 50 万元以上合同，应经董事会决议。乙公司对此不知情。则甲乙公司合同效力如何？①有效。②因为唐某的行为构成表见代表，为保护乙公司善意信赖和交易安全，该合同对甲公司发生效力。

例 3：【越权担保之对方知情"担保合同无效"】唐某向银行借款 100 万元，由甲公司法定代表人越权提供担保，银行知情，则该担保合同是否有效？①无效。②如果该担保合同有效，则唐某无力还款，故甲公司要承担担保责任，向银行还款 100 万。而后再向唐某追偿，则此时唐某无力还款，所以甲公司追偿失败，成为一个"无法实现债权"的债权人。③反过来观察，即甲公司给了银行 100 万元，银行给了唐某 100 万元，最后 100 万元被唐某花光，这实质上是"甲公司将利益输送到了唐某"，势必侵犯甲公司股东利益。

> 秒杀：法定代表人对外越权担保，本质是"送钱"，"慷公司之慨"，债权人知情则无效，债权人不知情则有效。

> 问 1：公司法定代表人越权对外提供担保如何处理？
> ①《担保制度解释》第 7 条，"公司的法定代表人违反公司法关于公司对外担保决议程序的规定，超越权限代表公司与相对人订立担保合同，人民法院应当依照民法典第六十一条和第五百零四条等规定处理：
> （一）相对人善意的，担保合同对公司发生效力；相对人请求公司承担担保责任的，人民法院应予支持。
> （二）相对人非善意的，担保合同对公司不发生效力；相对人请求公司承担赔偿责任的，参照适用本解释第十七条的有关规定。
> 法定代表人超越权限提供担保造成公司损失，公司请求法定代表人承担赔偿责任的，人民法院应予支持。
> 第一款所称善意，是指相对人在订立担保合同时不知道且不应当知道法定代表人超越权限。相对人有证据证明已对公司决议进行了合理审查，人民法院应当认定其构成善意，但是公司有证据证明相对人知道或者应当知道决议系伪造、变造的除外。"
> ②《担保制度解释》第 17 条，"主合同有效而第三人提供的担保合同无效，人民法院应当区分不同情形确定担保人的赔偿责任：
> （一）债权人与担保人均有过错的，担保人承担的赔偿责任不应超过债务人不能清偿部分的二分之一；
> （二）担保人有过错而债权人无过错的，担保人对债务人不能清偿的部分承担赔偿责任；
> （三）债权人有过错而担保人无过错的，担保人不承担赔偿责任。
> 主合同无效导致第三人提供的担保合同无效，担保人无过错的，不承担赔偿责任；担保人有过错的，其承担的赔偿责任不应超过债务人不能清偿部分的三分之一。"

> 问 2：为什么法定代表人越权担保行为要区分相对方善意或者恶意？①《九民纪要》第 17 条【违反《公司法》第 16 条构成越权代表】为防止法定代表人随意代表公司为他人提供担保给公司造成损失，损害中小股东利益，《公司法》第 16 条对法定代表人的代表权进行了限制。②根据该条规定，担保行为不是法定代表人所能单独决定的事项，而必须以公司股东（大）会、董事会等公司机关的决议作为授权的基础和来源。③法定代表人未经授权擅自为他人提供担保的，构成越权代表，人民法院应当区分订立合同时债权人是否善意分别认定合同效力：债权人善意的，合同有效；反之，合同无效。

问3：如何认定相对方是善意还是恶意？《九民纪要》第18条【善意的认定】前条所称的善意，是指债权人不知道或者不应当知道法定代表人超越权限订立担保合同。①《公司法》第16条对关联担保和非关联担保的决议机关作出了区别规定，相应地，在善意的判断标准上也应当有所区别。②一种情形是，为公司股东或者实际控制人提供关联担保，《公司法》第16条明确规定必须由股东（大）会决议，未经股东（大）会决议，构成越权代表。在此情况下，债权人主张担保合同有效，应当提供证据证明其在订立合同时对股东（大）会决议进行了审查，决议的表决程序符合《公司法》第16条的规定，即在排除被担保股东表决权的情况下，该项表决由出席会议的其他股东所持表决权的过半数通过，签字人员也符合公司章程的规定。③另一种情形是，公司为公司股东或者实际控制人以外的人提供非关联担保，根据《公司法》第16条的规定，此时由公司章程规定是由董事会决议还是股东（大）会决议。无论章程是否对决议机关作出规定，也无论章程规定决议机关为董事会还是股东（大）会，根据《民法典》第61条第3款关于"法人章程或者法人权力机构对法定代表人代表权的限制，不得对抗善意相对人"的规定，只要债权人能够证明其在订立担保合同时对董事会决议或者股东（大）会决议进行了审查，同意决议的人数及签字人员符合公司章程的规定，就应当认定其构成善意，但公司能够证明债权人明知公司章程对决议机关有明确规定的除外。④债权人对公司机关决议内容的审查一般限于形式审查，只要求尽到必要的注意义务即可，标准不宜太过严苛。公司以机关决议系法定代表人伪造或者变造、决议程序违法、签章（名）不实、担保金额超过法定限额等事由抗辩债权人非善意的，人民法院一般不予支持。但是，公司有证据证明债权人明知决议系伪造或者变造的除外。

问4：什么情况下越权担保对公司有效？《担保制度解释》第8条，"有下列情形之一，公司以其未依照公司法关于公司对外担保的规定作出决议为由主张不承担担保责任的，人民法院不予支持：

（一）金融机构开立保函或者担保公司提供担保；

（二）公司为其全资子公司开展经营活动提供担保；

（三）担保合同系由单独或者共同持有公司三分之二以上对担保事项有表决权的股东签字同意。"

③法定代表人多重身份签订合同的区分判断 = 同一法定代表人可能有多重身份。比如唐某是甲公司法定代表人，还可能是乙公司法定代表人，他还可能是他自己。他到底是谁，取决于其对外是以谁的名义签订合同。如以甲公司名义签订合同，则甲公司承担责任；如以乙公司名义签订合同，则乙公司承担责任；如以自己名义签订合同，则唐某自己承担责任。

例：【大老板与公司连带】甲公司和乙公司签订了《货运代理合同》，第四条约定："乙公司法定代表人对乙公司支付货运代理费承担连带责任。"乙公司法定代表人李红在合同尾部签字。后双方发生纠纷，甲公司起诉乙公司，并要求此时乙公司的法定代表人李蓝承担连带责任。李蓝是否需要承担连带责任？①否。②李红签字在合同上有双重含义，他既代表乙公司签字，该合同由乙公司承担责任；他还代表他自己签字，李红要对乙公司支付货运代理费义务承担约定的连带责任。③基于合同相对性，新任法定代表人李蓝无须承担任何责任。

④"认人不认章"规则：法定代表人使用公司假章签订合同，法院不看章真假，而看法定代表人是否具有代表权。

问：什么是认人不认章规则？《九民纪要》41.【盖章行为的法律效力】司法实践中，有些公司有意刻制两套甚至多套公章，有的法定代表人或者代理人甚至私刻公章，订立合同时恶意加盖非备案的公章或者假公章，发生纠纷后法人以加盖的是假公章为由否定合同效力的情形并不鲜见。人民法院在审理案件时，应当主要审查签约人于盖章之时有无代表权或者代理权，从而根据代表或者代理的相关规则来确定合同的效力。

法定代表人或者其授权之人在合同上加盖法人公章的行为，表明其是以法人名义签订合同，除《公司法》第16条等法律对其职权有特别规定的情形外，应当由法人承担相应的法律后果。法人以法定代表人事后已无代表权、加盖的是假章、所盖之章与备案公章不一致等为由否定合同效力的，人民法院不予支持。

代理人以被代理人名义签订合同，要取得合法授权。代理人取得合法授权后，以被代理人名义签订的合同，应当由被代理人承担责任。被代理人以代理人事后已无代理权、加盖的是假章、所盖之章与备案公章不一致等为由否定合同效力的，人民法院不予支持。

（2）法定代表人实施侵权的法律效果：①法定代表人因执行职务造成他人损害的，由法人承担民事责任。②法人承担民事责任后，依照法律或者法人章程的规定，可以向有过错的法定代表人追偿。（《民法典》第62条）

例1：甲公司法定代表人丙在公司年会上对乙女实施了性骚扰，乙女要求甲公司承担侵权责任，该主张能否成立？①否。②丙是甲公司法定代表人，但其实施性骚扰的行为并非执行职务行为，故应由丙而非甲公司承担侵权责任。

例2：【上班撞人】甲公司法定代表人丙在驾驶汽车去公司上班的路上，撞伤了乙女，乙女要求甲公司承担侵权责任，该主张能否成立？①能。②丙是甲公司法定代表人，其驾驶汽车去上班，属于执行职务致人损害，应由甲公司而非丙承担侵权责任。

秒杀：区分法定代表人实施的侵权行为，是否由公司承担侵权责任，关键看法定代表人是否在执行职务过程中致人损害。

（四）法人的分支机构

1. 法人分支机构以自己的名义从事民事活动，产生的民事责任由法人承担；也可以先以该分支机构管理的财产承担，不足以承担的，由法人承担。（《民法典》第74条）

例：【"天地会分舵"】甲公司总部设立在深圳，为拓展业务，其在北京依法设立甲分公司并领取营业执照。甲分公司以自己名义与乙公司买卖发电机合同，收货后届期未支付价款。乙公司诉至法院。如何评价分支机构的法律地位？①甲分公司是甲公司的分支机构，虽然没有民事权利能力，不能独立承担责任，但是可以自己名义对外签订合同，由甲公司负责。②甲分公司依法设立并领取营业执照，属于《民诉法》中的"其他组织"，具有诉讼权利能力，故列甲分公司为被告。

问1：法人分支机构在民法上和在民诉法上的法律地位有何差异？❶前者不是"人"，后者是"人"。❷民法上，法人分支机构，不是一个独立的民事主体，它只是法人对外拓展业务的一个机构，不具有民事权利能力。❸民诉法上，依法领取营业执照并且登记的法人分支机构，可以作为当事人参加诉讼，具有民事诉讼权利能力。

问2：法人机构与法人分支机构有何差异？❶任何公司都必须有法定代表人（法人机构）；大公司才会有分公司（法人分支机构）。❷法人机构是法人组成部分，强调的是他属于法人的内部治理问题，是每个法人构造必须具有的组成部分，即每个法人都必须有法人机构比如法定代表人。❸法人分支机构是法人为扩展业务而设立的部门，强调的是他属于法人的业务拓展方式，不是每个法人都有在全国拓展业务的需要，即不是每个法人都有分支机构比如大公司才有分公司。

2. 公司的分支机构未经公司股东（大）会或者董事会决议以自己的名义对外提供担保，相对人请求公司或者其分支机构承担担保责任的，人民法院不予支持，但是相对人不知道且不应当知道分支机构对外提供担保未经公司决议程序的除外。（《担保制度解释》第 11 条第 1款）

> 秒杀：分公司对外担保，相对方形式审查"决议"。

（五）法人的设立、合并与分立

1. 法人的设立

（1）设立人为了设立法人，以正在设立中的法人名义从事民事活动：①法人成立的，由法人承受法律后果。②法人未成立，由设立人承担法律后果，设立人为 2 人以上的，享有连带债权，承担连带债务。（《民法典》第 75 条）

例：【创业公司名义】 唐某与方某一起创业，以设立中甲公司名义与乙公司签订租赁办公设备的合同。届期未支付租金，乙公司向谁主张租金？①如甲公司成立，由甲公司支付租金；②如甲公司不成立，由唐某、方某就支付租金义务承担连带责任。

> 原理：为什么以创业公司名义签订合同，成功由创业公司承担，失败由全体设立人一起负连带？①因为合同是为了设立法人，即为了创业公司利益，在合同签字的就是创业公司，故创业公司是当事人，相对方乙公司对此完全知情。②如果创业公司设立，坚持相对性，由创业公司承担责任。③如果创业公司失败，则找不到合同签字相对人，故将全体设立人抓起来承担连带责任。

（2）设立人为设立法人而以自己名义从事民事活动：①法人成立的，第三人有权选择请求法人或设立人承担民事责任，选择之后不得变更。②法人未成立，由设立人承受法律后果。

例：【创业者名义】 唐某与方某一起创业拟设立甲社会团体法人，以唐某自己名义与乙公司签订租赁办公设备的合同。届期未支付租金，乙公司向谁主张租金？①如甲社会团体法人成立，则乙公司可选择要求甲社会团体法人或者唐某支付租金，选择之后不得变更。②如甲社会团体法人未成立，则乙公司可要求唐某支付租金。不能要求唐某、方某承担连带责任，因为连带责任是比较重的责任，无法律明确规定或者当事人约定，则不能适用连带责任。

> 原理：为什么以设立人个人名义签订合同，成功后对方可以选择，失败后对方只能要求签字的设立人承担责任？①因为在合同上签字的是设立人个人，故该个人是当事人，合同相对方不会知道设立人是为创业而签约。②如果设立成功，相对人有选择权，这突破了合同相对性。③如果设立失败，则相对人只能要求签字的设立人个人承担责任。

> 记忆：个人 - 成功 - 选择。其他该咋地咋地。

2. 法人的合并与分立

法人合并的，其权利和义务由合并后的法人享有和承担。法人分立的，其权利和义务由分立后的法人享有连带债权，承担连带债务，但是债权人和债务人另有约定的除外。（《民法典》第 67 条）

例：【合并分立】 甲公司与乙公司合并为丙公司；或者甲公司分立为乙公司和丙公司。丁公司是甲公司债权人。①在合并甲乙公司情形，丁公司可要求丙公司履行债务；②在甲公司分立情形，丁公司可要求乙公司和丙公司承担连带责任。

二、非法人组织

（一）非法人组织的性质

不具有法人资格，可以该组织名义参加民事活动，但无独立民事责任能力的组织。**非法人组织的财产不足以清偿债务的，其出资人或者设立人承担无限责任。**（《民法典》第 102、104 条）

> 秒杀：需要先穷尽非法人组织的财产，不足清偿，才由出资人或设立人承担责任。

（二）非法人组织的种类

1. 个人独资企业。是指依法在中国境内设立，由一个自然人投资，财产为投资人个人所有，投资人以其个人财产对企业债务承担无限责任的经营实体。个人独资企业财产不足以清偿债务的，投资人应当以其个人的其他财产予以清偿。

例：【个人独资企业亏了】甲设立了 S 个人独资企业。为扩大经营规模，S 企业向丙借款 200 万元届期未还，对此甲应如何承担责任？甲仅于 S 企业财产不足以清偿债务时以个人其他财产予以清偿。

2. 合伙企业。合伙企业是指由各合伙人订立合伙协议，共同出资，共同经营，共享有收益，共担风险，并对企业债务承担无限连带责任的营利性组织。

> 问：什么是无限连带责任？所谓无限，是合伙企业债务要牵连到合伙人；所谓连带，是合伙人与合伙人之间是连带的关系。

（1）合伙企业分为普通合伙企业（全体合伙人对合伙企业债务承担无限连带责任）和有限合伙企业（部分合伙人对合伙企业债务承担无限责任，部分合伙人对合伙企业债务承担有限责任）。

（2）合伙企业对其债务，应先以其全部财产进行清偿。合伙企业不能清偿到期债务的，合伙人承担无限连带责任。

例：【合伙亏本】甲企业是由自然人安琚与乙企业（个人独资）各出资 50% 设立的普通合伙企业，欠丙企业货款 50 万元，由于经营不善，甲企业全部资产仅剩 20 万元。现所欠货款到期，相关各方因货款清偿发生纠纷，怎么处理？①欠款应先以甲企业的财产偿还，不足部分由安琚与乙企业承担无限连带责任。②就乙企业对丙企业的应偿债务，乙企业投资人承担无限连带责任。

3. 不具有法人资格的专业服务机构。主要指不具有法人资格的律师事务所、会计师事务所。

第四章　民事法律行为

本章要介绍的内容是民事法律行为，下面这个例子就涉及到对民事法律行为的分类：甲抛弃一台电脑，乙捡拾后出卖给丙。丙买得后将其作为出资与丁达成设立公司的协议。公司设立后，公司决议将该电脑出租给戊。问：有哪些民事法律行为？

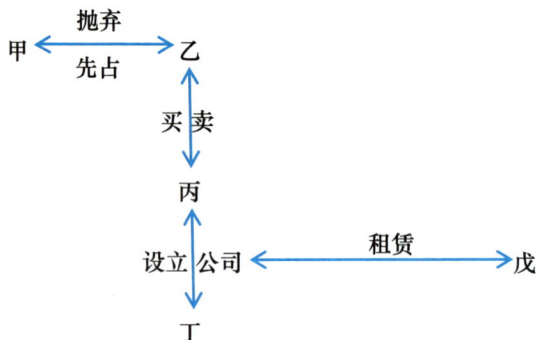

```
              抛弃
        甲 ←————————→ 乙
              先占
                       ↕ 买 卖

                       丙
                       ↕
        设立 公司 ←——————租赁——————→ 戊

        丁
```

答：（1）甲抛弃的单方法律行为。（2）乙先占无主物，乃事实行为，不是民事法律行为。（3）乙、丙买卖的双方法律行为。（4）丙、丁设立公司的多方法律行为，又称共同行为。（5）公司决议行为。（6）公司和戊出租的双方法律行为。

第一节　民事法律行为基础

原理：为什么说民事法律行为是意思自治的工具？①合同行为、抛弃行为、婚姻行为、遗嘱行为、收养行为以及公司决议，都表达了当事人追求发生一定私法上效果的意思，导致民事法律关系的变动，即在当事人之间形成民事权利义务关系。②这些行为中，都有一个共性点即"意思表示"，即当事人积极的追求发生一定私法上效果意思，所以说民事法律行为是私法自治的工具。

一、意思表示

将欲发生私法上效果的内心意思，表示于外部的行为。

（一）意思表示的构成

1. 意思表示的主观要件：目的意思和效果意思。（《民法典》第472条）

（1）目的意思：指明民事法律行为具体 内容 的意思要素。聚焦的是表意人的意思内容，需要完整，如果不完整，则不具备目的意思，故不构成意思表示，如买卖合同中的当事人、标的物和数量；如遗嘱中的立遗嘱人签名、被继承人、财产；如协议离婚中当事人、孩子、财产分割。

例：【买水果表态不明】甲在货摊上销售各种水果，乙表示要购买水果，但是没有明确需要购买什么水果，则因为内容不完整，乙的表意内容不完整，不具备目的意思，故乙的表态不构成意思表示。

（2）效果意思：表意人欲使其表示内容引起法律上效力的意思要素，当事人追求设立、变更、终止民事法律关系的意图。聚焦的是表意人追求将其意思内容发生法律拘束力。

例：【误以为订书单是签到本】方教授为推广新书《民法宝典》在大学开设讲座，在教室门口放置了订书单，对欲购买新书的读者进行登记，由读者签名。A因为迟到，误以为订书单是签到表，在订书单上签名，则欠缺效果意思，A的表意内容不构成意思表示。

例：【卖房要约的意思表示】唐某向温某发出要约（所谓要约，即希望和对方订立合同的意思表示，从字面理解就是"要"与你签"约"……），欲将坐落在北京市海淀区A小区A楼一单元101号房屋出卖给温某，温某收到后表示同意。如何分析要约的意思表示？①"出卖坐落在北京市海淀区A小区A楼一单元101号房屋"＝目的意思。②唐某期待一旦温某表示同意自己将受卖房合同约束＝效果意思。③要约的目的意思是要约中所包含的未来合同中的主要条款；要约的效果意思是要约人意欲订立合同的意思，即一经承诺即受合同拘束的意思。

2. 意思表示的客观要件：表示行为，所谓表示行为是指表意人将目的意思和效果意思表现于外部的行为。

（1）须足以让外界所接触理解。意思须发表，让人能知晓。表意人实施法律行为的目的是要与他人发生权利义务关系，如他人不知道表意人的意思，达不到自治自己事务的目的。

例：①我要买房。②我要用100万买你位于牛"叉"地的100平牛"叉"房。③我要把"我要用100万买你位于牛"叉"地的100平牛"叉"房"这个内容写进合同受其约束。④我在"该合同"（即前述③的全部内容）上已经签字（表示行为）了。上述4个意思各自是什么意思？①什么都不是。②有了目的意思。③有了目的意思和效果意思。④有了目的意思、效果意思和表示行为。

（2）表示行为的分类：❶明示（口头、书面）。❷默示（通过行为进行推定）：通过肢体语言推定作出了表示行为，比如打车时向出租车司机招手；比如向自动售货机扫码付款购买饮料。

（二）意思表示的发出、撤回和撤销

1. 意思表示的发出：表意人向意思表示受领人作出了意思表示，完成了一切为使意思表示生效所必须的行为。

（1）表意人的权利能力和行为能力，以意思表示发出时认定。

例：【立遗嘱】甲立遗嘱时，是无民事行为能力的成年人，待甲死亡时，甲又恢复了辨别能力，成为完全民事行为能力人。该遗嘱效力如何？①遗嘱无效。②因为甲作出意思表示的时候，不具有完全民事行为能力。（《民法典》第1143条）③反言之，甲立遗嘱时是完全民事行为能力人，待甲死亡时，甲失去了辨别能力，成为无民事行为能力人，但其遗嘱仍然有效，因为甲作出意思表示的时候，具有完全民事行为能力。

（2）意思表示发出后，表意人死亡、丧失行为能力或行为能力受限制的，其意思表示不因之失去效力。

例：【要约到达对方后要约人死亡】甲向乙发出卖房要约，乙收到后向甲发出同意买房的承诺时，甲已经死亡。该房屋买卖合同效力如何？①有效。②乙有权要求出卖人甲的继承人继续履行合同。③如果甲没有继承人或者继承人放弃继承遗产，则乙有权要求遗产管理人继续履行合同。

（3）**意思表示有无瑕疵（欺诈、胁迫、重大误解、乘人之危致显失公平），应以发出时点**

为准据。

例：【上错菜≠点错菜】唐某去餐馆点基围虾，餐馆下单基围虾，却将邻桌点的对虾给了唐某。唐某认为上错菜了可以白吃，未提示餐馆。唐某吃完对虾后，要求餐馆继续履行上一盘基围虾。本案意思表示是否发生重大误解？①否。②因为唐某点菜＝基围虾；餐馆下单基围虾。③上错菜属于合同履行不当，乃违约问题，而非意思表示出现瑕疵。④关于对虾问题，唐某构成不当得利。⑤关于基围虾问题，餐馆构成违约。

（4）意思表示的生效，以发出为前提，对未经发出的意思表示不得为承诺。

例：【外人截胡】甲到乙的办公室，见乙的桌上有一信件，载明愿承租甲的房屋，甲即对乙承诺，愿意出租该房屋。甲乙房屋租赁合同是否成立？①否。②因为乙愿意承租甲房屋的要约尚未发出，故甲没有承诺资格。③当然，甲发出的愿意出租房屋的"承诺"，属于"新要约"，这时轮到乙表态。④如乙表态同意承租，则其承诺与甲新要约意思表示一致，则房屋租赁合同成立。⑤如乙没表态或者拒绝，则房屋租赁合同不成立。

2. 意思表示的撤回：表意人对尚未生效的意思表示阻止其生效的意思通知。撤回意思表示的通知应当同时于或先时于意思表示达到相对人＝撤回成功。（《民法典》第141条）

例：【后发先至】甲向乙发出了出租房屋的1函即后悔，甲马上追加2函告知乙自己不愿意出租房屋，且1函作废。2函同时或早于1函到达乙。则1函还有效吗？①1函的意思表示被撤回。②因不会破坏乙的合理期待，故意思表示的撤回无须理由，只需要"后发先至或同时至"。

3. 意思表示的撤销：表意人对已经生效但未获承诺的意思表示发出撤销通知，以消灭其拘束力。（《民法典》第476）

（1）要约可以撤销。①撤销要约的意思表示以对话方式作出的，该意思表示的内容应当在受要约人作出承诺之前为受要约人所知道。②撤销要约的意思表示以非对话方式作出的，应当在受要约人作出承诺之前到达受要约人。（《民法典》第477）

例：【反悔有责】甲向乙发出了出租房屋的1函，1函已经到达了乙。甲后悔，向乙发出2函，2函在乙作出承诺之前到达乙。则1函还有效吗？①1函的意思表示被撤销。②因1函会破坏乙的合理期待，比如乙因相信1函而去备货或者寻找仓库等会遭受损失，故1函被撤销后，乙可向甲主张缔约过失责任。[1]

（2）要约不可撤销。①要约人以确定承诺期限或者以其他形式表明要约不可撤销。②受要约人有理由认为要约是不可撤销的，并已经为履行合同作了合理准备工作。（《民法典》第476）

例：【有期之约】甲向乙发出卖秋田犬的1函，明确希望乙在1周内答复。甲发出1函后即后悔，故向乙追加2函，要求撤回1函。是否可行？①可行。②"1周内答复"属于要约的有效期间，又称承诺期间。③只要甲追加2函"后发先至或同时至"，即可撤回1函。④如果1函已经到达了乙，则甲不得撤销1函，因为1函存在"承诺期限"。⑤如果乙在第10天答复称同意购买，则属于"过了承诺期限"作出的承诺，属于"新要约"，接下来就看甲是否同意。如甲同意，则买卖合同成立；如甲不同意，则买卖合同不成立。

---

〔1〕 缔约过失责任：缔结合同过程中，一方过错导致合同不成立、无效、被撤销等情形，导致对方信赖利益损害，对方可要求有过错一方承担缔约过失责任。本例即一方过错导致合同不成立情形。所谓信赖利益即相信合同能够有效成立能够获得的利益。

（三）无相对人的意思表示和有相对人的意思表示

1. 无相对人的意思表示：无须向相对人作出意思表示，自己完成即可。

（1）无相对人的意思表示，**表示完成时生效**。如抛弃动产所有权的行为，抛弃完成时生效。（《民法典》第138条）

例：【抛弃物品】甲托乙将其旧手表放在分类垃圾箱的"可回收"类垃圾箱中，乙将手表投放垃圾箱后，又将该表捡回。某日，甲见乙戴该表，要求乙返还手表。<u>甲的主张能否成立？</u>①否。②甲托乙抛弃动产所有权的行为，在乙完成抛弃行为时，抛弃即发生法律效力，该手表成为无主物，乙可"先占"取得所有权。③如果乙在没有完成抛弃行为时，将手表占为己有，则因抛弃行为尚未完成，故甲仍然是手表物权人，可要求乙返还手表。

（2）法律对无相对人意思表示的生效时间另有规定的，依照其规定。如遗嘱行为（遗嘱继承＝通过遗嘱将个人财产分配给法定继承人；遗赠＝通过遗嘱将个人财产分配给法定继承人之外的人），在立遗嘱人死亡时生效。（《民法典》第1121条）

例：【遗赠图书】孙某临终前在日记中写道：若离人世，愿将个人藏书赠与好友王某，王某对此毫不知情。孙某死亡时，继承人分遗产时，王某对藏书提出主张。众法定继承人认为遗嘱没有生效，因为王某不知情。<u>该主张能否成立？</u>①否。②孙某将个人财产立遗嘱给法定继承人之外的人，这属于遗赠。③遗赠乃无相对人意思表示，该意思表示无须向受遗赠人表示，在立遗嘱人死亡时发生效力。

（3）无相对人意思表示解释：不能完全拘泥于所使用的词句（因为这里不存在相对人的交易安全和善意信赖保护问题），而应当结合相关条款、行为的性质和目的、习惯以及诚信原则，确定行为人的真实意思。（《民法典》第142条）

例：【送"酒"】小说家甲颇爱喝酒，平时常用"酒窖"指代其"藏书"。甲立下遗嘱，将其"酒窖"给小说家乙。经查，甲并无酒窖。<u>甲的遗嘱是否有效？</u>①是。②因为遗嘱属于无相对人意思表示，不能拘泥于字面含义解释该遗嘱，而应探求立遗嘱人的真实意思表示，故乙有权基于遗赠受赠甲的"藏书"。

2. 有相对人的意思表示：指表意人应向相对人为意思表示。又可分为对特定的人的意思表示和对不特定人的意思表示。

（1）对特定人的意思表示是指意思表示的对象是特定的，如要约和承诺。该意思表示生效时间点：①对话＝了解主义。②非对话＝到达主义。③电子签约：第一，收件人指定接收邮箱＝到达主义。第二，收件人未指定接收邮箱＝了解主义。（《民法典》第137条）

例：【电子签约】甲向乙发出电子邮件，欲出卖手表，乙有多个收件箱，未明确告知甲应发向哪个邮箱。甲将该邮件发送到乙的收件箱1。则甲出卖手表的要约何时生效？乙点击收件箱1时，乙才了解甲的要约，故此时甲的要约生效。

（2）对不特定人的意思表示是指意思表示的对象是不特定的，如悬赏广告（悬赏人以公开方式声明对完成特定行为的人支付报酬的，完成该行为的人可以请求其支付）。该意思表示生效时间点：以公告方式作出的意思表示，公告发布时生效。（《民法典》第139条）

例1：【悬赏广告】甲手机丢失后发布寻物启事称："拾得者送还手机，本人当面酬谢"。出租司机乙将手机送还甲，要求甲支付适当报酬，甲以出租司机拾得乘客物品有义务归还为由拒绝。<u>甲的理由是否成立？</u>①否。②乙拾得遗失物负有将遗失物归还失主的义务。③但甲发布悬赏广告，自广告意思表示发布时发生效力，故甲应向乙支付报酬。④这体现了"物债"两分思维，即乙向甲归还遗失物是物权返还问题，即使不存在悬赏广告，乙也应当返还拾得的遗失物。甲向乙支付报酬是悬赏广告之债的问题，只要乙完成了特定行为，甲就应支付报酬。

> 原理：悬赏广告是单方允诺？还是要约？（1）所谓单方允诺，即单方意思表示就发生债的约束力，即悬赏广告发布人一旦发出广告，即受其约束，不考虑对方意思表示。（2）所谓要约，即希望对方接受自己意思表示，要考虑对方意思表示，待对方承诺后合同才成立。（3）如果将悬赏广告定性为单方允诺，利在解决下列难题：①如果孩子拾得遗失物，虽然孩子没有承诺的行为能力，但是仍然可以主张悬赏报酬；②如果大人不知道有悬赏广告而归还拾得物，仍可主张悬赏报酬。弊在于需要增加一个法条即法条明确悬赏广告是一个单方允诺债，单独规定。（4）如果将悬赏广告定性为要约，利在通过合同编的要约搞定，不需要新增专门规定"一个单方允诺"的法条；弊在需要对前述2情形进行单独解释，即孩子可以主张报酬，以及不知悬赏广告的成年人仍可主张报酬。（5）学说不存在优劣，关键在于我们如何去解释现实生活。基本原则是：结论不能违反日常经验法则。（6）法考大纲将悬赏广告界定为签订合同的一种方式，故采用的是"要约说"。

例2：【自动售货机】甲在某大学摆设饮料自动贩卖机，乙投入两枚硬币购买了一罐咖啡，咖啡出来后，两枚硬币因机器故障跳出。乙见四处无人，乃取两枚硬币放入口袋。<u>如何评价甲乙订立合同的过程？</u>①甲摆设自动贩卖机的行为属于要约。②乙投币购买咖啡的行为属于承诺。③甲乙咖啡买卖合同已经成立并生效，双方履行完毕。④乙将两枚硬币放入口袋的行为构成不当得利，即没有法律根据取得他人利益，导致他人受损，且获益和损失之间存在因果关系。⑤甲有权请求乙返还该两枚硬币。

例3：【移动公司活动】中国移动甲分公司推出"充话费、送话费＋抽奖"活动，并将该活动的具体内容以宣传栏的形式在营业厅展示。<u>甲公司的活动属于用什么方式作出的意思表示？</u>①以公告方式做出的意思表示。②自公告发布时该意思表示发生效力。③所谓公告方式，是指通过报纸刊登、广告栏张贴、广播电视传播以及互联网发布等公共媒介形式发布意思表示。

（3）有相对人意思表示解释：应当优先按照所使用的词句（文义解释）（因为这里存在交易相对人交易安全和善意信赖保护问题），后结合相关条款（整体解释）、行为的性质和目的（目的解释）、交易习惯以及诚实信用原则，确定意思表示的含义。（《民法典》第142条）

例：【文化人借钱】2003年甲向乙借款3000元，借据中有"借期一年，明年十月十五前还款"字样，落款时间为"癸未年九月二十日"。后来二人就还款期限问题发生争执，法院查明"癸未年九月二十日"即公元二〇〇三年十月十五日，故认定还款期限为二〇〇四年十月十五日。<u>法院运用了哪几种合同解释规则？</u>①文义解释。法院查明，"癸未年九月二十日即公元二〇〇三年十月十五日"，这一结论来自字面解释，查万年历就可以得出来。②整体解释（又称体系解释）。"故认定还款期限为二〇〇四年十月十五日"，这一结论来自"借期一年……"＋"落款时间……"上下文结合起来理解所得出，基于合同各个条款组合得出的解释结论，故使用了整体解释规则。

（四）明示的意思表示和默示的意思表示（《民法典》第140条）

1. 明示的意思表示：使用直接通过口头或文字形式实施的表示行为，如口头、书面、公告等形式。

2. 默示的意思表示：默示所含意思，需要通过推理手段才能理解其意思表示。如租赁合同届满，承租人继续交付租金并为出租人接受，便可推知其表示要延展租赁期间。

3. 沉默只有在法律有规定、当事人有约定或者符合当事人之间的交易习惯允许时，才可视为意思表示。

例：【合同变更不代表放弃主张违约责任】 甲先同意卖 1 号房给乙，乙同意付全款购买。后甲却将 1 号房出卖并过户给了丙。甲和乙讲，同小区还有 2 号房可卖给乙，乙同意购买 2 号房，并在原合同文本上将房屋信息修改替换。因 2 号房价格较高，乙需要贷款。后政府出台贷款调控政策导致乙不具备贷款资格。则乙诉求甲承担未能履行 1 号房买卖合同中的违约责任，能否得到支持？①能。②因为同意变更合同有明示意思表示。③但并无放弃诉卖方违约责任的意思表示。④买方对此"沉默"，不能当做买方放弃诉卖方的违约责任。

以下表格"小白"待阅读全书后再回顾，此处先行跳过	
沉默＝同意	**沉默＝拒绝**
继承中内人没表示＝同意继承	继承中外人没表示＝不要受遗赠
试用买卖试用期届满试用人不作表示＝同意购买	对方催告爸爸妈妈追认而后者未表示＝不追认
房东知道租户擅自转租 6 个月内未异议＝同意转租	对方催告被代理人追认而后者未表示＝不追认
	要约后受要约人未作出承诺＝不要要约

二、民事法律行为

民事主体通过意思表示设立、变更、终止民事法律关系的行为。

问：如何区分情谊行为、事实行为和民事法律行为？甲考过法考后为表庆祝，故请乙吃饭。乙竭力劝酒导致甲酒精中毒受害，甲因为治疗花去 1000 元。甲乙之间达成赔偿协议，乙赔偿甲 250 元。①甲请乙吃饭，属于情谊行为。②乙竭力劝酒导致甲损害，属于侵权行为（事实行为）。③甲乙达成赔偿协议，这属于合同，乃双方民事法律行为。④情谊行为在当事人之间不发生私法上效果。⑤事实行为和民事法律行为在当事人之间都发生私法上效果，但是事实行为发生私法上效果是基于法律规定，而不考虑当事人是否追求这一效果的发生，比如本案的侵权行为导致侵权法律关系发生，侵权赔偿的项目、每个赔偿项目的具体数额都是由法律明确规定的，既然是法律明确规定的，也就谈不上由当事人自己去积极追求这一效果的发生了。⑥民事法律行为发生私法上效果是来源于当事人的积极追求，所以我们说民事法律行为是私法自治的工具，民法上所讲的"意思自治为王"，尊重当事人的意思安排，就是民事法律行为的应有之义。

秒杀：事实行为无意思表示、民事法律行为有意思表示。事实行为不适用行为能力制度、民事法律行为适用行为能力制度。事实行为不存在效力评价，不存在有效或者无效问题；民事法律行为则存在效力评价，存在有效、无效、可撤销、效力待定的情形。

（一）单方、双方、多方和决议的民事法律行为（根据意思表示数量区分）

1. 单方民事法律行为：（1）仅由一方意思表示就能成立的民事法律行为。（2）常见的如抛弃动产所有权的行为（你抛弃你的手表自己做主，不需要其他人同意）、免除债务的行为（你放弃债权你自己做主，不需要其他人同意）、授予代理人代理权限的行为（你给代理权给他你自己做主，不需要他同意）、订立遗嘱的行为（你订立遗嘱你自己做主，不需要其他人同意）、选择之债行使选择权的行为（你选择什么你做主，不需要债务人同意）、抵销债务的行为（彼此欠钱到期你说抵销不需要对方同意）、对效力待定合同进行追认的行为（参见"效力待定民事法律行为"部分）、撤销因受胁迫而缔结婚姻的行为（参见"婚姻编"）、解除合同的行为（参见"合同编"）。

原理1：为什么一个人可以说了算？①要么该行为仅涉及自己权利的处分，比如抛弃一个手表，比如抛弃一个债权。②要么该行为仅使相对方取得权利而不承担义务，比如授予代理人代理权，比如立遗嘱将财产赠给他人。③要么该行为是依照法律规定享有，比如依照法律规定享有的解除权而解除合同。④要么该行为是依照当事人约定享有，比如依照当事人约定享有的解除权而解除合同。以上种种，皆有其正当性。

原理2：单方法律行为与形成权是什么关系？①单方法律行为是单方意思就成立的民事法律行为，是从民事法律事实角度观察，是事实。②形成权是权利人单方意思就可以使得民事法律关系发生变动的一种权利，是从民事权利的功能角度观察，是权利。③两者不是同一个层面和角度的问题。④有的单方行为是形成权的行使，比如解除合同的行为。⑤有的单方行为不是形成权的行使，比如抛弃手表所有权。⑥<u>将这两个概念作区分实在没有必要，因为考试不会考，因为考生经常有这么个疑问，故此处阐明之。</u>⑦单方民事法律行为＞形成权。因为立遗嘱、抛弃是单方民事法律行为，但不是形成权。

秒杀一句话：立遗嘱是单方行为，但不是行使形成权。解除合同是单方行为，也是行使形成权。

原理3：单方法律行为与无相对人意思表示的区别是什么？①单方法律行为属于民事法律事实中人的行为，其构成要件包括主体、意思表示和内容。因此，意思表示是单方法律行为的构成要件之一。②无相对人意思表示仅仅是描述意思表示。③单方法律行为中的意思表示，可能是有相对人意思表示，如解除合同的行为；也可能是无相对人意思表示，如抛弃行为。

2. 双方民事法律行为：（1）须双方"意思表示一致"才能成立的民事法律行为。（2）常见的是合同行为，所谓"合同"就是"合"在一起的两个意思表示相"同"的地方，就是"合同"。

例：【赠与须你情我愿】甲欠乙500元到期未还，丙替好友甲向乙还了500元。丙对甲说："这500元送你了"。甲对丙讲，"我一定会还你500元"。甲向丙付了250元后，双方交恶。甲要求丙退250元，丙要求甲支付另外250元。<u>谁的主张能成立？</u>①丙。②丙向甲发出了赠与的意思表示，<u>甲拒绝，丙的意思与甲的意思"合"在一起，没有相"同"，</u>故双方的赠与合同并未成立。③赠与合同属于双方民事法律行为，故丙有权要求甲支付另外的250元。

原理：为什么民事法律行为的分类与合同的分类那么像？比如有偿民事法律行为与无偿民事法律行为，对应的是有偿合同和无偿合同。比如诺成民事法律行为与实践民事法律行为，对应的是诺成合同和实践合同。①因为民事法律行为中的核心要素是意思表示。②"意思表示"是将单方、双方、多方、决议抽取出来的"公因式"。③但是，单方民事法律行为在现实生活中占比毕竟比较少，而多方法律行为和决议也占比不多。就剩下双方民事法律行为（也就是合同）在实务中占比比较大。④所以当我们在对民事法律行为进行分类时，不经意间就成了对合同的分类。⑤还比如要式民事法律行为与不要式民事法律行为，对应的是要式合同和不要式合同。

3. 多方民事法律行为：（1）两个或两个以上共同的意思表示一致而成立的民事法律行为。"共同行为"，要求多个意思表示完全重合。（2）如设立公司的协议。

问："合同"与"协议"有什么区别？❶合同仅指双方民事法律行为。❷协议则可以包括双方民事法律行为，也可以包括多方民事法律行为。❸所以，当协议是双方民事法律行为时，则协议与合同是同义的；❹当协议是多方民事法律行为时，则协议与合同是不同的。

4. 决议的民事法律行为：（1）又称组织内部行为，是指社团组织成员依照一定规则（多数决）实施的多方民事法律行为，如股东会、董事会决议、小区业主建筑物区分所有权中业主大会决议等。（2）决议主要发生于社团内部，不直接产生对外法律效果。（3）不是意思表示全部平行的合致，而是多数平行的合致，但其对没有表示同意的表决成员也具有约束力。

> 秒杀：常见决议有，合伙的一致决、公司的多数决、业主的建筑物区分所有权管理的多数决、共有（共同共有的一致决；按份共有的2/3多数决）。

辨析意思表示与民事法律行为的区别	主体	生效要件	生效时间
意思表示	1方意思表示	意思表示是民事法律行为的组成部分	①对话意思表示 = 了解主义；②非对话意思表示 = 到达主义；③无相对人意思表示 = 完成主义；④公告意思表示 = 公告发布
民事法律行为	①1个意思表示如单方民事法律行为；②2个意思表示如双方民事法律行为；③多个意思表示如多方民事法律行为。	民事法律行为生效要件包括当事人具有相应行为能力、意思表示真实和内容合法	①单方民事法律行为 = 意思表示作出时；②双方或多方民事法律行为 = 各意思表示一致；③决议行为 = 依法或章程规定程序和方式才成立生效

（二）有偿行为和无偿行为（根据当事人是否要付出对价区分）

1. 有偿行为：双方当事人各因给付而取得对价利益的行为。如买卖合同、租赁合同等。所谓对价或对价利益，是按市场法则判断当事人在交易中各得其所，而不是按观念判断的绝对均等。

2. 无偿行为：当事人约定一方当事人履行义务，对方当事人不给予对价利益的行为。如赠与合同、借用合同等。

财产性双方行为	主体要求	合同类型	意思表示瑕疵效力	承担法律责任要件
有偿行为	完人	有的合同可以有偿可以无偿：保管合同、委托合同。从约定。	有偿行为，才可能存在因乘人之危致显失公平等意思表示有瑕疵	当事人负担义务属于取得对价利益的给付，有一般过失时就要承担责任
无偿行为	限人纯获利益行为有效	有的合同只能无偿：赠与合同、借用合同	无偿行为本身就是没有对价给付的，不存在因乘人之危致显失公平问题	因义务人不获对价，承担赔偿责任通常以重大过失为要件，如无偿保管人证明自己无重大过失，不承担赔偿责任

（三）诺成行为和实践行为（根据意思表示之外是否需要交付标的物为区分标准）

1. 诺成行为：当事人一方意思表示一旦经对方同意即可成立的行为，不以标的物的交付为要件。"一诺即成"。

2. 实践行为：又称"要物行为"，除当事人意思表示一致之外，还需要交付标的物才能成立的民事法律行为。保管合同、定金合同、借用合同、自然人之间借款合同均为实践行为，又称实践性合同。

例1：【不能诉出借人交钱】唐某同意出借500元给温某，但未交付借款，温某诉至法院要求唐某交付500元，<u>能否获得支持？</u>否。因为唐某和温某签订的是自然人之间的民间借贷合同，属于实践性合同，唐某尚未交付500元，故借款合同不成立。温某要求唐某交付500元，没有合同依据。

例2：【履行合同不是实践行为】唐某和温某签订买卖A手机的合同，温某却将B手机交付给了唐某。<u>温某交付手机的行为，是否实践行为？</u>①否。②因为所谓实践行为，是除了双方当事人意思表示一致之外，还需要交付标的物才能成立的民事法律行为，即实践行为首先必须得是民事法律行为。③出卖人交付买卖合同项下手机的行为，是履行买卖合同的义务，是一个事实，并非民事法律行为。④本案双方签订的买卖合同，属于双方民事法律行为，乃诺成行为。

> 问：如何区分签约行为与履约行为？❶签约行为要观察意思表示，属于民事法律行为，是否有效，需要观察行为人是否有相应行为能力、意思表示是否真实、内容是否合法。❷履约行为不需要观察意思表示，属于事实行为，事实行为不存在是否有效问题。如果履约行为不符合约定，构成违约；符合约定，则不构成违约。履约行为不考虑行为能力、不考虑意思表示、也就不存在有效或无效的问题。❸因此，当我们问某双方法律行为是否有效时，必然问的是该签约行为，而不可能是问履约行为。履约行为不存在是否无效问题。❹有效的签约行为是有效民事法律行为，此后才存在评价履约行为是否符合约定，以此判断是否发生违约责任。因此，合同有效，是判断违约责任的前提。

> 秒杀：实践性合同记忆口诀，"保（保管合同）、定（定金合同）、用（借用合同）、钱（自然人之间借款合同）"。

（四）要式行为和不要式行为（根据法律行为是否必须采用特定形式作区分）

1. 要式行为：必须依照法律规定的形式实施的行为。比如立遗嘱，立遗嘱人必须严格依照继承编规定实施方能发生法律效力；比如结婚，婚姻当事人必须到民政部门办理登记方能发生法律效力。

2. 不要式行为：不拘形式的民事法律行为，即当事人可以自由决定行为的形式，只要该行为意思表示合法，行为即可生效。比如当事人签订买卖合同，不是必须采用书面形式。

（五）负担行为和处分行为（德国法的分类，帮助我们理解中国法"物债两分"的区分原则）

1. 负担行为：以发生债权债务为内容的民事法律行为，又称债权行为。负担行为是令义务人负担一项义务，是物权变动的原因。如房屋买卖合同。

2. 处分行为：直接使权利发生、变更或消灭的民事法律行为，又称物权行为。处分行为是针对一项既存权利的处分，是物权变动的结果。如基于房屋买卖合同而发生的房屋过户登记行为本身被视为一个民事法律行为（物权行为）。

例1：【德国法负担行为与处分行为】甲乙双方签订了房屋买卖合同，后甲将房屋过户给了乙，乙成为房屋所有权人。<u>从负担行为与处分行为角度怎么评价？</u>①甲乙签订的合同，这是负担行为，是转移房屋所有权的原因。②甲乙办理房屋过户手续，这是处分行为，是转移房屋所有权的结果，将房屋过户登记行为视为一个单独的民事法律行为。

例2：【德国法负担行为与处分行为】甲乙双方签订了电脑买卖合同，后甲将电脑交付给了乙，乙成为电脑所有权人。从负担行为与处分行为角度怎么评价？①甲乙签订的合同，这是负担行为，是转移电脑所有权的原因。②甲向乙交付电脑，这是处分行为，是转移电脑所有权的结果，将电脑交付行为视为一个单独的民事法律行为。

辨析负担行为与处分行为	效果	客体	处分权	公示	排他性
负担行为	产生债权法上效果，即产生请求权	不要求客体事先特定：比如可以就未来的羊签订买卖合同	无须有处分权	不要求公示	没有排他性，甲的1台电脑可以签订3个买卖合同（负担行为），这3份合同效力没有问题，尽管最终只有1份合同能够履行
处分行为	产生物权法上效果，即发生物权变动	要求处分的客体在处分前确定：比如转移羊的所有权必须1只羊1只羊的交付	要求处分人有处分权	要求公示	具有排他性，甲只能交付1次而转移电脑所有权（处分行为）

原理1：负担行为与处分行为的区分意义是有助于理解交易过程。①负担行为使人负担义务，仅具有相对效果。一个人可以承担任意多次义务，虽然他无法履行所有这些义务。②处分行为具有分配属性，其后果改变财物的归属，其效果可以对抗任何人。一个人仅能进行一次处分行为，因为一旦转让权利，就丧失了该项权利，不再具有处分权。③一个人可以多次出卖同一物（负担行为），出卖人对每一个买受人都负有转移物的所有权并交付物的义务，虽然他只有能力履行一次这样的义务。④这种区分对于理解现实生活中的交易过程颇有意义，特别是"一物多卖"的现象更容易得到解释。⑤比如就同1个电脑，签订了3个买卖合同（卖1、卖2、卖3），这3个买卖合同就是3个负担行为，就是让卖方负担交付电脑的义务，这叫"多重买卖"，多重买卖本身不影响合同效力即不会导致合同无效。但是，就电脑所有权转移而言，最后只有1个人可以获得所有权，因为卖方需要交付电脑给某1个买方，取得交付的人就取得电脑所有权。其他没有买到电脑的人可以诉卖方成立违反合同的违约责任。

原理2：负担行为与处分行为的存在形态。①既有负担行为也有处分行为，如甲乙签订买卖房屋的合同（该合同是负担行为），同时转移房屋所有权（该所有权转移是处分行为）。②仅有处分行为而无负担行为。如所有权抛弃。③只有负担行为而无处分行为，比如雇佣。

原理3：负担行为与处分行为的有限功能。①负担行为和处分行为不能囊括所有的民事法律行为。比如撤销、解除等形成权的行使行为虽然是民事法律行为，但其标的并不是权利义务本身，因此难以归入负担行为或处分行为的分类中去。②负担行为和处分行为仅仅是从一方当事人来定义的。负担行为是对义务人来说的，如从权利人角度，则是取得行为；处分行为是从处分权人角度来说，如从相对人角度，则相对人不存在所谓"处分"问题。

3. 中国法的"物债2分思维"：合同效力根据民事法律行为效力要件来判断；因为合同发生的物权变动（物权的设立、变更和消灭）则根据"基于法律行为物权变动来判断"。

> 问：什么是中国法的物债2分思维？区分原则意思是将合同效力与物权变动进行区分，合同效力依据合同规则来处理。物权变动依据物权规则来处理。

例：甲乙签订房屋（不动产）买卖合同、甲乙签订电脑（动产）买卖合同，甲过户了房屋（或交付了电脑）给乙，乙支付了价款（或未支付价款）。如何从"物债"2分角度观察这一现象？❶从合同层面（"债"）观察买卖合同的效力依据《民法典》第143条规定来处理。《民法典》第143条规定有效民事法律行为3要件包括："当事人有相应民事行为能力、意思表示真实、不违反法律、行政法规的强制性规定，不违背公序良俗"。❷从物权变动（"物"）观察物权变动（买方是否取得房屋或电脑），其规则需要遵循《民法典》物权编第215条（不动产物权变动）、第224条（动产物权变动）规定，看房屋是否办理了过户登记、手表是否完成了交付，不考虑乙是否支付价款（因为是否支付价款是乙的合同义务履行问题，不涉及物权变动）。❸在中国法视野下，没有把房屋过户登记、手表交付本身视为物权行为（不考虑意思表示），而是这么认为的：从合同角度看，他们是履行合同的行为；从物权角度看，他们是物权变动的"公示"方法。❹在中国法视野下，已经交付了手表、过户了房屋，但是买方尚未付款，物权角度看，所有权已经转移给了买方；从合同角度看，买方构成违约。这就是"物债2分"思维。

> 秒杀1：合同是双方民事法律行为，其有效需要具备《民法典》第143条规定的3要件，即当事人具有相应行为能力、意思表示真实、内容合法且不违反法律、行政法规的强制性规定、不违反公序良俗。（简称"143"）
>
> 秒杀2：基于合同发生的物权变动，需要具备3要件，行为人有处分权、法律行为即合同有效、完成公示。可见，合同有效是基于合同发生的物权变动3要件之一。（简称"基3"）
>
> 秒杀3：不动产登记、动产交付，在合同上属于合同履行行为；在物权上属于物权"公示"的方法。

第二节　有效民事法律行为

甲、乙双方在房屋买卖合同上已经签字，后房屋价格下跌，买房人甲要求退房。问：甲可否要求退房？答：不能。契约必守！有效民事法律行为是当事人的"法律"。

一、民事法律行为的成立

（一）有当事人 + 有意思表示 + 有内容 = 一般民事法律行为成立 = 民事法律行为客观上已经存在 = 事实判断

> 问1：张某与李某签订买卖妇女的合同，该合同成立了吗？①成立。②有当事人（有民事权利能力）、有意思表示、有内容。③合同成立是事实判断，不是价值判断，一个违法的合同成立了，是指"存在一个合同，且该合同违法"。
>
> 问2：A狗和B狗签订了买卖C狗的合同，该合同成立了吗？①不成立。②无当事人，无意思表示，无内容。

原理1：民事法律行为的成立3要件存在重复问题。①因为意思表示是表意人实施的将具有一定私法效果内容表达于外部的行为。②意思表示的概念已经包括了：主体、意思表示和内容。

原理2：区分合同不成立与合同无效的意义何在？①甲伪造乙的签名与丙签订合同（合同是一种民事法律行为，叫双方民事法律行为），乙丙之间合同不成立，因为乙没有意思表示参与。②类似的比如，公司未召开股东会即作出决议，该决议不成立，而非决议内容无效（决议是一种民事法律行为，但不是合同）。③合同无效的事由是法定的，是一个合同成立后，存在法定无效事由才会导致无效，限定为"无民事行为能力人实施的民事法律行为"、"双方通谋虚伪表示"、"恶意串通损害他人利益"、"违反公序良俗"、"违反法律、行政法规强制性规定"。具体论述请参见"无效民事法律行为"。

（二）实践性行为除需要具备上述成立要件外，还需要以交付标的物为特别成立要件

二、民事法律行为的生效

（一）一般民事法律行为生效要件

当事人有相应的行为能力＋意思表示真实＋内容不违反法律、行政法规的强制性规定、不违背公序良俗。民事法律行为对当事人具有拘束力，这是价值判断。（《民法典》第143条）

例：【买卖妇女合同】甲乙之间签订买卖妇女的合同。①当事人是甲乙，甲有卖的意思而乙有买的意思，内容是转移"妇女所有权"，故该民事法律行为成立。②甲乙具有相应的行为能力，意思表示也真实，但是其内容违反法律强制性规定，故该民事法律行为无效。

原理：民事法律行为生效要件的对立面是什么情况？（1）不具有相应的行为能力签订的合同：①"无人"签订合同一概无效。②"限人"签订合同有的有效（纯受益或与其年龄智力相适应的），有的效力待定（不是纯受益，且与其年龄智力不相适应）。③"无限人"订立遗嘱一概无效。（2）意思表示不真实签订的合同：①双方意思表示不真实属于"双方通谋虚伪表示"，则无效；②单方意思表示不真实（如重大误解、受欺诈或受胁迫、被乘人之危导致不公平），则可撤销。（3）违反强制性规定和公序良俗签订的合同：无效。

（二）附生效条件的民事法律行为

除需要具备上述生效要件外，还需要满足当事人约定的生效条件。（《民法典》第158条）

例：【附生效条件的合同】甲乙签订房屋租赁合同，特别约定待双方办理房屋租赁合同备案登记时发生效力，后尚未办理备案登记。①租赁合同已经成立。②同时符合一般生效要件。③但要待办理备案登记时才满足当事人约定的生效条件。

三、针对他人之物签订的各种合同

（一）无权出卖他人之物的合同不因无权处分而无效（《民法典》第597条）

1. 该合同效力不受无权处分的影响：因出卖人未取得处分权致使标的物所有权不能转移的，买受人可以解除合同并请求出卖人承担违约责任。

例：【无权处分合同之买方救济】甲将乙的货物无权处分出卖给丙，后甲收款后未交货，丙如何救济？①该合同效力不受无权处分影响，因不存在合同无效事由，故合同有效。②丙可请求解除买卖合同并要求甲承担违约责任。③无论丙对于甲的无权处分是否知情，只要丙是一个真实的正常的交易相对人，该合同效力都不受无权处分的影响。④因为一个正常的人会对于

甲将来从乙处取得货物交付给自己产生合理的信赖，这种交易安全应该获得保护。

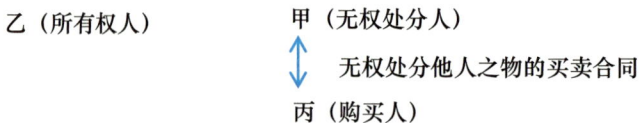

乙（所有权人）　　　　　甲（无权处分人）

↕

无权处分他人之物的买卖合同

丙（购买人）

2. 如果原权利人追认了无权处分的合同，则该合同获得履行后，对方要取得货物所有权，需要满足"基于法律行为发生的动产物权变动"的3要件（简称"基3"）。

例：【无权处分合同被追认之"基3"】甲将乙的货物无权处分出卖并交付给丙，后乙对该合同进行追认，则该合同是毫无瑕疵的合同，丙取得货物所有权吗？①丙属于基于法律行为（合同）取得货物所有权。②不论丙是否付款，都不影响丙取得货物所有权。③因为"基3"需要3要件，即甲有权处分（被追认所以属于有权处分）、法律行为有效（合同有效）、完成公示（完成转移）。④故丙属于基于法律行为取得货物所有权。

3. 如果原权利人不追认无权处分的合同，则该合同效力仍然不受无权处分的影响，对方要取得货物，就必须满足"非基于法律行为发生物权变动"的4要件。（简称"非基"之善意取得）。

例：【无权处分合同未被追认之"非基的善意取得"】甲将乙的货物无权处分以市价出卖并交付给不知情的丙，后乙对该合同不追认，则该合同是无权处分的合同，丙是否取得货物所有权？①需要检讨丙是否构成《民法典》第311条规定的"善意取得"，才能判定丙是否取得所有权。②甲是无权处分、合同约定价格合理、丙善意不知情（不知道甲在无权处分）、完成公示（占有转移），则丙善意取得货物所有权。③因为"非基的善意取得"需要4要件：甲无权处分、价格合理、购买人丙不知情，丙取得占有，则丙善意取得所有权。

> 原理：法律为什么要固定无权处分（出租）合同的效力？①契约必守，保护合同当事人的合理期待。②实务中，出卖他人之物的合同非常常见，除了上述例子之外，还比如连环交易（海外代购），A从B买货，B从C进货。③实质上，AB签订合同时，B对货物没有处分权，没有任何人会认为AB的买卖合同会因为B没有处分权而影响合同效力，这是连环交易的常态。

4. 举重以明轻，无权处分他人之物的买卖合同不受无权处分影响，那么无权出租他人之物的租赁合同更加不受无权出租的影响。（《民法典》第718条）

例：【无权出租他人设备】甲将设备出租给乙，乙擅自转租给丙，乙丙转租合同不因乙擅自转租而无效。因为租赁合同让渡的是使用权，不要求转租人是所有权人。

四、多重买卖的合同

（一）出卖人就同一标的物签订2个或2个以上合同，属于多重买卖。多重买卖不影响合同效力。后手方对前1买卖的知情，不构成恶意串通。

例1：【同一出卖人卖自己的】甲将自己的手表卖给乙，又将该表卖给丙。①甲乙买卖合同有效。②甲丙买卖合同有效。无法取得手表所有权的人可要求卖方甲承担违约责任。

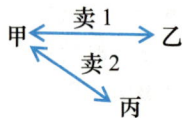

甲 ——卖1——→ 乙

甲 ——卖2——→ 丙

例2：【同一出卖人卖别人的】甲将乙的手表卖给丙，又将该手表卖给丁。①甲丙买卖合同、甲丁买卖合同，既属于无权出卖他人之物的合同，又属于多重买卖合同。②该2个合同均不因无权出卖他人之物而无效，也不因多重买卖而无效。

乙（主人）　　　　　甲（无权处分人）　—卖1→　丙

　　　　　　　　　　　　　　　　　　　卖2　　丁

例3：【不同出卖人】甲将自己的手表卖给乙，丙以自己名义又将该手表卖给丁。①甲乙买卖合同有效。②丙丁无权处分的买卖合同有效。③丙不是所有权人，故丙丁合同还属于无权出卖他人之物合同。

甲　←卖1→　乙

丙（无权处分人）　←卖2→　丁

（二）普通动产多重买卖 = "交"、"钱"（交钱不在多少，而在先后）、"先"

例1：【出卖"手表" = 交、钱、先】甲将手表先卖给乙，后卖给丙，再卖给丁，先后签订了3个买卖合同。甲将手表交付给了丁，丙付了一半钱，乙付了全款。关于3个合同的履行，怎么排序？①丁 > 丙 > 乙。②因为普通动产一物多卖，先看谁先受领交付；③再看谁先行支付价款（支付价款看先后而不看多少）；④再看合同签订的先后。⑤得不到手表的买方可诉卖方承担继续履行之外的其他违约责任。[1]因为3个合同都有效。

例2：【出卖他人"电脑" = 交、钱、先】顺风电器租赁公司将一台电脑出租给张某，租期为2年。在租赁期间内，张某谎称电脑是自己的，分别以市价与甲、乙、丙签订了三份电脑买卖合同并收取了三份价款，但张某把电脑实际交付给了乙。3个合同效力如何？①张某非电脑所有权人，其出卖为无权处分，但其与甲、乙、丙签订的合同仍然有效。②张某是合法占有人，其与甲、乙、丙签订的合同有效。③乙接受了张某的交付，取得电脑所有权。④张某不能履行对甲、丙的合同义务，应分别承担违约责任。

例3：【出卖"挖掘机" = 取决于是履带式挖掘机还是轮式挖掘机：如果是履带式挖掘机，适用"交、钱、先"规则；如果是轮式挖掘机（属于交通工具，可以上路行驶），适用"交、记、先"规则】甲为出售一台挖掘机分别与乙、丙、丁、戊签订买卖合同，具体情形如下：2016年3月1日，甲胁迫乙订立合同，约定货到付款；4月1日，甲与丙签订合同，丙支付20%的货款；5月1日，甲与丁签订合同，丁支付全部货款；6月1日，甲与戊签订合同，甲将挖掘机交付给戊。上述买受人均要求实际履行合同，就履行顺序产生争议。履行顺序是什么？戊 > 丙 > 丁 > 乙。

> 原理1：为什么受领交付者优先？①因为根据物权变动规则，基于买卖合同受领交付的人会取得物权。②而其他购买人仅对卖方取得基于买卖合同的债权。③根据民法原理，"物权具有优先于债权的效力"，因此受领交付的人优先。

---

[1]　违约责任有4种承担形式：继续履行的违约责任；修理、更换、重作等补救措施的违约责任；损害赔偿的违约责任；违约金的违约责任。

原理2：如果都没受领交付，也都没支付价款，仅看合同先后，会存在什么风险？①因为此时只能看合同成立的先后，成立在先的合同，买方可以要求卖方继续履行。②合同在什么时候签订这个事情需要证据来证明，而书面合同这种证据可以用来说明合同内容，但却无法证明合同签订的真实时间，即可能会"倒签"。比如本来是10月1日签订的合同，当事人可能会重新拟定一份合同，注明是1月1日签订。③如此一来，到底谁优先，决定权将在卖方手里，即卖方来决定和谁配合倒签时间。④当然，如果一旦查明存在倒签时间问题，则属于恶意串通损害他人利益无效。⑤不过，这个事情很难查明。

（三）特殊动产多重买卖＝"交"、"记"、"先"

例：【出卖"汽车"＝交、记、先】甲将汽车（船舶、航空器）先卖给乙，后卖给丙，再卖给丁，先后签订了3个买卖合同。甲将汽车交付给了丁，过户给了丙，乙交付了全款。关于3个合同的履行，怎么排序？①丁＞丙＞乙。②因为汽车（船舶、航空器）属于特殊动产，特殊动产一物多卖，先看谁受领交付；③再看谁取得所有权转移登记手续；④再看合同成立的先后。⑤这里不看付款的先后。⑥受领交付的人，可以请求取得过户的人将汽车所有权过户登记在自己名下。⑦得不到汽车的买方可诉卖方承担继续履行之外的其他违约责任，因为3个合同都有效。

（四）一房多租＝"交"、"记"、"先"

例：【1房多租＝交、记、先】甲将1房先出租给乙，后出租给丙，再出租给丁（或者甲将1房先出租给乙，后出租给丙，丙经甲同意转租给丁），存在3个租赁合同。甲将房屋交付给了乙，与丙办理了备案登记手续。关于3个合同的履行，怎么排序？①乙＞丙＞丁。②因为出租人就同一房屋签订数份租赁合同，承租人均主张履行合同，按照下列顺序确定履行合同的承租人：第一，已经合法占有租赁房屋的；第二，已经办理登记备案手续的；第三，合同成立在先的。③不能取得租赁房屋的承租人有权请求解除合同、赔偿损失。

（五）城镇建设用地使用权一地多卖＝登记＞占有＞付款＞合同＝"登记"＋"交钱先"

例：【1地多转＝登记＋交、钱、先】甲开发企业将A地使用权先转让给乙，又转让给丙，后又转让给丁，最后再转让给戊，先后签订了4个土地使用权转让合同。甲企业将A地使用权过户给了丁，交付给了丙，乙支付了全部转让款。关于4个合同的履行，怎么排序？①丁＞丙＞乙＞戊。②土地使用权人作为转让方就同一出让土地使用权订立数个转让合同，在转让合同有效的情况下，受让方均要求履行合同的，按照以下情形分别处理：第一，已经办理土地使用权变更登记手续的受让方，请求转让方履行交付土地等合同义务的，应予支持；第二，均未办理土地使用权变更登记手续，已先行合法占有投资开发土地的受让方请求转让方履行土地使用权变更登记等合同义务的，应予支持；第三，均未办理土地使用权变更登记手续，又未合法占有投资开发土地，先行支付土地转让款的受让方请求转让方履行交付土地和办理土地使用权变更登记等合同义务的，应予支持；第四，合同均未履行，依法成立在先的合同受让方请求履行合同的，应予支持。③未能取得土地使用权的受让方有权请求解除合同、赔偿损失。

（六）一房数卖呢？

无具体法律依据，但可参照建设用地使用权多卖处理。

第三节 无效民事法律行为

①主体瑕疵：无民事行为能力人实施的民事法律行为无效

②意思瑕疵：双方通谋虚伪表示 { ①虚假意思表示的民事法律行为无效
②隐藏的民事法律行为效力，依法处理

③内容瑕疵 { ①违反法律、行政法规的强制性规定的民事法律行为无效
②违背公序良俗的民事法律行为无效
③行为人与相对人恶意串通，损害他人合法权益的民事法律行为无效

> 问：《民法典》为什么要将导致民事法律行为无效的事由进行限定？❶"无效事由法定"，类似于刑法的"罪刑法定"、物权的"物权法定"。❷因为民事法律行为体现了意思自治，即法律要尊重当事人的意思表示，意思自由。❸"意思自治"是民法的至高原则，所以，如果宣告一个民事法律行为无效，意味着彻底的否定了意思自治。❹因此，民法典要将无效民事法律行为的无效事由进行限定。❺如果宣告一个双方民事法律行为（合同）无效，还意味着在摧毁交易，也与民法的另一项至高原则即"鼓励交易"相违背。

一、无效民事法律行为的性质

因欠缺民事法律行为生效条件而自始、确定和当然不发生行为人意思之预期效力的民事法律行为。如无效合同、无效遗嘱。

（一）自始无效（《民法典》第155条）

1. 无效民事法律行为一旦被确认无效，将产生溯及力，自始无效，以后也不能转化为有效民事法律行为。

2. 已经履行的，应当通过返还财产、赔偿损失等方式使当事人的财产恢复到民事法律行为实施之前的状态。

（二）当然无效

1.【法院和仲裁依职权审查】法院和仲裁机构不待当事人请求确认民事法律行为无效便可以主动审查其是否具有无效因素。如发现民事法律行为属于无效，便主动地确认其无效。

例：【民间借贷】方妈参加一个民间借贷诉讼，法官问，出借人资金哪里来的，方妈回答说：这是当事人隐私。法官说不是。为什么？因为资金来源说清楚，可以弄明白是否从银行套取贷款放贷，如果是则合同无效。

2.【当事人主张】利害关系人主张民事法律行为无效。

（1）可表现为积极进攻，即请求法院或仲裁机构确认合同无效，使合同权利义务不复存在。

例：【离婚时转移财产】甲乙夫妻在诉讼离婚期间，甲将夫妻共有不动产权利转移给知情丙，乙可主动请求法院确认合同无效。

（2）也可表现为消极防御，即以合同无效来对抗对方当事人主张合同权利。

例：【三角债】张某把10万元借给刘某，年利率50%。刘某到期无力清偿。而刘某另外对李某享有15万债权，怠于主张。①如果张某对李某提起代位权诉讼（所谓代位权诉讼，上家对中家有债权，中家对下家有债权不去要，则上家可以直接以自己名义对下家提起代位权诉

讼"要钱"），以自己名义要求李某履行债务。此时李某可主张借款合同中超过一年期贷款市场报价利率（LPR）4倍的部分无效。②如果张某没有对李某提起代位权诉讼，李某不能主动请求法院去确认张某、刘某的借款合同超过一年期贷款市场报价利率（LPR）4倍的部分无效。

（三）不得履行与不得解除

1. 无效民事法律行为不得实际履行，如允许履行，则意味着允许当事人实施不法行为。

例：【买卖妇女合同】甲乙签订买卖妇女的合同，如果该合同有效，则意味法律支持买卖妇女，鼓励当事人实施不法行为，这与我国法律的宗旨不符。

2. 无效民事法律行为不得"解除"，因为当事人之间本来就不存在有效民事法律行为，故不存在解除问题。

例：【无效婚姻】甲乙重婚，无效。如果允许甲乙去离婚，则意味着认为其婚姻有效，因为有效婚姻是离婚的前提。

（四）意思无效

1. 不发生当事人约定的法律效果，即无效民事法律行为的无效，是意思表示无效，而非该行为完全没有任何法律后果。

例：【买卖违章建筑合同无效】甲乙签订买卖违章建筑合同无效，即双方关于一方转移违章建筑所有权，对方支付价款的约定无效。但是，如果一方已经交了钱，收款方还是要退的，因为合同无效，其取得价款属于不当得利，需要返还不当得利，该返还效果就是依照法律规定发生的效果。

2. 发生法律规定的法律效果。（1）民事法律行为无效、被撤销或者确定不发生效力后，行为人因该行为取得的财产，应当予以返还（物权请求权）；（2）不能返还或者没有必要返还的，应当折价补偿（不当得利请求权）。（3）有过错的一方应当赔偿对方由此所受到的损失（缔约过失请求权）；（4）各方都有过错的，应当各自承担相应的责任（缔约过失请求权）。（《民法典》第157条）

例1：【施工合同无效】建设工程施工合同无效，但建设工程经竣工验收合格，施工人有权请求发包人即开发商参照合同约定支付工程价款。

例2：【房屋租赁合同无效】房屋租赁合同无效，出租人有权请求承租人参照合同约定的租金标准支付房屋占有使用费。

3. 解决争议的条款有效。合同不生效、无效、被撤销或者终止的，不影响合同中有关解决争议方法的条款的效力。（《民法典》第507条）

例：【违建出租合同无效】甲乙签订违建房屋出租合同，约定合同发生争议应提交仲裁。该合同无效，但不影响仲裁条款的效力。当事人发生争议，应去仲裁委员会仲裁，而不能去提起诉讼。谓之"仲裁排斥司法管辖"（当事人约定将争议提交仲裁，即存在仲裁条款，则法院不再管辖此争议）。

二、无效民事法律行为的类型（"无双二公子"）

（一）无民事行为能力人实施的民事法律行为无效（《民法典》第144条）

例：【爷爷不能直接赠表给孙子】甲的爷爷将10万元手表送给6周岁的甲，该赠与合同效力如何？①无效。②如甲要受赠，必须由甲的监护人代为实施，与甲的爷爷签订赠与合同。③因为无民事行为能力人签订纯受益的赠与合同是无效的。④只有限制民事行为能力人可签订纯受益的赠与合同。⑤简言之，无民事行为能力人实施的一切民事法律行为都是无效的。⑥假设爷爷立了一个遗嘱，说财产给孙子，则该遗嘱发生效力，因为该遗嘱属于遗赠，遗赠乃单方法律行为，无须孙子作出意思表示，该遗赠自爷爷死亡时发生效力。（《民法典》第 1121、1133 条）

（二）虚假表示的民事法律行为无效

1. 双方通谋虚伪表示：指行为人与相对人都知道自己所表示的意思并非真意，通谋做出与真意不一致的意思表示。（《民法典》第 146 条）

（1）构成要件：①须同时存在表意人与相对人，缺一不可；②表意人须作出意思表示，而相对人作出受领的意思表示，双方达成合意；③表意人与相对人主观上须有共同故意或有意思联络；④表意人与相对人均须明知该意思表示是不真实的。

（2）法律效果：①双方通谋虚伪无效：行为人与相对人以虚假的意思表示实施的民事法律行为无效。②隐藏民事法律行为依法处理：以虚假的意思表示隐藏的民事法律行为的效力，依照有关法律规定处理。

例1：【双方通谋虚伪表示之"人情关系"】甲在诸友人中，与乙交情最深，欲赠手表，但为避免人情困扰，乃与乙假装作成买卖。后甲乙交恶，甲要求乙支付购车款，乙拒绝。甲的主张能否成立？①否。②甲乙之间买卖合同属于双方通谋虚伪表示，因当事人并无买卖的真实意思表示，故买卖合同无效。③甲乙之间隐藏的民事法律行为是赠与合同，该赠与合同有效。

例2：【双方通谋虚伪表示之"借款"与隐藏赌债】甲欠乙赌债 10 万元。乙将该赌债转让给丙。甲再给丙出具一张借条，载明甲向丙借了 10 万元。丙是否有权要求甲返还借款 10 万元？①否。②甲丙之间出具的借条，为双方通谋虚伪表示，借款合同无效。③甲丙之间隐藏的是赌债。丙收购乙对甲享有的赌债债权，因赌债不受法律保护，故丙不因收购赌债取得债权。甲乙赌债不受法律保护，丙收购非法债权，也不受法律保护。④本案中，假设乙丙直接转让赌债且不存在借条等其他安排，即使丙不知情，该转让协议也是无效的，因为非法债权不能交易。

例3：【双方通谋虚伪表示之"融资租赁"与隐藏借款】甲将"太阳"（或方志平）出卖给乙，签订"太阳"买卖合同。乙给甲支付 1 亿元。后甲又与乙签订租赁合同，将"太阳"从乙处租回。按月向乙支付租金。甲乙之间是否成立融资租赁合同？①否。②甲乙之间的"融资租赁太阳"的合同属于双方通谋虚伪表示，因当事人并无买卖太阳的真实意思表示，且太阳不可买卖，无法转移所有权，故融资租赁太阳的合同无效。③甲乙之间隐藏的民事法律行为是民间借贷，该民间借贷合同有效。

例4：【双方通谋虚伪表示之"闭合买卖"】甲乙丙三方协议，甲将其工厂的煤炭以 500 元每吨出卖给乙，乙将其转卖给丙，甲再从丙处以 1000 元每吨买回。特别约定："煤炭继续由甲占有，由丙直接向甲支付 500 元每吨，而后甲再向丙支付 1000 元每吨"。甲乙、乙丙、甲丙之间的买卖煤炭合同是否有效？①否。②甲乙丙三方协议关于煤炭买卖的约定，构成"闭合"连环交易（最高法院取的名字），即甲的煤炭卖得越多，将来要以高价从丙处购回，则甲亏得越多。这不符合通常买卖的商业习惯。三方达成的买卖属于通谋虚伪表示而无效。③背后隐藏的是民间借贷。甲丙之间隐藏的行为是民间借贷，该民间借贷合同有效。但是超过合同成立时一年期贷款市场报价利率（LPR）4 倍的部分无效。

例5：【双方通谋虚伪表示之"真假结婚"】甲为了获得小客车摇号指标（或为了方便办理户口手续），假装与乙结婚，甲乙双方到婚姻登记处办理了结婚手续。该婚姻是否无效？①否。②甲乙双方不具有结婚的真实意思，属于双方通谋虚伪表示。③但是，结婚属于身份行为，不适用通谋虚伪表示规则。④因为婚姻行为对社会正常生活秩序影响较大，婚姻登记机关的公信力尤为重要。如果依法经登记机关登记的婚姻轻易地被以意思表示不真实为由主张无效，将使得社会大众对婚姻关系无从信赖，影响社会正常的婚姻家庭秩序。⑤基于对现实因素的考虑，在私法领域，为保护社会大众的信赖，对于婚姻等身份行为应当坚持形式主义，对于经合法登记的身份上的行为不应由于通谋虚伪表示而无效。

2. 单方虚伪表示：又称真意保留。表意人故意隐匿其真意，而表示与其真意不同的意思表示。

（1）外观主义：相对方对表意人单方虚伪表示不知情，则保护相对人信赖，以外观为准。

例：【外观主义：用假名保证】唐某向温某借款，唐某请来朋友许秩祥作为担保人，许秩祥在保证人栏签了名，但并没有署真名，而署的是"许志强"，债权人温某对此不知情。债务到期后，唐某下落不明，温某遂将其与担保人一起告上法庭。庭审中，许秩祥说自己不叫"许志强"，所以担保行为无效，不同意承担担保责任。<u>许秩祥主张是否成立?</u>①否。②在本案中，许秩祥署假名的行为是一种"真意保留"，他不签真名而签假名，说明他内心并不愿意做保证人。③但是，他在并未受到欺诈、胁迫，或是对自己行为的后果有重大错误认识的情形下，愿意在保证人栏签名，对外表明了他愿意承担保证责任，债权人温某对此并不知情。④应坚持外观主义，保证有效，许秩祥应承担保证责任。

（2）意思主义：相对方对表意人单方虚伪表示知情，则保护表意人意思自由，以表意人意思为准。

例：【意思主义：房屋买卖】购房人向老太太购买房屋，签订房屋买卖合同后，购房人支付了购房款，约定待房屋具备办理过户手续时再过户。购房人担心老太太在房屋过户前死亡，双方一致同意，由老太太办理公证遗嘱："待老太太过世后，房产归购房人继承"。<u>公证遗嘱是否有效?</u>①否。②立遗嘱将财产分配给法定继承人之外的人，属于遗赠。③立遗嘱的行为属于单方法律行为，无须受遗赠人同意。④但该遗嘱并非立遗嘱人真实意思表示，属于单方虚伪表示，即真意保留，但是相对方对此知情，因此应按真实意思即买卖来确定当事人的法律关系。⑤其真实意思表示是出卖房屋，故本案案由应属房屋买卖合同纠纷，而非继承纠纷。⑥老太太死亡后，法定继承人继承房屋，同时要继承老太太生前签订的房屋买卖合同，给买房人配合办理房屋过户手续。⑦买房人并非基于受赠与而取得房屋所有权，而是基于买卖合同取得请求卖方配合办理房屋过户手续的债权请求权。

（三）恶意串通损害他人利益的民事法律行为无效（《民法典》第154条）

例1：【一房屋二卖后手买方的知情不等于恶意串通】张某将A房屋出卖给唐某，又将A房屋出卖给知情的温某，先后签订了2个买卖合同。后张某将房屋过户给了温某。唐某以张某、温某房屋买卖恶意串通损害其利益为由主张该合同无效。<u>唐某主张能否成立?</u>①否。②恶意串通需要双方当事人存在意思沟通，存在主动积极追求损害他人的意思。温某单纯的对第一个买卖的知情，不直接等于恶意串通。③但是，如果唐某有证据证明张某、温某存在恶意串通，则唐某可以主张张某、温某买卖合同无效。

例2：【恶意串通配合逃债】甲公司对乙公司享有到期债权未获清偿。乙公司将主要财产以明显不合理低价转让给其全资子公司，子公司在明知乙公司欠债的情况下，未实际支付对价，与乙签订买卖合同。<u>乙公司和其子公司合同是否有效?</u>①否。②乙公司和其子公司构成恶意串通，损害债权人利益，故合同无效。③基于合同相对性，子公司应向乙公司返还财产，而不能直接将财产返还给甲公司（"入库规则"）。（**指导案例33号：瑞士嘉吉国际公司诉福建金石制油有限公司等确认合同无效纠纷案**）

（四）违反效力性强制性规定或者违背公序良俗的民事法律行为无效（《民法典》第 153 条）

1. 任意性规定和强制性规定

（1）任意性规定：法律对某一情形的法律后果既作出了具体规定，又允许当事人进行约定，且一旦当事人进行了约定，则该约定优先，我们将这种法条称为任意性规定。

例：【约定签约时动产所有权转移】法律规定买卖手表合同中，自出卖人向买受人交付手表时所有权归买受人，但当事人另有约定则从该约定。该规定属于任意性规定还是强制性规定？①任意性规定。②因为法律条文明确了当事人有约定则从该约定。③故当事人约定手表在签订合同时即转移所有权，该约定有效。

（2）强制性规定：法律的规定不允许当事人通过约定予以修改，该规定即为强制性规定。

例：【约定房屋不过户仍转移所有权】法律规定买卖房屋合同中在卖方将房屋过户给买方后，买方才取得房屋所有权。该规定属于任意性规定还是强制性规定？①强制性规定。②因为法律的该规定不允许当事人通过约定进行修改。当事人不得约定房屋即使没有过户仍然转移所有权。③如果当事人做了与强制性规定不同的约定，该约定是否有效，取决于该强制性规定是"管理性强制性规定"还是"效力性强制性规定"。④房屋是不动产，买卖房屋合同中，必须登记过户后买方才能取得所有权，该规定属于"效力性强制性规定"。故该约定无效。

> 问1：什么是影响民事法律行为效力的强制性规定？❶强制性规定限于法律、行政法规的强制性规定。❷法律是全国人大通过的规范性文件（国家主席令）、行政法规是国务院发布的规范性文件（国务院总理令），这些规定中才存在能够影响民事法律行为效力的"强制性规定"。❸简言之，影响合同效力的强制性规定，不会存在于部门规章、地方规章和政策等中。
>
> 问2：实务中约定不得起诉条款是否有效？（1）诉权是公法权利，公法是法无规定不可为。公法没有规定当事人可以放弃诉权，因此，该约定无效。（2）私法是法无禁止即可为。（3）诉权是公权，涉及到法院的审判权。这与当事人放弃诉讼请求不同，放弃诉讼请求是起诉后的事情，属于处分权范围。当事人申请撤诉，那也要经过法院裁定同意才可以。（4）实务中，还要区分处理：❶如果是约定完全放弃诉权，条款无效。❷如果是约定一个期限不得起诉，条款有效（这有合理性，债务人希望债权人一定期间不要来告，以及来保全，过了这个期间再来。这个期间就是债务人的喘息时间，这个是可以约定）。因为这没有剥夺债权人的诉权。

2. 管理性强制性规定和效力性强制性规定

（1）效力性强制性规范：指法律直接规定法律行为不发生意思表示效果的规定。①违反效力性强制性规定的民事法律行为当然、绝对无效。②常见的效力性强制性规定：违法经营需要许可证的食品、药品等，该买卖合同无效；违建房屋的租赁合同无效；违法的临时建筑房屋租赁合同无效；违法的建筑施工合同无效（承包人未取得建筑施工企业资质或者超越资质等级的；没有资质的实际施工人借用有资质的建筑施工企业名义；建设工程必须进行招标而未招标或者中标无效的）。

例：【过期临时建筑出租合同无效】居民甲经主管部门批准修建了一排临时门面房，核准使用期限为 2 年，甲将其中一间租给乙开餐馆，租期 2 年。期满后未办理延长使用期限手续，甲又将该房出租给了丙，并签订了 1 年的租赁合同。因租金问题，发生争议。甲丙租赁合同效力如何？①甲与丙的租赁合同无效。②甲无权将该房继续出租给丙。③甲无权向丙收取该年租金。

问：到底哪些强制性规定是效力性强制性规定？请注意这里总结的全部无效事由以及部分无效事由，这些无效事由涉及的法条就属于效力性强制性规定。

（2）管理性强制性规范：又称取缔性规范，指仅规定法律行为应当遵守的公法秩序却未规定其私法效果的规定。①因违反管理强制性规定，不会导致民事法律行为无效。行为人须承担行政责任，即需要依法接受工商行政部门警告、罚款甚至吊销营业执照的处罚。②常见的管理性强制性规定：企业超越核准登记的经营范围内经营签订的合同有效；侵犯房屋承租人优先购买权的房屋买卖合同有效。

例：【房东背着租户卖房合同有效】甲将商铺出租给丙后，未通知丙即将该商铺出卖给乙，侵犯了丙的优先购买权。丙可否主张甲乙买卖合同无效？①否。②丙作为房屋承租人享有优先购买权，即同等条件下，商铺应先卖给承租人丙。③出租人出卖商铺未在合理期间内通知承租人，侵犯了承租人丙的优先购买权。④丙有权请求出租人甲承担赔偿责任，但不得请求确认出租人甲和买受人乙签订的房屋买卖合同无效。

3. 公序良俗

（1）公序，指公共秩序，是指国家社会的存在及其发展所必需的一般秩序。（2）良俗，指善良风俗，是指国家社会的存在及其发展所必需的一般道德。

例1：【代孕租赁子宫无效】甲乙婚后久未生子，故甲乙与丙签订代孕合同，由丙给甲乙代孕，如果是男孩则代孕酬劳80万元；如果是女孩则代孕酬劳50万元。该代孕合同效力如何？①无效。②因为代孕合同本质上是租赁子宫，子宫是人的身体，不可租赁，甲乙与丙签订的代孕合同违反公序良俗，故无效。

例2：【违反限购政策签订的房屋买卖合同不构成违反公序良俗】甲不具备A市购房资格（A市规定需要连续缴纳满5年社保才有购房资格），与开发商签订购买A市房屋的合同。该合同效力如何？该合同违反了限购政策，但不因此导致合同无效。限购政策不是法律、也不是行政法规，所以违反限购政策不属于违反效力性强制性规定。那么，限购政策是否属于"公序良俗"中的"公共秩序"？❶根据《九民纪要》规定，涉及金融安全、市场秩序、国家宏观政策等规定，才构成违反公序良俗中的"公共秩序"，才会无效。❷限购政策不涉及金融安全、市场秩序、国家宏观政策，而是地方政府的行政管理措施。❸该合同有效，但当事人不能主张继续履行，这属于"法律上不宜继续履行的情形"。（《民法典》第580条）

口诀："无双恶公制" ≈ "无双二公子" = ①无（"无"）民事行为能力人签订合同 + ②双（"双"）方通谋虚伪表示 + ③恶（"二"）意串通 + ④公（"公"）序良俗 + ⑤强制（"子"）性规定。

三、部分无效的民事法律行为

（一）民事法律行为部分无效，不影响其他部分效力的，其他部分仍然有效（《民法典》第156条）

例1：【打架私了】甲被乙殴打，住院治疗花费5万元。甲乙约定，乙向甲支付5万元，甲不许报案。如何评价甲乙的约定？①部分有效，部分无效。②乙向甲支付5万元的约定有效。③甲不许报案的约定无效。

例2：【房屋买卖中的阴阳"合同"】甲将市价100万元的房屋出卖给乙，双方签订了房屋买卖合同。但在提交税务部门和房屋登记机构的合同中显示房屋合同交易价格为60万元，税务部门以60万元为基准计算本起房屋交易应缴纳税款。如何评价甲乙的房屋买卖合同？①部分有效，部分无效。②房屋买卖合同中做低价格避税的条款无效，因恶意串通损害了国家利益。③但该房屋买卖合同其他部分有效。

例3：【倒签起租日】甲在5月1日将房屋抵押给银行担保其向银行的借款，办理了抵押权登记，银行取得抵押权。10月1日甲将房屋出租给乙，双方签订了房屋租赁合同。因甲届期无力清偿对银行的借款债务，银行主张拍卖抵押房屋变价实现其抵押权。甲乙将房屋租赁合同的起租日由10月1日修改为4月1日。*如何评价甲乙房屋租赁合同效力？*①甲乙房屋租赁合同有效。②甲乙修改起租日期的约定无效。

（二）合同中的下列免责条款无效

造成对方人身伤害的；因故意或者重大过失造成对方财产损失的。（《民法典》第506条）

例：【洗浴受害概不负责】甲到乙开办的浴室洗澡，浴室前台提示："贵重物品请放前台保管，否则损坏概不负责"。"小心地滑，摔倒自负"。因浴室清洁工清洁不到位，甲摔倒导致骨折，且损坏了戴在手上的定情信物玉镯。甲对乙提出索赔主张，乙拒绝。*本案应如何处理？*①"小心地滑，摔倒自负"，属于合同一方当事人免除造成对方人身伤害责任的条款，无效。②"贵重物品请放前台保管，否则损坏概不负责"，如果浴室有过错导致顾客财产损失，则应承担赔偿责任。③关于人身侵权，乙承担全部责任。④关于财产损害，乙承担部分责任，因甲未将玉镯放前台保管对损害的发生有一定过错，甲自负部分责任。

（三）合同中的无效格式条款

当事人预先拟定，并在订立合同时未与对方协商的条款，属于格式条款。下列格式条款无效：提供格式条款一方不合理地免除或者减轻其责任、加重对方责任、限制对方主要权利的；提供格式条款一方排除对方主要权利的。（《民法典》第497条）

例1：【软件安装损害自负无效】甲从乙公司购买杀毒软件后进行安装，在安装过程中，该软件提示，如安装过程中导致系统某文件被删除，乙公司概不负责。果不其然，该软件安装后，删除了甲《民法宝典》的写作初稿。甲要向乙公司承担赔偿责任，乙公司拒绝。乙公司主张是否成立？①否。②软件安装提示属于格式条款。③不合理的免除了提供方的责任，该条款无效。

例2：【美容院强制继续消费条款无效】甲与乙公司订立美容服务协议，约定服务期为半年，服务费预收后逐次计扣，乙公司提供的协议格式条款中载明"如甲单方放弃服务，余款不退"（并注明该条款不得更改）。协议订立后，甲依约支付5万元服务费。在接受服务1个月并发生费用8000元后，甲感觉美容效果不明显，单方放弃服务并要求退款，乙公司不同意。甲起诉乙公司要求返还余款。*如何评价美容服务协议效力？*①"如甲单方放弃服务，余款不退"，属于排除对方主要权利的格式条款，无效。②美容服务协议其他部分有效。③甲有权要求乙公司返还余款。

例3：【临时退票扣手续费有效】甲按照8折购买了乙航空公司的机票，起飞前甲临时退票。按照约定，起飞前1小时退票需要按机票价格的30%扣手续费。甲主张应退全款，乙航空公司主张需要按照机票原价格扣除30%作为手续费。*如何评价本案？*①甲乙签订客运合同，关于机票退费规则属于格式条款。②起飞前1小时退票要扣除手续费，属于合理约定，有效。③按照原价扣除30%还是按照折后价扣除30%，双方有分歧，则应按照不利于格式化条款提供方航空公司的结论进行解释，即按照折后价扣除30%手续费。

例4：【卖手机假一罚十对卖方有约束力】甲经营手机店，店铺贴出告示，"假一罚十"。乙自甲店购买1部手机发现被骗，该手机果然是假手机。乙要求甲赔偿十倍已付价格，甲拒绝。甲的拒赔理由是否成立？①否。②"假一罚十"是格式条款。③但该条款没有排除相对方主要权利，也不是免除提供方责任或加重相对方责任的条款，而是加重了提供方责任的条款，有效。

（四）租期超过 20 年超过部分无效，故缩短为 20 年（《民法典》第 705 条）

例：【续租超长租期】甲乙签订房屋租赁合同，为期 20 年，并且约定租期到了自动续期 20 年。如何评价自动续期条款？①无效。②租赁合同的租赁期限最长不得超过 20 年，超过部分无效。③当事人在租赁期限未届满，即提前约定自动续期，这变相的违反了该效力性强制性规定，故自动续期 20 年条款无效。④当事人只有在租赁期限届满后才可以续订租赁期限，续订期间自续订之日起也不得超过 20 年。

（五）租赁期限超过临时建筑的使用期限，超过部分无效

例：【售楼处变幼儿园】甲公司开发楼盘，建设了售楼处，该售楼处为临时建筑，使用期限为 3 年。3 年后，甲公司将该售楼处出租给乙开设幼儿园，签订了为期 5 年的租赁合同。如何评价该租赁合同？①无效。②但甲公司可向乙主张实际使用费。

（六）定金超过主合同标的额 20%，超过部分不产生定金效力，即缩短为 20%（《民法典》第 586 条）

例：【定金数额的 20% 规则】甲乙签订商品房买卖合同，房屋价格 100 万元，甲向乙交付了 30 万元定金作为签订合同的担保。后甲决定不买房，要求乙退定金。提出什么主张可以获得法院支持？①甲可主张超过合同标的额 20% 的部分定金不具有定金效力，即甲可要求乙返还 10 万元。②另外 20 万元启用定金罚则，不得要求乙返还。

（七）建设工程施工合同中的阴阳合同，以备案的中标合同即阳合同价为结算工程价款根据

例：【建设工程合同中的阴阳合同】甲施工企业与乙开发公司签订建设工程施工合同，中标工程的备案合同价格是 1 亿元，甲乙双方私下签订的施工合同价格为 8000 万元。以哪个价格作为确定工程款的标准？①备案合同价格。②招标人和中标人另行签订的建设工程施工合同约定的工程价款，与中标合同不一致，一方当事人有权请求按照中标合同确定权利义务。

（八）借款的利息不得预先在本金中扣除。利息预先在本金中扣除的，应当按照实际借款数额返还借款并计算利息。（《民法典》第 670 条）

例：【不得"砍头息"：借款合同预先扣利息无效】甲出借 10 万元给乙，按年利率 10% 计算，为期 1 年。甲先扣除 1 万元利息，向乙交付了 9 万元。如何评价甲乙的约定？①甲乙借款合同实际交付了 9 万元，故应以 9 万元为本金计算利息，年终利息为 9000 元。②年底，乙应向甲返还 9 万 9000 元。③即甲出借本金 9 万元，只能收到 9 万元本金计算出来的 9000 元利息，而不能收到 10 万元本金计算出来的 1 万元利息。

（九）争议条款独立有效

合同不生效、无效、被撤销或者终止的，不影响合同中有关解决争议方法的条款的效力。（《民法典》第 507 条）

> 问：什么是解决争议方法的条款？仲裁条款；选择受诉法院的条款；选择检验、鉴定机构的条款；法律适用条款。

四、相对无效的民事法律行为

相对无效，即合同无效是相对于特定人，而不是相对于所有人均无效。

（一）经同意转租坚持相对性，转租期限不得超过剩余期限，超过部分对出租人不发生效力（《民法典》第717条）

例：【转租期≤原剩余租期】甲将房屋出租给乙为期3年，1年后经甲同意，乙将房屋转租给丙，转租期间为3年。<u>如何评价转租合同的效力？</u>①转租期超过原租期的部分对出租人不发生效力。②经出租人同意，乙丙转租合同有效。③乙丙转租合同超过原租赁合同期间的部分约束乙丙双方当事人，不约束出租人甲。

（二）退伙协议约定债务分担比例，不得对抗合伙债权人，清偿合伙债务超过自己应当承担份额的合伙人，有权向其他合伙人追偿（《民法典》第973条）

例：【退伙分手】甲乙丙签订合伙协议，经营餐馆"湘菜公主"，眼见亏损日益严重，甲提出退伙，乙丙同意，三方约定甲负责10万元债务，乙丙向甲出具"甲的合伙债务清偿完毕"的字据。"湘菜公主"对外负债30万元。<u>如何评价"字据"？</u>①对甲乙丙内部有效。②对"湘菜公主"债权人不发生效力，甲仍需负连带责任。③甲负担30万元后，可向乙追偿15万元，向丙追偿15万元。

（三）离婚说债务和我无关，不得对抗夫妻的债权人（《民法典》第1089条）

例：【离婚出户】甲乙协议离婚，约定夫妻共同债务全部由甲承担。离婚后，夫妻共同债权人丙要求乙承担债务，乙拒绝。<u>乙的主张是否成立？</u>①否。②甲乙协议离婚约定由甲承担全部夫妻共同债务，对甲乙有效。③但对债权人丙不发生效力。④乙向丙承担全部债务后，可以全额向甲追偿。

（四）企业分立合并说债务和我无关，不得对抗企业的债权人（《民法典》第67条）

例：【企业分立】甲企业分立为乙企业和丙企业，分立协议约定，甲企业债务均由乙企业承担。甲企业债权人丁要求丙企业承担，丙企业拒绝。<u>丙企业的主张是否成立？</u>①否。②分立协议约定对乙企业和丙企业有效，但对丁企业不发生效力。③丙企业承担责任后，可全额向乙企业追偿。

第四节　效力待定民事法律行为

一、限制民事行为能力人待追认的行为（保护"孩子"）（《民法典》第145条）

（一）限人签订的合同

限制民事行为能力人实施的纯获利益或与其年龄、智力、精神健康状况相适应<u>以外</u>的其他民事法律行为，该合同效力待定。

例：【熊孩子乱花钱】14周岁的甲与20周岁的乙签订买卖价值3000元手机的合同，<u>该合同效力如何？</u>①效力待定。②不属于纯受益合同。③也不属于与甲年龄相适应的合同。④限制行为能力人实施的民事法律行为效力要坚持两分法：部分有效；部分效力待定。

（二）法定代理人有追认权

1. 法定代理人不追认，该行为无效。

2. 法定代理人追认，该行为有效，<u>但当事人仍然是限制民事行为能力人</u>，而非法定代理人。

（三）相对人催告权和撤销权

1. 相对人有催告权【"想要"】：（1）相对人可催告法定代理人在收到通知之日起30日内予以追认。（2）法定代理人未作表示的，视为拒绝追认。

2. 善意相对人有撤销权【"不想要"】：（1）在法定代理人追认之前，善意相对人有撤销的权利，该撤销通知即可，无须诉讼。（2）在法定代理人追认之后，该行为有效，故善意相对人无撤销的权利。

> 秒杀：①父母认了，合同有效，约束孩子和对方。②父母不认，合同无效。③父母认还是不认之前，善意相对方可通知撤销，撤销之后合同无效。

二、无权代理行为相对于被代理人而言

（一）无权代理人签订的合同（《民法典》第171条）

行为人没有代理权、超越代理权或者代理权终止后，仍然实施代理行为，乃无权代理行为，所签订的合同效力待定。

例1：【假章坑公司】张某被甲公司辞退怀恨在心，伪造甲公司公章，与乙公司签订购买"熊猫"牌香烟的合同。该合同效力如何？张某实施了无权代理的买卖合同，该合同效力待定。甲公司追认，则乙公司有权请求甲公司付款。甲公司不追认，则乙公司有权请求张某付款，或者乙公司请求张某赔偿损失。

例2：【反客为主】张某到王某家聊天，王某去厕所时张某帮其接听了刘某打来的电话。刘某欲向王某订购一批货物，请张某转告，张某应允。随后张某感到有利可图，没有向王某转告订购之事，而是自己低价购进了刘某所需货物，以王某名义交货并收取了刘某货款。如何分析张某将货物出卖给刘某的行为？①"行为"一词指向民事法律行为，即出卖货物的行为，换言之即买卖合同，因为合同是最典型的双方民事法律行为。②张某以王某名义与刘某签订买卖合同，但张某并没有代理权，故张某行为构成无权代理，该合同效力待定，也可以说该双方民事法律行为效力待定。

> **原理：无权代理人何以能够签订合同？❶**A擅自以B的名义对外与C签订合同，此场合，根本没有B意思的参与。**❷**既然B都没有意思表示，没有B的意思表示，只有C的意思表示，这属于合同不成立，那我们为什么还要讨论BC的合同效力呢？**❸**在无权代理场合，我们只考虑无权代理人签订合同时是否有将该合同效果归属于被代理人的意思，而不讨论和考虑被代理人的意思，因为被代理人本来也不参与签约过程。**❹**本例中，A擅自以B的名义与C签订合同，A希望该合同效果能够归属于B，而C也希望与B达成协议，故属于无权代理签订的合同。赋予被代理人B追认权，一旦B追认，该合同约束BC，也符合C的合理期待。**❺**反面推理，如果我们以被代理人B没有意思参与为由，否定BC之间的合同关系，认为根本不成立合同，那么，无权代理这个制度就没有存在的必要。**❻**因为一切的无权代理，都不考虑被代理人是否参与合同。**❼**无权代理只考虑2点：第一，行为人签订合同时是否有将其行为效果归属于被代理人的意思（如果没有这个意思，那就是自己名义签订合同且效果归属于自己，就不可能是代理）。第二，行为人没有代理权（如果有代理权，就不可能是无权代理）。
>
> **问：为什么无权代理的合同是效力待定而不是无效？**因为无权代理签订的合同未必对被代理人不利。比如老干妈员工擅自以老干妈名义与腾讯签订的广告代言合同，这个合同可能对老干妈有利，所以，老干妈完全可以追认。

（三）被代理人有追认权

1. 被代理人不追认：（1）该行为对被代理人不发生效力。（2）该行为应由无权代理人负责。①善意相对人有权请求无权代理人履行债务或者就其受到的损害请求行为人赔偿，但是赔偿范围不得超过被代理人追认时相对人所能获得的利益。②恶意相对人知道行为人无权代理，则相对人和无权代理人按照各自过错承担责任。

例：【赔偿范围不超过正常代理下相对方可以获得的利益】张某擅自以甲公司名义与乙公司签订合同，乙公司交货后未收到货款100万元。甲公司不追认，则张某要负责。如甲公司破产，如果正常代理，乙公司根据破产法规定的大概10%的"清偿率"，最多获得10万元。那么，张某承担的最多也是10万元。

2. 被代理人追认：（1）该行为由被代理人承担法律后果。（2）被代理人已经开始履行合同义务或者接受相对人履行的，视为对合同的追认。

例1：【付款行为视为追认】甲委托张某持有大蒜授权委托书向乙采购大蒜，后张某采购了大蒜和绿豆。甲向乙付了50万大蒜款和50万绿豆款。甲乙签订的绿豆买卖合同效力如何？①有效。②因甲通过向乙支付50万绿豆货款的行为，表示其已对张某无权代理行为进行了追认。

例2：【回函宽限付款日视为追认】丁酒店公司员工方某驾车接送酒店客人，为躲避逆行摩托车将行人赵某撞伤。方某自行决定以丁公司名义将该车放在戊维修公司维修，为获得维修费的八折优惠，方某以其名义在与戊公司相关的庚公司为该车购买一套全新坐垫。汽车修好后，方某将车取走交丁公司投入运营。戊公司要求丁公司支付维修费，丁公司回函请宽限一周。如何评价方某签订的维修合同和买卖合同？（1）汽车维修合同：①方某签订的维修合同属于无权代理签订的合同，效力待定，但被代理人丁公司回函请戊公司宽限1周，视为追认，该合同直接约束丁公司和戊公司。②方某实施的行为同时也构成无因管理，即方某无法定或约定义务，却替公司管理事务，可要求公司支付由此付出的必要费用。③无权代理聚焦的是谁是当事人，谁负有支付维修费的合同义务。无因管理聚焦的是管理费用由谁最后承担。④假设丁公司未追认方某的无权代理合同，则方某要自己负责，方某为此支出的费用，属于无因管理的费用，可向丁公司主张。⑤在丁公司追认方某无权代理合同场合，则丁公司是当事人，要依据合同支付维修费。方某如果还有为签约支出的必要交通费，属于无因管理费用，可向丁公司主张。（2）坐垫买卖合同：方某自己名义签订的坐垫买卖合同，基于合同相对性，直接约束方某和庚公司。

（四）相对人有催告权和撤销权

1. 相对人有催告权：（1）相对人可催告被代理人自收到通知之日起30日内予以追认。（2）被代理人未作表示的，视为拒绝追认。

2. 善意相对人有撤销权：（1）在被代理人追认之前，善意相对人有撤销的权利，该撤销通知即可，无须诉讼。（2）在被代理人追认之后，该行为有效，故善意相对人无撤销的权利。

> 秒杀：①被代理人认了，合同约束被代理人和相对人。②被代理人不认，合同约束行为人和相对人。③被代理人认还是不认之前，善意相对方可撤销，合同无效。

> 原理：为何通知就可以撤？而不用去诉讼撤？①因为有正当性。②无权代理，相对于被代理人而言，被代理人也很懵，本来也没想和相对人发生关系。③所以一旦通知撤销后，也不违反被代理人的"合理期待"。

区分	限人签订合同的效力待定	无权代理人签订合同的效力待定
追认	爸爸妈妈不是当事人，仍然是孩子是当事人	被代理人是当事人
不追认	合同无效	相对方请求代理人履行债务或者赔偿损失

第五节　可撤销民事法律行为

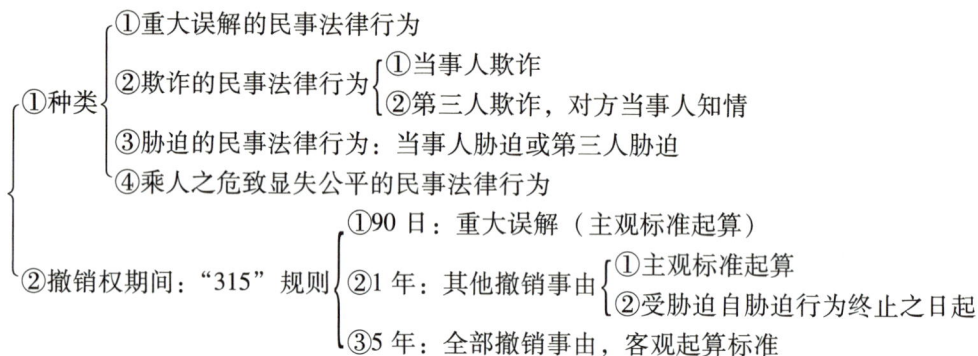

①种类
- ①重大误解的民事法律行为
- ②欺诈的民事法律行为
  - ①当事人欺诈
  - ②第三人欺诈，对方当事人知情
- ③胁迫的民事法律行为：当事人胁迫或第三人胁迫
- ④乘人之危致显失公平的民事法律行为

②撤销权期间："315"规则
- ①90日：重大误解（主观标准起算）
- ②1年：其他撤销事由
  - ①主观标准起算
  - ②受胁迫自胁迫行为终止之日起
- ③5年：全部撤销事由，客观起算标准

> 记忆口诀："大"（重**大**误解）、"失"（显**失**公平）、"迫"（**胁迫**）、"人"（乘**人**之危）、"欺"（**欺**诈），可以谐音为：大师破人妻——可撤。

一、重大误解可撤（《民法典》第147条）

（一）属于重大误解的情形：重大误解

1.【是重大误解】行为人因对行为的<u>性质</u>（误以借贷为赠与）、<u>对方当事人</u>（误将甲当做乙，但对行为能力的误解不适用重大误解制度，而适用行为能力制度）、<u>标的物的品种</u>（如误以轧铝机为轧钢机而购买）、<u>质量</u>（以临摹画为真迹）、<u>规格</u>（误以千吨水压机为万吨水压机）和<u>数量</u>（误将10吨误解为10公斤）等的错误认识，使行为的后果与自己的意思相悖，并造成较大损失的，可以认定为重大误解。

例：【误将买卖当赠与】甲入住乙宾馆，误以为乙宾馆提供的茶叶是无偿的，并予以使用。<u>如何评价甲乙之间关于使用茶叶形成的合同关系？</u>①甲入住乙宾馆，误以为乙宾馆提供的茶叶是无偿的，并予以使用，甲基于对行为性质的错误认识（误将买卖当做赠与），而实施了相应行为，造成其损失。②虽然茶叶已经被使用，甲仍可主张撤销茶叶买卖合同，此后对乙进行补偿或者赔偿。③乙宾馆发出出卖茶叶的要约，甲内心意思是实施了接受"赠与"的承诺，甲的外在行为是实施了购买茶叶的承诺。④必须从外在表现来确定甲的意思表示是购买的承诺。⑤如果从甲的内心意思来确定甲的意思表示是接受赠与的承诺，则承诺与要约没有重合，那么甲和乙宾馆的合同因没有达成合意压根就不成立，如此一来，就无重大误解制度的适用余地。

原理：重大误解何以发生？甲想把画卖给乙，对乙说："我有一幅画，你要不要"，因未约定价格，乙理解为赠与而予以接受。①依据意思主义，甲内心是要卖，乙要受赠，故意思表示不一致，买卖合同因未形成合意而不成立。②如依据表示主义，虽然甲内心要卖，但外观上甲表达的是赠的意思，乙内心和外观均接受赠与。赠与合同成立，该赠与合同中，甲发生错误，乙没有发生错误。甲可基于错误而主张撤销赠与合同。③故只有在坚持表示主义的场合，才会有重大误解制度的产生。如果一概坚持意思主义，那么当事人之间的合同永远无法订立，就谈不上重大误解制度的适用。④重大误解制度存在本身，侧重先宣扬了一种外观主义理念，而后再检索严格的重大误解条件以缓和外观主义带来的忽略表意人真实意思的弊端。

（二）不属于重大误解的情形

1. 动机错误不属于重大误解：为了维护交易安全，表意人在形成意思表示时所产生的错误不属于重大误解

例：【同床异梦】甲误以为妻子没有购买电脑，故自乙处新购电脑一台。回家后发现真相，甲以发生重大误解为由撤销买卖电脑合同，该主张能否成立？①否。②甲的误会属于动机错误，不得适用重大误解制度主张撤销。

原理：为什么动机错误不是重大误解？①动机错误不得撤销的实质理由，并非因为所误认的事实，他人不可得而知，而是基于合理分配危险的思想。②即表意人对意思形成有关的事实，认识是否正确，是自己应承担的风险，不得转嫁于相对人。③如不愿承担该风险，则应设法将该"动机"提升为民事法律行为的内容（即条件和期限），使法律行为的效力，受条件或期限的影响。

2. 对行为能力的误解不是重大误解：对弱势群体的保护优先于对交易安全的维护

例：【误把精神病人当常人】甲要购买电动车，误以为精神病人乙是完全民事行为能力人，并与之签订买卖合同。该合同效力如何？①甲误以为精神病人乙是完全民事行为能力人而与乙签订买卖合同，可分两种情形：精神病人乙为无行为能力人；或者为限制行为能力人。②如果乙是无行为能力人，则行为无效。③如果乙是限制行为能力人，则行为效力待定。

3. 立遗嘱出现错误不是重大误解可撤：误将他人财产当做自己财产设立遗嘱，这部分是无效的。

例：【误把他人财产当自己财产立遗嘱处分】甲立下遗嘱，误将乙的字画分配给继承人。遗嘱效力如何？①无效。②遗嘱处分他人财产，无论立遗嘱人是有意为之，还是发生重大误解，该部分内容均属无效，不属于可撤销的民事行为。③这属于特别法优先于一般法适用，即不适用民法总则规定的重大误解制度，而应适用继承法律规则，该遗嘱无效。

4. 事实行为出现错误不是重大误解：误将他人财产当做自己的实施了"添附"行为，适用"添附"规则，而不适用重大误解可撤销的规则。

例：【误将邻居地砖当自己的使用】甲装修房屋，误以为乙的地砖为自家所有，并予以使用。如何评价甲使用地砖行为？①甲的行为构成"添附"（附合、混合、加工）中的附合，即将乙的动产和甲不动产附合在一起，无法分割或分割会减损物的价值。②附合行为属于事实行为，并非民事法律行为，不存在意思表示，不构成民法上的重大误解。③应适用附合规则解决（甲为房屋所有权人，需要向乙返还不当得利），而不能适用重大误解规则解决。

（三）诉讼或者仲裁撤

基于重大误解实施的民事法律行为，行为人有权请求人民法院或者仲裁机构予以撤销。

例：【商场淘货】甲商场标价 1000 元出卖钻石戒指，本来市价是 10 000 元，因工作人员失误漏写了一个 0。乙见到后随即购买付款取走，甲主张乙补足价款，乙拒绝。甲遂通知乙撤销该合同，要求乙退回戒指。甲是否有权通知撤销该合同？①否。②甲内心意思是卖 10 000 元，外部表现为 1000 元，发生了重大误解，甲有撤销该买卖合同的权利。③但是甲需要诉到法院，而不能通知撤销。④乙没有发生重大误解，因为乙内心意思和外部表示都是要以 1000 元购买钻石戒指。

原理：基于重大误解的撤销，为什么必须诉讼或者仲裁，而不是通知撤？❶因为在民事交易中，"重大误解"是普遍存在的。比如看到美女多看了自己几眼，就误认为美女对自己有意思，其实人家可能仅仅是提示你要等车要排队不能插队。❷如果允许当事人通知撤，没有第三方介入予以监督把关，将会极大的破坏交易秩序。

二、受欺诈可撤（《民法典》第 148、149 条）

问：构成欺诈的 3 个要件是什么？（1）行为人有欺诈的故意。①使相对人陷于错误的故意，即表意人明知自己所表示的不真实，也明知相对人有陷入错误的可能。②有使相对人陷于错误而作出意思表示的故意。（2）行为人有欺诈的行为。①积极欺诈。②消极欺诈。（3）双重因果关系。①第一重：受欺诈人因行为人的欺诈行为**陷入错误**。②第二重：受欺诈人**基于错误而作出意思表示**。

（一）积极欺诈

一方当事人故意告知对方虚假情况，诱使对方当事人作出错误意思表示。

1.【描述越具体则越构成积极欺诈】以具体、量化的语言文字对商品或服务的性能、成分、功效、原产地、生产者、保质期等作出虚假的意思表示。

（1）构成积极欺诈

例 1：【构成欺诈：具体的夸大】声称某人体增高器使用 1 个月后将长高 5 厘米；声称某矿泉水含有 32 种微量元素；宣传水果很甜而且含糖量 25%；声称某个学习仪器能保证在 10 天内熟记 1000 个单词；声称某旅游线路包含 20 个旅游景点等，而实际上均未达到这些具体数值，则构成欺诈。

例 2：【构成欺诈：学区房】甲对外宣传其所卖房屋为学区房，实际上该房屋不是学区房，乙误信而购买。该合同效力如何？①可撤销。②甲属于积极欺诈，受欺诈人乙可请求法院撤销该合同。

（2）不构成积极欺诈

例 1：【不构成欺诈：不需要说明的问题的虚假表述】甲店搬迁，对外宣传其所卖服装跳楼价、进货价甩卖，一件 15 元，实际进货价是一件 13 元。乙购买一件后知道真相，请求法院撤销买卖合同。乙的主张是否成立？①否。②对不需要说明的问题的虚假表述，不构成欺诈。③还比如招工中，询问受聘人是否近期内准备结婚，受聘人回答永远单身，岂料入职后即奉子成婚，怀孕生产。受聘人的虚假回答不构成欺诈，因为是否准备结婚不是劳动合同签订过程中员工需要披露的信息，故员工可以乱说。

例 2：【不构成欺诈：知假买假】甲知道乙销售的商品是假货，仍然予以购买。甲是否有权请求法院撤销该合同？①否。②甲并未因为乙的欺诈陷入错误认识，并基于该错误认识而做出意思表示。③换言之，甲的意思表示不存在瑕疵，故不得主张受欺诈撤销该合同。

2.【描述得越抽象则越不构成积极欺诈】故意告知抽象的、夸大的信息，不构成积极欺诈。

例：【天山童姥】 甲经营的 SPA 店，宣传女士做完后，可以返老还童，秒变少女。乙信任该宣传而与甲签订合同办理了会员卡，但是效果并不明显，乙要求退卡，以甲欺诈为由请求法院撤销该合同。乙的主张能否成立？①否。②甲的宣传属于适当夸大，不构成欺诈。③因为这种适当夸大不会产生信赖，当事人宣传的越浮夸、越抽象，越不会产生信赖，故不构成积极欺诈。

（二）消极欺诈

一方当事人故意隐瞒真实情况，诱使对方当事人作出错误意思表示。

1.【构成消极欺诈】 对负有披露义务的信息，当事人未披露，构成消极欺诈。

例1：【装傻】 如不告知汽车曾受过重大撞击的事实；不告知动产已经设定抵押担保的事实；不告知明示价格中不包含附加费或服务费的事实等。

例2：【凶宅】 甲的房屋内发生过非正常死亡事件，其将该房屋出卖给乙，未告知乙前述事实，双方签订了买卖合同。<u>该合同效力如何？</u>①可撤销。②出卖人对可能影响合同订立或合同价款的信息具有披露义务，民法保护当事人的"封建迷信"，以贯彻意思自由和意思真实。③甲属于消极欺诈，受欺诈人乙可请求法院撤销该合同。

2.【不构成消极欺诈】 对不负有披露义务的信息，当事人未披露，不构成消极欺诈。

例1：【通常理解】 某旅游地的纪念品商店出售秦始皇兵马俑的复制品，价签标名为"秦始皇兵马俑"，2800 元一个。王某购买了一个，次日，王某以其购买的"秦始皇兵马俑"为复制品而非真品属于欺诈为由，要求该商店退货并赔偿。<u>王某主张能否成立？</u>①否。②商店实际出售的是秦始皇兵马俑复制品，标签名为"秦始皇兵马俑"，信息交代不完整。③但是，按照通常理解，真正的秦始皇兵马俑属于文物，且在旅游纪念地商店，一般公众不会因此将商店出售的秦始皇兵马俑理解成真品。故商店未披露"秦始皇兵马俑复制品"，不构成消极欺诈。④培养题感：旅游地的纪念品商店、"秦始皇兵马俑"，2800 元一个，指向意思是真正的秦始皇兵马俑不可能这么便宜，根据生活常识推断可知不构成欺诈。

例2：【公知信息】 陈老伯考察郊区某新楼盘时，听销售经理介绍周边有轨道交通 19 号线，出行方便，便与开发商订立了商品房预售合同。后经了解，轨道交通 19 号线属市域铁路，并非地铁，无法使用老年卡，出行成本较高；此外，铁路房的升值空间小于地铁房。陈老伯深感懊悔。<u>开发商是否构成欺诈？</u>①否。②开发商卖的是铁路房，披露的信息是房屋周边有轨道交通 19 号线，属于披露信息不完整。③但是轨道交通 19 号线到底是铁路还是地铁，属于公知信息。对公知信息未披露不构成消极欺诈。④另外，本案也不发生重大误解，因为公知信息不存在重大误解的可能。

> 问：房屋里死人，该信息是否需要向购房人披露？①正常死人不需要；非正常死人就需要。②判断标准就是是否重要信息，法律是否规范。③人们谈恋爱的行为，法律不调整，所以它就是一个积极欺诈和消极欺诈交替进线柜的过程，说好的，不说不好的，这样才是彼此爱慕。如果只说不好的，那就是"善意的拒绝"与你谈恋爱。

（三）欺诈的判断不要求受欺诈人遭受损害结果：受欺诈人因受欺诈而受益，也不影响其撤销权

例：【聪明反被聪明误】 乙公司以国产牛肉为样品，伪称某国进口牛肉，与甲公司签订了买卖合同，后甲公司得知这一事实。此时恰逢某国流行疯牛病，某国进口牛肉滞销，国产牛肉价格上涨。<u>如何评价甲乙签订的买卖合同？</u>①虽然最终的结果是甲以原来比较便宜的价格购买

到国产牛肉，即甲因为被骗而受益，但乙公司仍然构成欺诈。②受欺诈人甲有权撤销该合同。③受欺诈人甲也可不撤销合同要求乙公司继续履行合同交付国产牛肉。④欺诈人乙公司不得主张撤销该合同。

> **原理：** 欺诈与重大误解的两点区别。（1）是否需要损害结果？①欺诈无须受欺诈人遭受损害结果。②重大误解需要误解人受有重大损失。（2）谁负缔约过失责任？①受欺诈人撤销合同后无须对欺诈人负缔约过失责任。②重大误解人撤销合同后需要对相对方负缔约过失责任。

（四）婚姻行为中的欺诈

1. 结婚中的欺诈：一般欺诈不影响婚姻效力；隐瞒重大疾病则婚姻属于可撤销婚姻（《民法典》第1053条，请求法院撤销的期间是知道或应当知道撤销事由之日起1年）。

例：【婚姻充满了欺诈】 甲向乙承诺，以其外籍华人身份在婚后为乙办理外国绿卡。婚后，乙发现甲是在逃通缉犯。乙以甲欺诈为由撤销婚姻，<u>乙的主张能否成立？</u>①否。②只有隐瞒重大疾病的欺诈才是可撤销婚姻的撤销事由。

2. 离婚中的欺诈：欺诈不影响离婚效力，自办理离婚登记或者法院离婚文书生效时离婚。

（五）当事人欺诈和第三人欺诈

1. 当事人欺诈：一方以欺诈手段，使对方在违背真实意思的情况下实施的民事法律行为，受欺诈方有权请求人民法院或者仲裁机构予以撤销。（《民法典》第148条）

2. 第三人欺诈：第三人实施欺诈行为，使一方在违背真实意思的情况下实施的民事法律行为，对方知道或者应当知道该欺诈行为的，受欺诈方有权请求人民法院或者仲裁机构予以撤销。（《民法典》第149条）

例：【"托"】 齐某扮成建筑工人模样，在工地旁摆放一尊廉价购得的旧蟾蜍石雕，冒充新挖出文物等待买主。甲曾以5000元从齐某处买过一尊同款石雕，发现被骗后正在和齐某交涉时，乙过来询问。甲有意让乙也上当，以便要回被骗款项，未等齐某开口便对乙说："我之前从他这买了一个貔貅，转手就赚了，这个你不要我就要了。"乙信以为真，以5000元买下石雕。<u>如何评价所涉民事法律行为的效力？</u>①当事人欺诈：齐某与甲的合同，甲受欺诈，可主张撤销其购买行为（即合同）。②第三人欺诈：齐某与乙的合同，第三人甲实施欺诈，齐某知情，属于第三人欺诈，乙可主张撤销其购买行为（即合同）。③基于合同相对性，购买人乙和购买人甲之间没有任何法律关系。

> **原理：** 为什么第三人欺诈一方当事人，需要对方当事人对此知情，受骗者才可主张受欺诈的撤销？①因为任何一个交易都会征求第三人意见。②第三人有言论自由，且无任何收益。③如果一概将第三人欺诈视为当事人欺诈，则会极大的破坏交易安全和秩序。

> **区分1：** 如何区分当事人欺诈和第三人欺诈？①开发商忽悠购房人称所售房屋是学区房，这属于当事人欺诈。②开发商员工忽悠购房人，这属于当事人欺诈。③开发商小舅子忽悠购房人，开发商知情，这属于第三人欺诈；开发商不知情，这不是欺诈。

> **区分2：** 如何区分第三人欺诈与恶意串通行为。①甲、乙乃合同当事人，丙欺诈乙，让甲受益，甲对此知情，则属于第三人欺诈，即乙可主张撤。②甲、丙签订合同合谋损害乙的利益，则属于恶意串通损害他人利益，乙即可主张无效。❸<u>第三人欺诈中1个"坏人"害人，另1个坏人"顺手推舟"且与"第三人"无意思联络和沟通；恶意串通是1个坏人"主动"害人，另1个坏人"主动"害人，这2个坏人有一起害人的意思沟通。</u>

三、受胁迫可撤（《民法典》第 150 条）

> 问：胁迫的 3 个要件是什么？（1）胁迫人主观上有胁迫的 故意 ，即故意实施胁迫行为使他人陷入恐惧以及基于此恐惧心理做出意思表示。①须有胁迫相对人使之产生恐惧的故意。②须有使相对人因恐惧而作出意思表示的故意，即胁迫的目的在于使相对人作出迎合性意思表示。（2）胁迫人客观上实施了胁迫的不法 行为 ，即将要实施某种加害行为威胁受胁迫人，以此使受胁迫人产生心理恐惧。①该加害既可是对受胁迫人自身的人身、财产权益的加害。②也可以是对受胁迫人的亲友甚至预知有关的其他人的人身、财产权益的加害。（3）受胁迫人因恐惧而 迎合 胁迫人做出意思表示。

（一）胁迫行为

以给自然人及其亲友的生命健康、荣誉、名誉、财产等造成损害，或者以给法人、非法人组织的荣誉、名誉、财产等造成损害为要挟，迫使对方作出违背真实的意思表示的，可以认定为胁迫行为。

1. 迎合即构成受胁迫

例：【部分迎合构成受胁迫】如甲威胁乙不赠与金钱 1000 元则杀掉乙，乙表示赠与 800元，甲是否构成胁迫？①构成。②因为部分迎合也属于迎合。③胁迫不要求胁迫人与受胁迫人意思内容完全一致，只要双方意思方向一致即可。④但是，如果不构成迎合，则不属于胁迫，如甲威胁乙如不赠与金钱则将乙杀害，乙陷于恐惧，故购买一把匕首以防身。对于乙购买匕首的行为，甲不构成胁迫。

2. 欺诈式胁迫还是胁迫

例：【欺诈式胁迫】某校长甲欲将一套住房以 50 万元出售。某报记者乙找到甲，出价 40万元，甲拒绝。乙对甲说："我有你贪污的材料，不答应我就举报你。"甲信以为真，以 40 万元将该房卖与乙。乙实际并无甲贪污的材料。如何评价该房屋买卖合同的效力？①因受胁迫而可撤销。②从乙的角度来看，乙是希望甲陷入恐惧，同时基于恐惧做出意思表示；乙不是希望甲陷入错误，同时基于错误做出意思表示。③从甲的角度来看，甲信以为真做出意思表示是因为怕，而不是因为被骗。乙欠缺欺诈的故意（使他人陷入错误的故意＋促使他人作出错误意思表示的故意）。④所谓欺诈，指故意欺骗他人，使其陷于错误判断，并基于此错误判断而为意思表示之行为。所谓错误，是指对合同内容及其他重要情况的认识缺陷。在本题中，乙的行为的确构成对甲的欺骗，但并不构成影响合同效力的欺诈行为。

3. 举报犯罪达到缔约目的是否胁迫？取决于胁迫行为是否具有不法性，不相关即不法，相关即合法。

例 1：【构成胁迫：举报不相关犯罪以缔约，胁迫行为具有不法性】甲对乙说如不出借 1万元则举报乙犯罪，乙照办，后查实乙构成犯罪。甲对丙说，如不将藏獒卖给甲，则举报丙犯罪，丙照办，后查实丙不构成犯罪。如何评价甲乙、甲丙合同的效力？①乙因受胁迫而可撤销；②丙因受胁迫而可撤销。③举报犯罪行为本身合法，目的是借款或买卖本身也合法，但两者的关联不合法，故甲的行为属于胁迫行为。

例 2：【不构成胁迫：举报相关犯罪以缔约，胁迫行为不具有不法性】甲对乙说，如不赔偿乙撞伤甲的医疗费，则举报乙醉酒驾车。乙照办，甲取得医疗费和慰问金。如何评价甲乙的协议效力？①有效，甲的行为不是胁迫行为。②举报犯罪行为本身合法，目的是获得赔偿本身也是合法，且两者紧密关联，故甲的行为不属于胁迫行为。

> 原理：什么是胁迫行为的不法性？①手段不法 = 胁迫。如"若不出租房屋，即杀害之"。还如甲威胁乙，如乙不将房屋低价出卖给甲，则甲将揭露乙的隐私，乙不得已将房屋以低价（或者高价）出售给甲，甲的手段不法，构成胁迫。②目的不法 = 胁迫。如"若不出资拐卖儿童，即告发偷税之事"。③手段和目的的关联不法 = 胁迫。手段合法、目的也合法，但是两者关联不合法。最典型的为"举报犯罪"达到合同目的。如甲以检举乙贪污受贿行为予以威胁，要求乙将其房屋低价出售，乙无奈只得答应签订合同。甲的检举行为本身合法，目的房屋买卖合同本身也合法，但两者的关联不合法。④手段和目的的关联合法 ≠ 胁迫。如出租人以向法院起诉为要挟，要求承租人按合同约定及时履行交付租金的义务，则出租人不构成胁迫。

（二）当事人胁迫和第三人胁迫

一方或者第三人以胁迫手段，使对方在违背真实意思的情况下实施的民事法律行为，受胁迫方有权请求人民法院或者仲裁机构予以撤销。（《民法典》第 150 条）

例：【第三人胁迫 ≈ 当事人胁迫】甲向乙银行借款，乙银行要求甲提供担保。丙为帮助甲借款，以举报丁偷税漏税相要挟，迫使其为甲借款提供保证，乙银行对此不知情。丁是否有权以其受到胁迫为由撤销保证？①有权撤销。②第三人胁迫 ≈ 当事人胁迫。③无论因"胁迫"而受益的人是否知情，均构成胁迫。

四、乘人之危致显失公平可撤

一方利用对方处于危困状态、缺乏判断能力等情形，致使民事法律行为成立时显失公平的，受损害方有权请求人民法院或者仲裁机构予以撤销。（《民法典》第 151 条）

> 问：乘人之危致显失公平的 2 要件是什么？（1）主观要件：一方当事人利用对方处于危困状态、缺乏判断能力等情形。①利用：乘危人使危难人按照自己意思进行意思表示的故意，危难人被迫使自己的意思表示迎合乘危人的意思。②危困状态：因陷入某种暂时性的急迫困境而对于金钱、物的需求极为迫切等。③缺乏判断能力：缺少基于理性考虑而实施民事法律行为或对民事法律行为的后果予以评估的能力。（2）客观要件：民事法律行为成立时显失公平。

1. 构成乘人之危致显失公平

例：【觊觎邻居古董】甲父罹患重病急需一大笔治疗费，邻居乙觊觎甲的市值 10 万元的明代青花瓷盘已久，趁甲需要用钱之际，约定用 5 万元购买该青花瓷盘，双方签订合同。如何评价该合同效力？甲可以乙乘人之危致显失公平为由向法院主张撤销该合同。乙全部过错，合同无效，故甲仅退 5 万元即可，不需退利息。

> 原理：为什么要在民事法律行为成立时判断是否显失公平？因为民事法律行为从成立到实际履行往往有一个过程，这一过程中的许多因素都可能对双方当事人的权利义务产生影响，如果不限定判断时点，对显失公平的判定将会缺少客观标准，也无法将原来已经存在的"权利义务失衡"结果与民事法律行为成立后当事人以外因素对权利义务产生的影响相区分。

> 区别：①其与胁迫的差异：没有积极的胁迫行为，只是利用他方处于困境的消极行为。对方迫于自己的危难处境接受了不利甚至极为苛刻的条件，不得已与"利用"危难境地的一方订立了合同。②其与胁迫的竞合：如表意人处于危难境地而行为人又对其施加他种要挟，则同时构成胁迫和乘人之危致显失公平。

2. 不构成乘人之危致显失公平

例1：【赌石】潘某去某地旅游，当地玉石资源丰富，且盛行"赌石"活动，买者购买原石后自行剖切，损益自负。潘某花 5000 元向某商家买了两块原石，切开后发现其中一块为极品玉石，市场估价上百万元。商家深觉不公，要求潘某退还该玉石或补交价款，该主张是否成立？①否。②符合当地交易习惯，不存在乘人之危，更加不存在显失公平。

例2：【明星道具】甲十七岁，以个人积蓄 1000 元在慈善拍卖会拍得明星乙表演用过的道具，市价约 100 元。事后，甲觉得道具价值与其价格很不相称，颇为后悔。该合同效力如何？①有效。②判断交易是否公平，不能仅关注交易标的的市场价格，而应该在具体的交易中判断当事人的权利义务是否对等。③本题中的道具虽然市值仅为 100 元，但甲之所以愿以高价拍得，关键在于其被乙明星使用过，因此本题的情形不构成显失公平。本题也不存在乘人之危情节。故合同有效。

> 问：当事人不懂法签订的分家协议，是否属于危难境地？①不是。②妻子过世后，女婿与岳母签订了分财产协议。③后岳母以自己不懂法、爱女刚过世心情悲痛不理智为由，主张撤销分财产协议，法院支持与否？不支持。④所以，乘人之危导致显失公平要得到适用，其门槛是很高的。

五、撤销权（形成权）

（一）撤销权主体

重大误解人、受欺诈人、受胁迫人、被乘危受不利益人。

例：【被第三人骗因此误解】钱某有一副祖传名画，市值百万，高某欲以低价购入，联合艺术品鉴定家李某欺骗钱某说这是赝品价值不超过 10 万元，钱某信以为真，但并未将画卖给高某，而是以 15 万元卖给不知情的陈某。如何评价该合同效力？①属于重大误解，钱某可撤销与陈某的买卖合同。②陈某无乘人之危、高某不构成第三人欺诈。

（二）行使方式

诉讼或者仲裁。我们把不需要到法院或仲裁机构行使的形成权，叫单纯形成权，比如解除合同，发出通知就可以。我们把必须到法院或仲裁机构行使的形成权，叫形成诉权，比如因受欺诈而撤销合同，需要到法院或仲裁机构处理。

（三）行使期间

除斥期间 = 315 规则 = 不变期间（《民法典》第 152 条）

1. 重大误解 90 日。自重大误解人知道或应知道重大误解之日起计算。

2. 其他事由 1 年。自当事人知道或应当知道撤销事由之日起计算。受胁迫的，自胁迫行为终止之日起 1 年内。

3. 最长 5 年。自民事法律行为发生之日起计算。

例：【过期不候】甲向首饰店购买钻石戒指 2 枚，标签标明该钻石为天然钻石，买回后即被人告知实为人造钻石。甲遂多次与首饰店交涉，历时一年零六个月，未果。现甲欲以欺诈为由诉请法院撤销该买卖关系，其主张能否获得支持？①否。②因已超过行使撤销权的 1 年期间。③但不影响买方要求卖方承担违约责任，该主张是行使合同请求权，适用诉讼时效制度，自知道权利被侵害之日起计算 3 年诉讼时效期间。

> 秒杀：5年内用主观起算标准。5年外用客观起算标准。①第一步，行为发生之日是哪1天。②第二步，案情交代现在离行为发生日多久？③第三步，如果是5年内，则启用主观起算标准，观察撤销权是否消灭。④第四步，如果是5年后，则启用客观起算标准，撤销权确定消灭。

（四）法律效果

撤销前，民事法律行为有效；撤销后，民事法律行为溯及无效（所谓溯及无效就是溯及到一开始就是无效的）。（《民法典》第155条）

例：【"当胁迫是空气"】甲的弟弟乙，胁迫丙以"市价"将一副古画出卖给甲。甲将该画赠送并交付给丁。丁能否取得该古画所有权？①能。②丙受第三人乙胁迫，将古画卖给甲，丙享有撤销该合同的权利。③题干未交待丙行使撤销权，则"当胁迫是空气"，丙甲合同有效，甲成为古画所有权人。④甲再将该画赠与丁，乃有权处分。丁取得古画所有权。

辨析两个撤销	方式	时间
可撤销合同中的撤销权	只能诉讼或仲裁	除斥期间"3""1""5"
效力待定合同中善意相对人的撤销权	通知撤（当然也可诉讼撤）	原权利人追认前

问1："大师破人妻"的可撤，需要诉或仲裁，但是，能否以"抗辩的方式"行使撤销权呢？可以。

（1）【坏人诉履行，好人抗辩有可撤销事由】欺诈人乙诉受欺诈人甲履行合同，甲提出抗辩，说自己被欺诈。甲就是不提撤，不提反诉，因为反诉要预交诉讼费。

（2）【避免前后2判决矛盾】如果法院对甲的撤销"抗辩"不审查，进而认定合同有效（因为乙诉甲履行，法院必须要对合同效力进行审查）。那么，甲就会另案诉撤销合同，并且获得胜诉判决，基于生效判决作出的前案判决可能需要通过审判监督程序来纠正。这样既不利于一揽子解决纠纷，也不利于维护裁判之间的协调性、统一性。

（3）【法院对甲以"抗辩方式"行使的撤销权需要审查】《九民纪要》规定，只要当事人以合同具有某项可撤销事由提出抗辩的，法院就应审查合同是否具有该项可撤销事由以及是否超过了撤销权的行使期间，进而对合同效力作出判断。

（4）《九民纪要》第42条【撤销权的行使】撤销权应当由当事人行使。当事人未请求撤销的，人民法院不应当依职权撤销合同。一方请求另一方履行合同，另一方以合同具有可撤销事由提出抗辩的，人民法院应当在审查合同是否具有可撤销事由以及是否超过法定期间等事实的基础上，对合同是否可撤销作出判断，不能仅以当事人未提起诉讼或者反诉为由不予审查或者不予支持。一方主张合同无效，依据的却是可撤销事由，此时人民法院应当全面审查合同是否具有无效事由以及当事人主张的可撤销事由。当事人关于合同无效的事由成立的，人民法院应当认定合同无效。当事人主张合同无效的理由不成立，而可撤销的事由成立的，因合同无效和可撤销的后果相同，人民法院也可以结合当事人的诉讼请求，直接判决撤销合同。

问2：可撤销合同与无效合同有什么区别？有什么关联？

甲（受欺诈人）◄————**可撤销合同**————► 乙（欺诈人）

	可撤销合同	无效合同
提出主体	有撤销权的人	任 1 当事人
法院依职权审查范围	只能针对当事人主张的可撤销事由进行审查（诉讼方式或抗辩方式）	法院应对无效事由进行全面审查（"无双恶公子"）
损害利益	损害特定当事人利益	损害国家利益和社会公共利益或他人利益
行使期限	"315"，超过期限撤销权归于消灭	自始无效、当然无效，不存在行使期间
关联	①如果甲诉合同无效，依据的是可撤销事由，法院要全面审查合同是否具有无效事由以及是否具有当事人主张的可撤销事由。②如果无效事由成立，不论可撤销事由是否成立，法院都可直接认定合同无效。③当事人主张合同无效的事由不成立，而可撤销事由成立，因无效和可撤销后果相同，结合当事人的诉讼请求，法院也可直接作出判决。	

第六节　附条件、附期限的民事法律行为

原理：为什么需要一个附条件、附期限的民事法律行为制度？①给当事人提前将未来不确定的风险，通过条件，揉入合同中来；②或者当事人将未来确定的事情，通过期限，揉入合同中来。③"条件"用来化解已经预判的风险；④"期限"用来安排已经确定的风险。

一、附生效条件的民事法律行为

以将来客观上发生与否不确定的事实，作为民事法律行为生效的条件。（《民法典》第 158 条）

例：【出国才卖房】甲、乙双方签订房屋买卖合同，约定甲将房屋出卖给乙，但条件是甲出国定居，不在国内居住。如何评价甲乙买卖合同？①该房屋买卖合同已经成立，但未生效。属于附生效条件的合同。②如甲出国定居，则"生效条件成就"，甲、乙房屋买卖合同生效。③甲不出国定居，则"生效条件不成就"，甲、乙房屋买卖合同不生效。④民法学理上，下列 3 个词语表达的意思相同：生效条件＝延缓条件＝停止条件。

二、附解除条件的民事法律行为

以将来客观上发生与否不确定的事实，作为民事法律行为失效的条件。（《民法典》第 158 条）

例：【回国就不出租】甲、乙签订房屋租赁合同，约定出租人甲的儿子一旦留学归国并需要住房，就终止合同。如何评价甲乙租赁合同？①该租赁合同成立并生效。属于附解除条件的合同。②如甲儿子回国，则"解除条件成就"，甲乙租赁合同失效。③如甲儿子不回国，则"解除条件不成就"，甲乙租赁合同继续有效。

三、条件的拟制

当事人负有必须顺应条件的自然发展而不是加以不正当地干预的义务，即不作为义务。如果违反该义务，则发生条件拟制的法律效果。（《民法典》第 159 条）

（一）拟制条件成就

当事人违反不作为义务，恶意阻止作为条件的事实发生，则拟制条件成就。

例：【喜鹊与买房】 如甲、乙约定，如甲家早晨8点有喜鹊停留，则乙购买甲的房屋。乙后来反悔，便将甲家早晨8点飞来喜鹊赶跑。<u>如何评价乙的行为？</u>乙恶意阻止条件成就，则拟制条件成就，甲、乙房屋买卖合同生效。

（二）拟制条件不成就

当事人违反不作为义务，恶意促成作为条件的事实发生，则拟制条件不成就。

例：【辞退与卖房】 如甲、乙约定，当甲不在A公司工作时，就把位于A公司附近的自住房产出卖给乙。乙为了尽快得到甲的房产，暗中找到A公司的经理，让其辞退甲，从而使买卖合同生效。<u>如何评价乙的行为？</u>乙恶意促成条件，拟制条件不成就，甲、乙房屋买卖合同不生效。

四、附期限的民事法律行为（《民法典》第160条）

（一）附始期的民事法律行为

生效期限届至之前，民事法律行为的效力是停止的，在期限到来时，民事法律行为的效力方才发生。

例： 签订合同注明"自明年1月1日生效"，该1月1日即合同的生效期限。

（二）附终期的民事法律行为

民事法律行为效力终止期限，在终止期限届至时，既有的效力便告解除，故也称终期或者解除期限。

例： 合同条款中约定"本合同于明年年底终止"，明年年底就是该合同所附的终止期限。

> 原理：怎么区分条件和期限？条件是某事实发生与否是"？"（发生与否不确定），期限是某事实发生与否是"。"（确定发生）①时期不确定，到来也不确定，是附条件。如甲对乙说，如果你将来与丙结婚，我把藏书送给你。本例，何时结婚，是否结婚均不确定，故属于附条件赠与。②时期确定，到来不确定，是附条件。如甲对乙说，你成年之日，我送你宝马车一辆。本例，虽然乙成年的时期确定，但也可能成年前死亡，则仍然属于附条件赠与。③时期不确定，到来确定，是附期限。如甲对乙说，如丙去世，则送你奔驰车一辆。本例，人终有一死，只是何时不确定，故属于附期限赠与。④时期确定，到来确定，是附期限。如甲对乙说，今年国庆节，我送你戒指一枚。本例，时期确定，也必然会到来，故属于附期限赠与。⑤<u>一句话，我们只看"到来确定与否"，到来与否不确定，为条件；确定到来，为期限</u>。

五、区分附条件的民事法律行为与附期限的民事法律行为

例：【父债子还】 刘某欠何某100万货款届期未还且刘某不知所踪。刘某之子小刘为替父还债，与何某签订书面房屋租赁合同，未约定租期，仅约定："月租金1万，用租金抵货款，如刘某出现并还清货款，本合同终止，双方再行结算。"<u>涉案租赁合同是附解除条件的合同还是附终期的合同？</u>①附解除条件的租赁合同。②刘某欠何某100万元到期未还，刘某之子并无义务清偿。③刘某之子与何某达成协议清偿，属于债务加入。④刘某之子没有采取直接支付100万货款的方式，而是用房屋出租方式履行债务，属于代物清偿，即"以物抵债"，用另一

种给付（出租房屋的方式）代替原给付（支付货款）。⑤刘某之子与何某之间签订的房屋租赁合同，未约定租期，但是根据整体解释（合同的前后条款），可以得知，货款是 100 万元，租金顶货款，即租金为 100 万元。而月租金是 1 万元，故房屋租赁合同的租期是 100 个月。本来这属于附终期的租赁合同。⑥但是，合同还附了另外一个条件："刘某出现并还清货款"，该事实发生与否不确定。如果刘某提前出现并且还清货款，则该租赁合同会提前结束。⑦综合观察，该合同何时提前结束是不确定的，故属于附解除条件的租赁合同，但是其有租赁期限即 100 个月，是定期租赁，不是不定期租赁。

第五章　代　理

一、代理的 3 方结构和 3 层关系

代理人在代理权限内，以被代理人名义实施的民事法律行为，对被代理人发生效力。（《民法典》第 162 条）

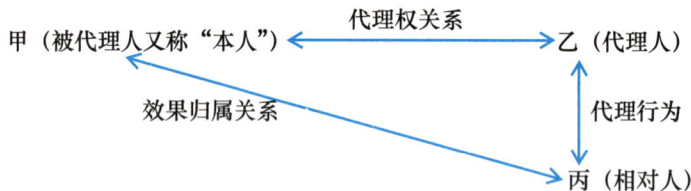

甲（被代理人又称"本人"）　←　代理权关系　→　乙（代理人）

甲（被代理人又称"本人"）　←　效果归属关系　　　代理行为

丙（相对人）

（一）内部关系

代理人和被代理人的身份关系（法定代理）或授权关系（委托代理）

1. 法定代理：以法律的直接规定为根据产生的代理。

（1）是概括代理：法定代理人可以被代理人名义实施各种的民事法律行为。但一般情况下，法定代理人不得代理被代理人实施单方民事法律行为，因为单方民事法律行为比如抛弃、遗嘱等都不可能对被代理人有利。

（2）具有义务性：法定代理人行使代理权不得以取得己利为目的，不得任意放弃代理权，也不得怠于行使代理权。

（3）法定代理人包括：监护人；失踪人的财产代管人；清算组等。

> 原理：监护和法定代理有什么区别？①监护是监督和保护，对被监护人行为的监督和对被监护人利益的保护，即父母对孩子一切活动负责，比如孩子的侵权行为或者孩子的被害结果。②法定代理是父母代理孩子实施民事法律行为，主要是签订合同，因为父母不得代理孩子实施单方法律行为如抛弃所有权，因为这不是为被监护人利益；还如不得代理孩子立遗嘱，因为身份行为不得代理。③但是，法定代理还包括宣告失踪中，失踪人的财产代管人也是代理人。因此，监护和法定代理是两组不同概念。④他们在父母与孩子的关系处理上出现了交叉：父母代理孩子实施民事法律行为，是父母众多监护职责中的一个而已。

2. 委托代理：代理人根据被代理人授权而进行的代理。

（1）民事代理："一事一授权"；"代理权来自于授权，而非来自委托合同"；要区分委托合同和代理权授予行为。

❶委托合同是合同，是双方法律行为，合同内容是受托人受托处理事务。代理权授予行为是单方法律行为，行为内容是授权人单方意思表示将代理权授予行为人。

例：【委托合同的事务是广泛的】①甲委托乙监督自己减肥，这是委托合同，不会存在代理行为。②甲委托乙写文章，这是委托合同，不会存在代理，创作行为是事实行为，事实行为不适用代理制度。③甲委托乙抛弃电脑，抛弃是单方行为，单方行为不适用代理，因为不存在相对人，不是三方结构。④甲委托乙为自己办理与丙的结婚手续，这不能代理，因为身份行为

不可以代理。⑤甲委托乙与丙签订卖房合同，乙以甲名义与丙签订房屋买卖合同，乙实施了代理行为。

❷区分基础关系与代理权授予行为："各玩各的"

"各玩各的"	示例	效果
有基础法律关系，也有代理权授予行为	如商场聘用员工，授予其销售商品代理权	代理权授予行为具有无因性，不受基础关系效力的影响
有基础法律关系，没有代理权授予行为	如商场聘用员工，实习观摩，尚未授予其销售商品的代理权	
无基础法律关系，仅有代理权授予行为	如甲授权乙卖车，乙有权卖，也可以不卖。因为没有基础关系的约束，故乙不负担出卖的义务	因此，授权人如要约束被授权人，必须签订委托合同等形成基础法律关系

> 问：什么是代理权授予行为的无因性？委托合同无效，不因此影响单方授予代理权行为的效力，我们把这种现象称为代理权授予行为的无因性。

例1：【限人代理与限人行为】甲授权15周岁的乙买电脑，乙以甲的名义向丙购买电脑，双方签订了买卖电脑的合同。乙同时以自己名义在丙处购买了价值3000元的网络游戏充值卡。<u>如何评价本案民事法律行为的效力？</u>①甲授予15周岁的限制民事行为能力人代理权，这属于单方民事法律行为，有效。②乙以甲名义与丙签订电脑买卖合同，这属于有权代理，甲和丙是电脑买卖合同当事人。③乙以自己名义与丙签订网络游戏充值卡合同，这属于与其能力不相适应的合同，效力待定，需要等待乙的法定代理人予以追认。如被追认则乙丙网络游戏充值卡买卖合同有效；如未被追认则乙丙网络游戏充值卡买卖合同无效。

> 原理：为什么可以授予限制民事行为能力人代理权？由授予人自己承担该限制民事行为能力人缺乏经验的风险，这对后者来讲既无利益也无不利，后果归被代理人承受，故允许授予限制民事行为能力人代理权。

例2：【网络天才≠法律天才】甲公司与15周岁的网络奇才陈某签订委托合同，授权陈某为甲公司购买价值不超过50万元的软件。陈某以甲公司名义与乙公司签订了购买45万元软件的合同。陈某的父母知道后，明确表示反对。<u>如何评价涉案民事法律行为的效力？</u>（1）甲公司与陈某签订的委托合同：①属于双方法律行为，与陈某年龄不相适应，该合同效力待定。②因陈某父母已经明确表示反对，故该委托合同无效。（2）甲公司授权陈某购买软件：①属于单方授予代理权的行为，已经发生法律效力，对陈某无任何不利影响。②因为如果陈某以甲公司名义购买软件，被代理人甲公司是当事人，应履行付款义务，陈某无付款义务。③如果陈某不以甲公司名义购买软件，陈某也没有任何不利法律后果，因为委托合同无效，陈某没有去购买的义务。④"委托合同"这一基础关系无效，但是"单方授予代理权行为"仍然有效的现象，被称为"单方授予代理权行为"具有"无因性"。（3）陈某以甲公司名义与乙公司签订的购买45万元软件的合同：①有权代理，应由甲公司承担法律后果，履行付款义务。②假设陈某以甲公司名义与乙公司签订了购买100万元软件的合同，则属于无权代理。③甲公司可以追认，则甲公司付款。④甲公司可以不追认，则陈某是合同当事人，而此时陈某父母不追认，则陈某与乙公司签订的购买100万元软件的合同彻底无效。（4）本例显示，学理通说认为，限制民事行为能力人可以担任代理人，可以被授予代理权；无民事行为能力人不得担任代理人。（5）我认为，学理上这种区分实际上不是特别有说服力，因为无论是限人还是无人实施有权代理，法律后果都是由被代理人承担，与行为人年龄意思能力无关。（6）从考试角度，我们按限人可以做代理人，无人不可以做代理人把握。

（2）商事代理：又称职务代理，即法人工作人员基于职务产生的授权。①执行法人或者非法人组织工作任务的人员，就其职权范围内的事项，以法人或者非法人组织的名义实施民事法律行为，对法人或者非法人组织发生效力。②法人或者非法人组织对执行其工作任务的人员职权范围的限制，不得对抗善意相对人。（《民法典》第170条）

例：【坑老板的员工】 甲是乙公司的销售经理，超越职权范围，以乙公司名义与不知情的丙签订了货物买卖合同。该合同是否对乙公司发生法律效果？①是。②甲实施的是无权代理行为，但是乙公司对甲的职权范围限制，不得对抗不知情的丙，故乙公司受买卖合同约束。

问：民事代理与商事代理（职务代理）有什么区别？❶民事代理要求一事一授权，必须有授权，行为人实施的才是有权代理。❷商事代理追求效率，所以A公司员工、业务经理、总经理各自有自己的岗位职责，从事职责范围内的代理，对外签订合同，就构成有权代理，某种意义上是"在其位可谋其政"，相对人没有义务去审查行为人是否有具体授权，只需要审查行为人是否在A公司有相应职务即可。

原理：为什么在民法总则编中突然出现了代理制度？①法定代理对接的是自然人民事行为能力制度，委托代理对接的是法人制度。②如果没有法定代理制度，则民事行为能力制度无法落地，"无"人和"限"人无法参与民事法律行为。③如果没有委托代理制度，则法人制度无法落地，因为法人的签约活动都是由员工实施，而员工的身份都是代理人。④因此，民法总则中规定的代理制度，本质属于民事主体制度范围，放在民法总则规定，就是顺理成章的事情了。

（二）外部关系

代理人与第三人的表意关系，代理人实施民事法律行为。代理人进行代理活动时独立进行意思表示，是否存在意思表示瑕疵，应根据代理人来判断，而不考虑被代理人。

例：【看代理人脑子】 甲授权乙出卖房屋，乙以甲名义受丙欺诈而与丙签订房屋买卖合同。该合同是否属于受欺诈而可撤销合同？①是。②被代理人甲未受丙欺诈。③但是代理人乙受丙欺诈，故代理行为属于受欺诈而实施。该合同属于可撤销合同。④原理是坚持"可能出现的意思瑕疵，仅可在做出意思决定的地方寻找"的原则。"代理人是人不是鹦鹉"。⑤当然，撤销权归被代理人甲享有（甲可自己行使或者授权代理人乙行使）。

（三）结果关系

被代理人与第三人权利义务关系，即代理行为的权利义务直接由被代理人和第三人承受。

原理1：行为人不承受结果，而由他人承受结果，是民法创设的一种特别制度，目的就是使行为结果归属他人，这恰恰是代理制度的价值。当然，身份行为不允许代理，比如结婚、离婚、收养、遗嘱等。

原理2：家事代理与一般民事代理的差异。①家事代理是夫妻双方因日常家庭事务与第三人进行一定民事法律行为时可以相互代理的制度。家事代理的法律效果是夫或者妻的任何一方的民事法律行为的效果，由夫和妻双方共同承担。②而一般民事代理中，代理人实施的民事法律行为的法律效果原则上由被代理人承担，代理人不承担。

（四）区分无权代理和无权处分：从相对人信息知晓范围观察

1. 无权代理：擅自以别人的名义卖别人的东西。

例：【"他人名义"之无权代理】甲擅自以丙名义将丙的手表卖给乙，双方签订买卖合同。<u>如何评价该合同效力？</u>①该合同属于无权代理的合同，效力待定，法律的天平偏向被代理人丙。②因为乙在签约时，对于丙的存在是知情的，有机会去审核甲是否有代理权限。③如果甲存在"有代理权的表象"（看上去有代理权），由此，启动"表见代理制度"来保护乙的交易安全。（"表见代理制度"对乙的要求比较高，要求善意不知情且有理由相信甲有代理权）

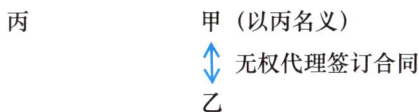

丙　　　　甲（以丙名义）
　　　　　↕ 无权代理签订合同
　　　　　乙

2. 无权处分：擅自以自己的名义卖别人的东西。

例：【"自己名义"之无权处分】甲以自己名义将丙的手表卖给乙，双方签订买卖合同。<u>如何评价该合同效力？</u>①该合同属于无权处分的合同，不因无处分权而无效，法律的天平偏向购买人乙。②因为乙在签约时，对于丙的存在是不知情的，没有机会去审核手表到底是丙的还是甲的，只能信赖手表是甲的。③如果乙善意不知情，且价格合理，取得交付，由此，启动"善意取得制度"来保护乙的交易安全。（"善意取得制度"对乙的要求比较低，仅要求善意不知情即可）

丙（主人）　　　甲（自己名义）
　　　　　　　↕ 无权处分签订合同

原理：无权处分和无权代理为什么存在这么大的差异？①关键就在于行为人对外是打什么旗号，如果是"狐假虎威"，打被代理人旗号，那么对方知道的信息更多，启动"表见代理"保护交易安全，要求相对方有理由相信无权代理人有代理权（"外观授权的表象"）；②如果是打自己的旗号，那么对方知道的信息更少，启动"善意取得制度"保护交易安全，要求相对方符合善意取得的4个构成要件（"无权处分、善意、取得公示、价格合理"）。

（五）区分无权代理和冒名行为：3方结构和2方结构

1. 无权代理的合同中会显示3个人

例：【无权代理的合同】A擅自以B名义与C签订合同，这是无权代理签订的合同，合同中会存在3个人，A、B、C。A是无权代理人、B是被代理人、C是相对人。

2. 冒名签订的合同中会显示2个人

例：【冒名签订合同】A把自己当做B，冒用B的名字与C签订合同，这是冒名签订的合同，合同中会存在2个人，BC。A签了B的名字与C签订合同。显然，不存在B的意思，该合同绝对不能约束B。但是否能够约束A呢？也要区分处理。

（1）【冒名合同成立】合同对方对与谁签订合同并不在意，这个合同成立生效。

例：【不在意】甲与房东签订租房合同，为避免引人注目，故用方志平名字签订租赁合同，合同上写的是方志平和出租人。出租人对于将房屋出租给谁并不在意，故该合同约束的是甲和出租人，不约束方志平，因为方志平没有意思表示。

（2）【冒名合同不成立】对方对与谁签订合同很在意（实名制），这个合同不成立，也就谈不上合同效力问题。

例：【在意】A盗用B的姓名和身份证号码向航空公司购买机票和向保险公司购买航空延误险。机票属于客运合同，必须实名制，故航空公司对于与谁签订合同是在意的。该合同不能约束 B，因为 B 没有意思表示的参与，但是也不约束 A，故该合同根本不成立。同理，A 与保险公司的保险合同也不成立。如果航班延误，A 不得向保险公司主张延误险的保险理赔。

（六）区分代理人和法定代表人：3 方结构和 2 方结构

1. 3 方结构：代理人在代理时，仍是以自己的意思独立实施行为，只是该行为的法律效果归属于被代理人。

2. 2 方结构：法定代表人代表法人时，自己的人格被法人吸收，法定代表人的行为 = 法人的行为。

3. 两者的相似之处在于行为人均不承担行为的效果，而分别由被代理人和法人承担责任。

二、代理违法的民事责任（《民法典》第 167 条）

代理人知道或者应当知道代理事项违法仍然实施代理行为，或者被代理人知道或者应当知道代理人的代理行为违法未作反对表示的，被代理人和代理人应当承担连带责任。

种类	示例	责任主体	规律
代理事项违法，但代理人不知道	甲将假冒伪劣产品委托乙代为销售，乙不知道	被代理人甲	甲坏 = 甲赔
代理事项违法，且代理人知道	甲将假冒伪劣产品委托乙代为销售，乙知道	被代理人甲和代理人乙负连带责任	甲坏乙知 = 连带
代理事项不违法，但代理人实施了违法的代理行为，而被代理人不知道	甲委托乙销售合法产品，乙将该产品贴上假冒商标进行销售，甲对此毫不知情	代理人乙承担责任	乙坏 = 乙赔
代理事项不违法，但代理人实施了违法的代理行为，且被代理人知道	甲委托乙销售合法产品，乙将该产品贴上假冒商标进行销售，甲知道后装作不知道	被代理人甲和代理人乙负连带责任	乙坏甲知 = 连带

三、被代理人死后的代理（《民法典》第 174 条）

自然人为被代理人，死亡后，代理人以该自然人名义实施民事法律行为，在 4 种情形下均属于正常代理，法律效果由死亡的自然人承担：①代理人不知道并且不应当知道被代理人死亡；②被代理人的继承人予以承认；③授权中明确代理权在代理事务完成时终止；④被代理人死亡前已经实施，为了被代理人的继承人的利益继续代理。（作为被代理人的法人、非法人组织终止的，参照处理）

例：【死后代理】自然人甲授权乙购买房屋，甲出国旅游期间意外死亡，乙不知其事，仍以甲名义在授权范围内与丙签订了房屋买卖合同。如何评价该合同效力？①属于有权代理，合同约束甲和丙。②因甲死亡，故该合同作为"遗产"发生继承。甲的继承人应履行该合同的义务。③如果甲是被宣告死亡，则法律效果同上。④如果甲被宣告死亡后，又"王者归来"，申请法院撤销了死亡宣告，其法律效果仍然同上。

> 原理：为什么"死人"可以成为合同当事人？①因为根据民法规定，人的民事权利能力始于出生，终于死亡。人已经死亡，没有民事权利能力，故无取得民事权利的资格。②但是，代理制度中存在例外。③立法原理是为了保护信守承诺的代理人。

四、直接代理和间接代理

①直接代理：以被代理人名义进行的代理，效果直接归属被代理人
②间接代理：以代理人名义 { ①显名间接代理：相对人知情 ②隐名间接代理：相对人不知情 } 效果间接归属被代理人
进行的代理

（一）直接代理

正常代理，代理人以被代理人名义实施，由被代理人承担法律后果（《民法典》第162条）

例1：【直接代理】甲授权乙购买房屋，乙以甲的名义与丙签订房屋买卖合同。如何评价该合同效力？乙实施有权代理，这是直接代理，合同约束甲丙。

例2：【区分无权处分和无权代理】方某擅自将汤某的手机出卖。①方某以手机所有权人自居出卖汤某手机，即以自己名义处分，构成无权处分。②方某擅自以汤某名义出卖汤某手机，即明确告诉对方自己是代汤某签约，构成无权代理。

（二）间接代理

不正常代理，代理人以自己名义实施。看对方当事人是否知情。

1. 显名间接代理≈正常代理＝由被代理人承担法律后果（《民法典》第925条）

例：【显名间接代理】甲授权乙购买房屋，乙以自己的名义与知情的丙签订房屋买卖合同。如何评价该合同效力？乙实施了间接代理行为，因为第三人丙知情，属于显名间接代理，故该合同直接约束委托人甲和第三人丙。

甲　　委托　　乙（自己名义的间接代理人）

丙（知情）

2. 隐名间接代理＝启动受托人披露规则＋委托人介入权或者第三人选择权（《民法典》第926条）

（1）第三人导致交易障碍：❶如受托人因第三人原因对委托人不履行义务，受托人应向委托人披露第三人。❷委托人因此可行使受托人对第三人的权利。❸第三人可对委托人主张其对受托人的抗辩。

（2）委托人导致交易障碍：❶如受托人因委托人原因对第三人不履行义务，受托人应当向第三人披露委托人。❷第三人因此可以选择受托人或委托人作为相对人主张权利，但是第三人不得变更选定的相对人。❸第三人选择委托人主张权利，委托人可对第三人主张其对受托人的抗辩以及受托人对第三人的抗辩。

例1：【隐名间接代理】甲授权乙购买房屋，乙以自己的名义与不知情的丙签订房屋买卖合同。如何评价该合同效力？（1）乙实施了间接代理行为，因为第三人丙不知情，属于隐名间接代理。（2）如第三人丙不按约定过户房屋：①乙应向甲披露丙。②甲可要求丙过户房屋。③丙可对甲主张丙对乙的抗辩，比如丙没有从乙处收到购房款故拒不办理房屋过户手续。（3）如委托人甲不按约定付款导致乙不能向丙付款：①乙应该向丙披露甲。②丙可选择要求甲付款，或者选择要求乙付款。丙选择之后不得变更。③假设丙选择要求甲付款，甲可对丙主张甲对乙的抗辩和乙对丙的抗辩。④假设丙选择要求乙付款，自然乙可向丙主张乙对甲的抗辩。

甲：有介入权　　　委托　　　乙（自己名义的间接代理人）（披露）

丙（不知情）：有选择权（选择之后不能变更）

隐名间接代理 {
①因委托人导致不履行义务 {①受托人披露（谁是委托人）②第三人选择（选择后不得变更）}
②因第三人导致不履行义务 {①受托人披露（谁是第三人）②委托人（介入）}
}

代理 {①他人名义，直接代理3方结构　②自己名义，间接代理2方结构}

秒杀：交易发生障碍，受托人披露，第三人有选择权，委托人有介入权。

例2：【区分无权处分和间接代理】汤某委托方某卖手机。①方某以自己名义出卖给唐某，构成间接代理，而不是无权处分。唐某知情方某则属于显名间接代理，合同约束汤某和唐某；唐某不知情则属于隐名间接代理，启动披露规则。②方某以汤某名义出卖给唐某，构成直接代理，合同约束汤某和唐某。

五、复代理（再代理）（《民法典》第169条）

（一）本代理

由本人选任代理人的代理。

（二）复代理

又称再代理，由代理人基于复任权选任代理人的代理。

甲（被代理人）———→ 乙（原代理人）
　　　　　　　　　　　　　↓ 转委托
代理效果归属　　　　　丙（现代理人）
　　　　　　　　　　　　　↓
　　　　　　　　　　　丁（相对人）

1. 有效复代理：经被代理人同意或情况紧急为了被代理人利益而转委托第三人代理。约束被代理人和相对人。

例：【有效转委托】甲授权乙购买茶叶，经甲同意，乙转委托丙去购买茶叶。丙以甲名义与丁签订茶叶买卖合同。如何评价该合同效力？①乙经被代理人甲同意转委托丙实施代理行为，属于有效复代理。②丙以甲名义与丁签订买卖合同，属于有权代理，该合同当事人是被代理人甲和第四人丁。

2. 无效复代理：未经被代理人同意且不属于情况紧急为被代理人利益而转委托第三人代理。约束原代理人和相对人。

例：【无效转委托】甲授权乙购买茶叶，乙擅自转委托丙去购买茶叶。丙以甲名义与丁签订茶叶买卖合同。如何评价该合同效力？①乙擅自转委托丙实施代理行为，属于无效复代理。②丙相对于甲来讲，属于无权代理。③依《民法典》第169条第3款规定，原代理人乙应当对丙的行为承担责任，合同约束原代理人乙和第三人丁。

六、有权代理中滥用代理权

> 原理：为什么要讨论代理权的滥用？因为被代理人对代理人的授权，不可能细致到毛细血管，故代理人在代理权限范围内有意思自治空间。所以代理具有强烈的人身信任性质。

（一）恶意串通的代理

代理人和相对人恶意串通，损害被代理人合法权益的，代理人和相对人应当承担连带责任。（《民法典》第 164 条）

例：【员工坑公司吃回扣】甲公司员工唐某受公司委托从乙公司订购一批空气净化机，甲公司对净化机单价未作明确限定。唐某与乙公司私下商定将净化机单价比正常售价提高 200元，乙公司给唐某每台 100 元的回扣。商定后，唐某以甲公司名义与乙公司签订了买卖合同。如何评价该合同效力？无效。①唐某与乙公司恶意串通损害甲公司的利益，应对甲公司承担连带责任。②甲公司未对净化机单价作明确限定，故唐某以甲公司名义签订购买合同，无论以什么价格购买，都是有权代理。③但是有权代理人唐某应该"受人之托、忠人之事"，其与相对人恶意抬高价格采购，属于恶意串通损害被代理人利益。④该代理行为无效。

> 解析：①代理人和相对人恶意串通，损害被代理人合法权益，自然属于《民法典》第154 条规定的恶意串通损害他人利益情形（无效）。②也属于《民法典》第 164 条第 2 款情形（连带责任）。③一般人恶意串通损害第三人，法律行为无效，且代理人与被代理人还是很熟悉的，他与第三人恶意串通损害被代理人利益，该法律行为更加应该无效，举轻明重。

（二）自己代理

代理人不得以被代理人的名义与自己实施民事法律行为，但是被代理人同意或者追认的除外。（"厚己薄人" = 有权代理情形下发生的效力待定合同）（《民法典》第 168 条）

例：【自己代理】甲委托乙买房，乙代理甲与自己签订买房合同，将自己的房屋卖给甲。交易完全由一人操纵。如何评价该合同效力？①这属于自己代理，效力待定。②如甲追认，则合同有效。③如甲不追认，则合同无效。④正确的做法应该是，乙先退出代理关系，以买卖合同当事人身份与甲协商签订合同。⑤实务中还存在另一种变形但实质属于自己代理的情形，即乙找到小乙代理自己，然后乙代理甲，乙和小乙签订合同，仍然属于自己代理，取决于甲是否追认。

　　　　甲　　　　乙（代理人 + 相对人）

> 问：为什么自己代理是效力待定？①因为需要回避而没有回避，那么就效力待定。②实务中，可能会转换处理，比如 A 代理 B 卖房屋，A 发现 B 的房屋报价低于市价很多，A 准备购买，自己没有办法购买，那么，A 找到自己的儿子 a，让 a 去购买。只要这是一个正常的交易，价格合理，这就不是自己代理，合同要约束 a 和 B。

（三）双方代理

代理人不得以被代理人的名义与自己同时代理的其他人实施民事法律行为，但是被代理的双方同意或者追认的除外。（"顾此失彼" = 有权代理情形下发生的效力待定合同）（《民法典》第 168 条）

例：【双方代理】甲委托乙买房，丙委托乙卖房，乙遂以代理人身份代理甲丙签订房屋买卖合同。交易完全由一人操纵。如何评价该合同效力？①这属于双方代理，效力待定。②如甲丙追认，则合同有效。③如甲丙不追认，则合同无效。④正确的做法是，乙作中介，不要做代理人，然后介绍双方签订合同。⑤实务中还存在另一种变形但实质属于双方代理的情形，即乙找到小乙代理丙，然后乙代理甲，乙和小乙签订合同，仍然属于双方代理，取决于甲丙是否追认。

甲　　（代理人）乙（代理人）　　丙

> 问：为什么双方代理是效力待定？①因为合同并非"双赢"，当事人签订的合同，就内部关系而言，其利益是此消彼长的状态。②所以，合同有点类似"法官"，法官下判，其结果要么是原告占便宜，要么是被告占便宜，不可能下一个双方都占便宜的判决。

七、无权代理、表见代理、表见代表

（一）狭义无权代理

1. 狭义无权代理类型图

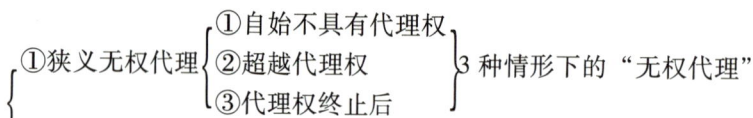

①狭义无权代理　⎰①自始不具有代理权
　　　　　　　　⎱②超越代理权　　　　　3 种情形下的"无权代理"
　　　　　　　　　③代理权终止后

②法定代理不存在无权代理，因为是概括代理权，只可能发生代理权的滥用

2. 狭义无权代理的效果图

被代理人A ⟷ B代理人（自始无代理权/超越代理权/代理权终止）

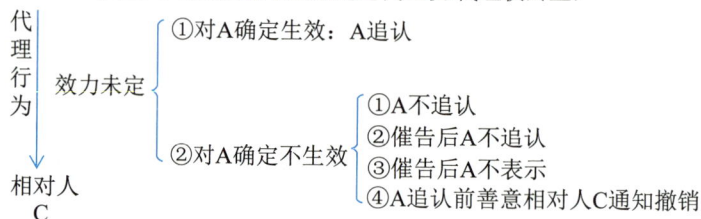

代理行为　　　　　　　①对A确定生效：A追认

　　　　　效力未定　　　　　　　　　　①A不追认
　　　　　　　　　　②对A确定不生效　　②催告后A不追认
相对人　　　　　　　　　　　　　　　③催告后A不表示
　C　　　　　　　　　　　　　　　　④A追认前善意相对人C通知撤销

（二）表见代理

1. 行为人没有代理权、超越代理权或者代理权终止后（无权代理），仍然实施代理行为，相对人有理由相信行为人有代理权的，代理行为有效。（《民法典》第 172 条）

例：【构成表见代理：离职后还签单】 甲是某校后勤部主任，经常以学校名义在乙饭店宴请客人。甲自学校离职后，继续以学校名义在乙饭店宴请朋友。乙饭店要求甲学校支付餐费，甲学校拒绝。乙饭店主张是否成立？①成立。②甲自学校离职后，仍以学校名义与乙饭店签订餐饮服务合同，构成无权代理。③乙饭店有理由相信甲有代理权，构成表见代理，该代理行为有效。故乙饭店有权要求被代理人学校支付餐费。

2. 表见代理属于广义无权代理的一种，关键在于判断相对人是否有理由相信行为人有代理权，即判断行为人是否有"外观授权的表象"。

例：【不构成表见代理：管章后签约】 甲公司和乙公司签订建设工程施工合同，约定合同纠纷提交 A 市仲裁委仲裁。后甲公司欠乙公司 8000 万元工程款届期未还，双方同意甲公司公章交由乙公司保管。乙公司便用甲公司公章对建设工程施工合同进行了修改，将 A 市仲裁委修改为 B 市仲裁委。乙公司的行为是否构成表见代理？①否。②甲公司同意公章交乙公司保管，双方成立无偿保管合同法律关系。③乙公司使用甲公司公章签订合同，擅自以甲公司名义实施代理行为，构成"自始无代理权"的无权代理。④但是，乙公司没有理由相信乙公司自己有代理权，故乙公司的行为不构成表见代理，该修改合同的行为无效。

问1：什么是"有理由相信"？什么是代理人具有"外观授权的表象"？①行为人持有被代理人发出的证明文件，如被代理人的介绍信、有被代理人向相对人所作法人授予代理权的通知或者公告，这些证明文件构成认定表见代理的客观依据。对上述客观依据，相对人负有证明责任。②在我国司法实践中，盗用他人的介绍信、合同专用章或者盖有公章的空白合同书签订合同的，一般不认定为表见代理，但被代理人应负举证责任，如不能举证则构成表见代理。③对于借用他人介绍信、合同专用章或者盖有公章的空白合同书签订的合同，一般不认定为表见代理，由出借人与借用人对无效合同的法律后果负连带责任。因为表见代理中，仅被代理人负责，代理人对外不负责，不是合同当事人。

问2：为什么需要强调相对人"有理由相信"？因为一旦不强调这一点，那么，会严重干扰被代理人的行为自由。因为一旦构成表见代理，被代理人需要为无权代理人所签订的合同负责，这等于 A 替 B 背锅，这必须具有正当性才可以。其正当性就是相对方有理由相信 B 有权代理 A。

问3：什么时候考虑"外观授权的表象"？缔约时。具体到一个交易时，行为人是无权代理，但是对方有理由相信行为人有代理权。

问4：【盖"早了"公章】在空白合同书上加盖了公章，有何法律效果？"看权不看章"。

（1）【一般先内容后盖公章：先填写合同书 + 后盖公章】通常情况下，是先有合同条款后加盖公章，故加盖公章的行为除了表明是公司行为外，往往还有对合同条款确认的性质。

（2）【先盖公章后填内容：空白合同书 + 先该公章 + 再填写内容】①在空白合同书上加盖公章场合，先加盖公章，后有合同内容。②此时，需要严格考察空白合同持有人与公司之间是否具有代理关系，来综合认定合同效力是否及于公司。③空白合同书持有人确实具有代理权，或足以使交易相对人相信其有代理权的，在空白合同书上添加的合同条款效力及于公司。④反之，仅仅根据持有盖章的空白合同书这一事实，尚不足以认定其具有代理权，应按无权代理规则处理。

秒杀一句话：被代理人导致的"授权外观"（如行为人擅自用公司合同章签订合同），相对人善意无过失信赖，构成表见代理；行为人导致的"授权外观"（如行为人伪造公司合同章签订合同），不构成表见代理。

（三）表见代表

法人的法定代表人或者非法人组织的负责人超越权限订立的合同，除相对人知道或者应当知道其超越权限外，该合同对法人或者非法人组织发生效力。（《民法典》第 504 条）

例：【大 BOSS 胡作非为】甲公司法定代表人唐某超越公司授权范围，以甲公司名义与不知情的乙公司签订合同。如何评价该合同效力？唐某行为属于越权行为，但乙公司不知情，故构成表见代表，由甲公司承担法律后果。

问：《九民纪要》怎么区分代表和代理？

	代表	代理
身份	法定代表人（大 BOSS）	代理人（大 BOSS 之外）
权源	法定代表人无须另行授权，就可以一般性代表公司从事民事活动	委托代理一般是一事一授权，代理人变动性很大
类型	1 种 = 越权代表：超越权限对外从事行为，属于越权代表。	3 种无权代理 = 越权代理 + 无代理权 + 代理权终止

续表

	代表	代理
效果1	法定代表人是公司的法定机关，其代表权限来源于法律的明确规定。法定代表人的越权行为不直接<u>对公司发生效力</u>。	未经被代理人授权，无权代理人行为与被代理人无关，<u>自然不对被代理人发生效力</u>。
效果2	法定代表人以公司名义对外从事民事活动，本质上属于履职行为，<u>由法定代表人个人承担责任缺乏依据</u>。	无权代理人在根本没有代理权的情况下对外以被代理人名义从事行为，其行为与被代理人没有任何关系，自不应由被代理人承担责任，<u>因此法律才规定由代理人自身承担责任</u>。

【有权代表行为】《民法典》第 61 条，依照法律或者法人章程的规定，代表法人从事民事活动的负责人，为法人的法定代表人。

法定代表人以法人名义从事的民事活动，其法律后果由法人承受。

法人章程或者法人权力机构对法定代表人代表权的限制，不得对抗善意相对人。

【越权代表行为】《民法典》第 504 条，法人的法定代表人或者非法人组织的负责人<u>超越权限订立的合同</u>，除相对人知道或者应当知道其超越权限外，该代表行为有效，订立的合同对法人或者非法人组织发生效力。

【表见代理行为】《民法典》第 172 条，行为人<u>没有代理权、超越代理权或者代理权终止</u>后，仍然实施代理行为，相对人有理由相信行为人有代理权的，代理行为有效。

第六章　诉讼时效

倪某借了金某 10 万元届期未还，金某碍于情面未向倪某主张。3 年后，金某向倪某索要，倪某称金某债权请求权已经过了诉讼时效。该抗辩是什么？答：❶诉讼时效届满之抗辩。❷如倪某承诺仍会归还，就不得援引此前享有的诉讼时效届满之抗辩。

一、诉讼时效的性质

（一）权利人在一定期间不行使权利，在该期间届满后，发生义务人可以拒绝履行其给付义务效果的法律制度

> 原理 1：（1）一般认为，诉讼时效制度具有 3 个价值：①稳定法律秩序，确保交易安全。②促使权利人积极行使权利，"惩罚躺在权利上睡觉的人"。③有利于司法机关确认案件事实。（2）实际上，诉讼时效的价值只有一个：稳定法律秩序。①至于方便查清事实，只是一种理论假设，可能符合某些案件实际情况，但并非所有的案件都因年代久远而证据灭失。②即使证据灭失，也并非都无法查明事实。而且很多时效届满的纠纷，事实非常清楚，证据很确凿。③诉讼时效制度是在平衡两种对立的利益：一是基于请求权人对义务人的权利义务关系而形成的旧秩序。另一是请求权人因长时间怠于行使权利而形成的处于"休眠"状态的新秩序。④诉讼时效制度是对这两种对立秩序和冲突利益中作出的适当选择。⑤诉讼时效制度之所以偏好新秩序，目的是为了敦促权利人行使权利、加快民事流转、促进交易。因为社会财富是有限的，而人们的需求是巨大的。

> 原理 2：什么是取得时效？①与诉讼时效相对应的一个概念。②外国法上，将诉讼时效称为消灭时效，因为我国法上，过了诉讼时效的权利是"自然权利"，并没有导致权利消灭，故称为诉讼时效更加严谨。③所谓消灭时效（又称取得时效），是行为人和平、公然、连续的占有一个物，经过一定时间比如 10 年或 20 年，即取得该物所有权。④《民法典》没有规定取得时效制度。但是，因为动产原物返还请求权要适用诉讼时效，这样必然会带来另外一个问题即取得时效问题。⑤如甲将手表出借给乙，乙到期未还，甲有权请求乙返还手表。如果 3 年过了，乙可以提出诉讼时效届满的抗辩，拒不返还手表。那么，这个手表是谁的？甲要求返还被乙拒绝，如果不是归甲，那只能归乙，而不能归国家。所以，乙就变相得激活了"取得时效"。

（二）3 年

向人民法院请求保护民事权利的诉讼时效期间为 3 年。法律另有规定的，依照其规定。（《民法典》第 188 条）

（三）强制

诉讼时效的期间、计算方法以及中止、中断的事由由法律规定，当事人约定无效。当事人对诉讼时效利益的预先放弃无效。（《民法典》第 197 条）

例：【商人牛了律师】甲出借 10 万给乙，约定 2016 年 1 月 1 日还，同时让乙签收"催款通知"，落款时间为 2017 年 12 月 1 日。如何评价催款通知？①无效。②因为这属于当事人变

相约定延长诉讼时效期间，违反了法律关于诉讼时效制度具有强制性、不得约定的效力性强制性规定。

二、不适用诉讼时效的权利

（一）有的债权请求权不适用诉讼时效（《民法典》第196条）

1、请求支付抚养费、赡养费或者扶养费债权请求权

例：【抚养费债权没有保质期】甲乙婚后育有一女小甲，小甲3周岁时，甲乙离婚。自此甲一直未支付抚养费，小甲成年后，请求甲支付抚养费，甲称诉讼时效已经届满，故有权拒绝支付。甲的主张是否成立？①否。②小甲请求其父甲支付抚养费请求权，不适用诉讼时效。③如果甲对小甲实施侵权行为，如侵犯小甲财产权或人身权，则小甲对甲的债权请求权需要适用诉讼时效，诉讼时效期间自法定代理终止之日起算。④如果甲对小甲实施性侵犯，则小甲对甲的请求权需要适用诉讼时效，诉讼时效期间自小甲年满18周岁时起算。

2. 业主大会请求业主缴付公共维修基金请求权

例：【住不起自己的房屋】指导案例65号：①专项维修资金是专门用于物业共用部位、共用设施设备保修期满后的维修和更新、改造的资金，属于全体业主共有。②缴纳专项维修资金是业主为维护建筑物的长期安全使用而应承担的一项法定义务。③业主拒绝缴纳专项维修资金，并以诉讼时效提出抗辩的，人民法院不予支持。

3. 公司享要求出资人缴付出资请求权

例：【"认缴出资"的风险】甲公司欠乙公司300万元，经查甲公司股东张某欠缴出资100万元。本案各个债权请求权是否适用诉讼时效制度？①诉1，其他股东要求张某缴付100万元出资，不适用诉讼时效。②诉2，甲公司要求张某缴付100万元出资，不适用诉讼时效。③诉3，甲公司债权人乙公司要求张某承担补充责任，不适用诉讼时效。④诉4即300万元债权本身要在诉讼时效期间内，即适用诉讼时效。

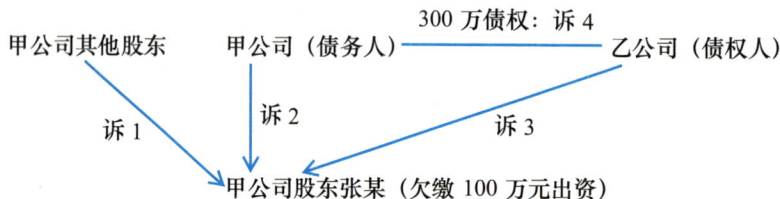

```
                          300万债权：诉4
甲公司其他股东    甲公司（债务人）————————————乙公司（债权人）

        诉1        诉2              诉3
              甲公司股东张某（欠缴100万元出资）
```

4. 股东依据决议对公司分配利润和支付股息请求权、储户对银行支付存款本金和利息的请求权、债权人对兑付国债、金融债券以及向不特定对象发行的企业债券本息的请求权。

（二）部分物权请求权不适用诉讼时效

1. 不动产返还原物请求权

例：【房屋永远在呼叫主人】甲的房屋被乙占用，甲出国3年后回国，请求乙返还房屋。乙以3年诉讼时效届满为由拒绝。乙的主张是否成立？①否。②甲请求乙返还房屋的请求权，不适用诉讼时效制度。

2. 登记的动产返还原物请求权

例：【登记的机动车永远在呼叫主人】甲名下的汽车出借给乙使用，借期届满后，乙未归还。3年后，甲请求乙返还汽车。乙以3年诉讼时效期间届满为由拒绝。乙的主张是否成立？①否。②甲请求乙返还登记机动车请求权不适用诉讼时效制度。

　　原理：为什么普通动产返还原物请求权要适用诉讼时效制度？①甲占有乙价值 10 元的物，又向乙借款 100 万元。②如果规定所有的动产物权的权利人请求返还财产均不适用时效，乙对价值 10 元的物可以长期请求返还，但对于更大价值的 100 万元债权，却只能在普通诉讼时效期间的 3 年内主张。看似法律对价值小的法益保护更重，这属于法益失衡。③一般动产价值小、流动大、易损耗，如果不适用诉讼时效规定，多年后再提起诉讼，因年代久远存在举证困难，会增加诉累，不利于矛盾及时解决。④对于动产的返还原物区别对待：一般动产比如手表等的返还原物请求权，适用诉讼时效制度。特殊动产比如船舶、航空器和机动车等的返还原物请求权，已经登记的，则不适用诉讼时效。如果尚未登记，仍然要适用诉讼时效制度。

　　3. 占有保护请求权适用 1 年期间不属于诉讼时效期间

　　例：【占有返还只保护 1 年】甲的停车位被乙侵占，3 年后，甲要拿回停车位，<u>则提出什么主张能获得法律支持？</u>①如甲提出占有返还，因过了 1 年期间而无法获得支持。因为返还占有的期间是 1 年，自侵占发生之日起计算。②如甲提出返还不动产停车位所有权，则该请求权不适用诉讼时效。故甲提出返还不动产的原物请求权，能够获得法律支持。

　　（三）部分侵权责任承担方式不适用诉讼时效：请求停止侵害、排除妨碍、消除危险

　　例：【侵权在继续】甲在网络上散步不实信息，侵害了乙的名誉权。3 年后，乙请求甲停止侵权，删除不实信息。甲以诉讼时效已经届满为由拒绝。<u>甲的主张是否成立？</u>①否。②因为停止侵害的请求权不适用诉讼时效。

　　（四）形成权不适用诉讼时效：比如可撤销合同的撤销权

　　（五）确认合同无效不适用诉讼时效：

　　归总：①只有请求权才可能适用诉讼时效制度。形成权、抗辩权、支配权本身都是不适用诉讼时效的（支配权请求权有一部分适用诉讼时效，如普通动产"手表"返还原物请求权；有一部分不适用诉讼时效，如房屋返还原物请求权）。②请求权中的部分请求权适用诉讼时效制度，另外一部分请求权不适用诉讼时效制度。

三、诉讼时效届满后的法律效果

（一）对权利人（原告）

1. 可以起诉，法院应该受理。

2. 如果义务人行使诉讼时效届满的抗辩权，则法院判决驳回原告诉讼请求。

3. 如果义务人没有行使诉讼时效届满的抗辩权，则权利人可以保有该利益，不构成不当得利。因为学理上将"诉讼时效届满后的债权"称之为"自然债权"，该自然债权即权利人获得利益的根据。

　　例：【自然债权】甲对乙享有 10 万元债权，到期后第 4 年才向乙提出主张诉到法院。<u>如何评价该诉讼？</u>①法院应该裁定予以受理。②如乙提出 10 万元债权诉讼时效已经届满，则法院判决驳回甲的诉讼请求。③如乙没有提该抗辩，则甲可以获得 10 万元。乙不得事后以诉讼时效届满为由主张返还。

（二）对义务人（被告）

1. 义务人提出诉讼时效届满的抗辩。（《民法典》第 192 条）

2. 义务人自己决定是否提出，如果在诉讼中，法院不得进行"释明"，即法官不得提示让义务人提出该抗辩。实务中法官有"释明"的冲动，因为一旦义务人提出，则本案可以马上判决驳回原告诉讼请求而结案。（《民法典》第193条）

3. 义务人应该在一审提出诉讼时效届满的抗辩。在二审时，必须有新证据证明义务人一审没提出时效届满抗辩有新理由。再审时义务人一概不允许提出诉讼时效届满的抗辩。

例：【诉讼时效届满抗辩】甲对乙享有10万元债权到期已经经过了3年。甲诉乙还款，乙"正要"提出诉讼时效届满的抗辩，甲提出一个"函"证明其曾经在3年内向乙提出了请求，乙就哑口无言了。一审法院判决乙败诉，乙上诉到二审法院，有新证据证明，甲的"函"是伪造的，此时，乙可以在二审中提出诉讼时效已经届满的抗辩。

> **秒杀：** 何时提诉讼时效届满抗辩？"一审可以，二审可能，再审不行"。

4. 【起死回生法1】义务人如果在诉讼时效届满后，通过意思表示同意履行或者通过行为实际履行债务，则不允许以权利人的权利诉讼时效届满为由抗辩。（《民法典》第192条）

例：【通过意思表示放弃诉讼时效届满的抗辩】甲公司向乙公司催讨一笔已过诉讼时效期限的10万元货款。乙公司书面答复称："该笔债务已过诉讼时效期限，本公司本无义务偿还，但鉴于双方的长期合作关系，可偿还3万元。"甲公司遂向法院起诉，要求偿还10万元。乙公司接到应诉通知后书面回函甲公司称："既然你公司起诉，则不再偿还任何货款。"<u>如何评价本案的答复和复函？</u>①10万元已经过了诉讼时效，乙的书面答复属于通过意思表示放弃了3万元诉讼时效届满的抗辩，即乙的书面答复意味着乙需偿还3万元。②乙对于另外7万元仍可主张诉讼时效届满的抗辩。③乙公司的回函称不再偿还任何货款，属于对已经放弃的3万元诉讼时效届满的反悔，不发生效力。因为义务人已经放弃的诉讼时效抗辩，不能再反悔。

5. 【起死回生法2】**当事人双方就原债务达成新的协议，债权人主张义务人放弃诉讼时效抗辩权的，人民法院应予支持。（《诉讼时效解释》第19条）**

6. 【起死回生法3】**超过诉讼时效期间，贷款人向借款人发出催收到期贷款通知单，债务人在通知单上签字或者盖章，能够认定借款人同意履行诉讼时效期间已经届满的义务的，对于贷款人关于借款人放弃诉讼时效抗辩权的主张，人民法院应予支持。（《诉讼时效解释》第19条）**

四、诉讼时效期间的起算点

（一）主观标准起算

"一般"的诉讼时效期间自权利人知道或者应当知道权利受到损害以及 义务人 之日起计算（《民法典》第188条）

1. 知道与应当知道日期不一致，以早到的为起算点

例：【区分"实际知道"和"应当知道"】合同约定第10日交货，"应当知道权利被侵害"的时间点是固定的，即第10日届满未交货。但是，权利人实际知道的时间点则是不确定的，有3种情况：①"实际知道"早于"应当知道"：义务人第5日就明确告知不交货，即权利人实际知道权利被侵害。则从第6日起算诉讼时效。②"实际知道"晚于"应当知道"：权利人在第15日才实际知道权利被侵害。则从应当知道的次日即第11日起算诉讼时效。③"实际知道"等于"应当知道"，则从第11日起算诉讼时效。④小结：起算点赶早不赶晚，督促权利人尽快行使权利，不要"躺在权利上睡觉"。

问：为什么这么规定起算点？因为诉讼时效制度是让权利人不要睡觉太久，所以，起算点应该是权利人的"睡觉点"，而睡觉点应该是权利人知道自己有权利并且需要知道向谁主张这个权利，我称之为"双知道"。只有"双知道"时，才能作为权利人睡觉点的起算点。

2. 具体个案中"一般"的诉讼时效期间的起算点

（1）人身损害赔偿时效起算点：受伤害之日或伤势确诊之日 + 知道谁是侵权人。

（2）"无限人"对法定代理人的请求权时效：从法定代理终止之日起计算 3 年。（《民法典》第 190 条）

例：【亲戚坑孩子】"无限人"甲的父母早亡，甲的近亲属担任甲的监护人，却侵犯甲的财产权。"无限人"甲要求监护人索赔请求权，自监护结束起算。

（3）未成年人遭受性侵害之"损害赔偿"请求权时效：自受害人年满 18 周岁时计算 3 年。未成年人遭受"性"之外的其他人身侵害，则适用"法定代理终止之日"起算规则。（《民法典》第 191 条）

（4）不当得利时效起算点：知道不当得利事实 + 知道谁是不当得利人。

（5）无因管理时效起算点：①管理人主张费用和赔偿时效的起算点，管理行为结束 + 知道谁是被管理人。②被管理人主张赔偿时效的起算点，知道损害事实 + 知道谁是管理人。

（6）合同被撤销后返还"财产"和赔偿的时效起算点：合同被撤销之日。

例：【诉撤还是诉赔还是诉撤和赔？诉讼策略】甲欺诈乙签订买卖手机合同，乙可撤销该合同，要求甲返还手机并赔偿损失。乙可采取什么诉讼策略？①乙以受欺诈为由撤销该合同的撤销权，是形成权，需要适用除斥期间。（"315 内撤，支持；315 外撤，不支持，但如同时对方构成违约，可诉违约。"）②乙要求甲返还手机并赔偿的权利，其中主张返还手机属于普通动产返还原物请求权，要适用诉讼时效；索要赔偿属于债权请求权，也要适用诉讼时效。③如乙诉撤销，未同时诉求返还手机和赔偿损失，则后面乙如果另行要求返还手机和赔偿损失，则后面请求权的诉讼时效期间，从合同被撤销之日起算。④如乙诉撤销（形成之诉），并同时诉要求返还手机（给付之诉）和赔偿损失（给付之诉），会导致后两个给付之诉发生诉讼时效中断。当然，因为乙已经提起了诉讼，此时再去计算两个给付之诉的诉讼时效价值就不大了。

（7）合同责任时效起算点

①履行期限明确：从履行期届满时起算诉讼时效。

例：【借条之诉讼时效起算】甲借乙 5 万，向乙出具借条，约定 1 周内归还，乙债权的诉讼时效期间何时起算？①借条的诉讼时效从债务履行期届满时起算，而非出具借条之日起计算。②借条出具日并非乙知道或者应当知道权利被侵害时，不能起算诉讼时效。③借条约定 1 周内归还，是为履行期限明确，推定履行期届满之日起算诉讼时效。因为此时乙知道或者应当知道权利被侵害（且知道债务人），故起算诉讼时效。

②履行期不明确：如法律推定可以明确履行期，则履行期届满起算；如债权人给了明确宽限期，则从宽限期届满起算；如债权人提出履行要求，遭义务人明确拒绝履行，则从义务人拒绝之日起算。

③同一债务分期履行：从最后一期届满时起算。（《民法典》第 189 条）

例：【分期付款买卖合同 = 同一债务分期履行】甲、乙签订合同买卖机床，约定总价款 50 万元；甲先交 20 万元后乙发货；乙安装调试完后甲再交 20 万元；甲用该机床生产出质量合格产品后，再交剩余 10 万元。如甲一笔货款均未交纳，乙已经交货，乙要求甲履行付款义务的时效何时起算？①应从最后应交 10 万元届满时起算。②如果每期单独起算时效，势必造成乙担心债权过期，而频繁主张权利，频繁起诉，浪费了有限的司法资源。

（8）商业责任险的被保险人向保险人请求赔偿保险金的诉讼时效期间，自被保险人对第三者应负的赔偿责任确定之日起计算。

例：【责任险诉讼时效起算】 甲向乙保险公司投保了商业机动车第三者责任险，甲驾驶保险车辆撞伤行人丙，应负赔偿责任10万元。甲对乙保险公司享有的保险赔偿请求权诉讼时效期间何时计算？①自甲对丙应负赔偿责任确定之日起计算。②督促甲尽早向乙保险公司提出诉讼或要求。③甲对丙应负赔偿责任10万元债权已经明确，丙不断向甲主张，会导致丙对甲的侵权之债诉讼时效不断中断，"要一次中断一次"。④而甲却怠于向乙保险公司主张，则会导致甲基于责任保险合同对乙保险公司享有的支付保险金请求权过掉诉讼时效。⑤甲要赔丙，甲却不能向保险公司索赔，则甲当初订立责任保险合同试图将赔偿责任转移给保险公司的目的也就落空了。

（二）客观标准起算

"最长"的诉讼时效期间自权利受到损害之日起超过20年的，人民法院不予保护。（《民法典》第188条）

例：【主观标准起算和客观标准起算的关系＝以短的为准，即谁先到以谁为准】 甲被乙侵权，对乙享有侵权之债权。何时起算侵权之债权的诉讼时效？（1）假设甲在第4年知道侵权人是乙。①主观标准起算计算结果是：第4年甲知道其权利被害以及侵权人是乙。故此时起算侵权之债诉讼时效，后续再加3年。②客观标准起算计算结果是：自侵权发生之日起算，未超过20年。③综合看来，主观标准起算计算结果先到！④故本案采主观起算标准，从甲知道侵权人乙时起算侵权之债诉讼时效期间3年。（2）假设甲在第21年知道侵权人是乙。①主观标准起算计算结果是：第21年甲知道其权利被害以及侵权人是乙，此时计算到第24年。②客观标准起算计算结果是：自侵权发生之日起算，已经超过了20年。③综合看来，客观标准起算计算结果先到！④故本案采客观起算标准，从侵权发生之日起计算，本案已经超过了最长时效20年。

> 秒杀：①20年之内适用主观起算标准；②20年之外适用客观起算标准。

（三）最长诉讼时效20年依法可以延长，必须有特殊情况才可以适用

《民法典》第188条最后一句，自权利受到损害之日起超过二十年的，人民法院不予保护，有特殊情况的，人民法院可以根据权利人的申请决定延长。

> 问：为什么最长20年诉讼时效依特殊情况还可以延长？①因为解决一个"国宝追回"的问题。②比如八国联军侵华战争，我们需要追回国宝，就不能说过了20年诉讼时效后我们不能再要回了。③所以，中国的立法不能限制了自己。

五、诉讼时效期间的结束点

（一）一般请求权诉讼时效期间：3年。

（二）特殊请求权诉讼时效期间

1. 因国际货物买卖合同和技术进出口合同争议提起诉讼或者申请仲裁的期间为4年，自当事人知道或者应当知道其权利受到损害以及义务人之日起计算。

2. 人寿保险的被保险人或者受益人向保险人请求给付保险金的诉讼时效期间为5年，自其知道或者应当知道保险事故发生之日起计算。（双知道＝知道投了保险＋知道出险了）

（三）最长诉讼时效期间：20 年

六、诉讼时效的中止

在诉讼时效行将结束往前推 6 个月内，发生客观障碍导致权利人无法主张权利，则诉讼时效中止，待客观障碍消灭后，再补足 6 个月。（《民法典》第 194 条）

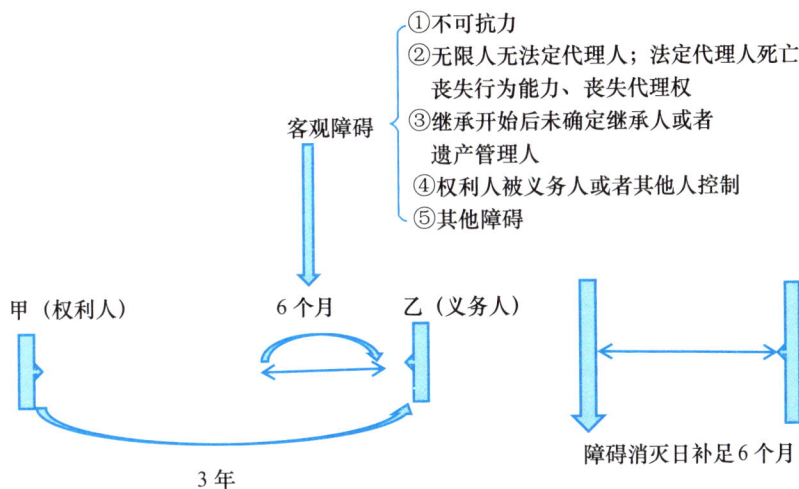

客观障碍
①不可抗力
②无限人无法定代理人；法定代理人死亡丧失行为能力、丧失代理权
③继承开始后未确定继承人或者遗产管理人
④权利人被义务人或者其他人控制
⑤其他障碍

甲（权利人）　　6 个月　　乙（义务人）

障碍消灭日补足 6 个月

3 年

原理：可以依照上图条件发生多次中止，但 20 年最长时效不适用中止、中断规则，20 年是卡死的。如果允许最长时效中止、中断，则不会存在最长时效这一制度。

例 1：【公司告大老板】义务人和权利人之间存在代表与被代表关系，义务人是权利人法定代表人。权利人欲提起诉讼，需要法定代表人的签字授权或者盖取公章，但法定代表人显然不会允许对自己提起诉讼进行授权或者同意盖章。

例 2：【子公司告母公司】义务人和权利人之间存在控股关系，义务人是母公司，权利人是母公司控股的子公司。权利人子公司无法取得控股公司的诉讼授权。

例 3：【婚内老婆告老公】甲与李某离婚，李某认为当年甲擅自处分夫妻共有房屋造成了自己的损失，要求侵权赔偿。甲抗辩说，赔偿请求权已过诉讼时效。甲的主张是否成立？①不成立。②因为双方为夫妻共同财产制，夫妻关系存续是侵犯财产权赔偿请求权之诉讼时效期间中止的法定事由。

秒杀："诉讼时效客观障碍"导致权利人不得不睡，就不能罚。

七、诉讼时效的中断（《民法典》第 195 条）

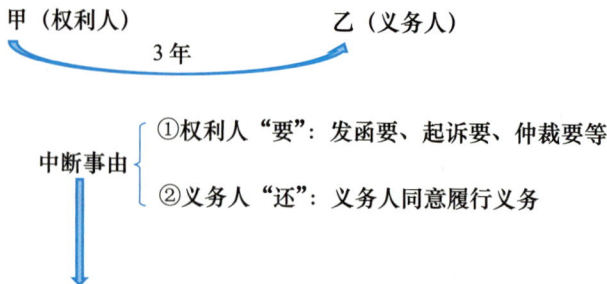

甲（权利人）　　　　　乙（义务人）
3 年

中断事由
①权利人"要"：发函要、起诉要、仲裁要等
②义务人"还"：义务人同意履行义务

从中断事由、有关程序终结时起，诉讼时效期间重新计算3年【明确一次中断一次】

（一）诉讼时效中断体系

手段宽松＋影响宽松＝中断容易，尽可能地认定中断时效。

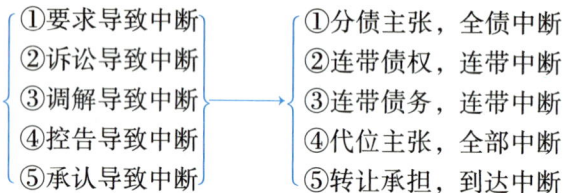

①要求导致中断　　①分债主张，全债中断
②诉讼导致中断　　②连带债权，连带中断
③调解导致中断　→　③连带债务，连带中断
④控告导致中断　　④代位主张，全部中断
⑤承认导致中断　　⑤转让承担，到达中断

（二）权利提出要求导致诉讼时效期间中断

1. 权利人送交主张权利文书，对方签字、盖章或其他方式证明已送达：法定代表人/主要负责人/负责收信人/被授权主体。

2. 权利人发送信件或数据电文，到达或应到达。

3. 金融机构依法从对方账户中扣收欠款本息。

4. 权利人针对义务人下落不明情况，权利人在国家级媒体刊登主张权利公告/权利人在义务人住所地省级有影响媒体刊登主张权利公告。

（三）义务人承认导致诉讼时效中断

1. 分期履行。2. 部分履行（支付利息）。3. 提供担保。4. 请求延期履行。5. 制定清偿债务计划。

（四）中断诉讼时效的影响

1. 分债主张，全债中断：权利人对部分债权主张，全部债权都中断

例：【要部分≈要全部】甲对乙有 10 万元债权届期，甲向乙先要 3 万元。会导致甲对乙享有的整个 10 万元债权诉讼时效中断。

2. 连带债权，连带中断：1 个权利人主张债权，视为其他债权人也提出了主张。

例：【老婆要≈老公要】甲乙夫妻养的宠物狗被丙打死，甲乙为连带债权人。甲向丙提出了索赔请求，就会导致侵权之债诉讼时效中断。

3. 连带债务，连带中断：1 个义务人被主张债权，视为其他义务人也被主张债权。

例：【向老婆要≈向老公要】甲乙夫妻养的宠物狗咬伤了丙，甲乙为连带债务人。丙向甲提出了索赔请求，会导致侵权之债诉讼时效中断。

4. 代位主张，全部中断：代位诉讼，代位之债、原债、次债时效都中断，"一箭三雕"

例：【上向下要≈上向中要＋中向下要】甲对乙有 8 万元到期债权（"原债"），乙对丙有

到期 10 万元债权（"次债"）。甲对丙提起代位权诉讼（"代位之债"）。<u>甲的行为会导致哪几个债诉讼时效中断？</u>①甲丙代位之债诉讼时效中断。②甲乙原债诉讼时效中断。③乙丙次债诉讼时效中断。

5. 转让承担，到达中断

（1）债权转让通知到达债务人时，该债权诉讼时效中断。

例：【债权转让通知】甲对乙有 10 万元债权，甲将该债权转让给丙，通知债务人乙。该债权诉讼时效何时中断？①自通知债务人乙时中断。②而不是自甲与丙签订债权转让协议时中断。③因为当甲将债权转让通知乙时，其言外之意即乙应该向丙还款，此约等于"权利提出了主张"，故导致 10 万元债权诉讼时效中断。

（2）免责债务承担，新债务人愿意履行债务通知到达债权人时，该债权诉讼时效中断。

例：【免责债务承担】甲对乙有 10 万元债权，经甲同意，乙将债务转移给丙。丙通知甲愿意履行债务。<u>该债权诉讼时效何时中断？</u>自丙承担债务的意思表示到达债权人甲之日起中断。

6. 已经届满的诉讼时效期间不存在中断可能，但是新的诉讼时效期间存在中断问题。

例：【"新旧衔接"】甲对乙 10 万元债权已经经过了 3 年诉讼时效（≈0）。甲向乙提出主张，乙回函同意 1 周内履行。1 周过后乙未履行，甲向乙提出主张。<u>如何评价本案诉讼时效问题？</u>①甲向乙提出主张以及乙回函同意，都不会导致 10 万债权诉讼时效中断，因为它已经届满，不存在中断可能。②乙回函同意 1 周内履行，属于放弃诉讼时效届满之抗辩，故甲乙之间形成新的债权债务关系。③1 周过后甲向乙提出主张，将会导致该新债权债务诉讼时效中断。

> **秒杀：**①诉讼时效<u>开始前</u>，不存在中止中断问题。②诉讼时效<u>期间内</u>才会发生中止中断问题。③诉讼时效<u>届满后</u>，该诉讼时效不存在中止中断问题，但新的债权债务关系会存在中止中断问题。

3年诉讼时效期间

A ←————————————→ B（届满）　　　　　　C
中止、中断

辨析 1：诉讼时效与申请执行时效	起算点	期间	中止、中断次数	法律效果
诉讼时效	①一般起算点（权利人知道权利被侵害和义务人次日）；②特殊起算点（权利被侵害次日）	3 或 20 年不等	不受次数限制。但最长诉讼时效不适用中止、中断规则	过期主张权利，义务人启动诉讼时效届满的抗辩权
申请执行时效	①文书内置履行期最后一日起算。②文书内置分期履行，每次履行期间的最后一日起算。③文书无内置履行期，从文书生效之日起算	2 年	①适用诉讼时效中止、中断的规定。②申请强制执行或诉讼外主张权利，诉讼时效中断。或者客观情况导致中止。③无次数限制。	过期申请法院执行，则胜利一方，不能获得法院的强制执行

辨析2：诉讼时效与除斥期间	适用对象	价值定位	弹性	起算点	届满后果	强制性	法院是否援引
诉讼时效	请求权	从新：维护新建立的秩序，不再保护原权利义务关系	可以中止、中断、延长	一般自权利人知道或应当知道权利受到损害以及义务人之日起算	届满不消灭实体权利，仅义务人发生拒绝履行义务的抗辩权，存在可抛弃的利益	法定	法院不依职权援用。由义务人自己决定是否提出时效已过的抗辩。
除斥期间	形成权	守旧：维持原来秩序。只要权利人不行使形成权或形成权过期，原有秩序就存续	不变期间	一般自权利人知道或应当知道权利产生之日起算	届满消灭的是实体权利（形成权），不会存在可抛弃的利益	有的法定，有的约定（如约定解除权期间）	法院依职权主动适用法律关于存续期间的规定（因为权利已经消灭，法律关系已经变更，不以权利人主张与否为转移）

民法宝典 ▶ 第二编 │ **物权编**

物权编说明：❶什么是物？什么是物权？物权具有什么效力？物权怎么发生变动？物权遭受侵害时如何予以保护？具体物权的种类包括什么？所有权、用益物权、担保物权。以上，就是物权编需要解决的问题。❷它将回答太阳不是"物"、房屋是不动产、手机是动产。❸物权包括所有权、用益物权、担保物权，具有对世效力，具有优先效力。❹因为人死后发生房屋所有权继承，叫"非基于法律行为的物权变动"；因为房屋买卖合同中过户房屋发生所有权转移，叫"基于法律行为的物权变动"。❺物权遭受侵害，物权人可主张"物权请求权"来保护自己，即"物在呼叫主人"。占有秩序被侵害，占有人可主张"占有返还请求权"来恢复秩序，即"占有在呼叫秩序"。❻所有权下面要区分讲解，业主建筑物区分所有权、相邻权、共有。❼用益物权下面要区分讲解，农村土地承包经营权、建设用地使用权、用益物权、居住权。❽担保物权下面要区分讲解，抵押权、质权、留置权、让与担保权和其他非典型担保。❾因为保证经常和担保物权结合在一起考察，故在物权编也介绍保证制度。

导论：什么是物？什么是物权？

问1：温某请朋友在饭店吃饭，将其从唐某处购买的海螺交给饭店处理，厨师在海螺中发现了大珍珠，问：大珍珠在呼叫谁？答：温某。

问2：温某将房屋出租给唐某，问：房东大还是租户大？谁走？答：租期届满后，房东大，租户走；租期内，租户大，房东走。

一、什么是物？

人身之外能满足人的需要，被人支配或控制的物质实体或自然力，是物权的客体。

问1：什么是人身之外？①如果和人已经结合在一起，视为"人身"，比如甲开车将乙的假肢撞断，侵犯的是人身权；②如果和人已经分离，视为"财产"，比如乙夜晚睡觉将假肢摘下，甲偷走了该假肢，侵犯的是财产权。

问2：什么是物质实体？①一般情况下，物权的客体（即承载物权的对象）限于有体物（即可以看得见摸得到的物质实体），比如我们对房屋的所有权、我们对汽车的所有权、我们对电脑的所有权。②特殊情况下，物权的客体也可以是"权利"，比如开发商竞拍获得一块建设用地使用权，然后用该建设用地使用权去给银行设定"抵押权"担保其从银行借款，银行的抵押权（是一种物权）的客体（即物权的对象）就是"建设用地使用权"，而不是一个

"有体物"。

问3：什么是自然力？①可控且可利用的自然力才是"物权对象"，比如电、天然气，他们可以被我们控制，被我们利用，所以我们有"卖电"、"卖天然气"的合同。②但是不可控虽然可以被我们所利用的自然力就不是"物权对象"，比如太阳，太阳可以被我们利用，但是我们不能去"买卖"太阳，因为我们没法先拥有太阳，只有先拥有太阳才能去买卖太阳。

问4：我有1个股权、我有1个债权、我有1个知识产权，这些"股权"、"债权"、"知识产权"能算是"所有权的客体"吗？①不可以。②因为他们分别叫股权、债权、知识产权，是与所有权并列的概念。③有一些"权利"可以成为物权的客体（比如建设用地使用权），但是另外一些"权利"就不可以成为物权客体。④区分的办法就是，参见并掌握本书后面介绍的《民法典》规定中国物权的种类就可以，不同种类的物权会有其定义，该定义本身就会告诉我们这个物权的"客体"（对象）到底是什么。⑤因此我有一套房屋，这叫所有权（物权的一种）；我有一个债权，这叫债权，不叫所有权；我有一个股权，这叫股权，不叫所有权；我有一个知识产权，这叫知识产权，不叫所有权；我有一个女友，这叫谈恋爱，不叫所有权。理由分别是房屋是有体物可以是物权客体；债权、股权、知识产权都不是所有权客体；女友是人身，人身不能是物权客体。

（一）不动产和动产

1. 什么是不动产？不动产指土地以及建筑物等土地附着物。

2. 什么是动产？动产指不动产以外的物。

3. 区分不动产和动产的法律意义

（1）不动产以登记为公示方法。（《民法典》第214条）

例1：【房屋买卖】我们购买房屋如果需要取得房屋所有权，必须在卖方将房屋过户登记给买方（过户就是"登记的变化"，就是"公示"），买方才能取得房屋所有权，因为房屋是不动产。

（2）动产以占有为公示方法。（《民法典》第224条）

例2：【电脑买卖】我们购买电脑如果要取得电脑所有权，必须在卖方将电脑交付给买方（交付就是"占有的转移"，就是"公示"），买方才能取得电脑所有权，因为电脑是动产。

问：什么是公示？就是将物权的状态公开表示出来，让大家都知道。比如房屋登记，登记就是不动产的公示方法，大家通过登记可以知道房屋是谁的。电脑交付，交付就是动产的公示方法，因为交付就会从A转移给B，然后B控制了电脑，大家就从外观上知道电脑是B的。

（二）主物与从物

1. 什么是主物？在必须结合使用才能发挥经济效益的两个独立的物中，起主要效用的为主物。

2. 什么是从物？在两个独立物结合使用中处于附属地位，起辅助和配合作用的是从物。特别注意，从物必须是1个独立的物。当我们谈论主物和从物的关系时，意味必须有2个物。

例1：【主从关系＝主物和从物＝2个物】汽车是主物，备胎是从物；锁是主物、钥匙是从物；自划船是主物、船桨是从物；马和马鞍；电视机和遥控器。

例2：【成分关系＝组成部分＝1个物】门窗是房屋的成分；树上的苹果是树的成分；动物腹中的胎儿是动物的成分。这些都不是主物与从物的关系，他们只是1个物，没有2个物，他们分别是：房屋、树和动物。

3. 区分主物和从物的法律意义

（1）物权变动角度：

①所有权：转移主物所有权，则从物所有权亦随之转移。（《民法典》第 320 条）

例 1：卖车，自然包括备胎。

②抵押权：主物设定抵押权，则抵押权效力追及从物（抵押权概念请参见后头论述）。

例 2：甲将汽车抵押登记给了乙，则乙的抵押权要追及该车的备胎。

③质权：以主物设立质权，从物须交付才设立质权（质权概念请参见后头论述）。

例 3：甲将马交付给乙出质，则马鞍随之交付给乙，乙才对马和马鞍有质权。

④留置权：留置权人留置主物，须同时占有从物，才能对主物和从物都享有留置权。[1]（留置权概念请参见后头论述）

例 4：修车人留置车辆，如车后备箱无备胎，不得要求交修人再交付备胎追加留置。

（2）合同交易角度：

①买卖合同标的物（即买卖合同的对象）的主物不合约定，买方解除合同的，解除合同的效力及于从物。（《民法典》第 631 条）

例 5：电视机买卖合同中，出卖人甲交付给买受人乙的电视机不符合约定，乙可解除合同，退电视和退遥控器。

②因买卖合同标的物从物不符合约定，则不能以此为由解除合同。（《民法典》第 631 条）

例 6：电视买卖合同中，出卖人甲交付给买受人乙电视机和遥控器，其中遥控器不符合约定，乙可不可解除电视机买卖合同。

（三）原物与孳息

1. 什么是原物？原物是指依自然属性或法律的规定，能够产生收益的物。

①基于自然属性能产生收益的物，如能结果实的果树、生幼畜的母畜等。

②基于法律规定产生收益的物，如能收租金的出租屋、生息的本金等。

2. 什么是孳息？孳息是原物产生之物。

①自然孳息（天然孳息）：依自然属性产生的孳息称天然孳息。有机物的出产物如摘下的苹果、鸡下的蛋、剪下的羊毛、挤出的牛奶；无机物的出产物如矿产品。但是，埋藏物不是孳息，因为埋藏物是由人埋藏的，是独立的物，不是"出产物"。

②法定孳息：依法律规定产生的孳息称法定孳息。如存款的利息、彩票中奖的奖金（射幸孳息）、股票分红的派息。

> 问：孳息的法律特征是什么？（1）原物与孳息是各自独立的物，未与原物分离的，不是孳息，而是原物的组成部分。①如树上的苹果是树的成分；树上摘下来的苹果是树的孳息。②动物腹中的胎儿是动物的成分；动物生下来的小动物是动物的孳息。③牛黄在牛体内不是孳息。（2）孳息的取得同时原物不消灭，但意外事件或者不可抗力除外。①孳息的取得，不能消灭原物：如将房屋出租，出租人有权按照约定数额、时间取得租金。租赁关系中，房屋就是原物，获得的租金亦即法定孳息。②原物因意外事件或者不可抗力灭失的例外：如母牛生小牛，母牛难产死了，但小牛活的，则小牛还是孳息。

3. 区分原物和孳息的法律意义

（1）一般规则：①天然孳息，归所有权人；既有所有权人又有用益物权人，归用益物权

---

〔1〕　关于什么叫所有权、抵押权、质权、留置权，请小白参见后面关于物权种类的论述。

人。如采矿权人可以取得原物所生自然孳息；如农民取得耕种土地的收益。②法定孳息，从约定，无约定从交易习惯。(《民法典》第321条)

例：【土豪吃饭】2018年3月2日，苏某为了庆祝自己和其他作者合著的新书大卖，邀请其他作者一起前往海河大饭店聚餐。前往饭店前，苏某在海鲜市场张某处购买了一只大海螺。后交给海河大饭店加工，厨师何某剥开发现海螺里有一颗橙色的椭圆形大珍珠。珍珠归谁所有？①苏某。②珍珠和海螺分离前，属于物的成分，即珍珠是海螺的组成部分。归原物所有人张某。③苏某和张某签订买卖大海螺合同，买卖合同中，交付转移海螺所有权。④因为苏某是海螺所有权人。珍珠与海螺分离后，是海螺的自然孳息，归原物所有人苏某享有。⑤苏某与海河大饭店之间是餐饮服务合同，不是买卖合同，故不能适用买卖合同中"交付转移孳息"的规则。

(2)"买卖合同"中标的物的孳息：①交付之前归卖方。②交付之后归买方。③只有买卖合同适用该规则，其他合同不适用，比如租赁合同，租金归出租人，而不归承租人。(《民法典》第630条)

例：【房屋租金归购房人】甲开发商将房屋出卖给乙，交付但尚未办理过户手续，乙将房屋装修出租给丙，该房屋租金归谁？①租金为房屋的法定孳息，归乙。②此时房屋所有权人还是开发商，因为房屋在开发商名下。买方乙尚未取得房屋的过户登记，不是房屋所有权人，但是买方乙可以获得房屋的租金，原因正是房屋买卖合同中，房屋交付后孳息归买方乙。③这么安排就会导致所有权人（开发商）拿不到"孳息"，而债权人（购买人）可以拿到孳息，看上去很别扭，实际上却符合老百姓观念和实务运行。即房屋买卖合同中，购买人一旦占有房屋，就取得房屋的使用权和收益权（出租获得租金就是收益）。

(3)担保物孳息：①担保物和孳息的所有权均归担保物所有权人。②但在抵押物被法院扣押后(《民法典》第412条)、质物质押期间(《民法典》第430条)、留置物留置期间(《民法典》第452条)，担保物权人对担保物的孳息有"收取权"。用收取的孳息充抵债务，充抵后担保物权人才取得孳息的所有权。

例：【质权人收取鹦鹉蛋】甲将名贵鹦鹉出质并交付给了乙，担保其欠乙的10万元借款。出质期间，鹦鹉产下价值1000元的蛋。从物权角度如何评价鹦鹉蛋？①属于天然孳息。②所有权归甲。③收取权归乙，即乙对鹦鹉和鹦鹉蛋的变价款有优先受偿权（所谓优先受偿权即假设甲对外还欠了丙10万元，则乙要优先于丙受偿），故在债权未受偿前乙无须将鹦鹉蛋交回给甲。④如果乙交回鹦鹉蛋给甲，则乙因为丧失了对质物孳息即鹦鹉蛋的占有，故而对鹦鹉蛋丧失质权。

> 原理：为什么要强调担保物权人对孳息享有的是"收取权"而非所有权？❶担保物权人支配的是物的交换价值，所以，担保物权人收取孳息的意思是，担保物权人要对原物和孳息的交换价值优先受偿。❷比如主债权100元，担保主物99元和孳息价值2元，则债权人即担保物权人需要退1元给担保物所有权人。❸比如主债权100元，担保物和孳息合计99元，则债权人还有1元债权属于普通债权，要求主债务人继续清偿。❹简言之，收取权就是"在实现担保物权时要算账、要结算"，然后"多退少补"。❺如果我们直接认为担保物权人取得对孳息的所有权，那么就可能导致不公平结果，比如主债权100元，担保主物99元和孳息价值2元，后者都归担保物权人（即主债权人）的话，则主债权人就多得了1元，这是不公平的。

(4)夫妻共有物孳息：①婚前个人财产在婚内用于投资所得收益，归双方共有。②婚前个人财产在婚内所得孳息和自然增值，归单方所有。

例：【投资与存款】甲婚前存款10万元，与乙婚后，用10万投资办厂收益100万元。或者该 10 万元在银行存款获得利息 500 元。如何评价原物与孳息归属？①投资办厂中，10 万元本金归甲个人，投资收益 90 万元归夫妻共有。②存款收益中，10 万元本金归甲个人，500 元孳息也归甲个人。

（四）物的重要成分和非重要成分

1. 什么是物的重要成分？物的重要成分：经毁损才能分离。①因附合成为不动产的重要成分，如房屋的栋梁、土地的石墙。②因附合成为动产的重要成分，如用颜料做油画，颜料是油画的重要成分。

2. 什么是物的非重要成分？物的非重要成分：无须毁损就可和物分离。如房屋的活动门窗、汽车的发动机。

问：物的成分是否重要的区分标准是什么？①不在于某特定成分是否重要，而在于它与物分离时是否毁损或变更性质。②分离时不毁损也不变更其性质，无论它多么"重要"，都是非重要成分。

3. 区分同一个物的重要成分和非重要成分的法律意义

（1）物权角度观察：①同一物的重要成分不能独立该物形成另外一个物权。如甲误取乙的砖盖房，砖因"附合"成为房屋重要成分，甲取得砖的所有权。砖不能独立于房屋成为乙享有所有权的物。②同一物的非重要成分，可以单独作为物权客体，不必与合成物形成同一法律上命运。如甲误将乙的轮胎装在甲向丙借用的汽车上，轮胎所有权仍然归乙，因为轮胎并非丙汽车的重要成分，该轮胎可以和汽车分离，故乙可向丙主张返还轮胎。

（2）合同角度观察：无论是重要成分还是非重要成分，在交易中，成分是物的构成部分，是合同标的物，无须特别约定。如电梯，如已安装于房屋内即与该房屋有不可分离之关系，而为该房屋之构成部分，因此买卖房屋合同中出卖人负有交付房屋的义务，自然包括电梯在内。如果卖方交付房屋时将窗户拆除，这构成违约。

（五）货币：特殊的种类物，具有高度可替代性

1. 物权角度观察：①在物权法上，货币是所有权的客体，其占有权与所有权合二为一。②货币的占有人视为货币所有人。③货币所有权的转移以交付为要件，即使"借钱"，借的也是货币所有权，而不是货币的使用权。④就货币不能发生返还原物请求权之诉（不能要求返还对方按"编号"返还人民币），仅能基于合同关系、不当得利或侵权行为提出相应的请求（对方返还"任意编号"人民币）。⑤简言之，要求还"货币"，对方还的是"钱"就可以。

例 1：【存款合同】甲将 1 万元存入乙银行。如何评价甲乙法律关系？①从物权角度观察，乙银行是 1 万元所有权人。②从合同角度观察，甲对乙银行享有到期还本付息的债权请求权。

例 2：【金钱质权】甲将其在乙银行指定账户中的 100 万元，出质给乙银行，以担保其欠银行的另一笔债务。乙银行对该"特定化"的金钱，享有什么权利？①"金钱质权"。②所谓金钱质权，是以金钱出质设立质权，即将货币以特户、封金、保证金形式特定化后，交由债权人控制。

2. 合同角度观察：①货币之债是一种特殊的种类之债。货币之债本身原则上只发生履行迟延，不发生履行不能，债务人不得以履行不能而免除付款义务。（《民法典》第 579 条）如欠债还钱，天经地义。即使债务人家里发生地震了、遇到灾害了、生意失败了，债务人都需要履行金钱之债，不得主张"不可抗力"免责。②在其他类型的债发生履行不能时，都可以转化为货币之债来履行。如货物买卖合同中，因货物已经被烧毁，出卖人不能交付货物，即不能继续履行该合同，买受人可请求出卖人支付违约金或者承担赔偿责任。

（六）有价证券

标有票面金额，用于证明持有人或该证券指定的特定主体对特定财产拥有所有权、债权、或者股权的凭证。

1. 设定等额权利的有价证券，如股票。2. 设定一定物权的有价证券，如提单、仓单。3. 设定一定债权的有价证券，如债券、汇票、本票、支票等。

例：【礼品券案】甲、乙两公司签订协议，约定甲公司向乙公司采购面包券。双方交割完毕，面包券上载明"不记名、不挂失，凭券提货"。甲公司将面包券转让给张某，后张某因未付款等原因被判处合同诈骗罪。面包券全部流入市场。甲公司主张解除与乙公司的协议，能否成立？否。①面包券为债权凭证，不是物权凭证。②甲乙协议已经履行完毕，甲公司不得主张解除协议。③面包券上载明"不记名、不挂失，凭券提货"，故乙公司应该对购入面包券的持券人进行兑付。

二、什么是物权？

权利人依法对特定的物（不动产或动产）享有直接支配和排他的权利，包括所有权和他物权（用益物权和担保物权）。

（一）物权的效力

1. **排他效力**：（1）物权具有排他效力：1个物上只能有1个所有权；1个物上不能存在内容相互冲突的他物权（如不能存在2个内容一样的土地承包经营权；如不能存在2个内容一样的抵押权）。（2）债权具有包容性：1个合同可以出卖多个物。

例：【买卖羊群】甲有10只羊，与乙签订1份买卖合同。乙付款后，甲向乙交付10只羊。如何评价甲乙法律关系？①从合同角度观察，甲乙签订1份买卖合同，标的物可以是10只羊，双方无须签订10份买卖合同，即债权具有包容性。②从物权角度观察，甲将10只羊交付给乙，需要分别判断，每1只羊因交付而转移所有权，交付10只羊故转移10个所有权。即使这10只羊用一辆车交付，但是从法律上观察，仍然认为是1只羊1只羊的交付，交付1只羊即转移1个所有权，物权具有排他性。

2. **追及效力**："物在呼叫主人"，物权人可追及物之所在，无论该物在何处，物权人均可主张物权占有人返还。

例：【物上代位】甲将其价值120万元的房屋抵押给乙银行办理了抵押权登记手续，担保其欠乙银行的100万元。后甲的房屋被丙公司拆迁，丙公司需要向甲支付拆迁款200万元。乙银行可否对拆迁款中的100万元主张实现抵押权？①可。②抵押权具有追及力，可追及抵押物的代位物，即拆迁款。抵押权可以追及甲向丙的拆迁款请求权。③但是，如果甲将已经收到的200万元用于从丁公司购买房屋且已经付款，则乙银行不可再追及丁公司收到的200万元货币了，因为货币是谁占有谁就所有。银行的"抵押权"也不能追及甲新购买之房屋，因为这是另外一个物。

3. **优先效力**：同一物上存在数个冲突权利，物权具有优先效力。包括物权优先于物权以及物权优先于债权。

例：【物权＞债权】甲将表出卖给乙，又出卖给丙。后甲实际将手表交付给了乙。丙可否要求乙返还手表？①否。②乙对手表享有物权。③丙对手表享有请求甲履行合同义务即交付手表的权利，丙属于债权人。④物权优先于债权，故丙不可要求乙返还手表。丙只能要求甲承担违约责任。

例：【物权 A > 物权 B】 甲将房屋先抵押给工商银行担保其欠工商银行的债务，做了抵押登记；后又将该房屋抵押给建设银行担保其欠建设银行的债务，也做了抵押登记。甲届期无力清偿 2 笔债务，房屋拍卖后获得变价款，<u>谁优先受偿？</u>①工商银行。②因为工商银行的抵押权登记在先，故优先于登记在后的建设银行抵押权。

原理 1：什么是物债二分思维？ 物债二分，即从物权和债权两个角度区分观察当事人之间的法律关系。物权关注的是物权变动问题；债权关注的是合同效力问题。

例 1：【电脑"一物两卖"案】 甲卖电脑给乙，约定 10 日内交付。乙已经向甲支付了购买款。交付前，甲的电脑被丙偷了。乙在丙处发现该电脑。<u>试分析当事人之间的法律关系。</u>

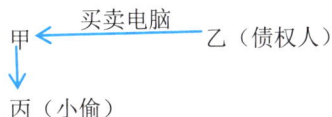

$$甲 \xleftarrow{\text{买卖电脑}} 乙（债权人）$$
$$\downarrow$$
$$丙（小偷）$$

①甲乙之间形成买卖合同法律关系，乙是债权人，是"对人权"（仅可对特定人提出主张），乙有权请求甲履行合同交付电脑。（《民法典》第 577 条）②甲丙之间形成物权法律关系，甲是物权人，是"对世权"（可对不特定人提出主张），甲可要求丙返还原物。（《民法典》第 235 条）③乙丙之间不形成法律关系，乙不可要求丙返还电脑，因为乙的债权是对人权，不是对世权。故乙丙之间无合同，不成立债权债务关系。丙的行为虽然会导致甲无法向乙交付电脑，表面上看"侵犯了乙的债权"，但是，乙不可诉丙承担侵权责任，因为"债权"不是《民法典》中侵权责任制度所保护的对象（即一般不存在"侵犯债权"这种说法）。因为乙可以向甲主张合同上的保护即要求甲承担违约责任，就没有必要再给乙提供侵权保护的路径。（《民法典》第 1165 条）④假设甲到期无力向乙承担违约赔偿责任，电脑在丙处毁损，甲又怠于向丙主张侵权赔偿。则乙作为债权人，可代位甲以乙自己名义对丙提起"代位权诉讼"，解决"三角债"。（《民法典》第 535 条）

例 2：【房屋"一物两卖"案】 甲在 11 月 11 日出卖房屋给乙，乙付款后取得交付但未获得过户；12 月 12 日再出卖该房屋给丙，丙尚未付款，但过户完毕。<u>甲乙、甲丙买卖是否都有效？哪个优先？丙可否要求乙返还房屋？</u>

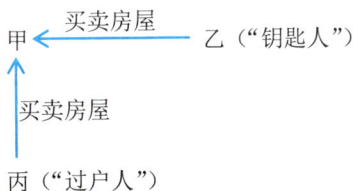

$$甲 \xleftarrow{\text{买卖房屋}} 乙（"钥匙人"）$$
$$\uparrow \text{买卖房屋}$$
$$丙（"过户人"）$$

①甲房屋卖 1 给乙"钥匙人"，卖 2 给丙"过户人"。两个合同都有效。（《民法典》第 119 条）②物债两分角度观察，乙是债权人，乙付了款没有取得房屋过户的登记，故没有取得物权。丙是物权人，丙虽然没有付款但取得过户登记，故取得物权。（《民法典》第 214 条）③甲乙之间形成买卖合同法律关系。乙是债权人。乙对房屋的占有相对于甲来讲，属于有权占有。（《民法典》第 465 条）④甲丙之间形成买卖合同法律关系。丙成为物权人。乙对房屋的占有相对于丙来讲，属于无权占有。（《民法典》第 235 条）⑤丙的物权优先于乙的债权。故丙可请求乙返还房屋。乙取得房屋占有却无法取得房屋所有权，只能请求甲承担违约责任。（《民法典》第 577 条）⑥假设甲到期无力赔偿乙，又怠于向丙要购房款，则乙作为债权人，可代位甲以自己名义对丙提起"代位权诉讼"，解决"三角债"。（《民法典》第 535 条）

原理2：什么是股债两分思维？即从股权转让合同与股权转让两个角度区分处理股权转让双方法律关系（《九民纪要》第8条）

例：【股权转让合同】甲乙签订股权转让合同时，乃诺成合同，该合同成立即生效，对当事人具有法律约束力。①故甲不履行义务，乙可以起诉甲。如公司不配合变更，乙可以起诉公司。②内部公示：在股东名册变更记载时股权转让。因为其他股东是知情的。有的公司不规范，没有股东名册，则以会议纪要或章程等文件中的记载为准。③外部公示：公司股权变更登记。

（二）物权的分类

1. 意定物权和法定物权。（1）意定物权指基于当事人的意思而发生的物权，比如抵押权。（2）法定物权指非依当事人意思，而是基于法律的直接规定而产生的物权，如留置权、优先权。

2. 自物权（所有权）与他物权（限制物权）。（1）自物权是权利人对于自己的物所享有的权利。因其与他人之物无关，故称作自物权。所有权是自物权。（《民法典》第240条）（2）他物权是在他人所有的物上设定的物权。他物权是对他人的物享有的权利，其内容是在占有、使用、收益或者处分某一方面对他人之物的支配。（《民法典》第241条）①用益物权人，支配的是物的使用价值（比如开发商在建设用地上建设房屋，体现了建设用地使用权人开发商在支配物的使用价值）。②担保物权人，支配的是物的交换价值（比如借款人到期未还款，银行作为抵押权人可就抵押房屋变价款优先受偿，体现了抵押权人银行在支配物的交换价值即房屋的变价款）。

第一章 物权法定原则

我要向银行借款，将房屋抵押给银行，同时约定该抵押权不办理登记也可以设立，该抵押权设立了吗？我要向汤唯借款，将机动车出质给汤唯，同时机动车不交付给汤唯，该质权设立了吗？我把房屋卖了且过户了但约定还保留所有权，可否？答：不可。因为均违反了物权法定原则。

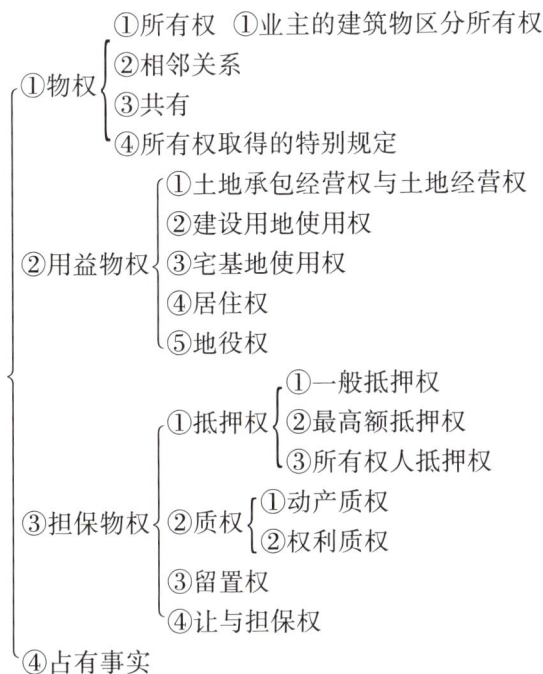

①物权
- ①所有权 ①业主的建筑物区分所有权
- ②相邻关系
- ③共有
- ④所有权取得的特别规定

②用益物权
- ①土地承包经营权与土地经营权
- ②建设用地使用权
- ③宅基地使用权
- ④居住权
- ⑤地役权

③担保物权
- ①抵押权
  - ①一般抵押权
  - ②最高额抵押权
  - ③所有权人抵押权
- ②质权
  - ①动产质权
  - ②权利质权
- ③留置权
- ④让与担保权

④占有事实

一、物权法定原则

物权的种类和内容，由法律规定。

> 原理：为什么要坚持物权法定？①因为物权的效力非常强大，具有对世性，可对抗不特定的第三人。②如果任由当事人创设法律没有规定的物权或者约定物权的内容，将会对不特定第三人造成不利影响，破坏交易秩序。

二、所有权

权利人对自己的 <u>不动产和动产</u>，依照法律的规定享有占有（控制房屋）、使用（居住房屋）、收益（出租房屋）和处分（出卖房屋）的权利。包括国家所有权、集体所有权、私人所有权。（《民法典》第240条）

（一）国家所有权（《民法典》第247～264条）

1. 矿藏、水流、海域属于国家所有。2. 无居民海岛属于国家所有。3. 城市的土地，属于国家所有。法律规定属于国家所有的农村和城市郊区的土地，属于国家所有。4. 森林、山岭、草原、荒地、滩涂等自然资源，属于国家所有，但是法律规定属于集体所有的除外。5. 法律规定属于国家所有的野生动植物资源，属于国家所有。6. 无线电频谱资源属于国家所有。7. 法律规定属于国家所有的文物，属于国家所有。8. 国防资产属于国家所有。9. 铁路、公路、电力设施、电信设施和油气管道等基础设施，依照法律规定为国家所有的，属于国家所有。

例1：【乌木归谁所有】应试做题，看题干表述。值钱的归国家。不值钱的归个人。所谓值钱，限于科研考古价值。"由于乌木的形成过程非常漫长，有的甚至可以达到上万年之久，通过对乌木的科学研究，还可以了解与探究远古时期的地理结构与环境状况。"

例2：【狗头金归谁所有】2015年1月30日，由一位哈萨克族牧民在新疆阿勒泰地区青河县境内发现。据当地史志办工作人员称，这是迄今为止在新疆发现的最大一块狗头金。捡到的天然金块，所有权归谁？狗头金属于矿产资源，归国家所有。

（二）集体所有权（《民法典》第260～265条）

1. 法律规定属于集体所有的土地和森林、山岭、草原、荒地、滩涂。2. 集体所有的建筑物、生产设施、农田水利设施。3. 集体所有的教育、科学、文化、卫生、体育等设施。4. 集体所有的其他不动产和动产。

（三）私人所有权（《民法典》第266～270条）

1. 私人对其合法的收入、房屋、生活用品、生产工具、原材料等不动产和动产享有所有权。2. 营利法人对其不动产和动产依照法律、行政法规以及章程享有占有、使用、收益和处分的权利。营利法人以外的法人，对其不动产和动产的权利，适用有关法律、行政法规以及章程的规定。3. 社会团体法人、捐助法人依法所有的不动产和动产，受法律保护。

（四）业主的建筑物区分所有权（《民法典》第271条）

业主对建筑物内的住宅、经营性用房等专有部分享有所有权，对专有部分以外的共有部分享有共有和共同管理的权利。

（五）相邻权（《民法典》第288条）

不动产的相邻权利人应当按照有利生产、方便生活、团结互助、公平合理的原则，正确处理相邻关系。

1. 不动产权利人应当为相邻权利人用水、排水提供必要的便利。2. 不动产权利人对相邻权利人因通行等必须利用其土地的，应当提供必要的便利。3. 不动产权利人因建造、修缮建筑物以及铺设电线、电缆、水管、暖气和燃气管线等必须利用相邻土地、建筑物的，该土地、建筑物的权利人应当提供必要的便利。4. 建造建筑物，不得违反国家有关工程建设标准，妨碍相邻建筑物的通风、采光和日照。5. 不动产权利人不得违反国家规定弃置固体废物，排放大气污染物、水污染物、噪声、光、电磁波辐射等有害物质。6. 不动产权利人挖掘土地、建造建筑物、铺设管线以及安装设备等，不得危及相邻不动产的安全。

例：【买房养鸽】小区一幢楼的楼顶居民唐某，买了房子不住人，而是放养了成群成群的鸽子，致使楼下的居民不敢开窗透风，否则就是满地鸽子毛和臭味，使其他居民无法正常生活。如何评价唐某的行为？唐某行为侵犯了相邻业主的环保相邻权。

三、用益物权

权利人对他人所有的不动产或者动产，依法享有占有、使用和收益的权利。（《民法典》第323条）包括土地承包经营权、土地经营权、建设用地使用权、宅基地使用权、居住权和地役权。

（一）土地承包经营权

土地承包经营权人依法对其承包经营的耕地、林地、草地等享有占有、使用和收益的权利，有权从事种植业、林业、畜牧业等农业生产。（《民法典》第330条）

> 问：什么叫三权分置？①集体土地所有权、农村土地承包经营权、土地经营权。②先化整为零（集体土地所有权分出农村土地承包经营权），化零归整（农村土地承包经营权再分出土地经营权），中间的零（农村土地承包经营权）是农民的社保、是身份、是资格、是中国社会保持稳定的根基。③农村土地承包经营权是分散给本村一个一个农民，这叫"化整为零"。但是土地经营权，是由本村一个一个农民在他的农村土地承包经营权中设立出来的，然后可以集中给到某一个农业公司，这叫"化零为整"，"地主为农民打工"。

1. 一级市场：集体和农民之间 = 意思主义（《民法典》第333条）

（1）土地承包经营权自土地承包经营权合同生效时设立。

（2）登记机构应当向土地承包经营权人发放土地承包经营权证、林权证等证书，并登记造册，确认土地承包经营权。

2. 二级市场：农民1和本村农民2之间 = 意思主义 + 登记对抗（《民法典》第335条）

（1）土地承包经营权人依照法律规定，有权将土地承包经营权互换、转让。未经依法批准，不得将承包地用于非农建设。

（2）土地承包经营权互换、转让的，当事人可以向登记机构申请登记；未经登记，不得对抗善意第三人。

例：【集体、农民1、农民2】村民胡某承包了一块农民集体所有的耕地，订立了土地承包经营权合同，未办理确权登记。胡某因常年在外，便与同村村民周某订立土地承包经营权转让合同，将地交周某耕种，未办理变更登记。如何评价案涉土地承包经营权？①胡某的土地承包经营权合同自生效时设立（意思主义）。②周某的土地承包经营权自土地承包经营权转让合同生效时取得（意思主义）。

例：【集体、农民1、农民2、农民3】甲村将耕地发包给本村农民乙，签订了土地承包经营合同。乙将该土地承包经营权转让给本村农民丙，签订了土地承包经营合同，未办理登记。乙又将该土地承包经营权转让给本村农民丁，签订了土地承包经营合同，办理了登记。如何分析本案3个土地承包经营合同的效力？①甲村与乙之间的土地承包经营合同是意思主义，合同生效时乙取得农村土地承包经营权。②乙丙之间的土地承包经营合同是意思主义，合同生效时丙取得农村土地承包经营权，但同时坚持登记对抗主义，因未登记，故不得对抗善意第三人。③乙丁之间的土地承包经营合同是意思主义，合同生效时丁取得农村土地承包经营权，因其已经登记，故最后丁实际取得土地承包经营权。

（二）土地经营权

土地经营权人有权在合同约定的期限内占有农村土地，自主开展农业生产经营并取得收益。（《民法典》第340条）

1. 【一级市场即农民和 X 之间】村里备案 + 意思主义 + 5 年以上登记对抗（《民法典》第341条）

（1）土地承包经营权人可以自主决定依法采取出租、入股或者其他方式向他人流转土地经营权。

（2）流转期限为五年以上的土地经营权，自流转合同生效时设立。当事人可以向登记机构申请土地经营权登记；未经登记，不得对抗善意第三人。

2.【二级市场即 X 和 Y 之间】必须农民同意 + 村里备案 + 意思主义 + 5 年以上登记对抗。土地经营权融资担保 = X 或 Y 与银行 = 必须农民同意 + 村里备案 + 意思主义 + 登记对抗。

例：【"农民变地主和地主变农民"】村民甲承包集体的耕地，取得土地承包经营权。其将土地经营权转让给乙农业公司。乙农业公司将该土地经营权抵押给丙银行融资贷款，未办理登记。如何评价土地承包经营权的交易？①乙农业公司自土地经营权转让合同生效时取得土地经营权。②丙银行自土地经营权抵押合同生效时取得土地经营权抵押权。

> 问：农村的荒地处理方式与耕地有何不同？①荒地 = 荒山、荒沟、荒丘、荒滩。②耕地的土地承包经营权承包方式被称为家庭承包，具有社保性质。③荒地的承包方式属于非家庭承包，价高者得。④荒地的承包方式包括招标、拍卖、公开协商方式。⑤荒地的承包主体包括本村村民和外人，但本村村名有优先承包权。⑥外人如果要成功承包荒地，需要具备如下要件：2/3 村民代表同意 + 乡人民政府批准。

例：【外人承包荒地】河西村在第二轮承包过程中将本村耕地全部发包，但仍留有部分荒山，此时本村集体经济组织以外的 Z 企业欲承包该荒山。如何评价 Z 企业的承包？①Z 企业只能通过招标、拍卖、公开协商等方式承包。②如河西村村民黄某也要承包该荒山，则黄某享有优先承包权。③河西村将荒山发包给 Z 企业，经 2/3 以上村民代表同意之外，还需要经过乡政府批准。

（三）建设用地使用权

建设用地使用权人依法对国家所有的土地享有占有、使用和收益的权利，有权利用该土地建造建筑物、构筑物及其附属设施。（《民法典》第 344 条）

1. **登记生效主义：**（1）一级市场：设立建设用地使用权的，应当向登记机构申请建设用地使用权登记。建设用地使用权自登记时设立。登记机构应当向建设用地使用权人发放权属证书。（《民法典》第 349 条）（2）二级市场：建设用地使用权转让、互换、出资或者赠与的，应当向登记机构申请变更登记。（《民法典》第 355 条）

2. **房地一体主义：**（1）房归地主：建设用地使用权人建造的建筑物、构筑物及其附属设施的所有权属于建设用地使用权人。（《民法典》第 352 条）（2）房随地：建设用地使用权转让、互换、出资或者赠与的，附着于该土地上的建筑物、构筑物及其附属设施一并处分。（《民法典》第 356 条）（3）地随房：建筑物、构筑物及其附属设施转让、互换、出资或者赠与的，该建筑物、构筑物及其附属设施占用范围内的建设用地使用权一并处分。（《民法典》第 357 条）（4）裸地抵押：建设用地使用权抵押后，该土地上新增（已有的不叫新增）的建筑物不属于抵押财产。该建设用地使用权实现抵押权时，应当将该土地上新增的建筑物与建设用地使用权一并处分。但是，新增建筑物所得的价款，抵押权人无权优先受偿。（《民法典》第 417 条）

例：【裸地抵押】甲公司用其建设用地使用权作抵押向乙银行贷款 3000 万。后甲公司在施工开始后进行商品房预售。乙银行抵押权的客体是什么？①如乙银行行使抵押权，其权利标的是建设用地使用权，不包括房屋。②乙银行实现抵押权时可将商品房一并处分，但不能就商品房所得价款优先受偿。

3. **建设用地使用权到期后如何处理？**（1）住宅建设用地使用权期间届满的，自动续期。续期费用的缴纳或者减免，依照法律、行政法规的规定办理。（2）非住宅建设用地使用权期间届满后的续期，依照法律规定办理。该土地上的房屋及其他不动产的归属，有约定的，按照

约定；没有约定或者约定不明确的，依照法律、行政法规的规定办理。(《民法典》第 359 条)

（四）宅基地使用权

宅基地使用权人依法对集体所有的土地享有占有和使用的权利，有权依法利用该土地建造住宅及其附属设施。宅基地使用权的取得、行使和转让，适用土地管理的法律和国家有关规定。(《民法典》第 362、363 条)

（五）居住权

居住权人有权按照合同约定或者立遗嘱人所立遗嘱，对他人的住宅享有占有、使用的用益物权，以满足生活居住的需要。(《民法典》第 366、371 条)

1. 登记生效主义：设立居住权的，应当向登记机构申请居住权登记。居住权自登记时设立。(《民法典》第 368 条)

例：【无偿设立居住权之"后妈的居住权"】甲男 75 周岁，前妻亡故后，与 55 周岁乙女结婚生活。甲男与前妻育有三个女儿，其从前妻处继承 1 套房屋。甲男希望自己过世后，乙女可以一直居住该套房屋到其死亡时为止，三个女儿表示同意和理解。甲男立下遗嘱，该套房屋待其死亡后归三个女儿继承。但是，甲男、乙女和三个女儿同时又签订了协议，约定待甲男过世后，乙女对该房享有居住权，进行了居住权登记。甲男过世后，乙女在半年后将其弟弟、弟媳妇一家邀请入此房居住。三个女儿非常愤怒，将房屋换锁出卖给唐某。乙女有何救济办法？①乙女享有居住权，具有对世性，居住权不得出租、转让或继承，具有人身性。乙女无权邀请弟弟一家入住。②唐某取得房屋过户后，需要法定承受乙女的居住权。③唐某可诉卖方承担违约责任。

2. 人身专属性：（1）居住权无偿设立，当事人另有约定除外。(《民法典》第 368 条)（2）居住权不得转让、继承。(《民法典》第 369 条)（3）设立居住权的住宅不得出租，但是当事人另有约定的除外。(《民法典》第 369 条)（4）居住权期限届满或者居住权人死亡的，居住权消灭。居住权消灭的，应当及时办理注销登记。(《民法典》第 370 条)

例：【有偿设立居住权之"死了钱要花完"】甲男有 1 套 1000 万元的房屋，将其出卖并过户给银行，银行取得所有权。银行为甲设定居住权并办理登记，则甲可以继续住在自己的房屋里"花天酒地"（获得现金流）。既然如此，为什么老人不卖了房屋去承租房屋呢？因为老人可能租不到房，因为人太老了。

> 秒杀：无偿设立 = 后妈的幸福生活。有偿设立 = 以房养老花钱如流水。

（六）地役权

地役权人有权按照合同约定，利用他人的不动产，以提高自己的不动产的效益。他人的不动产为供役地，自己的不动产为需役地。(《民法典》第 372 条)

1. 地役权设立：意思主义 + 登记对抗主义。(《民法典》第 374 条)

地役权自地役权合同生效时设立。当事人要求登记的，可以向登记机构申请地役权登记；未经登记，不得对抗善意第三人。

例 1：【观景大楼之眺望地役权】甲房地产开发公司拍得某市区河畔一块土地，准备以"观景"为理念设计并建造一所高层观景商品住宅楼。但该地前面有制衣厂的平房，为了该住宅楼业主能在房间里欣赏河畔风景，双方约定：制衣厂在 30 年内不得在该土地上兴建三层高以上建筑；作为补偿，甲每年向制衣厂支付 20 万元。甲享有的是什么权利？甲享有地役权。

例 2：【地役权（奢侈品）和相邻权（必需品）区分】甲、乙、丙依次比邻而居。甲为修房向乙提出在其院内堆放建材，乙不允。甲遂向丙提出在其院内堆放，丙要求甲付费 200 元，并提出不得超过 20 天，甲同意。修房过程中，甲搬运建材须从乙家门前经过，乙予以阻拦。<u>如何评价案涉物权关系?</u> ①甲堆放建材，对应地役权。乙有权拒绝甲在其院内堆放建材。甲应依约定向丙支付占地费。②甲搬运建材，对应相邻权。乙无权阻拦甲经其门前搬运建材。

2. "供役地换人，考对抗性"（《民法典》第 383 条）

供役地以及供役地上的土地承包经营权、建设用地使用权等部分转让时，转让部分涉及地役权的，地役权对受让人具有约束力。

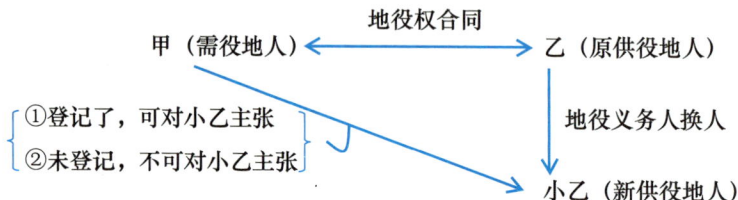

例：【供役地换人考"对抗性"】甲房地产公司从他人手中购得土地一块，以"观景"为理念设计并建造观景商品住宅楼。该地块前有一学校乙，双方协议约定：乙在 20 年内不得在该处兴建高层建筑，为此甲每年向乙支付 10 万元作为补偿。<u>合同签订后，双方未办理地役权登记。</u>一年后乙学校迁址，将学校土地和房屋全部转让给丙房地产公司，乙未向丙提及其与甲之间的协议约定。丙购得该地块后建高层住宅。甲得知后要求丙立即停止兴建，遭到拒绝便向法院提起诉讼，请求确认乙与丙之间转让土地合同无效，并要求赔偿损失。<u>甲的主张能否获得支持?</u> ①不能。②因为甲的地役权未登记，不得对抗善意的丙。③甲只能追究乙的违约责任。

3. "需役地换人，考从属性"

（1）地役权不得单独转让。土地承包经营权、建设用地使用权等转让的，地役权一并转让，但是合同另有约定的除外。（《民法典》第 380 条）

（2）地役权不得单独抵押。土地经营权、建设用地使用权等抵押的，在实现抵押权时，地役权一并转让。（《民法典》第 381 条）

（3）需役地以及需役地上的土地承包经营权、建设用地使用权等部分转让时，转让部分涉及地役权的，受让人同时享有地役权。（《民法典》第 382 条）

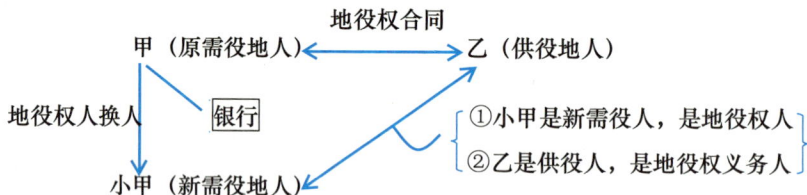

例：【需役地建设用地使用权被抵押】甲乙签订地役权合同，约定甲享有地役权，未办理地役权登记。甲将其建设用地使用权设定抵押，担保其欠银行的贷款，给银行办理了抵押权登记。后甲届期无力清偿贷款，银行申请法院拍卖其建设用地使用权，由小甲购得，过户给了小甲。<u>小甲取得地役权吗?</u> ①取得。②甲乙地役权合同采用意思主义，合同生效时，甲取得地役权。③甲的土地属于需役地，由小甲购得，故基于地役权从属性，小甲自动取得地役权。

问：为什么需役地转让，和需役地抵押，用同样的口诀"需役地换人，考从属性"？①因为当我们拿一个东西去抵押、拿一个东西去出质，这个东西将来面临的命运就是"被卖"，即抵押权人、质权人需要变价抵押物、质物实现债权。②因此，抵押≈买卖。出质≈买卖。③反过来推理，一个可以买卖的东西，才能被抵押，才能被出质。这个观念在2019的主观案例真题中考到了。④同理，供役地转让与供役地抵押，也会用同样的口诀"供役地换人，考对抗性。"

4. "供役地和需役地均换人，既考对抗性，又考从属性"（《民法典》第382、383条）

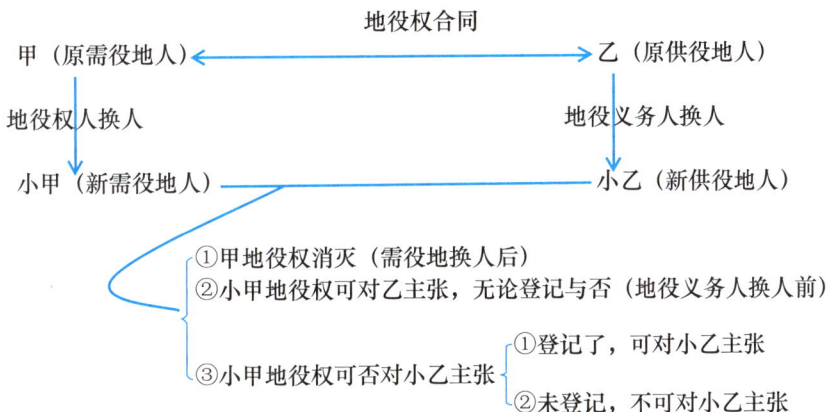

地役权合同

甲（原需役地人）⟷乙（原供役地人）

地役权人换人　　　　　　　地役义务人换人

小甲（新需役地人）——小乙（新供役地人）

①甲地役权消灭（需役地换人后）
②小甲地役权可对乙主张，无论登记与否（地役义务人换人前）
③小甲地役权可否对小乙主张
- ①登记了，可对小乙主张
- ②未登记，不可对小乙主张

例：【需役地和供役地都换人】2013年2月，A地块使用权人甲公司与B地块使用权人乙公司约定，由甲公司在B地块上修路，甲公司依约向乙公司支付费用。同年4月，甲公司将A地块过户给丙公司，6月，乙公司将B地块过户给不知上述情形的丁公司。如何案涉评价地役权变动？①2013年2月，甲公司对乙公司的B地块享有地役权。因为当事人之间地役权的设立，采用意思主义。②2013年4月，丙公司对乙公司的B地块享有地役权。因为需役地换人，考从属性。丙公司取代甲公司成为需役地人，自动成为地役权人。③2013年6月，丙公司的地役权不得对抗丁公司。因为供役地换人，考对抗性。丙公司的地役权没有登记，不得对抗善意第三人丁公司。

秒杀口诀：（1）需役地人和供役地人之间，考"意思主义"。看合同生效了没，生效了就设立了地役权。（2）需役地换人，考"从属性"，"自动换人"。新需役人获得需役地，也获得地役权。（3）供役地换人，考"对抗性"：①地役权登记了，可以对抗新供役人。②地役权没登记，不可对抗新供役人。

5. 地役权不可分性

（1）"需役地分割"：在需役地分割时，地役权在分割后的地块的利益仍然存续（不论地役权是否登记）

例：【需役地分割】甲地在乙地有通行地役权，后来甲地分割为大甲、小甲两地。（1）大甲、小甲两地的所有人或者使用人仍可各自从乙地通行。（2）如果南北相隔则有例外：甲地南部的住宅与乙地毗连，在乙地上设有不得建高层建筑的地役权，后来甲地南部分割给大甲，北部给小甲，那么该项地役权仅能为大甲存续而与小甲无关。

甲（需役地）
- ①大甲（新需役地）
- ②小甲（新需役地）

地役权关系？ ⟶ 乙（供役地）

（2）"供役地分割"：在供役地分割时，地役权仍就分割后的各地块存续（地役权未登记，不得追及新的供役地人）

例：【供役地分割】甲地在乙地上设有排水地役权，以后乙地分为大乙、小乙两块地。（1）甲地仍得对大乙、小乙两块地行使地役权。（2）如果依地役权的性质，其行使只关系供役地一部分的，则有例外：甲地在乙地有汲水地役权，以后乙地分割为大乙、小乙两地，只有大乙地有水井，则甲地的地役权只存在于大乙地。

6. 地役权合同解除的特别规则：需役地人有偿利用供役地，在约定的付款期间届满后的合理期限内经供役地人 2 次催告未支付费用，供役地人有权解除地役权合同，地役权消灭。（《民法典》第 384 条）

四、担保物权

担保物权人在债务人不履行到期债务或者发生当事人约定的实现担保物权的情形，依法享有就担保财产优先受偿的权利，但是法律另有规定的除外。（《民法典》第 386 条）担保物权可以分为抵押权、质权、留置权和让与担保权。

例：【什么是优先受偿】甲欠乙 100 万元，该债权无担保；甲又欠银行 200 万元，该债权有甲房屋抵押担保。甲届期无力清偿对外债务。房屋变价 250 万元。乙和银行均要求受偿，怎么办？①银行债权有担保物权保护，故"优先受偿"，银行满足 200 万，剩余 50 万元才轮到乙来受偿。②如果甲财力雄厚，则讨论受担保物权担保的债权人优先受偿就没有实际意义。

（一）抵押权

为担保债务的履行，债务人或者第三人不转移财产的占有（以登记为公示方法，无须转移抵押财产占有），将该财产抵押给债权人的，债务人不履行到期债务或者发生当事人约定的实现抵押权的情形，债权人有权就该财产优先受偿。债务人或者第三人为抵押人，债权人为抵押权人，提供担保的财产为抵押财产。（《民法典》第 394 条）

1. 抵押的分类

（1）单纯自己物保。甲向银行借款 100 万元，用自己房产设置抵押并登记。

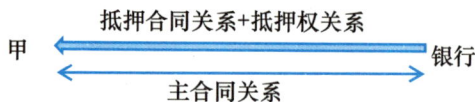

（2）单纯第三人物保。甲向银行借款 100 万元，乙用自己房产设置抵押并登记。

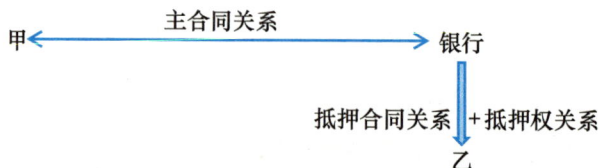

（3）自己物保和第三人物保同时存在。甲向银行借款 100 万元，甲用自己房产、乙用自己

房产设置抵押均登记。

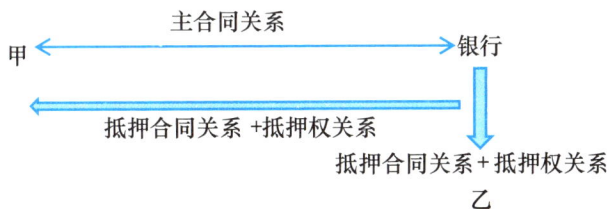

> 原理：第三种形态之所以存在，因为银行"多金"，自然会为放贷设置"苛刻条件"，担保多多益善。

2. 抵押权的设立

（1）不动产抵押权的设立（建筑物和其他土地附着物；建设用地使用权；海域使用权；正在建造的建筑物）①物权变动角度观察：不动产抵押权的设立，采用登记生效主义。（《民法典》第402条）②合同角度观察：不动产抵押合同的效力，采用意思主义，即意思表示一致，不动产抵押合同生效。但如不动产抵押权未登记，不会因此影响不动产抵押合同的效力。（《民法典》第215条）

例：【不动产抵押的区分原则】甲与银行签订抵押合同，用房屋为银行设立抵押权担保欠银行债务，未办理抵押权登记。如何评价甲与银行之间的法律关系？①抵押合同有效。②抵押权设立失败。③如果办理了抵押权登记，则抵押合同有效且抵押权设立成功。

> 问：不动产抵押权未登记，抵押合同有效，其法律效果是什么？《担保制度解释》第46条第1款，不动产抵押合同生效后未办理抵押登记手续，债权人请求抵押人办理抵押登记手续的，人民法院应予支持。第2款，抵押财产因不可归责于抵押人自身的原因灭失或者被征收等导致不能办理抵押登记，债权人请求抵押人在约定的担保范围内承担责任的，人民法院不予支持；但是抵押人已经获得保险金、赔偿金或者补偿金等，债权人请求抵押人在其所获金额范围内承担赔偿责任的，人民法院依法予以支持。第3款，因抵押人转让抵押财产或者其他可归责于抵押人自身的原因导致不能办理抵押登记，债权人请求抵押人在约定的担保范围内承担责任的，人民法院依法予以支持，但是不得超过抵押权能够设立时抵押人应当承担的责任范围。

（2）动产抵押权的设立。①物权变动角度观察：动产抵押权的设立，采用意思主义（动产抵押权自动产抵押合同生效时设立），登记对抗主义（未经登记，不得对抗善意第三人）。（《民法典》第403条）②合同角度观察：动产抵押合同的效力，采用意思主义，即意思表示一致，动产抵押合同生效。（《民法典》第119条）

例：【动产抵押的区分原则】甲与乙公司签订抵押合同，把设备或机动车抵押给乙公司担保欠乙公司债务，未办理抵押权登记。如何评价甲与乙公司之间的法律关系？①抵押合同有效。②抵押权设立成功，但不得对抗善意第三人。③比如甲又将设备抵押给了丙公司且办理了抵押权登记，则乙公司的抵押权就不可以对抗丙公司。④还比如甲又将设备出质给了丁公司，则乙公司的抵押权还不能对抗丁公司。

（二）质权

1. 动产质权：为担保债务的履行，债务人或者第三人将其动产出质给债权人占有的（以占有作为公示方法，需要转移动产的占有），债务人不履行到期债务或者发生当事人约定的实现质权的情形，债权人有权就该动产优先受偿。债务人或者第三人为出质人，债权人为质权人，交付的动产为质押财产。（《民法典》第425条）质权自出质人交付质押财产时设立。（《民法典》第429条）

（1）现实交付设立动产质权

例：【债权人直接占有质物】甲向乙借款1万元，以马交付给乙设立质权。从物权角度如何评价马？①出质人甲将马现实交付给了乙，转移了占有。②甲成为马的间接占有人，是马的所有权人。③乙成为马的直接占有人，是马的质权人。④乙对马的质权优先于甲对马的所有权，因为这是甲"自甘落后"。

例：【债权人指令第三方占有质物】乙欠甲货款，二人商定由乙将一块红木出质并签订质权合同。甲与丙签订委托合同授权丙代自己占有红木。乙将红木交付于丙。从物权角度如何评价红木？①债权人甲指令第三方丙实际占有质物红木，甲是质权人，乃红木的间接占有人，丙不是质权人。②因为质权人必须是债权人。

（2）简易交付设立动产质权

例：【债权人继续占有质物】甲将马先出借给乙，后甲向乙借款1万元，甲、乙约定以马为乙设立质权。从物权角度如何评价马？①甲乙先有借用马的合同。②后甲乙有借款主合同。③再后甲乙约定用马设定质权，该约定生效时，乙取得对马的质权，这是"简易交付"设立动产质权。

（3）指示交付设立动产质权

例：【第三人继续占有质物】甲将马交由丙保管，后甲向乙借款1万元，甲通知丙将马出质给乙。从物权角度如何评价马？①甲将马交由丙保管，甲对丙有返还马的请求权。②甲乙借款主合同关系。③甲通知丙将其对丙的返还请求权让渡给乙，为乙设定质权，这属于"指示交付"设定质权。④在通知送达占有人丙时，乙取得对马的质权。丙是直接占有人，乙是间接占有人，甲是第二阶层的间接占有人。

（4）占有改定不能设立动产质权

例：【债务人占有质物，不能设定质权】甲向乙借款1万元，用马出质给乙作担保。双方约定甲继续占有该马。从物权角度如何评价马？①甲乙主借款合同关系。②约定甲继续占有马，这属于"占有改定"，但是占有改定不能设定质权，故乙对马没有质权。

例：【债务人指令第三方占有质物，不能设定质权】甲向乙借款1万元，用马出质给乙作担保。双方约定，由甲指定的第三方丙占有该马。从物权角度如何评价马？①甲乙主借款合同关系。②约定由甲指定的第三方丙占有该马，约等于甲自己占有该马，这属于"变相"的占有改定，但是占有改定不能设定质权，故乙对马没有质权。

例：【债务人因债权人自愿交回质物而占有质物，动产质权消灭】甲欠乙50万元，丙以一辆高级轿车为质押并交付给债权人乙，但后经丙要求，乙让丙取回使用，丙又私自将该车以市价卖给不知情的丁，并办理了过户登记。丙应对乙的债权承担什么责任？①不承担责任。②乙对轿车的质权因丧失占有而消灭。

> 问1：民间借贷中，抵押一定比质权更受欢迎吗？①未必。②有些人放贷，不希望公开，其一旦接受抵押担保，则抵押因为要登记，等于公示了他们的财产。③他们希望接受动产设质，但是又不想自己占有动产，会有由出质人继续占有即"占有改定"的冲动。
>
> 问2：为什么占有改定不能设定动产质权？因为质物仍然在出质人（债务人）手里控制，债权人对其没有控制力，而动产质权的设立本义是债权人需要对质物有控制力，才能"逼"债务人还钱，起到担保作用。

2. 权利质权：债务人或者第三人有权处分的下列权利出质给债权人：汇票、本票、支票；债券、存款单；仓单、提单；可以转让的基金份额、股权；可以转让的注册商标专用权、专利权、著作权等知识产权中的财产权；现有的以及将有的应收账款；法律、行政法规规定可以出质的其他财产权利。（《民法典》第 440 条）

（1）交付设立权利质权：有权利凭证的汇票、本票、支票、债券、存款单、仓单、提单出质的，质权自权利凭证交付质权人时设立。（《民法典》第 441 条）

（2）登记设立权利质权

①电子的（即无权利凭证）汇票、本票、支票、债券、存款单、仓单、提单出质的，质权自办理出质登记时设立。（《民法典》第 441 条）

②以基金份额、股权出质的，质权自办理出质登记时设立。（《民法典》第 443 条）

③以注册商标专用权、专利权、著作权等知识产权中的财产权出质的，质权自办理出质登记时设立。（《民法典》第 444 条）

④以应收账款出质的，质权自办理出质登记时设立。（《民法典》第 445 条）

例：【应收账款出质登记】 指导案例 53 号：福建海峡银行股份有限公司福州五一支行诉长乐亚新污水处理有限公司、福州市政工程有限公司金融借款合同纠纷案。①特许经营权的收益权可以质押，并可作为应收账款进行出质登记。②特许经营权的收益权依其性质不宜折价、拍卖或变卖，质权人主张优先受偿权的，人民法院可以判令出质债权的债务人将收益权的应收账款优先支付质权人。

（3）"加速到期"实现质权

①汇票、本票、支票、债券、存款单、仓单、提单的兑现日期或者提货日期先于主债权到期的，质权人可以兑现或者提货，并与出质人协议将兑现的价款或者提取的货物提前清偿债务或者提存。（《民法典》第 442 条）

②基金份额、股权出质后，不得转让，但是出质人与质权人协商同意的除外。出质人转让基金份额、股权所得的价款，应当向质权人提前清偿债务或者提存。（《民法典》第 443 条）

③知识产权中的财产权出质后，出质人不得转让或者许可他人使用，但是出质人与质权人协商同意的除外。出质人转让或者许可他人使用出质的知识产权中的财产权所得的价款，应当向质权人提前清偿债务或者提存。（《民法典》第 444 条）

④应收账款出质后，不得转让，但是出质人与质权人协商同意的除外。出质人转让应收账款所得的价款，应当向质权人提前清偿债务或者提存。（《民法典》第 445 条）

例：【出卖高速公路收费权】 甲将高速公路收费权出质给乙，担保其欠乙的货款债务。经乙同意，甲将该收费权转让给丙。乙的质权如何实现？甲从丙处获得的价款，向乙提前清偿债务或者提存。

（三）留置权

债务人不履行到期债务，债权人可以留置已经合法占有的债务人的动产，并有权就该动产优先受偿。（《民法典》第 447 条）

例：【修车不交费】 甲将汽车交由乙维修，甲未付维修费，乙扣下汽车。乙扣下汽车是否有依据？①有。②甲乙签订了承揽合同，乙享有请求甲支付维修费的债权。③甲未付维修费，乙对汽车享有留置权。④先给甲 60 日以上宽限期，如甲还不支付维修费，乙可实现留置权，即就汽车拍卖变价款优先受偿。⑤乙的该项留置权无须约定，因为留置权属于法定担保物权。

（四）让与担保权（《担保制度解释》第 68 条）

1.【物权角度】什么是让与担保权？

债务人或者第三人与债权人约定将财产形式上转移至债权人名下，债务人不履行到期债务，债权人有权对财产折价或者以拍卖、变卖该财产所得价款偿还债务的，人民法院应当认定该约定有效。当事人已经完成财产权利变动的公示，债务人不履行到期债务，债权人请求参照民法典关于担保物权的有关规定就该财产优先受偿的，人民法院应予支持。

例 1：【房屋让与担保权】甲向乙借款，同时签订房屋买卖合同，担保该借款。甲将房屋过户给了乙。甲届期无力清偿借款，经查，甲尚欠丙借款未还。<u>如何评价乙对房屋享有的权利？</u>①乙对甲享有民间借贷之债权。②甲将房屋过户给乙的目的不是买卖，而是作为借款的担保。③乙享有的不是房屋所有权。④乙享有的是让与担保权。⑤就房屋变价款，乙优先于丙受偿。⑥如果乙的借款债权是 100 万元，房屋价款是 120 万元，则 20 万元退回给甲，由甲还给丙。⑦如果乙的借款债权是 100 万元，房屋价款是 80 万元，则乙对甲还享有无担保的普通债权 20 万元，该债权与丙的债权属于同一法律地位。

例 2：【汽车让与担保权】自然人甲与乙订立借款合同，其中约定甲将自己的一辆汽车作为担保物让与给乙。借款合同订立后，甲向乙交付了汽车并办理了车辆的登记过户手续。乙向甲提供了约定的 50 万元借款。一个月后，乙与丙公司签订买卖合同，将该汽车卖给对前述事实不知情的丙公司并实际交付给了丙公司，但未办理登记过户手续，丙公司 仅支付 了一半购车款。<u>甲与乙关于将汽车让与给债权人乙作为债务履行担保的约定效力如何？乙对汽车享有什么权利？</u>①有效。②因为我国物权编虽然没有规定这种让与担保方式，但并无禁止性规定。通过合同约定，再转移所有权的方式达到担保目的，是不违反法律的，也符合合同自由、鼓励交易的立法目的。③乙享有的不是所有权，而是让与担保权。

问 1：为什么当事人会约定让与担保权？①民间借贷中，出借人担心钱收不回来，会要求借款人提供担保。②无论是让借款人提供抵押房屋担保、或者动产质权担保，出借人都只能行使抵押权、质权来实现担保物权，此时出借人还是在处分"别人的房屋或者汽车"，行动上都有不便。③聪明的出借人便想出了一个办法，要求借款人把房屋过户到自己名下，将来一旦借款人不还款，出借人可以"自己卖自己的房屋"来受偿，这样"行权"更加方便。④基于民法上意思自治的原则，我们法律就要承认当事人的这种安排，认可当事人的真实意思表示，只要避免产生不公平结果就可以，比如下面要讲到的"流让条款无效"。

问 2：让与担保权、抵押权、质权到底有什么区别？抵押、质押，是所有权中"分权"出来抵押权、质权，公示清晰。让与担保，是所有权中"分权"出来让与担保权，公示错误（本来是让与担保权，公示出来是"房主"、"车主"、"股东"）。

问 3：为什么说让与担保权设立中，公示"错误"正是其优点？让与担保合同有效，让与人给对方设立了让与担保权，对方表面上是房主、车主、股东，实际上是房屋让与担保权人、汽车让与担保权人、股权让与担保权人。但是一旦债务人到期不履行债务，让与担保权人就可以行使让与担保权，"自己动手实现让与担保权"、"变卖拍卖"、"折价"自己名下的房屋、汽车和股权。这样的实现方式可以给让与担保权人避免很多麻烦，所以"行权爽"。这也是为什么民间借贷中盛行让与担保权的原因。<u>如果公示清晰，公示为让与担保权人，那么，让与担保权的优势也没有了，和"抵押权人"就一样了，行权将很麻烦。</u>

问 4：让与担保权人处分让与担保物，是无权处分吗？①是。②第三人可以主张善意取得。③让与担保权人在"无权处分"的过程中也拿到了钱。

抵押合同与抵押权	从所有权中分出抵押权	流押条款无效	公示正确
质押合同与质权	从所有权中分出质权	流质条款无效	公示正确
让与担保合同与让与担保权	从所有权中分出让与担保权	"流让条款"无效	公示错误

2.【债权的角度】如何识别让与担保合同？

（1）当事人签订主借款合同，然后又签订让与担保合同，并且明确其合同叫让与担保合同，用于担保主合同债务的履行，则该合同属于让与担保合同（2016 法考主观）。

（2）当事人签订主借款合同，然后又签订"买卖合同"，用来担保主合同债务的履行，则"买卖合同"因属于双方通谋虚伪表示而无效，因为当事人没有要签订买卖合同的真实意思表示，实际上隐藏的是让与担保合同（2015 法考客观）。

（3）当事人签订主借款合同，然后又签订"代物清偿协议"，用来担保主合同债务的履行，则"代物清偿协议"不符合"债务到期"的构成要件（即"代物清偿协议"，又称以物抵债协议，比如欠人钱，却约定用汽车抵债。代物清偿协议需要债务到期后才能签订，债务没到期签订的就不是代物清偿协议），这不是"代物清偿协议"，这是让与担保合同（2019 法考主观）。

> 问：为什么履行期届满前的"以物抵债协议"不是以物抵债协议？①履行期尚未到，如果允许当事人签订"以物抵债"协议还可以约束当事人，这就会彻底架空"流押条款无效"、"流质条款无效"、"流让条款无效"规则。当事人都会在债务没到期时约定，届期不还债，则用房屋抵债，债主可以取得房屋所有权等。②在需要签订借款合同时，借款人因为着急，就容易就范，接受出借人提出的各种条件和安排，会导致不公平的结果。③所以《九民纪要》第 45 条.【履行期届满前达成的以物抵债协议不是以物抵债协议】当事人在债务履行期届满前达成以物抵债协议，抵债物尚未交付债权人，债权人请求债务人交付的，因此种情况不同于本纪要第 71 条规定的让与担保，人民法院应当向其释明，其应当根据原债权债务关系提起诉讼。经释明后当事人仍拒绝变更诉讼请求的，应当驳回其诉讼请求，但不影响其根据原债权债务关系另行提起诉讼。

（4）如何区分让与担保合同、买卖合同与代物清偿协议？

①让与担保合同之债的思维，意思自治为王，来区分一个合同到底是买卖合同、还是代物清偿协议、还是让与担保合同。如果当事人只是签订单纯的买卖合同、以物抵债合同、让与担保合同，这是明明白白的，没有争议。如果当事人签订名为买卖合同（实质是为了担保主债务履行）、债务尚未到期就签订以物抵债合同，则应认定为让与担保合同。

②让与担保权之物的思维，看公示，如果基于一个有效的让与担保合同、完成了房屋所有权过户、汽车所有权交付、股权过户，则对方取得房屋让与担保权、汽车让与担保权、股权让与担保权。

③让与担保权人永远是"担保权人"，不是所有权人。所以与"抵押合同中的流押条款无效"、"质押合同中的流质条款无效"同样道理，"让与担保合同中的流让条款也无效"。

3.【"流让条款无效"】如何避免不公平？

借款人在一开始想要借款时是很被动的，可能会做出对自己完全不利的安排，比如约定到期不还款房屋、汽车、电脑直接归对方所有。为了避免这种结果，法律就规定了让与担保合同中的"流让条款"、抵押合同中的"流押条款"、质押合同中的"流质条款"无效制度。

（1）什么是让与担保合同中的"流让条款"？"流让条款"：债务人或者第三人与债权人约

定将财产形式上转移至债权人名下，债务人不履行到期债务，财产归债权人所有的，人民法院应当认定该约定无效（《担保制度解释》第68条第2款）。

例：【"流让条款无效"】甲向乙借款500万元，用房屋设定让与担保，将房屋过户给了乙。让与担保合同中约定，如甲届期不履行债务则房屋归乙所有。该约定是否有效？这属于"流让条款"，无效。

（2）什么是抵押合同中的"流押条款"？流押条款：抵押权人在债务履行期届满前，不得与抵押人约定债务人不履行到期债务时抵押财产归债权人所有。（《民法典》第401条）

例：【缔约时签订的流押条款无效】甲向银行借款100万元，用价值200万元的房屋抵押，办理了抵押登记。抵押合同约定，如甲届期不还款，房屋直接归银行所有。该约定是否有效？①这属于流押条款，无效。②借款合同签订时，借款人处于被动地位，会轻易答应这种不公平的约定，故无效。

例：【借款到期后签订的折价协议实现抵押权条款有效】甲向银行借款100万，用价值200万元房屋抵押，办理了抵押登记。债务届期甲无力还款，甲与银行协议约定用房屋折价。该折价约定是否有效？①这属于折价方式实现抵押权，有效。②借款合同到期，出借人处于被动地位，双方协议用抵押房屋来折价，抵顶借款债务，"多退少补"，即多出100万元退给甲。结果公平，故有效。③如果该折价协议（或者当事人在写合同时取名为"以物抵债协议"，道理都是一样的）损害其他债权人利益的，其他债权人可以请求人民法院撤销该协议。

（3）什么是质押合同中的"流质条款"？流质条款：质权人在债务履行期届满前，不得与出质人约定债务人不履行到期债务时质押财产归债权人所有。（《民法典》第428条）

例：【流质条款无效】甲向乙借款1万元，用牛出质，交付了牛。质权合同约定，如甲届期不还款，牛直接归乙所有。该约定是否有效？这属于流质条款，无效。

> 秒杀1：债务到期可以签订代物清偿协议。债务没到期签订的"代物清偿协议"就是让与担保合同。至于是否设立让与担保权，则看公示了吗？公示了则设立了让与担保权；没公示则没有设立让与担保权。
>
> 秒杀2：用买卖担保借款，则买卖无效，签订的是让与担保合同。至于是否设立了让与担保权，则看公示了吗？公示了则设立了让与担保权；没公示则没有设立让与担保权。
>
> 秒杀3：流押条款、流质条款、流让条款都无效。

> 问：什么叫所有权具有弹力性？所有权（自物权）可以分出用益物权（他物权）、分出担保物权（他物权），当用益物权、担保物权消灭时，所有权又恢复了其原来的状态，我们把这种现象称之为"所有权具有弹力性"。

五、违反物权法定原则的法律效力

（一）不发生物权效力

1. 不能创设新的物权类型。如不动产不能设立质权、留置权，可以设立抵押权。汽车可以设定质权、抵押权；还可依法成立留置权。

2. 不能增添或减免已有物权的权能。如不能约定限制所有人对其所有物的处分权。

例：【连环赠与之毕业纪念册】甲将其父去世时留下的毕业纪念册赠与其父之母校，赠与合同中约定该纪念册只能用于收藏和陈列，不得转让。但该大学在接受乙的捐款时，将该纪念册馈赠给乙。如何评价甲与其父母校的约定？①从物权角度观察，不发生物权效力，该约定限制了母校所有权的处分权能。因此母校赠与纪念册是有权处分。②从合同角度观察，发生合同效力，该约定属于受赠人负担的合同义务。③本案中，母校取得毕业纪念册的所有权，再赠与给乙属于有权处分，乙受领交付后成为纪念册所有权人。④但是母校违反了其受赠合同中的义务，即不得转赠他人。根据"附义务赠与合同"规则，受赠人违反该义务，赠与人有法定撤销权，可以撤销赠与合同。故甲可撤销与其父母校的赠与。一旦撤销，则甲的赠与溯及无效，因此母校再转赠给乙就无效，而乙是无偿受让，不得主张善意取得纪念册所有权。⑤本案中，未交待甲撤销了该赠与合同，故原赠与和转赠与两个合同都正常。

3. 不能依据约定的公示方法产生物权的变动

例：**【交付房屋设定抵押】**甲公司向乙银行借款 500 万元，以其闲置的一处办公用房作担保。乙银行正好缺乏办公场所，于是与甲公司商定，由甲公司以此办公用房为乙银行设立担保物权。随后，甲公司向乙银行交付了办公用房。借款到期后，甲公司未能偿还，乙银行主张对办公用房行使优先受偿的权利。乙银行主张是否成立？①否。②因乙银行与甲公司之间的约定不能设定担保物权。③甲乙之间有借款合同；甲乙之间还有抵押合同。不是同一双务合同。故甲不还款，乙银行不得主张扣押房屋。④房屋是不动产，也不能适用留置权。⑤乙银行可以诉甲还款，获得胜诉判决后，申请执行法院强制执行甲名下的房屋。

(二) 发生债权效力：当事人之间合同义务如无其他无效事由，则有法律拘束力

例：**【约定不动产代持】**甲以房产抵押给银行担保借款 1200 万元，后甲不能还款，银行拍卖房屋。甲要保住房屋，故甲丙达成备忘录："约定让丙参与竞买，甲付钱，房屋产权归甲公司。"丙竞买成功，甲将房屋过户给了丙。如何评价备忘录的法律效力？①从物权角度观察，在法院依据竞买结果制作裁决书后，甲公司将房产过户给了丙公司，丙公司是房产所有人。故备忘录约定甲有房屋所有权不产生物权变动效力。②从合同角度观察，备忘录没有违背法律的强制性规定，具有债权效力，丙公司对甲公司负有合同义务，即依约履行将房产过户给甲公司的义务。

第二章 一物多债之物权优先效力和多物一债之银行的选择

第一节 一物多债之物权优先效力

问1：房屋先抵押给工行，后抵押给建行，"抢"房屋之变价款，哪个"行"行？答：工行优先。

问2：汽车先抵押登记给温某，后出质给唐某，再交给张某维修，温某、唐某和张某"抢"汽车之变价款，怎么排队？答：张某优先于温某优先于唐某。

一、物权与债权的关系

（一）物权 > 债权

1. 所有权 > 债权

（1）不动产一物两卖："过户人"优先于"钥匙人"。

例：【1房2卖】甲将房屋卖给乙，后又卖给丙，先后签订了2份买卖合同。房屋交付给了乙（简称"钥匙人"），过户给了丙（简称"过户人"）。乙付款了，丙未付款。谁优先？①丙是物权人，乙是债权人，丙优先于乙，可要求乙返还房屋。②乙只能诉甲承担违约责任。

（2）动产一物两卖："钥匙人"优先于"合同人"。

例：【1车2卖】甲将汽车卖给乙，后又卖给丙，先后签订了2分买卖合同。汽车交付给了乙（简称"钥匙人"），过户给了丙（简称"过户人"）。乙未付款，丙付款了。谁优先？①乙是物权人，丙是债权人，乙优先于丙，可要求丙配合办理汽车过户手续。②丙只能诉甲承担违约责任。

2. 担保物权 > 债权：有担保的债权优先于无担保的债权

例1：【银行债权优先于普通债权】甲欠银行100万元届期，用房屋设定抵押并办理了登记。甲欠乙100万元届期。甲除价值120万元的房屋别无其他财产，则银行和乙的权利顺位如何？①银行债权就房屋享有抵押权担保，乙债权属于普通债权，银行的债权要优先于乙的普通债权。②120万元先留给银行，剩余20万元给乙，乙的另外80万元债权不能受偿。

例2：【先卖房屋后抵押房屋】甲与乙6月1日签订合同，将自己名下的房屋出售于乙，乙支付了全部房款的60%作为首付，甲则于6月5日将房屋钥匙交付乙，双方约定6月15日办理房屋过户登记；甲因其对丙的债务，6月10日与丙签订房屋抵押协议，并办理了抵押登记。甲届期无力清偿对丙的债务，丙主张对房屋实现抵押权。乙主张甲配合办理房屋过户手续。谁优先？①丙优先。②乙的房屋买卖合同先于丙的抵押合同成立，并且乙已完成了房屋的交付占有。但是，丙的抵押权为物权，乙要求办理过户登记为债权，该债权不得对抗丙的抵押权。

例3：【房屋押1没登记，押2登记了】甲因A公司对乙的负债而与乙签订抵押合同，约定将自己的房屋抵押给乙担保 A 公司债务的履行，但未办理抵押登记手续；后，甲又因自己要向丙借款而与丙签抵押订合同，约定将自己的房屋抵押给丙，以担保借款，并办理了抵押登记。甲届期无力清偿债务。乙主张甲配合办理抵押权登记。丙主张实现抵押权。谁优先？①丙优先。②两个抵押合同都是有效的，原本也可以存在两个相容的抵押权，无非是按照抵押登记的时间先后确定抵押权的顺位，现在乙的抵押因未登记而抵押权未设立，虽然抵押权未设立，但抵押合同仍是有效的，甲仍要对乙承担抵押合同约定的责任，乙公司对甲享有的是抵押合同的债权。③丙对甲的房屋享有抵押权。④丙的权利为物权，而乙的权利为债权，丙对甲享有抵押房屋的优先受偿权，如果抵押的房屋在对丙承担责任后还有剩余价款的，且对甲再无其他优先受偿权人，乙才有权要求甲在原房屋的价值范围内承担担保责任。

> 原理：为什么一般情况下物权会优先于债权？①根据物权的公示（所谓物权公示原则即物权的变动应该公开表示出来即不动产要登记、动产要交付）和公信原则（所谓公信原则，即公示出来的物权状态即使错误也要保护交易安全和信赖），不动产经过登记或动产经过交付转移了占有，就发生物权转移，产生对抗第三人的债权的效力。②如未经过登记或交付，就还停留在债权阶段，债权当事人之间地位平等，彼此不发生某一债权优先于其他债权的问题。

（二）债权 > 物权

1. 预告登记债权优于物权：预告登记后，未经预告登记的权利人同意，处分该不动产的，不发生物权效力。（《民法典》第 221 条）

例：【预告大】甲开发企业将房屋出卖给乙，办理了预告登记，即对乙请求甲办理房屋过户的债权请求权进行了登记。后甲企业将房屋抵押给丙，并且办理了抵押权登记。乙请求甲办理正式过户，丙请求实现房屋抵押权。谁优先？①乙。②因为未经乙同意，甲企业再给丙设定抵押权，即使办理了抵押权登记，也不发生物权变动的效力，即抵押权视为未设立。

2. 买卖不破租赁：租赁物在承租人按照租赁合同占有期限内发生所有权变动的，不影响租赁合同的效力。（《民法典》第 725 条）

例：【租大】甲将房屋出租给乙并转移占有，租赁期间，甲将房屋出卖给丙。丙可否要求乙返还房屋？①否。②乙的租赁权要优先于丙的所有权，因为"买卖不破租赁"。租赁物在承租人依据租赁合同占有期间发生所有权变动的，不影响租赁合同的效力。

3. 抵押不破租赁：抵押权设立前，抵押财产已经出租并转移占有的，原租赁关系不受该抵押权的影响。（《民法典》第 405 条）

例：【租大】甲将房屋出租给乙并转移占有，租赁期间，甲将房屋抵押给丙银行担保其欠丙银行的借款。借款届期后，丙银行申请法院拍卖抵押房屋，由丁购得。丁可否要求乙返还房屋？①否。②乙的租赁权要优先于丁的所有权，因为"抵押不破租赁"。③当然，在乙的租期届满后，丁可要求乙返还房屋。

二、物权与物权的关系

（一）他物权 > 所有权

【按揭买房】甲与开发商签订房屋买卖合同，甲依约向开发商交付了首付 20 万元，与此同时，甲申请向银行办理贷款，拟借 80 万元。甲和银行签订了借款合同，银行给甲开具了"批贷函"。此后，开发商将房屋过户给了甲，甲将房屋抵押给了银行办理抵押登记手续，银行将 80 万元贷款按照贷款合同约定直接付给了开发商。如何评价本案的物权关系？①开发商将房屋过户给甲，基于房屋买卖合同而发生不动产物权变动，甲成为房屋所有权人。②甲将房屋抵押给银行并且办理了抵押权登记，银行成为房屋抵押权人。③如果甲届期无力向银行还贷，银行的抵押权要优先于甲的所有权，银行有权就甲的房屋变价款优先受偿。因为这是甲自愿选择的结果。④所以，他物权要优先于所有权。

（二）他物权与他物权

1. "留老大"，除非自甘落后

（1）"留老大"：同一动产上已经设立抵押权或者质权，该动产又被留置的，留置权人优先受偿。（《民法典》第456条）

例1：【留老大】甲车抵押给乙担保其欠乙的借款，办理了抵押权登记，后甲将车交给丙维修，未付维修费。甲届期无力还债，就车的变价款，<u>如何安排受偿顺序？</u>丙的留置权优先于乙的抵押权。

例2：【留老大】甲车出质给乙担保其欠乙的借款，交付给了乙。后乙将车交给丙维修，未付维修费。甲届期无力还债，就车的变价款，<u>如何安排受偿顺序？</u>丙的留置权优先于乙的质权。

> 原理：为什么"留老大"？①留置物中一般都凝结了留置权人的劳动价值，或由留置权人提供的材料而成，在一定意义上，可认留置物为"共有物"，归留置权人和留置物所有权人共有的意味。如果赋予抵押权、质权优先于留置权，就意味着留置权人代留置物所有权人向抵押权人或质权人承担了物上责任，这显然是不合理的。②留置权保护的是"工资"债权，"汗水"债权，故优先。

（2）"自甘落后"：留置权人无权处分留置物，将留置物出质给不知情他人，他人善意取得质权，则质权人优先于留置权人受偿。（《民法典》第311条）

例：【"自甘落后"】甲表出质给乙担保其欠乙的借款，交付给了乙，乙将该表交丙维修。丙擅自将该表出质给丁担保其欠丁的债务。各个债务人届期均未履行债务，就表的变价款，<u>如何安排受偿顺序？</u>①丁的质权优先于丙的留置权。②丙的留置权优先于乙的质权。

2. "正常经营"：以动产抵押的，不得对抗正常经营活动中已经支付合理价款并取得抵押财产的买受人。（《民法典》第404条）（又称动产抵押权对"正常经营"不具有追及力）

例：【"正常经营"】4S店将车辆抵押给了小贷公司并且办理了抵押权登记。后4S店将车辆卖给了甲，甲提车并且付款。小贷公司可以主张抵押权吗？①不可以。②正常经营中，登记的动产抵押权不得对抗购买人，即甲的所有权要破掉动产抵押权。③小贷公司可要求4S店用所得款项清偿债务。

> 问1：什么是正常经营？出卖人正常经营活动，是指出卖人的经营活动属于其营业执照明确记载的经营范围，且出卖人持续销售同类商品。
>
> 问2：什么不是正常经营？（1）购买商品的数量明显超过一般买受人；（2）购买出卖人的生产设备；（3）订立买卖合同的目的在于担保出卖人或者第三人履行债务；（4）买受人与出卖人存在直接或者间接的控制关系。

3. "价款优先"：动产抵押担保的主债权是抵押物的价款，标的物交付后十日内办理抵押登记的，该抵押权人优先于抵押物买受人的其他担保物权人受偿，但是留置权人除外。（《民法典》第416条）（又称价款抵押权、超级优先抵押权）

例1：【赊销的"价款优先"】甲将设备卖给乙，完成交付，乙须付10万元。乙受领交付10日内，将该设备抵押给甲，办理了抵押权登记。此10日内，乙将该设备出质给丙担保欠丙的借款。乙届期无力向甲支付购买款，又无力还丙的借款，就设备变价款，<u>如何安排受偿顺</u>

序？①甲的抵押权优先于丙的质权。②因为甲的抵押权担保的是抵押物的价款，满足 10 日内抵押登记的"价款优先"要件。

例 2：【借款的"价款优先"】乙向甲借款 10 万元，向丙购买设备，完成交付，丙收到了货款。乙受领设备后 10 日内，将该设备抵押给甲，担保该 10 万元借款，办理了抵押权登记。此 10 日内，乙将该设备出质给了丁担保欠丁的借款。乙届期无力向甲还借款，也无力向丁还借款，就设备变价款，如何安排受偿顺序？①甲的抵押权优先于丁的质权。②因为甲的抵押权担保的是抵押物的价款，满足 10 日内抵押登记的"价款优先"要件。

> 问 1：为何对于抵押物价款的债权担保赋予"价款优先"效力？①鼓励 1 "借款买东西"保护出借人：交易实践中普遍存在借款人借款购买货物，同时将该货物抵押给贷款人作为价款的担保的情形，有必要赋予该抵押权超级优先效力，以保护融资人的权利，促进融资。②鼓励 2 "赊销卖东西"：卖方将货物出卖给买方，买方先不付款，称之为"赊销"即以信用为基础的销售，卖方与买方签订购货协议后，卖方让买方取走货物，而买方按照协议在规定日期付款或分期付款形式付清货款的过程。买方收到货物后将该货物抵押给卖方，有必要赋予该抵押权超级优先效力，以保护出卖人的权利，促进信用消费。
>
> 问 2：债权人甲假如在第 9 天办理抵押登记，如果债务人乙在第 8 天办理了质押并交付给丙，这样的话，是谁优先受偿呢？①甲优先。这就是价款优先的意义。插队就是这个意思，"10 天之内后来永远居上"。②如果第 9 天抵押权登记，第 10 天出质，自然就是抵押权优先，都不用价款优先规则，直接启用公示先后。

4. "公示先后，债权比例"

（1）押 1 和押 2（同种类担保权的竞合）（《民法典》第 414 条）

例：【一物是不动产，设立了多个抵押】：一房多抵，先抵押给工商银行，又抵押给建设银行。如何排序？①先登记优于后登记。②按照"公示先后"来排序。

例：【一物是动产，设立了多个抵押】：一设备多抵，先抵押给甲未登记；后又抵押登记给乙。如何排序？①乙的抵押权优先于甲的抵押权。②因为乙的抵押登记"公示"在先。

（2）押 1 和质 1（不同种类担保权的竞合）（《民法典》第 415 条）

例：【一物质和押】一车，先出质给甲并交付，后抵押给乙并登记。如何排序？①甲的质权优先于乙的抵押权。②因为甲的质权有占有"公示"在先。

例：【一物押和质】一车，先抵押给甲并登记，后出质给乙。如何排序？①甲的抵押权优先于乙的质权，因为甲的抵押权登记"公示"在先。②假设先抵押给甲但未登记，则乙的质权优先于甲的抵押权，因为乙的质权有"占有公示"，而甲的抵押权却没有公示。

> 问：为什么用"公示先后"来确定担保物权的顺位？①从客体看：不动产公示是登记，动产公示包括登记和占有。②从权利看：抵押权是登记公示，质权是占有公示。③因为公开了，你就是老大。比如你抵押公开在先，质在后，抵押权人是老大，质权人自甘风险，甘愿做老二。比如你抵押合同在先但没公开，质在后，因为质虽然在后但它有出质转移占有的公开，所以，质权人是老大。

5. 思维步骤："留老大"、"正常经营"、"价款优先"、"公示先后、债权比例"

（1）第一步，有修车吗？修车的人老大；除非他自己自甘落后，修车人将车出质给他人了。

（2）第二步，有"正常经营"吗？车辆抵押后，抵押人将车辆买卖，则属于正常经营活动，购车人已经付款并取得抵押财产。

（3）第三步，有赊销货物或者借款买货物吗？卖方或者出借方，10 日内成为货物抵押权人并登记，则他们老二，"价款优先"。

> 问 1：为何第二步要先于第三步思考？因为第三步讲的是登记动产抵押权，优先于其他担保物权。而第二步讲的是即使登记动产抵押权，也不能追及正常经营的购买方。因此，从逻辑上，应该先思考是否有正常经营，而后思考是否存在价款抵押权。
>
> 问 2：第一步、第二步、第三步的思考是限于对动产的观察吗？是。因为动产才有留置权问题、动产才有正常经营问题、动产才有价款优先问题。

（4）第四步，"公示先后、债权比例"：同物押1、押2；或者同物押1、质2，都是看"公示先后"。

例：【押、质、留】甲向乙借款 5 万元，并以一台机器作抵押，办理了抵押登记。随后，甲又将该机器质押给丙。丙在占有该机器期间，将其交给丁修理，因拖欠修理费而被丁留置。<u>如何排序？</u>①第一步，留老大，不存在"自甘落后"情形。故丁最大。②第二、三步，不存"正常经营"和"超级优先"。③第四步，公示先后，债权比例，乙抵押权登记公示在先，而丙的质权占有公示在后。乙＞丙。④结论：丁＞乙＞丙。

例：【押、押、质、留】同升公司以一套价值 100 万元的设备作为抵押，向甲借款 10 万元，未办理抵押登记手续。同升公司又向乙借款 80 万元，以该套设备作为抵押，并办理了抵押登记手续。同升公司欠丙货款 20 万元，将该套设备出质给丙。丙不小心损坏了该套设备送丁修理，因欠丁 5 万元修理费，该套设备被丁留置。<u>甲、乙、丙、丁对该套设备享有的担保物权如何排序？</u>①第一步，留老大，不存在"自甘落后"情形。故丁最大。②第二、三步，不存"正常经营"和"超级优先"。③第四步，公示先后，债权比例。乙抵押权登记公示在先，丙质权占有公示在后，甲抵押权未登记没有公示。因此乙＞丙＞甲。④结论：丁＞乙＞丙＞甲。

> **秒杀：** "留老大"，凡是说留最后的都错，除非"留老大"自己"自甘落后"。

例：【质、押、押】甲公司以其机器设备为乙公司设立了质权。10 日后，丙公司向银行贷款 100 万元，甲公司将机器设备又抵押给银行，担保其中 40 万元贷款，但未办理抵押登记。20 日后，甲将机器设备再抵押给丁公司，办理了抵押登记。<u>如何对担保物权排序？</u>①第一步，没有留置问题；②第二、三步，不存"正常经营"和"超级优先"。③第四步，公示先后，债权比例。乙质权占有公示在先，丁抵押权登记公示在后，银行抵押权没有登记公示。④结论：乙＞丁＞银行。

> 问 1：为什么第三步要先于第四步思考？因为第三步是"插队"，是对"公示先后"的例外。所以，从逻辑上讲，应该先思考是否有例外，而后思考一般。
>
> 问 2：第四步的"公示先后"思考的是动产和不动产吗？是。动产设定多个担保物权、或者不动产上设定多个担保物权，都存在"公示先后"的适用问题。"公示先后"是处理担保物权竞合的最基本规定，它用于解决动产和不动产担保权的顺位问题。

> **终极秒杀：留老大，除非自甘落后；正常经营；价款优先；公示先后，债权比例。**
>
> （1）"留老大"：同一动产上已设立抵押权或者质权，该动产又被留置的，留置权人优先受偿。"自甘落后"：留置权人无权处分留置物，将留置物出质给不知情他人，他人善意取得质权，则质权人优先于留置权人受偿。
>
> （2）"正常经营"：抵押权不得对抗正常经营活动中已支付合理价款并取得抵押财产的受让人。

（3）"价款优先"：动产抵押担保的主债权是抵押物的价款，标的物交付后 10 日内办理抵押登记的，该抵押权人优先于抵押物买受人的其他担保物权人受偿，但是留置权除外。

（4）"公示先后"：先公示效力优于后公示效力（抵押的公示方法是登记，质权的公示方法是占有）。"债权比例"：未登记则按债权比例清偿。

第二节　多物一债之银行的选择

借款人届期不还银行钱，但是有自物保、他人保 1、他人保 2、他物保 1、他物保 2，银行面临甜蜜的烦恼，怎么"翻牌子"？答：有约定从约定；无约定则自物优先，银行乱来（可选择）。

一、什么是银行的甜蜜的烦恼？

存在多个担保，债权人（银行）面临甜蜜的烦恼，怎么选择。

例：【银行甜蜜的烦恼】甲向银行借款，甲自己房屋为银行设立了抵押，乙和丙分别以自己房屋设立了抵押，丁和戊向银行出具了承担连带保证责任的函。甲届期无力向银行还款，银行要求担保人承担担保责任，<u>应如何主张？</u>（1）银行主张权利：①银行须先找甲的自物保。②此后银行可乱找乙、丙、丁、戊承担担保责任。（2）担保人代偿后全额追主债务人：①乙或丙代偿后可全额追主债务人甲；②丁或戊代偿后可全额追主债务人甲。（3）担保人代偿后，对主债务人不能追偿的部分，在担保人之间，启动"面对面可分担"、"背对背不可分担"规则，即担保人之间对内部分担有意思联络，则分担；担保人之间对内部分担没有意思联络，则不分担。

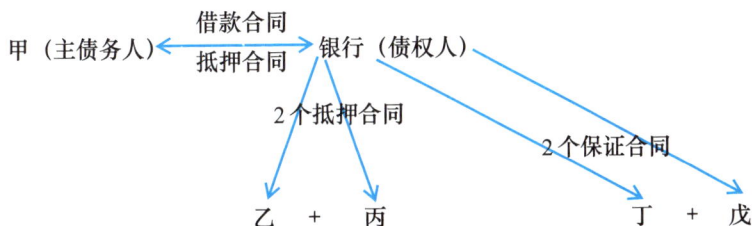

问 1：什么是保证人？丁、戊是保证人。主债务人甲到期不履行债务时，银行可要求保证人丁或戊承担责任，谓之保证人"代偿"。

问 2：什么是"物上保证人"？乙、丙是"物上保证人"，即他物保人。主债务人甲到期不履行债务时，银行可对乙或丙的抵押物变价主张优先受偿，谓之他物保人"代偿"。

问 3：保证人与"物上保证人"有什么差异？保证人砸进去全部责任财产（责任财产是指对自己债务承担责任的全部财产）。物上保证人"砸进去"特定物（债权人仅可就该物的变价款优先受偿）。

问 4：什么是混合担保？同一债权，既有保证人担保，又有"物上保证人"担保，即混合担保。

二、有约定从约定

（一）自物保和人保的约定：从约定

例：**【自物保和人保的约定】**甲向银行借款，用自己的房屋为银行设定抵押权并办理了登记手续。保证人乙提供保证，明确约定甲届期无力清偿时，银行可选择要求甲承担抵押责任，也可选择要求保证人乙承担责任。该约定有效吗？①有效。②如保证人乙承担责任，则其可取代银行地位，主张实现抵押权。③这叫担保人的"法定代位权"，即担保人代偿后可法定取代主债权人对主债务人的地位。参见《担保制度解释》第18条第1款。

（二）自物保和他物保的约定：从约定

例：**【自物保和他物保的约定】**甲把设备先抵押给银行，担保乙公司向银行100万元借款，未抵押登记，合同约定即使乙公司向银行提供物的担保，银行仍可选择要求实现该设备的抵押权。乙公司将自有房产抵押给银行也担保该100万元借款，办了抵押登记。乙公司届期不能清偿贷款。<u>银行如何主张担保物权？</u>①可以选择就设备主张实现抵押权。②因为当事人有明确约定，故此处不能适用主债务人物保优先规则即"自物优先规则"。③甲承担责任后，可取代银行地位，主张对乙的房屋实现抵押权。④这叫担保人的"法定代位权"，即担保人代偿后可法定取代主债权人对主债务人的地位。参见《担保制度解释》第18条第1款。

（三）他物保和他物保的约定：按份共同抵押（《担保制度解释》第20条）

例：**【他物保和他物保的约定】**甲向银行借款100万元，乙将房屋抵押给银行担保其中的40万元，丙将房屋抵押给银行担保其中的60万元，均办理了抵押权登记。甲届期无力清偿，<u>银行如何主张抵押权？</u>①可找乙房要40万元，乙代偿后追甲40万元。②可找丙房要60万元，丙代偿后可追甲60万元。③<u>乙丙之间不发生"内部追偿"关系，因为他们本来是按自己份额承担责任。</u>

（四）人保和人保的约定：按份共同保证（《民法典》第699条）

例：**【人保和人保的约定】**甲向银行借款100万元，乙和丙向银行提供保证，乙和银行的保证合同、丙和银行的保证合同，均明确约定，乙保证责任份额为40万元，丙保证责任份额为60万元。甲届期无力清偿，<u>银行如何主张保证债权？</u>①可向乙要40万元，乙代偿后可追甲40万元。②可向丙要60万元，丙代偿后可追甲60万元。③<u>乙丙之间不发生"内部追偿"关系，因为他们本来是按自己份额承担责任。</u>

三、债权人可以选择吗？

（一）自物优先和"人""物"可选：混合担保

根据《民法典》第392条的规定，**债权既有主债务人自己的物的担保，又有人的担保，债权人应先就该物的担保实现债权。**

债权既有他人提供物的担保，又有人的担保，债权人可选择主张物的担保或者人的担保实现债权。

例：**【混合担保自物优先】**陈某向贺某借款20万元，借期2年。张某为该借款合同提供保证担保，担保条款约定，张某在陈某不能履行债务时承担保证责任，但未约定保证期间。陈某同时以自己的房屋提供抵押担保并办理了登记。如果贺某打算放弃对陈某的抵押权，并将这一情况通知了张某，张某表示反对。<u>如何评价贺某的放弃行为？</u>①抛弃是单方法律行为，无须张某同意。②贺某放弃抵押权，则张某在贺某放弃权利的范围内免除保证责任。

> 问：如何理解债权人放弃自物保后，其他担保人在债权人丧失优先受偿权益范围内免责？①甲欠银行100万元，用自有价值80万元房屋设定抵押，乙提供保证。②如银行放弃抵押价值80万元，则乙免责80万元，剩余部分继续承担保证责任。③如房屋已经升值为200万元，银行还放弃抵押，则银行"丧失优先受益权"的范围是200万元，而主债权是100万元，故保证人（免责200万元）不需要承担保证责任。

例：【混合担保的自物优先和人物可选】甲公司将1台挖掘机出租给乙公司，为担保乙公司依约支付租金，乙公司自己用房屋给甲公司设定抵押并办理了登记，丙公司担任保证人，丁公司以机器设备设置抵押。乙公司欠付10万元租金。<u>甲公司如何主张权利？</u>①甲公司应先就乙公司的房屋实现抵押权。②此后未受偿部分，甲公司可要求丙承担保证责任，甲公司也可要求丁承担抵押担保责任。

> 问：第三人提供人保没约定保证方式，故属于一般保证人，它享有先诉抗辩权（即债权人应先穷尽主债务人财产还不能受偿，才由一般保证人承担责任），第四人提供他物保，此时，债权人还可以选择主张物的担保或人的担保实现债权吗？❶是的。❷先诉抗辩是描述主债务人和保证人关系，与保证人和他物保人之间的关系没有关系。❸银行可以选择他物保人，也可以选择一般保证人，是从这个角度说他可以选择。❹当银行一旦选择了一般保证人，一般保证人享有"先诉抗辩权"。

（二）自物优先和"人""人"可选：法定"拟制"连带共同保证

根据《民法典》**第699条**的规定，**两个以上保证人未约定主债权份额，为共同保证。债权人可要求任一保证人承担全部保证责任。**

例：【自物优先和人人可选】甲向银行借款100万元，甲用房屋给银行办理了抵押权登记，丙、丁分别向乙银行出具承担连带保证责任的担保函，没有约定保证份额。甲届期无力还款，银行如何主张担保权？❶乙银行应先就甲的房屋实现抵押权。❷此后可以要求丙或者丁承担全部保证责任。

（三）自物优先和"物""物"可选：法定连带共同抵押

根据担保制度解释第20条规定，**两个以上抵押人担保同一债权，未约定担保份额，为共同抵押。债权人可要求任一抵押人承担全部抵押责任。**

例：【自物保和他物保，自物保优先】甲向银行借款100万元，用自有房屋设定抵押并办理了登记。乙用房屋为银行设定抵押也办理了登记。甲届期无力还款，<u>银行如何主张抵押权？</u>①银行先就甲房屋实现抵押权。②债权尚未受偿部分，就乙房屋实现抵押权。

例：【自物保、人保和他物保，自物保优先】甲向银行借款100万元，用自有房屋设定抵押并办理了登记。乙用房屋为银行设定抵押也办理了登记。丙为银行提供了保证。甲届期无力还款，<u>银行如何主张抵押权？</u>①银行先就甲房屋实现抵押权。②债权尚未受偿部分，可选择找乙的房屋实现抵押权或者丙承担保证责任。

> 问：为什么要坚持自物保优先适用？①避免循环追偿。②债权人先主张自物保，受偿债权后当事人法律关系消灭，主债消灭、保证人责任消灭、他物保也消灭。③反面推理，如果允许债权人先找保证人或他物保人（统称第三担保人），则第三担保人代偿后，还要去向主债务人追偿，这增加了诉累。

例：【物物可选】甲向乙借款20万元，甲的朋友丙、丁二人先后以自己的轿车为乙的债权设定抵押担保并依法办理了抵押登记，但都未与乙约定所担保的债权份额及顺序，两辆轿车价值均为 15 万元。甲到期未履行债务。乙如何实现抵押权？①乙可以任一轿车行使抵押权，再就另一轿车行使抵押权弥补不足。②乙可同时就两辆轿车行使抵押权，各实现任意比例债权。

例：【物物可选】甲对乙享有债权 500 万元，先后在丙和丁的房屋上设定了抵押权，均办理了登记，且均未限定抵押物的担保金额。其后，甲将其中 200 万元债权转让给戊，并通知了乙。乙到期清偿了对甲的 300 万元债务，但未能清偿对戊的 200 万元债务。戊如何实现抵押权？①戊可就任一房屋行使抵押权，再就任一房屋行使抵押权弥补不足。②戊可同时就两房屋行使抵押权，各实现任意比例债权。

> **秒杀：**保证人与物上保证人适用相同规则，启动担保制度解释第 20 条，主债务变更、主债权转让、代偿后的追偿权和法定代位权、共同保证规则、债务加入对保证责任无影响。

四、第三担保人代偿后是什么法律地位？追偿权和代位权

（一）追偿权

1. 一般情形下的追偿权

根据担保制度解释第 18 条规定，担保人承担担保责任或赔偿责任后，在承担责任范围内有权向主债务人追偿。根据民法典第 700 条规定，担保人追偿权劣后于主债权。

2. 主债务人破产情形下的追偿权

（1）主债务人破产情形下之主债权人既申报破产债权又向担保人主张，担保人是否享有追偿权？

❶【主债权人两边同时要时，担保人全部代偿才能追偿】根据担保制度解释第 23 条规定，主债务人破产，债权人可申报破产债权，也可请求担保人承担担保责任。担保人只有全部代偿后才可以取代债权人地位以追偿权申报。

❷【主债权人先要破产债权，后找担保人代偿，则担保人代偿后不得追偿】根据担保制度解释第 23 条规定，主债务人破产，主债权人申报破产债权，未受偿部分继续请求担保人代偿，担保人代偿后，不得向破产清算终结、不得向和解协议或重整计划执行完毕后的债务人追偿。

（2）主债务人破产情形下之主债权人未申报破产债权，担保人享有预先追偿权即以追偿权申报

根据担保试读解释第 24 条规定，主债务人破产，主债权人未申报债权，担保人有预先追偿权。主债权人未通知担保人导致担保人不能行使预先追偿权，则担保人相应免责。

（二）代位权

根据担保制度解释第 18 条规定，担保人承担担保责任或赔偿责任后，如主债务人还提供了自己物的担保，担保人可主张其享有该担保物权。根据民法典第 700 条规定，担保人代位权劣后于主债权。

五、第三担保人内部分担吗？看意思联络

（一）面对面则内部分担、背对背则内部不分担

根据担保制度解释第 13 条规定，2 个以上第三担保人之间有意思联络，则代偿后向主债务人追偿不能部分，由担保人之间内部分担。下列 4 种情形视为担保人之间有意思联络：担保人

之间约定相互追偿和分担份额；担保人之间约定相互追偿但未约定分担份额；担保人之间约定连带共同担保；担保人在同一份合同书上签名；后 3 者按比例分担。

根据担保制度解释第 13 条规定，2 个以上第三人担保人之间无意思联络，则代偿后可向主债务人追偿，但担保人之间内部不分担。

例：【混合担保内部看有无意思联络】甲对乙有到期债权，丙提供房屋抵押，丁提供保证。乙到期不履行债务，甲实现抵押权后，向主债务人乙追偿不能的部分，可要求丙分担吗？①内部有意思联络则分担。4 种意思联络表现如下：约定可以追和如何追；约定可以追但没约定如何追；约定连带共同担保；在同一份担保书中签名。②内部无意思联络则不分担。

> 问：混合担保中保证人和他物保人之间是否可以内部分担？（1）学理观点 1：应该允许内部分担，因为如果不认可内部分担，会对代偿后的担保人不公平。并且要坚持内部追偿一次用尽原则，以避免"循环追偿"。比如甲向银行借 100 万元，乙提供人保，丙提供物保。乙向银行代偿 100 万元后，假设向甲追偿到了 20 万元，则乙实际代偿 80 万元，还可向丙追偿 40 万元，结果是乙代偿了 40 万元，丙代偿了 40 万元。假设乙后来又向甲追偿了 10 万元，丙不能要求乙退 5 万元，因为内部追偿"1 次用尽"。（2）学理观点 2：应该禁止分担，因为如果认可内部分担，会导致追偿份额的困境。①因为他物保人"投入"的财产是担保物，是有限的。②而人保人"投入"的财产是保证人的全部责任财产，是"无限"的。③如果允许互相追偿，则必须明确追偿份额。④但追偿份额的明确是非常困难的。⑤比如，你向银行借款 100 万，我提供房屋抵押担保，甲提供保证。⑥假设甲身家 1 千亿。我会认为我本来应承担的比例是 100 万/（100 万 +1 千亿），甲应承担的比例是 1 千亿/（100 万 +1 千亿）。而甲会认为各自承担 1 半。如此一来就造成了扯皮，法律适用困难。

例：【物物内部看有无意思联络】甲公司向乙银行借款 100 万，丙、丁以各自房产分别向乙银行设定抵押。乙银行可以就丙或者丁的房产行使抵押权。丙或丁承担抵押责任后，向甲公司追偿不能的部分，能否要求内部分担？①内部有意思联络则分担。4 种意思联络表现如下：约定可以追和如何追；约定可以追但没约定如何追；约定连带共同担保；在同一份担保书中签名。②内部无意思联络则不分担。

例：【人人内部看有无意思联络】甲向乙银行借款，丙、丁提供保证，没有约定各自保证的份额。乙银行要求丙或丁承担保证责任后，如何追偿？①内部有意思联络则分担。4 种意思联络表现如下：约定可以追和如何追；约定可以追但没约定如何追；约定连带共同担保；在同一份担保书中签名。②内部无意思联络则不分担。

> 问 1：如何理解《担保制度解释》第 13 条的规定？（1）《担保制度解释》第 13 条第 1 款前半句，同一债务有两个以上第三人提供担保，担保人之间约定相互追偿及分担份额，承担了担保责任的担保人请求其他担保人按照约定分担份额的，人民法院应予支持。《担保制度解释》第 13 条第 1 款后半句，担保人之间约定承担连带共同担保，或者约定相互追偿但是未约定分担份额的，各担保人按照比例分担向债务人不能追偿的部分。《担保制度解释》第 13 条第 2 款，同一债务有两个以上第三人提供担保，担保人之间未对相互追偿作出约定且未约定承担连带共同担保，但是各担保人在同一份合同书上签字、盖章或者按指印，承担了担保责任的担保人请求其他担保人按照比例分担向债务人不能追偿部分的，人民法院应予支持。《担保制度解释》第 13 条第 3 款，除前两款规定的情形外，承担了担保责任的担保人请求其他担保人分担向债务人不能追偿部分的，人民法院不予支持。（2）【面对面，可以追】有意思联络可以追：①内部约定了相互追偿以及内部约定了分担份额，则按约定份额分担。②内部约

定了连带共同担保（"意定"连带共同担保）；③或者约定可相互追偿但未约定分担份额，则按比例分担。④内部未约定相互追偿、并且未约定连带共同担保，但是在同1份担保书上签字盖章或按指印的，则按比例分担。（3）【背对背，不可追】其他情形则担保人之间均不可内部追偿。（4）故《担保制度解释》第13条是"成年人的法条"，不做选择，既吸收了可以追偿的观点，又吸收了不可以追偿的观点，只是各自有各自的适用条件和范围。

问2：什么叫"向债务人不能追偿的部分"？（1）比如担保人A代偿了主债100万元，如按约定可向担保人B追偿50%，即可追偿50万元。（2）假设担保人A代偿了100万元，然后向主债务人追偿到了10万元，那么，担保人A实际代偿了90万元，他可以向担保人B追偿45万元，而不是向担保人B追偿50万元。

问3：在没有约定、没有意思联络时为什么要否定担保人之间内部的追偿？①担保的从属性，一旦有担保人代偿，则主债消灭，会导致其他担保人责任消灭。②符合提供担保人的合理预期。③如果允许内部互追，加之银行可以乱找，合并起来就是连带责任。但是连带责任是比较重的责任，需要法律明确规定或当事人明确约定，否则，不能视为连带责任。④复杂问题简单化，减少诉讼。人物、物物、人人之间不要互追，简单粗暴。同样问题同样处理，不能同样问题做不同处理。

> 秒杀：4个面对面可分担，1个背对背不分担。

（二）第三担保人"收购债权"是代偿而不是"债权转让"，仍适用第13条

根据担保制度解释第14条规定，第三担保人受让债权的，属于代偿行为，其能否要求其他担保人分担，取决于是否有意思联络，依照第13条处理。

> 秒杀：14条是13条的护航法条。

（三）"过桥人""收购债权"是债权转让，适用民法典547条

根据民法典第547条规定，债权人转让债权，受让人取得与债权有关的从权利。"过桥人"向债权人收购债权，即取得债权人地位，可选择向任何一个第三担保人主张担保权。

> 秒杀：民法典547条破担保制度解释第14条，以此破担保制度解释第13条。

A主债务人　　　　B银行　　　　　E过桥人（收购人）

C担保人　　　　　D担保人

> 问：什么是过桥人？CD是背对背担保，彼此不分担。C自己收购债权是代偿；D自己收购债权也是代偿。CD彼此不分担。如果C让E去收购债权，而后E找D承担，等于D最后兜底。如果D让E取收购债权，而后E找C承担，等于C最后兜底。E就是"过桥人"。

原理：如果担保人内部不能追偿，则会导致什么"道德风险"？①债权人银行100万元、债务人甲、保证人方志平、保证人丙。②方志平代偿后不追丙；丙代偿后也不能追方志平。③按照这个规则推演，会发生担保人方志平"先发制人"，找到一个"过桥人"乙（比如方志平控股的公司或者控股公司的子公司或者控股公司的子公司的子公司＝越远越隐蔽），方志平将100万元给乙，由乙给银行100万元从银行处买到债权。④乙买到债权也就买到了担保，故乙取代银行。"银行可以乱找"，故乙可以乱找。乙必然选择找担保人丙主张100万元责任，

丙代偿 100 万元后不能去追方志平。⑤从方志平角度观察：方志平先"割肉"100 万元给乙，乙将 100 万元给银行，乙从丙那里要回 100 万元，然后乙将该 100 万元回给方志平。丙代偿了 100 万元却不能追方志平。⑥简言之，方志平出去 100 万元又回来 100 万元，丙却切实的兜底了。⑦可见，只要担保人方志平"先发制人"，就可以全身而退，这是不公平的结果。⑧反言之，如果丙也学方志平先发制人，丙也可以"全身而退"。⑨意味着，谁现金流强，谁先出钱，谁就可以"坑"另外的担保人。表面上各个担保人坑其他担保人的机会是平等的，但是，实际上只有"富裕"的担保人才有机会坑"贫穷"的担保人，如此看来，确实会出现不公平的结果。⑩但是《九民纪要》认为，如果当事人之间内部无意思联络，则不可互追。因为无论谁兜底，<u>这都符合你当初提供担保的合理预期：自己就是兜底的人</u>。

秒杀 1 句话：面对面可以追；背对背不可追。记忆方法：意思自治为王。

六、做题步骤

```
              ┌ ①从约定 ┌ ❶自物与人保约定
              │         │ ❷自物与他物保约定
              │         ┤ ❸人保与人保约定
              │         │ ❹他物保与他物保约定
              │         └ ❺自物保、人保、他物保约定
              │
              │ ②自物优先 ┌ ❶自物保与人保
              │           ┤ ❷自物保与他物保
              │           └ ❸自物保与人保、他物保
  九阴真经 ┤
              │ ③银行乱找 ┌ ❶乱找人保与他物保
              │           ┤ ❷乱找他物保与他物保
              │           └ ❸乱找人保与人保
              │
              │           ┌ ❶面对面有意思联络可分担 ┌ ❶约定可以追和如何追
              │           │                        │ ❷仅约定可以追
              └ ④内部分担 ┤                        ┤ ❸约定连带共同担保 ┐按比例分担
                          │                        └ ❹同一份合同书签名 ┘
                          └ ❷背对背无意思联络不可分担
```

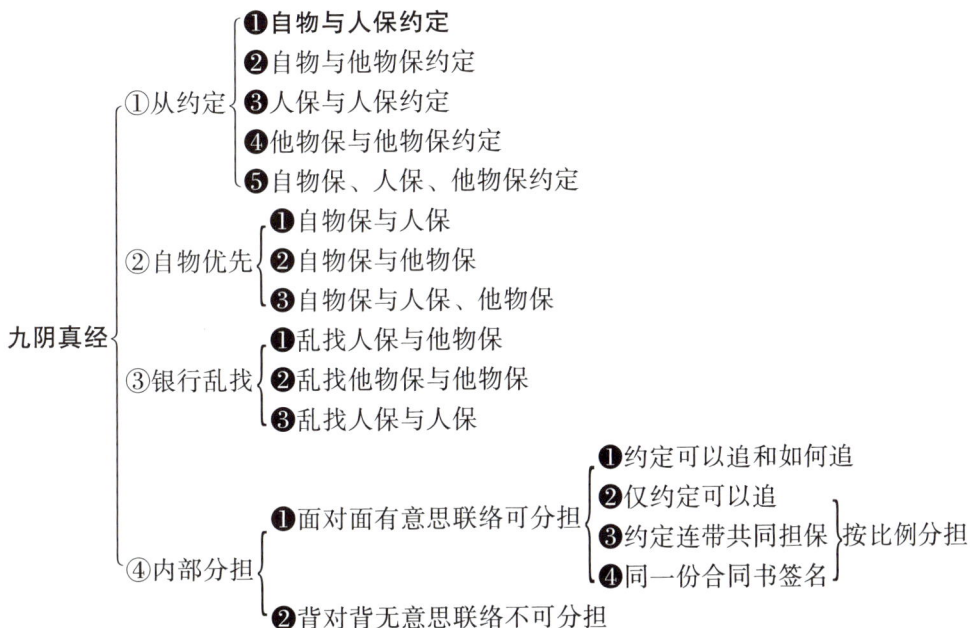

终极秒杀 1 句话：从约定；自物优先；银行乱找；面对面可分担，背对背不可分担。

回答 1：本节最开始的案型和图构的解法如下：第一步，没有约定。第二步，则自物优先。第三步，银行对人物之间随便找。银行对人人之间随便找。银行对物物之间随便找。第四步，有人代偿后向主债务人追偿不到的部分，才讨论追偿问题、才看意思联络。

回答 2：怎么理解第一步的"没有约定"？第一步的没有约定是指债务人、担保人与银行之间没有约定，那么就进入第二步。如果有约定，即银行明确和债务人、担保人之间约定怎么主张债权，那么就从这个约定。

回答 3：怎么理解第四步的"意思联络"？第四步的意思联络是指担保人与担保人之间的"约定"，是指担保人代偿后追偿主债务人不能满足的部分，他们内部按"约定份额"（或者比例份额）去追偿。

第三章　物权变动

人生一世，衣食住行，衣食乃普通动产，住乃不动产，行乃特殊动产。动产变成谁的了？不动产变成谁的了？特殊动产变成谁的了？是因为继承来的吗（非基于法律行为物权变动）？是因为购买来的吗（基于法律行为物权变动）？这是本章需要讨论的问题，即物权变动。

第一节　物权变动基础

一、物权变动：物权的设立、变更和消灭

（一）物权的设立

1. 原始取得物权：非依他人既存的权利为依据而取得物权。

（1）基于事实行为而发生原始取得：如劳动生产（木材制作成椅子）、合法建设、先占无主物（拾得他人抛弃的旧电扇）等。

（2）基于法律规定而发生原始取得：如善意取得、收取孳息（存款得利息）、征收等。

2. 继受取得物权：基于他人既存的权利为依据而取得物权。

（1）移转的继受取得：就他人的物权依其原状而取得（实质上是物权主体的变更）。如基于有效的买卖合同受让房屋所有权；如继承取得物权；如受遗赠取得物权；如企业合并取得物权。

（2）创设的继受取得：对既存的物权进行内容上的限制而产生新的物权。如在国家所有的土地上设立建设用地使用权；如在他人动产上设立抵押权或者质权。

> 原理：区分原始取得与继受取得的法律意义是什么？①原始取得：因物上本不存在任何物权，或者虽存在物权，但基于法律的规定物权的取得与原权利人的意志无关，非继受他人权利而来。故物之上原存的所有负担都因原始取得而消灭，如无权处分他人之物，购买人善意取得，则无权处分人需要对原权利人承担赔偿责任，而善意取得人是原始取得该物，无任何负担，不用负责。②继受取得：物权系因继受而来，基于权利人不得将大于其所有的权利让与他人的法理，存在于标的物上的一切旧有负担得继续存在，而转由取得人承继。比如继承人继承死者房屋，得就房屋价值范围内清偿死者生前债务，故继承取得乃继受取得。

> 秒杀："继""继"（继承取得物权属于继受取得）。

（二）物权的变更

1. 物权内容的变更：如抵押权所担保的主债权的部分实现。
2. 物权客体的变更：如火毁房屋引起物权客体变更。

（三）物权的消灭

1. 物权绝对消灭：如所有权因标的物灭失而消灭。

2. 物权相对消灭：如房屋"易主"，仅相对于转让人而言意味着物权消灭。

二、物权变动的原则

（一）公示原则（公示原则在于使人"知"，要排他，须公开）

1. 公示原则：物权的变动须以法定的公示方式进行才能发生相应法律效果的原则。可由外部辨认的表征，即为物权变动的公示方法。

2. 登记：不动产物权变动以登记为公示方法。如在房屋上设定抵押权，如果不以一定的方式表现出该抵押权的存在，那么，不知该抵押权存在的购买该房屋的第三人就可能蒙受损害。

3. 交付：动产物权的变动均以交付为公示方法。交付即转移占有，占有即公示。

> 原理：物权变动为什么要坚持公示原则？物权具有绝对排他的效力，其变动须有足由外部可以辨认的表征，才可透明其法律关系，减少交易成本，避免第三人遭受损害，保护交易安全。

（二）公信原则（公信原则在于使人"信"，即使登记错误，也"将错就错"，以保护当事人信赖利益）

1. 公信原则：物权变动依法定方式公示的，即具有使一般人信赖其正确的效力，即使公示的物权状态与其真实的物权状态不符，对于信赖公示所表征的物权而进行物权交易的人，法律仍承认其获得与真实物权状态相同的法律效果。

2. 适用限制：公信原则仅适用于登记名义人与第三人之间的交易关系，而不适用于登记名义人与真实权利人之间的关系。（"内外有别"，不适用于内部关系，仅适用于外部关系）

（1）【内】在登记名义人与真实权利人之间，真实物权人可以依照事实标准举证证明自己物权的正当性，此时权利的外观不能表征真实的权利。

例：【共有房屋离婚分割】夫妻共有房屋，登记在单方名下，这属于登记错误，"错了就要改"，故该房屋乃归夫妻共同共有，离婚时要分割共有房屋。

（2）【外】在登记名义人与第三人进行交易时，第三人可善意取得物权，真实权利人只能要求登记名义人损害赔偿。因真实物权没有以客观外在的形式向社会公开，不能得到法律的保护，并且第三人善意而无过失，应该受公信原则的保护。

例：【老公背着老婆卖房】夫妻共有房屋，登记在单方名下，这属于登记错误，"得将错就错"。名义人以市价无权处分共有房屋并过户给不知情的第三人，第三人已经支付价款，可主张善意取得房屋所有权。

> 公信原则的法律原理：公信原则赋予物权的公示以绝对的效力，保护信赖物权公示的善意第三人，维护交易的安全与交易效率。

三、物权变动的原因

（一）基于法律行为的物权变动

1. 基于法律行为物权变动的 3 种情形

（1）基于单方法律行为导致物权变动：如抛弃电脑。（2）基于双方法律行为导致物权变动：如买卖合同、抵押合同、赠与合同。（3）基于多方法律行为导致物权变动：设立公司之出资，股东将其建设用地使用权让渡给公司。

2. 基于法律行为物权变动的 3 个要件

（1）法律行为要有效：如果法律行为无效，则不能发生物权变动。

例：【精神病人扔东西】 完全不能辨认自己行为的精神病人甲将自己的手表丢向路边，被乙拾得。如何评价手表的物权状态？①抛弃属于单方法律行为，行为人必须具有完全民事行为能力。②甲是无民事行为能力人。③甲的抛弃行为因不具备民事行为能力而无效。④故手表属于遗失物，而非无主物。⑤拾得遗失物人需要"物归原主"，遗失物不适用先占制度，故乙不能依据先占取得手表所有权。⑥甲是物权人，有权要求物权占有人乙返还原物。该权利由甲的法定代理人代为实施。

> 原理：什么是学理上的物权行为无因性理论？①基于法律行为物权变动中，法律行为无效，不会影响已经变动了的物权。②如甲将房屋出卖给乙，完成过户手续。后甲以乙欺诈为由撤销合同，则甲乙双方法律行为无效。但该法律行为无效不影响已经变动的物权，乙仍然是房屋所有权人。③法律行为无效不影响物权变动，这就是物权行为无因性理论，德国法运用该理论来保护购买人乙的交易安全和乙再卖给小乙中小乙的交易安全。④我国不承认物权行为无因性理论，因此法律行为无效，就不会发生"基于法律行为的物权变动"，我们是通过后文要介绍的"善意取得制度"来保护乙的交易安全。

（2）完成公示：①基于法律行为的不动产物权变动必须完成登记；②基于法律行为的动产物权变动必须完成交付；③除非法律另有规定。

例：【房屋买卖合同与房屋所有权变动】 甲乙签订房屋买卖合同，乙已经付款，取得房屋占有。谁是房屋所有权人？①甲是房屋所有权人。②因乙没有取得过户登记，未完成公示，故乙不是房屋所有权人，仅是债权人，乙可基于合同请求甲履行合同义务即配合办理房屋过户登记。③乙对房屋占有相对于甲属于有权占有，甲不得要求乙返还房屋。

（3）行为人需要有处分权：基于法律行为发生物权变动，行为人须有处分权。

例：【有权处分与无权处分】 甲电脑出借给乙使用，乙擅自将该电脑以自己名义以市价出卖给不知情的丙并完成交付。如何评价乙丙的交易？①如果甲追认乙丙合同，则乙丙合同正常有效，乙属有权处分，丙属于基于法律行为取得电脑物权，是继受取得。②如果甲不追认乙丙合同，乙丙合同仍然有效，但乙属于无权处分，则丙是基于善意取得取得电脑物权，属于非基于法律行为取得物权，是原始取得。

> 问：如何用物债二分思维分析送错快递了？对门的快递送到你家了，这个怎么分析？用物债二分思维。①对门有合同，但是有物权变动吗，没有，所以快递这个动产的物权不是对门的，商家违约，没交东西给到对门。②你家有快递，但你有合同吗，没有，所以你对这个快递没有物权，你得把这个退回给商家。③你退给商家，商家再交给对门，这样比较麻烦。可以怎么办？商家可以指示交付给到对门。④你看，生活上的一件小事情就是，快递小哥送错了快递，你得把快递交给对门。但是法律上分析用物债二分思维去分析，还涉及到指示交付，其实还会涉及到快递公司对商家构成违约，因为合同坚持相对性，所以商家可找快递公司主张合同责任。而对门与快递公司无合同，所以不能找快递公司主张合同责任。

（二）非基于法律行为的物权变动

在一定事实行为或者事件发生后，直接依据法律的规定而发生物权变动类型。

1. 非基于法律行为物权变动的情形

（1）建造物权。（2）文书物权。（3）善意取得。（4）继承物权。（5）先占物权。（6）遗失物物权。（7）添附物权等。

2. 非基于法律行为的物权变动一般不要求登记或交付，但也有例外，看下文介绍。

四、物权变动的两个区分（体系思维）

（一）区分非基于法律行为物权变动和基于法律行为物权变动

1. 非基于法律行为物权变动。2. 基于法律行为物权变动。

（二）基于法律行为物权变动原因与结果的区分

1. 区分不动产交易合同（合同效力）与不动产物权变动（房屋登记）。2. 区分动产交易合同（合同效力）与动产物权变动（汽车交付）。

第二节　非基于法律行为的物权变动

一、文书物权

自法律文书或者人民政府的征收决定等生效时发生物权变动的效力（《民法典》第229条）

（一）限于"形成"文书（判决书或调解书或裁定书）＋限于执行程序中拍卖成交裁定书（或变卖成交裁定书或以物抵债裁定书）

1. 分割共有物生效判决。

例：【离婚分割房屋】甲、乙离婚，乙离婚后发现甲曾在婚内私自购买两处房产登记在自己名下，要求再次分割并要求甲承担损害赔偿责任。法院判决乙分得房产。乙何时取得房屋所有权？乙在判决生效之日即取得房屋所有权，而不是在房屋过户之日才取得房屋所有权。

2. 行使可撤销合同中的撤销权所产生生效判决。

例：【因欺诈可撤】甲受乙胁迫将手表出卖给乙，完成交付。后甲诉到法院请求撤销手表买卖合同，法院支持了甲的诉讼请求。甲何时取得手表所有权？判决生效时甲即取得手表所有权。

3. 行使债权人撤销权所形成的生效判决。

例：【逃债撤销】甲对乙享有100万元到期债权，乙无力清偿。乙将其价值100万元的房屋赠与丙并完成过户。甲诉到法院请求撤销乙丙房屋赠与合同，法院支持了甲的诉讼请求。乙何时取得房屋所有权？判决生效时乙即取得房屋所有权。

（二）不包括确认判决和给付判决

1. 不包括确认判决：因为确认判决是对事实的确认，溯及事实发生之时就有了物权，故其物权变动的时间点不是判决生效时。

例：【确认房屋所有权】甲购买回迁房办理过户，乙主张对房屋有部分所有权。后乙起诉至法院，法院判决确认甲是房屋所有权人。甲何时成为房屋所有权人？①因物权的归属、内容发生争议的，利害关系人可以请求确认权利。②乙提出确认之诉，法院确认房屋归甲。③甲是在当初过户时取得所有权，而不是在法院判决生效时才取得房屋所有权。

2. 不包括给付判决：因为给付判决有待败诉方主动履行或者执行法院根据胜诉方申请强制执行，故给付判决是实际过户不动产或交付动产后才发生物权变动，而不是判决生效时发生物权变动。

例：【继续履行交货】甲卖手机给乙，乙交了款，甲不交货。乙诉至法院请求甲继续履行，法院支持了乙的诉讼请求。乙何时取得手机所有权？①该判决为给付判决。②给付判决生效时，乙不能取得手机所有权。③待甲依照生效判决向乙履行交付手机义务时或者法院依据乙提出的执行申请强制执行后，乙才取得所有权。

二、继承物权

因继承取得物权的，自继承开始时发生效力（《民法典》第230条）

（一）人死时，发生继承物权变动

1. 不动产无须登记、动产无需交付。2. 继承人以继承遗产实际价值为限清偿被继承人生前所负债务。

例：【继承物权、概括继承和限定继承】郑某开办公司资金不足，其父将3间祖屋以25万元卖给即将回国定居的郭某，但其父还未来得及办理过户手续即去世。郑某不知其父卖房一事，继承了这笔房款及房屋，并办理了登记手续。随后，郑某以3间祖屋作抵押向陈某借款10万元，将房产证交给了陈某，但没有办理抵押登记。如何评价本案物权变动关系？①郑父与郭某属于基于法律行为的物权变动，未过户，物权变动失败。②根据区分原则，该买卖合同有效，不因郑父死亡而无效。③郑父死亡后，郑某继承房屋，属于非基于法律行为物权变动。④郑某继承遗产，也得继承其父生前债务，谓之"概括继承"。⑤郑某以继承房屋为限，承担其父生前负债，谓之"限定继承"。⑥故郑某要继承其父的合同债务，有配合郭某办理房屋过户手续的义务。⑦郑某将该房屋设定抵押，但未为陈某办理抵押权登记，故陈某不享有抵押权。⑧根据区分原则，郑某和陈某的抵押合同有效，郑某须对陈某负违约责任。

（二）人死时，有多个继承人，则继承人共有遗产，对外负连带债务

例：【兄弟继承父亲房屋】甲死亡后，其子乙丙法定继承甲的房屋。因房屋年久失修，房檐掉落导致丁损害。丁提出索赔请求。谁应承担责任？①乙丙承担连带侵权责任。②甲死亡后，乙丙成为房屋共有人。③房檐掉落致人损害，属于物件致人损害，由房屋所有人、使用人、管理人承担侵权责任。④乙丙是房屋共同共有人，须对丁承担连带侵权责任。因为是继承房屋后发生的债务，与死者无关，乃生者自己的债务，故乙丙不能主张以继承遗产为限对丁承担责任。⑤假设房屋是甲从戊处购买，甲取得房屋过户，但尚未支付价款，则共有人乙丙对该价款债务负连带责任。

三、建造物权

因合法建造、拆除房屋等事实行为设立或者消灭物权的，自事实行为成就时发生效力（《民法典》第231条）

例：【建造物权】甲公司在其建设用地使用权上建设房屋，该房屋所有权归谁？①甲。②甲基于事实行为取得房屋所有权，属于原始取得，而非继受取得。

> 原理：什么是宣示登记？①文书物权、继承物权和建造物权中，如果是不动产物权，取得该不动产物权的人，处分该物权时，依照法律规定需要办理登记的，未经登记，不发生物权效力。（《民法典》第232条）②如果张三继承了他父亲张三丰所有的一座宫殿，如果张三一辈子不把宫殿卖出去，那他不用做任何登记，宫殿当然是他的。如有人破坏宫殿，张三享有物权请求权，要求侵权人停止侵权或损害赔偿。③如果张三想要把宫殿卖给李四，就要去登记机构把宫殿从张三丰名下过户到自己名下。这个登记过程理论上就叫"宣示登记"。④如

果没有完成宣示登记，张三与王五签订了买卖宫殿合同，则根据区分原则，虽然未发生物权变动，但该买卖合同仍然有效。

四、善意取得物权

（一）善意取得所有权（《民法典》第311条）

无权处分他人动产或不动产（无权处分）、受让人受让时善意不知情（善意）、受让人已经取得不动产过户登记或者受领动产交付（取得）、以合理价格受让（价格合理）。

例：【善意取得】乙擅自将借用甲的手表，以市价出卖给不知情的丙，完成了交付。<u>如何评价甲乙丙的法律关系？</u>

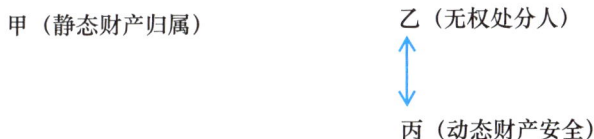

甲（静态财产归属）　　　　　　乙（无权处分人）

↕

丙（动态财产安全）

①乙丙合同是无权处分的合同，有效，但丙构成善意取得手表所有权，乃非基于法律行为发生物权变动，属于原始取得，不是继受取得。②基于一物一权主义即一个物上只能有一个所有权人，甲不再是所有权人。③甲有权要求乙承担违约责任或者侵权责任或者返还不当得利。

> 原理：为什么需要善意取得制度？①甲代表的是静态财产归属，乃不特定人的代表。②丙代表的是动态的交易安全，亦为不特定人的代表。③善意取得制度牺牲了甲，成全了丙。④因为在市场交易中，丙的交易安全价值位序高于甲的财产归属位序。⑤丙基于对公示状态的信赖，即乙占有手表的信赖而与乙签订合同，占有的公示会产生公信力。⑥丙对此毫无过错，也无办法涤除该公示错误造成的风险。⑦而甲却有机会涤除这种风险，即当初出借手表选择借用人时可以选择一个比乙更靠谱的人比如"方某"。

1. 无权处分

（1）无权出卖、互易、抵债、"出资"（即股东无权处分他人财产出资到公司）他人之物

例：【无权处分】甲被乙胁迫将手机卖给乙。乙将手机卖给支付合理价款的不知情的丙并交付。甲后来依法撤销了与乙的买卖合同。丙是否取得手机所有权？①取得。②甲乙买卖合同被撤销溯及无效，故甲乙之间基于法律行为物权变动失败，乙不是手机所有权人。③乙将手机出卖给丙，属于无权处分。④丙符合善意取得的4个要件：乙无权处分＋丙不知情＋丙取得占有＋价格合理。

> 原理：如何区分无权处分和无权代理？（1）有委托两个字，则一般涉及代理问题，自己名义指向间接代理，他人名义指向直接代理。（2）无委托两个字，则根据名义来区分无权处分和无权代理。①以自己名义处分他人财产，启动无权处分检索。②以他人名义处分他人财产，启动无权代理检索。
>
> 秒杀：无权代理的追认解决谁是当事人（合同相对性问题）。无权处分的追认解决是正常取得还是善意取得（物权变动问题）。

（2）无权处分行为可以有"无权处分他人之物"的瑕疵，但不能有其他"致命瑕疵"。一旦存在致命瑕疵，则绝对不成立善意取得。（《物权编解释（一）》第20条）

①致命瑕疵1：转让合同被认定无效。

例：【小侄子无权处分】甲将手表交由7周岁的小侄子乙保管，乙擅自将手机以市价出卖

给不知情的丙，完成了交付。丙是否善意取得手表所有权？①否。②乙出卖手表的行为有2个瑕疵，一方面，7周岁的乙属于无民事行为能力人。另一方面，手表为甲所有，乙构成无权处分。③无民事行为能力人的行为无效。④行为能力制度是保护特殊利益群体，而无权出卖他人之物规则是保护交易安全，对未成年人或缺乏辨认能力的成年人利益保护，其位阶高于对交易安全的保护。⑤故丙不能主张善意取得手表所有权。

②致命瑕疵2：转让合同被撤销。

例：【善意的胁迫人】甲将借用乙的手表，受丙胁迫，以市价出卖给不知情的丙并完成交付。甲以受胁迫为由主张撤销该合同。丙能否主张善意取得手表所有权？①否。②甲出卖手表的行为有2个瑕疵，一方面，甲受丙胁迫签订合同，甲可主张撤销该交易。另一方面，手表为乙所有权，甲是无权处分。③因胁迫而为交易，受胁迫方甲可主张撤销。④一旦撤销，则丙不可主张善意取得手表所有权。⑤如甲不主张撤销，则丙可主张善意取得手表所有权。

（3）动产交易中，无权处分"委托物"才可能启动善意取得；无权处分"脱离物"则不得启动善意取得。

①常见"委托物"：甲无权处分租赁物、保管物、运输物、承揽物、试用买卖物、质物给丙，这些东西本来是归乙所有。但甲之所以取得对这些东西的占有，是基于乙的意思，我们将这种物叫"委托物"。

②常见的"脱离物"：甲无权处分遗失物、漂流物、埋藏物、隐藏物、盗赃物给丙，这些东西本来是归乙所有。但甲之所有取得对这些东西的占有，并非基于乙的意思，我们将这种物叫"脱离物"。

③货币：货币占有即所有，不发生无权处分问题，故不可能适用善意取得制度。

④毒品：禁止流通物不能交易，还如武器等不可适用善意取得制度。

> 原理：善意取得的财产必须是法律允许自由流通的财产。①法律禁止或限制流转的物，如爆炸物、枪支弹药、麻醉品、毒品、盗窃物、赃物等。因这些物的交易本身违法就无效，故不适用善意取得。②国家专有的财产以及法律禁止或限制流转的国有财产也不适用善意取得。

例：【盗赃物、货币都不适用善意取得】甲遗失其为乙保管的迪亚手表，为偿还乙，甲窃取丙的美茄手表和4000元现金。甲将美茄手表交乙，因美茄手表比迪亚手表便宜1000元，甲又从4000元中补偿乙1000元。乙不知甲盗窃情节。乙将美茄手表赠与丁，又用该1000元的一半支付某自来水公司水费，另一半购得某商场一件衬衣。如何评价案涉美茄手表和货币物权？

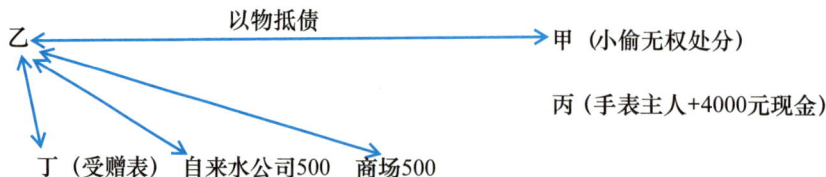

①甲遗失乙的迪亚手表，需要承担赔偿责任。②甲却用偷来的美茄手表偿还，这属于无权处分，但还属于代物清偿（又称"以物抵债"），即乙取得美茄手表时已经支付了合理的对价。③乙不知道美茄手表是偷来的，乙构成善意，且乙已经取得占有。④表面上乙"符合"善意取得的4个构成要件，但因美茄手表是盗赃物，不适用善意取得制度，故乙未取得美茄手表所有权。⑤乙赠美茄手表给丁，丁不能取得所有权。⑥"盗赃物"美茄手表一直在呼叫主人丙，丙有权请求丁返还手表。⑦货币不适用善意取得，谁占有即谁所有，故自来水公司和商场各取

得的 500 元不用返还。

例：【脱离物适用留置权的善意取得】甲手机被乙偷，乙把手机给丙维修。丙修好乙不付费故丙留置。丙对手机是否有留置权？①甲手机被偷，手机属于"脱离物"。②丙对于"脱离物"享有留置权。③基于合同相对性，丙只能要求乙履行合同义务支付维修费。④甲属于对该维修合同的支付维修费义务有利害关系（甲的手机）的第三人，可以代为支付维修费，消灭丙留置权，取回手机。

（4）有权处分则不适用善意取得制度："上家"无权处分，"中家"基于善意取得而取得物权后再处分，是有权处分而非无权处分。

例：【无权处分与有权处分】甲、乙外出游玩，向丙借相机一部，用毕甲将相机带回家。丁到甲家见此相机，执意要以 3000 元买下，甲见此价高于市价，便隐瞒实情表示同意并将相机交付与丁。不久，丁因手头拮据又向乙以 2000 元兜售该相机。乙见此相机眼熟，便向丁询问，丁如实相告，乙遂将之买下。此时，谁拥有该相机的所有权？①乙。②甲无权处分相机给丁，丁善意取得相机所有权（"过桥人丁"）。③丁再卖相机属于有权处分，无论卖多便宜，无论怎么卖，都可以。④故乙虽然是恶意，即使价格为 0，乙仍可主张正常取得相机所有权。⑤乙是基于法律行为取得物权，是继受取得，不是原始取得。

2. 全程善意：从签约时点到物权变动时点（不动产登记或动产交付）这一期间，要求买方均善意不知情

（1）善意的推定：推定购买人是善意的，由物主举证购买人构成恶意。

（2）恶意的拟制：因为物主证明购买人恶意是不容易的，但下列情形存在，则直接认定不动产购买人是恶意的。①登记簿上存在有效的异议登记；②预告登记有效期内，未经预告登记的权利人同意；③登记簿上已经记载司法机关或者行政机关依法裁定、决定查封或者以其他形式限制不动产权利的有关事项；④受让人知道登记簿上记载的权利主体错误；⑤受让人知道他人已经依法享有不动产物权。⑥真实权利人有证据证明不动产受让人应当知道转让人无处分权的，应当认定受让人具有重大过失。

例：【知情不构成善意取得】甲被法院宣告失踪，其妻乙被指定为甲的财产代管人。3 个月后，乙将登记在自己名下的夫妻共有房屋出售给丙，交付并办理了过户登记。在此过程中，乙向丙出示了甲被宣告失踪的判决书，并将房屋属于夫妻二人共有的事实告知丙。1 年后，甲重新出现，并经法院撤销了失踪宣告。现甲要求丙返还房屋。丙能否主张善意取得？①否。②丙不能善意取得房屋所有权，甲有权请求返还。③房屋属于家庭重大资产，不适用家事代理（即基于日常生活夫妻可以直接互为代理单方处理家庭财产）规则，故乙不属于有权处分，丙也不能正常取得房屋所有权。

> 问：在物债二分思维中，如何区分物权变动之善意取得的"善意"，与无权处分合同效力的"善意"？（1）老公将登记在自己名下的夫妻共有房屋，无权处分出卖给老公的同事。（2）从物权变动角度思考，要检讨老公的同事是否符合善意取得的构成要件。①假设，同事不知道登记发生错误，那么，符合善意取得的"善意不知情"。②假设，同事知道登记发生错误，那么不符合善意取得"善意不知情"，属于恶意，必然不会善意取得该房屋所有权。（3）从合同效力观察，是无权处分共有物的买卖合同，要检讨是否符合合同有效的构成要件。①假设，同事不知道登记发生错误，那么同事是不知情的，是善意的，该无权处分合同有效。②假设，同事知道登记发生错误，那么同事是知情的，是恶意的，但是这个恶意不等于恶意串通，所以，这个无权处分合同还是有效的。

> 秒杀：善意取得是物权变动，必须要求善意。无权处分的合同有效，购买人知道无权处分这件事情本身说明购买人是恶意的，但不直接等于购买人与出卖人构成恶意串通。

3. 取得：不动产须登记 + 动产须交付

（1）不动产登记。

（2）动产交付：现实交付、简易交付、指示交付

①简易交付：转让动产法律行为生效时为动产交付之时

例：【简易交付的善意取得：先借用后无权处分的买卖】甲将自乙处借来的手表，转借给不知情的丙使用，此后甲丙达成转让协议，约定价格合理。<u>丙是否取得手表所有权？</u>①取得。②甲将借自乙的手表，转借给丙使用，该转借合同有效。③甲再与丙达成转让协议，这属于简易交付，同时甲构成无权处分，丙不知情，且价格合理，丙通过简易交付取得占有，故丙善意取得手表所有权。

②指示交付：转让人与受让人之间有关转让返还原物请求权的协议生效时

例：【指示交付的善意取得：3 + 1】甲电脑出租给乙，乙出借给丙保管。乙将其对丙的"返还原物请求权"转让给不知情的丁，价格合理。<u>丁是否取得电脑所有权？</u>

```
甲    乙（借用人）←————————→ 丁（可主张善意取得人：通过指示交付完成公示）


        丙（保管人=实际控制人）
```

①取得。②乙将电脑出借给丙保管，该保管合同有效。③乙对丙并无返还原物请求权，但有外观表象，其将"返还原物请求权"转让给不知情丁，构成无权处分，且丁通过指示交付方式取得占有，故丁可主张善意取得电脑所有权。

> 问：为什么指示交付可以适用善意取得？①原物主甲，无权处分人乙，现实控制人是丙，买受人是丁。②买受人丁离现实控制人丙只有1个距离；而原物主甲离现实控制人丙有2个距离。④故买受人丁对物的占有公示更强，适用善意取得。

> 秒杀：指示交付设质是通知主义。指示交付善意取得是意思主义。

③占有改定不能适用善意取得

例1：【无权处分 + 占有改定】甲借用乙的手表，然后甲将该手表卖给丙，甲丙约定甲再借用该表，为期1个月。如何评价案涉手表的物权变动？①乙是手表主人，甲是借用之债权人。②甲无权处分手表给丙，约定甲继续借用，这属于"无权处分 + 占有改定"，故丙不得主张善意取得手表的所有权。

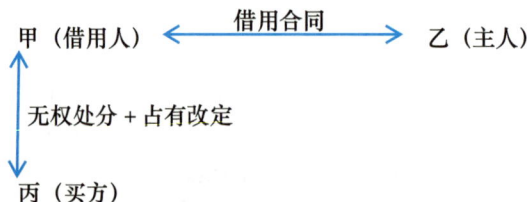

```
        甲（借用人）←———— 借用合同 ————→ 乙（主人）
            ↑
        无权处分 + 占有改定
            ↓
        丙（买方）
```

问：为什么占有改定不能适用善意取得？①原物主乙，无权处分人甲，现实控制人甲，买受人丙。②买受人丙离现实控制人甲有 1 个距离；③而原物主乙离现实控制人甲也是 1 个距离。④各自占有"公示"平等，不能厚此薄彼，只保护买受人丙的占有而不保护物权人乙的"占有"。⑤故丙不能主张善意取得。⑥简言之，甲离"物"1 个距离；丙离"物"也是 1 个距离，公示状态都一样，没理由牺牲甲而成全丙。

例 2：【双占有改定中无权处分 + 占有改定】甲将手表以市价转让给乙，甲乙约定甲继续借用手表，为期 1 个月。甲占有手表期间，又将该表以市价转让给不知情的丙，甲丙约定甲继续借用该手表，为期 1 个月。如何评价案涉手表的物权变动？

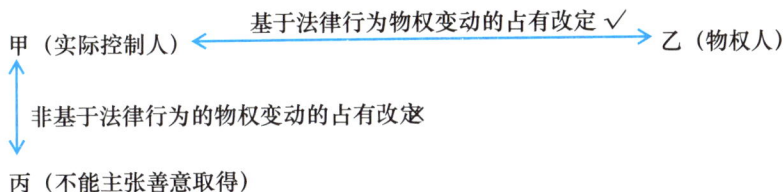

①甲乙买卖合同，乃基于法律行为的物权变动，乙经占有改定而取得交付，成为手表物权人。②甲丙买卖合同，属于无权处分行为，甲丙约定甲继续占有手表，属于占有改定，而占有改定不适用善意取得制度，故丙不能取得手表所有权。

④机动车等特殊动产的善意取得交付即可，不以登记为必要。

例：【汽车的善意取得】甲公司将汽车出卖给乙，交付但未过户。乙将汽车交给甲公司维修时，甲公司将该车以市价出卖给不知情的丙，完成交付，但未过户。丙是否取得汽车所有权？取得，丙构成善意取得。

4. 价格合理

（1）签约价格 ≥ 市价的 7 折，不能是无偿行为或不合理低价行为

例：【抵债价格合理】甲有一块价值 1 万元的玉石。甲与乙订立了买卖该玉石的合同，约定价金 11,000 元。由于乙没有带钱，甲未将该玉石交付与乙，约定 3 日后乙到甲的住处付钱取玉石。随后甲又向乙提出，再借用玉石把玩几天，乙表示同意。隔天，知情的丙找到甲，提出愿以 12,000 元购买该玉石，甲同意并当场将玉石交给丙。丙在回家路上遇到债主丁，向丙催要 9,000 元欠款甚急，丙无奈，将玉石交付与丁抵偿债务。如何评价丙、丁与玉石所有权的关系？

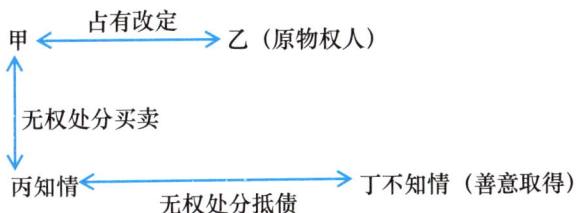

①甲乙买卖玉石合同中，未现实交付，但甲乙约定甲再借用，此乃"占有改定"，自该借用约定生效时玉石所有权归乙。②甲再将玉石出卖给知情的丙，丙不构成善意取得。③丙将该玉石交给不知情丁抵债，价格合理，丁善意取得玉石所有权。（1 个基，1 个非基。1 个非基。）

（2）一般情况下，签约价格合理即可，无须实际支付价款。但在特殊情况下，即夫妻一方擅自处分共有房屋，购买人须支付合理价格才启动善意取得（便于离婚时分割财产）。

（二）善意取得担保物权

"参照"而非"按照"善意取得所有权来处理，故其构成要件可以有所差异。

1. 善意取得抵押权：无须"合理价格"要件，因为抵押合同是无偿合同。动产抵押权善意取得无须以交付或登记为前提。

例：【善意取得设备抵押权】 甲把设备借给乙用。乙擅自将设备抵押给不知情丙，未办理抵押登记。<u>丙是否取得抵押权?</u> ①取得。②因为抵押权的"天性"即不转移占有。丙仍可主张善意取得抵押权。③但该抵押权未登记不得对抗善意第三人。如后乙又将设备以市价出卖给不知情丁并交付，则丁善意取得所有权。丙的抵押权不得对抗丁（参见《担保制度解释》第54条）

2. 善意取得质权：无须"合理价格"要件，因为质押合同是无偿合同。质权善意取得须以交付为前提。

例：【善意取得牛质权】 甲牛出质给乙，乙以所有权名义自居将牛出质给不知情的丙，完成交付。丙是否取得牛的质权? ①丙善意取得牛的质权。②如丙的过错导致牛死亡，则甲可诉乙赔偿（违约或侵权）；甲可也诉丙要求赔偿（侵权）（丙作为质权人有妥善保管质物的法定义务）。

3. 善意取得留置权：无须"无权处分"要件，因为将他人汽车交修理厂维修，谈不上是无权处分。

（1）盗赃物启动留置权善意取得（偷来的车拿去修，维修人取得留置权）。

（2）遗失物启动留置权善意取得（捡到的手表拿去修，修表人取得留置权）。

（3）受托寄存行李启动留置权善意取得（借来的东西拿去寄存，寄存储取得留置权）。

（4）借用物启动留置权善意取得（借来山地自行车拿去修，修车人取得留置权）。

例：【借来山地自行车拿去修】 甲借用乙的山地自行车，刚出门就因莽撞骑行造成自行车链条断裂，甲将自行车交给丙修理，约定修理费100元。乙得知后立刻通知甲解除借用关系并告知丙，同时要求丙不得将自行车交给甲。丙向甲核实，甲承认。自行车修好后，甲、乙均请求丙返还。<u>如何评价自行车的物权关系?</u> ①乙是所有权人，有权要求丙返还自行车。②但丙善意取得留置权，在没有收到维修费之前，丙享有留置权。③根据合同相对性，丙只能要求维修合同的相对方甲支付维修费，不得要求乙支付维修费。④但是乙属于有法律上利害关系人，有权主动向丙支付维修费以消灭丙的留置权，丙不得拒绝。

（三）债权不适用善意取得

善意取得制度包括善意取得所有权、善意取得他物权、善意取得股权，但不包括善意取得债权，比如不能善意取得租赁权

例：【无权出租不启动善意取得租赁权】 甲公司将自己所有的10台机器出租给了乙公司，乙公司未经其同意，将其低价出售给知情的丙公司，丙公司又将其出租给丁公司。丁公司对上述交易过程完全不了解。<u>如何评价机器的物权关系?</u>

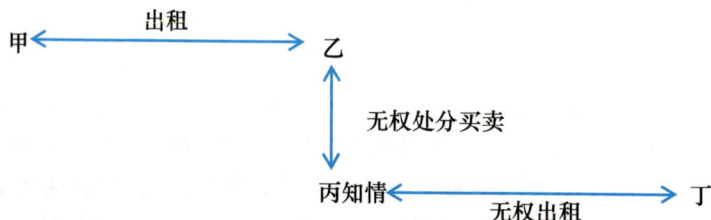

①乙公司无权处分甲公司的机器给知情的丙公司，丙公司不构成善意取得。②机器仍然是归甲公司所有。③丙公司将机器出租给不知情的丁公司，属于无权出租他人动产，该合同有效，但是丁公司不能主张善意取得租赁权，因为租赁权是债权，不适用善意取得制度。④丁公司对设备的占有，相对于丙公司来讲是有权占有，有丙丁公司租赁合同为依据，丁取得租赁权，基于合同取得。⑤丁公司对设备的占有，是基于债权的占有，具有相对性，不得对抗设备所有权人甲，甲公司所有权具有对世性，是绝对权。⑥甲公司有权要求无权占有人丁公司返还设备，并且无须补偿其他任何损失。当然，这里需要注意和后头的"占有制度"衔接思考："如果甲提出要求丁退了就不用赔（因为丁是善意无权占有人，他一开始不知情）；如果甲提出要求丁没有退那就要赔（因为丁这个时候就知情了，是恶意无权占有人，需要赔偿）"。本题的题意是甲提出要求丁退了故不用赔，案情只交代到这里。⑦丁公司有权请求丙公司承担违约责任。

五、遗失物物权

（一）遗失物"一级市场"关系：遗失物物归原主

1. 拾得人不能成为所有权人：（1）拾得遗失物，应当返还权利人。拾得人应当及时通知权利人领取，或者送交公安等有关部门。（《民法典》第314条）（2）所有权人或者其他权利人有权追回遗失物。

2. 拾得人保管不当要承担赔偿责任：（1）拾得人在遗失物送交有关部门前，有关部门在遗失物被领取前，应当妥善保管遗失物。（2）因故意或者重大过失致使遗失物毁损、灭失的，应当承担民事责任。（《民法典》第316条）

3. 拾得人可主张必要费用：权利人领取遗失物时，应当向拾得人或者有关部门支付保管遗失物等支出的必要费用。（《民法典》第317条）

4. 拾得人可主张悬赏报酬：权利人悬赏寻找遗失物的，领取遗失物时应当按照承诺履行义务。（《民法典》第317条）

5. 拾得人侵占遗失物则不得主张费用，也不得主张悬赏报酬：拾得人侵占遗失物的，无权请求保管遗失物等支出的费用，也无权请求权利人按照承诺履行义务。（《民法典》第317条）

例：【拾得手链不还还弄丢】甲遗失手链1条，被乙拾得。为找回手链，甲张贴了悬赏500元的寻物告示。后经人指证手链为乙拾得，甲要求乙返还，乙索要500元报酬，甲不同意，双方数次交涉无果。后乙在桥边玩耍时手链掉入河中被冲走。如何评价甲乙法律关系？①乙拾得甲手链，负有返还义务，手链所有权归甲。②甲张贴悬赏广告，应负担支付报酬的债务。③物权关系和债权关系应区分处理，两分看待。④甲有权要求乙返还；⑤乙有权在返还后请求甲支付报酬。⑥乙保管遗失物期间因重大过失导致遗失物毁损，故甲有权要求乙赔偿。⑦因乙没有返还手链，故不得主张悬赏广告的报酬。

6. 遗失物物权归属：（1）要么物归原主。（2）要么归国家：遗失物自发布招领公告之日起1年内无人认领的，归国家所有。（《民法典》第318条）

7. 拾得漂流物、发现埋藏物或隐藏物：参照适用拾得遗失物的有关规定。（《民法典》第319条）

（二）遗失物"二级市场"关系：遗失物进入流通（《民法典》第312条）

1. 拾得人将遗失物转让给他人，属于无权处分的买卖合同，该合同有效。

2. 权利人可选择"要钱"：权利人有权向无处分权人请求损害赔偿。

例：【百年老宅有银元】甲将一套房屋转让给乙，乙再转让给丙，相继办理了房屋过户登记。丙翻建房屋时在地下挖出银元，经查为甲的祖父埋藏，甲是其祖父唯一继承人。丙将银元以市价卖给不知情的丁，双方钱物交割完毕。现甲、乙均向丙和丁主张权利。<u>如何评价本案银元的物权关系？</u>

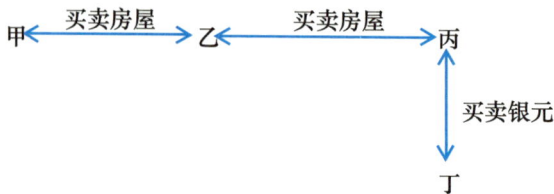

①甲乙签订房屋买卖合同。②乙丙签订房屋买卖合同。③房屋地下挖出银元，银元是埋藏物，既不是房屋的成分，也不是房屋的孳息，更不是房屋的从物。④甲乙、乙丙的房屋买卖中，不包括银元。⑤银元归物主即谁埋的归谁，故归甲祖父。⑥甲祖父死亡，银元作为遗产，发生继承物权变动，故银元归甲。⑦丙将甲的银元出卖给不知情的丁，构成无权处分他人之埋藏物，参照适用无权处分他人遗失物规则。⑧故甲有权请求丙承担损害赔偿责任；⑨甲也有权要求丁返还银元，因丁乃私下交易，故甲无须向丁支付丁所付费用。⑩丁可要求丙承担违约责任，因为丙丁无权处分埋藏物合同有效。

3. 权利人可选择"要物"：<u>自知道或者应当知道受让人</u>之日起（主观起算标准）2 年内向受让人请求返还原物。

（1）有偿回复：受让人通过拍卖或者向具有经营资格的经营者购得该遗失物的，权利人请求返还原物时应当支付受让人所付的费用。权利人向受让人支付所付费用后，有权向无处分权人追偿。

（2）无偿回复：受让人不是通过拍卖，也不是通过具有经营资格的经营者购得遗失物，则权利人请求返还原物时，无须支付受让人所付的费用。

例：【扔错手表】甲扔掉旧西装，同时错将其西装口袋里的名贵手表也扔了。乙拾得西服和手表，乙将该手表以市价卖给不知情的丙并交付。<u>如何评价手表的物权归属？</u>①归甲。②甲扔掉西装，构成抛弃，属于单方法律行为，抛弃行为完成时甲对西装的所有权消灭。③西装为无主物，乙因先占而取得西装所有权。④手表不是西装的成分，也不是西装的从物，更不是西装的孳息，而是一个独立的物。⑤甲错将手表扔了，因重大误解发生抛弃行为，参照适用重大误解可撤的规则，该抛弃行为因撤销而无效。⑥抛弃发生物权变动，属于基于法律行为的物权变动，需要法律行为有效。既然抛弃行为无效，故甲对手表的所有权没有消灭。⑦手表不是无主物，而是遗失物。⑧甲可在知道购买人丙之日 2 年内请求丙返还手表。

> 问1：购买遗失物的人是否可以主张善意取得？①否。②根据前述遗失物的二级市场规则，购买人是否买到，不是取决于其是否善意或者价格合理或者交付，而是取决于权利人是否在知道购买人之日起 2 年（注意不是遗失物买卖合同签订之日起计算）内要求购买人返还遗失物。③如果权利人没提要求，则购买人获得遗失物所有权。④如果权利人提要求，则购买人不能获得遗失物所有权。
>
> 问2：购买盗赃物的人是否可以主张善意取得？①否。②既然遗失物制度偏袒失主的原因是失主对丢东西没错，那么盗赃物主人对东西被偷、被抢更加没错，举轻以明重，盗赃物

场合更加要保护主人（盗赃物主人的法律地位至少不能比遗失物主人的法律地位更差）。③故盗赃物进入流通环节，更加不应该适用善意取得制度，盗赃物主人的法律地位至少不能劣于遗失物主人的法律地位。④故盗赃物，至少应该适用该 2 年规则。被偷人可以要回来。从知道购买盗赃物人之日起 2 年计算。

> 秒杀：遗失物一级市场返还普通动产适用 3 年诉讼时效；遗失物二级市场返还适用 2 年期间；占有"秩序"返还适用 1 年期间。

六、先占物权

以所有的意思，先于他人占有无主的动产而取得所有权。

（一）先占的性质属于事实行为，无须行为人具备行为能力

（二）先占物权＝原始取得物权

例：【潘某长江边捡到石头】潘某与刘某相约出游，潘某在长江边拾得一块奇石，爱不释手，拟带回家。刘某说，《民法典》物权编规定河流属于国家所有，这一行为可能属于侵占国家财产。潘某能否取得奇石的所有权？①能。②石头为独立物、无主物，不属于国家所有。③潘某基于先占行为取得物权。

七、添附物权

（一）加工

加工是指一方使用他人财产加工改造为具有更高价值的新的财产。如误将他人的奇石雕刻成印章。

1. 加工物的所有权原则上归原物的所有人，并给加工人以补偿。

2. 但当加工增加的价值远大于材料的价值时，加工物可以归加工人所有，但应当给原物的所有人以补偿。

例：【他人纸张上作画】甲误将乙纸归自己所有，在纸上作画，价值万元。如何评价画的权利归属？①物权角度观察，甲对乙纸进行了加工，是事实行为，加工后物的价值远超过原物价值，故甲取得画的所有权，给乙补偿纸钱（物债两分）。如果乙非要纸呢？不行。②著作权角度观察，甲进行了创作，也是事实行为，甲成为作者，自绘画完成时自动取得该画的著作权。

> 原理：如何区分添附制度中的加工和加工承揽合同的加工？①添附制度中的加工，当事人无加工合意，故启动物权法定原则，根据物权规则来判定物权归属。②加工承揽合同中的加工，当事人有合意，故启动合同自由原则，根据合同规则来判定物权归属，即从当事人约定。

（二）附合

不同所有人的财产紧密结合在一起而形成的新的财产，虽未达到混合程度但非经拆毁不能达到原来的状态。

1. 动产与动产的附合：物权归价值较高的原所有人

例：【油漆和汽车】甲不慎将乙的油漆用于自己的汽车，油漆和汽车不可分离。如何评价物权归属？①甲取得汽车所有权，油漆属于汽车的重要成分，不是单独的物。②乙有权要求甲予以补偿或赔偿，请求权基础可以是不当得利或者侵权责任。

2. 动产与不动产的附合：物权归不动产所有人

例：【砖和房屋】甲不慎将乙的砖砌在自己的房屋里，砖和房屋不可分离。如何评价物权归属？①甲取得房屋所有权，砖属于房屋的重要成分，不是单独的物。②乙有权请求甲予以补偿或赔偿，请求权基础可以是不当得利或者侵权责任。

3. 不动产与不动产的附合：物权归价值较高的原所有人，价值相当则双方共有。

例：【共有墙加盖房屋】甲、乙共同继承 2 个平房，一直由甲居住。甲未经乙同意，接平房右墙加盖 1 房，并将 3 个房屋均登记于自己名下，不久又将其全部以市价卖给了不知情的丙并过户。如何评价物权归属？①2 平房属于遗产，发生继承物权变动，甲乙共同共有。②加盖 1 房的价值，高于其附合的那面共有的墙的价值，故加盖的 1 个房屋归甲单独所有。③另外，甲的行为也属于建造行为，基于该建造行为取得加盖房屋所有权。④该房屋利用共有部分的墙，甲需要给乙一半的补偿。⑤甲将全部房屋出卖，其中就加盖房屋属于有权处分，丙正常取得所有权。⑥就继承的 2 套房屋属于无权处分，丙善意取得所有权。

（三）混合

不同所有人的不同动产互相渗合，难以分开并形成新财产。如甲油与乙油混合，石灰与石灰的混合、咖啡与糖的混合、酒与酒的混合，煤气与煤气混合，均难以分割。

1. 均等则共有：各动产所有人原则上按照混合时各自原物的价值共有混合物的所有权。

2. 主从则归主：被混合的动产有可被视为主物的，由该主物的所有人取得混合物的所有权。例如咖啡和糖混合的，咖啡可被视为主物。

（四）添附物权归属（《民法典》第 322 条）

因加工、附合、混合而产生的物的归属，有约定的，按照约定；没有约定或者约定不明确的，依照法律规定；法律没有规定的，按照充分发挥物的效用以及保护无过错当事人的原则确定。因一方当事人的过错或者确定物的归属造成另一方当事人损害的，应当给予赔偿或者补偿。

> **原理1：如何理解添附制度中的物权法定和意思自治？**①添附制度中，添附物归一人或共有，具有强制性，当事人不得任意变更，比如乙的油漆已经被用于甲的汽车，不可分离，当事人不得约定油漆所有权继续存在，没有消灭。②最后谁取得汽车所有权，对此当事人是可以进行约定的，此处约定乃适用买卖合同规则，允许意思自治。

> **原理2：如何区分添附和侵权？**①添附制度和侵权制度是物债两分思维的另一个体现。②添附制度着重解决的是物权归属，目标是保存价值（附合与混合）、鼓励创造价值（加工），平衡所有权取得人与丧失人之间的利益（不当得利或侵权之债）。③侵权制度着重解决的是填补受害人损失问题，丧失所有权的人，可要求过错添附一方承担侵权责任。如果符合侵权的构成要件，加害人有过错，有侵权行为，受害人有损害结果，存在因果关系，就会构成侵权。

> **原理3：如何区分添附和"强迫得利"？**①房屋租赁合同中，承租人经出租人同意装饰装修，租赁期间届满时，承租人请求出租人补偿附合装饰装修费用的，不予支持。但当事人另有约定的除外。②如甲将房屋出租给乙，为期 2 年，乙经甲同意装修了房屋（铺地板，贴壁纸）。租赁期满后，对于构成附合部分（地板，墙纸）的现存价值部分，乙不能对甲主张不当得利返还。③因为装修具有极强的特殊性，租赁期间届满时，因乙装修而附合于甲房屋的地板、壁纸之残存价值在客观上构成不当得利，但这本身是违反甲的经济计划和主观偏好的，对甲不具有实际价值，该不当得利就属于"强迫得利"，故乙不得主张要求甲返还不当得利。

（五）添附与担保物权的物上代位性

1. 抵押物因附合、混合或者加工使抵押物的所有权为第三人所有的，抵押权的效力及于补偿金（《担保制度解释》第 41 条第 1 款）。

例：【油漆抵押后"被别人汽车给添附走了"】 甲的油漆抵押给了乙，乙对油漆有抵押权。后甲的油漆被丙用于丙的汽车。<u>乙的抵押权效力如何？</u>①丙取得汽车所有权。②甲对丙有补偿金请求权。③乙对油漆有抵押权，现在甲对丙的补偿金请求权是"油漆"的"代位物"，故乙对该补偿请求权享有优先受偿权，我们称之为"抵押权具有物上代位性"。

2. 抵押物所有人为复合物、混合物或者加工物的所有人的，抵押权的效力及于附合物、混合物或者加工物。但是添附导致抵押财产价值增加的，抵押权的效力不及于增加的价值部分（《担保制度解释》第 41 条第 2 款）。

例：【汽车抵押后"涂了别人的油漆"】 甲的汽车抵押给了乙，乙对汽车享有抵押权。后甲误将丙的油漆用于甲的汽车。<u>乙的抵押权效力如何？</u>①甲取得汽车所有权，油漆是汽车的重要成分。②乙的抵押权可追及汽车（包括车身的油漆）。③丙可要求甲返还不当得利或者主张侵权赔偿。

3. 第三人与抵押物所有人为附合物、混合物或者加工物的共有人的，抵押权的效力及于抵押人对共有物享有的份额（《担保制度解释》第 41 条第 3 款）。

例：【油漆抵押后"与别人油漆混合了"】 甲的油漆抵押给了乙，乙对油漆有抵押权。后甲的油漆与丙的同品牌油漆混合无法分离。<u>乙的抵押权效力如何？</u>①甲丙按份共有油漆所有权，未约定共同共有，视为按份共有，份额无法确定，视为等额享有。②乙对甲油漆的抵押权效力要追及甲的份额。

> 秒杀一句话：抵押人得到什么，我抵押权追什么。追"钱"追物追份额。（其中"钱"是指对"三金的请求权"：补偿金的请求权、保险金的请求权、赔偿金的请求权）

> 秒杀：非基于法律行为发生的物权变动事由，"建文善意继承先拾添"。"建"（建造）、"文"（文书）、"善意"（善意取得）、"继承"、"先"（先占）、"拾"（拾得遗失物）、"天"（添附）。

第三节　基于法律行为的物权变动

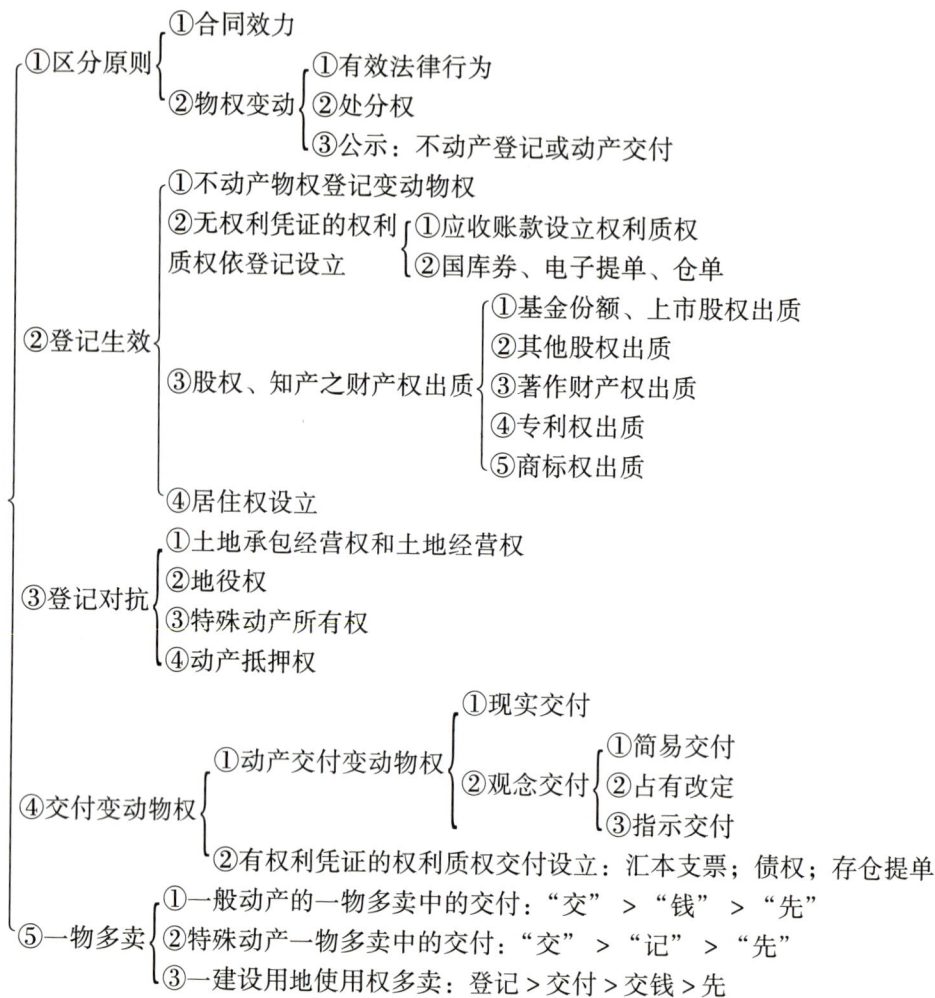

①区分原则
- ①合同效力
- ②物权变动
  - ①有效法律行为
  - ②处分权
  - ③公示：不动产登记或动产交付

②登记生效
- ①不动产物权登记变动物权
- ②无权利凭证的权利质权依登记设立
  - ①应收账款设立权利质权
  - ②国库券、电子提单、仓单
- ③股权、知产之财产权出质
  - ①基金份额、上市股权出质
  - ②其他股权出质
  - ③著作财产权出质
  - ④专利权出质
  - ⑤商标权出质
- ④居住权设立

③登记对抗
- ①土地承包经营权和土地经营权
- ②地役权
- ③特殊动产所有权
- ④动产抵押权

④交付变动物权
- ①动产交付变动物权
  - ①现实交付
  - ②观念交付
    - ①简易交付
    - ②占有改定
    - ③指示交付
- ②有权利凭证的权利质权交付设立：汇本支票；债权；存仓提单

⑤一物多卖
- ①一般动产的一物多卖中的交付："交" > "钱" > "先"
- ②特殊动产一物多卖中的交付："交" > "记" > "先"
- ③一建设用地使用权多卖：登记 > 交付 > 交钱 > 先

一、物权变动原因与物权变动结果的关系

（一）区分关系：物权变动的原因（合同）和物权变动的结果（物权变动）

1、合同有效不等于已经发生物权变动。

例：【合同有效而物权未变动】甲乙签订不动产抵押合同或动产质押合同，未办理不动产抵押权登记，未交付动产。如何评价甲乙的法律关系？①甲乙签订的不动产抵押合同或动产质押合同为债权合同，是设立抵押权和质权的原因。②基于债的相对性，合同的生效并不当然地发生物权的排他性的效果，因此物权并未设定成功。③只是在进行设定抵押权不动产登记时，或者在出质的动产交付时，抵押权或者质权才设立。

2. 物权未变动不等于合同无效。

例：【不动产买卖未过户】乙买甲一套房屋，已经支付 1/3 价款，双方约定余款待过户手续办理完毕后付清。后甲反悔，要求解除合同，乙不同意，起诉要求甲继续履行合同，转移房

屋所有权。<u>如何评价该合同效力?</u>合同有效,甲应继续履行合同。

例:【动产买卖未交付】甲与乙签订相机买卖合同,相机尚未交付,也未付款。后甲又就出卖该相机与丙签订买卖合同。<u>如何评价甲乙合同、甲丙合同效力?</u>两合同均有效。

> 秒杀:①区分房屋买卖合同与房屋过户;②区分手表买卖合同与手表交付;③区分房屋抵押合同与房屋抵押权登记;④区分手表质押合同与手表出质交付。质押合同中一旦交付质物即履行完毕。

(二)牵连关系:基于法律行为发生物权变动,原因行为无效,物权变动必然失败

例:【被骗卖古董】甲被乙欺诈,将价值10万元的古董以1万元出卖,双方签订了买卖合同,完成了交付。甲主张撤销合同。<u>如何评价古董的物权归属?</u>①甲乙签订买卖合同,是古董所有权变动的原因。②甲基于合同向乙交付古董,属于古董所有权变动的结果。③因甲受欺诈撤销合同,导致合同溯及无效,故物权变动失败,溯及无效。④古董所有权复归甲所有。⑤乙对古董的占有既无合同依据(因为合同无效),又无所有权依据(因为合同无效所以物权变动失败,且一物一权即一个古董只能有一个所有权人)。⑥故甲有权请求乙返还古董。

> 问:如何用物债二分思维分析"肯德基银行"?肯德基"食物银行自取站"(不是肯德基),就是餐厅将每天多出来未销售的余量餐食放进冰箱存储起来,提供给有需要的人免费自行领取。(1)债的思维:肯德基的行为属于赠与的要约,有需要的人属于受赠承诺。不能将肯德基的行为视为抛弃,否则食物会变成无主物,那么就可以先占,那么秩序就会乱套。(2)物的思维:基于赠与合同发生的动产物权变动,完成交付即发生食物所有权转移。

二、登记

(一)登记生效主义:物权变动,未经登记,不发生效力(《民法典》第214条)

1. 不动产物权所有权变动、不动产抵押权变动都坚持登记生效主义。法律另有规定除外。比如不动产抵押权随主债权转让而转让,未办理抵押权变更登记不影响其转让。

例1:【一房卖3次】1月1日,甲将某房屋与乙签订买卖合同并交付,乙支付了全部房款,但未办理产权变更登记。2月1日,甲与不知情的丙签订买卖合同并办理了产权变更登记。3月1日,甲与不知情的丁签订了买卖合同。<u>如何评价本案法律关系?</u>

甲 → 乙(钥匙人)
甲 → 丙(过户人)
甲 → 丁(合同人)

(1)合同角度观察:①一房多卖,卖1给"钥匙人",卖2给"过户人",卖3给"合同人"。②卖1是有权处分,卖2是有权处分,卖3是无权处分。③卖123这三个买卖合同都有效。(2)物权变动角度观察:①过户人丙取得房屋所有权,②钥匙人乙和合同人丁都是债权人。③丙可要求乙返还房屋,因为钥匙人对房屋的占有是基于与甲的买卖合同,属于基于债权的占有,具有相对性,不得对抗物权人丙。④乙可要求甲承担违约责任。⑤甲隐瞒其无权处分的事实,丁也可在知道受欺诈之日起1年内撤销该合同,要求甲承担缔约过失责任。当然,丁也可以不撤销该合同,而要求甲承担继续办理房屋过户手续之外的其他违约责任,如损害赔偿等(因房屋在法律上不能继续履行)。

例2:【一房卖2次+连环买卖】甲继承了一套房屋,在办理产权登记前将房屋出卖并交

付给乙，办理产权登记后又将该房屋出卖给丙并办理了所有权移转登记。丙受丁胁迫将房屋出卖给丁，并完成了移转登记。丁旋即将房屋出卖并移转登记于戊。<u>如何评价本案物权关系？</u>

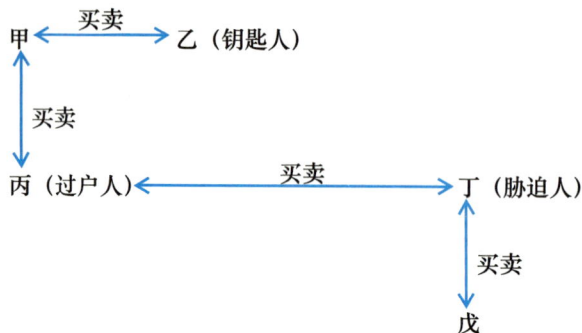

①甲继承房屋，属于"继承物权变动"，被继承人死亡时，甲取得房屋所有权。②在办理产权登记前甲出卖房屋给乙并交付，即甲在办理"宣示登记"前处分房屋，合同有效，但不发生物权变动。乙不是房屋所有权人，仅是合同债权人。③甲在办理产权登记后即在办理"宣示登记"后处分房屋给丙并且过户，故发生物权效力，丙是房屋所有权人。④甲把房屋卖给钥匙人乙，又把房屋卖给过户人丙，构成多重买卖。乙可要求甲承担违约责任。⑤丙受丁胁迫将房屋出卖给丁，并且办理转移登记，如果丙以受胁迫为由撤销该合同，则该合同溯及无效，基于法律行为物权变动失败，因为法律行为无效，丁不是房屋所有权人。丁出卖房屋并过户给戊，如果戊符合善意取得构成要件（善意 + 价格合理）则戊构成善意取得，乃原始取得。⑥如果丙没有以受胁迫为由撤销丙丁的合同，则该合同有效，丁正常取得房屋所有权。丁出卖给戊并过户，属于基于法律行为物权变动，戊正常取得房屋所有权，乃继受取得。⑦题干没有交代丙是否以受胁迫为由撤销合同，则根据做题规则，视为不存在，"当胁迫是空气"，故戊会正常取得房屋所有权。（实践中不太可能……这么卖房）

例3：【不动产抵押权从属性】甲将自有房屋抵押给工商银行办理了抵押权登记，担保工商银行对甲的100万元债权。工商银行将该债权转移给了建设银行，通知了甲，但未办理抵押权变更手续。甲届期无力清偿债务，<u>建设银行可否对甲的房屋主张抵押权？</u>

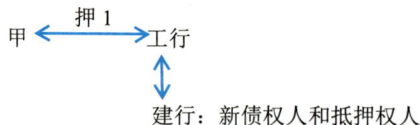

①可以。②工商银行将债权让与建设银行，通知了债务人甲，则对债务人甲发生效力，建设银行对甲有债权。③基于抵押权从属性，债权让与，抵押权随之转让，故建设银行依法取得对甲房屋的抵押权，无须办理抵押权变更手续。

2. 无权利凭证的权利出质、基金份额或股权出质、知识产权中的财产权出质、应收账款出质都坚持登记生效主义。

（1）以没有权利凭证的汇票、本票、支票、债券、存款单、仓单、提单出质的，质权自办理出质登记时设立。（《民法典》第441条）

例：【不得转让汇票设质】甲公司向乙公司借款，将一张以自己为收款人的汇票出质，并在票据上背书"出质"后，交付给乙公司，但出票人在该汇票上记载有"不得转让"的字样。因票据中做了"不得转让"的记载，<u>该汇票能否出质？</u>①不能。②出票人在汇票上记载不得转让字样的，汇票不得转让。③其后手以此票据进行贴现、质押的，通过贴现、质押取得票据的持票人主张票据权利的，人民法院不予支持。④简言之，不能转让的汇票，不能拿去出质。⑤因为"质押"约等于"买卖"，不能"卖"的东西，不能拿去出质。

（2）以基金份额、股权出质的，质权自办理出质登记时设立。（《民法典》第443条）

（3）以注册商标专用权、专利权、著作权等知识产权中的财产权出质的，质权自办理出质登记时设立。（《民法典》第444条）

（4）以应收账款出质的，质权自办理出质登记时设立。（《民法典》第445条）

例：【应收账款质押登记】11月11日，民生银行武汉分行与恒晶公司签订了《应收账款质押登记协议》，约定恒晶公司同意将其与襄阳轴承公司所签购销合同项下现在及未来所产生的应收账款质押给民生银行武汉分行，并于同日办理了《中国人民银行征信中心动产权属统一登记——初始登记》。11月12日，双方又签订《综合授信合同》和《应收账款最高额度质押合同》。而且在11月12日，民生银行武汉分行与恒晶公司和襄阳轴承公司三方共同签订了《封闭回款协议》，约定民生银行武汉分行向恒晶公司提供融资支持，恒晶公司将襄阳轴承公司为付款人的应收账款质押给民生银行武汉分行作为授信担保。次年3月11日，襄阳轴承公司在民生银行武汉分行出具的《应收账款确认书（回函）》上加盖其公司合同专用章确认，截至次年3月11日，襄阳轴承公司应付恒晶公司货款余额为5036万元。恒晶公司届期无力还贷，民生银行对襄阳轴承公司享有什么权利？①应收账款质权。②质权人对应收账款质权的实现即是在债务人不履行到期债务时，其有权在质押的应收账款范围内直接向次债务人襄阳轴承公司主张清偿，而无需像其他担保物权的实现方式那样对担保物采取折价或拍卖、变卖而就变现款优先受偿。（本质是换债权人，要求襄阳公司信用好）（质权优先性体现在哪里？恒晶公司有其他债权人，则银行优先，这是登记的作用。登记本身不会让襄阳公司先还钱。）

3. 居住权：登记生效主义。设立居住权的，应当向登记机构申请居住权登记。居住权自登记时设立。（《民法典》第368条）

（二）登记对抗主义

未经登记的物权变动只能在当事人之间产生效力，不能对抗善意第三人。根据物权变动的类型，有的是采取"交付主义＋登记对抗主义"。有的是采取"意思主义＋登记对抗主义"。

1. 动产保留所有权买卖：意思主义＋登记对抗主义。当事人可以在买卖合同中约定买受人未履行支付价款或者其他义务的，标的物的所有权属于出卖人。出卖人对标的物保留的所有权，未经登记，不得对抗善意第三人。（《民法典》第641条）

例：【没登记的保留所有权用处不大】甲企业将设备出卖并交付给乙，约定在乙未付全款前保留所有权，但未登记。乙将该设备出卖给不知情的丙、或者乙将该设备出质给不知情的丙、或者乙将该设备抵押给不知情的丙办理了登记手续。甲的所有权可对抗丙吗？①不可。②甲与乙约定保留所有权，意思表示一致时甲是所有权人。③虽然乙取得占有，但不是所有权人。④丙善意取得所有权、质权或抵押权，优先于甲的所有权。

2. 特殊动产所有权转移：交付主义＋登记对抗主义。

（1）【交付＋过户＝1个所有权人】买卖汽车合同中，交付时转移汽车所有权，登记了，则买方是完整物权人。

例：【交付＋过户＝1个所有权人】甲企业将汽车卖给乙，交付并且办理了过户，乙已经付款或乙未付款。如何评价汽车所有权变动？①乙是汽车所有权人。②甲、乙签订买卖合同，属于基于法律行为的物权变动，汽车已经完成交付，故乙是汽车所有权人。③且已经过户给了乙，故乙的所有权可以对抗一切人，因为物权是对世权。④付款与否，属于合同义务问题，与所有权转移没有关系。除非当事人约定了"保留所有权买卖"，即买卖双方明确约定只有在买方付完全款才转移所有权。

（2）【交付＋付款＋未过户＝"半个所有权人"】买卖汽车合同中，交付时转移所有权，但是没有办理过户登记手续。购车人已经支付了合理价款。购车人是"半个所有权人"。（《物权编解释（一）》第6条和《民法典》第225条）

例1：【提车付款未过户＝"半个物权人"】4S店，卖车给A（购车人），A取得占有（转移车辆物权故A是物权人），支付价款（所以4S店虽然没有了车但收到了钱），但A没有取得过户登记（因此A的车辆所有权效力不是特别强大）。4S店欠"银行"贷款到期未还。银行是4S店金钱之债的债权人，起诉还款，拿到胜诉判决。银行申请执行4S店名下的车，但是实际这个车是A的（钥匙人＋付款人）。问：如何抢车？

①根据《物权编解释一》第6条规定，银行属于善意债权第三人，我们的A对车辆的所有权（半个所有权人），还是要优先于银行的。②因此，启动民诉"钱房房"规则，即A可以先提出执行异议，执行异议被裁定驳回后，即可再提出案外人执行异议之诉。

> 原理：为什么取得占有且已经付款但未过户的买方，可以作为半个所有权人优先于债权人？①因为买方已经付了钱，故卖方的债权人可以强制执行卖方名下的银行账户，已经可以保护卖方债权人利益。②如果此时还允许卖方债权人可以强制执行卖方名下而实际上是买方付款购买的机动车，则对买方来讲是极其不公平的。

例2：【先买卖交付后无权处分抵押则保护善意取得】在前例中，增加案情，如果4S店将名下的机动车抵押给了不知情的小贷公司，并且办理了抵押登记，那么，小贷公司善意取得抵押权（因为车辆是A的，所以4S店将该车设定抵押，属于无权处分）。问：如何抢车？

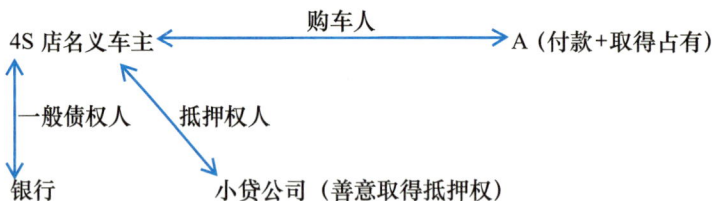

①相对于A来讲，小贷公司就是善意的物权第三人，这是1个完整的物权人。②排队顺序就是：小贷公司（一个物权人）优先于A（半个物权人），A（半个物权人）优先于银行（普通债权人）。③A花了钱却没得到车，可以告4S店侵权（4S店无权处分是侵犯了A的所有权）或者违约（4S店没有履行与A的买卖车辆合同的过户义务）。（不涉及正常经营，因为正常经营是先抵押后买卖。本案是先买卖后无权处分设定抵押。）

> 秒杀："先买卖车辆后抵押车辆"如何"抢车"？1个物权人（登记抵押权人）＞半个物权人（付款提车者）＞债权人。

（3）【提车未付款未过户 = "微弱所有权人"】买卖汽车合同中，交付时转移所有权，但是没有办理过户登记手续。购车人尚未支付购车款。购车人是"微弱物权人"。

例：【提车未付款未过户 = 微弱所有权人】甲企业将汽车卖给乙，交付未过户，乙也未付款。后甲企业欠丙企业民间借贷 10 万元，丙企业诉到法院获得胜诉判决，丙企业申请法院执行甲企业名下的机动车。问：乙可否提出异议？

```
                          购车人
4S 店名义车主 ◄──────────────────► A（未付款+取得占有）
         ▲
         │
    一般债权人
         │
      银行
```

①否。②因为乙虽然取得交付，但未过户，也未付款，故乙的所有权不得对抗善意债权第三人丙。③乙没有足以排除强制执行的实体权利。

> 原理：为什么提车未付款未过户的人不能提执行异议？（1）因为实践中，车主欠债，然后债主申请执行车主名下的车时，车主就把车换人控制，"拟"一个买卖合同。然后由买方提执行异议，这是不允许的。（2）因此才有了《物权编解释一》第 6 条规定，要求购买车的人不仅要占有车，还必须支付合理价款，才可以提执行异议。就是车主这个换人控制车必须是真实交易并且要有支付真金白银，避免车主"用换一个人控制车"，"换一个人"提执行异议而"变相的逃避"执行。

（4）【未提车 = 债权人】【或者未提车只过户 = 债权人】

例：【购买汽车尚未取得占有 = 债权人】甲企业将汽车出卖给乙，签订了合同，未交付汽车也未过户，乙已经支付了价款。如何评价乙的法律地位？①乙不是汽车所有权人，因为汽车未交付。②乙是合同债权人，可请求甲企业继续履行合同。

> 做题步骤："汽车买卖"案。①汽车交付了吗？过户了吗？付款了吗？②交付了则买方就是所有权人。③交付了 + 过户了，是"1 个"所有权人。④交付了 + 付款了，"半个"所有权人。⑤只有交付，是"微弱"所有权人，但不能对抗善意第三人。
>
> 综合秒杀：汽车买卖中，交付、过户和付款，要进行分别评价。❶钥匙人 = 微弱所有权人（不能优先于债权人）。❷钥匙人 + 付款人 = 半个所有权人（可优先于债权人）。❸钥匙人 + 过户人 = 1 个完整所有权人。

3. 动产抵押权、动产浮动抵押权、特殊动产抵押权：意思主义和登记对抗主义。

（1）动产抵押权"设立"的意思主义：以动产抵押的，抵押权自抵押合同生效时设立；未经登记，不得对抗善意第三人。（《民法典》第 403 条）

例：【动产抵押权"设立"的意思主义】甲借银行 1200 万，乙公司以其价值 200 万的现有的以及将有的生产设备、原材料、半成品、产品为甲公司贷款设定抵押，没有办理抵押登记。银行是否取得抵押权？①取得。②动产抵押权自抵押合同生效时设立。

> 原理：动产抵押采取"意思主义和登记对抗主义"的理由是什么？①在现实生活中，人们用一些生活用品或者价值不是很高的财产（诸如：家具、牲畜、电器产品等）抵押十分常见。当事人采用不转移占有的方式，往往是基于双方的信任。如果对于这些抵押也一概要求登记，将造成交易成本的扩大。我国幅员辽阔，偏远地区办理登记更为麻烦。②实践中如果

要求债权额较小的抵押担保强制登记，当事人可能不选用抵押的方式。比如采用质押，但这就必须转移占有，从而不利于发挥物的效用，有违物尽其用原则。或者干脆拒绝交易，从而阻碍社会发展。

（2）动产抵押权的登记对抗主义：以动产抵押的，抵押权自抵押合同生效时设立；**未经登记，不得对抗善意第三人**（《民法典》第403条）。

例1：【动产抵押权之间"排队"看登记：动产押1登记＞动产押2没登记】甲将车抵押给工商银行担保其债务，办理了抵押权登记。后又将该车抵押给担保公司担保其债务，未办理抵押权登记。甲届期无力清偿债务，工商银行和担保公司的抵押权怎么排序？①工商银行的抵押权优先。②因为工商银行的抵押权登记了，是1个物权人。③担保公司的抵押权未登记，是半个物权人。

例2：【动产抵押权和债权：登记抵押权＞一般债权。登记抵押权＞未登记抵押权（半个抵押权人）＞一般债权】甲、乙二人按照3∶7的份额共有一辆货车，为担保丙的债务，甲、乙将货车抵押给债权人丁，但未办理抵押登记。后该货车在运输过程中将戊撞伤。如何分析本案涉及法律关系？（1）从物权关系观察：①就货车而言，甲乙是按份共有。②丁有未登记抵押权，属于半个物权人。③如甲对丁承担了全部担保责任（如甲自掏腰包向丁代偿），则有权向乙追偿。④丁的抵押权要优先于戊的债权。（2）从债权关系观察：①戊可以要求甲乙承担连带侵权责任，因为共有物对外致人损害，由按份共有人负连带侵权责任。②甲乙对戊损害负连带侵权责任，如戊免除甲的损害赔偿责任，则乙只承担自己的那部分责任。

> **秒杀：押1（登记）＞押2（未登记）＞一般债权。**

（3）【价款抵押权又称超级优先抵押权】动产价款优先抵押权"插队主义"：动产抵押担保的主债权是抵押物的价款，标的物交付后10日内办理抵押登记的，该抵押权人优先于抵押物买受人的其他担保物权人受偿，但是留置权人除外（《民法典》第416条）。

例：4S店的车从厂家赊销买来，第2日抵押登记给了银行，第3日抵押给了小贷公司未登记，第5日抵押登记给了厂家。4S店欠银行10万元，欠小贷公司10万元，欠厂家10万元，还欠方志平10万元。4S店穷得只剩下这辆车。问：大家都来抢车，怎么排队？

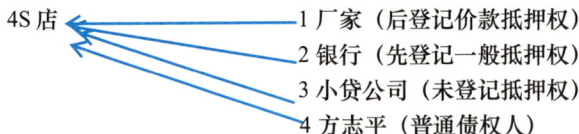

①厂家（价款抵押权）＞②银行（一般登记抵押权）＞③小贷公司（未登记抵押权）＞④方志平（普通债权人）。

> **秒杀：厂家（登记价款抵押权人）（"价款优先"）＞银行（登记抵押权人）＞小贷公司（未登记抵押权人）＞方志平无担保债权人（普通债权人）。**

（4）【正常经营】正常经营破掉抵押权（包括价款抵押权、登记动产抵押权、未登记动产抵押权）：以动产抵押的，不得对抗正常经营活动中已经支付合理价款并取得抵押财产的买受人（《民法典》第404条"**抵押汽车**的买卖"）。

例：上例中，如果4S店将该车出卖给某名人，某名人取得占有（已经交付）且已经支付了全部合理价款，怎么办？

4S 店 ← 1 厂家（后登记价款抵押权）
　　　 ← 2 银行（先登记一般抵押权）
　　　 ← 3 小贷公司（未登记抵押权）
　　　 　 4 方志平（普通债权人）

某名人（正常经营+支付合理价格+取得占有）

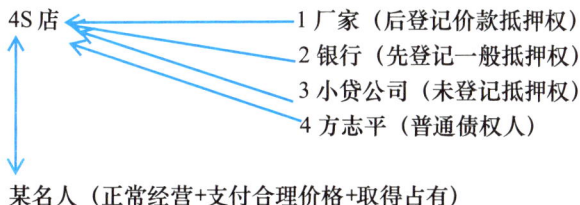

①则某名人最大。②因相对于抵押权人来讲，抵押物消灭，故抵押权消灭。厂家、银行、小贷公司瞬间秒变无抵押权担保的债权人，与方志平一样，只能指望 4S 店的其他责任财产来清偿。

问 1：为什么动产抵押权登记了还不能影响正常经营的购买人？①4S 店将汽车抵押，目的是融资借款，借款的目的就是购进汽车然后继续销售汽车。②如果 4S 店将汽车抵押后抵押权可以追及购买人，那么购买人就不会去买车，这样 4S 店就无法经营，那么它最开始借款的目的即销售汽车就无法实现了。③因此，法律上允许 4S 店将汽车抵押，同时也允许正常买卖。④这个制度扩大了中小企业的融资能力（动产可以抵押）和业务能力（抵押动产可以买卖）。

问 2：实务中抵押权人如何防范"正常经营"消解抵押权的风险？银行为保全抵押财产在抵押权实现时能够达到一定的数量和价值，与企业在抵押合同中约定，企业不得以其库存的产品从事低价交易，一旦出售价格低于约定比例，银行即有权宣布"加速到期"贷款提前到期并实现抵押权。

惊天一问 3：既然动产抵押已经登记公示，则购买人必然知情，这不是买卖双方恶意串通损害抵押权人利益当属无效吗？为什么还要保护买方的"正常经营"？①《民法典》第404 条规定的"正常经营"，是一个全新的法条，将物权法原来仅仅限于动产浮动抵押的规则，扩大到了动产抵押、特殊动产抵押。②也就是说，动产抵押的体系中，即使登记，也不能对抗正常经营的买方（支付合理价格和取得占有）。③这个制度是个颠覆性制度。因为抵押权已经登记，所以，买方必然知情，但是知情不等于恶意串通，因为人家的交易价格合理，是正常买卖。④如果说抵押权已经登记，就说买方恶意串通无效，那么，这个正常经营的《民法典》第404 条本身就被架空了。它横空出世的目的就是告诉你，有动产被抵押登记了，你正常买是可以的，保护你。至于恶意串通，如果都恶意串通了，显然价格也不会合理，否则，谈何恶意串通那。⑤恶意串通，怎么才会恶意串通？具体表现就是低价坑人，而正常经营要求合理价格和买受人取得占有。⑥任何情况下，恶意串通的民事法律行为都是无效的。但是，是否构成恶意串通，需要进行严格的要件检讨。⑦知情不等于恶意串通，比如我知道你背着你妻子卖夫妻共有房屋，但我可以相信你会让你妻子事后追认，比如房屋市价是 100万，我出价 110 万购买，我不可能和你恶意串通损害你妻子，我这完全是"损害我自己"。因此，知情只是知道真实情况，但恶意串通可还要往前一步，不但要知道真实情况，还要串通起来坑人，才叫恶意串通。⑧综上，知情不等于恶意串通，正常经营不会是恶意串通。

问 1："汽车先抵押后买卖"案【保护正常经营 = 保护后 1 个交易安全】。抵押权登记了吗？如果抵押权登记了，则考虑是否存在正常经营（正常经营破 1 个）。如果没登记，则考虑是否有特殊权利人（特殊权利破半个）。什么是特殊权利人？善意购买并取得占有的买方、承租方、保全或执行债权人、破产债权人（《担保制度解释》第 54 条，参见本书关于抵押权章节的介绍）。

问 2："**汽车先买卖后抵押**"案【保护善意取得 = 保护后 1 个交易安全】。①汽车交付了吗？过户了吗？付款了吗？②交付了买方就是"微弱所有权人"，不能对抗债权第三人。③交付了 + 付款了，"半个"所有权人，不能对抗物权第三人。④交付了 + 过户了，就是最牛的，是"1 个"所有权人。⑤汽车买卖中，交付、过户和付款，要进行分别评价。钥匙人 = 微弱所有权人。钥匙人 + 过户人 = 1 个完整所有权人。钥匙人 + 付款人 = 半个所有权人。

4. 地役权

（1）"直接当事人之间意思主义"：需役地人和供役地人之间地役权设立是坚持意思主义。（《民法典》第 374 条）

（2）"供役地换人，考对抗性"：供役地换人，则采用登记对抗主义，地役权登记了，可以对抗购买供役地的人；地役权没登记，则不可以对抗购买供役地的人。（《民法典》第 374 条）

5. 土地承包经营权

（1）"一级市场"：集体和农民 1 之间土地承包经营权的设立是意思主义。

（2）"本村二级市场"：农民 1 和本村农民 2 之间土地承包经营权的流转是意思主义和登记对抗主义。

6. 土地经营权

（1）"一级市场"：农民和 X 之间 = 村里备案 + 意思主义 + 5 年以上登记对抗（《民法典》第 341 条）

（2）二级市场 = X 和 Y = 必须农民同意 + 村里备案 + 意思主义 + 5 年以上登记对抗。土地经营权融资担保 = X 或 Y 与银行 = 必须农民同意 + 村里备案 + 意思主义 + 登记对抗。

登记对抗主义口诀："保留"一辆"车"去"抵押"买来 3 块"地"来"承包"、"经营"和"役使"。

（三）不动产登记的种类

1. 更正登记（《民法典》第 220 条）

（1）权利人、利害关系人认为不动产登记簿记载的事项错误的，可以申请更正登记。

（2）不动产登记簿记载的权利人书面同意更正或者有证据证明登记确有错误的，登记机构应当予以更正。

2. 异议登记（《民法典》第 220 条）

（1）不动产登记簿记载的权利人不同意更正的，利害关系人可以申请异议登记。

（2）登记机构予以异议登记，申请人自异议登记之日起 15 日内不提起诉讼的，异议登记失效。异议登记失效后仍可诉请确认物权归属，异议登记失效不影响人民法院对案件的实体审理。

（3）异议登记期间内，卖方仍然可以卖房，但买方自担风险。异议登记期间内，房屋继承照常进行。

（4）异议登记不当，造成权利人损害的，权利人可以向申请人请求损害赔偿。

例：【异议登记不当要赔偿】某房屋登记的所有人为甲，乙认为自己是共有人，于是向登记机构申请更正登记。甲不同意，乙又于 3 月 15 日进行了异议登记。3 月 20 日，丙打算买甲的房屋，但是到登记机构查询发现甲的房屋存有异议登记，遂放弃购买。乙申请异议登记后，发现自己的证据不足，遂对此事置之不理。如何评价本案异议登记？①异议登记于 3 月 31 日失效。②甲有权向乙请求赔偿损失。③甲无权向登记机构请求赔偿损失。④如果丙和甲签订买卖合同，该合同有效。④如果甲将房屋过户给了丙，丙是否取得房屋所有权，将取决于乙的异议是否成功。⑤如果乙异议登记失效，则丙可以取得房屋所有权。⑥如果乙的异议成立，丙不可以取得房屋所有权。⑦因为甲构成无权处分，房屋上有异议登记，故丙不构成善意，不能主张善意取得房屋所有权。⑧一句话，异议登记可能会破掉善意取得。

3. 预告登记（《民法典》第 221 条）

（1）当事人签订买卖房屋的协议或者签订其他不动产物权的协议，为保障将来实现物权，按照约定可以向登记机构申请预告登记。

（2）预告登记后，未经预告登记的权利人同意，处分该不动产的，不发生物权效力。

（3）预告登记后，债权消灭或者自能够进行不动产登记之日起 90 日内未申请登记的，预告登记失效。

三、交付主义

（一）动产所有权转移

交付主义（动产买卖合同中，一交 3 转：交付后所有权、孳息和风险归买受人）

1. 动产所有权：动产物权的设立和转让，自交付时发生效力，但是法律另有规定的除外。（《民法典》第 224 条）

例 1：【孩子怕鸽子没接住】甲带领 5 岁的儿子丙在乙经营的农庄吃饭时，丙十分喜爱乙饲养的鸽子，甲对乙表示为丙买一只，微信付款后，乙将甲买的鸽子交给甲，甲让乙交给丙，乙交给丙时，丙因胆小手一缩，鸽子飞了。问：此时鸽子归谁所有？归乙。

例 2：【货交第一承运人】甲、乙公司签订大蒜买卖合同，约定由卖方乙公司代办托运，货交承运人丙公司后即视为完成交付。则大蒜运至丙公司时，所有权归谁？①甲公司。②双方约定了货交承运人丙公司后视为完成交付，货交丙公司，视为交付给了买方甲公司。③所谓"代办托运"，是指由出卖人代理买受人与承运人订立运送合同，买受人承担运费的交付方式，此时出卖人将货物交给承运人即算完成交付。

> 问 1：买卖合同中，如何确定交付地点？（1）出卖人应当按照约定的地点交付标的物。（2）无约定交付地点或约定不明确，则标的物需要运输的，出卖人应当将标的物交付给第一承运人以运交给买受人。（3）标的物不需要运输，出卖人和买受人订立合同时知道标的物在某一地点的，出卖人应当在该地点交付标的物；不知道标的物在某一地点的，应当在出卖人订立合同时的营业地交付标的物。（《民法典》第 603 条）
>
> 问 2：为什么说民法的世界只有动产和不动产？①因为动产和不动产的交易规则完全不同。②不动产的物权变动是登记生效主义，无论是所有权还是抵押权。③动产的物权变动是交付为公示的一般规则，乱约定是例外的规定。
>
> 问 3：如何理解动产的这种公示方法的规定？①"咬文嚼字"。②民法典先说"法律另有规定除外"，《民法典》第 224 条，"动产物权的设立和转让，自交付时发生效力，但是法律另有规定的除外。"③马上请看，占有改定本身是法律另有规定的表现形式（本质是未现实交付但物权已经转移，允许当事人对动产公示方法进行约定），《民法典》第 228 条，"动产物权转让时，当事人又约定由出让人继续占有该动产的，物权自该约定生效时发生效力。"④再看，保留买卖也是法律另有规定的一种表现形式，本质是，已经交付了，但是当事人约定不转移所有权。（允许当事人对动产所有权的转移进行约定）《民法典》第 641 条第 1 款，"当事人可以在买卖合同中约定买受人未履行支付价款或者其他义务的，标的物的所有权属于出卖人。"第 2 款，出卖人对标的物保留的所有权，未经登记，不得对抗善意第三人。⑤综上，

要咬文嚼字，必须看法条原文，法条说的是法律另有规定除外。那么，特别规定就都属于这个"另有规定除外"，要具体的法条一个个字眼的去看。

问4：什么是动产公示方式的约定？动产法定公示方式是交付，那么，约定的交付方式是什么？如何通过约定方式去落地？①无非就是没交付也转移；或者交付了不转移。②约定没交付也转移，如占有改定，如指示交付。③约定交付了不转移，如动产保留所有权买卖。④约定此前交付了就转移，如简易交付。⑤这些都是允许"乱约定"的法律的例外规定。

2. 不动产孳息或动产孳息：标的物在交付之前产生的孳息，归出卖人所有；交付之后产生的孳息，归买受人所有。但是，当事人另有约定的除外。（《民法典》第630条）

例1：【房屋租金归谁】甲企业将房屋出卖给乙，交付但未过户，乙尚未支付全部购房款。乙收房后将房屋进行装修，出租给丙。房屋租金归谁？①房屋是不动产，基于法律行为的物权变动坚持登记生效主义。②房屋未过户故甲仍是房屋所有权人。③乙对房屋的占有有买卖合同为依据，相对于甲是有权占有。④甲乙之间形成买卖合同，交付转移房屋孳息。⑤租金是房屋法定孳息，乙丙租赁合同有效，故租金归乙所有。

例2：【牛生小牛归谁】甲将牛出卖并交付给乙，乙尚未支付价款。乙占有牛期间，牛产下小牛。小牛归谁？①乙。②小牛是牛的孳息。③甲乙签订买卖合同，买卖合同中，交付标的物之后的孳息，归买方所有。④假设甲将牛出借给乙，乙占有牛期间，牛产下小牛，则小牛归甲。⑤只有买卖合同中才适用交付转移孳息规则，非买卖合同不适用这一规则。（借鸡生蛋在民法上是不成立的）

例3：【抵押物孳息归谁？"以租养贷"】甲将房屋抵押给乙银行担保借款，办理了抵押权登记。甲将房屋出租给丙，丙的租金支付给谁？①甲。②甲是房屋所有权人，租金是房屋法定孳息，归房屋所有权人甲。③此即"租户为房东打工；房东为银行打工"。④如甲届期无力清偿乙银行债务，乙银行申请法院查封了甲的房屋，自查封之日起，丙的租金给谁？乙银行通知丙之日起，丙将租金交付给乙银行，乙银行作为抵押权人对该租金享有的是"收取权"，不是所有权，即乙银行是要"房屋＋租金"来变价受偿其主债权。

（二）动产质权、有权利凭证的汇票、提单等权利质权出质：交付主义（《民法典》第441条）

1. 动产质权：自出质人交付质押财产时设立。（1）以实际为准：约定交牛出质，实际交鸡出质，则鸡是质物。（2）从物需交付才出质：约定交车出质，实际交了车没交备胎，则车是质物。

2. "3票3单1券"：以汇票、本票、支票、存款单、仓单、提单、债券出质的，质权自权利凭证交付质权人时设立。

（三）交付方式

1、现实交付：动产的物权人基于意思表示自愿将其对于动产的直接管领通过现实的移转让与受让人而产生物权的变动。

例：【被偷不是交付】甲将画卖给乙，签订了买卖合同，尚未交付。第2天，乙教唆甲8岁的儿子从甲手中将画偷来，交给了乙。画的所有权归谁？①甲。②甲乙签订买卖合同有效，但画未交付，故甲是所有权人。③乙教唆甲8岁的儿子侵权，因负侵权责任，甲有权要求乙返还画。④当然，乙可基于有效的买卖合同要求甲承担继续履行等违约责任，因为甲负有合同义务。

2. 观念交付：当事人意思表示达成时视为完成交付，并非现实转移动产的控制。观念交付与现实交付具有相同的法律效果，比如观念交付后孳息归买方、风险归买方。观念交付有三种形态：简易交付、占有改定、指示交付。

（1）简易交付：动产物权设立和转让前，权利人已经占有该动产的，物权变动自民事法律行为生效时发生效力。（《民法典》第226条）

> "先租用后买卖" = "买方一直占有" = 买方由债权人升级为物权人 = 东西归买方。

例1：【租户变主人】甲租用乙的相机，后甲乙达成协议，甲买下该相机。如何评价相机物权变动？①这属于简易交付。②自甲乙买卖协议生效时，甲就是物权人，由原来的租赁权人（债权人）升级为物权人。③如此后相机在甲手中意外灭失，则应由甲承担风险，因为买卖合同中，交付之后风险归买方承担，此处的交付，包括观念交付之"简易交付"。所谓甲承担风险，即虽然相机灭失，但甲仍需要向乙支付价款。

例2：【小偷变主人】甲偷来乙的相机，后甲乙达成协议，甲买下该相机。如何评价相机物权变动？①这属于简易交付。②自甲乙买卖协议生效时，甲就是物权人，由原来的小偷变成了主人。

例3：【保留所有权买卖中的简易交付】甲公司借用乙公司的一套设备，在使用过程中不慎损坏一关键部件，于是甲公司提出买下该套设备，乙公司同意出售。双方还口头约定在甲公司支付价款前，乙公司保留该套设备的所有权。不料在支付价款前，甲公司生产车间失火，造成包括该套设备在内的车间所有财物被烧毁。如何评价本案中的交付？①甲借用乙的设备，双方成立借用合同法律关系。②甲购买乙的设备，双方成立买卖合同关系。③先借用后买卖，这属于简易交付。④本来，交付之后，风险归甲、孳息归甲、所有权也归甲。⑤但是当事人约定甲未付全款则乙保留所有权，保留动产所有权买卖无须采用书面形式。⑥我们要区分处理：所有权归乙。风险和孳息因简易交付而转移归甲。⑦设备被烧毁，故甲仍需要向乙支付原定价款。

3. 占有改定：动产物权转让时，当事人又约定由出让人继续占有该动产的，物权自该约定生效时发生效力。（《民法典》第228条）

> "先买卖后租用" = "卖方一直占有" = 卖方由物权人降格为债权人 = 东西归买方。

例1：【占有改定】甲在商场购买一台电脑，对售货员说：先替我保管，我明天来拿。当晚商场失火，被宣告破产。甲能否要回电脑或货款？①能。②因为此时电脑已经交付给甲，只是甲要求商场代为保管，这是"占有改定"。甲对电脑享有物权，该不能列入商场的破产财产去清偿商场的债权人，因为电脑归甲所有，并非归商场所有，故甲可以优先取回电脑。

例2：【连环交易与占有改定】庞某有1辆名牌自行车，在借给黄某使用期间，达成转让协议，黄某以8000元的价格购买该自行车。次日，黄某又将该自行车以9000元的价格转卖给了洪某，但约定由黄某继续使用1个月。如何评价自行车的物权变动？①庞某黄某借用期间，达成转移协议，乃"先借用后买卖"，黄某因"简易交付"成为所有权人。②黄某再卖给洪某，属于有权处分，约定黄某继续借用，乃"先买卖后借用"，洪某因"占有改定"而取得所有权。③洪某在其与黄某约定由黄某继续使用时成为所有权人，而非黄某使用1个月后才是所有权人。

例3：【没交付】甲在商场购买一台电脑，约定由商场送货上门。货未送出之前商场失火，被宣告破产。甲能否要回电脑或货款？①不能。②因为按约定，商场送货上门时电脑才算交付，在交付之前甲只对商场享有债权，却没有对电脑享有物权，甲的已付的价款列入破产财产，只能作为破产债权人的身份参与分配破产财产。

> 问：如何快速的记住简易交付与占有改定？（1）简易交付是买方一直在控制，"交易真的结束了，是句号"；（2）占有改定是卖方一直在控制，"交易尚未结束，是逗号"。

4. 指示交付：动产物权设立和转让前，第三人占有该动产的，负有交付义务的人可以通过转让请求第三人返还原物的权利代替交付。(《民法典》第 227 条)

> 指示交付 = 卖方是原间接占有人而买方是新间接占有人 = 间接占有人换人。

例 1：【深圳的交给深圳】北京的甲将相机出借给深圳的乙。甲要将相机卖给深圳的丙。甲将对乙的返还请求权让与给丙。<u>如何评价相机的物权变动？</u>丙因"指示交付"而取得相机所有权，甲丙达成指示交付意思表示时，指示交付完成。

例 2：【对小偷也可指示交付】北京的甲相机被深圳的乙偷走。甲要将相机卖给深圳的丙。甲将对乙的返还请求权让与给丙。<u>如何评价相机的物权变动？</u>丙因"指示交付"而取得相机所有权，甲丙达成指示交付意思表示时，指示交付完成。

> 原理：指示交付的完成时点是何时？有 2 种观点。意思主义还是通知主义？(1) 观点 1：双方合意时 = 指示交付完成。双方达成以返还请求权代替现实交付的合意时生效。(2) 观点 2：通知直接占有人时 = 指示交付完成。自转让人将转移返还请求权的意思通知占有人时发生效力。(3) 考试处理办法：区分处理。①指示交付转移所有权 = 双方合意时 = 指示交付完成时 (意思主义)。②指示交付设立质权 = 通知直接占有人时 = 指示交付完成时 (通知主义)。

第四章 物权的保护和占有的保护

> 太阳出来，影子跟着；物权被侵犯，物权请求权跟着。请求你返还原物、请求你排除妨碍；请求你消除危险。不论小偷、强盗、合同人、钥匙人、过户人，只要是占有物的控制人，均受占有保护。

物权的保护 {
①返还原物请求权
②排除妨害请求权
③消除危险请求权
}

占有保护 {
①权利人与无权占有人使用关系
②权利人与无权占有人返还关系
③权利人与无权占有人赔偿关系
④占有人与侵占人返还占有关系
}

第一节 物权的保护

一、保护物权的两种方法

（一）债权请求权

侵害物权，造成权利人损害的，权利人可以依法请求损害赔偿。（《民法典》第 238 条）

（二）物权请求权

物权的圆满状态受到妨害或有被妨害的危险时，物权人为恢复其物权的圆满状态，请求妨害人为或不为一定行为的权利。

1. 物权请求权的种类：（1）返还原物请求权：无权占有不动产或者动产的，权利人可以请求返还原物。（《民法典》第 235 条）（2）排除妨碍或消除危险请求权：妨害物权或者可能妨害物权的，权利人可以请求排除妨害或者消除危险。（《民法典》第 236 条）（3）修理、重作、更换或恢复原状请求权：造成不动产或者动产毁损的，权利人可以依法请求修理、重作、更换或者恢复原状。（《民法典》第 237 条）

2. 物权请求权的特征：（1）物权请求权是以物权为基础的一种独立的请求权。物权请求权不能与物权分离单独转让。（2）物权请求权不是物权本体。因为物权请求权不以对物权标的物的支配为内容，故不是物权的本体，而是独立于物权的一种请求权。（3）物权请求权是行为请求权。物权人请求特定的人（侵犯物权的人）为特定行为（除去侵犯）的权利，属于行为请求权。（4）物权请求权与债权有类似的性质。因而在不与物权请求权性质相抵触的范围内，可以适用债权的有关规定：如过失相抵规则。（5）物权请求权是物权的效用，它以恢复物权的支配状态为目的，在物权存续期间不断地发生。

例：【物权请求权】物权人在其权利的实现上遇有某种妨害时，有权请求造成妨害事由发生的人排除此等妨害，称为物权请求权。如何评价物权请求权？①物权请求权是独立于物权的一种行为请求权。②不能与物权分离而单独存在。③可以适用债权的有关规定。④不是必须依诉讼的方式进行。

> 原理：如何区分物权、物权请求权和债权请求权？①【物权】我有1套房屋，自己占有、自己居住、自己出租、自己出卖，都不需要别人去配合，这是"物权"，义务主体是不特定人，具有对世性。②【物权请求权】我有1套房屋，被他人侵占，我的物权圆满状态受到侵犯，我可以对他人主张物权请求权，要求特定的他人返还房屋，这是"物权请求权"，义务主体是特定人，义务内容是回复物权圆满，基于保护物权而产生的物权请求权，具有对人性。③【债权请求权】我有1套房屋，被他人侵占，在返还房屋之余，我有权要求他人赔偿占用期间对我造成的损失；我有1套房屋，被他人侵占并且毁损，在返还房屋之余，我有权要求他人赔偿毁损的损失，这是"债权请求权"，即"赔钱"，义务主体是特定人，义务内容是"钱"。

二、返还原物请求权

无权占有不动产或者动产的，权利人可以请求返还原物。（《民法典》第235条）

（一）原告："权利人"

1. 包括抵押权人之外的物权人：所有权人、用益物权人、质权人、留置权人，这些人的物权都包含"占有"权能。因为抵押权人不占有抵押物，故抵押权人不享有返还原物请求权。

例：【所有权人返还原物】甲的房屋出租给乙，租期届满乙不退房，甲可否要求乙返还房屋？可以。

2. 包括管理人：破产管理人、遗产管理人、宣告失踪的财产代管人，虽然他们不是物权人，但属"权利人"，可作为原告行使他人的返还原物请求权。

例：【财产代管人返还原物】甲的房屋出租给乙，租期届满乙不退房，甲被宣告失踪，丙是财产代管人，丙可否要求乙返还房屋？可以。

3. 不包括债权人：债权人的法律地位比较特殊，需要分别讨论：首先，债权人不是物权人，所以不能主张《民法典》第235条规定的返还原物。其次，债权人是权利人，可以主张《民法典》第460条规定的返还原物。再次，债权人的占有秩序被破坏，可以主张《民法典》第462条规定的返还占有。

（1）承租人不得对无权占有人主张《民法典》第235条规定的返还原物请求权。

例：【承租人不得主张235】甲房屋出租给乙，丙侵占该房屋，谁可依据《民法典》第235条要求丙返还原物？①甲。②甲是房屋所有权人，是物权人，可以主张《民法典》第235条规定的返还原物。③乙是租赁权人，是债权人，不可主张《民法典》的235条规定的返还原物。

（2）承租人可对无权占有人主张《民法典》第460条规定的返还原物。

例：【承租人可主张460】甲房屋出租给乙，丙侵占该房屋，谁可依据《民法典》第460条规定要求丙返还原物？甲是物权人、乙是债权人，他们都是权利人，故都可依据《民法典》第460条要求无权占有人丙返还原物。

（3）承租人可对无权占有人主张《民法典》462条规定的返还占有。

例：【承租人可主张462】甲房屋出租给乙，丙侵占该房屋，谁可依据《民法典》第462条规定要求丙返还占有？甲的占有秩序（间接占有）、乙的占有秩序（直接占有）都被丙破坏了，故都可依据《民法典》第462条规定要求丙返还占有。

4. 综合示例：【质权人占有质物被人强行拿走】甲向乙借款5000元，并将自己的一台笔记本电脑出质给乙。乙在出质期间将电脑无偿借给丙使用。丁因丙欠钱不还，趁丙不注意时拿走电脑并向丙声称要以其抵债。<u>如何评价本案的物权保护和占有保护？</u>

①甲乙之间有民间借贷主合同法律关系。②甲将自己电脑出质给乙，属于自物保，乙取得电脑质权。③乙将电脑出借给丙使用，丙基于借用合同对电脑有权占有。④丁强行将丙占有的电脑取走，主张抵债，但丙丁之间并无"以物抵债"的协议，丁也不构成"自助行为"，故丁对电脑的占有属于无权占有。⑤丁侵犯了甲的所有权、乙的质权，甲有权基于所有权请求丁返还电脑、乙有权基于质权根据《民法典》第235条规定请求丁返还电脑。⑥丁没有侵犯丙的借用权，因借用权属于债权。丙不可根据《民法典》第235条规定请求返还电脑，但可根据《民法典》第460条规定请求丁返还电脑。⑦从占有秩序被破坏的角度全面分析。丁破坏了丙的直接占有、破坏了乙的间接占有、破坏了甲的间接占有，故甲乙丙均可对丁启动《民法典》第462条规定的"占有返还"。

> 秒杀：物权人启动235条"返还原物"、物权人和债权人启动460条"返还原物"、占有人启动462条"返还占有"。

（二）被告："现时"、"无权"、"占有"人

1. "现时"：对现时占有人才可主张返还原物，对非现时占有人不可主张返还原物。

例1：【交修人是现时占有人】甲电脑借给乙使用，乙届期未还。乙将电脑交给丙维修（或者将电脑转借给丙），乙是现时占有人吗？①是。②因为乙是现时"间接占有人"，即丙修好后或借用完毕后，还是要将电脑返还给乙。③丙要不要返还取决于是否有留置权。

例2：【出卖人不是现时占有人】甲电脑借给乙使用，乙届期未还。乙将电脑出卖并交付给丙，乙是现时占有人吗？①不是。②因为乙是基于买卖而将电脑交付给了丙，既然是出卖，故乙不会指望将卖出去的东西再拿回来。故乙不是现时占有人，丙才是现时占有人。

例3：【遗失物返还】张某遗失的名表被李某拾得。1年后，李某将该表卖给了王某。再过1年，王某将该表卖给了郑某。郑某将该表交给不知情的朱某维修，因郑某不付维修费与朱某发生争执，张某方知原委。如何评价表的物权变动？

①李某拾得遗失物，不是手表所有权人。②李某将表卖给王某，属于无权处分，但李某不是"现时"无权占有人，因为李某已经彻底丧失了占有。③王某将表卖给郑某，王某也属于无权处分，但王某不是"现时"无权占有人，因为王某已经彻底丧失了占有。④买到手表的郑某将表交给朱某维修，郑某对手表没有彻底丧失占有，成为手表的无权间接占有人。⑤朱某对遗失物取得留置权，对手表占有是有权占有。⑥综上，张某不可请求李某、王某返还手表；但可要求无权间接占有人郑某返还手表；不可要求朱某返还手表，因朱某有留置权，属于有权占有。❼基于合同相对性，朱某不可向张某要维修费，但张某可以主动把维修费给朱某，因为张某有法律上的利害关系人可以代为清偿。

2. "无权"：对无权占有人才可主张原物返还，对有权占有人不得主张原物返还。

例1：【房东与租户】甲将房屋出租给乙，租期内，甲是否有权要求乙返还房屋？①否。

②甲是所有权人，具有对世性。③乙是债权人，享有对房屋的租赁权。④乙对房屋的占有，具有租赁合同的依据，属于基于债权的占有，具有相对性，可对所有权人甲主张有权占有。故甲无权请求乙返还房屋。⑤如果租赁期间届满，则甲有权要求乙返还房屋。

例2：**【过户人与钥匙人】** 甲将1套房屋出卖给乙，已经移转占有，没有办理房屋所有权移转登记。现甲死亡，该房屋由其子丙继承。丙在继承房屋后又将该房屋出卖给丁，并办理了房屋所有权移转登记。<u>如何评价房屋物权变动？</u>

```
甲 ←————房屋买卖————→ 乙（钥匙人）
↕ 继承
丙 ←————房屋买卖————→ 丁（过户人）
```

①甲把房屋卖给钥匙人乙，乙对房屋占有相对于甲来讲是有权占有，依据是房屋买卖合同。②甲死亡，遗产发生继承，房屋归丙所有；但是丙也要继承债务，即取代甲成为甲乙买卖合同的出卖人，故乙对房屋占有相对于丙也是有权占有。③丙将房屋出卖给过户人丁，丁成为物权人，具有对世性。④乙对房屋的占有是基于债权，具有相对性，相对于甲和丙是有权占有，但对于过户人丁则属于无权占有。⑤因乙和丁之间无合同关系，丁是物权人，乙是债权人，故丁可要求乙返还房屋。⑥乙再诉丙承担违约责任。（民法思维：丁 = 过桥人 = 用来坑人）

3. "占有"：对无权直接"占有"人和无权间接"占有"人可主张返还原物，对占有辅助人不得主张返还原物。

（1）对无权"直接占有"人可主张返还原物。

例：**【弟弟是物权人，姐姐是债权人】** 蔡永父母在共同遗嘱中表示，二人共有的某处房产由蔡永继承。蔡永父母去世前，该房由蔡永之姐蔡花借用，借用期未明确。2012年上半年，蔡永父母先后去世，蔡永一直未办理该房屋所有权变更登记，也未要求蔡花腾退。2015年下半年，蔡永因结婚要求蔡花腾退，蔡花拒绝搬出。<u>如何评价房屋物权变动关系？</u>

```
蔡永父母 ←————借用合同————→ 蔡花
↑ 继承
蔡永
```

①蔡永基于继承取得房屋所有权，成为物权人。②蔡花基于借用合同成为房屋借用人，属于债权人。③未约定借用期间，属于合同漏洞，需要根据合同规则予以填补，权利人可以随时请求义务人返还，但要给合理准备期间。义务人可随时返还。④蔡永继承父母遗产，也要继承父母生前与姐姐蔡花签订的借用合同。⑤即蔡永和蔡花之间存在一个借用合同，但不是永久借用。⑥蔡永有权请求蔡花返还房屋，主张物权请求权，该请求权不适用诉讼时效，因不动产返还原物请求权不适用诉讼时效制度。

（2）对无权"间接占有人"可主张返还原物（"指示交付"）。

例：**【父亲卖房给钥匙人，钥匙人将房屋出租给"超级钥匙人"，儿子卖房给过户人】** 王某与丁某约定：王某将一栋房屋出售给丁某，房价20万元。丁某支付房屋价款后，王某交付了房屋，但没有办理产权移转登记。丁某接收房屋作了装修后出租给叶某，租期为2年。租期内王某因病去世，全部遗产由其子小王继承。小王于在租期内将该房屋卖给杜某，并办理了所有权移转登记。<u>杜某是否有权要求丁某、叶某返还房屋？</u>

王某 ←—— **房屋买卖** ——→ 丁某（钥匙人）←—— **房屋出租** ——→ 叶某（超级钥匙人）

王某 ↕ **继承**

小王 ←—— **房屋买卖** ——→ 杜某（过户人）

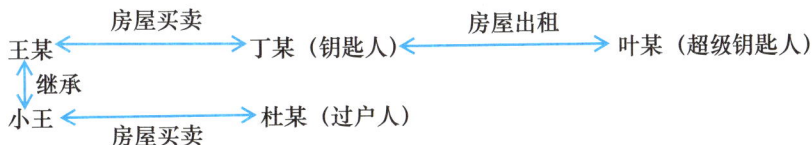

①有权要求丁某返还房屋，无权要求叶某返还房屋。②王某卖房给钥匙人丁，丁是债权人，不是物权人。③丁某将房屋出租给叶某，属于出租他人所有之房屋，因为房屋仍然是王某的。但是叶某占有房屋相对于丁某而言是有权占有，相对于王某而言，也是有权占有，因为这属于"占有连续"（叶某和王某之间；叶某和小王之间）。④王某不得要求丁某、叶某返还房屋。⑤王某死亡后，发生继承，小王是房屋所有权人，也要法定承受其父亲王某合同债务，即给丁某配合过户。⑥小王将房屋卖给过户人杜某，属于有权处分，杜某成为房屋所有权人。⑦无论是王某房屋由小王继承、还是小王房屋过户给杜某，都是在叶某租赁期间发生，基于"所有权变动不破租赁"原理，叶某作为承租人（我称之为"超级钥匙人"），可对王某、小王和杜某主张有权占有，因为杜某取代小王成为出租人。⑧杜某是过户人，乃所有权人，而丁某是钥匙人，乃债权人，故杜某可要求丁某返还房屋，此即要求"现时无权间接占有人返还房屋"：即将来房屋租赁期间届满，叶某应将房屋直接退给杜某即可。（以杜某取得房屋过户点为准，此前租金给丁某；此后租金给杜某。换房东就是换间接占有人，就是指示交付，解决可以向丁要不可以向杜某要的矛盾。）

> 问：什么叫占有连续？房东出租给二房东同意其转租，二房东依法转租给次承租人。①房东和次承租人是没有合同关系的。房东是物权人。次承租人是债权人，只可对抗二房东。②按照这个分析，那么，次承租人就要滚蛋，即房东要求次承租人返还原物，因为房东作为物权人，其物权具有对世性。③这个结论就和房东允许二房东转租相矛盾。④这种矛盾怎么办？一方面，房东的物权具有对世性。另一方面，要坚持合同相对性，房东和次承租人没有合同关系。⑤各玩各的，物权具有对世性，我认。合同具有相对性，我也认。⑥但是，你房东不能让我次承租人返还房屋。因为，二房东对一房东的占有是有权占有，我次承租人对二房东的占有也是有权占有，因此，这个链条串起来了，所以我次承租人可以对房东主张有权占有，我们把这种占有取了一个名字，叫"占有连续"。⑦当以后再去解释这种现象时，就不需要啰嗦那么多，我们就可以直接扔出来"占有连续"，然后就可以把房东怼死。这就是所谓的法言法语。⑧通俗的说，一房东允许二房东转租，然后又要求次承租人退房，这不是有病吗？自己打脸。⑨"蛋壳公寓案"中，一房东解除合同后，则租户占有就不连续，房主可要求租户返还房屋。（占有连续被中断）

（3）不能对占有辅助人主张返还原物，因为占有辅助人不是占有人。

例：【快递小哥骑他人电动车】 快递小哥在为京东公司送快递过程中，因为自己的电动车电量不足走不动，故借快递小妹电动车送快递，此后未向快递小妹归还。快递小妹是否有权要求快递小哥归还？①否。②只能要求京东公司返还原物。③因为快递小哥乃执行工作任务占有他人电动车，属于"占有辅助人"，而非占有人，京东公司才属于现时无权占有人。

（三）对象 = 原物和孳息

1. 原物须存在，权利人才能主张返还原物。

2. 如果原物已经毁损灭失，则权利人不能主张返还原物请求权。（1）权利人可要求恶意无权占有人（明知自己无权占有）赔偿损失。（2）权利人不可要求善意无权占有人（不知自己无权占有）赔偿损失。

例：【爹借牛子继承】高某向周某借用一头耕牛，在借用期间高某意外死亡，其子小高不知耕牛非属高某所有而继承。不久耕牛产下一头小牛。期满后周某要求小高归还耕牛及小牛，但此时小牛已因小高管理不善而死亡。<u>如何评价牛和小牛的物权关系？</u>

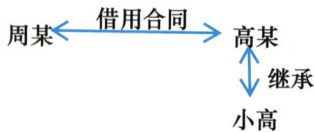

```
          借用合同
周某 ←——————————→ 高某
                  ↕ 继承
                 小高
```

①周某是耕牛的所有权人。②小牛是耕牛的孳息，归周某所有，而不归高某所有。因为周某和高某签订的是借用合同，而非买卖合同，故不适用"交付转移孳息"规则。③期满后，周某有权要求小高归还耕牛。④但是小牛已经死亡，故不能要求小高归还小牛。⑤因小高不知自己对耕牛和小牛是无权占有，乃善意无权占有人，故周某不得要求小高赔偿小牛的损失。

> 本题启示：小牛的死亡时间点。是借用期间内？还是借用期间届满后小高知道牛是周某前？还是周某上门要求的时候"当场死亡"？还是小高拒绝周某上门讨牛之后？法律效果有差异：（1）有权占有期间：①自主占有（即小高以牛为自己所有的占有）不赔，小高不知牛是周某的，则小高对牛死亡不赔。②他主占有（即小高明知道牛不是自己的）则过错赔偿，借用期间导致牛死亡，则负过错赔偿责任。（2）无权占有期间：①善意无权占有（即借用期间届满后，小高不知道牛不是自己的）不赔，此期间小高不赔牛死亡损失。②恶意无权占有（即借用期间届满后，小高知道牛不是自己的）须赔，此期间小高要赔牛死亡损失。
>
> ```
>      借期内        善意无权占有              恶意无权占有
> 1月1日 ——→ 6月1日 ——————————— 7月1日讨牛被拒 —————————
> ```

三、排除妨害请求权

当所有权的圆满状态受到占有以外的方式妨害时，所有人对妨害人享有请求其排除妨害、使自己的权利恢复圆满状态的权利。

（一）行为妨害

通过行为造成妨碍状态的人是行为妨碍人。

（二）状态妨害

妨碍状态的出现虽然与某人的行为无关，但是有责任排除这种妨碍的人是状态妨碍人。

例：【区分行为妨碍人和状态妨碍人】张某在夜里把散发臭味的垃圾倒在甲使用的土地上，这些垃圾给乙使用土地造成了无法忍受的状态。<u>谁是妨碍人？</u>①张某是行为妨碍人。②甲是状态妨碍人，他有责任清除这些垃圾。③请求排除妨害不受诉讼时效的限制。

第二节 占有保护

一、如何区分所有权中"占有、使用、收益、处分"4项权能中的"占有"和占有制度中的"占有"?

（一）所有权中的"占有"：权能

所有权中的占有是指有权占有，其保护的是物的归属。

（二）占有制度中的"占有"

"占有制度"中的"占有"是一项事实，不考虑占有人是否有权占有，其保护的是现有秩序的平和，避免"丛林法则"，禁止私人用暴力手段破坏占有。

例：【发现了小偷应该去打官司】我们发现了小偷偷走我们的手表，小偷对手表的占有显然属于非法占有)，如果知道小偷的具体身份信息，就应该通过法律途径（和解、调解、诉讼）要回手表，而不能用私人力量抢回手表，即不能破坏"非法占有"。如果不知道小偷身份信息，则可以启用民法上的"自助行为"，暂时控制小偷直到知道小偷的身份信息为止，一旦知晓，则属于民诉法上的"被告明确"，此时就应转而求助公力救济。

（三）身份竞合的处理：所有权的占有与占有制度的占有

例1：【身兼二职：所有权人和占有】甲的手机被乙抢夺，乙侵犯了甲的所有权（侵犯了物权），也侵犯了甲的"占有"事实（破坏了占有秩序）。甲有何救济路径？①救济路径1：甲以所有权人身份向乙主张返还手机，该请求权有3年诉讼时效的限制，从知道或应当知道权利被侵以及知道侵权人乙开始起算（主观起算点）。②救济路径2：甲可以占有人身份请求乙返还占有，该请求权有1年时间限制，从侵占发生之日起计算（客观起算点）。

例2：【身兼二职：所有权人和占有】甲的手机借给乙，丙从乙手里抢走了手机。甲、乙各有何救济路径？（1）甲的救济路径：甲是手机所有权人（所有权权能）、也是手机占有人（事实）。①甲的救济路径1：甲以所有权人身份向丙主张返还手机，该请求权有3年诉讼时效的限制。②甲的救济路径2：甲以"间接占有"被侵犯为由向丙主张占有返还，该请求权有1年时间限制。③甲的救济路径3：甲还可以自己是"权利人"为由要求无权占有人并返还手机。（2）乙的救济路径：乙不是手机所有权人（所有权权能），但是手机的占有人（事实），同时也是手机的借用债权人（权利）。①乙不可以主张所有权的返还。②乙可以主张占有返还。③乙还可以其是债权人为由向无权占有人返还手机。

> **秒杀：物在呼叫主人，占有在呼叫秩序。**

二、什么是占有

（一）占有

对物事实上的控制与支配，占有是一种事实状态。

1. 占有人对物有事实上管领力（体素）。

（1）空间要求。在空间上，人与物在场合上有一定的结合关系，足以认定该物为某人事实上所管领。如居住房屋，对房屋的控制。如堆放建材在工地，对建材的控制。停放汽车在路边，出国数日，对汽车的控制。以上，均成立占有。

（2）时间要求。在时间上，人与物在时间上须有相当的继续性，足以认为该物为某人事实上所管领。如果过于短暂，则不成立占有。如在饭店用酒杯餐具、如在公园坐卧长椅、如在图书馆取阅杂志等。以上，均不成立占有。

2. 占有的意思（心素）。

（1）取得占有的意思。如野外捕捉蜻蜓、拾得遗失物、窃取他人财物，均有占有的意思。

（2）维持占有的意思。占有意思体现于物的支配状态，体素为心素的表现。甲睡卧在公园草地，小鸟停留其身边，甲因欠缺占有的意思，未取得该鸟的占有。如甲捕捉该鸟，放于口袋，继续睡觉，甲的占有不因此而受影响。

（3）占有的意思不是民事法律行为上的意思，而是一种自然意思。无限人也可是占有人。占有的取得不是基于民事法律行为的意思，故不发生意思表示瑕疵撤销的问题。如甲误以为乙所有的手机为已有而占有，其后发现事实真相，甲不得对乙表示撤销占有。即甲相对于乙而言仍然构成善意无权占有，不得免除甲的侵犯他人占有的责任。

例：【占有心素＋占有体素】甲用图书在教室占座，乙见之想看，取之看后想拿走，后实际拿出教室。<u>甲何时丧失占有？</u>乙实际拿出教室取得控制之时，乙取得占有，甲丧失占有。

（二）占有概念的限缩：占有辅助人不是"占有人"

1. 什么是占有辅助人？所有权人基于内部从属关系，指示他人占有，受指示人是占有辅助人，该占有为辅助占有。

例：【我只是一个打工的】①车主雇用司机开车，车主是汽车占有人，司机是占有辅助人。②公司职员对公司物品的占有，公司是占有人，公司职员为辅助占有人。③渔船所有人雇人捕鱼，先占的无主物应归雇主所有，受雇人不能取得所有权，因为受雇人不是先占人，而是占有辅助人。

2. 占有辅助人法律地位：占有辅助人不是占有人，故占有辅助人既不是原告，也不是被告。

（1）占有辅助人不是被告：民事主体可向占有人主张返还占有，不得向占有辅助人主张返还占有。

例：【多交货】甲向乙多发货，乙让雇员丙销售货物，<u>甲可否要求丙返还占有？</u>①否。②就多发的货物，乙是无权占有人，丙是占有辅助人。③甲可向乙返还占有，不得向丙主张返还占有。

（2）占有辅助人不是原告：占有辅助人不得主张占有保护，占有人才可以主张占有保护。

例：【错发货】甲让雇员乙销售货物，乙错发货给丙。<u>乙可否要求丙返还占有？</u>①否。②甲是占有人，乙是占有辅助人。③甲可要求丙返还原物，乙不可向丙返还占有。

（三）占有概念的扩大之一"间接占有"：间接占有人是"占有人"

所有权人直接对物有事实上的管领力，所有权人是直接占有。所有权人不直接占有其物，基于一定法律关系将物交由他人占有，该他人为直接占有，所有权人为间接占有。

例：【转租】所有权人甲将房屋出租给乙，乙经甲同意将房屋转租给丙。<u>如何评价占有关系？</u>①租赁合同中，承租人乙为直接占有人，出租人甲为间接占有人。②转租合同中，次承租人是直接占有人，承租人是间接占有人。③综合观察租赁合同和转租合同，则次承租人为直接占有人，承租人为第一阶层间接占有人，出租人为第二阶层间接占有人。④推定最高阶层的间接占有人甲为自主占有人。

甲（第二阶层间接占有人）	乙（第一阶层间接占有人）	丙（直接占有人）

（四）占有概念的扩大之二

占有的法定继承或占有依据的法定承受（不考虑占有的心素和体素，推定构成占有）

1. 占有的法定继承：为了保护继承人利益，被继承人死亡时，继承人就取得被继承人生前的占有。继承人是否有占有的意思和是否具有管领控制的事实，不再考虑。

例：【手镯占有的法定继承】甲的手镯委托乙交给丙。乙在路上发生车祸死亡，未交到丙处。路人丁顺手牵羊占为己有。乙有唯一继承人戊。<u>如何评价手镯的占有关系？</u>

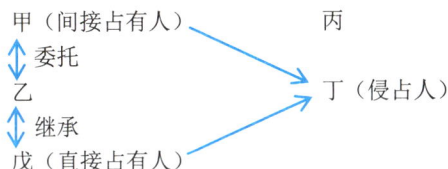

①甲是手镯所有权人，委托乙交给丙，乙占有手镯期间，甲是间接占有人，乙为直接占有人。②乙死亡，其财产包括占有发生继承。戊基于继承成为手镯的直接占有人。到此，甲为间接占有人，戊是直接占有人。丙不是占有人。③戊基于直接占有被侵犯向丁主张占有原物返还。④甲基于所有权向丁主张原物返还、基于间接占有被侵犯向丁主张占有原物返还。⑤丁属于恶意、自主、无权占有人。

2. 占有依据的法定承受：承租人在房屋租赁期限内死亡的，与其生前共同居住的人或者共同经营人可以按照原租赁合同租赁该房屋。（《民法典》第 732 条）共同居住人或共同经营人因此成为占有人，可主张占有保护。

例：【丧偶后回娘家与换租户】别墅承租人甲在租赁期间车祸死亡，其配偶乙搬回娘家居住，半年后返回别墅发现丙占用别墅。原来甲曾向丙借款 10 万元用于个人，并在借条中承诺不能还款时该别墅由丙使用。出租人丁同意丙使用别墅，将房屋备用钥匙交给丙。<u>如何评价占有关系？</u>

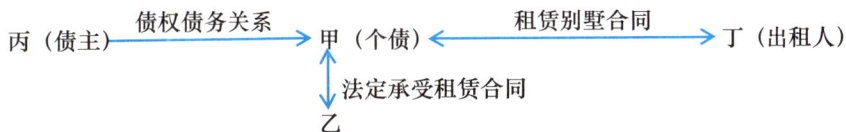

①丁将别墅出租给甲，丁是间接占有人，甲是直接占有人。②甲死亡，乙是与甲生前共同生活的人，故乙法定承受租赁合同，因此成为承租人，也成为直接占有人。③乙可主张占有保护，要求丙返还别墅。④乙在继承甲遗产价值限度内，要法定承受甲与丙的借款合同关系，依照合同关系处理。⑤如乙不履行还款义务，丙可要求乙承担违约责任，但不得以侵犯占有的方式实现合同权利。⑥不符合实施自助行为的条件，丙应该去通过诉讼方式解决。

三、什么是占有的推定？

（一）占有的权利推定

1. 动产（不动产不适用占有的权利推定规则）的占有人在法律上推定是动产的权利人，但只要存在相反的证据证明，就可以推翻此种推定。

2. 权利的推定，不但占有人自己可以援用，而且第三人也可以援用。如债权人甲主张债务人乙占有的动产，归债务人所有，为此增加债务人清偿债务的财产。

3. 权利的推定属于消极性的，占有人不得利用此项推定作为其行使权利的依据。只要存在相反的证据证明，就可以推翻此种推定。这种权利推定不得对抗真正的所有权人或权利人。

例：【戒指是谁的】甲、乙就乙手中的一枚宝石戒指的归属发生争议。甲称该戒指是其在2015年10月1日外出旅游时让乙保管，属甲所有，现要求乙返还。乙称该戒指为自己所有，拒绝返还。甲无法证明对该戒指拥有所有权，但能够证明在2015年10月1日前一直合法占有该戒指，乙则拒绝提供自2015年10月1日后从甲处合法取得戒指的任何证据。戒指归谁所有？①应当认定甲对戒指享有合法权利，因其证明了自己的先前占有。②不归乙、不归共有、不归国家。

> 原理：占有权利推定的法律价值是什么？①通常情况下，我们可以证明房屋、机动车等有登记作为公示方法的财产归属，但是我们很难找到证据去证明自己占有的动产归我们自己所有。②如果没有占有权利推定规则，则会导致动产所有权人"人人自危"。

（二）占有的事实推定

1. 在认可"取得时效"发生物权变动的立法体系中，取得时效的要件是要求占有人以所有的意思，在一定期限内和平、公然、善意、无过失、继续占有他人未登记的不动产或者动产。该占有人可请求登记为不动产所有权人、或者主张为动产所有权人。

2. 根据证据规则，欲主张"取得时效"的占有人，必须证明其持续占有的事实状态。为免却占有人对此事实状态举证的困难，故须对占有人进行事实推定。推定占有人对物的占有是以所有的意思，和平、公然、善意、无过失、继续占有。对此，占有人无须举证，他人如欲推翻，则须举证。

> 原理：占有的权利推定和占有的事实推定的关系是什么？①对占有，先"权利推定"，推定为有权占有，该推定可能被推翻。②如果是事后证明了是无权占有，则启动"事实推定"，继续推定为善意、和平、自主、公然、继续、无过失的占有。该推定也可能被推翻。

四、为什么需要占有制度？

1. 对于具有占有内容的 物权 ，通过占有保护，"学理"上能获得更快捷的保护途径。

例：【强行以物抵债】甲欠乙款届期未偿，乙强取甲物抵债。甲可主张什么保护？①基于物权的原物返还。②基于占有的原物返还。③基于侵权的返还财产。④基于不当得利的返还不当得利。⑤设若乙的强取过程被摄像头录像，则基于占有的原物返还最快捷，"曲线救国"，保护了物权，证明了乙的抢夺即可。⑥其他的返还请求中，甲都需要证明自己是所有权人，这个在实践中很不好证明。

2. 对于基于 债权 的占有，通过保护占有，以保护债权，使本来没有物权请求权的债权人获得占有的保护。

例：【租户的保护】甲将不动产或动产出租给乙，乙占有租赁物期间，丙侵占租赁物。<u>如何评价占有关系？</u>①甲乙之间形成租赁合同法律关系，甲对租赁物是间接占有人，是所有权人，乙则是直接占有人，是债权人。②丙侵犯了甲的所有权和间接占有，故甲基于所有权可要求丙返还原物，甲也可基于占有要求丙返还占有。③丙侵犯了乙的占有，乙可基于债权人身份请求返还原物，也可基于直接占有被侵犯要求返还占有。

3. 对于 "非法" 的占有，通过占有保护，换取临时的平和，有了缓冲的过程，避免社会因一个小问题演化成不可收拾的混乱局面。

例：【连环盗窃的占有保护】甲偷一物，乙再从甲处偷该物，丙再从乙处偷该物。<u>如何评价占有制度在本案可以发挥的作用？</u>①在丙行为发生之前，甲可基于占有要求乙原物返还。②在丙的行为发生之后，乙可基于占有要求丙返还原物。③"甲或乙非法的占有"也受占有"保护"，法律保护它们的目的不是为了让甲或乙取得物权，而是为了恢复秩序，待真正权利人前来主张权利。

例：【违章建筑的占有保护】某小区徐某未获得规划许可证和施工许可证便在自住房前扩建一个门面房，挤占小区人行通道。小区其他业主多次要求徐某拆除未果后，将该门面房强行拆除，毁坏了徐某自住房屋的墙砖。<u>如何评价该拆除行为？</u>①门面房是违章建筑，不存在所有权。故企业业主侵犯了徐某对门面房的占有，而非所有权。②毁坏徐某自住房屋的墙砖，则侵犯了徐某的房屋所有权。

五、占有的分类

（一）自主占有和他主占有

1. 自主占有：占有人将占有物据为己有的意思而对该物进行占有。具有据为己有的意思的人并不限于所有人，非所有人占有他人的财产具有此种意思，亦属于自主占有。如所有人的占有通常为自主占有，小偷的占有、侵占遗失物的拾得人的占有、不知买卖合同无效的买受人的占有均为自主占有。（"为自己管东西"）

2. 他主占有：占有人非以所有人的意思而进行占有。凡根据债权或他物权而对物进行占有的人，其占有应为他主占有。如承租人、保管人、质权人、留置权人的占有均为他主占有。（"为别人管东西"）

（二）直接占有和间接占有

（1）直接占有：直接对物进行事实上的管领和控制。如质权人、承租人、保管人、借用人的占有为直接占有。

（2）间接占有：虽未直接占有某物，但依据一定的法律关系而对于直接占有人享有返还占有请求权，从而对该物构成间接管领和控制。如出质人、出租人、寄托人为间接占有人。

问1：间接占有的3个要件是什么？①占有媒介关系：基于合同产生的占有媒介关系，如承揽合同、租赁合同、运输合同等。基于法律规定产生的占有媒介关系，如法定代理人管理未成年子女的特有财产；基于法律上公权力行为产生的占有媒介关系，如法院扣押标的物。②他主占有的意思：在占有媒介关系上，直接占有其物者须有为他人占有的意思。一旦直接占有人改变他主占有的意思，而变为自主占有时，间接占有就消灭。<u>如拾得人对遗失物无他主占有的意思，则失主对该遗失物丧失了控制，不是占有人，故不是直接占有人，也不是间接占有人</u>。如拾得人对遗失物有他主占有的意思，等待失主，则失主对该遗失物没有丧失控制，还是间接占有人。③返还请求权：间接占有人对直接占有人请求返还占有物。

问2：如何区分间接占有和占有辅助？①间接占有人具有占有人身份。②占有辅助人不具有占有身份。③通过"外延"即常见类型来区分，出租人对租赁物占有是间接占有人，员工对公司汽车占有是占有辅助人。

问3：交付与占有是什么关系？①交付是占有的转移。②交付既可以通过转移直接占有完成，如现实交付和简易交付（原间接占有消灭）。③交付也可通过移转或创设间接占有完成，如指示交付（间接占有人换人）和占有改定（给物主新设一个间接占有）。

（三）有权占有和无权占有。

1. 有权占有：有本权的占有。凡是具有占有的物权、债权、监护权等权利，均为有权占有。如所有权人、建设用地使用权人、留置权人、质权人的占有为有权占有（本权为物权）；借用人、承租人、保管人、运输人、买受人的占有亦属有权占有（本权为债权）。替孩子保管财产的父母对财产的占有属于有权占有（本权为监护权）。

2. 无权占有：欠缺本权的占有。遗失物拾得人的占有、小偷对赃物的占有、无效买卖合同中买受人对标的物的占有、租赁期届满后承租人对租货物的占有均为无权占有。

（四）善意无权占有（"善意占有"）和恶意无权占有（"恶意占有"）。

1. 善意无权占有：占有人不知道也不应当知道缺乏占有的本权而占有，即无权占有人的主观状态为不知情且无怀疑。如小偷甲将偷来的手表出卖给"不知情"的乙，乙的占有为善意无权占有。

（1）善意自主无权占有：不知手表属于盗赃物而购买，购买人属于善意自主无权占有人，手表毁损，购买人不负责。

（2）善意他主无权占有：不知手表属于盗赃物而接受出质，接受出质者属于善意他主占有人，手表毁损，接受出质者负过错责任，因其作为"质权人"，应知自己有妥善保管"质物"的义务。

> 问1：为什么善意占有需要区分善意自主占有和善意他主占有？（1）善意自主占有者是将该物当做自己的占有，责任更轻。（2）善意他主占有者是将该物当作别人的占有，责任更重。①因为虽然他不知道自己是无权占有，但是他知道自己是替别人占有。②比如盗赃物不适用质权的善意取得，"质权人"不能对赃表善意取得质权，故属于无权占有，但其对该表属于赃物不知情，乃善意无权占有。③但他应该清楚的知道自己是代替别人占有，因为他是"质权人"，故应该负有妥善保管该物的义务。（3）不同的身份要做不同的事情：在游泳场不能穿棉衣；在商场不能穿泳装。

> 问2：如何区分善意占有与善意取得？①善意占有是善意无权占有的简称。②而善意取得是购买人已经取得标的物物权，必然属于有权占有，而有权占有不存在善意占有或恶意占有的问题。③善意取得占有标的物，是有权占有，不是善意占有。

2. 恶意无权占有：占有人明知无占有的权利，或者虽非明知但仍有所怀疑所形成的占有。如小偷甲将偷来的手表出卖给"知情"的乙，乙对手表的占有即为恶意无权占有。

（1）恶意自主无权占有：知道手表属于赃物而购买，购买人属于恶意自主无权占有，手表毁损，购买人要负责。

（2）恶意他主无权占有：知道手表属于赃物而接受出质，接受出质者属于恶意他主占有人，手表毁损，接受出质者要负责。

3. 善意无权占有和恶意无权占有的转化：善意与恶意乃一念之间

（1）善意无权占有到恶意无权占有

例：【骑错车被告知后不改错】如甲骑错了乙的车，甲对该车占有状态为善意无权占有。如果乙告诉甲骑错了，甲仍拒绝返还，继续骑车，甲对该车占有状态为恶意无权占有。

（2）恶意无权占有到善意无权占有

例：【借用过期后被继承】如甲借用乙表，借用期间届满未还，甲属于恶意无权占有人；甲死亡后，其子小甲误将该表为甲所有而继承，小甲即为善意无权占有人。如乙要求小甲归还，小甲拒绝，则小甲由善意无权占有人，转变成了恶意无权占有人。

> 秒杀："善意受保护、恶意受惩罚"。善意无权占有人在占有物期间该物发生毁损，不承担责任；恶意无权占有人在占有物期间该物发生毁损，要承担责任。

（五）占有分类的综合考查

例1：【遗失相机的占有分类】甲遗失一部相机，乙拾得后放在办公桌抽屉内，并张贴了招领启事。丙盗走该相机，卖给了不知情的丁，丁出质于不知情的戊。如何评价不同阶段不同主体对相机的占有？

①乙对相机的占有属于无权占有、他主占有。②丙对相机的占有属于自主占有、无权占有、恶意占有。③丁对相机的占有属于自主占有、无权占有、善意占有、直接占有。④戊对相机的占有属于他主占有、无权占有、善意占有、直接占有。（每个阶段都得分类）

例2：【遗失手机的占有】甲拾得乙的手机，以市价卖给不知情的丙并交付。丙把手机交给丁维修。修好后丙拒付部分维修费，丁将手机扣下。如何评价不同阶段不同主体对手机的占有？

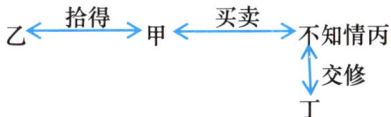

①甲对手机的占有属于无权占有、自主占有。②丙对手机的占有属于自主占有、无权占有、善意占有、间接占有。③丁对相机的占有为有权占有、他主占有、直接占有。[1]

六、占有的保护

（一）权利人与无权占有人之间的关系

1. 使用关系：占有人因使用占有的不动产或者动产，致使该不动产或者动产受到损害的，恶意占有人应当承担赔偿责任。（《民法典》第459条）

（1）恶意无权占有人，使用致害应负赔偿责任。

（2）善意无权占有人，使用致害不负赔偿责任。

2. 返还关系：不动产或者动产被占有人占有的，权利人（物权人或债权人）可以请求返还原物及其孳息；但是，应当支付善意占有人因维护该不动产或者动产支出的必要费用。（《民法典》第460条）

（1）权利人可请求无权占有人返还原物和孳息。

（2）善意无权占有人可主张必要费用。

（3）恶意无权占有人不得主张必要费用。

---

〔1〕遗失物成立留置权理由：①留置物中一般都凝结了留置权人的劳动价值，或由留置权人提供的材料而成，在一定意义上，可认留置物为"共有物"，归留置权人和留置物所有权人共有的意味。②否定的话，则会影响承揽人、承运人、保管人、仓储人、行纪人从事承揽、货物运输、保管、仓储、行纪等业务的积极性。

3. 毁损关系：占有的不动产或者动产毁损、灭失，该不动产或者动产的权利人请求赔偿的，占有人应当将因毁损、灭失取得的保险金、赔偿金或者补偿金等返还给权利人；权利人的损害未得到足够弥补的，恶意占有人还应当赔偿损失。（《民法典》第461条）

（1）善意无权占有人返还"代位物"，如现有保险金、赔偿金或补偿金。

（2）恶意无权占有人返还代位物，如现有保险金、赔偿金或补偿金。如权利人的损害未获得足够弥补，恶意无权占有人还应向权利人赔偿损失。

例：【骑错车】丙找甲借自行车，甲的自行车与乙的很相像，均放于楼下车棚。丙错认乙车为甲车，遂把乙车骑走。甲告知丙骑错车，丙未理睬。某日，丙骑车购物，将车放在商店楼下，因墙体倒塌将车砸坏。如何评价本案占有关系?

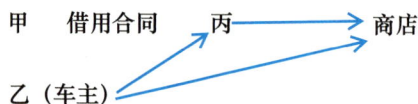

甲　　借用合同　　丙　　　　　　　商店

乙（车主）

①甲丙有借用合同，乙丙无借用合同。②丙将乙车骑走，无合同依据，丙对乙车的占有，属于无权占有、善意占有、他主占有、直接占有，此期间修车的必要费用（如还没骑就发现车链条坏了，丙予以维修），丙可要求乙偿还。③甲告知丙骑错车后，丙对乙车的占有，有善意无权占有，变成了恶意无权占有。此后车的毁损，丙都应向乙承担赔偿责任。④丙承担责任后，可向商店追偿（商店属于"物件致人损害"）。⑤乙车放楼下，乙对其车构成直接占有，丙将该车骑走，无论丙是否知情，均破坏了乙的占有，乙对丙均有返还占有请求权。

> 秒杀："善意受保护，恶意受惩罚"。善意无权占有还是恶意无权占有的判断时间点，应分别情况判断。"使用致害时""必要费用发生时""毁损发生时"。

（二）占有人与侵占人之间的关系

占有返还请求权：占有的不动产或者动产被侵占的，占有人有权请求返还原物。占有人返还原物的请求权，自侵占发生之日起1年内未行使的，该请求权消灭。（《民法典》第462条）

1. 1年期间的起算：（1）从侵占发生之日起1年内行使。（2）如果是连续侵占，则自第1次侵占发生之日起计算。

> 原理：为什么规定1年期间？①甲占有物被乙侵占之时，属于甲的旧支配事实的"干扰期"，为维护原有社会秩序，特赋予该占有人"自力救济权"，积极排除妨害，立即回复原有的事实支配。②经过上述阶段，甲的旧支配事实进入"衰弱期"，与此同时，乙的新支配事实进入"逐渐平稳期"，于是法律不允许甲以自力救济手段回复其占有，以免危害社会秩序平和。但是，甲的旧的支配事实没有消灭，法律给了1年期间，加以保护，赋予占有人以"物上请求权"，即占有被侵夺的请求权以回复占有。③再过了1年的阶段后，甲的旧支配事实过了衰弱期，"消灭了"；乙的新的支配事实落地了、确定了、"生根发芽了"，形成另一个社会秩序，法律对乙的占有再加保护。

2. 原告＝主张人＝一切占有人：（1）可以是合法占有人，也可以是非法占有人。（2）可以是直接占有人，也可以是间接占有人。

例：【间接占有人是否被侵占，要看直接占有人是否被"侵占"】①如甲把汽车出租给乙，被丙偷走。丙的行为侵犯了乙的直接占有，并侵犯了甲的间接占有。②如甲把汽车出租给乙，被丙买、租（租期内）、借（借期内）走。丙的行为没有侵犯乙的直接占有，也就没有侵犯甲的间接占有。

3. 被告＝被主张人＝现在占有人：（1）侵占人。（2）侵占人的后手。

例：【螳螂捕蝉黄雀在后】甲、乙是邻居。乙出国 2 年，甲将乙的停车位占为己用。期间，甲将该停车位出租给丙，租期 1 年。期满后丙表示不再续租，但仍继续使用该停车位。<u>如何评价停车位的物权关系和占有关系？</u>

$$乙（主人）\xleftrightarrow{侵占}甲（第 1 次侵占人）\xleftrightarrow[]{出租+侵占}丙（第 2 次侵占人）$$

①停车位属于不动产，所有权归乙。②乙虽然出国，但仍直接占有停车位。③甲将乙停车位占有己用，属于恶意、无权、自主占有人。④乙可基于所有权要求甲返还停车位，也可基于占有被破坏要求甲返还占有。⑤甲将停车位出租给丙，该租赁合同属于无权出租他人不动产，租赁合同有效，因租赁合同不要求出租人是所有权人。⑥租赁期间内，丙对该停车位占有，相对于甲是有权占有，故甲不可对丙要求返还占有。⑦但是丙对该停车位的占有，相对于乙来讲是无权占有，无论丙是否知情，乙均可基于所有权要求丙返还原物。⑧再但是，因为乙的占有被破坏太久，超过 1 年（自甲侵占乙的停车位起计算），故乙不得对丙主张返还占有。⑨租赁期间届满后，丙不退停车位，破坏了甲对停车位的间接占有，故甲有权对丙主张占有返还。

4. 现占有人有两个抗辩

（1）善意取得"物权"的抗辩

例：【善意取得】甲借用乙的手机到期不还，甲侵占了乙的占有。甲无权处分该手机以市价出卖并交付了丙，丙构成善意取得。<u>乙可否要求丙返还占有？</u>①否。②丙属于侵占人甲的后手，但是丙构成善意取得，故乙不得对丙主张占有返还。

（2）本权之诉的抗辩

例：【房东和租户】租赁期间届满承租人不返还租赁物时，出租人强行取回。<u>如何评价双方的法律关系？</u>①出租人侵占了租户的占有，租户对出租人提起占有返还之诉。②而出租人可对租户提出本权之诉即所有权返还之诉。③故租户不得对出租人主张占有返还。

（三）区分基于物权的返还原物、基于权利人的返还原物、基于占有的返还原物

1. 【235】基于物权而对无权占有人的返还原物：原告是抵押权人之外的含有占有权能的物权人、宣告失踪的财产代管人、破产管理人、遗产管理人。

2. 【460】基于权利人而对无权占有人的返还原物：原告可以是上述范围，还可以是债权人。比如有人侵犯租户的占有，则房东可基于所有权要求返还原物，可基于间接占有被破坏要求返还原物，租户可基于权利人（债权人）身份主张返还原物，也可基于直接占有被破坏要求返还原物。

3. 【462】基于占有而对破坏占有人的返还原物：原告是一切"占有"人，可以是基于物权的占有、基于债权的占有和非法占有。

原理：基于物权的返还原物请求权和占有返还请求权的区别是什么？（1）基础不同。①基于物权的返还原物请求权，其基础是物权的绝对性、支配性、排他性而衍生出来的一种请求权，作用主要是使物权效力得到维护。②占有物返还请求权是基于占有事实，如租用、借用等事实，其作用仅仅在于恢复占有人对物的占有，维护社会稳定的秩序，并不涉及占有物的权利归属问题。（2）证据不同。①原物返还请求权要证明东西所有权是你的，比如说手机的购买凭证、发票，手机里的内容等。②占有返还请求权，只要证明他人是从你手里"拿"走的，比如监控，人证。（3）期间不同：①不动产和登记的动产返还原物不适用诉讼时效，未登记的动产返还原物适用 3 年诉讼时效。②占有返还原物适用 1 年期间。

秒杀：原物在呼叫主人（房屋永远在呼叫主人＋登记的机动车永远在呼叫主人＋其他动产在呼叫主人但有3年诉讼时效）。占有在呼叫1年内的秩序。

例：【返还原物的竞合关系】甲的电脑被乙偷。甲是所有人，乙是现时无权占有人。如何评价返还原物关系？①甲可基于所有权，向乙主张"返还原物"。②甲可基于权利人，向乙主张"返还原物和孳息"。③甲可以直接占有被侵占为由向乙主张"返还原物"。

秒杀：如何区分"返还原物"与"占有返还请求权"？（1）考试中措辞使用"返还原物"，其指向基于物权的返还原物。考试中如果没有特别说明，其措辞使用返还具体的物，均指向基于物权的返还原物（如2013年第9题返还"遗失"的手表；2012第56题D返还房屋；2011第57题返还房屋；2007第57题返还电脑；2007年第94题返还房屋；2007第95题返还房屋。（2）考试中措辞使用"占有返还请求权"，其指向占有返还。

第五章 业主的建筑物区分所有权

邻居在我家房屋层高范围内安装空调外机，他们家吹冷风，我们家进热风。建筑物外墙部分归业主共有，但是安装空调外机须在自家房屋层高范围内。如果超出自己房屋层高范围，须按《国家标准房间空气调节器安装规范》安装。

一、业主的建筑物区分所有权（专有权 + 共有权 + 管理权）

业主对建筑物内的住宅、经营性用房等专有部分享有所有权，对专有部分以外的共有部分享有共有和共同管理的权利。（《民法典》第 271 条）

二、专有权

业主对其建筑物专有部分享有占有、使用、收益和处分的权利。业主行使权利不得危及建筑物的安全，不得损害其他业主的合法权益。（《民法典》第 272 条）

（一）专有部分

地板、天花板和四壁形成的空间。合同明示归业主专有的车位、车库、绿地、露台。

（二）专有部分使用方面的延展

业主基于对住宅、经营性用房等专有部分特定使用功能的合理需要，无偿利用屋顶以及与其专有部分相对应的外墙面等共有部分的，不应认定为侵权，比如在自己房屋对应的外墙面安装空调外机。

（三）专有部分使用方面的限制

业主不得违反法律、法规以及管理规约，将住宅改变为经营性用房。业主将住宅改变为经营性用房的，除遵守法律、法规以及管理规约外，应当经有利害关系的业主一致同意。（《民法典》第 279 条）

1. 本栋建筑物内的其他业主，属于有利害关系的业主。

2. 本栋建筑物之外的业主，主张与自己有利害关系的，应证明其房屋价值、生活质量受到或者可能受到不利影响。

例：【住宅变茶馆】蒋某是 C 市某住宅小区 6 栋 3 单元 502 号房业主，该小区业主田某将其位于一楼的住宅用于开办茶馆，蒋某认为此举不妥，交涉无果后向法院起诉，要求田某停止开办。什么情形下蒋某主张可以获得支持？①如蒋某是同一栋住宅楼的业主，法院应支持其请求。②如蒋某能证明因田某开办茶馆而影响其房屋价值，法院应支持其请求。③如蒋某能证明因田某开办茶馆而影响其生活质量，法院应支持其请求。④另外，从田某角度观察，田某必须证明其开办茶馆得到全体有利害关系业主一致同意，才可以开茶馆。

三、共有权

业主对建筑物专有部分以外的共有部分，享有权利，承担义务；不得以放弃权利不履行义务。

（一）全小区共有（"进了小区你的肉眼可以看到的"）

1. 此地、此路、此绿、此物业用房归共有：（1）建筑区划内的土地，依法由业主共同享有建设用地使用权，但属于业主专有的整栋建筑物的规划占地或者城镇公共道路、绿地占地除外。（2）建筑区划内的道路，属于业主共有，但是属于城镇公共道路的除外。（3）建筑区划内的绿地，属于业主共有，但是属于城镇公共绿地或者明示属于个人的除外。（4）建筑区划内的其他公共场所、公用设施和物业服务用房，属于业主共有。（《民法典》第274条）

2. 此维系资金归共有：（1）建筑物及其附属设施的维修资金，属于业主共有。（2）经业主共同决定，可以用于电梯、屋顶、外墙、无障碍设施等共有部分的维修、更新和改造。维修资金的筹集、使用情况应当公布。（3）紧急情况下需要维修建筑物及其附属设施的，业主大会或者业主委员会可以依法申请使用建筑物及其附属设施的维修资金。（《民法典》第281条）

3. 共有部分收益归共有：建设单位、物业服务企业或者其他管理人等利用业主的共有部分产生的收入，在扣除合理成本之后，属于业主共有。（《民法典》第282条）

4. 此支出是共有分担：建筑物及其附属设施的费用分摊、收益分配等事项，有约定的，按照约定；没有约定或者约定不明确的，按照业主专有部分面积所占比例确定。（《民法典》第283条）

> 问：业主建筑物区分所有权中的共有权与共有制度中的共有权有何区别？①专有权、共有权、管理权一体转让。②业主卖房，其他业主无优先购买权。③业主卖房，不能保留共有权和管理权。

（二）全楼共有（"进了楼你的肉眼可以看到的"）

1. 想到的：建筑物的基础、承重结构、外墙、屋顶等基本结构部分。

2. 走到的：通道、楼梯、大堂等公共通行部分。

3. 看到的：消防、公共照明等附属设施、设备，避难层、设备层或者设备间等结构部分。

4. 其他的：其他不属于业主专有部分，也不属于市政公用部分或者其他权利人所有的场所及设施等。

（三）两户共有

楼板，承重墙之外的隔墙。（承重墙属于全楼共有）。

例：【双方共有墙壁】甲房与乙房为同一小区且相邻，甲在装修房屋时，请工人在和乙共用的墙壁上掏了一个高2米，宽1.5米的壁橱，乙不知情。后乙在挪动家具时不小心碰到了这面共用的墙壁，墙壁竟然塌了并砸伤了乙。经查，甲装修时把墙壁掏的过深了，只剩下很薄的一层，所以乙轻微碰撞就使墙塌了。乙要求甲将墙壁恢复原状，并赔偿损失。甲认为墙壁是他房屋的一部分，他已经出钱买了房子，就有权掏墙壁。且甲认为因乙自己的碰撞导致墙壁塌，故拒绝了乙的请求。甲的主张是否成立？①否。②甲和乙的房屋毗连，共用一墙壁，此墙壁应该属于部分区分所有人的共有部分。③双方对墙壁都享有一定的权利，但同时必须履行一定的义务，即在行使自己权利的同时，不得损害他人的合法权益。④甲应承担修复墙壁和赔偿损失的责任。

（四）改变共有部分用途：双2/3参与表决 + 双3/4赞成票

改变共有部分的用途或者利用共有部分从事经营活动，应当由专有部分面积占比三分之二以上的业主且人数占比三分之二以上的业主参与表决。且应当经参与表决专有部分面积四分之三以上的业主且参与表决人数四分之三以上的业主同意。（《民法典》第278条）

例：【共有用途改变】甲、乙、丙、丁分别购买了某住宅楼（共四层）的一至四层住宅，并各自办理了房产证。<u>如何评价房屋所有权？</u>①甲、乙、丙、丁各自对房屋享有的是业主建筑物区分所有权。②若甲出卖其住宅，乙、丙、丁无优先购买权。③甲、乙、丙、丁有权分享该住宅楼的外墙广告收入。④一层住户甲对三、四层间楼板不享有民事权利。⑤如四层住户丁欲在楼顶建一花圃，应当由专有部分面积占比三分之二以上的业主且人数占比三分之二以上的业主参与表决。且应当经参与表决专有部分面积四分之三以上的业主且参与表决人数四分之三以上的业主同意。

四、停车库、停车位

（一）独立所有权车位

1. 归开发商：建筑区划内，规划用于停放汽车的车位、车库的归属，由当事人通过出售、附赠或者出租等方式约定。（《民法典》第275条）

（1）建筑区划内，规划用于停放汽车的车位、车库应当首先满足业主的需要。（《民法典》第276条）

（2）建设单位按照"配置比例"（车位、车库与房屋套数的比例）将车位、车库，以出售、附赠或者出租等方式处分给业主的，符合"应当首先满足业主的需要"的规定。

例：【车位归属】蒋某是C市某住宅小区6栋3单元502号房业主，小区地下停车场设有车位500个，开发商销售了300个，另200个用于出租。蒋某购房时未买车位，现因购车需使用车位。<u>如何评价车位所有权归属？</u>①500个归开发商所有。②开发商出卖了300个，故该300个停车位所有权分别归购买车位的业主。③如业主出售车位，蒋某等无车位业主没有优先购买权。④如业主出售房屋，其所购车位并不需要一同转让，因为房屋和停车位分别属于2个独立的不动产，停车位不是房屋的从物。⑤开发商出租了200个，故该200个停车位所有权归开发商。⑥开发商出租车位，应优先满足蒋某等无车位业主的需要。

2. 归业主：占用业主共有的道路或者其他场地用于停放汽车的车位，属于业主共有。（《民法典》第275条）

（二）无所有权的人防车位

1. 人防车位：住宅小区的人防工程，在战争时期，为了保障住宅小区内业主的掩蔽、逃生而单独修建的位于地下的防护建筑，以防护为首要功能。非战争时期，人防工程平日可与普通车位一样，用于停放民用车辆。

2. 权利归属：《人民防空法》第5条规定，"人民防空工程平时由投资者使用管理，收益归投资者所有。"人防车位可以出租，不能出卖；可以转移使用权，不能转移所有权。因为人防车位所有权归国家。出租时，应优先满足业主需要。

例：【人防车位"买卖"】开发商与业主签订人防车位使用权转让合同，<u>该合同效力如何？</u>①如开发商明确告知该车位属于人防工程，则该协议有效，视为租赁合同，但租期不得超过20年。②如果开发商未告知该车位属于人防工程，则构成欺诈，业主可以受欺诈为由主张撤销该合同，要求开发商返还购买车位款项及利息。

五、管理权（《民法典》第278条）

（一）一般事项：双2/3参加表决＋双1/2投同意票

1. 制定和修改业主大会议事规则。

2. 制定和修改管理规约。

3. 选举业主委员会或者更换业主委员会成员。

4. 选聘和解聘物业服务企业或者其他管理人。

5. 使用建筑物及其附属设施的维修资金。

（二）重大事项：双 2/3 参加表决 + 双 3/4 投同意票

1. 筹集建筑物及其附属设施的维修资金。

2. 改建、重建建筑物及其附属设施。

3. 改变共有部分的用途或者利用共有部分从事经营活动。

4. 有关共有和共同管理权利的其他重大事项。

> 问1：什么是双参会和双表决？假设一共30户人，每户人建筑面积是30平。则人头比2/3 和面积比2/3，即20户人（20平面积）参加会议，该会议是有效会议。参加会议的20人中会做出表决，则人头比3/4和面积比3/4，即双15表决同意通过重大事项；人头比1/2和面积比1/2，即双10表决同意通过一般事项。简言之，15人决定重大事项，10人决定一般事项。
>
> 问2：为什么需要双决制？❶既要防止少数人的权利垄断，还要防止"多数人暴政"。❷所以要看房本还要看人头。
>
> 问3：谁是业主？①登记业主。②从开发商买了交付了尚未过户的，可以认为定业主（一手房买卖，是可以即法院来定）。③夫妻无论你有一个房本还是2个房本，你都是1个业主，1个业主和1个面积比的表决权。不可能你夫妻是2个业主，我单身汉1个房本就1个业主。④实务中，老公同意某个表决，老婆说反对，法院会说反对无效。学理解释即这是家事代理，因为这个不仅仅是你们家的事情，还是全小区业主的事情。

> 秒杀：筹集维修资金是重大事项；使用维修资金是一般事项。

（三）决议效力

1. 业主大会或者业主委员会的决定，对业主具有法律约束力。（《民法典》第280条）

2. 业主大会或者业主委员会作出的决定侵害业主合法权益的，受侵害的业主可以请求人民法院予以撤销。（《民法典》第280条）

（四）管理方式

1. 业主自行管理：业主可以自行管理建筑物及其附属设施。

2. 委托他人管理：业主可以委托物业服务企业或者其他管理人管理。（1）物业服务企业或者其他管理人根据业主的委托，依照本法第三编有关物业服务合同的规定管理建筑区划内的建筑物及其附属设施，接受业主的监督，并及时答复业主对物业服务情况提出的询问。（2）物业服务企业或者其他管理人应当执行政府依法实施的应急处置措施和其他管理措施，积极配合开展相关工作。（《民法典》第285条）

（五）小区内部诉讼

1. 针对"损公肥私"行为（《民法典》第286条）

（1）业主大会或业主委员会有权依照法律、法规以及管理规约，作为原告起诉，请求行为人停止侵害、排除妨碍、消除危险、恢复原状、赔偿损失：①任意弃置垃圾。②排放污染物或者噪声。③违反规定饲养动物。④违章搭建。⑤侵占通道。⑥拒付物业费。⑦损害房屋承重结构，损害或者违章使用电力、燃气、消防设施，在建筑物内放置危险、放射性物品等危及建筑物安全或者妨碍建筑物正常使用。⑧违反规定破坏、改变建筑物外墙面的形状、颜色等损害建筑物外观。⑨违反规定进行房屋装饰装修。⑩违章加建、改建，侵占、挖掘公共通道、道路、场地或者其他共有部分。

（2）有关当事人可以向行政主管部门投诉：行为人拒不履行相关义务的，有关当事人可以向有关行政主管部门投诉，有关行政主管部门应当依法处理。

2. 针对"个人侵害个人"行为，受害业主作为原告起诉：业主对建设单位、物业服务企业或者其他管理人以及其他业主侵害自己合法权益的行为，有权请求其承担民事责任。（《民法典》第287条）

例：【公对公和私对私】蒋某是 C 市某住宅小区 6 栋 3 单元 502 号房业主，对小区其他业主的下列行为，因分别由谁提起诉讼？①针对 5 栋某业主任意弃置垃圾、7 栋某业主违反规定饲养动物、8 栋顶楼某业主违章搭建楼顶花房，业主委员会有权提起诉讼。②针对楼上邻居因不当装修损坏蒋某家天花板，蒋某有权提起诉讼。

第六章　共　有

你出20万，我出10万，买一辆货车做物流，按份共有，关于这辆车，你说了算，因为你是达到了按份共有的三分之二份额；咱俩结婚后买了一辆货车做物流，关于这辆车，我们说了算，因为"百年修得同船渡、千年修得共枕眠"，咱们是共同共有。

> 问：为什么共有是普世的？放眼望去，我们看到的财产，要么是归国家所有、集体所有、公司所有，剩余的绝大部分都是家庭的，一般都是共同共有。

> 秒杀3句话：共有是普世的；人多是分歧的；物要尽其用的。

一、按份共有

按份共有人对共有的不动产或者动产按照其份额享有所有权。（《民法典》第298条）

（一）拟制按份共有

共有人对共有的不动产或者动产没有约定为按份共有或者共同共有，或者约定不明确的，除共有人具有家庭关系等外，视为按份共有（《民法典》第308条）

> 问：为什么拟制为按份共有？只要没有基础关系，就是赤裸裸的金钱关系，是资本多数决。

（二）拟制等额享有

按份共有人对共有的不动产或者动产享有的份额，没有约定或者约定不明确的，按照出资额确定；不能确定出资额的，视为等额享有。（《民法典》第309条）

> 问：为什么拟制为等额享有？因为除了这么拟制，已经别无他法。

（三）按份共有人对份额的优先购买权

按份共有人可以转让其享有的共有的不动产或者动产份额。其他共有人在同等条件下享有优先购买的权利。（《民法典》第305条）其他共有人没有"同意权"。

1. 什么是"对外转让"？（1）限于"对外"转让，才启动其他按份共有人份额优先购买权。如果对内转让，则其他按份共有人不得主张份额优先购买权。（2）限于对外"转让"，才启动其他按份共有人份额优先购买权。如果是对外赠与、或者发生继承，则其他按份共有人不得主张份额优先购买权。

2. 什么是同等条件？根据转让价格、价款履行方式及期限等因素确定。

3. 优先购买权的期限是多久？（1）按份共有人转让其享有的共有的不动产或者动产份额的，应当将转让条件及时通知其他共有人。（2）其他共有人应当在合理期限内行使优先购买权。（《民法典》第306条）（3）合理期限是多长？从约定、通知载明行使期间、通知未载明行使期间或载明的期间短于15日则为通知送达之日起15日、未通知则为其他按份共有人知道或应知道最终确定的同等条件之日起15日、未通知且无法确定其他按份共有人知道或应当知道最终确定的同等条件则为共有份额权属转移之日起6个月。（《物权编解释一》第11条）

秒杀：从约定、大于15、15、6个月。

4. 优先购买权的比例是多少？两个以上其他共有人主张行使优先购买权的，协商确定各自的购买比例；协商不成的，按照转让时各自的共有份额比例行使优先购买权。（《民法典》第306条）

> 问：为什么协商失败则同比例增持？为了保持表决权的稳定，比如ABC的比例是433，则A要退出，其份额BC都想购买，则同比例增持，一个人分得20%，如此一来，BC的表决权保持稳定，利于物尽其用。

5. 优先购买权人哪些主张无法获得支持？（1）不符合时间条件（过了权利行使期限）。（2）不符合合同等条件。（3）按份共有人不得以优先购买权受侵害为由仅诉请份额转让合同无效或诉撤销份额转让合同。

> 问：侵犯了按份共有人优先购买权如何救济？可以诉侵权赔偿（赔偿丧失本次购买机会所遭受的损失），不可诉份额转让合同无效。如果诉赔偿又诉份额转让合同无效，则法院支持赔偿不支持无效。无效事由："无双二公子"。可撤事由："大师破人妻"。

例：【按份共有商铺卖给内人和卖给外人】甲、乙、丙、丁按份共有某商铺，各自份额均为25%。因经营理念发生分歧，甲与丙商定将其份额以100万元转让给丙，通知了乙、丁；乙与第三人戊约定将其份额以120万元转让给戊，未通知甲、丙、丁。如何评价本案优先购买权？①甲乙丙丁按份共有不动产。②甲转让份额给丙，属于内部转让，其他按份共有人乙、丁对该份额不得主张优先购买权。③乙转让份额给戊，属于外部转让，其他按份共有人甲、丙、丁对该份额有优先购买权。④如果甲、丙均对乙的份额主张优先购买权，双方可协商确定各自购买的份额，如双方协商不成，则按各自共有份额比例行使优先购买权（因为各自比例都是1/4，故1人购买1半）。⑤甲丙丁不得以优先购买权受害为由请求认定乙戊之间的份额转让合同无效。

> 小结优先购买权：（1）按份共有人对共有物的份额享有优先购买权。（2）房屋租赁承租人优先购买权。（3）单位转让职务技术成果，完成人有优先受让权。（4）开发人转让委托开发的发明创造，委托人享有以同等条件优先受让的权利。（5）合作人转让其共有的合作开发完成的发明创造专利申请权，其他合作人享有以同等条件优先受让的权利。（6）农村耕地流转时，本村农民有优先权。（7）农村荒地发包时，本村农民有优先承包权。（8）公司股东对外转让股权时其他股东享有优先购买权。

二、共同共有

共同共有人对共有的不动产或者动产共同享有所有权。（《民法典》第299条）

如夫妻共有、家庭共有、遗产分割前各继承人对遗产的共同共有、合伙财产。

> 原理：按份共有和共同共有的区分价值是什么？①甲乙谈恋爱，各自按30%和70%出资购买房屋，登记在甲一人名下，甲乙分手，该房屋为按份共有，按照30%和70%的比例分割房屋。②甲乙结婚，婚内男方收入和女方收入各出70%和30%购买房屋，登记在甲一人名下，甲乙离婚，该房屋为共同共有，法院可以按照五五开分割房屋，也可以照顾女方按照男方45%女方55%分割房屋。③男女双方恋爱时吃饭谁买单？男，花男方的钱。男女婚后吃饭谁买单？女，花男女双方的钱。

> 秒杀记忆"法定共同共有"口诀："夫妻是合伙，家庭有继承"。

三、共有物的管理：处分、保存、改良、费用负担

（一）共有物的处分

处分共有的不动产或者动产以及对共有的不动产或者动产作重大修缮、变更性质或者用途的，应当经占份额三分之二以上的按份共有人或者全体共同共有人同意，但是共有人之间另有约定的除外。（《民法典》第301条）

> 问1：什么是事实上处分？如加盖房屋、装修房屋、拆除房屋重建、宰牛杀羊。
> 问2：什么是法律上处分？①如买卖、互易、赠与、抵押、质押、设立用益物权。②物债两分，交付行为从合同上观察是履行行为，从物权上观察是公示方法。

1. **按份共有的处分**：应当经占份额2/3以上（包括本数2/3）的按份共有人同意。

例：【处分与出租】甲、乙、丙、丁共有1套房屋，各占1/4，对共有房屋的管理没有进行约定。甲、乙、丙未经丁同意，以全体共有人的名义将该房屋出租给戊。<u>如何评价该房屋租赁合同?</u>①甲乙丙丁按份共有不动产。②甲乙丙份额占到3/4，大于2/3，故可随便处分该按份共有房屋。③房屋出租是为承租人设立租赁权，乃"德国法上的"负担行为，即承租人戊享有债权。④房屋出卖是将所有权转移给买方，是法律上的处分，即买方取得所有权。⑤占2/3以上份额的人有权出卖房屋，根据"举重以明轻"规则（即比较严重的出卖行为只要2/3，而出租行为比较轻，故2/3比例就够了），占2/3份额的人自然有权出租房屋。⑥本案房屋租赁合同有效。

例：【区分对共有物的处分与对共有份额的处分】红光、金辉、绿叶和彩虹公司分别出资50万、20万、20万、10万元建造一栋楼房，约定建成后按投资比例使用，但对楼房管理和所有权归属未作约定。<u>如何评价该房屋的共有权属状态?</u>①4公司对该楼所有权属于按份共有。②任一公司有权将其份额对外转让，但其他按份共有人享有同等条件下的优先购买权。③红光公司投资占50%，未达到2/3，故无权决定该楼的重大修缮事宜。

> 原理：如何区分按份共有中实物的2/3多数决和份额的随便决？①2/3多数决的对象是"按份共有物"（马变马肉），而不是按份共有物的"份额"。②随便决的对象是份额（马份额的1/5），份额独自处分，要激活其他按份共有人的优先购买权。③做题时，请看清楚按份共有人处分的到底是份额，还是共有物。

2. **共同共有的处分。**（1）一般共有坚持一致决。（2）夫妻共有的特殊规则：①夫妻小额财产的处分无须一致决。②夫妻大额财产的处分仍须一致决。③违反一致决，则需要检讨购买人是否构成善意取得。

例：【夫妻财产的处分】甲乙夫妻，甲在早市买15元菜，处分夫妻小额财产，无须乙同意。甲在房市卖夫妻共有房屋，应经乙同意。未经乙同意则构成无权处分，需要检讨买方是否构成善意取得。

（二）共有物的保存，无论是按份共有人还是共同共有人均可单独进行

保存行为是保全共有物的物质上或者权利上利益的行为，如共有物的修缮。

例：【修轮胎】甲乙按份共有1车，或者甲乙共同共有1车，车胎爆裂，甲或乙均可将车交修，换轮胎，这属于保存行为，任何一个共有人均可单独实施。

（三）共有物的改良行为，按份共有人须2/3多数决，共同共有是一致决

改良行为是在不改变共有物性质的前提下，对共有物进行的加工、修理等行为，以增加共

有物的效用或者价值。

例：【换轮胎】甲乙按份共有 1 车，或者甲乙共同共有 1 车，有人提出要将原有普通轮胎，更换为防爆轮胎，这属于改良行为，按份共有中需要 2/3 以上多数决，共同共有中需要一致决。

（四）共有物的管理费用及其他负担

共有人对共有物的管理费用以及其他负担，有约定的，按照其约定；没有约定或者约定不明确的，按份共有人按照其份额负担，共同共有人共同负担。（《民法典》第 302 条）

例：【共有物费用负担】甲、乙、丙、丁共有 1 套房屋，各占 1/4，对共有房屋的管理没有进行约定。对该楼发生的管理费用，如何分担？按投资比例承担。

四、共有物的连带（《民法典》第 307 条）

（一）对外关系

因共有的不动产或者动产产生的债权债务，在对外关系上，共有人享有连带债权、承担连带债务。

例：【狗咬狗】甲乙夫妻共有的宠物猫，被丙丁夫妻共有的宠物狗咬伤。如何评价他们之间的法律关系？①属于动物致人损害，动物致人财产或人身损害都是"致人损害"。②丙丁夫妻共有物对外致人损害，负连带债务。③甲乙夫妻共有物受害，享有连带债权。

（二）内部关系

1. 按份共有人按照份额享有债权、承担债务。偿还债务超过自己应当承担份额的按份共有人，有权向其他共有人追偿。

2. 共同共有人共同享有债权、承担债务。

例：【共同共有之继承共有、遗产分割前对外负连带的合同债务】甲公司将挖掘机以 48 万元的价格出卖给王某，王某首期付款 20 万元，尾款 28 万元待收到挖掘机后支付。王某取得挖掘机后死亡。王某临终立遗嘱，其遗产由其子大王和小王继承，遗嘱还指定小王为遗嘱执行人。王某死后，如何评价甲公司与王某的买卖合同？（1）从物权角度观察：①挖掘机买卖合同有效，挖掘机是普通动产，已经交付，故王某取得挖掘机的所有权。②王某死亡后，发生继承物权变动，大王和小王是挖掘机所有权人。③遗产尚未分割前，大王和小王共同共有该挖掘机所有权。（2）从合同角度观察：①挖掘机买卖合同不因王某死亡而消灭。②大王和小王继承了王某的遗产，就要法定承受其生前所负债务，即挖掘机买卖合同。③故甲公司无权解除合同，大王和小王也无权解除合同。④大王和小王应就支付尾款 28 万元的合同义务，对甲公司负连带责任。

五、共有物的分割

（一）可否分割（《民法典》第 303 条）

1. 约定不得分割有效，但有重大理由仍可分割：共有人约定不得分割共有的不动产或者动产，以维持共有关系的，应当按照约定，但是共有人有重大理由需要分割的，可以请求分割。

2. 无约定：（1）按份共有人可以随时请求分割。（2）共同共有人在共有的基础丧失或者有重大理由需要分割时可以请求分割。①"蚂蚁搬家"：婚姻存续期间，一方有隐藏、转移、变卖、毁损、挥霍夫妻共同财产或者伪造夫妻共同债务等严重损害夫妻共同财产利益行为，另一方可以向法院请求分割共同财产。②"你妈是你妈"：婚姻存续期间，一方负有法定扶养义务的人患重大疾病需要医治，另一方不同意支付相关医疗费用，则一方有权请求法院分割共同财产。

> 问：为什么"蚂蚁搬家"和"你妈是你妈"这个规则这么特别？①因为在婚内允许夫妻双方分割财产这个本身是自相矛盾的，因为妻子分得的，丈夫也有份，这属于婚姻存续期间获得财产。同理，丈夫分得的，妻子也有份。②故婚内可以分割财产本身是自相矛盾的，故只有特殊的2种例外才可以适用"婚内"分割夫妻共同财产。

（二）怎么分割（《民法典》第304条）

1. 协商确定分割方式。

例：【协商55开变64开】张某与李某共有一台机器，各占50%份额。双方共同将机器转卖获得10万元，约定张某和李某分别享有6万元和4万元。同时约定该10万元暂存李某账户，由其在3个月后返还给张某6万元。后该账户全部款项均被李某债权人王某申请法院查封并执行，致李某不能按期返还张某款项。张某有权请求李某返还多少元？①6万元。②张某李某各占50%按份共有机器。③协商后按照60%和40%予以分割，该协议对当事人具有法律约束力。④李某不能按期返还，构成违约，故张某有权请求李某返还6万元。

2. 达不成协议：（1）实物分割：共有的不动产或者动产可以分割并且不会因分割减损价值的，应当对实物予以分割。（2）折价分割：难以分割或者因分割会减损价值的，应当对折价的价款予以分割。（3）变价分割：难以分割或者因分割会减损价值的，应当对拍卖、变卖取得的价款予以分割。

3. 分到瑕疵大家分担：共有人分割所得的不动产或者动产有瑕疵的，其他共有人应当分担损失。

第七章 担保物权

甲向银行借款，用甲或小甲房屋抵押，用乙或小乙汽车抵押或者出质，用丙或小丙保函担保，甲届期无力清偿债务，银行主张实现担保物权或者主张保证债权，应该怎么办？从约定；自物优先；银行可选择；内部启动"面对面可分担、背对背不可分担"。

第一节 担保物权基础

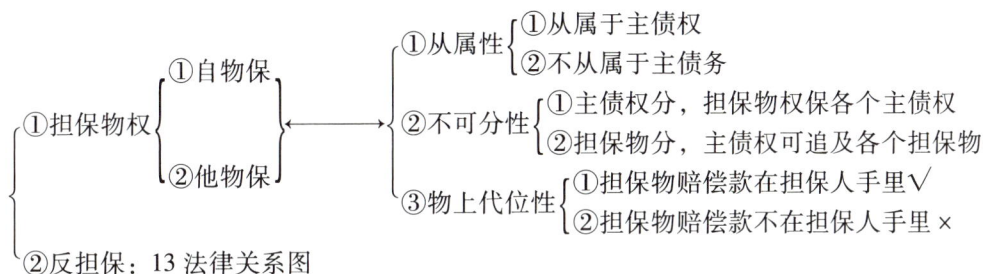

$$
①担保物权\begin{cases}①自物保\\②他物保\end{cases}\longleftrightarrow\begin{cases}①从属性\begin{cases}①从属于主债权\\②不从属于主债务\end{cases}\\②不可分性\begin{cases}①主债权分，担保物权保各个主债权\\②担保物分，主债权可追及各个担保物\end{cases}\\③物上代位性\begin{cases}①担保物赔偿款在担保人手里\checkmark\\②担保物赔偿款不在担保人手里\times\end{cases}\end{cases}
$$

②反担保：13 法律关系图

一、担保物权的本质

担保物权人在债务人不履行到期债务或者发生当事人约定的实现担保物权的情形，依法享有就担保财产优先受偿的权利，但是法律另有规定的除外。(《民法典》第 386 条)

(一) 区分物保人的一般责任财产和设定物保的特定财产

负担担保物权的"物"从"物的主人"的责任财产体系中，被"特定化"，成为特别的"专物"，用于清偿被担保的债务。担保物"消耗"完尚有未清偿的债务，转化成无担保债务，继续由债务人清偿。

例 1：【特定责任财产与一般责任财产】自然人甲欠银行 100 万元，欠丙 20 万元。甲的房屋抵押给了银行并且办理了抵押权登记。甲还有 1 汽车价值 10 万元。银行的法务会提出什么建议？①先抢汽车，因为反正房屋是专门给银行"留着"的。②这叫看着碗里的，先吃锅里的。

例 2：【担保物权是责任财产的"特定化"】自然人甲向乙银行借款 100 万元，甲用房屋为乙银行设定抵押权并且办理了登记。甲届期无力清偿债务，经查，甲的账户有 20 万元，房屋价值 80 万元，甲尚欠丙 20 万元。债权人如何实现债权？①甲应以其财产对外清偿债务，该财产被称之为"责任财产"。②甲的房屋被"特定化"，专门用于担保乙银行债权，乙银行就房屋享有优先于丙的权利，因为乙银行是有担保物权保护的债权人，而丙是普通债权人。③甲的账户 20 万元属于甲责任财产，对外清偿甲所有债权，故乙银行和丙平等受偿，民诉中对应的程序是"参与分配"，即如丙先起诉甲获得胜诉，则在执行程序中，拿到胜诉判决的乙银行可申请参加分配甲的 20 万元，丙拿 10 万，乙银行拿 10 万。我们称之"债权具有平等性"。乙银行和丙各有 10 万元未受偿，变为无担保债权，也可能是永远无法实现的债权。④实务中，乙银行的律师会建议先起诉甲，执行甲的账户，通过起诉和执行获取优势在先地位，如果丙尚未起诉获得胜诉判决，是不能"参与分配"甲账户的 10 万元的。回过来乙银行再主张抵押权，因为房屋是特定化责任财产，专门为担保乙银行。我们称之为"抢锅里的，然后再吃碗里的"。

（二）区分有物的担保的债权和无物的担保的债权

例： 自然人甲欠银行 100 万元有房屋抵押担保且办理了抵押权登记，又欠丙 20 万元。银行和丙都是甲的债权人，其法律地位有何差异？①乙银行的债权是有物的担保的债权。②丙的债权就是无物的担保的债权。③同时，乙银行债权就担保物变价后还有未受偿的债权 20 万元，也降格为无物的担保的债权。

（三）区分自物保和他物保

前者为主债务人自己向债权人提供的物保；后者为第三人向债权人提供的物保。

例：【自物保和他物保】 自然人甲欠银行 100 万元，用房屋对该债权提供了抵押担保且办理抵押权登记，如果房屋是甲提供或者房屋是第三人小甲提供，有何差异？①甲是主债务人，将房屋抵押给乙银行并登记，我们称之为"自物保"，甲的房屋从其责任财产中特定化了，乙银行就房屋变价款优先于甲的其他普通债权人。②如果是第三人小甲将房屋抵押给乙银行并登记，我们称之为"他物保"，小甲的房屋从其责任财产中特定化了，乙银行就房屋变价款优先于小甲的其他普通债权人。

> **问 1：担保物权人一定是债权人吗？**（物债二分思维观察）①一般来讲是的。②银行就是银行。③银行是中国最大的债权人。④银行也是中国最大的抵押权人。⑤**但是担保物权可以受托持有**：《担保制度解释》第 4 条，"有下列情形之一，当事人将担保物权登记在他人名下，债务人不履行到期债务或者发生当事人约定的实现担保物权的情形，债权人或者其受托人主张就该财产优先受偿的，人民法院依法予以支持：（一）为债券持有人提供的担保物权登记在债券受托管理人名下；（二）为委托贷款人提供的担保物权登记在受托人名下；（三）担保人知道债权人与他人之间存在委托关系的其他情形。"⑤**比如甲公司委托乙银行贷款，抵押权登记在银行名下，实际上抵押权人是甲公司**。
>
> **问 2：债务人一定是担保人吗？** ①不一定。②因为可能存在自物保，也可能存在他物保。③自物保时，债务人一定是担保人。④他物保时，第三人是担保人。

二、担保物权的从属性

（一）担保物权从属于主债权

1. 范围上的从属性

（1）担保物权担保的范围从属于主债权范围，即≤主债权额度。

（2）担保物权的担保范围包括主债权及其利息、违约金、损害赔偿金、保管担保财产和实现担保物权的费用。当事人另有约定的，按照其约定。（《民法典》第 389 条）

（3）担保合同从合同约定，如担保人不主动承担担保责任则需要负违约责任，该条款无效。因为这会导致担保人承担的责任超出主债的范围。如果担保人多还，这属于晴代偿，此后就多代偿部分不可向主债务人追偿，但可要求债权人返还不当得利（《担保制度解释》第 3 条）

例：【担保范围从属性】 甲欠银行债务本金利息等合计 100 万元，用房屋为银行设定抵押权并办理了登记手续。甲和银行抵押合同约定，如甲届期不配合银行实现抵押权，导致银行提起诉讼索要，则甲需要承担违反抵押合同的违约责任，违约金为 20 万元（"抵押合同自己的违约金"），故房屋抵押担保 100 万元和 20 万元，合计 120 万元。如何评价抵押合同约定的违约金条款效力？①该条款无效。②因为违反了担保的从属性。③该条款无效不影响其他部分效力，故担保责任仍然为主债务范围即 100 万元。④可见，所谓"当事人另有约定，按照约定"的准确意思是：当事人可以将主债务 100 万元做"降低"的约定如约定为 80 万元，不能做"提高"的约定如约定为 120 万元。⑤民法学理上，称之为"单向强制性规定"，或半强制性规定。

> 问 1：什么是担保合同约定的违约责任条款？第三担保人不主动积极的承担担保责任这件事情本身违反了担保合同约定，然后当事人约定，债权人就此可要求担保人承担"额外"的违约责任，这就是担保合同自己的违约责任条款。如果第三担保人主动代偿，就不需要主债权人去起诉"维权"。从这个角度上讲，第三担保人"违反了担保合同约定"的义务。
>
> 问 2：为什么担保合同单独约定的违约责任条款无效？①因为担保人代偿后可追主债务人，如果担保人承担的责任大于主债务人，则其代偿越多，可向主债务人追偿越多，这会加重主债务人的责任，这对主债务人不公平。②所以我们制定了担保人代偿的范围不大于主债务这个规则，如果担保人明知道自己的代偿不应超过主债范围，还去代偿，就叫"瞎代偿"，这部分不能去向主债务人追偿。③但是这部分可向债权人主张不当得利返还，因为担保人代偿超过主债务范围的部分，属于基于"无效约定"发生，故债权人应返还不当得利。《担保制度解释》第 3 条第 1 款、《九民纪要》第 55 条。

（4）主债务人破产（其财产不是自己的而是全体债主的）则主债权"停止计息"，担保人责任也"停止计息"。参见《担保制度解释》第 22 条。

2. 效力上的从属性（《民法典》第 388 条）

（1）设立担保物权，应当依照本法和其他法律的规定订立担保合同。担保合同包括抵押合同、质押合同和其他具有担保功能的合同。

（2）担保合同是主债权债务合同的从合同。主债权债务合同无效的，担保合同无效，但是法律另有规定的除外。

（3）担保合同被确认无效后，债务人、第三担保人、债权人有过错的，应当根据其过错各自承担相应的民事责任。

例：【房屋买卖合同无效不会导致抵押合同无效】李某从开发商签订购房合同，购得价值 300 万元房屋，在支付购房款和相关税费后办理了房屋过户登记。后李某以该房屋作为抵押在银行借款 150 万元，办理了抵押权登记。因李某在购房合同签订过程中存在欺诈行为，开发商以李某欺诈为由撤销合同，法院判决李某归还房屋，开发商退回购房款。因李某届期无力清偿欠银行债务，银行要求拍卖房产实现抵押权。但开发商认为自己是房屋所有权人，银行的抵押权无效。银行和开发商之间谁的主张成立？①银行。②合同角度观察：房屋买卖合同无效，不会影响李某和银行之间的抵押合同，因为抵押合同不是房屋买卖合同的从合同，而是李某与银行之间借款合同的从合同。如果李某和银行借款合同无效，才会导致抵押合同无效。③物权角度观察：房屋买卖合同无效，具有溯及力，即一开始房屋就不是李某的，而是开发商的。故李某将他人房屋抵押给银行，构成无权处分，但银行可主张善意取得抵押权。

问：为什么开发商变成了他物保？房屋是开发商的，银行实现抵押权拍卖后，相当于开发商代借款人还钱了，故开发商代偿后可追主债务人。（1）假设银行收了首付20万，购房人从银行贷款80万。那么假设合同无效，则双方要退房退钱，开发商要退首付20万给购房人，要退80万贷款给购房人。如果房屋拍卖获得80万元，则银行实现了80万元。开发商代偿了80万元，可以向购房人追偿80万元，故开发商只要向购房人退20万元。（相当于银行替开发商卖了1套房屋，开发商获得了80万元）。（2）假设银行收了首付20万，购房人从银行贷款80万。那么假设合同无效，则双方要退房退钱，开发商要退首付20万给购房人，要退80万贷款给购房人。如果房屋拍卖获得100万元，则银行实现了80万元，多得20万元退给开发商。开发商代偿了80万元，可向购房人追偿80万元，故开发商可以不向购房人退80万元，只向购房人退20万，则开发商获得了20万+80万元。（相当于银行替开发商卖了1套房屋，开发商获得100万元）。（3）购房人、银行和开发商回到原来。购房人的首付退回来。银行的贷款收回来。开发商的房屋（变价款）收回来。

秒杀：购房合同、借款合同、抵押合同，购房合同坚持相对性，不是主合同。借款合同才是抵押合同的主合同。

（4）无效担保合同的责任确定：①如仅担保合同无效：银行有错自负；担保人有错自负；都有错则2等分。②如主合同无效导致担保合同无效。银行、债务人、担保人都有错，则3等分。

问：什么是2等分？3等分？《担保制度解释》第17条第1款，"主合同有效而第三人提供的担保合同无效，人民法院应当区分不同情形确定担保人的赔偿责任：（一）债权人与担保人均有过错的，担保人（第三担保人）承担的赔偿责任不应超过债务人不能清偿部分的二分之一；（二）担保人有过错而债权人无过错的，担保人对债务人不能清偿的部分承担赔偿责任；（三）债权人有过错而担保人无过错的，担保人不承担赔偿责任。"第2款，"主合同无效导致第三人提供的担保合同无效，担保人无过错的，不承担赔偿责任；担保人有过错的，其承担的赔偿责任不应超过债务人不能清偿部分的三分之一。"

秒杀：有错自负；2人错则2等分；3人错则3等分。

3. 消灭上的从属性（《民法典》第393条）

（1）主债权全部消灭的，担保物权消灭。如房屋抵押担保欠银行的100万元，100万元债务消灭，则抵押权消灭。

（2）若主债权部分消灭，基于担保物权的不可分性，担保物权并不消灭，仅内容和范围相应缩减。如房屋抵押担保欠银行的100万元，已经还贷了10万元，但是抵押权仍然存在（比如还月供）。

（3）借新还旧中的规则：不能破坏担保人合理期待，参见《担保制度解释》第16条。

①旧贷担保人无责任：因为旧贷消灭，故旧贷的担保人责任消灭。【旧贷的担保人就解套】

例：【借新还旧】甲向银行借款，乙提供房屋抵押担保办理了抵押权登记。后甲向银行新借款还此前借款，乙的担保责任是否存在？如乙对新贷款提供担保，则乙要承担抵押责任。旧贷因为清偿而消灭，故担保旧贷的抵押权消灭。

②新贷担保人有无责任？如果是旧贷担保人，则知情，所以担保继续；如果不是旧贷担保人，但是也知情则担保继续。否则新贷担保人无责。【保护担保人合理期待】

例：【甲提供担保】方妈向银行借款1000万元，甲提供保证。后方妈到期不能还款，向银行再借 1200 万元, 甲继续提供保证。甲对 1200 万元还承担保证责任吗? ①承担。②因为新贷和旧贷是同 1 个担保人, 则甲要对 1200 万元承担保证责任。③符合甲的合理期待, 因为甲清楚的知道旧贷的存在和新贷的存在。

例:【甲先提供担保, 乙后提供担保】方妈向银行借款 1000 万元, 甲提供保证。后方妈到期不能还款, 向银行再借 1200 万元, 乙提供保证。甲的保证责任还在吗? 乙承担保证责任吗? (1) 甲的保证责任已经消灭, 因为旧债消灭。(2) 乙是否对新贷承担保证责任, 要区分处理: ①如果方妈明确告诉乙, 这 1200 万元是为了去还 1000 万元, 则乙对 1200 万元要承担保证责任。②如果方妈没有告知乙借新还旧这件事情, 则乙对 1200 万元不承担责任。③因为需要保护乙的合理期待。

③旧贷担保物权登记未注销, 旧贷担保人同意继续为新贷提供担保, 在订立新贷款合同前又将该担保财产为他人设立担保物权, 则新贷债权人担保物权仍然优先。【因为登记在先】

例:【原公示先后】方妈向银行借款 1000 万元, 甲用设备为银行设定抵押权并办理登记。后方妈届期不能还款, 方妈要向银行借款 1200 万元还旧贷, 甲同意继续提供担保。则银行对设备抵押权继续, 且登记时间按原来的计算。期间, 如甲将设备抵押给 A 公司并登记。则银行抵押权和 A 公司抵押权谁优先? ①银行抵押权优先。②本质上这属于旧贷消灭但是旧贷的抵押权居然"继续存活", 目的是解决甚至促成"借新还旧", 避免银行担心旧贷消灭导致抵押权消灭而后重新办理抵押权登记时间太晚, 处于落后地位。

例:【价款优先】方妈向银行借款 1000 万元, 甲用设备为银行设定抵押权并办理登记。后方妈届期不能还款, 方妈要向银行借款 1200 万还旧贷, 甲同意继续提供担保。经查, 该设备是甲从乙处购买, 乙交付设备给甲后的 10 日内, 甲将该设备抵押登记给了乙。则乙的抵押权和银行抵押权谁优先? ①乙的抵押权优先。②因为乙的抵押权属于价款抵押权, 具有超级优先地位, 其顺位要优先于银行抵押权。③道理很简单, 这个设备从本质上"属于"乙的, 并非甲的, 所以让乙排名第一是公平的。

> 秒杀: 1 月 1 日旧贷押 1; 5 月 1 日另押 2; 10 月 1 日新贷新押 3。排队: 押 3 > 押 2。

4. 移转上的从属性 (《民法典》第 547 条)

(1) 债权人转让债权的, 受让人取得与债权有关的从权利, 但是该从权利专属于债权人自身的除外。

(2) 受让人取得从权利不因该从权利未办理转移登记手续或者未转移占有而受到影响。

例:【主债权人换人, 抵押权人换人, 质权人换人】甲向银行借款 100 万元, 乙以房屋为银行设置了抵押权并登记。丙出质为银行设定了质权。后银行将该 100 万元债权转让给资产公司。资产公司是否取得抵押权和质权?

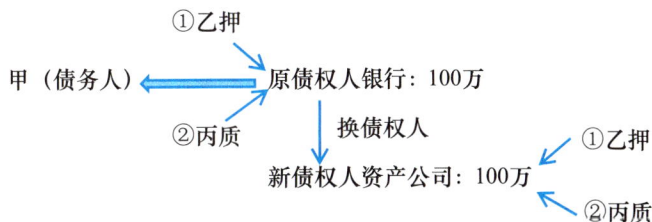

①取得。②债权转让, 抵押权和质权随之转移。③即使房屋未变更抵押权登记, 但资产公司因取得 100 万元债权而享有抵押权。④即使质物未转移占有, 但资产公司因取得 100 万元债权取得质权。

原理：为什么抵押权随主债权转让？"保谁不是保"！①抵押权是从属于主合同的从权利，根据"从随主"规则，债权转让的，除法律另有规定或者当事人另有约定外，担保该债权的抵押权一并转让。②受让人向抵押人主张行使抵押权，抵押人以受让人不是抵押合同的当事人、未办理变更登记等为由提出抗辩的，人民法院不予支持。③九民纪要：债权受让人取得的抵押权是基于法律的明确规定，并非基于新的抵押合同重新设定抵押权。

秒杀：从随主、债权人换人担保物权人自动换人、没有破坏担保人合理期待。

（二）担保物权不从属于主债务

1. 换主债务人，他物保人相应免责：第三人提供担保，未经其书面同意，债权人允许债务人转移全部或者部分债务的，担保人不再承担相应的担保责任（《民法典》第391条、《担保制度解释》第39条第2款）。

例：【免责债务承担中，他物保相应免责】甲欠乙100万元，丙提供房屋抵押并办理登记手续。甲经乙同意将债务转移给小甲，丙对此并不知情。如何评价本案债务转移对抵押权的影响？①甲和小甲之间达成免责债务承担协议，经债权人乙同意，该协议对乙发生效力，即乙只能要求小甲还款。②免责债务承担，未经丙同意，则丙不再承担抵押责任。

2. 换主债务人，自物保人继续：主债务被分割或者部分转让的，抵押人（自己物保）仍以其抵押物担保数个债务人履行债务（《担保制度解释》第39条第2款）。

例：【免责债务承担中，自物保继续】甲向银行贷款100万元，以自己房屋为银行设定抵押并办理登记。银行同意甲将债务转移给小甲。如何评价本案债务转移对抵押权的影响？

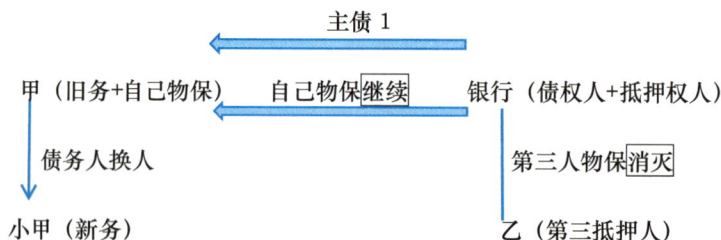

①甲和小甲之间达成免责债务承担协议，经债权人银行同意，该协议对银行发生效力，即银行只能要求小甲还款。②免责债务承担中，自物保人的担保责任继续，并且与此同时，原来的自物保，"秒变"他物保，因为此时主债务人是小甲，而提供抵押担保的是甲。③甲"有病"，其实并未"解套"，机关算尽太聪明，聪明反被聪明误。

原理：为什么自物保继续？债务人自己提供物的担保的，在主债务被分割或部分转移时，因为担保人就是债务人，故不会因此而加重担保人的担保责任，无需经过担保人书面同意，担保人仍继续承担担保责任。

3. 换主债务人，保证人相应免责：债权人未经保证人书面同意，允许债务人转移全部或者部分债务，保证人对未经其同意转移的债务不再承担保证责任，但是债权人和保证人另有约定的除外。（《民法典》第697条）

例：【免责债务承担中，人保相应免责】甲公司将1台挖掘机出租给乙公司，为担保乙公司依约支付租金，丙公司担任保证人。乙公司欠付10万元租金时，经甲同意将6万元租金债务转让给丁公司，丙公司对此不知情。如何评价本案债务转移对保证的影响？①乙将10万元租金债务中的 6 万元转移给丁公司，经债权人甲同意，故 6 万元债务转移属于免责债务承担。②免责债务承担中，未经保证人同意，则保证人相应免责，即转多少免多少。③故保证人丙公司仅就 4 万元主债承担保证责任，不对已经转移给丁公司的 6 万元债务承担保证责任。

三、担保物权的不可分性

（一）债权分了，各债权人均可对担保物主张担保物权

1. 主债权未受全部清偿，担保物权人主张就担保财产的全部行使担保物权的，人民法院应予支持（《担保制度解释》第 38 条第 1 款）。

例：【还月供】甲向银行借款 100 万，用房屋抵押担保并办理了登记。甲按期还月供合计 10 万元，仍有 90 万元无力清偿。银行可否就整个房屋主张担保物权？①可。②主债权还有 90 万元未受偿，基于担保物权的不可分性，银行可就整个房屋主张担保物权。

2. 主债权被分割或者部分转让，各债权人主张就其享有的债权份额行使担保物权的，人民法院应予支持（《担保制度解释》第 39 条第 1 款）。

例：【卖债权】甲向银行借款 100 万元，用房屋抵押担保并办理了登记。银行将 80 万元债权卖给资产公司，通知了甲。甲届期无力清偿债务，银行和资产公司可否对房屋主张担保物权？①可。②银行转让 80 万元债权给资产公司，基于担保物权从属性，资产公司成为 80 万元债权人，同时成为抵押权人。③银行就剩余 20 万元主张抵押权。④基于担保物权不可分性，资产公司和银行各自债权均可对抵押房屋主张实现抵押权。

（二）担保财产被分割或者部分转让，担保物权人主张就分割或者转让后的担保财产行使担保物权的，人民法院应予支持（《担保制度解释》第 38 条的第 2 款）

1. 各担保物归担保义务人所有情形，债权人可就各担保物主张担保物权（"不可分性"有用）

例：【拆下轮胎】甲向银行借款 10 万元，将汽车抵押给银行并办理了抵押权登记。甲届期无力清偿债务，且将轮胎从汽车上拆下。银行可否对轮胎主张实现抵押权？①可。②汽车抵押登记给了银行，银行对汽车整体享有抵押权。③甲将汽车上轮胎拆下，基于担保物权不可分性，银行可对该轮胎可主张实现抵押权。

2. 部分担保物归他人所有情形，债权人仅可就剩余担保物主张担保物权（"不可分性"没用）

例：【拆下轮胎出卖】甲向银行借款 10 万元，将汽车抵押给银行并办理了抵押权登记。甲届期无力清偿债务，将轮胎从汽车拆下，以市价卖给丙并完成交付。银行可否对轮胎主张实现抵押权？①否。②汽车抵押登记给了银行，银行对汽车整体享有抵押权。③但甲已将轮胎出卖并交付给了丙，丙取得轮胎所有权，故银行不得就轮胎主张抵押权。④基于物上代位性，银行就甲对丙的轮胎款请求权可主张优先受偿。

> 秒杀：无论是债权分了，还是担保财产分了，都不影响担保物权。

四、担保物权的物上代位性（《民法典》第 390 条）

（一）有"物上代位性"

担保物没了，变成了保险金请求权、赔偿金请求权、补偿金请求权，担保物权追及该"三金"请求权。

1. 担保期间，担保财产毁损、灭失或者被征收等，担保物权人可以就获得的保险金、赔

偿金或者补偿金等优先受偿。

2. 被担保债权的履行期未届满的，也可以提存该保险金、赔偿金或者补偿金等。

例1：【"人鬼情未了"】甲向银行借款100万元，用房屋给银行设定抵押并办理了抵押权登记。后房屋被乙公司拆迁，甲可对乙公司主张拆迁款120万元。甲届期无力向银行还款，<u>银行如何主张抵押权？</u>①房屋被抵押，补偿款乃房屋的代位物。②基于担保物权的"物上代位性"，银行可就甲对乙公司的拆迁补偿请求权主张抵押权。

例2：【"汽车变保险金"】甲向乙借款20万元，以其价值10万元的房屋、5万元的汽车作为抵押担保，以1万元的音响设备作质押担保，同时还由丙为其提供保证担保。其间汽车遇车祸损毁，获保险赔偿金3万元。如果上述担保均有效，<u>丙应对借款本金在多大数额内承担保证责任？</u>①6万。②甲向乙借款20万，甲自己提供自物保有房屋、汽车、音响，丙提供人保。③根据自物优先规则，保证人责任是20万主债权减去房屋、汽车、音响价值。④根据物上代位性规则，汽车由5万变成了3万，故保证人责任是20－10－3－1＝6万。

例3：【保险金请求权】甲消费乙银行发信用卡5万元届期无力还款，甲用铺面房设定抵押并登记。该房屋向保险公司投保了火灾损失险，后甲铺面房被邻居戊恶意烧毁，甲因此取得保险赔偿请求权。甲将该请求权转让给丙，丙的债权人丁申请冻结保险赔偿请求权。<u>乙银行如何实现其抵押权？</u>铺面房被烧毁，有3个法律效果：（1）甲基于保险合同可向保险公司主张保险金请求权：①甲对保险公司的保险金请求权是铺面房的代位物，乙银行抵押权可追及该请求权。②甲将该请求权转让给丙，乙银行抵押权可追及该请求权之所在。③乙银行的抵押权"物上代位性"不受司法冻结的影响，因为本案属于先抵押，后冻结。（2）甲基于所有权受害可请求戊支付赔偿金，乙银行抵押权可追及甲对戊的侵权赔偿请求权。（3）乙银行可以抵押权受害为由要求戊承担侵权责任。

（二）无"物上代位性"

担保物没了，变成了保险金、赔偿金、补偿金，担保物所有权人把"三金"花了，担保物权消灭。

例：【"钱已经花了"】甲向银行借款100万元，用房屋给银行设定抵押并办理了抵押权登记。后房屋被乙公司拆迁，甲从乙公司获得拆迁款120万元，甲将该120万元付给了丙以归还欠丙的债务。甲届期无力向银行还款，<u>银行如何主张抵押权？</u>①房屋被抵押，补偿款乃房屋的代位物。②但是，该120万元已经被甲花掉，货币坚持谁占有即谁所有规则，故银行抵押权不可追及丙。③乙公司明知被拆迁房屋有抵押权，而直接将120万元付给了甲，构成对银行抵押权的侵权，须负侵权赔偿责任。④银行可要求乙公司承担侵犯抵押权的侵权责任。银行也可要求甲按照借款合同还款。⑤乙公司的侵权债务，和甲的合同债务，属于"不真正连带责任"（连带体现在：银行可找乙公司，也可选择找甲；"不真正"体现在：甲是终局责任，如果乙公司赔了银行，则有权向甲全额追偿）。

> 原理：既然货币谁占有就谁所有，那担保物权如何追及担保物的代位物之保险金、赔偿金或补偿金呢？①物上代位性是指担保物权的效力及于担保财产因损毁、灭失所得赔偿金等代位物上。②但货币谁占有就谁所有，故担保物权物上代位性的本质特点是：代位于"保险金请求权""赔偿金请求权""补偿金请求权"上。③如果给付义务人接到抵押权人要求向其给付的通知后仍然向抵押人给付的，这抵押权人仍然可请求给付义务人向其给付保险金、赔偿金或者补偿金。参见《担保制度解释》第42条。

问：为什么抵押权人不能追"三金"（保险金、赔偿金、补偿金），只能追"三金请求权"？（1）假设你的房屋抵押给了银行，房屋要被拆迁公司拆迁，你将可以拿到一笔"补偿款"。（2）在你实际上拿到了拆迁款后，银行抵押权无法追及货币，因为你控制了货币，银行对货币无法主张优先受偿。因为你账户上的钱变成了你的一般责任财产，对这个一般责任财产，你的一般债权人"方妈"也可以主张受偿，比如方妈起诉了你，查封了你的账户，那么这个钱就会被"方妈"拿走。抵押权是担保物权，有优先受偿性。如果没有优先受偿性，就谈不上抵押权。（3）如果你还没拿到货币，那么你对拆迁公司有补偿款请求权，银行抵押权可以追及这个请求权，所以银行就可以就它优先受偿。就是说你还欠了"方妈"钱，此时，银行的抵押权优先于方妈的债权，即拆迁公司这笔补偿款要先给银行。（4）账户上的钱，是债务人的一般责任财产，除非设定了"金钱质"。所谓金钱质，就是双方明确约定有钱的某一个账户出质给银行，银行就该账户的钱优先受偿。（5）在一般情况下，账户上的钱是不能成为担保物权追及的对象的，而是债务人一般责任财产，对全体债权人负责，在民法上由全体债权人平等受偿。（6）但是在民诉法上，存在"首封是老大"规则，即第一个查封的债权人，可以优先受偿。

秒杀：抵押权人不能代位钱（因为货币谁占有谁所有），可以代位"3金"请求权（抵押人享有的保险金、赔偿金、补偿金请求权）。

五、反担保

第三人为债务人向债权人提供担保的，可以要求债务人提供反担保。（《民法典》第387条）

（一）为什么会出现反担保

反担保是对担保的"担保"，核心要旨是担保"担保人"追偿权的实现。实践中是担保公司的常用工具，以处理"代偿"后追偿失败的风险。

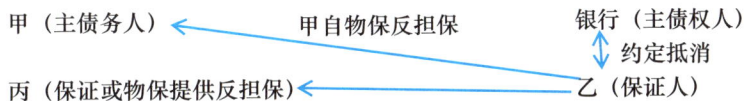

例：【反担保的方式和逻辑】甲向银行借款100万元，担保公司提供担保（人保）。为控制代偿风险，担保公司要求甲向自己提供担保，我们称之为反担保。反担保的形式有哪些？原理是什么？①反担保的形式可以是甲自己提供的物保。②第三人提供的物保。③第三人提供的保证。④不能是主债务人甲自己提供的"保证"，因为保证自己债务履行，无任何实际意义。保证一定是第三人提供，才有实际意义。⑤为什么银行不直接接受上述"反担保"，而更愿意接受"担保公司提供的保证"？因为担保公司的保函更像"硬通货"，即"保函是担保之王"。⑥担保公司和银行签订保证合同（"保函"）时，双方会约定，如果主债务人届期无力还款，银行可以直接从担保公司存在本行账户划扣款项。⑦这属于"约定抵销"，即担保公司基于"存款合同"对银行有存款债权；银行基于"保函"对担保公司有保证债权。⑧一旦主债务人甲不还款，银行可以直接划扣担保公司账户，不用去打官司。⑨担保公司一旦代偿，就是致命的，因为主债务人无力向银行还款，担保公司才需要代偿。既然主债务人面对银行很穷，它面对担保公司也就不可能"富"，故担保公司追偿必然失败。为了处理该"代偿后追偿失败的风险"，担保公司都会要求主债务人提供反担保，担保"追偿之债"的实现。⑩说白了，"反担保"就是银行将打官司要钱的麻烦事转给了担保公司。

（二）反担保的 13 法律关系：民法最伟大的平衡之术，1 灭全死

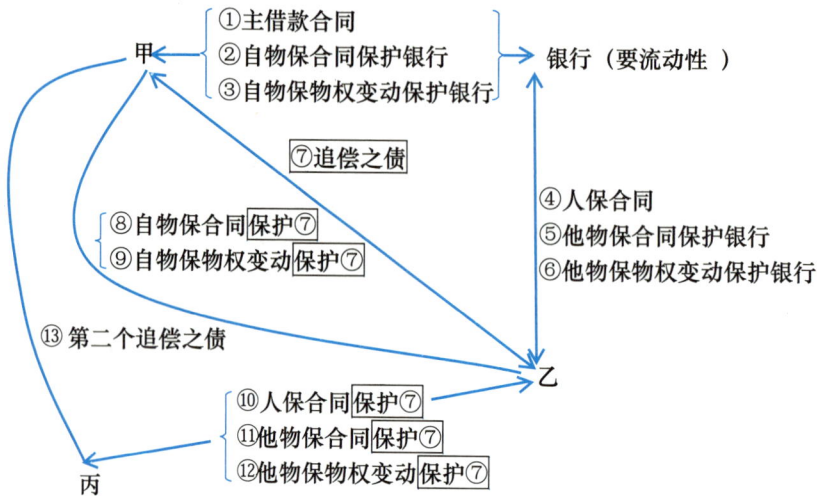

①甲、银行借款主合同法律关系（主）。如甲正常还贷，则其他法律关系全部消灭，称之为"一灭全死"。例：甲公司向银行借款 100 万元，由乙公司提供保证。应乙公司要求，甲公司将对丙公司的 100 万元债权出质给乙公司作为反担保。如甲公司向银行还了款，乙公司的债权质权已消灭。

②甲、银行自物保合同法律关系（从）。

③甲、银行自物保物权变动法律关系（从）。根据自物优先原理，银行应先就甲物保实现债权，未受偿部分找第三担保人乙。

④乙、银行保证合同法律关系（从）。

⑤乙、银行他物保合同法律关系（从）。

⑥乙、银行他物保物权变动法律关系（从）。乙属于第三担保人，第三担保人代替主债务人甲还款，称之为"代偿行为"。如此一来，"银行的风险顺利的转给了担保公司乙"。

⑦ 乙代偿后向甲追偿的法定追偿之债法律关系 。（新主＝一追）我们知道，一旦第三担保人代偿，则必然面临追偿不能的风险，因为主债务人甲"穷"，并且会一直"穷下去"。

⑧甲提供自物保合同法律关系保护 ⑦ 。（新从）

⑨甲提供自物保物权变动法律关系保护⑦。（新从）根据自物优先原理，乙（反担保权人）必须先就甲的自物保实现反担保权利，未受偿部分再找第三反担保人丙。

⑩丙提供人保合同法律关系保护 ⑦ 。（新从）

⑪丙提供他物保合同法律关系保护 ⑦ 。（新从）

⑫丙提供他物保物权变动法律关系保护 ⑦ 。（新从）丙属于第三反担保人，第三反担保人题主债务人甲还乙对甲的追偿之债，称之为"代偿行为"。丙会是谁呢？一般会是甲民营企业的大 BOSS。如此一来，"担保公司乙的风险顺利的转给了民营企业的大 BOSS。"

⑬丙保护 ⑦，代偿后向保证人乙代偿后，向主债务人甲去追偿的法律关系。（二追）能追回来吗？不能。大 BOSS 丙，做的民营企业甲死了，大 BOSS 自己的房屋也搭进去了，一切都玩完。

⑭总结：甲既是借款合同的主债务人（保证合同是从合同）；甲又是追偿之债法律关系的主债务人（反担保是从法律关系）。甲是民营企业。

（三）反担保合同效力不从属主合同

主合同无效，担保人承担赔偿责任，这是代偿，此后可向主债务人追偿，故反担保继续有效。（《担保制度解释》第 19 条）

问：为什么反担保合同效力不从属主合同？①要区分主债（主合同）、担保合同之债（担保合同是主合同的从合同）；保证人代偿后向主债务人的法定追偿之债（法定之债）、反担保之债（反担保合同是法定之债的从合同）。②无论是主合同导致担保合同无效、还是担保合同自己无效，都是担保合同无效。但是即使担保合同无效，根据"前述""2 等分"、"3 等分"规则（《担保制度解释》第 17 条第 1 款和第 2 款），担保人仍可能需要承担责任。③只要担保人承担了责任，即使这个责任不是"担保责任"而是"缔约过失责任"，但是担保人是"代人受过"，所以只要担保人代偿了必然有追偿。故担保人对主债务人有追偿之债，而反担保是担保这个追偿之债，故反担保继续有效。④因此，主合同无效，不等于反担保合同无效，是这么推理出来的。⑤参见《担保制度解释》第 19 条第 1 款，"担保合同无效，承担了赔偿责任的担保人按照反担保合同的约定，在其承担赔偿责任的范围内请求反担保人承担担保责任的，人民法院应予支持。第 2 款，反担保合同无效的，依照本解释第十七条的有关规定处理。当事人仅以担保合同无效为由主张反担保合同无效的，人民法院不予支持。"

秒杀"反担保"3 句话：❶一灭全死；❷反担保人与主债权人银行无关系；❸主合同无效，不会因此导致反担保合同无效。

第二节　抵押权

一、抵押财产

（一）哪些财产可以抵押？债务人或者第三人有权处分的财产可以抵押（《民法典》第 395 条）

1. 建筑物和其他土地附着物；2. 建设用地使用权；3. 海域使用权；4. 生产设备、原材料、半成品、产品；5. 正在建造的建筑物、船舶、航空器；6. 交通运输工具；7. 法律、行政法规未禁止抵押的其他财产。8. 抵押人可以将前述所列财产一并抵押。

（二）哪些财产不可以抵押？不能买卖的财产就不能抵押（《民法典》第 399 条）

1. 土地所有权；2. 宅基地、自留地、自留山等集体所有土地的使用权，但是法律规定可以抵押的除外；3. 学校、幼儿园、医疗机构等为公益目的成立的非营利法人的教育设施、医疗卫生设施和其他公益设施（例外 1 公益设施可用来担保购买公益设施所欠债务；例外 2 非公益设施可做担保）；……。

问1：为什么抵押约等于买卖？①可以买的东西才能拿去抵押，因为抵押意味着将来要买卖。②比如我们用房屋抵押，向银行借款，如果到期无力还款，银行指望卖抵押房屋变价受偿。

问2：房屋、汽车和权利各自可以设定什么物保？①房屋可以抵押吗？可以。②房屋可以出质吗？不可以。③汽车可以抵押吗？可以。④汽车可以出质吗？可以。⑤权利可以抵押吗？有的可以，如建设用地使用权上设定了抵押权。⑥权利可以出质吗？有的可以，如票据质押。⑦归总记忆：房屋不可以出质。

（三）当事人以所有权、使用权不明或者有争议的财产抵押，如何处理？启动善意取得

《担保制度解释》第 37 条第 1 款，"当事人以所有权、使用权不明或者有争议的财产抵押，经审查构成无权处分的，人民法院应当依照民法典第 311 条的规定处理。"

秒杀：无权处分他人之物设定抵押权则检讨是否构成善意取得。

（四）当事人以依法被查封或者扣押的财产抵押，如何处理？解封后可行使抵押权。

《担保制度解释》第 37 条第 2 款，"当事人以依法被查封或者扣押的财产抵押，抵押权人请求行使抵押权，经审查查封或者扣押措施已经解除的，人民法院应予支持。抵押人以抵押权设立时财产被查封或者扣押为由主张抵押合同无效的，人民法院不予支持。"第 3 款，"以依法被监管的财产抵押的，适用前款规定。"

秒杀：有权处分查封扣押监管物设定抵押等以后再行使抵押权。开了一扇窗。

（五）涉及违法建筑物的抵押，如何处理？

《担保制度解释》第 49 条第 1 款，"以违法的建筑物抵押的，抵押合同无效，但是一审法庭辩论终结前已经办理合法手续的除外。抵押合同无效的法律后果，依照本解释第十七条的有关规定（按过错分担）处理。"第 2 款，"当事人以建设用地使用权依法设立抵押，抵押人以土地上存在违法的建筑物为由主张抵押合同无效的，人民法院不予支持。"

秒杀：违法建筑物抵押合同无效但是可以一审吵架结束前弥补。地抵押，地上违法建筑不影响地抵押合同效力。

（六）涉及划拨建设用地使用权抵押，如何处理？

《担保制度解释》第 50 条第 1 款，"抵押人以划拨建设用地上的建筑物抵押，当事人以该建设用地使用权不能抵押或者未办理批准手续为由主张抵押合同无效或者不生效的，人民法院不予支持。抵押权依法实现时，拍卖、变卖建筑物所得的价款，应当优先用于补缴建设用地使用权出让金。"

《担保制度解释》第 50 条第 2 款，"当事人以划拨方式取得的建设用地使用权抵押，抵押人以未办理批准手续为由主张抵押合同无效或者不生效的，人民法院不予支持。已经依法办理抵押登记，抵押权人主张行使抵押权的，人民法院应予支持。抵押权依法实现时所得的价款，参照前款有关规定处理。"

秒杀：划拨地上房屋可以抵押，卖得钱先补地。划拨地可以抵押，卖的钱先补地。

（七）抵押权与抵押物的从物

《担保制度解释》第 40 条第 1 款，"从物产生于抵押权依法设立前，抵押权人主张抵押权的效力及于从物的，人民法院应予支持，但是当事人另有约定的除外。"第 2 款，"从物产生于抵押权依法设立后，抵押权人主张抵押权的效力及于从物的，人民法院不予支持，但是在抵押

权实现时可以一并处分。"

> 秒杀：以前的从物是抵押物；以后的从物不是抵押物但可一并处分。

（八）抵押权与添附物

《担保制度解释》第 41 条第 1 款，"抵押权依法设立后，抵押财产被添附，添附物归第三人所有，抵押权人主张抵押权效力及于补偿金的，人民法院应予支持。"第 2 款，"抵押权依法设立后，抵押财产被添附，抵押人对添附物享有所有权，抵押权人主张抵押权的效力及于添附物的，人民法院应予支持，但是添附导致抵押财产价值增加的，抵押权的效力不及于增加的价值部分。"第 3 款，"抵押权依法设立后，抵押人与第三人因添附成为添附物的共有人，抵押权人主张抵押权的效力及于抵押人对共有物享有的份额的，人民法院应予支持。"

> 秒杀：抵押人得到什么，我抵押权追什么。追"钱"追物追份额：抵押物被添附，添附物归第三人，抵押权追抵押人获得的"钱"；添附物归抵押人，抵押权追抵押人获得的物；添附物共有，抵押权追抵押人获得的共有份额。（抵押物的代位物在呼叫抵押权人）

> 问：什么是追"钱"？"三金的请求权"：补偿金的请求权、保险金的请求权、赔偿金的请求权。

二、抵押权的设立

（一）不动产抵押：区分原则 + 登记生效主义

1.【债的角度】不动产抵押合同意思表示一致时生效。（《民法典》第 119 条）

（1）继续履行：不动产抵押合同生效后未办理抵押登记手续，债权人请求抵押人办理抵押登记手续的，人民法院应予支持（《担保制度解释》第 46 条第 1 款）。

（2）不能继续履行：①【不怪抵押人则抵押人没责任但获得钱赔债权人】抵押财产因不可归责于抵押人自身的原因灭失或者被征收等导致不能办理抵押登记，债权人请求抵押人在约定的担保范围内承担责任的，人民法院不予支持；但是抵押人已经获得保险金、赔偿金或者补偿金等，债权人请求抵押人在其所获金额范围内承担赔偿责任的，人民法院依法予以支持（不是物上代位性，是一种有限责任，符合当事人的本意）（《担保制度解释》第 46 条第 2 款）。②【怪抵押人则抵押人有责任不超过正常抵押设立时的责任范围】因抵押人转让抵押财产或者其他可归责于抵押人自身的原因导致不能办理抵押登记，债权人请求抵押人在约定的担保范围内承担责任的，人民法院依法予以支持，但是不得超过抵押权能够设立时抵押人应当承担的责任范围（还是有限责任，是物的有限责任，砸进去的是物）（《担保制度解释》第 46 条第 3 款）。【46 条第 2 款讨论的是他物保】

例：【房屋抵押未登记】甲向乙借款 100 万元，丙与乙签订房屋抵押合同，房屋价值 80 万元。后丙拒不办理抵押权登记。乙如何主张债权？①乙须先要求甲还款，如果甲还款 50 万元，则乙可要求丙承担另外 50 万元。如果甲还款 10 万元，则乙尚有 90 万元未受偿，可向丙主张，但不得超过房屋价值 80 万元，故乙可向丙主张 80 万元。一句话：先搞死主债务人，剩余部分找他物保人不得超过抵押物价值。

2.【物的角度】不动产抵押权登记后设立：不动产抵押应当办理抵押登记。抵押权自登记时设立。（《民法典》第 402 条）

例：【房屋抵押已经登记】甲向银行借款 100 万元，用房屋抵押给银行办理了抵押权登记。如何评价？甲有权处分房屋、抵押合同有效、办理了不动产抵押权登记，故银行基于法律行为取得不动产抵押权。

3.【抵押预告登记】不能办理抵押登记的，抵押权不设立；能办理抵押登记，抵押权设立且追溯到预告登记之日起设立。抵押人破产，抵押预告登记权利人可主张优先受偿。

> 问：抵押权预告登记有什么效力？①【不能正式登记】《担保制度解释》第52条第1款第1句，"当事人办理抵押预告登记后，预告登记权利人请求就抵押财产优先受偿，经审查存在尚未办理建筑物所有权首次登记、预告登记的财产与办理建筑物所有权首次登记时的财产不一致、抵押预告登记已经失效等情形，导致不具备办理抵押登记条件的，人民法院不予支持；"②【能正式登记】《担保制度解释》第52条第1款第2句，"经审查已经办理建筑物所有权首次登记，且不存在预告登记失效等情形的，人民法院应予支持，并应当认定抵押权自预告登记之日起设立。"③【抵押人破产】《担保制度解释》第52条第2款，"当事人办理了抵押预告登记，抵押人破产，经审查抵押财产属于破产财产，预告登记权利人主张就抵押财产优先受偿的，人民法院应当在受理破产申请时抵押财产的价值范围内予以支持，但是在人民法院受理破产申请前一年内，债务人对没有财产担保的债务设立抵押预告登记的除外。（无偿管1年）"

> 问：什么是预告抵押权登记"加速到期"？（1）在破产制度中有个原理，加速到期，比如说"包租婆"把房子抵押给银行，但是做了一个抵押权预告登记，银行等着转正。（2）银行等待的期间，"包租婆"破产了，既然要破产了，要这样：银行等着转正抢抵押物，直接加速到期，预告登记相当于完成了抵押登记，可以优先受偿，破产分配的时候有别除权。别除权是破产法上的称呼，民法上叫担保物权的优先受偿。

（二）动产抵押：区分原则 + 意思主义和登记对抗主义

1.【债的角度】动产抵押合同意思表示一致时生效。（《民法典》第119条）

2.【物的角度】动产抵押合同与动产抵押权同时设立（意思主义）。（《民法典》第403条）

3.【未登记动产抵押权不可对抗善意第三人】该动产抵押权未经登记不得对抗善意第三人。什么是"善意第三人"？（《担保制度解释》第54条）

（1）【不得对抗物权第三人】甲车押1给乙未办理抵押登记，该车押2给丙办理了登记，甲届期无力还债，如何抢车的变价款？丙的抵押权优先于乙的抵押权。因为1个抵押权人（登记抵押权人）优先于半个抵押权人（未登记抵押权人），公示先后。

（2）【不得对抗购买且取得占有的第三人】甲车押1给乙未办理抵押登记，甲将该车出卖给不知情丙且丙取得占有，乙的抵押权优先于丙吗？①否。②因为1个物权人（所有权人）优先于半个物权人（未登记抵押权人）。③如果没登记的动产抵押权可以对抗丙，那么，因为抵押合同可以"倒签"，这样会架空一切"动产买卖"，破坏动产买卖交易秩序。

（3）【不得对抗租赁占有的第三人】甲车押1给乙未办理抵押登记，甲将该车出租给不知情丙且交付，乙的抵押权优先于丙吗？①否。②丙可以继续租用汽车。③因为"租住早"，租赁权人是超级钥匙。④避免抵押合同倒签时间坑承租人，毕竟抵押权没登记，单纯的抵押合同容易倒签时间。一旦倒签时间的抵押合同可以对抗租赁权，那么就会彻底的架空"买卖不破租赁"的规则。

（4）【不得对抗诉讼保全中原告】甲车押1给乙未办理抵押登记，甲欠丙的钱到期未还，丙起诉甲并且申请保全该车，乙的抵押权优先于丙吗？①否。②避免抵押合同倒签时间坑诉讼保全的债权人，毕竟抵押权没登记，单纯的抵押合同容易倒签时间。③一旦倒签时间的抵押合同，可以对抗保全债权人，那么，我们对动产的保全就会被彻底架空。

（5）【不得对抗执行中申请执行人】甲车押1给乙未办理抵押登记，甲欠丙的钱到期未还，丙起诉且获得胜诉判决，丙申请执行甲名下的车，乙的抵押权优先于丙吗？①否。②避免抵押合同倒签时间坑执行中的债权人，毕竟抵押权没登记，单纯的抵押合同容易倒签时间。③一旦倒签时间的抵押合同，可以对抗执行债权人，那么，我们对动产的执行就会被彻底架空。

（6）【不得对抗破产中的债权人】甲车押1给乙未办理抵押登记，甲破产，甲还有其他破产债权人丙等，乙的抵押权优先于丙吗？①否。②乙没有"别除权"。③避免抵押合同倒签时间坑全体债权人，毕竟抵押权没登记，单纯的抵押合同容易倒签时间。④"举轻明重"，执行程序中，未登记抵押权不得对抗执行债权，而破产程序是一种特殊的"概括执行"程序，故未登记抵押权更加不能对抗破产债权人。未登记抵押权所担保的主债权，应该和其他破产债权人平等受偿。⑤否则，如果认定未登记抵押权可以对抗破产债权人，则未登记抵押权会底架空破产程序。

> 问：未登记的动产抵押权不得对抗善意第三人，如何解释该善意第三人？《担保制度解释》第54条，"动产抵押合同订立后未办理抵押登记，动产抵押权的效力按照下列情形分别处理：（一）抵押人转让抵押财产，受让人占有抵押财产后，抵押权人向受让人请求行使抵押权的，人民法院不予支持，但是抵押权人能够举证证明受让人知道或者应当知道已经订立抵押合同的除外；（二）抵押人将抵押财产出租给他人并移转占有，抵押权人行使抵押权的，租赁关系不受影响，但是抵押权人能够举证证明承租人知道或者应当知道已经订立抵押合同的除外；（三）抵押人的其他债权人向人民法院申请保全或者执行抵押财产，人民法院已经作出财产保全裁定或者采取执行措施，抵押权人主张对抵押财产优先受偿的，人民法院不予支持；（四）抵押人破产，抵押权人主张对抵押财产优先受偿的，人民法院不予支持。"

> 秒杀：动产抵押权未登记，则不得对抗"买车人"、"租车人"、"保全车的人"、"执行车的人"、"破产债权人"。可以对抗其他普通债权人（没买、没租、没保全、没执行、没破产）。

【"万万没想到你500年前就抵押给了万万了"通俗化：我要执行你的手机，你告诉我说抵押给你妹了但没登记，那么，我就可以执行你的手机，你妹的抵押权不能对抗我。你不能用我万万没想到的事情来对抗我】

> 【汇总3：三种物权，未经登记不得对抗五种"特殊权利人"。（1）三种物权：①动产抵押合同中，动产抵押权；②保留买卖合同中，出卖人的所有权；③融资租赁合同中，出租人（融资公司）的所有权。（2）五种特殊权利人：①买的，善意购买取得占有的人；②租的，善意承租取得占有的人；③保全的，保全债权人；④执行的，执行债权人；⑤破产的，破产债权人。】

4.【登记的动产抵押权不可对抗"正常经营"】动产抵押权登记后不得对抗正常经营活动中已支付合理价款并取得抵押财产的买受人。（《民法典》第404条）（未登记的更加不能）

例：【登记动产抵押权不能追及正常经营买方】甲将车1抵押给乙并登记，后甲将该车卖给丙，丙支付市价且取得占有，乙的抵押权可以追及该车吗？甲先抵押车辆给乙后出卖车辆给丙，属于有权处分，丙支付合理价格且取得占有，故丙取得所有权，乙不得对丙的车主张抵押权。

> 问：为什么登记动产抵押权不得优先于"正常经营"？（1）动产做抵押登记，一般方妈不会拿杯子做抵押，只有包租婆这种企业才会去拿动产去抵押，借钱，所以值钱的动产比如产品采取抵押，拿去抵押后，抵押背后隐藏了一个债，因为抵押是从权利，拿去做抵押有一个债，比如借人钱，抵押的目的是为了融资借款，把产品拿去做抵押。（2）但是，融资借款的目的是做生意，买更好的再卖，所以这个时候不能一边借钱抵押出去，一边不能卖，这样这个企业不能经营。（3）登记的动产抵押权是完整的物权人，具有对世性，"物在呼叫主人"，把车抵押给银行，车呼叫抵押权人，卖了车正常情况下要追到买的人手里，有权处分，买到了，取得占有＋支付合理价格＋正常经营。（4）这个制度，登记的抵押权被阻断了，因为正常经营中的卖方的所有权优于动产抵押权。

（1）【是正常经营】买受人在出卖人正常经营活动中通过支付合理对价取得已被设立担保物权的动产，担保物权人请求就该动产优先受偿的，人民法院不予支持。

①出卖人正常经营活动，是指出卖人的经营活动属于其营业执照明确记载的经营范围，且出卖人持续销售同类商品。（4S 店抵押车又卖车可以卖）（4S 店抵押沙发后来卖沙发则可追买方）。

②担保物权人，是指已经办理登记的抵押权人、所有权保留买卖的出卖人、融资租赁合同的出租人。

（2）【不是正常经营】①购买商品的数量明显超过一般买受人（"过桥人"来坑抵押权人）。②购买出卖人的生产设备（生产设备抵押后不能卖，就是想开溜，要跑路）。③订立买卖合同的目的在于担保出卖人或者第三人履行债务（"让与担保"，这是送……产品抵押给银行办理了登记，然后产品让与担保给另外债主。为自己的债务或者第三人的债务设定让与担保权，都是公示先后，让与担保权人落后）。④买受人与出卖人存在直接或者间接的控制关系（妈妈公司卖给儿子公司，不是买卖，是自己卖给自己，产品没卖掉。关联交易是有效。）。⑤买受人应当查询抵押登记而未查询的其他情形。

> 问：为什么要区分正常经营和非正常经营？（1）老百姓理解的正常经营就是做买卖都是正常经营，只要不是做买卖妇女儿童等违法勾当，就都是正常经营，这是我们的一般理解。（2）但是《民法典》第 404 条的"正常经营"不能这么理解。所以《担保制度解释》第 56 条才对正常经营做限缩解释，必须满足什么什么条件才是正常经营。它是要解决登记动产抵押权和买受人权利冲突问题。因为登记的动产抵押权是物权，具有对世性，但是"正常经营"的购买人却可以阻断抵押权，这是开了一个口子。所以我们必须对已经开的"口子"继续收紧一下，对正常经营进行限缩解释。如果一切经营都叫第 404 条的"正常经营"，那么银行都不会接受企业提供的产品抵押了，会导致企业融资更加困难。（3）所以我们不能反过来，说第 404 条的正常经营就是日常生活的正常经营。（4）参见《担保制度解释》第 56 条。

秒杀1：营业执照明确记载经营范围且出卖人持续销售同类商品是正常经营。

秒杀2：买太多不是正常经营。买生产设备不是正常经营。让与担保不是正常经营。买卖父子关系不是正常经营。买方应查抵押登记未查不是正常经营。

　　终极秒杀：正常经营破1个；特别债权破半个。1个是登记的动产抵押权。半个是未登记的动产抵押权。

　　做题步骤：（1）看到汽车，条件反射是动产。（2）看到汽车抵押，条件反射是动产抵押，意思主义即合同生效时设立了抵押权。（3）再看是否登记。①如果登记了，则看是否存在正常经营。②如果没登记，则看是否存在特殊权利人。

三、抵押与抵押

（一）不动产抵押权"公示先后"

1. 一房二押："公示先后"

　　同一房屋向两个以上债权人抵押的，拍卖、变卖抵押财产所得的价款依照下列规定清偿：抵押权已经登记的，按照登记的时间先后确定清偿顺序。（《民法典》第414条）

　　例：【房屋再次抵押】房屋押1合同签订在先，但抵押权登记在后；房屋押2合同签订在后，但抵押权登记在先。如何排序？①押2＞押1。②"公示先后"。

　　问：同1天登记的不动产抵押权，如何确定顺位？"公示先后"，按照登记时间先后，因为互联网可以让登记时间精确到秒。所以不是按照债权比例受偿。

　　2. 房地一体抵押："公示先后"（《民法典》第397条）

　　（1）以建筑物抵押的，该建筑物占用范围内的建设用地使用权一并抵押：当事人以正在建造的建筑物抵押，抵押权的效力范围限于已办理抵押登记的部分。当事人按照担保合同的约定，主张抵押权的效力及于续建部分、新增建筑物以及规划中尚未建造的建筑物的，人民法院不予支持（《担保制度解释》第51条第2款）。

　　（2）以建设用地使用权抵押的，该土地上的建筑物一并抵押：当事人仅以建设用地使用权抵押，债权人主张抵押权的效力及于土地上已有的建筑物以及正在建造的建筑物已完成部分的，人民法院应予支持。债权人主张抵押权的效力及于正在建造的建筑物的续建部分以及新增建筑物的，人民法院不予支持（《担保制度解释》第52条第1款）。

　　（3）抵押人未依据前述规定一并抵押的，未抵押的财产视为一并抵押：抵押人将建设用地使用权、土地上的建筑物或者正在建造的建筑物分别抵押给不同债权人的，人民法院应当根据抵押登记的时间先后确定清偿顺序（《担保制度解释》第52条第3款）。

　　秒杀：地抵押追及原建筑和在建完成的。地抵押不追及续建和新增。在建房屋抵押，不追及续建新增未建，约定追及无效 。（这是一个过渡的法条，因为登记制度完善后，房地一体抵押就会一体登记）

　　例：【房地分别抵押】房屋押1合同签订在先，但抵押权登记在后；该房屋所占建设用地使用权押2合同签订在后，但抵押权登记在先，如何排序？①无论押1还是押2，他们抵押对象都是建设用地使用权和房屋，一体抵押。②押2＞押1。

（二）动产抵押权"公示先后、债权比例"

　　同一动产向两个以上债权人抵押的，拍卖、变卖抵押财产所得的价款依照下列规定清偿：（1）抵押权已经登记的，按照登记的时间先后确定清偿顺序；（2）抵押权已经登记的先于未登记的受偿；（3）抵押权未登记的，按照债权比例清偿。（《民法典》第414条）

　　1. 一车二押："公示先后，债权比例"。登记在先的优先。

　　例：【汽车再次抵押】汽车押1合同签订在先，但抵押权登记在后；汽车押2合同签订在后，但抵押权登记在先。<u>如何排序？</u>①押2＞押1。②如果汽车押1登记和汽车押2登记在同一天，则按公示先后处理。③如果汽车押1没登记，汽车押2登记了，则押2＞押1。

2. 动产浮动抵押与普通抵押："公示先后，债权比例"。登记在先的优先。

例：【浮动抵押与一般抵押】甲企业将全部设备为乙债权人设立了动产浮动抵押，并且办理了登记。后甲企业又将其中的设备A抵押给丙并且办理了抵押登记，就A设备而言，谁优先？乙（动产浮动抵押权人）优先于丙（一般抵押权人）。因为乙的动产浮动抵押权登记在先。

> **秒杀：**无论动产抵押还是不动产抵押，谁公示（即登记）在先谁老大。

（三）价款抵押权"超级优先"可以插队

1. 一般价款抵押权：10日内登记"后来居上"

动产抵押担保的主债权是抵押物的价款，标的物交付后十日内办理抵押登记的，该抵押权人优先于抵押物买受人的其他担保物权人受偿，但是留置权人除外。（《民法典》第416条）

例：【价款抵押权超级优先】甲企业将将其全部设备设定浮动抵押并办理登记给了债权人乙。后甲企业从丙企业购入设备A，签订买卖合同，丙企业交付设备A给甲企业后10日内办理抵押登记担保丙企业出卖设备A的价款债权。就设备A而言，谁优先？丙企业（价款抵押权人）优先于乙（动产浮动抵押权人）。（本质上这个东西不是买方的，是卖方的）

2. 保留买卖与融资租赁的"价款优先权"：10日内登记"后来居上"

担保人在设立动产浮动抵押并办理抵押登记后又购入或者以融资租赁方式承租新的动产，下列权利人为担保价款债权或者租金的实现而订立担保合同，并在该动产交付后十日内办理登记，主张其权利优先于在先设立的浮动抵押权的，人民法院应予支持：（一）在该动产上设立抵押权或者保留所有权的出卖人；（二）为价款支付提供融资而在该动产上设立抵押权的债权人；（三）以融资租赁方式出租该动产的出租人。（《担保制度解释》第57条第1款）。

> **问：**价款优先权包括哪几个？价款抵押权登记、保留所有权买卖登记、融资租赁登记，它们都是价款优先权。价款抵押权登记属于《民法典》第416条规定，后2个是《担保制度解释》新增规定，因为《担保制度解释》把保留所有权登记、融资租赁物所有权登记视为一种担保。

例1：【保留买卖卖方大】甲企业将将其全部设备设定浮动抵押并办理登记给了债权人乙。后甲企业从丙企业购入设备A，签订保留所有权买卖合同。丙企业将设备A交付给甲企业后10日内办理了保留所有权登记，就设备A而言，谁优先？出卖人丙企业优先于乙。

例2：【融资租赁出租人大】甲企业将将其全部设备设定浮动抵押并办理登记给了债权人乙。后甲企业从丙企业租入设备A，签订融资租赁合同。丙企业将设备A出租交付给甲企业后10日内办理了融资租赁登记，就设备A而言，谁优先？出租人丙企业优先于乙。

> **秒杀3句话：**①超级优先优先于此前的动产浮动抵押。"先动产浮动抵押追及后购入或融资租赁租入的A设备，A设备抵押给卖方或抵押给提供购买款的第三人、A设备保留给卖方、A设备融资租赁给出租人"【"别人的东西不能落入动产浮动抵押"】。②超级优先优先于此后的普通担保物权【融资租赁和所有权保留这种价款优先，和一般担保物权排队，前者优先】。③多个超级优先则登记先后【借"包租婆"的钱来向"包租公"买设备，"借的钱实际上花了"，给出借人设立价款优先抵押权，这是价款抵押权优先。然后没付购买款或仅付部分购买款就向出卖人买东西，出卖方保留所有权且办理了登记，这是保留所有权的价款优先。价款抵押权和保留所有权的价款，它们谁大？看谁登记在先即"公示先后"】。

（四）"顺位换人，内外有别"：抵押权人变更顺位内有有效但不得对其他抵押权人产生不利影响

抵押权人可以放弃抵押权或者抵押权的顺位。抵押权人与抵押人可以协议变更抵押权顺位以及被担保的债权数额等内容。但是，抵押权的变更未经其他抵押权人书面同意的，不得对其他抵押权人产生不利影响。（《民法典》第409条）

例：【抵押权换顺位】黄河公司以其房屋作抵押，先后向甲银行借款100万元，乙银行借款300万元，丙银行借款500万元，并依次办理了抵押登记。后丙银行与甲银行商定交换各自抵押权的顺位，并办理了变更登记，但乙银行并不知情。因黄河公司无力偿还三家银行的到期债务，银行拍卖其房屋，仅得价款600万元。<u>三家银行如何分配该600万元？</u>

黄河公司	押1	甲银行100万	押3 丙银行100万
	押2	乙银行300万	押2 乙银行300万
	押3	丙银行500万	押3 丙银行400万
			押1 甲银行100万

①甲银行得不到清偿、乙银行300万元、丙银行300万元。②此前排队是甲100，乙300，丙500。③甲丙换位置不能对乙产生不利影响（可以产生有利影响），故换位后丙100，乙300，丙400，甲100。④算下来丙100满足，乙300满足，丙200满足，甲没有。合计丙300，乙300，甲0。

> 记忆方法：联想银行排队办业务。①1号办理1个业务；2号办理2个业务；3号办理1000个业务。②1号和3号换位置，2号说：可以，别影响我。③所以，3号办1个业务，2号办2个业务，3号办剩余的999个业务，1号办1个业务。

四、抵押与买卖：抵押物被卖

（一）抵押人可以转让抵押物吗？（《民法典》第406条）

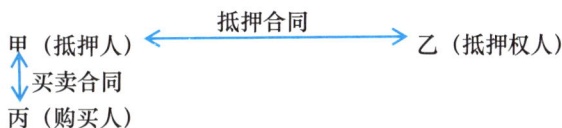

> 问：什么是转让？买卖、赠与、互易、抵债、出资，都是转让，转让是买卖的上位概念。因为买卖是最常见的，所以我们这里就讨论买卖。

1. 一般情况下：（1）抵押期间，抵押人可以转让抵押财产。（2）抵押人转让抵押财产属于有权处分。（3）应及时通知抵押权人。（4）无需经过抵押权人同意。

2. 约定禁转情况下：（1）【未将约定内容登记】当事人约定禁止或者限制转让抵押财产<u>但是未将约定登记</u>，抵押人违反约定转让抵押财产，抵押权人请求确认转让合同无效的，人民法院不予支持；抵押财产已经交付或者登记，抵押权人请求确认转让不发生物权效力的，人民法院不予支持，但是抵押权人有证据证明受让人知道的除外；抵押权人请求抵押人承担违约责任的，人民法院依法予以支持（《担保制度解释》第43条第1款）。（2）【将约定内容登记】当事人约定禁止或者限制转让抵押财产<u>且已经将约定登记</u>，抵押人违反约定转让抵押财产，抵押权人请求确认转让合同无效的，人民法院不予支持；抵押财产已经交付或者登记，抵押权人主张转让不发生物权效力的，人民法院应予支持，但是因受让人代替债务人清偿债务导致抵押权消灭的除外（《担保制度解释》第43条第2款）。

秒杀2句话：①约定禁转抵押房屋，没公示该约定，买卖合同有效，物权可变动了，买到了。②约定禁转抵押房屋，公示了或者买方知道，买卖合同有效，物权不可变动，买不到。

（二）抵押人转让抵押的不动产

不动产抵押权有追及力，抵押权追及该不动产。

例：【房屋在呼叫抵押权人银行】甲向银行借款100万元，用房屋抵押给银行并办理了抵押权登记手续。抵押期间，甲将房屋出卖给乙，签订了买卖合同，未经银行同意。<u>如何评价甲乙买卖合同的效力？</u>①甲出卖抵押房屋，应通知银行。②未通知银行，不会导致甲乙买卖合同无效。③甲出卖抵押房屋，属于有权处分。④如果乙已经取得房屋过户，则银行抵押权不受影响，即可追及乙的房屋。

问：【睡眠法条】《民法典》第406条规定的抵押不动产买卖时抵押权可追及不动产之所在，该规定会变成睡眠法条吗？

甲（主债务人）　←——抵押——→　A银行

↕买卖并过户

乙（购买人）

案情：假设房屋价值100万元，甲向开发商支付20万元，另外向A银行借款80万元，用房屋押1抵押担保该80万元。甲出卖该房屋给应并且过户给乙，不需要经过A银行的同意。乙真的"买到了房屋"吗？①没有。②如果甲可以自己决定将抵押房屋出卖给乙，不需要经过抵押权人A银行同意，且A银行抵押权要追及该房屋，则乙会买到一个负担"抵押"的房屋。③相对于甲欠A银行的80万元而言，乙"变成了他物保人"。④如果甲还不了A银行的80万元，则乙的"房屋"要被变价，A银行要拿走80万元，相当于乙为甲"代偿"了80万元，则乙可向甲追偿80万元。⑤如此一来，乙会从"房屋所有权人"降格为追偿之债的"债权人"。⑥假设甲是公司要破产或者甲是个人无力还债，那么乙就会"赔了钱还买不到房屋"。⑦而购买房屋要花掉一个人大部分积蓄，所以，很难有愿意接受有抵押权负担的房屋。⑧可见，《民法典》第406条必然会成为一个"睡眠法条"。

（三）抵押人转让抵押的动产

登记的动产抵押权有半个追及力，可以追及一般买受人，不得追及"正常经营"的买受人。

1.【登记动产抵押权>非正常经营】动产抵押权已经登记的，抵押人将该动产出卖，则该动产抵押权可以对抗一般买受人（《民法典》第403条）。

例：【汽车在呼叫抵押权人】甲公司向乙公司借款100万元，用汽车抵押给乙公司，办理了抵押权登记。抵押期间，甲公司将该车转让给丙公司，双方签订了买卖合同。丙公司尚未支付价款或者支付价款不合理、或者丙公司支付了合理价款但尚未取得汽车占有。甲公司届期无力向乙公司还款，<u>乙公司可否主张抵押权？</u>①可。②汽车是动产，乙公司对汽车抵押权已经登记，可以对抗购买汽车的一般买受人。③丙公司属于一般买受人。

2.【正常经营>登记抵押权】动产抵押权已经登记的，抵押人将该动产出卖，则该动产抵押权不得对抗"正常经营"的买受人：在出卖人的正常经营活动中已支付合理价款并取得抵押财产的买受人（《民法典》第404条）。出卖人正常经营活动，是指出卖人的经营活动属于其营业执照明确记载的经营范围，且出卖人持续销售同类商品（《担保制度解释》第56条第2款）。

例：【汽车不再呼叫抵押权人】甲公司向乙公司借款 100 万元，用汽车抵押给乙公司，办理了抵押权登记。抵押期间，甲公司将该车转让给丙公司，双方签订了买卖合同。丙公司已经支付了合理价款，并且取得汽车的占有，乙公司可否主张抵押权？不可，乙公司的抵押权不可追及丙的汽车所有权。

五、抵押与赠与或继承

抵押物依法被继承或者赠与的，抵押权不受影响。

例：【赠与物或继承物在呼叫抵押权人】甲向银行借款 100 万元，用汽车抵押给银行并办理了抵押权登记（或者未办理抵押权登记）。甲将汽车赠与给乙并完成交付，或者甲死亡后，由法定继承人乙继承汽车。如银行债权届期未受偿，其可否对汽车主张抵押权？①可。②因为甲乙之间要么是赠与，要么是继承，不存在交易关系，故抵押权人可追及抵押物之所在。

六、抵押与租赁

抵押权设立前，抵押财产已经出租并转移占有的，原租赁关系不受该抵押权的影响。（《民法典》第 405 条）（抵押不破租赁或者买卖不破租赁）

> 问：什么是《民法典》第 405 条规定的"抵押权设立前"？①不动产抵押中，是不动产抵押权登记之前。②动产抵押中，要限缩解释，应该是动产抵押登记之前而非抵押合同生效之前。参考《担保制度解释》第 54 条。

（一）租大

先存在的（租赁合同人 + 租赁钥匙人）＞后设立的抵押权人

例：【"租"和"住"均早于抵押，简称"租住早"，则租大】甲将房屋出租给了唐某，签订租赁合同且已经交付房屋给唐某。后甲又将该房屋抵押给了银行。甲届期无力清偿欠银行债务，银行主张实现抵押权拍卖房屋。如何评价甲和唐某的租赁关系？

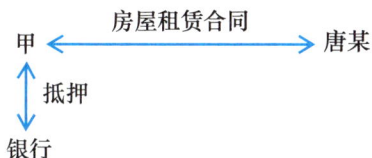

①首先，唐某作为房屋承租人，享有优先购买权。②其次，如果唐某不购买，房屋被其他人购买，则唐某可以继续租住该房屋到租期结束。③因为唐某签订的租赁合同时间和占有房屋时间都早于银行设定抵押权的时间。

> 原理1：为什么要求"合同"＋"占有"都早于抵押，租赁才优先？①如果光看租赁合同时间，则承租人和出租人可以倒签时间来坑抵押权人。②比如实际租赁合同签订是 10 月 1 日，当事人将时间提前到 1 月 1 日，这属于"倒签时间"。③所以立法增加要求承租人必须实际占有租赁物的时间早于抵押时间，以此避免倒签时间坑抵押权人现象。④毕竟穿越"合同"比较容易做到，做假可以很真实，甚至可以倒签 100 年前的租赁合同。但穿越"占有房屋"是做不到的。（万万没想到 500 年前租给了万万）

原理2：为什么不直接说"买卖不破租赁"？而要说"抵押不破租赁"（抵押权实现不影响租赁权）？①抵押权的实现，就是变价抵押物，就是卖房，转化一下，就是"抵押约等于买卖"。②如果符合"租住早"的条件，那么租赁权要受政策保护。③所谓的抵押权实现不影响租赁权，通俗说就是卖房不影响租赁权，这买卖不破租赁的效果一样。④但是如果直接说买卖不破租赁，那么说的不准确。因为这个买卖是来自抵押权的实现。不能把这个过程省略。

（二）押大

其他情形（租早但住晚或租晚）都是押大。

例1：【"房屋住晚"，则押大】 甲将房屋出租给了唐某，签订租赁合同但尚未交付房屋给唐某。后甲又将该房屋抵押给了银行。甲届期无力清偿欠银行债务，银行主张实现抵押权拍卖房屋。<u>如何评价甲和唐某的租赁关系？</u>

①首先，唐某作为房屋承租人，享有优先购买权。②其次，如果唐某不购买，房屋被其他人购买，则购买人可要求唐某返还房屋，因为唐某签订租赁合同时间早但是实际居住房屋晚，要保护抵押权人。③再次，唐某可诉甲承担违反租赁合同的违约责任。

例2：【"房屋租晚"，则押大】 甲先将房屋抵押给银行，办理了抵押权登记。后甲将房屋出租给唐某。甲届期无力向银行还款，银行主张实现抵押权，拍卖房屋变价受偿，<u>如何评价甲和唐某的房屋租赁关系？</u> ①承租人唐某可主张优先购买权。保护房屋承租人优先购买权，实质上是抵押权人银行乐意看见的，无非是一个人来抢着买房屋，银行要的是钱，才不管谁来买房呢（又称"鲶鱼效应"）。②如唐某不行使优先购买权，则购买房屋人可要求唐某返还房屋，因为"押大"。③唐某可依据租赁合同向甲主张违约责任。

问：什么是以租养贷？将已经抵押的房屋拿去出租，租户为房东打工，房东为银行打工。银行大，即押大。

例3：【"汽车租晚"，则押大】 甲先将汽车抵押给银行，办理抵押权登记。后甲将汽车出租给唐某，甲届期无力向银行还款，银行主张实现抵押权，拍卖汽车变价受偿，<u>如何评价甲和唐某的汽车租赁关系？</u> ①承租人唐某不可主张优先购买权，因为汽车租赁承租人无优先购买权。②购买汽车的人可要求唐某返还汽车，因为"押大"。③唐某可依据租赁合同向甲主张违约责任。④如未办理抵押权登记，那么，抵押权实现不能影响租赁权。

秒杀口诀：租大还是押大？谁公示在先谁大。抵押是登记公示，租赁是"占有公示"。

七、抵押与查封

（一）先押则押大

已经设定抵押的财产被采取查封、扣押等财产保全或者执行措施的，不影响抵押权的效力。

1. 不动产抵押权已经登记，后查封，则登记抵押权优先。

例：【押＞封】甲用房屋抵押给银行担保其欠银行的 100 万元，办理了抵押权登记。甲同时欠温某 100 万元，温某已经申请法院查封了甲的房屋。后房屋变价款 160 万元。如何分配该变价款？①银行抵押权优先，故银行获得 100 万元。"银行坐享其成、求之不得。"②温某是查封债权人，获得 60 万元，温某另外 40 万元成为无担保债权。

2. 动产抵押权已经登记，后查封，则登记抵押权优先。动产抵押权没登记，后查封，则查封债权优先，因为未登记动产抵押权不能对抗查封债权人。

> 秒杀：先登记不动或动产抵押权后查封，则先登记抵押权优先。未登记动产抵押权，抵押物被查封，则查封大。

（二）先封则封大

查封、扣押、监管措施解除后，抵押权人可主张抵押权。

《担保制度解释》第 37 条第 2 款，"当事人以依法被查封或者扣押的财产抵押，抵押权人请求行使抵押权，经审查查封或者扣押措施已经解除的，人民法院应予支持。抵押人以抵押权设立时财产被查封或者扣押为由主张抵押合同无效的，人民法院不予支持。"第 3 款，"以依法被监管的财产抵押的，适用前款规定。"（用发展的眼光看查封）

> 总结秒杀：如果把抵押权登记理解成公示方法，把抵押物的查封也视为公示方法。抵押与查封，各玩各的，谁"公示先"谁大。一句话：谁先谁大。（先是公示在先的意思）

八、抵押与保全

因为抵押物不转移占有，仍由抵押人占有，在抵押人实施有损抵押物价值行为时，抵押权人可主张抵押权保全请求权（《民法典》第 408 条）

（一）请求抵押人"停止"

抵押财产价值尚未减少的，抵押人的行为足以使抵押财产价值减少的，抵押权人有权请求抵押人停止行为。

（二）请求债务人"补足"

抵押财产价值已经减少的，抵押权人有权要求恢复抵押财产的价值，或者提供与减少的价值相应的担保。

（三）请求债务人"加速到期"

抵押财产价值已经减少，抵押人不恢复抵押财产的价值也不提供担保的，抵押权人有权要求债务人提前清偿债务。

例：【抵押人让出抵押房屋坑银行】甲以自有房屋向乙银行抵押借款，办理了抵押登记。丙因甲欠钱不还，强行进入该房屋居住。借款到期后，甲无力偿还债务。该房屋由于丙的非法居住，难以拍卖，甲怠于行使对丙的返还请求权。乙银行可以行使哪些权利？①请求甲行使对丙的返还请求权，防止抵押财产价值的减少。②请求甲将对丙的返还请求权转让给自己。抵押权人自己没有原物返还请求权，因为抵押权没有占有权能。③如甲仍然不行使对丙的返还请求权，则银行有权要求甲提供相应担保。

九、抵押权实现

（一）"裸地抵押"（《民法典》第 417 条）

1. 建设用地使用权抵押后，该土地上新增的建筑物不属于抵押财产。"新增建筑物"包括正在建造的建筑物的续建部分以及全新增加的建筑物（《担保制度解释》第52条第1款）。

2. 该建设用地使用权实现抵押权时，应当将该土地上新增的建筑物与建设用地使用权一并处分，但是新增建筑物所得的价款，抵押权人无权优先受偿。

（二）孳息归属

1. 孳息的所有权一般归抵押物所有权人。（《民法典》第321条）

2. 孳息的收取权例外归抵押权人：债务人不履行到期债务或者发生当事人约定的实现抵押权的情形，致使抵押财产被人民法院依法扣押的，自扣押之日起抵押权人有权收取该抵押财产的天然孳息或者法定孳息，但是抵押权人未通知应当清偿法定孳息的义务人的除外。（《民法典》第412条）

例：【租户为房东打工；例外租户为银行打工】甲将房屋抵押给银行，担保借银行的100万元，办理了抵押权登记。甲将房屋出租给唐某。甲届期无力向银行还款，银行申请法院扣押了该房屋。唐某应如何交付租金？①房屋被法院扣押之前，唐某应将租金交付给甲。②房屋被法院扣押，则唐某在收到扣押通知后，应将租金交给银行，银行就该租金和房屋变价款一起，优先受偿其100万元债权。③银行对租金不是所有权，而是收取权，差别在于需要核算，因为银行是在实现抵押权。

（三）抵押权期间

1. 抵押权人应当在主债权诉讼时效期间行使抵押权；未行使的，人民法院不予保护。（《民法典》第419条）主债权诉讼时效期间届满后，抵押权人主张行使抵押权的，人民法院不予支持；抵押人以主债权诉讼时效期间届满为由，主张不承担担保责任的，人民法院应予支持（《担保制度解释》第44条第1款第1句）。（物权法定）

例1：【自物保主债时效届满】甲向乙借款100万，甲用自己房屋给乙设定抵押权并且办理了抵押权登记。甲主债诉讼时效届满，甲可请求涂销抵押权登记吗？可以。

例2：【他物保主债时效届满】甲向乙借款100万元，丙用房屋为乙设定抵押权并且办理了抵押权登记。甲主债诉讼时效届满，丙可请求涂销抵押权登记吗？可以。

> 问：为什么抵押权期间是在主债权诉讼时效期间？①如果是自物保，主债过了时效，则主债务人可对银行主张"不要脸抗辩"而不还钱，假设银行还可以主张自物保，这会自相矛盾。②如果是他物保，主债过了时效，则主债务人可对银行主张"不要脸抗辩"而不还钱，假设银行还可以主张他物保，则他物保人代偿后可追主债务人，这会变相剥夺主债务人的诉讼时效届满的抗辩权机会。③因为"过桥人"（他物保人）很容易找到。"抵押合同当事人是第三人和银行"，会彻底架空诉讼时效制度。

2. 执行时效届满后，抵押权人主张行使抵押权，人民法院不予支持。主债权诉讼时效期间届满前，债权人仅对债务人提起诉讼，经人民法院判决或者调解后未在民事诉讼法规定的申请执行时效期间内对债务人申请强制执行，其向抵押人主张行使抵押权的，人民法院不予支持（《担保制度解释》第44条第1款第2句）。

> 问：留置权、质权有期间吗？（1）交付作为公示方法的留置权、动产质权、交付权利凭证的权利质权，无期间。第三物保人代偿后可以向主债务人追偿。（2）登记作为公示方法的权利质权，有期间，为主债权诉讼时效期间。（3）参见《担保制度解释》第44条第2款、第3款。
>
> 秒杀：登记公示方法有期间是主债权诉讼时效期间；交付公示方法无期间。（物权法定）

（四）实现方式（《民法典》第 410 条）

1. 当事人协议折价、拍卖、变卖：（1）债务人不履行到期债务或者发生当事人约定的实现抵押权的情形，抵押权人可以与抵押人协议以抵押财产折价或者以拍卖、变卖该抵押财产所得的价款优先受偿。（2）协议损害其他债权人利益的，<u>其他债权人可以请求人民法院撤销该协议</u>。

> 问：当事人可以约定担保物权人"自己动手"吗？①可以。②既然如此让与担保权的价值就要受到挑战，因为抵押权人、质权人可以自行拍卖变卖抵押物、质物，所以设立让与担保权的动力会被消解一部分。让与担保权的优势被削减，抵押权的短板被弥补。但是让与担保权的优势还是有的，不需要你债务人配合。③参见《担保制度解释》第 45 条第 1 款。

2. 抵押权人请求法院拍卖、变卖：抵押权人与抵押人未就抵押权实现方式达成协议的，抵押权人可以请求人民法院拍卖、变卖抵押财产。

> 问：当事人怎么去法院请求实现担保物权？（1）诉讼程序。债权人以诉讼方式行使担保物权的，应当以债务人和担保人作为共同被告（《担保制度解释》第 45 条第 3 款）。"影响银行的现金流"，所以他们不愿意接受抵押。（2）特别程序。当事人依照民事诉讼法有关"实现担保物权案件"的规定，申请拍卖、变卖担保财产，被申请人以担保合同约定仲裁条款为由主张驳回申请的，人民法院经审查后，应当按照以下情形分别处理：（一）当事人对担保物权无实质性争议且实现担保物权条件已经成就的，应当裁定准许拍卖、变卖担保财产；（二）当事人对实现担保物权有部分实质性争议的，可以就无争议的部分裁定准许拍卖、变卖担保财产，并告知可以就有争议的部分申请仲裁；（三）当事人对实现担保物权有实质性争议的，裁定驳回申请，并告知可以向仲裁机构申请仲裁。（《担保制度解释》第 45 条第 2 款）
>
> 秒杀：担保物权合同中的仲裁条款未必能够优先于特别程序。

3. 抵押财产折价或者变卖的，应当参照市场价格。

> 秒杀 3 句话：①我做主：担保物权实现方法实现约定我做主。②民诉特别程序但是担保合同有仲裁条款怎么办：没大争议且条件具备则法大。部分无实质性争议，部分有实质性争议，前者法大，后者裁大。有实质性争议则裁大。③民诉诉讼方式行使担保物权则告债务人和担保人。

（五）多退少补（《民法典》第 413 条）

1. 多退：抵押财产折价或者拍卖、变卖后，其价款超过债权数额的部分归抵押人所有。
2. 少补：抵押财产折价或者拍卖、变卖后，其价款不足清偿债务，则由债务人继续清偿。

十、特殊抵押之 1：动产浮动抵押

（一）动产浮动抵押

企业、个体工商户、农业生产经营者（自然人不可以）可以将现有的以及<u>将有的</u>生产设备、原材料、半成品、产品抵押，债务人不履行到期债务或者发生当事人约定的实现抵押权的情形，债权人有权就抵押财产确定时的动产优先受偿。（《民法典》第 396 条）

原理：为什么动产浮动抵押属于特殊抵押？①因为物权需要坚持物权客体特定主义，即物权的客体需要特定化，比如房屋所有权，抵押权等需要将房屋特定化，才能存在物权。②而动产浮动抵押中，其抵押物是浮动的，不是特定化的，从这个角度上讲，它属于特殊抵押。③参见《担保制度解释》第53条。

（二）动产浮动抵押物的结晶

1. 确定抵押财产范围的时间点：（1）债务履行期限届满，债权未实现；（2）抵押人被宣告破产（避免动产浮动抵押权人"多得"）或者解散；（3）当事人约定的实现抵押权的情形；（4）严重影响债权实现的其他情形。

2. 动产浮动抵押物结晶的效果：转化成了一般抵押。因为客体已经特定了。

问：为什么会有超级优先？（1）因为动产浮动抵押制度的"浮动性"，A企业财产给银行设定了动产浮动抵押权，则A企业购进的任何财产，都会自动纳入银行"动产浮动抵押权"的范围。（2）如此一来，A企业要赊销或者借款购进的财产，也会被银行追及。（3）但是本质上，A企业赊销或借款购入的财产，虽然从交付来看（基3：基于法律行为发生动产物权变动3要件，法律行为有效，卖方有处分权，完成交付）A企业是所有权人，但从生活观念来看，这个财产"并非"A企业的。（4）所以，应该让借款债权人或赊销的卖方具有超级优先的抵押权（交付后10日内办理抵押权登记），优先于银行登记的动产浮动抵押权。

十一、特殊抵押之2：最高额抵押

（一）X

为担保债务的履行，债务人或者第三人对一定期间内将要连续发生的债权提供担保财产的，债务人不履行到期债务或者发生当事人约定的实现抵押权的情形，抵押权人有权在最高债权额限度内就该担保财产优先受偿。（《民法典》第420条）（最高额质权参照最高额抵押权规则处理）

例：【约定X与实际发生值谁低】甲与银行签订最高额抵押合同，将建设用地使用权抵押给银行办理了抵押权登记，约定受抵押权担保的债权最高额是1000万元。再约定签约日起1年届满则结算实际发生债权值。最高额抵押如何运行？①如实际发生800万元，则抵押权担保800万；②如实际发生1000万元，则抵押权担保1000万元；③如实际发生1200万元，则抵押权担保1000万元（另外200万即属于无担保的普通债权）。

问1：为什么需要最高额抵押制度？①开发商开发房地产项目拟以建设用地使用权向银行抵押并借款，银行给予20亿元的授信额度，愿意出借20亿元。②但开发商也不知道所开发的项目实际需要借款多少，所以和银行预估一个借款额度比如20亿元。③开发项目时盖地下需要借用1000万元，盖1楼需要2000万元，盖2楼需要3000万元……以此类推，每放一次借款都要办理相应的抵押权登记，这样一来，手续比较麻烦。④如果银行一次性放贷20亿元，一来开发商用不着，有利息压力，银行也担心开发将借款挪用。⑤为了解决这些问题，故有必要用最高额抵押制度解决双方担忧和避免多次做抵押登记的麻烦。⑥这样做违反了担保的从属性，所以显得很特殊。

问2：最高额抵押合同签订时，有哪几个数值是明确的？①当事人会明确约定受抵押物担保的最高债权值（称"最高额"）。②当事人会明确约定什么时候计算实际发生债权值（称"债权确定日"）。实际上违反了担保物权的从属性，即主债权实际发生多少还不知道，却有了担保物权。（从 A 时间点到 B 时间点，B 点是结晶日）③到了债权确定日，将约定的"最高额"与"实际发生值"作对比，低的受抵押物的保护，乃有抵押权担保的债权。

问3：最高额抵押和动产浮动抵押有什么区别？①签订合同时，最高额抵押是受抵押物担保债权为 X。动产、不动产和权利都可以设定最高额抵押。动产和权利可以设定最高额质。②签订合同时，动产浮动抵押是抵押物为 X。③最高额抵押中有债权的结晶规则；动产浮动抵押有抵押物的结晶规则。

（二）1 + X

最高额抵押权设立前已经存在的债权，经当事人同意，可以转入最高额抵押担保的债权范围。（《民法典》第 420 条）

例：【约定实际发生额是 1 + X】甲与银行签订最高额抵押合同，将建设用地使用权抵押给银行办理了抵押权登记，约定受抵押权担保的债权最高额是 1000 万元，同时约定将已经发生的 500 万元债权纳入最高额抵押担保的债权范围。在签约日起满 1 年结算实际发生债权值。最高额抵押如何运行？①当事人可将在最高额抵押合同签订之前已经发生的债权纳入到"实际发生债权值"内（"这违背了最高额抵押自己的定义"）。②约定最高额为 1000 万，此前已经发生债 1 是 500 万，将来发生债 2 是 X。约定 1 年内确定债 2 的 X 数值。③如果债 2 的 X 是 400 万，则抵押担保 900 万。④如债 2 的 X 是 600 万，则抵押担保的是 1000 万（另外 100 万属于无担保债权）。

例：【约定 1 + X 未经登记不可对抗第三人】指导案例 95 号裁判要点：当事人另行达成协议（"抽屉条款"）将最高额抵押权设立前已经存在的债权转入该最高额抵押担保的债权范围，只要转入的债权数额仍在该最高额抵押担保的最高债权额限度内，即使未对该最高额抵押权办理变更登记手续，该最高额抵押权的效力仍然及于被转入的债权，但不得对第三人产生不利影响。如何理解该裁判规则？①内外有别，不能坑别人。②未办理变更登记，内部有物权效力，不限于债权效力。③押 1 最高额 X，如果押 1 要成为 1 + X，但没变登记，则对外还是 X。但是内部是 1 + X。④排队：签订最高额抵押合同后实际发生的是优先的；然后第三债权人与"抽屉条款"纳入的债权 1 都是普通债权，他们同一顺序。

秒杀：公示多少，多少优先。私底下的和第三人是一样的地位，都是普通债权。

（三）1 + 2 + 3 + X

最高额抵押担保的债权确定前，部分债权转让的，最高额抵押权不得转让，但是当事人另有约定的除外。（《民法典》第 421 条）

新债权人：最高额抵押继续保护

债权确定后整体转让

原债权人

债权未确定前部分转让

新债权人：无最高额抵押保护

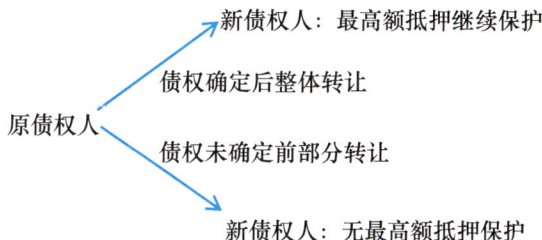

例：【卖1+2+3，收购者买到无担保债权】甲和银行签订最高额抵押合同，债权最高额100万元，中途发生了20万元，将来继续发生80万元。银行中途将20万元债权转让给资产公司。<u>如何评价该转让？</u>①最高额抵押中，债权确定之前中途卖20万元，则资产公司受让的20万债权为无担保债权不能请求优先受偿。最高额抵押继续停留在原地，保护将来的80万元。（当然如果将来发生了100万元，则保护100万元，因为最高额是100万元）②剩余80万元债权决算时（债权确定日），最高额抵押已经转变为普通抵押，如80万元再卖，因为债权转让，抵押权随之转移，故买方收购到的80万元债权有抵押担保。

> **原理：**最高额抵押中，为什么中途转让部分债权，最高额抵押不随之转移？（1）在最高额抵押权担保的债权确定之前，因债权处于变动不安的状态，可以消灭也可以产生，因此，部分债权转让自然也没有问题。（2）但是，由于最高额抵押权并不从属于一定期间将要连续发生的债权中的某个债权，而是从属于导致债权连续发生的基础性法律关系，即从属于"总约"而非"个约"。（3）所以，除非当事人有特别约定，否则部分债权的转让，并不导致最高额抵押权转让。（4）最高额抵押权人可以将部分债权转让给第三人，同时与受让人约定，被转让的部分债权依然受最高额抵押权的担保。如此一来，原本只属于1人所有的最高额抵押权成为二人共有，实际上发生了最高额抵押权部分转让的效果。

> **秒杀：**最高额抵押中，中途卖债权，不送抵押担保（"违反了担保物权的不可分性"）。债权确定后，卖债权，送抵押担保。

（四）1+2+3+X→1+2+3+Y

最高额抵押担保的债权确定前，抵押权人与抵押人可以通过协议变更债权确定的期间、债权范围以及最高债权额（本质上是银行要优先"抢抵押物"的变价款），但是变更的内容不得对其他抵押权人产生不利影响（公示先后）。（《民法典》第422条）

例：【押1是最高额抵押；押2是普通抵押或最高额抵押】甲房价值1500万，押1给银行设立最高额抵押，约定担保主债权最高额为1000万。后甲房押2给乙公司设立普通抵押或者也是最高额抵押担保主债权500万。假设甲和银行约定将受抵押担保的主债权额提到1500万，该约定效力如何？①该约定在甲和银行之间内部有效，但外部对乙公司不发生效力。②乙公司的500万，仍然可就（1500—1000）的部分优先受偿。（内外有别，不能坑别人，与排队买车票一样）

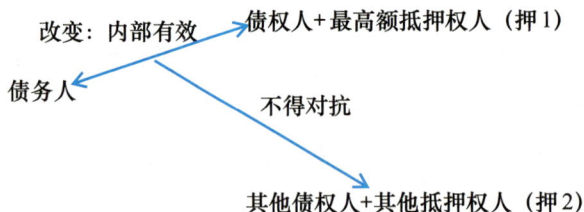

（五）1+2+3+X→10

最高额抵押实际发生债权值的确定（《民法典》第423条）

1. 一般确定规则

（1）约定的债权确定期间届满；（2）没有约定债权确定期间或者约定不明确，抵押权人或者抵押人自最高额抵押权设立之日起满2年后请求确定债权；（3）新的债权不可能发生；（4）法律规定债权确定的其他情形。

2. 提前确定规则

（1）抵押权人知道或者应当知道抵押财产被查封、扣押（背后隐藏一个查封债权）。①自物保抵押物被查封扣押。②他物保抵押物被查封扣押。

> 原理：为什么自银行知道抵押物被查封扣押后，要提前确定最高额抵押中的实际发生债权值？
>
> 债权人小甲（首封是老大）
>
> 甲 ←———自物保最高额抵押———→ 银行（最优先）
>
> 他物保最高额抵押
>
> 乙 ←———————————债权人小乙（首封是老大）
>
> ①甲向银行借款，甲或乙用建设用地使用权设定最高额抵押并登记，一旦建设用地使用权被查封，意味着背后有一个查封债权人，即甲的债权人小甲；或乙的债权人小乙。②因为已经被查封、扣押的东西不能去"买卖"，因此，此后银行继续给甲放贷就不能被抵押所担保。一旦发生抵押物被查封扣押状况，银行不会再放贷了，否则都会成为无担保债权。如果银行新增贷款不是无担保债权，那么就会违反民诉法上的"首封是老大"的规则。③简言之，一旦物不行了，银行会自觉停止放贷，否则新增放贷是无担保债权。

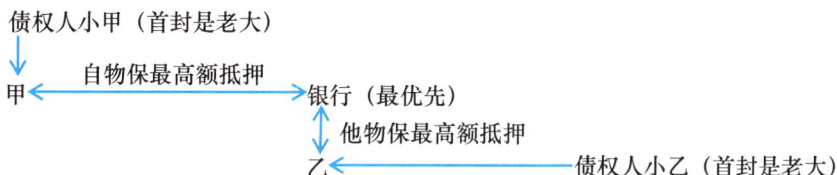

（2）债务人（"开发商"）、抵押人（"他物保人"）被宣告破产或者解散。①自物保的债务人被宣告破产或解散。②他物保的抵押人被宣告破产或解散。（如果不提前结晶会架空破产制度）

> 原理：为什么在自物保债务人或他物保抵押人被宣告破产或解散清算时，要提前确定最高额抵押中的实际发生债权值？①甲向银行借款，甲或乙用建设用地使用权设定最高额抵押并登记，一旦甲或乙被宣告破产或解散清算（"穷"），则甲背后会有一个债权人小甲，乙背后会有一个债权人小乙。②既然甲或乙已经要"死了"，银行如果再给甲新增贷款，就是无担保债权，要与小甲、小乙平等受偿，不能主张获得抵押权担保。③简言之，一旦人不行了，银行会自觉停止放贷，否则新增放贷是无担保债权。

> 秒杀：人不行（如果不提前结晶会架空破产制度）或者物不行（如果不提前结晶会架空查封制度），提前决算债权实际发生值。最高额抵押的债权确定日提前截至，谓之"提前结晶"

十二、特殊抵押之3：所有权人抵押权（民法世界最大的脑洞之日本人）

同一财产向两个以上债权人抵押的，顺序在先的抵押权与该财产的所有权归属一人时，该财产的所有权人可以以其抵押权对抗顺序在后的抵押权。

例：【父欠子债、父欠朋友债】甲欠其子小甲10万元，用房屋抵押办理了抵押登记。甲又欠朋友乙10万元，也随后用房屋抵押办理了抵押登记。甲死亡后，小甲是甲的唯一继承人。如何评价案涉抵押权？

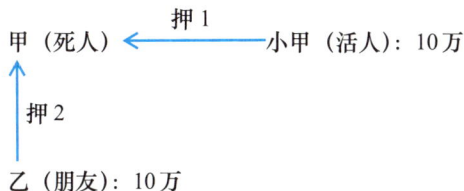

押1

甲（死人）←———————小甲（活人）：10万

押2

乙（朋友）：10万

（1）**物权角度**观察：①甲死亡后，发生继承物权变动，甲的全部遗产包括房屋归小甲继承，小甲成为房屋所有权人，小甲同时又对该房屋享有抵押权，这就是所有权人抵押权。②因为房屋上还有乙的抵押权，故小甲的对自己的房屋享有的抵押权并不消灭。

（2）**合同角度**观察：①甲对小甲负债，甲死亡后，因为小甲继承了甲的房屋，故小甲要取代甲成为债务人。换言之，甲欠小甲10万元，债权人和债务人发生"混同"，主债本来应该消灭。②但是因为甲还对乙有负债，故小甲对父亲的10万元债权不消灭。

（3）**核算结果**观察：①如果房屋价值10万元，则小甲实现抵押权，其对父亲甲的10万元债权获得满足。因为小甲并未实际继承房屋所有权，故无须清偿父亲甲生前负债。因此，乙的抵押权因为"抵押物"没了而消灭，乙的债权为无担保债权。②如果房屋价值12万元，则小甲实现抵押权，其对父亲甲的10万元债权获得满足。房屋剩余的2万元，由乙行使抵押权，乙还有8万元未实现，乃无担保债权。因为小甲并未继承父亲甲的房屋，故乙不得要求小甲清偿8万元。

（4）**一句话**：房价值10万，子全得。房价值12万，子得10万，友得2万，剩余8万为无担保债权。

> 问：父子可以作弊，用虚拟债权坑父亲的债权人和抵押权人乙吗？"父子借条坑友"？①否。②上述案例分析的前提是儿子抵押权登记在先，才优先保护儿子的利益，乃"公示先后"的原理。③父子可以作弊虚拟债权，但无法就抵押权登记倒签时间，因为登记机构不会配合。

第三节　质　权

一、质权的设立

（一）动产质权设立：区分原则＋交付主义

1. 动产质押合同，签订时生效。（《民法典》第119、427条）

2. 动产质权变动，交付时设立：（1）可以现实交付、简易交付、指示交付设立动产质权。（2）不能占有改定设立动产质权。（《民法典》第429条）（3）可以指令第三方占有设立"流动质押"，参考《担保制度解释》第55条。

例：【流动质押】甲企业向乙银行借款100万，用购买来的货物给乙银行设定质权，交付给银行指定的第三方仓库占有。甲企业还了一部分主债，则甲企业可以从第三方仓库提货出卖相应价值的货物。实务中把这种质押叫"流动质押"。

> **秒杀**：流动质押。债权人委托第三方控制，设立成功。出质人自己控制，则设立失败，因为这是"变相的"占有改定。

3. 动产质权设立的二级市场：转质

（二）质权设立后的转质：质权的二级市场

1. 承诺转质：（1）质权人经出质人同意，将质物转质给第三人，第三人取得转质权。（2）转质权优先于原质权。（3）转质权担保的债权额度不得超过原质权担保的债权额度，超过部分无优先受偿效力。

例：【承诺转质牛】甲将价值10万的牛出质给乙，担保其欠乙的8万元主债权。乙经甲同意，乙以质权人名义将该牛转质给丙，担保乙欠丙的 10 万元主债权。甲、乙无力清偿各自到期债务，<u>就牛的 10 万元变价款，如何分配？</u>

①乙经甲同意转质给丙，属于承诺转质，丙取得转质权。②但转质担保的债权额度不得超过原质权额度。③丙可就 8 万元优先受偿，且优先于乙的原质权，剩余 2 万元还给甲。④就 8 万元而言，甲欠乙的，乙欠丙的，结算完毕。⑤丙对乙尚有 2 万元无担保债权。⑥甲的合理期待是：砸进去牛的 8 万，而不是全部的牛。

> 原理：为什么承诺转质中，转质权优先于原质权？①乙将甲的牛而不是乙自己的牛转质给丙做担保，这相当于甲是"他物保人"。②丙实现质权后，即他物保人甲"代偿"了 8 万元。③甲代偿后可向乙追偿 8 万元，而甲恰好又欠乙 8 万元，彼此抵销。④故转质权优先于原质权，会简化法律关系。
>
>
> 一句话：丙找甲的牛（类似他物保）＝第三人甲代乙偿还了欠丙的钱＝甲用这种方式清偿了欠乙的钱＝甲乙和乙丙债消灭。

例：【善意取得牛质权】甲牛出质给乙，乙以所有权名义自居将牛出质给不知情的丙，完成交付。丙是否取得牛的质权？①丙善意取得牛的质权。②<u>丙作为质权人，有妥善保管质物的义务，保管不善要负赔偿责任</u>。丙自己心里有数自己是"他主占有"。③如丙的<u>过错</u>导致牛死亡，则甲可诉乙赔偿；甲可也诉丙要求赔偿。

> 问1：怎么区分基于善意取得而取得质权和基于承诺转质而取得质权？①善意取得质权中，无权处分人把牛当自己的出质，接受出质的人是善意不知情。②承诺转质取得转质权中，质权人明明白白告诉接受转质的人，牛不是自己的，是出质人的，接受出质的人必然是恶意知情的。
>
> 问2：为什么说"转质"场合，第三人一定是知情的？①A 牛出质给 B，B 转质给 C。所谓 B 转质给 C，是说，B 对 C 说，牛不是我的，我要转质给你，故 C 必然知道来龙去脉，这个牛是谁的。②所以，转质的下家必然是恶意，绝无善意取得质权的可能。他要取得转质权，必须去问一声 A，经 A 同意，叫承诺转质。

> 秒杀：①以质权人名义将他人之物去设质，叫转质，对接物主同意与否，同意则为承诺转质，不同意则为责任转质。②以所有权人名义将他人之物去设质，叫无权处分，对接接收人的善意取得质权。③差异在于保主债权范围不同，善意取得可能要保 100 万，保全部的主债权。

2. 责任转质：（1）质权人未经出质人同意，将质物转质给第三人，质权人以"自己负责"的立场将质物转质，故质权人对质物灭失负绝对责任，即使因不可抗力导致质物灭失，也要负责。(2)因为质权人转质时，明明白白告诉第三人这个质物是出质人的，第三人必然构成恶意。(3)是否设立转质权，法律没有规定。学理上承认取得转质权，但是该转质权具有从属性。(4)质权人在质权存续期间，未经出质人同意转质，造成质押财产毁损、灭失的，应当承担赔偿责任。(《民法典》第434条)

例:【责任转质牛】甲牛出质给乙，乙未经甲同意，以质权人名义将牛出质给丙，完成交付。丙是否取得牛的质权?①未经甲同意，属于"责任转质"，乙对牛的死亡负绝对赔偿责任。②丙取得转质权，责任转质的转质权具有从属性，即转质权行使的条件包括原质权行使条件满足(原主债到期)且转质权自己的行使条件满足(主债到期)。③无论是承诺转质，还是责任转质，如果丙占有牛期间因过错导致损害，甲均可要求丙承担赔偿责任。

> **问:** 承诺转质和责任转质都能设立转质权，差异是什么?(1)承诺转质的转质权与原质权"各玩各的":①转质权优先受偿的范围不受原质权的限制;②原质权消灭，转质权不因此受影响;③转质权不以原质权具备行使条件为前提。④转质人对质物毁损灭失承担过错责任。(2)责任转质的转质权具有从属性，从属于原质权。①转质权优先受偿的范围以原质权为限;②原质权消灭，转质权也消灭;③转质权人行使转质权以原质权具备行使条件为前提;④转质人对出质人承担绝对无过错责任，即使质物因不可抗力灭失，转质人也需要对出质人承担赔偿责任。

(三) 权利质权设立: 区分原则 + 交付主义或者登记生效主义

1. 权利质押合同，签订时生效。

2. 权利质权变动，要么交付时设立，要么登记时设立

(1)交付时设立权利质权:有纸的三票三单一券(汇票、本票、支票;存单、提单、仓单;债券)，交纸设立权利质权。(《民法典》第441条)

> **问1:** 汇票出质何时设立?《担保制度解释》第58条，"以汇票出质，当事人以背书记载'质押'字样并在汇票上签章，汇票已经交付质权人的，人民法院应当认定质权自汇票交付质权人时设立。"
>
> **秒杀:** 质押签章 + 交付汇票 = 质权设立。
>
> **问2:** 仓单出质何时设立?交付或登记。《担保制度解释》第59条第1款，"存货人或者仓单持有人在仓单上以背书记载'质押'字样，并经保管人签章，仓单已经交付质权人的，人民法院应当认定质权自仓单交付质权人时设立。没有权利凭证的仓单，依法可以办理出质登记的，仓单质权自办理出质登记时设立。"
>
> **问3:** 同一批仓储货物发生质权竞合如何处理?公示先后、债权比例。《担保制度解释》第59条第2款，"出质人既以仓单出质，又以仓储物设立担保，按照公示的先后确定清偿顺序;难以确定先后的，按照债权比例清偿。"第3款，"保管人为同一货物签发多份仓单，出质人在多份仓单上设立多个质权，按照公示的先后确定清偿顺序;难以确定先后的，按照债权比例受偿。"第4款，"存在第二款、第三款规定的情形，债权人举证证明其损失系由出质人与保管人的共同行为所致，请求出质人与保管人承担连带赔偿责任的，人民法院应予支持。"
>
> **秒杀:** 交付仓单出质、交付货物出质，冲突怎么办?按照公示先后;确定不了就是按比例。

(2)登记时设立权利质权:①无纸的三票三单一券出质的(《民法典》第441条);②以基金份额、股权出质的(《民法典》第443条);③以注册商标专用权、专利权、著作权等知

识产权中的财产权出质的（《民法典》第 444 条）；④以应收账款出质的。（《民法典》第 445 条）

3. 应收账款设质的特别规则（《担保制度解释》第 61 条）

（1）现有应收账款设质

①【真实性与否】《担保制度解释》第 61 条第 1 款，"以现有的应收账款出质，应收账款债务人向质权人确认应收账款的真实性后，又以应收账款不存在或者已经消灭为由主张不承担责任的，人民法院不予支持。"（禁反言）第 2 款，"以现有的应收账款出质，应收账款债务人未确认应收账款的真实性，质权人以应收账款债务人为被告，请求就应收账款优先受偿，能够举证证明办理出质登记时应收账款真实存在的，人民法院应予支持；质权人不能举证证明办理出质登记时应收账款真实存在，仅以已经办理出质登记为由，请求就应收账款优先受偿的，人民法院不予支持。"（向债务人核实要留痕）

②【通知冻结清偿】《担保制度解释》第 61 条第 3 款，"以现有的应收账款出质，应收账款债务人已经向应收账款债权人履行了债务，质权人请求应收账款债务人履行债务的，人民法院不予支持，但是应收账款债务人接到质权人要求向其履行的通知后，仍然向应收账款债权人履行的除外。"（保护债务人的合理期待：接到通知前还了就还了；接到通知后还了就白还）

> 秒杀：①债务人确认应收账款真实性就不能反悔。②债务人没确定应收账款真实性则不能仅以登记为准确定是否真实。③通知债务人冻结清偿行为。

（2）将有应收账款设质

《担保制度解释》第 61 条第 4 款，"以基础设施和公用事业项目收益权、提供服务或者劳务产生的债权以及其他将有的应收账款出质，当事人为应收账款设立特定账户，发生法定或者约定的质权实现事由时，质权人请求就该特定账户内的款项优先受偿的，人民法院应予支持；特定账户内的款项不足以清偿债务或者未设立特定账户，质权人请求折价或者拍卖、变卖项目收益权等将有的应收账款，并以所得的价款优先受偿的，人民法院依法予以支持。"

> 秒杀：高速公路收费权出质，有特定账户则追账户；无特定账户则追收益权。

二、出质人的权利（虽丧失对动产控制但仍然属于所有权人）

（一）请求质权人赔偿

1. 用坏了要赔：质权人在质权存续期间，未经出质人同意，擅自使用、处分质押财产，造成出质人损害的，应当承担赔偿责任。（《民法典》第 431 条）

2. 管坏了要赔：质权人负有妥善保管质押财产的义务；质权人负有妥善保管质押财产的义务；因保管不善致使质押财产毁损、灭失的，应当承担赔偿责任。质权人的行为可能使质押财产毁损、灭失的，出质人可以请求质权人将质押财产提存，或者请求提前清偿债务并返还质押财产。（《民法典》第 432 条）

（二）请求质权人行权（《民法典》第 437 条）

1. 不能拖拉：出质人可以请求质权人在债务履行期届满后及时行使质权；质权人不行使的，出质人可以请求人民法院拍卖、变卖质押财产。

2. 拖拉致害要赔：出质人请求质权人及时行使质权，因质权人怠于行使权利给出质人造成损害的，由质权人承担赔偿责任。

问：留置权、质权有期间吗？（1）交付作为公示方法的留置权、动产质权、交付权利凭证的权利质权，无期间。（2）登记作为公示方法的权利质权，有期间，为主债权诉讼时效期间。（3）《担保制度解释》第44条第2款，"主债权诉讼时效期间届满后，财产被留置的债务人或者对留置财产享有所有权的第三人请求债权人返还留置财产的，人民法院不予支持；债务人或者第三人请求拍卖、变卖留置财产并以所得价款清偿债务的，人民法院应予支持"。第3款，"主债权诉讼时效期间届满的法律后果，以登记作为公示方式的权利质权，参照适用第一款的规定；动产质权、以交付权利凭证作为公示方式的权利质权，参照适用第二款的规定。"

秒杀：登记公示方法有期间是主债权诉讼时效期间；交付公示方法无期间。

三、质权人的权利（因其控制质物享有质权）

（一）质权保全请求权：补担保、提前还债或提存价款（《民法典》第433条）

因不可归责于质权人的事由可能使质押财产毁损或者价值明显减少，足以危害质权人权利的，质权人有权请求出质人提供相应的担保；出质人不提供的，质权人可以拍卖、变卖质押财产，并与出质人协议将拍卖、变卖所得的价款提前清偿债务或者提存。

区分	事由	措施1：停止行为	措施2：补充担保	措施3：提前还债
抵押权保全请求权	抵押人行为足以使抵押财产价值减少	停止行为	抵押财产已经减少，可要求补充担保	要求债务人提前还债
质权保全请求权	不可归责于质权人事由可能使质押财产毁损或价值减少	无	足以危害质权人质权，可要求补充担保	实现质权，拍卖质物，与出质人协议提前清偿债务或提存

（二）质权实现

1. 质权人有权收取孳息：质权人有权收取质押财产的孳息，但是合同另有约定的除外。（《民法典》第430条）

2. 质权人有优先受偿权：债务人不履行到期债务或者发生当事人约定的实现质权的情形，质权人可以与出质人协议以质押财产折价，也可以就拍卖、变卖质押财产所得的价款优先受偿。质押财产折价或者变卖的，应当参照市场价格（《民法典》第436条）。

3. 质物变价款多退少补：质押财产折价或者拍卖、变卖后，其价款超过债权数额的部分归出质人所有，不足部分由债务人清偿（《民法典》第438条）。

例：【质权人有权收取鹦鹉蛋】2016年3月3日，甲向乙借款10万元，约定还款日期为2017年3月3日。借款当日，甲将自己饲养的市值5万元的名贵宠物鹦鹉质押交付给乙，作为债务到期不履行的担保；另外，第三人丙提供了连带责任保证。2016年5月5日，鹦鹉产蛋一枚，市值2000元。如何评价乙的质权？①乙对鹦鹉享有质权，鹦鹉蛋是鹦鹉的自然孳息，质权人有权收取孳息，故乙可以控制鹦鹉蛋，无须交由甲处置。假设乙将鹦鹉蛋交给甲，则属于质权人自愿丧失对质物的占有，故乙无权对鹦鹉蛋主张质权。（否则会架空"占有改定不得设质的规定"）②假设因乙照管不善，2016年10月1日鹦鹉死亡，则乙需承担赔偿责任。③假设到了2017年4月4日，甲未偿还借款，乙未实现质权，则甲可请求乙及时行使质权。④假设乙放弃该质权，则丙可在乙丧失质权的范围内免除相应的保证责任。因为混合担保中，"自物优先"。

四、债权出质

（一）债权出质中 3 方结构的 4 个角度思维（民法思维之巅峰）

例：【债权出质≈债权转让】 乙欠甲 10 万元，为担保该债权的清偿，乙以其对丙的 10 万元债权向甲设定质权。乙届期无力向甲还款，丙届期无力向乙还款，经查，乙尚欠丁 10 万元届期无力还款。如果甲要向丙主张权利，在民法上有哪些路径？这些路径存在什么差异？（甲乙丙是三角债；丁乙丙也是三角债）

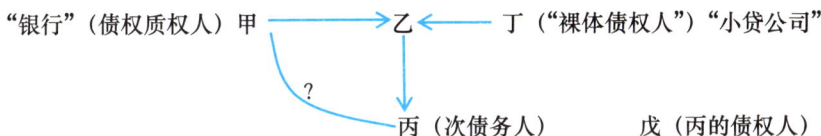

"银行"（债权质权人）甲 →　乙　← 丁（"裸体债权人"）"小贷公司"

? ↓　　↓

丙（次债务人）　　　戊（丙的债权人）

? { ①代位权结构：甲对丙提起代位权诉讼，甲找丙要钱，不能优先于丁
②债权转让结构：甲取代乙"换债权人"，甲找丙要钱，不能优先于丁
③免责债务承担结构：丙取代乙"换债务人"，甲找丙要钱，不能优先于丁
④债权出质结构：甲取代乙"换债权人"，甲找丙要钱，可以优先于丁 }

> **问：如何解决三角债？①②③债的思维。④债的思维和物的思维**
>
> ①先考虑代位权思路。假设符合代位权构成要件，则甲作为债权人，乙作为债务人，丙作为次债务人，甲可以自己名义对丙提起代位权诉讼，要求丙直接向甲付款。但该债权请求权不得优先于丁对乙的债权请求权（"虽然代位权启动直接清偿规则，但是如果丁也提起代位权诉讼，则合并审理，甲和丁还是平等的"）。
>
> ②再考虑债权转让思路。假设乙把对丙的债权转让给甲，充抵乙欠甲的钱。债权转让通知丙后，甲可基于新债权人身份要求丙直接向甲付款。但该债权请求权不得优先于丁对乙的债权请求权。
>
> ③还要考虑免责债务承担思路。假设甲、乙、丙三方约定由丙直接还债，乙退出。则甲只能要求新债务人丙直接向甲付款。但该债权请求权不得优先于丁对乙的债权请求权。
>
> ④最后考虑债权出质思路。假设乙将对丙的债权出质给甲，则甲成为债权质权人。乙届期无力向甲还款，则甲可主张债权质权，即要求丙直接向甲还款。因为甲是债权质权人，对乙的债权有"担保物权"保护，故甲的债权请求权要优先于丁对乙的债权请求权。（"债权质权的本质是解决三角债的一种方式"，但是"银行"＞"小贷公司"）
>
> *秒杀：甲作为乙的债权质权人，债务人乙对次债务人丙的债权视为乙的"特定责任财产"，优先担保甲。丁作为乙的普通债权人，就要靠边站。（物权优先于债权）*
>
> *理解：❶【破产】假设乙是企业法人，乙破产，那么，①②③中，甲是债权人，丁也是债权人，他们是要参与排队分配的。都是破产债权人。④甲是物权人，是担保物权人，在破产清算程序中，甲是有别除权的。丁就是普通破产债权人。❷【穷】假设乙是个人或非法人组织，乙穷，那么①②③诉了乙中，甲诉了乙进入执行程序，则①②③是可以拿生效判决来参与分配的。甲是物权人，就可以优先受偿（针对乙的这个特殊财产即乙对丙的债权）*

（二）债权质权设立

1. 应收账款债权出质 ＝ 登记生效主义。

2. 普通债权出质 ＝ 意思主义 ＋ 通知次债务人（保护其合理期待）。（1）债权出质≈债权买卖。（2）甲乙之间债权质权协议生效时，债权质权设立。（3）甲乙债权质权协议通知次债务

人丙时，对次债务人丙发生效力。即甲可要求丙直接还款，且优先于乙的其他债权人丁受偿。

（三）债权质权运行

1、通知次债务人后冻结清偿规则：次债务人接到通知后应停止向原债权人清偿的行为。

例：【冻结次债务人清偿】乙对丙享有10万元债权，乙将该债权向甲出质，借款5万元。次债务人丙在得到债权出质的通知后，向乙还款3万元，丙尚欠乙7万元。如何评价次债务人丙的还款行为？

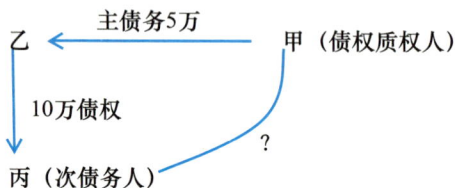

①甲对乙享有主债权5万元，该5万元债权有"债权质权"担保，即"乙对丙的10万元债权"是担保物。②丙的还款行为对甲不发生效力，甲仍然就"乙对丙的10万元债权"享有质权。③假设乙欠甲的5万元债权长期不归还导致本金和利息合计变成了10万元，则甲可直接要求丙支付10万元。④丙再要求乙返还3万元不当得利。⑤如果允许次债务人随便清偿，就会破坏债权质权人的合理期待，比如本案，如果乙当初用7万元向甲出质，按照甲把握的"质押率"（"质押率" = 债权额/质物价值 = 5/10 = 50%），则甲只会愿意出借3.5万元给乙。甲对于"质押率"的商业期待，应该得到法律的保护。（担保物权的不可分性保护债权人的合理期待）

2. 次债务人抗辩（抵销）援引规则：次债务人对原债权人的抗辩或抵销，可以对新债权人（债权质权人）主张。

例：【次债务人援引抗辩或抵销】乙对丙享有10万元债权，乙将该债权出质给甲，借款9万元，通知了次债务人丙。出质前，丙对乙享有2万元到期债权。则如丙提出抗辩，甲可向次债务认丙行使质权的最大金额是多少？

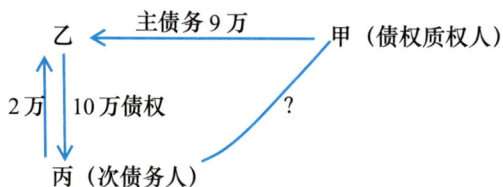

①8万元。②乙将对丙的10万债权出质甲，担保甲的9万元主债权。③这相当于乙将该10万债权转让给甲，相对于丙来讲，属于债权人换人。④丙对原债权人乙的抗辩（或抵销），也可以向新债权人甲主张。⑤丙可对原债权人乙主张抵销2万元，自然可以向新债权人甲主张抵销2万元。⑥故甲最多可向丙主张8万元（10－2），甲的剩余1万元成为无担保债权，继续向乙主张。⑦如果不允许次债务人提出其本来享有的抵销或抗辩，就会破坏次债务人的合理期待和原有法律地位。甲接受乙对次债务人丙享有的债权出质，约等于是甲向乙收购了该债权。如果该债权有病，则甲收购到有病的债权，该病包括"次债务人丙对原债权人乙的抵销或抗辩"。（如果通知后还可以抵销则会架空甲的债权质权。因为乙丙此后发生的债权可以做出来。）（债权质权具有从属性）

第四节　留置权

一、留置权依法设立：法定担保物权

（一）留置权正常取得

债权人合法占有债务人的动产，债权人债权届期未获得清偿，债权人可依法留置该动产，有权就该动产优先受偿。（《民法典》第447条）

例：【车主与修车人】唐某将自己的车交由修理厂维修，未付维修费，要求修理厂交车。修理厂可主张什么法律救济措施？①留置权或者双务合同同时履行抗辩权。②定作人未向承揽人支付报酬或者材料费等价款的，承揽人对完成的工作成果享有留置权或者有权拒绝交付（即双务合同同时履行抗辩权）。

（二）留置权善意取得

债权人合法占有债务人交来的他人动产，债权人债权届期未获得清偿，债权人可依法留置该动产。（《担保制度解释》第62条）

例：【租户与修车人】唐某将从张某处租来的车交由修理厂维修，未付维修费，要求修理厂交车。修理厂可主张什么法律救济措施？①修理厂可善意取得留置权。②修理厂可主张同时履行抗辩权拒绝交车。

> 原理：修车厂主张留置权和主张同时履行抗辩权两者有什么差异？①留置权会彻底解决纠纷，遵守留置权实现规则，先给债务人60日以上宽限期，债务人还不履行债务，则留置权人可就留置物变价优先受偿。②同时履行抗辩权不解决纠纷，只解决修车厂拒不交车不属于违约而已。

二、民事留置权和商事留置权：同一法律关系的判断（《民法典》第448条）

（一）民事留置权（个人与个人之间、个人与企业之间）

需要留置的标的物与担保的主债权属于"同一法律关系"。

例：【交修人与修车人】甲公司车被乙盗走，乙将该车出租给不知该车来历的自然人丙，丙在使用过程中因汽车故障送到丁公司修理。丁公司以丙上次来修另一辆汽车时未付维修费为由扣留该汽车。丁公司是否有权扣留汽车并享有留置权？①否。②债权人留置的动产，应当与债权属于同一法律关系。③本案中，上次修车费债权与本次留置的汽车不属于同一法律关系。④上次修车费债权另诉。

例：【房东与租户】甲将房屋出租给乙，乙届期未支付租金，甲以乙未付租金为由扣留乙的家具。甲是否有权扣留乙的家具并享有留置权？①否。②租金债权与租户家具不属于同一法律关系。③租金债权另诉。

例：【悬赏人与拾得人】甲的手机丢失，发布悬赏广告，拾得并归还者奖励500元。乙拾得后要求甲先付500元，否则不归还。甲要求乙归还，乙拒绝。乙是否有权扣留甲的手机并享

有留置权？①否。②悬赏广告之债权与遗失物返还不属于同一法律关系。③广告债权另诉。

（二）商事留置权（单位与单位之间）

商事留置权主营债权留置无须同一法律关系。商事留置权非主营债权留置需要同一法律关系。（《担保制度解释》第62条）

例：【加工承揽与样品】甲学校委托乙服装厂加工校服500套，甲学校向乙服装厂提供了样品。加工完毕后，甲学校不付加工费。乙服装厂是否有权主张留置样品？①有。②留置样品与加工承揽之债权（主营债权）不属于同一法律关系。③但是商事留置可以"乱留"，故均可留置。

例：【主营债权与零件】甲公司对乙公司享有日常经营的货款债权10万元，乙公司将电脑零件卖给甲公司，交付了但尚未收到甲公司10万元货款。乙公司届期未向甲公司还货款，甲公司是否有权留置电脑零件？①有。②甲对乙日常经营的货款债权，留置的电脑零件与此无关，③但属于商事留置，主营债权可以"乱留"。

> 秒杀：民事留置"不可以乱留"，商事留置"可以乱留"（欠我钱还敢把东西借给我出租给我让我保管或者赊销卖给我）（羊入虎口）。

> 秒杀：①商事留置不能乱留：不是同一关系，不是持续经营发生的债权（比如民间借贷债权）。②商事留置不能乱留：不是同一关系，不是对方财产而是别人财产。③反面言之：持续经营债权；对方财产；乱留。
>
> 综合秒杀：商事留置中主营债权可以乱留，乱留时限于留对方的不能留别人的。

三、留置权须遵守的规则

（一）比例留置

留置财产为可分物的，留置财产的价值应当相当于债务的金额。（《民法典》第450条）

例：【留置电脑】甲将10台电脑交乙维修，维修费1000元，每台电脑价值1万元，如甲届期不付维修费，乙如何主张留置权？①乙可留置1台电脑，不得主张留置10台电脑。②因为电脑与电脑是可分的。

例：【留置狗】甲将狗交乙看病，医疗费500元，如甲届期不付医疗费，乙如何主张留置权？①乙可留置整条狗，就不能留置狗头。②因为狗是不可分物。

（二）妥善保管

留置权人负有妥善保管留置财产的义务；因保管不善致使留置财产毁损、灭失的，应当承担赔偿责任。（《民法典》第451条）

（三）收取孳息

留置权人有权收取留置财产的孳息。（《民法典》第452条）

例：【留置小狗】甲将狗交乙保管，期间狗生小狗，甲不交保管费。乙可否留置狗和小狗？可。

（四）及时行权

债务人可以请求留置权人在债务履行期届满后行使留置权；留置权人不行使的，债务人可以请求人民法院拍卖、变卖留置财产。（《民法典》第454条）

（五）二次效力

1. 第一次效力先给60日以上宽限期：留置权人与债务人应当约定留置财产后的债务履行

期限；没有约定或者约定不明确的，留置权人应当给债务人六十日以上履行债务的期限，但是鲜活易腐等不易保管的动产除外。(《民法典》第453条)(对债权人苛刻了)

2. 第二次效力实现留置权：债务人逾期未履行的，留置权人可以与债务人协议以留置财产折价，也可以就拍卖、变卖留置财产所得的价款优先受偿。留置财产折价或者变卖的，应当参照市场价格。(《民法典》第453条)

3. 多退少补：留置财产折价或者拍卖、变卖后，其价款超过债权数额的部分归债务人所有，不足部分由债务人清偿。(《民法典》第455条)

> 原理：留置权二次效力与商事留置"乱留"在实务中有何妙用？①开发商欠施工方工程款，导致施工方无法向农民工支付工资。开发商有一批钢材在施工方合法控制。②如果施工方直接将该批钢材出卖，这涉嫌犯罪。③如果施工方向开发商发函，给60日以上宽限期，然后没消息，就可以变卖钢材，合法维权。

四、留置权消灭的原因 (《民法典》第457条)

(一) 留置权人丧失占有

留置权人对留置财产丧失占有的，留置权消灭。

1. 留置权人自愿丧失占有

例：【放虎归山】甲将车交乙维修，未付维修费，乙将车让甲开走。乙可否对汽车主张留置权？否。

2. 留置权人被迫丧失占有

例：【电脑先"被修"后"被留置"再"被偷"】王某租用李某的电脑时出了故障，遂将电脑交给甲公司维修。王某和李某就维修费的承担发生争执。甲公司因未收到修理费而将电脑留置，并告知王某如7天内不交费，将变卖电脑抵债。李某听闻后，于当日潜入甲公司偷回电脑。如何评价甲公司的留置权？①甲公司曾对电脑有留置权。②甲公司声称7天内不交费就变卖电脑抵债，不具有法律效力，因为违反了物权法定原则，留置权的第一次效力是必须给2个月以上宽限期，除非当事人另有约定。③李某将电脑偷走，甲公司被迫丧失占有，故对电脑没有留置权。④甲公司可基于留置权请求李某返还电脑。⑤甲公司也可基于占有请求李某返还电脑。⑥只要李某返还电脑，则甲公司对电脑享有留置权。

(二) 留置权人接受替换担保

留置权人接受债务人另行提供担保的，留置权消灭。

例：【房屋可以换车】甲将车交乙维修，未付维修费，乙主张留置该车。甲称用其房屋抵押给乙，以取车。乙可否拒绝？①可。②债务人另行提供担保，需要留置权人接受。③如果留置权人不接受，留置权继续存在。

第五节　非典型担保

一、以法律行政法规尚未规定可以担保的财产权利设立担保

债权人与担保人订立担保合同，约定以法律、行政法规尚未规定可以担保的财产权利设立担保，该合同有效。当事人未在法定的登记机构依法进行登记，未设立担保物权。(参考《担

保制度解释》第63条）

例：【商铺租赁权质押】 由贷款人银行、借款人方志平、与商铺出租人甲三方签订协议。以商户的商铺租赁权作为优先清偿贷款人债务的担保，在商铺出租人甲处办理质押登记，并限制商铺承租人将商铺租赁权以任何形式进行转让、转租或重复质押。商铺租赁权的价值由银行进行评估、出租人进行确认。如果商户到期不能归还贷款，由出租人处置该商铺租赁权，所得价款用于优先清偿商户的欠款。如何评价？

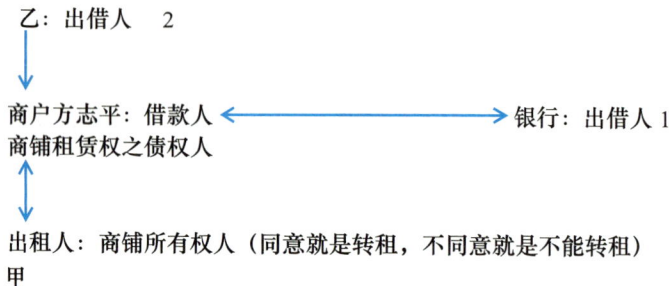

（1）**【物债二分之合同效力】** 当事人关于商铺租赁权质押的约定因其并未违反法律、行政法规的强制性规定，依法应当认定为有效。不存在"无双二公子"的情形。（2）**【物债二分之物权效力】** 能够产生对抗效力和优先效力的登记，是法定登记机构所进行的登记。但是，出租人并不是法定的登记机构，因此，其登记不具有对世效力。（没有这种权利质权，因为是对商铺的使用权）

数学公式：商户方妈与甲签订为期20年的租赁合同，方妈交付了全部的租金给了甲。第10年的时候，方妈要向银行借款100万元，用租赁使用权"出质"给银行，在商铺大厦的物业中心做了"登记"。房东甲对此表示同意。后方妈届期不能还银行的100万元，银行怎么救济？（1）方妈为期10年的租赁权可以给小方（本质上是"转租"），银行可要求小方将租金交给自己。（2）但是，如果方妈还欠了乙的钱，那么，银行不得优先于乙，他们都属于普通债权人，地位平等。

秒杀：对10年的租用权变现＝把10年的租赁权卖掉＝租赁权有交换价值。有债的效力，无物权效力。

二、所有权保留

《担保制度解释》第64条第1款，"在所有权保留买卖中，出卖人依法有权取回标的物，但是与买受人协商不成，当事人请求参照民事诉讼法'实现担保物权案件'的有关规定，拍卖、变卖标的物的，人民法院应予准许（取回失败）。"第2款，"出卖人请求取回标的物，符合民法典第642条规定的（买方未按照约定支付价款经催告后在合理期限内仍未支付；买方未按照约定完成特定条件；买方将标的物出卖、出质或者作出其他不当处分），人民法院应予支持；买受人以抗辩或者反诉的方式主张拍卖、变卖标的物，并在扣除买受人未支付的价款以及必要费用后返还剩余款项的，人民法院应当一并处理。（取回成功）"

秒杀：保留买卖中行使取回权协商失败，则启动担保物权程序裁定拍卖变卖标的物分钱。

　　问：为什么将保留所有权买卖视为一种担保？因为动产保留买卖是一种特殊的存在，任何一个买卖中，卖方都是不希望被卖掉的东西退回来，淘宝商家是不希望发生 7 日无理由退货的。所以保留买卖中，卖方既保留动产所有权，又要出卖该动产。它到底是卖不卖？它当然要卖。之所以保留所有权，目的是为了担保收回钱。所以，将保留所有权买卖视为一种担保物权也没有什么问题。

三、融资租赁

　　《担保制度解释》第 65 条第 1 款，"在融资租赁合同中，承租人未按照约定支付租金，经催告后在合理期限内仍不支付，出租人请求承租人支付全部剩余租金，并以拍卖、变卖租赁物所得的价款受偿的，人民法院应予支持；当事人请求参照民事诉讼法'实现担保物权案件'的有关规定，以拍卖、变卖租赁物所得价款支付租金的，人民法院应予准许。"第 2 款，"出租人请求解除融资租赁合同并收回租赁物，承租人以抗辩或者反诉的方式主张返还租赁物价值超过欠付租金以及其他费用的，人民法院应当一并处理。当事人对租赁物的价值有争议的，应当按照下列规则确定租赁物的价值：（一）融资租赁合同有约定的，按照其约定；（二）融资租赁合同未约定或者约定不明的，根据约定的租赁物折旧以及合同到期后租赁物的残值来确定；（三）根据前两项规定的方法仍然难以确定，或者当事人认为根据前两项规定的方法确定的价值严重偏离租赁物实际价值的，根据当事人的申请委托有资质的机构评估。"

　　秒杀：融资租赁要租金，则拍卖变卖租赁物、启动实现担保物权程序。

四、保理

　　《担保制度解释》第 66 条第 1 款，"同一应收账款同时存在保理、应收账款质押和债权转让，当事人主张参照民法典第 768 条的规定（登记、通知、比例）确定优先顺序的，人民法院应予支持。"第 2 款，"在有追索权的保理中，保理人以应收账款债权人或者应收账款债务人为被告提起诉讼，人民法院应予受理；保理人一并起诉应收账款债权人和应收账款债务人的，人民法院可以受理。"第 3 款，"应收账款债权人向保理人返还保理融资款本息或者回购应收账款债权后，请求应收账款债务人向其履行应收账款债务的，人民法院应予支持。"

　　《民法典》第 768 条，"应收账款债权人就同一应收账款订立多个保理合同，致使多个保理人主张权利的，已经登记的先于未登记的取得应收账款；均已经登记的，按照登记时间的先后顺序取得应收账款；均未登记的，由最先到达应收账款债务人的转让通知中载明的保理人取得应收账款；既未登记也未通知的，按照保理融资款或者服务报酬的比例取得应收账款。"

　　秒杀 2 句话：①保理人、质权人、新债权人如何排队？登记、通知、比例。②有追索权保理，乱告。债权人再追债务人。

　　问：如何理解所有权保留买卖、融资租赁等合同中，出卖人、出租人的所有权未经登记不得对抗善意第三人？《担保制度解释》第 67 条，"在所有权保留买卖、融资租赁等合同中，出卖人、出租人的所有权未经登记不得对抗的'善意第三人'的范围及其效力，参照本解释第 54 条的规定处理。"《担保制度解释》第 54 条，"动产抵押合同订立后未办理抵押登记，动产抵押权的效力按照下列情形分别处理：（一）抵押人转让抵押财产，受让人占有抵押财产后，抵押权人向受让人请求行使抵押权的，人民法院不予支持，但是抵押权人能够举证证明受让人知道或者应当知道已经订立抵押合同的除外；（二）抵押人将抵押财产出租给他人并移转占有，抵押权人行使抵押权的，租赁关系不受影响，但是抵押权人能够举证证明承租人知道或者应当知道已经订立抵押合同的除外；（三）抵押人的其他债权人向人民法院申请保全或者执行抵押财产，人民法院已经作出财产保全裁定或者采取执行措施，抵押权人主张对抵押财产优先受偿的，人民法院不予支持；（四）抵押人破产，抵押权人主张对抵押财产优先受偿的，人民法院不予支持。"

> 秒杀1句话：未登记的保留所有权、未登记的融资租赁物所有权，不能追及取得占有购买人、不能追及取得占有租户、不能追及保全执行债权人、不能主张破产别除权。
>
> 秒杀1句话：半个担保物权人存在3种形态，半个动产抵押权人；半个保留所有权人；半个融资租赁出租人。他们都没有登记。

五、让与担保权

（一）财产的让与担保权

《担保制度解释》第68条，"债务人或者第三人与债权人约定将财产形式上转移至债权人名下，债务人不履行到期债务，债权人有权对该财产折价或者以拍卖、变卖该财产所得价款偿还债务的，人民法院应当认定该约定有效。当事人已经完成财产权利变动的公示，债务人不履行到期债务，债权人请求参照民法典关于担保物权的有关规定就该财产优先受偿的，人民法院应予支持。"

"债务人或者第三人与债权人约定将财产形式上转移至债权人名下，债务人不履行到期债务，财产归债权人所有的，人民法院应当认定该约定无效，但是不影响当事人有关提供担保的意思表示的效力。当事人已经完成财产权利变动的公示，债务人不履行到期债务，债权人请求对该财产享有所有权的，人民法院不予支持；债权人请求参照民法典关于担保物权的规定对财产折价或者以拍卖、变卖该财产所得的价款优先受偿的，人民法院应予支持；债务人履行债务后请求返还财产，或者请求对财产折价或者以拍卖、变卖所得的价款清偿债务的，人民法院应予支持。"

"债务人与债权人约定将财产转移至债权人名下，在一定期间后再由债务人或者其指定的第三人以交易本金加上溢价款回购，债务人到期不履行回购义务，财产归债权人所有的，人民法院应当参照第2款规定处理。回购对象自始不存在的，人民法院应当依照民法典第146条第2款的规定（以虚假的意思表示隐藏的民事法律行为的效力，依照有关法律规定处理），按照其实际构成的法律关系处理。"

> 秒杀：❶让与担保合同有效。❷公示设立让与担保权。❸没有公示没设立让与担保权。❹"流让条款"无效。

例：【让与担保合同与让与担保权】甲向乙借款100万元，同时约定甲将房屋转让给乙，如甲不还款，则需要回购房屋。甲乙之间关于回购房屋约定是什么？让与担保合同。如果甲把房屋已经过户给乙，则乙取得让与担保权。

（二）股权的让与担保

《担保制度解释》第69条，"股东以将其股权转移至债权人名下的方式为债务履行提供担保，公司或者公司的债权人以股东未履行或者未全面履行出资义务、抽逃出资等为由，请求作为名义股东的债权人与股东承担连带责任的，人民法院不予支持。"

问： 人民法院在认定某一交易是股权转让还是将股权转移至债权人名下的方式为债务履行提供担保，需要综合考察哪些因素？（一）是否存在被担保的主债权债务关系；（二）是否存在股权回购条款；（三）股东是否享有并行使股东权利。

秒杀：股权让与担保权人不是股东，不负出资义务。

例：【股权让与担保】甲向乙借款 100 万元，将其对丙公司的股权转让给乙作担保，股权变更到乙名下。丙公司欠丁公司到期债务 10 万元无力清偿。经查，甲未履行对丙公司的出资义务。丁可否请求甲和乙承担连带责任？①不可以。②名义股东乙不是丙公司股东，而是"让与担保权人"。甲届期不履行对乙的 100 万元债务，乙就"股权变价款"享有优先受偿权。

问：如何区分股权让与担保权与"名股实债"？（1）股权让与担保。你向我借钱，然后你要提供担保，你提供了对你 A 公司的股权给我做担保，过户股权给我，所以，我是股权让与担保权人，我不是股权人，我不是股东。因为，任何人想要成为 A 公司股东，都必须投资进公司，就是你要成为股东，你得带钱来公司，带资入组，换来股权。本例就是典型的股权让与担保。（2）"名股实债"。你向 A 公司投钱，然后你取得 A 公司股权。然后我也是 A 公司股东，你和我私下约定，如果我没干好，A 公司业绩不达标，你就要求我来购买你的股权，让你退出，这是所谓对赌协议，这就是所谓"名股实债"。就是你本来只是想赚钱打劫的，不是真的想一直持有 A 公司股权的，A 公司干的好，你才持有；干不好你就跑路，这叫对赌。投资界创造出一个名字，叫"名股实债"。但是，从公司结构看，你投钱进公司了，你换来了股权了，你带资入组了，你就是股东无疑。至于你和我私下约定，那个协议，是合同，具有相对性，只约束你我。（3）进一步简化区分：①股权让与担保合同，是股东要借钱，用自己的一个财产即"对某公司的股权"来做担保，这是股权让与担保合同。股东把自己的股权过户给了债主，债主就是股权让与担保权人。②名股实债合同，是股东经营公司缺钱，要引入战略投资者，投资者的钱是打入了公司，然后投资者获得股权。但是投资者真正目的是要获得回报，他指望的回报不是股权，而是将来"保本"，一旦不能保本，则要由原股东"回购"。从外观上看，投资者是股东，享有公司股权；从内部协议看，投资者和原股东有一个合同，这个合同是有效的。

秒杀：股权让与担保权意味着股东"进钱"；名股实债意味着公司"进钱"。

六、金钱质

《担保制度解释》第 70 条第 1 款，"债务人或者第三人为担保债务的履行，设立专门的保证金账户并由债权人实际控制，或者将其资金存入债权人设立的保证金账户，债权人主张就账户内的款项优先受偿的，人民法院应予支持。当事人以保证金账户内的款项浮动为由，主张实际控制该账户的债权人对账户内的款项不享有优先受偿权的，人民法院不予支持。"第 2 款，"在银行账户下设立的保证金分户，参照前款规定处理。"第 3 款，"当事人约定的保证金并非为担保债务的履行设立，或者不符合前两款规定的情形，债权人主张就保证金优先受偿的，人民法院不予支持，但是不影响当事人依照法律的规定或者按照当事人的约定主张权利。"

例：【权利质权：金钱特定化质权】指导案例 54 号：中国农业发展银行安徽省分行诉张大标、安徽长江融资担保集团有限公司执行异议之诉纠纷案：当事人依约为出质的金钱开立保证金专门账户，且质权人取得对该专门账户的占有控制权，符合金钱特定化和移交占有的要求，即使该账户内资金余额发生浮动，也不影响该金钱质权的设立。

秒杀：保证金账户交债权人控制做担保，则设立金钱质。（金钱本身不可以特定化，账户可以特定化）

第八章 保 证

甲向银行借款 1000 万，乙向银行提供了保证。问：当事人之间是什么法律关系？答：①甲和银行之间属于主债权债务法律关系；②乙和银行之间属于从合同法律关系即保证合同法律关系；③"物保"和"人保"是"龙凤胎"，故放在担保物权介绍保证更加符合法考特点。

1. 保证不成立的抗辩（我不认识你）

2. 援引主债的抗辩
- （1）主债务人对主债权人的抗辩
  - ① 主债务人抗辩权
  - ② 主债务人抵销权
  - ③ 主债务人撤销权
- （2）主债变动的抗辩
  - ① 主债权人换人的抗辩：禁止债权转让
  - ② 变主债务人
    - ① "免责债务承担"要经同意
    - ② "并存债务承担"随便
  - ③ 主债额度换，以低为准
  - ④ 主债期间变，保证期间起算点不变动
  - ⑤ 主债约定要变，但没落实，保证人不得抗辩

3. 保证债务的抗辩
- （1）额度小于或等于主债权
- （2）自己物保优先
- （3）保证期间届满抗辩
- （4）保证债务诉讼时效届满抗辩
- （5）一般保证特有的抗辩
  - ① 提供主债务人财产线索免责抗辩
  - ② 先诉抗辩权

一、保证合同基础规则

（一）保证合同的性质

1. 保证合同是为保障债权的实现，保证人和债权人约定，当债务人不履行到期债务或者发生当事人约定的情形时，保证人履行债务或者承担责任的合同。（《民法典》第 681 条）

> 原理：为什么保证债务被称为"或有债务"？①甲向银行借款期满时，有 2 种结果。②要么甲还款，则主债消灭，保证债务消灭，保证人不承担任何债务。③要么甲不还款，则主债未受偿，保证债务被激活，保证人要承担保证债务。④故保证债务又被称为"或有债务"。⑤保证人之所以愿意与债权人签订保证合同，是基于对主债务人的还款能力考量，亦即保证人对于主债务人的财力是非常敏感的。⑤任何一个保证人如果一开始就知道自己注定要承担责任，则都不会愿意出具"保函"的，因为任何一个理性人都不会往火坑里跳。

问："增信措施"到底是保证还是债务加入？《担保制度解释》第 36 条第 1 款，"第三人向债权人提供差额补足、流动性支持等类似承诺文件作为增信措施，具有提供担保的意思表示，债权人请求第三人承担保证责任的，人民法院应当依照保证的有关规定处理。"第 2 款，"第三人向债权人提供的承诺文件，具有加入债务或者与债务人共同承担债务等意思表示的，人民法院应当认定为民法典第五百五十二条规定的债务加入。"第 3 款，"前两款中第三人提供的承诺文件难以确定是保证还是债务加入的，人民法院应当将其认定为保证。"（因为保证是或有债务）第 4 款，"第三人向债权人提供的承诺文件不符合前三款规定的情形，债权人请求第三人承担保证责任或者连带责任的，人民法院不予支持，但是不影响其依据承诺文件请求第三人履行约定的义务或者承担相应的民事责任。"

秒杀 2 句话：承诺文件是保证就是保证，是债务加入就是债务加入，确定不了就是保证。如果承诺文件不是保证也不是债务加入则启动一般的合同责任。

2. 保证合同是从合同、无偿合同、单务合同、诺成合同，是双方法律行为。

例：【保证的三方结构】甲向银行借款 10 万元，乙提供保证。如何评价涉案法律关系？①甲和银行之间是主合同法律关系。②乙和银行之间是保证合同法律关系。③乙是保证人，银行是保证债权人。④银行无须支付对价，故保证合同是无偿合同。⑤只有保证人负担义务，银行无须负担义务，故保证合同是单务合同，即单方负有义务的合同。⑥乙和银行意思表示一致，保证合同即成立，故保证合同属于诺成合同。⑦保证要求乙有保证的要约，银行有保证的承诺，需要两个意思表示，故保证合同属于双方法律行为。

3. 保证人代偿后对主债务人有追偿权

（1）【法定追偿之债】①【可追主债务人】承担了担保责任或者赔偿责任的担保人，在其承担责任的范围内向债务人追偿的，人民法院应予支持（《担保制度解释》第 18 条第 1 款）。②【取代债权人地位】保证人承担保证责任后，除当事人另有约定外，有权在其承担保证责任的范围内向债务人追偿，享有债权人对债务人的权利，但是不得损害债权人的利益。（《民法典》第 700 条）③【可追主债务人自物保】同一债权既有债务人自己提供的物的担保，又有第三人提供的担保，承担了担保责任或者赔偿责任的第三人，主张行使债权人对债务人享有的担保物权的，人民法院应予支持。（《担保制度解释》第 18 条第 2 款）（保证人主动承担责任以后保函就在银行吃得开 = 有担当的保证人）

（2）【担保人"购买债权"是代偿而不是"受让债权"】同一债务有两个以上第三人提供担保，担保人受让债权的，人民法院应当认定该行为系承担担保责任。受让债权的担保人作为债权人请求其他担保人承担担保责任的，人民法院不予支持；该担保人请求其他担保人分担相应份额的，依照《担保制度解释》第 13 条的规定处理。

秒杀 1 句话：担保人买债权 = 代偿。能不能追？启动《担保制度解释》第 13 条。
秒杀 1 句话：《担保制度解释》第 13 条，❶【约定可追 + 约定怎么追】按约定追。❷【约定可追 + 没约定怎么追：约定可追没约定怎么追、或者约定连带共同担保、或者一页纸】按比例追。③【都没约定】不追。

例：【"购买债权"式代偿】甲向银行借款 10 万元，乙提供保证，丙提供保证。乙可以向银行购买该债权吗？①不可以。②保证人是债务人，债务人"购买"债权的本质，是承担担保责任，即代偿。③如果认为购买债权不是代偿，那么购买后取代债权人位置，就可以全部向另外 1 个担保人主张全部责任，让另外 1 个担保人兜底。如此一来，就会彻底的架空《担保制度解释》第 13 条的规定（该规定限定了在什么情形下担保人之间才可以内部追偿，什么情形下担保人之间不可以内部追偿）。因为任何1个担保人都可以先"购买"主债权，而后去追。

4. 保证人可以要求债务人提供反担保。（《民法典》第689条）《担保制度解释》第19条第1款，担保合同无效，承担了赔偿责任的担保人按照反担保合同的约定，在其承担赔偿责任的范围内请求反担保人承担担保责任的，人民法院应予支持。第2款，反担保合同无效的，依照本解释第17条的有关规定处理。当事人仅以担保合同无效为由主张反担保合同无效的，人民法院不予支持。

例：【什么是反担保】甲向乙银行借款100万元，丙提供保证，丙代偿后可向甲追偿。由甲或第四人丁向丙提供"反担保"，担保丙对甲的追偿之债。"反担保"担保的主债是什么？追偿之债。故又称反担保是对担保的担保。

> 原理：什么是反担保中的"囚徒困境"？甲向银行借款10万元，乙提供保证。为担保乙对甲的追偿之债，乙要求甲提供反担保，甲便将自己的房屋为乙设定了抵押权并办理了登记。甲届期无力向银行还款，银行要求拍卖甲的房屋。乙能否以抵押权对抗银行的主张？
>
>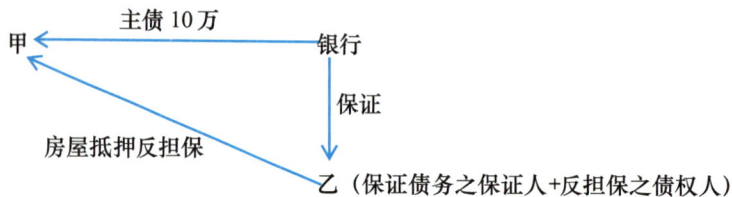
>
> ①否。②银行的普通债权优先于乙的抵押权，故银行就甲房屋拍卖变价，则主债消灭。③乙的保证债务也消灭，故乙就不可能对甲有追偿之债。④乙的抵押权是担保该追偿之债，故乙的抵押权消灭。⑤如果认为乙有抵押权，则乙会面临"囚徒困境"左右为难，银行会要求乙承担保证责任。⑥为了破除该困境，则需要例外的承认，乙的抵押权劣后于银行的债权。⑦"一灭全死"：主债消灭，则保证消灭，则乙对甲的追偿之债消灭，则甲的房屋反担保消灭。

（二）保证人资格

> 问：为什么要讨论保证人资格？虽然自然人、法人、非法人组织都有民事权利能力，但是，由于保证合同是无偿合同，所以需要特别注意保证人是否有保证人资格，避免"慷他人之慨"。

1. 机关法人不得为保证人，但是经国务院批准为使用外国政府或者国际经济组织贷款进行转贷的除外。（《民法典》第683条）

> 问：为什么机关法人不得担任保证人？①因为保证人是将其责任财产投入，与主债务人责任财产一起，对债权人债权负责。②如果保证人财产是归国家，则不得为其他个人或单位借款做"保证"背书。③如果保证人无财产，自然不具备担任保证人的资格。

2. 以公益为目的的非营利法人、非法人组织不得为保证人（《民法典》第683条），但有例外。

（1）公益法人：①【担保合同无效】以公益为目的的非营利性学校、幼儿园、医疗机构、养老机构等提供担保的，人民法院应当认定担保合同无效。（《担保制度解释》第6条第1款）②【公益设施担保"公益设施款"有效】在购入或者以融资租赁方式承租教育设施、医疗卫生设施、养老服务设施和其他公益设施时，出卖人、出租人为担保价款或者租金实现而在该公益设施上保留所有权，担保合同有效。（《担保制度解释》第6条第1项）③【非公益设施担保有效】以教育设施、医疗卫生设施、养老服务设施和其他公益设施以外的不动产、动产或者财产权利设立担保物权。（《担保制度解释》第 6 条第 2 项）

（2）营利法人：担保有效。登记为营利法人的学校、幼儿园、医疗机构、养老机构等提供担保，当事人以其不具有担保资格为由主张担保合同无效的，人民法院不予支持。（《担保制度解释》第 6 条第 2 款）

> 秒杀 2 句话：①学校提供担保无效。学校教学设施担保购买教学设施价款可以。其他设施可以担保。②登记为营利法人的学校可以提供担保。

3. 三种情形下公司未作出决议但是已经对外签订担保合同有效

《担保制度解释》第 8 条规定，有下列情形之一，公司以其未依照公司法关于公司对外担保的规定作出决议为由主张不承担担保责任的，人民法院不予支持：（一）金融机构开立保函或者担保公司提供担保（日常业务）；（二）公司为其全资子公司（1 人公司）开展经营活动提供担保；（三）担保合同系由单独或者共同持有公司 2/3 以上对担保事项有表决权的股东签字同意。

> 秒杀 1 句话：银行保函、担保公司保函、母公司为子公司、2/3 股东签字，可越权担保。

4. 上市公司对外担保

《担保制度解释》第 9 条第 1 款，"相对人根据上市公司公开披露的关于担保事项已经董事会或者股东大会决议通过的信息，与上市公司订立担保合同，相对人主张担保合同对上市公司发生效力，并由上市公司承担担保责任的，人民法院应予支持。"第 2 款，"相对人未根据上市公司公开披露的关于担保事项已经董事会或者股东大会决议通过的信息，与上市公司订立担保合同，上市公司主张担保合同对其不发生效力，且不承担担保责任或者赔偿责任的，人民法院应予支持。"第 3 款，"相对人与上市公司已公开披露的控股子公司订立的担保合同，或者相对人与股票在国务院批准的其他全国性证券交易场所交易的公司订立的担保合同，适用前两款规定。"

> 秒杀 1 句话：我看报表就可以放心接受上市公司提供的担保。

5. 一人公司为股东提供担保

《担保制度解释》第 10 条，"一人有限责任公司为其股东提供担保，公司以违反公司法关于公司对外担保决议程序的规定为由主张不承担担保责任的，人民法院不予支持。公司因承担担保责任导致无法清偿其他债务，提供担保时的股东不能证明公司财产独立于自己的财产，其他债权人请求该股东承担连带责任的，人民法院应予支持。"

> 秒杀 1 句话：一人公司为股东担保。如财产混同，则负连带。

6. 公司分支机构未经决议程序对外提供担保

《担保制度解释》第 11 条第 1 款，"公司的分支机构未经公司股东（大）会或者董事会决议以自己的名义对外提供担保，相对人请求公司或者其分支机构承担担保责任的，人民法院不予支持，但是相对人不知道且不应当知道分支机构对外提供担保未经公司决议程序的除外。"第 2 款，"金融机构的分支机构在其营业执照记载的经营范围内开立保函，或者经有权从事担保业务的上级机构授权开立保函，金融机构或者其分支机构以违反公司法关于公司对外担保决议程序的规定为由主张不承担担保责任的，人民法院不予支持。金融机构的分支机构未经金融机构授权提供保函之外的担保，金融机构或者其分支机构主张不承担担保责任的，人民法院应予支持，但是相对人不知道且不应当知道分支机构对外提供担保未经金融机构授权的除外。"第 3 款，"担保公司的分支机构未经担保公司授权对外提供担保，担保公司或者其分支机构主张不承担担保责任的，人民法院应予支持，但是相对人不知道且不应当知道分支机构对外提供担保未经担保公司授权的除外。"第4款，"公司的分支机构对外提供担保，相对人非善意，请求公司承担赔偿责任的，参照本解释第17条（二等分或三等分规则）的有关规定处理。"

> 秒杀1句话：公司分支机构对外担保，要经公司决议程序就有效；无决议程序则属于无权代理，要启动表见代理检讨规则。（把握第1款）

（三）保证合同签约方式（《民法典》第685条）

1. 单独合同：保证合同可以是单独订立的书面合同。
2. 保证条款：保证合同可以是主合同中的保证条款。
3. 签字形式：主合同中无保证条款，但保证人在主合同上以保证人身份签字或盖章。
4. 单方书面担保书形式：第三人单方以书面形式向债权人出具保证书，债权人接收且未提出异议的，保证合同成立。

> 问：如何区分人保和物保？①人保（保证）是将自己全部财产"砸进去"担保主债务。②物保是将特定财产"砸进去"担保主债务。③第三人人保和第三人物保的关系（都是对外送东西）：《担保制度解释》第20条规定，人民法院在审理第三人提供的物的担保纠纷案件时，可以适用民法典第695条第1款（主债额度变化从低）、第696条第1款（债权转让通知他物保人）、第697条第2款（债务加入不影响他物保）、第699条（2个他物保按份或连带）、第700条（他物保人代偿后取代债权人）、第701条（他物保人可主张主债务人抗辩）、第702条（他物保人可主张主债务人的抵销权或撤销权）等关于保证合同的规定。

例：【保证的各种签约方式】甲向乙借款5万元，乙要求甲提供担保，甲分别找到友人丙、丁、戊、己，他们各自作出表示，哪些构成保证？①假设丙在甲向乙出具的借据上签署"保证人丙"，丙是采用签字形式的保证人。②假设丁向乙出具字据称"如甲到期不向乙还款，本人愿代还3万元"，丁是保证人。③戊向乙出具字据称"如甲到期不向乙还款，由本人负责"，戊是保证人。④但是，如果己向乙出具字据称"如甲到期不向乙还款，由本人以某处私房抵债"，己是试图签订抵押合同。因为"人保"必须投入自己全部财产进来做担保，才是保证。而"物保"则只要投入特定财产进来做担保，这是物保。

> 秒杀：区分人保和物保的方法是什么？砸人进去＝人保。砸物进去＝物保。

（四）保证合同的从属性

1. 保证范围上的从属性：保证的范围包括主债权及其利息、违约金、损害赔偿金和实现债权的费用。当事人另有约定的，按照其约定。（《民法典》第691条）

（1）【不可大于主债】当事人对担保责任的承担约定专门的违约责任，或者约定的担保责任范围超出债务人应当承担的责任范围，担保人主张仅在债务人应当承担的责任范围内承担责任的，人民法院应予支持。（《担保制度解释》第3条第1款）

（2）【多代偿不可追债务人但可要求债权人退】担保人承担的责任超出债务人应当承担的责任范围，担保人向债务人追偿，债务人主张仅在其应当承担的责任范围内承担责任的，人民法院应予支持；担保人请求债权人返还超出部分的，人民法院依法予以支持。（《担保制度解释》第3条第2款）

2. 主合同解除后的保证责任：主合同解除后，担保人对债务人应当承担的民事责任仍应当承担担保责任，但是担保合同另有约定的除外。（《民法典》第566条）

例：【主合同解除后保证责任继续】甲将一批钢材出卖给乙，由丙提供保证，在乙不付款时丙承担保证责任。后乙收到钢材却未付款，经催告仍未支付，甲解除买卖合同。甲能否要求丙承担保证责任？①可以。②甲解除合同后，可要求乙承担违约责任。③丙对该违约责任负有保证责任。

3. 保证合同无效后的责任

（1）【主合同无效导致保证无效】主合同无效导致保证合同无效，则按各自过错承担责任。①保证合同是主债权债务合同的从合同。主债权债务合同无效（"主合同无效不等于主合同债务消灭"），保证合同无效，但是法律另有规定（如"独立保函"）的除外。②保证合同被确认无效后，债务人、保证人、债权人应当根据其过错各自承担相应的民事责任。（《民法典》第682条）③担保人无过错则不承担赔偿责任。担保人有过错则其承担的赔偿责任不超过主债务人不能清偿部分的1/3。（《担保制度解释》第17条第2款）【秒杀：3人错则"不超过""主债务人不能履行的"1/3】

（2）【保证无效】主合同有效，担保合同不成立、无效、被撤销、确定不发生效力，担保人如何承担责任？①债权人和担保人都有错，则担保人承担赔偿责任不超过主债务人不能清偿部分的1/2。②担保人有错而债权人无错，则担保人对债务人不能清偿部分承担担保责任。③债权人有错而担保人无错，则担保人不承担赔偿责任。（《担保制度解释》第17条第1款）【秒杀：2人错则"不超过""主债务人不能履行的"1/2】

4. 独立保函（危险的事情，可能会鼓励犯罪）

（1）什么是独立保函？当事人在担保合同中约定担保合同的效力独立于主合同，或者约定担保人对主合同无效的法律后果承担担保责任，存在"该独立条款"的保函，我们称之为"独立保函"。

（2）一般主体签发的"独立保函"无效，即"独立条款"无效。主合同有效的，有关担保独立性的约定无效不影响担保合同的效力。（《担保制度解释》第2条第1款）

（3）银行或非银行金融机构签发的"独立保函"有效，即"独立条款"有效。（《担保制度解释》第2条第2款）

> 秒杀1句话：独立条款无效，除非金融机构出具独立保函。

5. 新贷还旧贷（"银行自我美颜"）与保证责任

（1）新贷还旧贷，旧贷保证人免责。合同当事人协议以新贷偿还旧贷，债权人请求旧贷的担保人承担担保责任的，人民法院不予支持。（《担保制度解释》第16条第1款第1句）

例：【旧贷消灭】甲向银行借款100万届期无力清偿，乙是保证人。后银行又借款100万给甲，以清偿前一笔借款。甲届期无力清偿新贷100万元，乙是否承担保证责任？①否。②旧贷消灭，基于保证的消灭上的从属性，乙保证责任消灭。③乙不是新贷的保证人，故无保证责任。

（2）新贷还旧贷，不知情新贷保证人免责。（《担保制度解释》第16条第1款第2项）

例：【挪用借款】甲向银行借款100万元届期无力清偿，故甲再向银行借款100万元，以清偿前一笔借款。乙为新贷提供保证，但乙对于甲"借新还旧"并不知情。甲届期无力还新贷，乙是否要承担保证责任？①否。②甲"借新还旧"一事，甲和银行均未向保证人披露，属于"变相加重"了保证人的责任，因为甲一开始就无偿债能力，这破坏了保证人的合理期待，故乙不承担保证责任。③新贷与旧贷的担保人不同，或者旧贷无担保新贷有担保的，新贷保证人不承担责任，但是债权人有证据证明新贷的担保人提供担保时对以新贷偿还旧贷的事实知道或者应当知道的则新贷保证人承担责任。（《担保制度解释》第16条第1条第2项）

（3）新贷还旧贷，知情新贷保证人或者新贷和旧贷是同1保证人，则新贷保证人需要承担

保证责任。(《担保制度解释》第 16 条第 1 款第 2 项)

例：【新旧都保】甲向银行借款 100 万元届期无力清偿，乙提供保证。后甲又向银行借款 100 万元清偿此前的 100 万，乙继续提供保证，后甲无力清偿新的 100 万借款，乙是否承担保证责任？承担。新贷与旧贷的担保人相同，债权人请求新贷的担保人承担担保责任的，人民法院依法应予支持。(《担保制度解释》第 16 条第 1 款第 1 项)

> **秒杀 1 句话：**不能破坏第三担保人（保证人或他物保人）的合理期待。

（五）保证方式：描述的是保证人与主债务人如何面对债权人

1. 一般保证：当事人在保证合同中约定，债务人不能履行债务时，由保证人承担保证责任的，为一般保证。(《民法典》第 687 条)当事人在保证合同中对保证方式没有约定或者约定不明确的，按照一般保证承担保证责任。(《民法典》第 686 条第 2 款)

（1）**【一般】**一般保证人有先诉抗辩权：一般保证的保证人在主合同纠纷未经审判或者仲裁，并就债务人财产依法强制执行仍不能履行债务前，有权拒绝向债权人承担保证责任。

（2）**【例外】**一般保证人无先诉抗辩权：①债务人下落不明，且无财产可供执行（约等于搞死了主债务人）。②人民法院已经受理债务人破产案件。③债权人有证据证明债务人的财产不足以履行全部债务或者丧失履行债务能力。④保证人书面表示放弃本款规定的权利（一般保证人主动承担责任）。(《民法典》第 687 条第 2 款)

> **秒杀 1 句话：**"无先诉抗辩权的一般保证人" = 连带责任保证人。

> **问 1：什么情况下一般保证人会主动放弃"先诉抗辩权"？**①如果主债务人很穷，主债权人打官司告了，官司跨度越久，会导致主债权利息水涨船高，最后还是轮到一般保证人承担责任。②一般保证人与其拖延后承担更重责任，还不如放弃先诉抗辩权，主动提前承担较轻责任。
>
> **问 2：债权人可以对一般保证人提起诉讼吗？**①债权人可以告主债务人（法院判决不用明确一般保证人的先诉抗辩权）。②可以告主债务人和一般保证人（法院判决可以明确一般保证人的先诉抗辩权）。③债权人未就主合同纠纷提起诉讼或者申请仲裁，仅起诉一般保证人的，人民法院应当驳回起诉（《担保制度解释》第 26 条第 1 款）。④早晚都是告，为什么不一起告？实务中一般会一起提起诉讼，让 1 个律师搞定，管辖法院按主合同来确定。

2. 约定为连带保证（《民法典》第 687 条）

（1）当事人在保证合同中约定保证人和债务人对债务承担连带责任的，为连带责任保证。

（2）连带责任保证的债务人不履行到期债务或者发生当事人约定的情形时，债权人可以请求债务人履行债务，也可以请求保证人在其保证范围内承担保证责任。

3. 未约定保证方式则视为一般保证

（1）**【按一般保证】**当事人在保证合同中对保证方式没有约定或者约定不明确的，按照一般保证承担保证责任。(《民法典》第 686 条第 2 款)

（2）**【约定一般保证】**当事人在保证合同中约定了保证人在债务人不能履行债务或者无力偿还债务时才承担保证责任等类似内容，具有债务人应当先承担责任的意思表示的，人民法院应当将其认定为一般保证。(《担保制度解释》第 25 条第 1 款)

（3）**【约定连带保证】**当事人在保证合同中约定了保证人在债务人不履行债务或者未偿还债务时即承担保证责任、无条件承担保证责任等类似内容，不具有债务人应当先承担责任的意思表示的，人民法院应当将其认定为连带责任保证。(《担保制度解释》第 25 条第 2 款)

秒杀3句话：①约定"不能""无力"，则为一般保证。②约定"不履行""未偿还""无条件"，则为连带保证。③无任何约定则是一般保证。

（六）共同保证：描述的是保证人和保证人如何面对债权人

1. 按份共同保证：同一债务有两个以上保证人的，保证人应当按照保证合同约定的保证份额，承担保证责任。（《民法典》第699条）

2. 连带共同保证：同一债务有两个以上保证人，没有约定保证份额的，债权人可以要求任何<u>一个保证人在其保证范围内</u>承担保证责任。（《民法典》第699条）（"向着银行"）

问1：如何区分《民法典》第699条和《担保制度解释》第13条？❶《民法典》第699条讲的是法律"拟制"的连带共同保证，描述的是主债权人可选择向保证人A主张，可以选择向保证人B主张，还可选择向保证人A和保证人B主张。❷《担保制度解释》第13条说的是担保人穷尽主债务人财产后，就未受偿部分，内部之间的分担规则，"面对面可分担、背对背不分担"。❸《民法典》第699条说的是"法定拟制连带共同担保"。《担保制度解释》第13条说的是"意定连带共同担保"。（参见《担保制度解释》第13条第1、2、3款）

问2：为什么在同一合同书上签字、盖章或按指印的，可以认定构成连带共同保证？①在同一页纸上签字、盖章或按指印，说明各个保证人彼此知情，具有"连带"的意思联络和沟通，所以认定彼此之间可以内部追偿。②如果在不同的纸上签字、盖章或按指印，说明彼此之间不认识，也没有意思联络和沟通，所以认定彼此之间内部不可以追偿。

问3：在意定连带共同保证的前提下，结合保证方式会形成连带共同"一般保证"和连带共同"连带保证"吗？

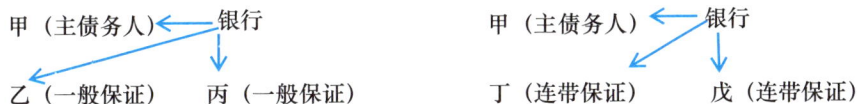

甲（主债务人）←—银行　　　甲（主债务人）←—银行
乙（一般保证）　丙（一般保证）　　丁（连带保证）　戊（连带保证）

①会。②所谓连带共同一般保证，是乙丙都是一般保证人，在穷尽甲财产后，乙丙才承担保证责任。而后乙丙之间属于连带共同保证，银行可选择要求乙或丙承担保证责任，乙或丙代偿后可追主债务人甲，乙、丙内部彼此之间可以追偿。③所谓连带共同连带保证，是丁、戊都是连带保证人。银行可选择要求甲、丁、戊承担责任，如银行选择要求丁、戊承担责任，丁或戊代偿后可追主债务人甲，丁、戊内部彼此之间可以就"向主债务人不能追偿的部分"追偿。

秒杀：没有约定按份共同保证，则视为法定连带共同保证。（《民法典》第699条）面对面，视为意定连带共同担保（意定连带共同保证、同一担保书签名、约定可分担和怎么分担、约定可分担但没约定分担多少）。背对背不分担。

回答：如何区分保证方式与共同保证？保证方式分为一般保证和连带责任保证，他们描述的是保证人与主债务人之间如何与债权人发生关系。共同保证分为按份共同保证和连带共同保证（法定连带共同保证），他们描述的是保证人与保证人之间怎么和债权人发生关系。

（七）最高额保证（《民法典》第690条）

1. 什么是最高额保证？保证人与债权人可以协商订立最高额保证的合同，约定在最高债权额限度内就一定期间连续发生的债权提供保证。

2. 最高额保证适用什么规则？最高额保证合同除适用保证合同规定外，参照适用物权编最高额抵押权的有关规定。

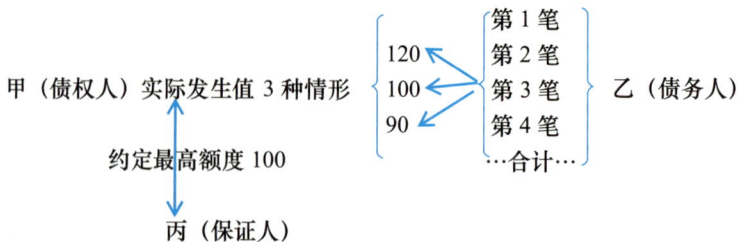

甲（债权人）实际发生值 3 种情形 $\left\{\begin{array}{c}120\\100\\90\end{array}\right.$ 第 1 笔 第 2 笔 第 3 笔 第 4 笔 乙（债务人）

约定最高额度 100 ···合计···

丙（保证人）

> 问：最高额保证合同中会有哪两个明确的数值？①第一个数值＝保证人担保的主债权最高额。②第二个数值＝确定实际发生主债权额度的时点。③最高额与实际额比对，低的属于保证人担保范围。④如实际发生 90，则丙保 90；如实际发生 120，则丙保 100。

3. 最高债权额怎么确定？登记的优先于约定的。

《担保制度解释》第 30 条第 1 款规定，最高额保证合同对保证期间的计算方式、起算时间等有约定的，按照其约定。第 2 款规定，最高额保证合同对保证期间的计算方式、起算时间等没有约定或者约定不明，被担保债权的履行期限均已届满的，保证期间自债权确定之日起开始计算；被担保债权的履行期限尚未届满的，保证期间自最后到期债权的履行期限届满之日起开始计算。第 3 款规定，前款所称债权确定之日，依照民法典第 423 条的规定（最高额抵押债权结晶规则）认定。

例 1：【结晶日起算保证期间】银行授予 A 公司在 2021 年度全年 1000 万元的最高贷款额度，只要未还余额不超过最高额度可循环使用，约定债权确定日（结晶日）为 2021 年 12 月 31 日。担保公司提供最高额保证。A 公司在 2021 年 2 月 1 日从银行获得短期贷款 300 万元，贷款期限为半年（到 2021 年 8 月 1 日）。A 公司在 2021 年 4 月 1 日从银行获得短期贷款 700 万元，贷款期限为半年（到 2021 年 10 月 1 日）。到 2021 年 10 月 1 日时，A 公司未还款，则担保公司的保证期间何时起算？从债权确定日即 2021 年 12 月 31 日观察，贷款 300 万和贷款 700 万都到期了，则从债权确定之日即 2021 年 12 月 31 日起算担保公司的保证期间，保证期间段为 6 个月，则计算到 2022 年 6 月 1 日。

例 2：【最后到期债权的履行期届满起算保证期间】银行授予 A 公司在 2021 年度全年 1000 万元的最高贷款额度，只要未还余额不超过最高额度可循环使用，约定债权确定日（结晶日）为 2021 年 12 月 31 日。担保公司提供最高额保证。A 公司在 2021 年 2 月 1 日从银行获得短期贷款 300 万元，贷款期限为半年（到 2021 年 8 月 1 日）。A 公司在 2021 年 4 月 1 日从银行获得中长期贷款 700 万元，贷款期限为 3 年（到 2024 年 4 月 1 日）。在 2021 年 8 月 1 日，A 公司未还款，则担保公司的保证期间何时起算？从债权确定日即 2021 年 12 月 31 日观察，贷款 300 万到期了，但贷款 700 万还没到期，则从 700 万贷款到期时即 2024 年 4 月 1 日起算保证期间，保证期间段为 6 个月，则计算到 2024 年 10 月 1 日。

> 秒杀 1 句话：结晶日之前主债均到期，从结晶日起算保证期间；结晶日之前有的主债没到期，从最后到期债权的到期日起算保证期间。（结晶日和最后到期债权日，哪个晚到以哪个为最高额保证期间的起算点。）

二、保证人不承担责任抗辩之"主债的抗辩"

（一）主债务人对抗主债权人的抗辩权或抗辩事由 = 保证人可援引

1. 援引主债务人的抗辩权：保证人可以主张债务人对债权人的抗辩。债务人放弃抗辩的，保证人仍有权向债权人主张抗辩。（《民法典》第701条）

例：【主债务过了诉讼时效】甲向乙借10万元，该债务已过诉讼时效（即≈0），丙曾为该借款提供了保证。乙要求丙承担保证责任，<u>丙可否拒绝？</u>可。

例：【明知主债时效已过仍提供保证】甲乙借10万元，该债务已过诉讼时效，丙仍为该借款提供保证。乙要求丙承担保证责任，<u>丙可否拒绝？</u>①不可。②丙代偿后不得向主债务人甲追偿。

2. 援引主债务人的抵销权或者撤销权：债务人对债权人享有抵销权或者撤销权的，保证人可以在相应范围内拒绝承担保证责任。（《民法典》第702条）

例1：【主债务人有抵销权】甲向乙借款10万元，丙为保证人；乙欠甲2万元到期货款。甲届期无力向乙还款，乙要求丙承担保证责任，<u>丙可否主张抵销2万元？</u>①可。②抵销权是形成权，但无期间限制。

例2：【主债务人有撤销权】甲受乙欺诈签订买卖汽车合同，分期付款，丙为甲的付款义务提供保证。甲届期未付款，乙要求丙承担保证责任，<u>丙可否拒绝？</u>①可。②撤销权是形成权，有期间限制。故甲的撤销权须在"除斥期间"内，尚未消灭，丙才可对乙拒绝承担相应保证责任。

3. 保证人知情而放弃主债务人的上述抗辩权或抗辩事由，而承担保证责任，则丧失对主债务人的追偿权。

> 原理：为何该情况下保证人代偿后不能向主债务人追偿？①比如主债时效届满，保证人明知而不援引，却向债权人承担保证责任。②假设保证人可以去追偿主债务人，就会彻底架空诉讼时效制度。③因为丙和乙签订保证合同，无须主债务人甲的介入。⑤则任何一个过了诉讼时效的债权，主债权人都可以随便找一个人来作保（"<u>过桥人</u>"），由保证人担责，再由保证人去追偿主债务人。⑥因此，保证人故意放弃主债务人的抗辩事由而承担保证责任，应自己负责，不能去向主债务人追偿。主债权人并非不当得利，是正当得利。⑦实务中，保证人为了"商誉"，会有故意放弃主债务人的抗辩事由而承担保证责任的冲动。如主债务人可援引诉讼时效届满抗辩，而担保公司可能不愿意援引该抗辩。

4. 专属于主债务人的抗辩，保证人不得援引

例：【父债子有限还】甲向乙借款10万元，丙提供保证。后甲死亡，全部遗产为4万元，其唯一继承人小甲继承了遗产。乙要求丙承担保证责任，丙主张其仅还4万元，<u>丙的主张是否成立？</u>①否。②小甲可以限定继承为由抗辩仅承担4万元。③该抗辩具有专属性，丙不可援引。④如丙是连带保证人，则乙可要求丙承担10万元，丙再向小甲追偿4万元。⑤如丙是一般保证人，则乙可要求丙承担6万元，因为丙对4万元可主张先诉抗辩权。小甲清偿4万，丙清偿6万后，丙不得向小甲追偿。⑥反之，如果允许保证人援引抗辩权，则会引发保证人与债务人的道德风险。

> *秒杀：主债有，则有保证责任；主债无，则无保证责任。因为主债的本来面目，才是保证人的保证范围。*

（二）主债有所变动 = 保证人可主张相应抗辩

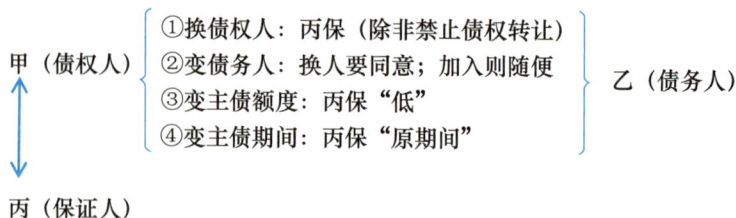

甲（债权人）
①换债权人：丙保（除非禁止债权转让）
②变债务人：换人要同意；加入则随便
③变主债额度：丙保"低"
④变主债期间：丙保"原期间"
乙（债务人）

丙（保证人）

1. "换主债权人"：区分处理

（1）债权人转让全部或者部分债权，未通知保证人的，该转让对保证人不发生效力。（《民法典》第 696 条第 1 款）

例：甲向银行借款 10 万元，乙提供了保证。银行将该债权转让给资产公司。甲届期无力清偿，资产公司可否要求乙承担保证责任？①银行将债权转让通知乙后，资产公司可要求乙承担保证责任；②银行未将债权转让通知乙，资产公司不得要求保证人乙承担保证责任。（保护保证人的合理期待）

（2）例外：保证人与债权人约定禁止债权转让，债权人未经保证人书面同意转让债权的，保证人对受让人不再承担保证责任。（《民法典》第 696 条第 2 款）

例：【禁止债权转让】甲向乙借款 10 万元，丙提供了保证。丙提供保证时与乙约定禁止乙转让债权。如乙将债权转让给丁，通知了甲和丙。甲届期无力清偿，丁可否要求丙承担保证责任？①否。②本案属于禁止债权转让。③当然，"内外有别"，丁可对甲主张债权，但保证责任不随之转移。

2. "变主债务人"：区分处理

（1）"免责债务承担未经保证人同意则保证人相应免责"：债权人未经保证人书面同意，允许债务人转移全部或者部分债务，保证人对未经其同意转移的债务不再承担保证责任，但是债权人和保证人另有约定的除外。（《民法典》第 697 条第 1 款）

例：【换主债权人 + 换主债务人】甲欠乙 10 万元，丙提供保证。乙将债权转给小乙通知了甲和丙。此后甲经乙同意未经小乙同意把债务转移给小甲，丙对此不知情。如何评价丙的保证责任？

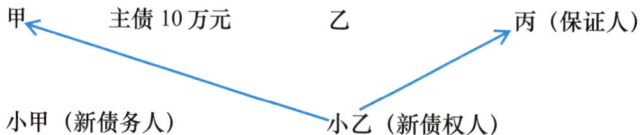

甲 ← 主债10万元 乙 → 丙（保证人）

小甲（新债务人）　　　小乙（新债权人）

①乙的债权转给小乙，通知了主债务人甲，该债权转让对甲发生效力。通知了保证人丙，故丙继续承担保证责任。②甲的债务转给小甲，虽经乙同意但未经新债权人小乙同意，甲与小甲债务转移对小乙不发生效力，即小乙仍对甲主张债权。如此一来，债务人没发生变化，"未破坏保证人丙的合理期待"，故保证人丙继续承担保证责任。

（2）"债务加入保证人保证责任不受影响"：第三人加入债务的，保证人的保证责任不受影响。（《民法典》第 697 条第 2 款）

例：【债务加入】甲欠乙 10 万元，丙提供保证。后丁向乙提供字据，签名同意与甲一起向乙负担还款义务。届期甲丁无力还款，乙可否要求丙承担保证责任？可。

3. "换主债额度"：区分处理（"向着银行"故剥夺了保证人同意权，剥夺了保证人开溜的机会）

（1）"降低的则保证人保低"：债权人和债务人未经保证人书面同意，协商变更主债权债务合同内容，减轻债务的，保证人仍对变更后的债务承担保证责任。如主债由 100 变 50，则保证人保 50。（《民法典》第 695 条第 1 款）（保证人会签字嘛？不会）

（2）"提高的则保证人保低"：加重债务的，保证人对加重的部分不承担保证责任。如主债由 100 变 150，则保证人保 100。（《民法典》第 695 条第 1 款）（保证人会签字嘛？不会）

例：【保本金不保利息】方某向钱某借款 10 万元，并由潘某提供连带保证，借条上未约定利息，借期 2 年。后方某按月利率 1% 的标准，已合计向钱某支付了利息 1.2 万元。钱某诉至法院，请求方某归还借款并支付利息，潘某对上述债务承担连带保证责任。方某无异议，潘某表示对利息支付不知情，也不同意支付利息，应相应予以扣减，即仅保证本金范围是 10 万 − 1.2 万 = 8.8 万元。潘某主张能否成立？①能。②保证人对加重部分不承担保证责任，已付的利息对保证人而言应视为归还本金，确定保证责任范围时应予以扣除。③否则会破坏保证人的合理期待，因为如果保证人对借款需要按照月利率 1% 的标准支付利息的情况知情，亦或保证的对象为借款本金 10 万元及按月利率 1% 的标准支付利息，则本案中保证人不会作出保证的真实意思表示。

4. "变主债履行期限"：债权人和债务人变更主债权债务合同的履行期限，未经保证人书面同意的，保证期间不受影响。（《民法典》第 695 条第 2 款）（关于保证期间的定义和意义请阅读本书后文分析）

例：【未经保证人同意的主债履行期间变化是空气】甲向乙借款 10 万元，为期 1 年。丙提供保证，未约定保证期间。法律拟制保证期间为主债履行期间届满后的 6 个月。甲乙协议将 1 年期借款变更为半年或者 2 年，则丙的保证期间是多长？①如丙同意 1 年变半年，则从半年届满时起算 6 个月保证期间。②如丙不同意 1 年变 2 年，则仍从 1 年届满时起算 6 个月保证期间。

问 1：如果主债期间延长了，保证期间如何起算？❶未经保证人同意，则保证期间仍然从原主债履行期届满开始计算。❷主债期 2 年修改为 3 年，会导致保证期间延长，这确实可能会对保证人不利，因为保证期间起算点延长了，这样会对保证人不利。

问 2：如果主债履行期缩短，未经保证人书面同意，保证期间如何起算？❶还是从原主债履行期届满开始起算保证期间。❷因为如果主债履行期间缩短，则会导致保证期间提前起算。而保证期间起算即保证债务产生之时，这相当于提前让保证人产生了保证债务，而此时，主债务人的还债能力可能变强也可能变弱，这对保证人有致命影响，所以也需要经过保证人同意。❸比如，如果主债期 2 年变成 1 年，保证期间不是更早起算了吗，这样不是可能让保证更早解放吗，但是这个推理是不成立的，如果主债 2 年变 1 年，那么，保证期间在主债履行期届满时就起算，就有了保证债务，那么，主债 2 年变 1 年，恰恰是主债务人揭不开锅的时候，他穷，那么保证人不是必须代偿吗；如果主债履行期是原来的 2 年，如果 2 年到了，主债务人恰好又缓过来了有钱了，我保证人就不需要承担责任了。因为主债务人有钱，他的债务到期他自己还了。

问3：无论主债期间延长了还是缩短了，未经保证人书面同意，则保证期间都是从原主债履行期届满开始起算。对吗？①是的。②如果没有经过保证人同意，则保证期间不受影响，还是从原主债履行期届满起算保证期间。③保证债务是或有债务，到底什么对保证人有利，是他自己去决定的事情。你主债权人和主债务人修改主债期间，这到底是不是有利于保证人，要由保证人自己决定，就是这个意思。④未经过我保证人同意，你们修改主债期间，对我保证人来讲都是空气。我保证期间仍然是按照原来的主债履行期届满开始起算，这个才是我保证人的合理期待。

问4：主债履行期间延长，抵押人责任会受影响吗？①不会。②因为抵押权行使期间与主债诉讼时效期间同步，不是与主债履行期间同步。③故抵押权行使期间本质上是一个<u>变量</u>，一旦主债履行期延长，则主债诉讼时效期间起算点延后，抵押权行使期间与此同步了。④主债履行期1年，1年到了+3年，主债时效届满，这是抵押权期间。如果主债履行期变为2年，2年到了+3年，主债时效届满，这是抵押权期间。就是，月亮走，我也走。你就是我，你变，我也变。因为主债诉讼时效期间＝抵押权行使期间。

5. **主债约定变化但"没落地"，保证人不能抗辩**：债权人与债务人协议变动主合同内容，但并未实际履行的，保证人仍应当承担保证责任。

例：【约定变化但未变＝空气】 甲与银行签订借款合同，约定向银行10万元，为期1年，丙提供保证。甲、乙银行未经丙同意将借款合同的10万元提高为15万元，后乙实际给甲放贷10万元。<u>丙是否承担保证责任？</u>①丙对10万元主债承担保证责任。②如实际放贷15万元，则丙对低的承担保证责任，即对10万元承担保证责任。

> **秒杀：主债变化，破坏了保证人合理期待，保证人就可以拒绝承担相应责任。**

三、保证人不承担责任抗辩之"保证债务的抗辩"

（一）保证额度的抗辩

1. **保证额度从属于主债务**：保证的范围包括主债权及其利息、违约金、损害赔偿金和实现债权的费用。当事人另有约定的，按照其约定。（《民法典》第691条）

2. **保证额度超过主债权范围的，应缩减至主债权范围**：当事人对担保责任的承担约定专门的违约责任，或者约定的担保责任范围超出债务人应当承担的责任范围，担保人主张仅在债务人应当承担的责任范围内承担责任的，人民法院应予支持。（《担保制度解释》第3条第1款）

> 原理：为什么保证担保范围不得超过主债额度？①担保人承担的担保责任范围不能大于主债务，是担保从属性的必然要求。②当事人约定的担保责任的范围大于主债务的，如针对担保责任约定专门的违约责任、担保责任的数额高于主债务、担保责任约定的利息高于主债务利息、担保责任的履行期先于主债务履行期届满，等等，均应当认定大于主债务部分的约定无效，从而使担保责任缩减至主债务的范围。

（二）主债务人自己物保优先的抗辩

1. 混合担保中，既有人保又有物保，无约定或约定不明确，如果是债务人自己提供物的担保的（即"自物保"），则债权人应当先就该物的担保实现。（《民法典》第392条）

2. 如债权人放弃自物保，则保证人相应免除保证责任。故保证人有主债务人"自己物保优先"的抗辩。（《民法典》第409条第2款、第435条）

（三）一般保证人的特殊抗辩：提供财产线索免责权和一般保证先诉抗辩权

1. 一般保证提供财产线索免责权（"先搞死主债务人"）：一般保证的保证人在主债务履行期限届满后，向债权人提供债务人可供执行财产的真实情况，债权人放弃或者怠于行使权利致使该财产不能被执行的，保证人在其提供可供执行财产的价值范围内不再承担保证责任。（《民法典》第698条）

2. 一般保证人的先诉抗辩权（"先搞死主债务人"）：一般保证的保证人在主合同纠纷未经审判或者仲裁，并就债务人财产依法强制执行仍不能履行债务前，有权拒绝向债权人承担保证责任。（《民法典》第687条第2款）

3. 一般保证，诉讼中如何列明当事人？（《担保制度解释》第26条）

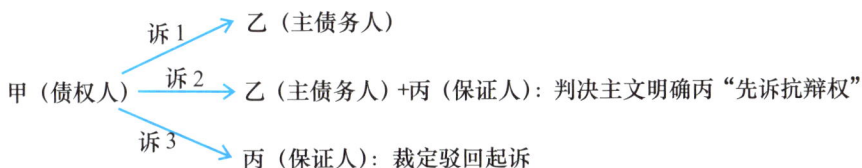

甲（债权人）
- 诉1 → 乙（主债务人）
- 诉2 → 乙（主债务人）+丙（保证人）：判决主文明确丙"先诉抗辩权"
- 诉3 → 丙（保证人）：裁定驳回起诉

（1）【起诉主债务人】《担保制度解释》第26条第1款，一般保证中，债权人以债务人为被告提起诉讼的，人民法院应予受理。

（2）【仅起诉一般保证人则法院裁定驳回起诉】《担保制度解释》第26条第1款，债权人未就主合同纠纷提起诉讼或者申请仲裁，仅起诉一般保证人的，人民法院应当驳回起诉。

（3）【起诉主债务人和一般保证人】《担保制度解释》第26条第2款，一般保证中，债权人一并起诉债务人和保证人的，人民法院可以受理，但是在作出判决时，除有民法典第687条第2款但书规定的情形（"一般保证人不得主张先诉抗辩权的情形"）外，应当在判决书主文中明确，保证人仅对债务人财产依法强制执行后仍不能履行的部分承担保证责任。

（4）【先保全抗辩权】《担保制度解释》第26条第3款，债权人未对债务人的财产申请保全，或者保全的债务人的财产足以清偿债务，债权人申请对一般保证人的财产进行保全的，人民法院不予准许。

问1：保证诉讼中如何确定管辖？《担保制度解释》第21条第1款，"主合同或者担保合同约定了仲裁条款的，人民法院对约定仲裁条款的合同当事人之间的纠纷无管辖权。"第2款，"债权人一并起诉债务人和担保人的，应当根据主合同确定管辖法院。"第3款，"债权人依法可以单独起诉担保人且仅起诉担保人的，应当根据担保合同确定管辖法院。"

秒杀3句话：无论主从合同，仲裁都排斥司法管辖。没有仲裁条款一起告则按主合同确定管辖法院。没有仲裁条款单独告担保人则根据担保合同确定管辖法院。

问2：主债务人破产时，主债权人怎么向破产企业与担保人要钱？①【两边要】《担保制度解释》第23条第1款，"人民法院受理债务人破产案件，债权人在破产程序中申报债权后又向人民法院提起诉讼，请求担保人承担担保责任的，人民法院依法予以支持。"②【代偿后代替债权人申报】《担保制度解释》第23条第2款，"担保人清偿债权人的全部债权后，可以代替债权人在破产程序中受偿；在债权人的债权未获全部清偿前，担保人不得代替债权人在破产程序中受偿，但是有权就债权人通过破产分配和实现担保债权等方式获得清偿总额中超出债权的部分，在其承担担保责任的范围内请求债权人返还。"③【继续找担保】《担保制度解释》第23条第3款，"债权人在债务人破产程序中未获全部清偿，请求担保人继续承担担保责任的，人民法院应予支持；担保人承担担保责任后，向和解协议或者重整计划执行完毕后的债务人追偿的，人民法院不予支持。"

（四）保证期间届满的抗辩

保证期间内，主债权人没有做其应当做的事情，在保证期间届满后，保证人不承担保证责任。（偏袒保证人而约束债权人）

1. 保证期间"过期不候"（保证人可抗辩）

（1）一般保证中，银行必须在保证期间内"告"主债务人：❶【起诉或仲裁主债务人】一般保证的债权人未在保证期间对债务人提起诉讼或者申请仲裁的，保证人不再承担保证责任。（《民法典》第693条第1款）❷【有强制力公证债权文书】一般保证的债权人取得对债务人赋予强制执行效力的公证债权文书后，在保证期间内向人民法院申请强制执行，保证人以债权人未在保证期间内对债务人提起诉讼或者申请仲裁为由主张不承担保证责任的，人民法院不予支持。（《担保制度解释》第27条）

> 原理：为什么一般保证中，银行必须在保证期间内"告"主债务人？❶因为如果不告，保证责任就会消灭。❷为什么让保证责任消灭？因为一般保证人是补充责任，所以要逼银行尽早起诉主债务人，多要钱，剩余要不到的，才由一般保证人承担补充责任。

> 秒杀1句话：告了主债务人就可以；申请强制执行公证债权文书约等于告了主债务人。"保证期间一次用尽"，一般保证人不能再开溜了。

（2）连带保证中，银行必须在保证期间内"要"保证人：连带责任保证的债权人未在保证期间请求保证人承担保证责任的，保证人不再承担保证责任。（《民法典》第693条第2款）

> 原理1：为什么连带保证中，银行必须在保证期间内向连带保证人"要"？因为连带保证中，连带保证人没有先诉抗辩权，债权人本来就可以直接向连带保证人主张。如果不向连带保证人主张，则一旦保证期间届满，则连带保证责任消灭。

> 原理2：为什么保证期间又叫或有期间？❶因为主债履行期到了，保证人是否承担保证责任是不确定的，因为主债务人可能履行债务，也可能不履行债务。❷如果主债务人履行了债务，则保证债务消灭；❸如果主债务人没有履行债务，则开始起算保证债务的保证期间。保证期间本质是对保证人的一种保护，是对主债权人的一种约束。❹如果在一般保证的保证期间内，主债权人没有起诉或仲裁主债务人，则一般保证人的保证责任消灭。如果在连带保证的保证期间内，主债权人没有向连带保证人提出主张，则连带保证人的保证责任消灭。❺如果在一般保证的保证期间内，主债权人起诉或仲裁了主债务人，则"保证期间一次用尽"，不再发挥作用。如果在连带保证的保证期间内，主债权人向连带保证人"要了"，则"保证期间一次用尽"，不再发挥作用。❻从这个意义上讲，保证期间叫"或有期间"，即可能被一次用尽，也可能没有被一次用尽。保证债务也叫"或有债务"，即可能有保证债务，也可能没有保证债务。

（3）保证期间届满，债权人未"依法行事"则保证责任消灭：❶债权人在保证期间内未依法行使权利的，保证责任消灭。❷保证责任消灭后，债权人书面通知保证人要求承担保证责任，保证人在通知书上签字、盖章或者按指印，债权人请求保证人继续承担保证责任的，人民法院不予支持，但是债权人有证据证明成立了新的保证合同的除外（《担保制度解释》第34条第2款）。

> 秒杀1句话：过期则保证责任消灭，消灭后保证人在通知书签字也白签。

> 原理：为什么保证期间"过期不候"？❶保证责任是无偿的，保证期间对保证人是一种保护，对债权人是一种限制。❷督促债权人此期间内"不要睡觉"，否则"过期不候"，保证人保证责任消灭。❸保证期间是"银行的紧箍咒"。❹但是，主债权人在保证期间内未做应该做的事情，保证人在保证期间届满后自愿承担保证责任，能否反悔？不可以。

（4）保证合同无效等情形下，保证期间还发生作用吗？❶发生作用。❷保证合同无效，保证期间条款独立，过期不赔（"条款拆分"）。❸《担保制度解释》第 33 条，保证合同无效，债权人未在约定或者法定的保证期间内依法行使权利，保证人主张不承担赔偿责任的，人民法院应予支持。

> 原理：为什么保证合同都无效了，保证期间还起作用？（1）保证合同是无偿合同，但是无偿保证合同不等于保证人没有责任。（2）但是因为保证人是无偿的，所以责任不能太久，所以立法上就把保证期间条款拆分出来。（3）因为这很特别，违反了一般的逻辑，所以法条就特别规定了。（4）类似情形还有，合同无效但仲裁条款独立，这是为了解决纠纷，所以采取了一种反逻辑的特别安排。

2. 保证期间"一次用尽"（保证人不可抗辩）

（1）一般保证中，银行"告了"主债务人：①【"告了"则管用】一般保证的债权人对主债务人起诉或仲裁，保证期间退出。②【"告了又撤诉"则不管用】一般保证的债权人在保证期间内对债务人提起诉讼或者申请仲裁后，又撤回起诉或者仲裁申请，债权人在保证期间届满前未再行提起诉讼或者申请仲裁，保证人主张不再承担保证责任的，人民法院应予支持。（《担保制度解释》第 31 条第 1 款）

（2）连带保证中，银行"要了"保证人：①【"要了"则管用】连带保证的债权人对保证人提出主张，保证期间退出。②【"告了又撤诉"但诉状已到则继续管用】连带责任保证的债权人在保证期间内对保证人提起诉讼或者申请仲裁后，又撤回起诉或者仲裁申请，起诉状副本或者仲裁申请书副本已经送达保证人的，人民法院应当认定债权人已经在保证期间内向保证人行使了权利。（《担保制度解释》第 31 条第 2 款）

> 秒杀 2 句话：①一般保证期间内银行要"告"借款人，告了又撤诉等于没有告。②连带保证期间内银行向保证人"要"，如果起诉了又撤诉，只要起诉状副本到了就可以。

3. 共同保证中保证期间"各玩各的"

（1）共同保证中保证期间"各玩各的"：同一债务有两个以上保证人，债权人以其已经在保证期间内依法向部分保证人行使权利为由，主张已经在保证期间内向其他保证人行使权利的，人民法院不予支持（《担保制度解释》第 29 条第 1 款）。（连带保证方式）

（2）"如果内部有追偿关系则脱保牵连"：同一债务有两个以上保证人，保证人之间相互有追偿权，债权人未在保证期间内依法向部分保证人行使权利，导致其他保证人在承担保证责任后丧失追偿权，其他保证人主张在其不能追偿的范围内免除保证责任的，人民法院应予支持（《担保制度解释》第 29 条第 2 款）。（保证期间偏袒保证人）

> 秒杀 2 句话：①保证期间各玩各的，向 A 保证人要了不等于向 B 保证人要了。②脱保则牵连。因过期导致 A 保证人脱保，那么 B 保证人本来对 A 有追偿权，却丧失了追偿权，B 保证人对追不到的这部分不负责。

4. 保证期间"不变期间"

（1）起算点不变

①【主债履行期届满起算】无论是一般保证还是连带保证，没有约定或者约定不明确的，

保证期间为主债务履行期限届满之日起6个月。（《民法典》第692条第2款）

②【宽限期届满起算】债权人与债务人对主债务履行期限没有约定或者约定不明确的，保证期间自债权人请求债务人履行债务的宽限期届满之日起计算。（《民法典》第692条第3款）

> 原理：为什么保证期间都要从主债履行期间届满时起算？①因为保证债务属于"或有"债务。②主债履行期未到，保证债务尚未发生。③主债履行期到了，如主债务人履行了，则保证债务消灭。④主债履行期到了，如主债务人未履行，保证债务才发生。

（2）期间段不变：无论是一般保证还是连带保证，保证期间段从约定。无约定或约定不明确，则为6个月。约定的保证期间早于主债务履行期限或者与主债务履行期限同时届满的，视为没有约定，则保证期间为6个月。保证合同约定保证人承担保证责任直至主债务本息还清时为止等类似内容的，视为约定不明，保证期间为主债务履行期限届满之日起6个月。（《担保制度解释》第32条）

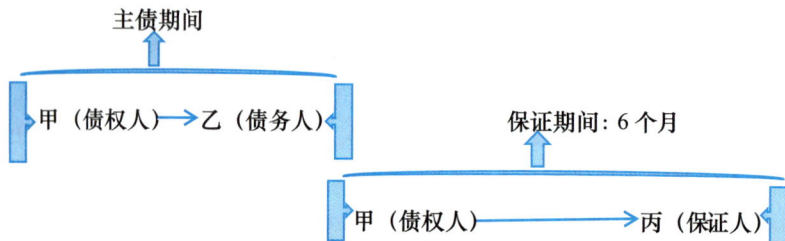

例：【未经保证人同意的主债履行期变化是空气】甲公司与乙公司达成还款计划书，约定在2012年7月30日归还100万元，8月30日归还200万元，9月30日归还300万元。丙公司对三笔还款提供连带保证。后甲公司同意乙公司将三笔还款均顺延3个月，丙公司对此不知情。乙公司一直未还款，甲公司仅于2013年3月15日要求丙公司承担保证责任。如何评价丙公司的保证责任？

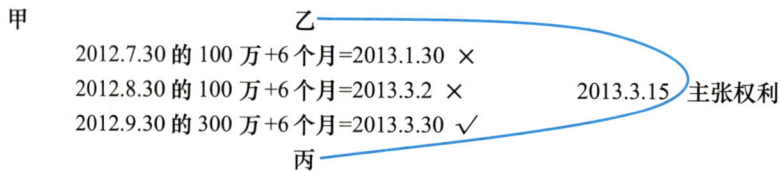

①甲公司有3笔主债权。②丙公司提供了3个连带保证，保证期间均自主债履行期届满起算后6个月。③甲公司同意3笔主债权展期，未经保证人丙同意，该延期对于保证人是空气。④保证人丙的保证期间仍然按原来的处理：100万的保证期间2012年7月30日+6个月＝2013年1月31日届满。200万的保证期间是2012年8月30日+6个月＝2013年3月2日届满。300万的保证期间是2012年9月30日+6个月＝2013年4月1日届满。⑤债权人甲公司一直"睡觉"，仅在2013年3月15日要求连带保证人丙承担责任。⑥100万和200万的保证期间"过期不候"，300万的保证期间"一次用尽"。⑦丙仅对9月30日的300万承担保证责任。

5. 保证期间的强制性

（1）保证期间不中止、中断和延长：《民法典》第692条，保证期间是确定保证人承担保证责任的期间，不发生中止、中断和延长。

（2）法院依职权审查是否已经届满：《担保制度解释》第34条第1款，人民法院在审理保证合同纠纷案件时，应当将保证期间是否届满、债权人是否在保证期间内依法行使权利等事实作为案件基本事实予以查明。

（五）保证债务诉讼时效届满的抗辩

保证期间"一次用尽"后，如果债权人"睡觉"，则保证人还可主张保证债务诉讼时效届满抗辩权。

1. 一般保证债务诉讼时效起算点：强制执行主债务人时＝"先诉抗辩权消灭之时"

（1）【先诉抗辩权消灭之时】一般保证的债权人在保证期间届满前对债务人提起诉讼或者申请仲裁的，从保证人拒绝承担保证责任的权利消灭之日起，开始计算保证债务的诉讼时效。（《民法典》第 694 条 1 款）

例：【"空窗期"】甲是债权人、乙是主债务人，丙是一般保证人。如何评价保证期间与保证债务诉讼时效？①一般保证期间退出和一般保证债务诉讼时效介入之间，有一段空窗期。②一般保证债务诉讼时效起算点是固定的点，即主债务人被强制执行完毕。③如果甲在保证期间内没有"告"主债务人乙，则保证责任消灭，无须讨论一般保证债务的诉讼时效问题。

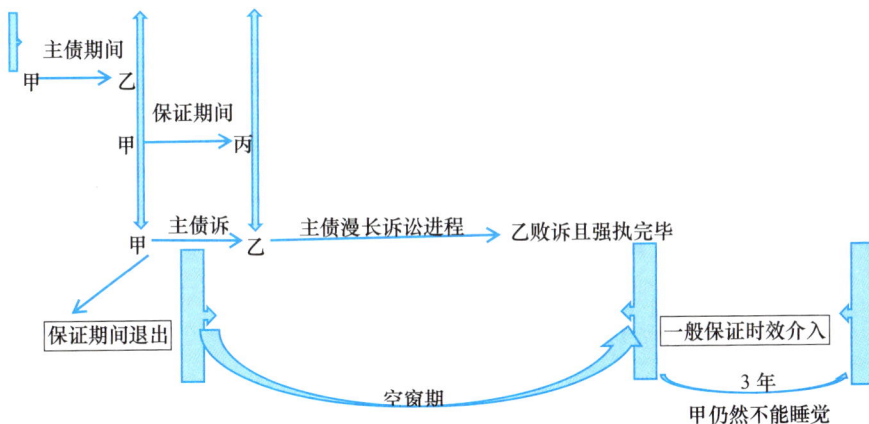

> 问：在什么情况下，一般保证人有机会提出保证债务诉讼时效届满的抗辩，拒不承担保证责任？①银行在保证期间内"告了"，且一直追着主债务人，强制执行完毕后，躺在保证债权上"睡觉"3 年，之后才向一般保证人要钱，此时，一般保证人才可以提出保证债务的"诉讼时效届满抗辩"。如果银行在此 3 年内向一般保证人要了，则会导致保证债务诉讼时效中断，重新计算下一个 3 年。②实务中，银行不可能只追着主债务人，一定会把主债务人和一般保证人抓起来一起告，如此一来，一般保证人就没有提出保证债务诉讼时效届满抗辩的机会。③简言之，上图，描述的是一种不聪明的银行。

（2）【执行未果时也是先诉抗辩权消灭之时】一般保证中，债权人依据生效法律文书对债务人的财产依法申请强制执行，保证债务诉讼时效的起算时间按照下列规则确定：（一）人民法院作出终结本次执行程序裁定，或者依照民事诉讼法第 257 条第 3 项（作为被执行人的公民死亡，无遗产可供执行，又无义务承担人）、第 5 项（作为被执行人的公民因生活困难无力偿还借款，无收入来源，又丧失劳动能力）的规定作出终结执行裁定的，自裁定送达债权人之日起开始计算；（二）人民法院自收到申请执行书之日起 1 年内未作出前项裁定的，自人民法院收到申请执行书满 1 年之日起开始计算，但是保证人有证据证明债务人仍有财产可供执行的除外。（《担保制度解释》第 28 条第 1 款）

（3）【债权人知道一般保证"变性"成连带保证之时】一般保证的债权人在保证期间届满前对债务人提起诉讼或者申请仲裁，债权人举证证明存在民法典第687条第2款但书规定情形的，保证债务的诉讼时效自债权人知道或者应当知道该情形之日起开始计算。（《担保制度解释》第28条第2款）

2. 连带保证债务诉讼时效起算点：主债权人对保证人提出主张之日

连带责任保证的债权人在保证期间届满前请求保证人承担保证责任的，从债权人请求保证人承担保证责任之日起，开始计算保证债务的诉讼时效。（《民法典》第694条第2款）

例1：【"无缝对接"】甲是债权人，乙是主债务人，丙是连带保证人。如何评价保证期间与保证债务诉讼时效？①连带保证期间退出和连带保证债务诉讼时效介入之间，没有空窗期，实现了无缝对接。②连带保证债务诉讼时效的起算点是保证期间内的一个浮动的点，甲在保证期间内什么时候向丙要了，什么时候即起算连带保证债务诉讼时效。③如果甲在保证期间没向连带保证人丙"要"，则保证责任消灭，无须讨论连带保证债务的诉讼时效问题。

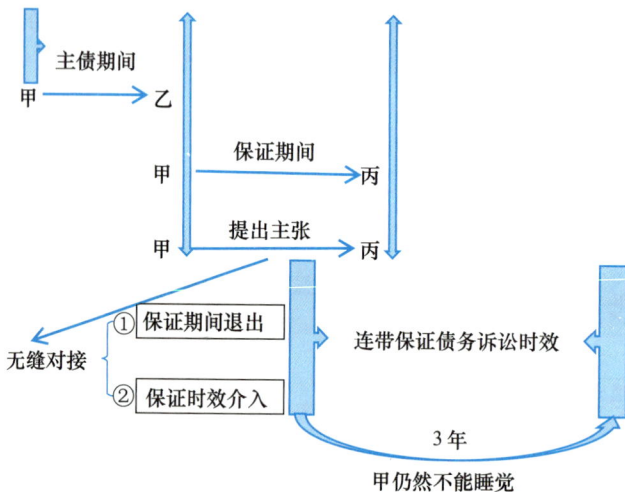

问：在什么情况下，连带保证人有机会提出保证债务诉讼时效届满的抗辩，拒不承担保证责任？①银行在保证期间内"要了"，向保证人主张，保证人未履行。银行作罢，在3年内未向连带责任保证人要。3年后再向保证人要，连带责任保证人可以连带保证诉讼时效届满为由抗辩，不承担保证责任。②实务中，银行会直接诉连带责任保证人，或者在3年内向连带保证人发函"继续要"以中断3年时效。③简言之，上图，描述的是另一种不聪明的银行。

例2：【连带保证期间起算和连带保证债务诉讼时效起算】甲公司对乙公司享有1000万元债权，5月1日到期，乙公司法定代表人张某提供连带责任保证。保证期间和保证债务诉讼时效何时起算？①主债务履行期届满是5月1日。②保证期间从5月2日起算再加6个月，到11月2日届满。③保证债务诉讼时效从甲公司在保证期间内向张某主张之日起算，即"保证期间内的一个浮动点"。④如果11月2日前甲公司一直没向张某要，则保证期间届满后张某的保证责任消灭。⑤如果10月1日甲公司向张某要了，则保证期间"一次用尽"，同步起算连带保证债务3年诉讼时效。即甲公司在3年内必须"再要"，以中断连带保证3年时效，计算下一个3年。

3. 横向综合保证人享有的3个与时间相关的抗辩。（1）主债诉讼时效届满的抗辩。（2）保证期间届满的抗辩。（3）保证债务诉讼时效届满的抗辩。

例1：【一般保证人的3个时间抗辩】甲对乙有借款债权，自2019年1月1日到2020年1月1日到期，丙提供一般保证，未约定保证期间。如何评价一般保证人的3个时间抗辩？①主债时效届满日为2020年1月1日+3年=2023年1月1日，如甲一直睡觉，在2023年2月1日起诉乙和丙，则乙可以提出诉讼时效届满抗辩，丙也可以提出诉讼时效届满抗辩，丙还可以提出"保证期间届满"的抗辩。②保证期间届满日为2020年1月1日+6个月=2020年7月1日，如果2020年8月1日，甲才起诉乙和丙，乙不可以提出主债诉讼时效届满的抗辩，但是一般保证人丙可以提出"保证期间届满"的抗辩。③如果2020年5月1日，甲起诉乙（会导致一般保证期间一次用尽），乙不可以提出主债诉讼时效届满的抗辩。甲获得胜诉判决，在2024年5月1日执行乙的财产后未获得全部清偿。一般保证债务诉讼时效为2024年5月1日+3年=2027年5月1日。如果甲晚到2027年6月1日才向丙要，则丙有"一般保证债务诉讼时效届满"的抗辩。

①2020.1.1 ——主债时效期间——→ 2023.1.1后甲才"告"，乙丙可提出主债诉讼时效届满抗辩

②2020.1.1 ——保证期间——→ 2020.7.1后甲才"告"，丙可提出保证期间"过期不候"

③2020.1.1 ——追着主债务人——→2020.7.1 ——赢到执行——→2024.5.1起算一般保证债务时效+3年＝2027.5.1后甲才向丙"要"，丙可提出一般保证债务诉讼时效届满抗辩。

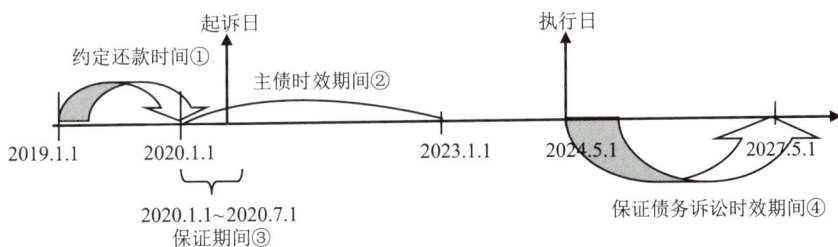

起诉日　　执行日

约定还款时间①　　主债时效期间②

2019.1.1　2020.1.1　　　　　　2023.1.1　2024.5.1　　2027.5.1

2020.1.1~2020.7.1
保证期间③

保证债务诉讼时效期间④

例2：【连带保证人的3个时间抗辩】甲对乙有借款债权，自2019年1月1日到2020年1月1日到期，丙提供连带责任保证，未约定保证期间。如何评价连带责任保证人的3个时间抗辩？①主债时效届满日为2020年1月1日+3年=2023年1月1日，如甲一直睡觉，在2023年2月1日起诉乙和丙，则乙可以提出诉讼时效届满抗辩，丙也可以提出诉讼时效届满抗辩，丙还可以提出"保证期间届满"的抗辩。②保证期间届满日为2020年1月1日+6个月=2020年7月1日，如果2020年8月1日，甲才起诉乙和丙，乙不可以提出主债诉讼时效届满的抗辩，但是连带责任保证人丙可以提出"保证期间届满"的抗辩。③如果甲在2020年5月1日，向丙提出了主张（会导致连带责任保证期间一次用尽），连带责任保证债务诉讼时效为2020年5月1日+3年=2023年5月1日。如果甲晚到2023年6月1日才再向丙要，则丙有"连带责任保证债务诉讼时效届满"的抗辩。

①2020.1.1 ——主债时效期间——→2023.1.1后甲才要，乙丙可提出"主债不要脸抗辩"。

②2020.1.1 ——保证期间——→2020.7.1后甲才要，丙可提出保证期间"过期不候"。

③2020.1.1 ——5月1日要了——→2020.7.1 ⇒ 5月1日起连带保证债务时效+3年＝2023.5.1后甲才继续向丙"要"，丙可提出连带保证债务诉讼时效届满抗辩。

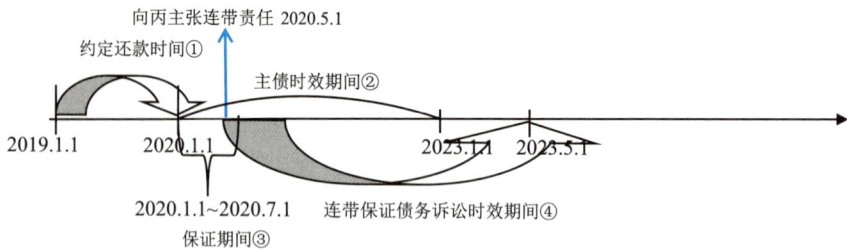

思维步骤：①主债务时效届满了？届满了则保证人无责。②一般保证期间内，银行告主债务人了吗？没告则保证人无责。连带保证期间内，银行向保证人要了吗？没要则保证人无责。③银行在保证期间做了应该做的，保证期间"一次用尽"，银行在保证债务3年时效内睡觉，则保证人无责。

实务要点：保证期间制度是利好保证人的制度，此期间内，银行告了吗（一般），银行要了吗？（连带）一旦银行行动必然会抓主债务人和保证人。

四、保证人代偿后的追偿权

（一）担保人购买主债权的法律性质是代偿

同一债务有两个以上第三人提供担保，担保人受让债权的，人民法院应当认定该行为系承担担保责任。受让债权的担保人作为债权人请求其他担保人承担担保责任的，人民法院不予支持；该担保人请求其他担保人分担相应份额的，依照本解释第13条的规定处理。（《担保制度解释》第14条）

秒杀1句话：担保人买债权＝代偿；能不能追？启动《担保制度解释》第13条。

（二）保证人代偿后法定取代"银行地位"

1.【保证人代偿后替代债权人】保证人承担保证责任后，除当事人另有约定外，有权在其承担保证责任的范围内向债务人追偿，享有债权人对债务人的权利，但是不得损害债权人的利益。（《民法典》第700条）

2.【保证人代偿后替代债权人可找"自物保"】承担了担保责任或者赔偿责任的担保人，在其承担责任的范围内向债务人追偿的，人民法院应予支持。同一债权既有债务人自己提供的物的担保，又有第三人提供的担保，承担了担保责任或者赔偿责任的第三人，主张行使债权人对债务人享有的担保物权的，人民法院应予支持。（《担保制度解释》第18条）

3.【保证人多代偿不能替代债权人】担保人承担的责任超出债务人应当承担的责任范围，担保人向债务人追偿，债务人主张仅在其应当承担的责任范围内承担责任的，人民法院应予支持；担保人请求债权人返还超出部分的，人民法院依法予以支持。（《担保制度解释》第3条第2款）

例：【主债额由10万变8万】甲公司从乙公司采购10袋菊花茶，约定："在乙公司交付菊花茶后，甲公司应付货款10万元。"丙公司提供保证，未约定保证方式。乙公司交付的菊花茶中有2袋经过硫黄熏蒸，无法饮用，价值2万元，另外8袋合格。乙公司要求甲公司付款未果，便要求丙公司付款10万元。如何评价丙的保证责任？

主债务10万变8万

甲　←　乙出卖人

丙一般保证：代偿10万则最多只能追8万

①丙是一般保证人。②丙可放弃自己的先诉抗辩权，主动承担保证责任。③如丙代偿8万元，可向甲追偿8万元。④如丙代偿10万元，仍仅可向甲追偿8万元。

4.【保证人瞎作保、瞎代偿不能追】保证人知道或者应当知道主债权诉讼时效期间届满仍然提供保证或者承担保证责任，又以诉讼时效期间届满为由拒绝承担保证责任或者请求返还财产的，人民法院不予支持；保证人承担保证责任后向债务人追偿的，人民法院不予支持，但是债务人放弃诉讼时效抗辩的除外。（《担保制度解释》第35条）

（三）代偿多少追多少：部分代偿，部分追偿；全部代偿，全部追偿

例：【代偿了20万元的18万元】张某从甲银行分支机构乙支行借款20万元，李某提供连带保证。李某和甲银行又特别约定，如保证人不履行保证责任，债权人有权直接从保证人在甲银行及其支行处开立的任何账户内扣收。届期，张某、李某均未还款，甲银行直接从李某在甲银行下属的丙支行账户内扣划了18万元存款用于偿还张某的借款。如何评价甲银行划扣行为？

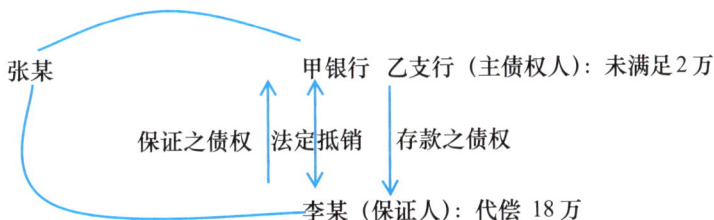

张某　　　甲银行 乙支行（主债权人）：未满足2万

保证之债权　法定抵销　存款之债权

李某（保证人）：代偿 18万

①李某对银行有18万元存款债权。②银行对李某有20万元保证债权。③银行和李某约定抵销，故银行可划扣李某18万元。如果没有该约定抵销，则银行必须起诉李某获得胜诉判决才能申请法院强制执行李某账户。实务中，银行都会做这个约定，故在银行业务中，"保证"是秒杀"抵押"的担保方式，"保证才是担保之王"，银行实现保证债权，连律师费都省了。④李某代偿了18万元，可向主债务人张某追偿18万元。⑤银行未受偿2万元，可向主债务人张某要，也可向连带保证人李某要。⑥主债务人"钱不够"，比如只有1万元则先满足银行。

（四）未代先追之"预先追偿权"

1.【预先追偿权】

（1）【债权人未申报】主债务人破产，债权人未申报债权，保证人可以在没有代偿时，预先向主债务人追偿，即向破产管理人申报保证债权，参加主债务人破产财产分配。

例：【预先追偿】甲欠银行100万未到期，甲进入破产程序，则"加速到期"，主债务视为到期。但是银行没有去申报破产债权。保证人乙丙怎么办？

甲（主债务人破产）　←　银行

保证人乙　保证人丙

①乙丙可以作为1个债权去申报，即申报100万元。②假设根据"破产受偿率"乙丙获得10万元，则乙丙还需要还银行的90万元。

> 原理：为什么赋予保证人"未代先追"法律地位？①一旦主债务人破产，主债权人不积极主动申报破产债权，去分配破产债务人财产，"干等"保证人"垫背"。②待保证人代偿后，去追主债务人，"破产的主债务人财产已经分光了"。③故要赋予保证人"未代先追"权，如果债权人不配合导致保证人丧失"未代先追"权，则保证人可相应免责。

> 问：为什么《担保制度解释》第23条规定担保人在清偿债权人全部债权前不得代替债权人在破产程序中受偿？（1）因为"未代偿先追偿"适用的情形是债权人没有主动申报债权的场合。（2）如果债权人已经主动申报了债权，那么就不能"未代偿先追偿"了，就只能启动《担保制度解释》第23条第2款了。（3）参见《担保制度解释》第23条第1款，人民法院受理债务人破产案件，债权人在破产程序中申报债权后又向人民法院提起诉讼，请求担保人承担担保责任的，人民法院依法予以支持。第2款，担保人清偿债权人的全部债权后，可以代替债权人在破产程序中受偿；在债权人的债权未获全部清偿前，担保人不得代替债权人在破产程序中受偿，但是有权就债权人通过破产分配和实现担保债权等方式获得清偿总额中超出债权的部分，在其承担担保责任的范围内请求债权人返还。第3款，债权人在债务人破产程序中未获全部清偿，请求担保人继续承担担保责任的，人民法院应予支持；担保人承担担保责任后，向和解协议或者重整计划执行完毕后的债务人追偿的，人民法院不予支持。

（2）【担保债务停止计息】人民法院受理债务人破产案件后，债权人请求担保人承担担保责任，担保人主张担保债务自人民法院受理破产申请之日起停止计息的，人民法院对担保人的主张应予支持。（《担保制度解释》第22条）（从属性）

2.【错过申报】

债权人知道或者应当知道债务人破产，既未申报债权也未通知担保人，致使担保人不能预先行使追偿权的，担保人就该债权在破产程序中可能受偿的范围内免除担保责任，但是担保人因自身过错未行使追偿权的除外。（《担保制度解释》第24条）

> 秒杀1句话：债权人坑担保人导致不能预先追偿，则担保人相应免责。

第九章　定　金

一、定金合同的成立和效力（"定"不是"订"）

（一）定金合同的成立 = 实践性合同

1. 当事人可以约定一方向对方给付定金作为债权的担保。定金合同自实际交付定金时成立（《民法典》第 586 条第 1 款）。

例：【不可诉交付定金】甲乙签订了买卖手机合同，约定乙交付 100 元定金担保合同履行。后乙未交付定金，收到手机后未付购买款。<u>甲能否诉乙交付定金？</u>①否。②定金未交付，故定金合同不成立。③甲乙买卖合同成立并生效，甲可诉乙承担买卖合同的违约责任。

2. 实际交付的定金数额多于或者少于约定数额的，视为变更约定的定金数额（《民法典》第 586 条第 2 款）。

例：【约定 ≠ 实际】甲乙签订了买卖合同，约定乙交付 100 元定金担保合同履行。后乙交付了 50 元定金。如乙未履约，<u>甲可否没收 50 元定金？</u>①可。②约定定金数额为 100 元，实际交付了 50 元，故 50 元为定金数额。

（二）定金的数额超过主合同标的额的 20% = 定金缩减到 20%

定金的数额由当事人约定；但是，不得超过主合同标的额的 20%，超过部分不产生定金的效力。（《民法典》第 586 条第 2 款）

例：【20% 定金】甲乙签订买卖合同，标的额为 1000 万元，乙依约向甲交付了 300 万元定金。<u>如何评价定金合同？</u>①200 万元具有定金效力。②100 万元作为不当得利返还给乙。

（三）正常履约后定金应当抵作价款或者收回。（《民法典》第 587 条）

二、立约定金

（一）收方不签约，应当双倍返还定金

（二）交方不签约，无权要求返还定金

三、成约定金

（一）交付定金，定金合同成立，同步满足了主合同的生效要件。（交付定金 = "一箭双雕"）

（二）未交付定金，定金合同不成立，主合同如果实际履行则主合同仍然生效。（没交付定金 = "各玩各的"）

例：【定金不成买卖成】甲、乙约定：甲将 100 吨汽油卖给乙，合同签订后 3 天交货，交货后 10 天内付货款。还约定，合同签订后乙应向甲支付 10 万元定金，合同在支付定金时生效。合同订立后，乙未交付定金，甲按期向乙交付了货物，乙到期未付款。<u>如何评价涉案合同效力？</u>①本案定金属于成约定金。②乙未交付定金，故定金合同不成立，甲无权请求乙交付定

金。③虽然未交付定金，但主合同一方已经交货，对方收货，故汽油买卖合同成立并生效。④甲有权请求乙支付购油款。

四、解约定金

（一）收方双倍退定金，得到解除权

（二）交方不要定金，得到解除权

五、违约定金

（一）违约定金罚则

1. 收方违约，应当双倍返还定金：收受定金的一方不履行债务或者履行债务不符合约定，致使不能实现合同目的的，应当双倍返还定金。（《民法典》第 587 条）

2. 交方违约，无权要求返还定金：给付定金的一方不履行债务或者履行债务不符合约定，致使不能实现合同目的的，无权请求返还定金。（《民法典》第 587 条）

（二）违约定金和违约金只能 2 选 1

当事人既约定违约金，又约定定金的，一方违约时，对方可以选择适用违约金或者定金条款。（《民法典》第 588 条第 1 款）

（三）违约定金和损害赔偿可以并用，但最高不超过损失

定金不足以弥补一方违约造成的损失的，对方可以请求赔偿超过定金数额的损失。（《民法典》第 588 条第 2 款）

民法宝典 > 第三编 合同编

合同编说明：合同是双方民事法律行为，有两个意思表示，即要约和承诺，这是合同的订立过程。合同仅约束当事人，这叫合同相对性。合同履行过程中，会出现如下问题：一方"违约"却主张自己不违约，这叫双务合同履行抗辩权；一方无力还债还转移财产，债权人可以诉讼撤销该逃债行为，这叫债权人撤销权；一方无力还债还不去对外收自己的债，债权人可以代替债务人去主张，这叫债权人代位权；合同履行过程中发生了债权转让或债务承担，这叫合同的转让；合同获得了正常的履行，这叫清偿、抵销、提存；合同提前结束，这叫合同的解除；违约方需要对自己的违约行为承担违约责任，这叫违约责任。以上就是合同编总则需要解决的问题。合同编分则解决的就是各个具体的有名字的合同的规则：买卖合同、赠与合同、借款合同、租赁合同、融资租赁合同、保理合同、承揽合同、建设工程合同、委托合同、物业合同、合伙合同、技术合同等。

导论：什么是债、债权和债务？
债的原因和分类有哪些？

①甲雇请乙做家务，约定劳务酬劳200元，这是什么债？答：合同之债。②甲患病昏迷在外，乙送甲去医院救治，支出医药费200元，这是什么债？答：无因管理之债。③甲将车出卖给乙，乙因重大误解撤销买卖合同，这是什么债？答：不当得利之债。④甲开车不慎撞伤路人乙，这是什么债？答：侵权之债。⑤乙对甲的权利叫债权，其法律效果的共通性在于：一方当事人向他方当事人请求特定行为（称为给付）。特定人之间请求为特定行为的法律关系，即债的关系。⑥《民法典》合同编规定了合同之债、缔约过失之债和准合同（无因管理之债和不当得利之债），《民法典》侵权责任编规定了侵权之债。

一、什么是债、什么是债权、什么是债务

（一）什么是债

债是特定当事人之间请求为<u>一定给付</u>的民事法律关系。

1. 债的标的 = 债的客体 = 债务人的特定行为 = 给付 = 作为或不作为。（1）作为：交付财物、支付金钱、转移权利、提供劳务、提交工作成果。（2）不作为：不泄露商业秘密、不从事与对方相竞争的业务。

2. 债的标的物 = 债的作用对象。（1）有的债存在标的物，如买卖房屋合同，卖方交付的

房屋是标的物，买方支付的货币是标的物。（2）有的债不存在标的物，如演出合同。（3）无论是否存在标的物，但他们都有标的，即都有给付。

（二）什么是债权

债权人享有的请求债务人为特定行为（给付）的权利。

1. 债权是请求权：债权人有权请求债务人为一定行为，但无权直接支配属于债务人所有的财产。

> 原理：债权是请求权，但不能说请求权是债权，因为还有其他类型的请求权，比如物权请求权、知识产权请求权等，这些属于支配权受害而产生的请求权，称之为"支配权请求权"。

2. 债权是相对权（对人权）：债权人只能向特定的当事人请求给付，债务人也只对特定的债权人负给付义务，但法律另有规定或当事人另有约定的除外。

3. 债权具有任意性：当事人可在不违反法律禁止性规定的情况下任意设定债的关系。

4. 债权具有平等性：当数个债权人对同一债务人先后发生数个债权时，因债权没有公示性，故各个债权具有同等的效力。

> 原理：债权的平等性的区分适用。（1）坚持债权的平等性：①《破产法》中，债务人破产时，债务人的全体债权人就债务人破产财产平等受偿，此处坚持了债权的平等性。②《民诉法》中，自然人欠多个债还不了，各债权人拿到胜诉判决，一个债权人申请法院强制执行债务人财产，其他债权人可持生效判决申请"参与分配"。（2）破除债的平等性：①一物多卖中，关于继续履行的违约责任债权请求权，是有先后顺序的。②《民诉法》中，上述情形，其他债权人如果没有拿到生效判决，其债权实现要劣后于已经胜诉的债权人。

5. 债权具有相容性：在同一标的物上可以成立数个债权，各债权之间互不排斥，可以相容。如一物多卖合同。如甲欠乙1元，甲欠丙1元，乙可以向甲要1元，不能排斥丙向甲要1元。

6. 债权具有期限性：债权只在一定期限内存在，期限届满，债权即归于消灭。

（三）什么是债务

必须为一定行为（作为或不作为）的民法上义务。

1. 主给付义务：债所固有、必备，并决定债的类型的给付义务。如买卖合同中，出卖人的主给付义务是移转标的物所有权，买受人的主给付义务是支付价金。

2. 从给付义务：不能决定债的类型，仅在确保债权人的利益能获得最大程度满足的给付义务。如买卖合同中，出卖人交付商品使用说明书。

3. 附随义务：在合同履行过程中基于诚实信用原则而发生的、旨在更好地实现当事人利益的义务。如照顾（餐馆照顾客人人身和财产安全）、保管（出卖人在交付标的物前妥善保管该物）、协助（花店在出售新鲜花枝的时候会包装好花束以便顾客携带）、通知（出售锅炉的店家应当告知购买者使用锅炉的注意事项）、保密（工程技术人员不得泄露公司开发新产品的秘密）、保护义务（医生手术时不得把纱布遗留病人体内）。

例：【主给付义务、从给付义务和附随义务】甲在乙店购买空调。如何评价该合同中的义务？①乙的主给付义务是交付空调，甲的主给付义务是支付价款。②乙还负有安装空调的义务，为从给付义务，如乙不负责安装空调，甲可起诉要求乙安装。③另外，乙还应告知甲关于空调使用的注意事项，为附随义务，如乙没有告知相关事宜而使甲在使用空调过程中发生意外造成损失，甲可要求乙对其损失进行赔偿。

总结：①从给付义务依约定产生，是否收费，从约定。②附随义务依法产生故免费，但保管合同中保管义务是主给付义务，不是附随义务，是否收费，从约定。③如在湘菜公主饭店吃饭，提供饭菜酒水是主给付义务（约定收费），提供发票是从给付义务（约定不收费），保护顾客人身财产安全是附随义务（依法不收费）。

4. 不真正义务：违反该义务，导致违反者自己的损失，但合同相对人无权请求义务人履行该义务。如守约方有避免损失扩大的义务，如果未履行该义务，就扩大部分损失不得向相对人主张赔偿。（《民法典》第591条）

二、债的发生原因

（一）无因管理

没有法定的或者约定的义务，为避免他人利益受损失而进行管理的人，有权请求受益人偿还由此支出的必要费用。（《民法典》第121条）

1. 管理意思（《民法典》第979条）

（1）为他人管理的意思：①"雷锋" = 有为他人管理的意思。如欠缺为他人管理意思，不成立无因管理。如甲与乙结婚后，乙生育一子丙，甲抚养丙5年后才得知丙是乙和丁所生，甲不成立无因管理。②"半个雷锋也是雷锋"：为他人又为自己，成立无因管理。如甲见邻居家中失火恐殃及自己家，遂用自备的灭火器救火，甲成立无因管理。③"客观抽象判断"：管理意思不能太遥远。如甲见邻居着火而施救受损，邻居将房屋出租给了租户，且投保了火灾保险，则甲与房东、与租户之间成立无因管理之债，但不会与保险公司成立无因管理之债。④"幻想管理"：误将自己的事务当做别人的事务管理，不成立无因管理。（为方妈读书）

（2）符合被管理人真实意思：①符合被管理人真实意思 = 无因管理（不能对管理人要求太高）。②不符合被管理人真实意思 ≠ 无因管理。③不符合被管理人真实意思但为维护公序良俗 = 无因管理。如救跳水自杀者，自杀者被救，救人者"某长工"因此弄丢了价值580万元表。

2. 管理方法

（1）适当管理：管理人管理他人事务，应当采取有利于受益人的方法。如适当管理后无效果，不影响成立无因管理。（《民法典》第981条）

例：【管理失败也是雷锋】如张某外出，台风将至。邻居李某担心张某年久失修的房子被风刮倒，祸及自家，就雇人用几根木料支撑住张某的房子，但张某的房子仍然不敌台风而倒塌。虽然"失败"，李某仍然构成无因管理。

（2）继续管理：中断管理对受益人更为不利的，无正当理由不得中断。（《民法典》第981条）

（3）及时通知和等候指示：管理人管理他人事务，能够通知受益人的，应当及时通知受益人。管理的事务不需要紧急处理的，应当等待受益人的指示。（《民法典》第982条）

3. 构成无因管理

（1）管理人的必要费用和遭受损失请求权：①管理人可以请求受益人偿还因管理行为而支出的必要费用。②管理人因管理行为受到损失的，可以请求受益人给予适当补偿。（《民法典》第979条）

例：【老人倒了】甲见老人倒了，扶之，可否基于无因管理之债要求老人给5元钱？①否。②除非送老人就医支出打车费、挂号费等，才可主张无因管理之债。

（2）受益人的知情权和取得管理成果权：①管理结束后，管理人应当向受益人报告管理事务的情况。②管理人管理事务所取得的财产，应当及时转交给受益人。（《民法典》第983条）

4. 不构成无因管理

（1）不是无因管理但参照无因管理处理：管理人的管理行为不符合无因管理构成要件，但是受益人主张享有管理利益的，受益人应当在其获得的利益范围内向管理人承担无因管理之债的责任。（《民法典》第980条）如误将别人家的牛当自己家的牛养了，不是"雷锋"，但可要求受益人承担无因管理之债的责任，返还饲料费用。

（2）无因管理经追认转化为委托合同：管理人管理事务经受益人事后追认的，从管理事务开始时起，适用委托合同的有关规定，但是管理人另有意思表示的除外。（《民法典》第984条）

5. 无因管理的法律性质＝事实行为：不适用意思表示和民事法律行为的规定，故小孩也可成为无因管理人。

例：【孩子可以做雷锋】丙（15周岁）租车将在体育课上昏倒的同学送往医院救治，丙构成无因管理。

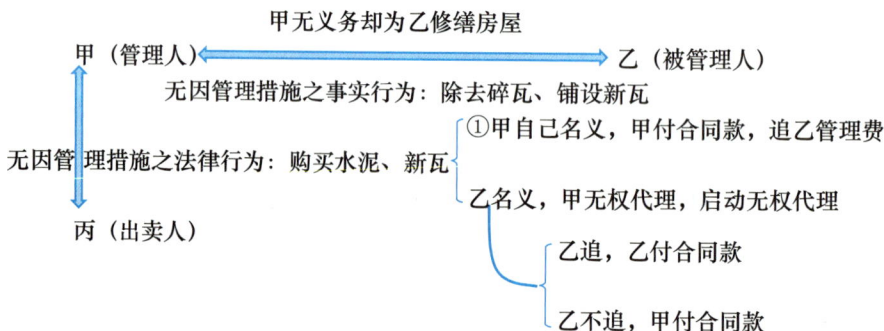

```
                    甲无义务却为乙修缮房屋
甲（管理人）◄─────────────────────────────►乙（被管理人）
          无因管理措施之事实行为：除去碎瓦、铺设新瓦
                                      ┌①甲自己名义，甲付合同款，追乙管理费
无因管理措施之法律行为：购买水泥、新瓦 ┤
                                      └乙名义，甲无权代理，启动无权代理
丙（出卖人）                                    ┌乙追，乙付合同款
                                                ┤
                                                └乙不追，甲付合同款
```

原理：如何区分无因管理的法律性质与无因管理的措施？①无因管理的法律性质是事实行为，指的是无因管理之债是法定之债，与当事人意思表示无关。②无因管理的措施，可能是事实行为，如"做雷锋"为他人饲养牲畜；也可能是民事法律行为，如"做雷锋"为饲养他人牲畜而对外签订合同购买饲料。③无论采取什么措施，无因管理人和受益人之间，产生的是无因管理之债。④如果无因管理人以自己名义对外签订购买饲料合同，根据合同相对性原理，无因管理人是合同当事人，应支付购买饲料款。无因管理人转而再向受益人主张无因管理所支出的"必要费用"。⑤如果无因管理人以受益人名义对外签订购买饲料合同，这属于无权代理所签订的合同，如受益人追认该合同，则受益人为当事人，应付购买饲料款；如受益人不追认该合同，则无权代理人、无因管理人自负其责，应向卖方付购买饲料款，此后再向受益人主张无因管理所支出的"必要费用"。

（二）不当得利

一方没有法律根据而取得不当利益，对方遭受损失，对方有权请求返获得利益一方返还不当利益。（《民法典》第122条）

1. 构成不当得利

（1）直接当事人之间返还不当得利

①善意不当得利人限于返还现存利益：得利人不知道且不应当知道取得的利益没有法律根

据，取得的利益已经不存在的，不承担返还该利益的义务。（《民法典》第986条）如A公司送奶员误将甲家订的牛奶放入乙家，乙不知情将该牛奶扔掉，乙作为善意不当得利人，现存利益已经不存在，故无须返还牛奶。甲有权向A公司索赔。

②恶意不当得利人返还利益和赔偿损失：得利人知道或者应当知道取得的利益没有法律根据的，受损失的人可以请求得利人返还其取得的利益并依法赔偿损失。（《民法典》第987条）如乙借用甲牛，届期届满未还，某日牛被雷劈死。乙作为恶意不当得利人，须向甲承担赔偿责任。

（2）要求受偿受让之第三人返还不当得利：得利人已经将获得的利益无偿转让给第三人的，受损失的人可以请求第三人在相应范围内承担返还责任。（《民法典》第988条）如甲受乙欺诈将手机卖给乙，乙将手机赠给丙。甲向法院提出撤销买卖合同，法院支持了甲的诉讼请求，甲可要求乙返还不当得利，也可要求丙返还不当得利。

2. 不构成不当得利

（1）为履行道德义务进行的给付：如侄子对叔叔进行了供养，符合社会道德观念，叔叔属于正当得利。（《民法典》第985条）

（2）债务到期之前的清偿：如1月1日清偿了10月1日才到期的债务，因债权人的受领并非无合法原因，债权人属于正当得利。（《民法典》第985条）

（3）明知无给付义务而进行的债务清偿：如甲明知不欠乙款，却仍向乙付款，乃"赠与"，乙属于正当得利。（《民法典》第985条）

（4）不知道诉讼时效已过而清偿：如甲不知道其对乙负债已过3年诉讼时效，而向乙支付，乙的债权为"自然债权"，属于正当得利。

（5）基于不法原因而给付：给付原因违反强行法或公序良俗。如甲因赌博输给了乙10万元，该10万元不是不当得利，乙无须返还甲，该10万元应依法由国家收缴。如甲尚未支付该10万元给乙，乙不得主张，因为这属于非法之债。

（6）强迫得利：利益变动是受损人积极追求的结果。如乙将车停在甲餐馆，甲工作人员给乙洗车要求乙付费。乙属于"被迫"得利，该利益变动是甲餐馆积极追求的结果，故不成立不当得利，"洗了白洗"，避免发生强迫交易。

（7）反射利益：一方获益，无人受损。如甲在乙房附近投资兴建商业广场，乙的房屋因此价值剧增，乙获得利益但未给甲带去损失，故乙对甲而言不成立不当得利，谓之"反射利益"。

3. 学理上区分两种不当得利

（1）给付型不当得利：受益人受领他人基于给付行为而移转的财产或利益，因欠缺给付目的而发生的不当得利。如甲向乙借款10万元，1年后根据约定偿还本息15万元。超过一年期贷款市场报价利率（LPR）4倍的部分无效，成立不当得利。

（2）非给付型不当得利：基于给付以外的事由而发生的不当得利，包括人的行为和自然事件。①受益者的事实行为：甲久别归家，误把乙的鸡当成自家的吃掉；②受益者的民事法律行为：如无权出租他人之物获得租金；③受损者行为：如甲在乙银行的存款账户因银行电脑故障多出1万元；④第三人行为：如甲误将乙的肥料施予丙的农田中；⑤自然事件：如甲家水塘的鱼跳入乙家水塘。

三、债的分类

（一）意定之债与法定之债

1. 法定之债：债的发生及其内容均由法律予以规定的债。法定之债主要包括侵权行为之债、不当得利之债、无因管理之债及缔约过失之债。

2. 意定之债：债的发生及其内容完全由当事人自由决定。意定之债主要包括合同之债。

（二）劳务之债与财物之债

1. 劳务之债：债务人以提供一定劳务为标的的债。如运送之债、雇佣之债、服务之债、演出之债、授课之债、委托之债等。

（1）方式性劳务之债：债务人仅须按照一定的方式向债权人提供特定的劳务活动，但并不要求该劳务活动必然产生债权人所追求的效果。如在医疗合同中，医生仅须提供相应的医疗服务，即使未治愈患者，亦不负违约责任。

（2）结果性劳务之债：债务人不仅需要向债权人提供特定的劳务活动，而且该劳务合同必须产生债权人期待的效果。如在运输合同中，承运人必须将旅客运送至特定地点，如未运到目的地，须负违约责任。如春运要的是回家，而不是坐火车的过程。如开锁要的是进屋，而不是欣赏漫长的开锁过程。

2. 财物之债：债务人以给付一定财物为标的的债。如买卖、赠与、租赁、借用。

（三）特定之债与种类之债：对财物之债的分类（依债的标的物的属性）

1. 特定之债：以依当事人的意思具体指定的物即特定物为标的的债。特定物是不可替代物，一般包括两种：（1）世界上独一无二的物，如徐悲鸿的奔马图。（2）经过特定化了的种类物，如商场内的自行车经过顾客的选择后，选中的一辆就成了特定物。

例：【画被烧了】甲乙签订买卖齐白石的一幅画的合同，在交付前，画被烧毁，因画是特定物，买方乙不能要求甲承担继续履行的违约责任，只能要求甲承担其他方式的违约责任。

2. 种类之债：以不特定的种类物为标的的债。种类物是可替代物，如商场内的自行车。最常见的种类物就是货币。

例：【米被偷了】甲乙签订买卖100斤大米的合同，假设大米被盗，因大米是种类物，买方乙有权要求卖方甲承担继续履行的违约责任，即继续提供100斤大米。

（四）简单之债与选择之债（依据债的标的有无选择性）

1. 简单之债：债的标的只有一个，当事人只能就该种标的履行的债。

例：【还钱】甲向乙借款2万元。合同上写的就是到期还款，没有别的履行方式，无可选择，此为简单之债。

2. 选择之债：债的标的为两项以上，当事人可以从中选择其一来履行的债。如对商品实行"三包"制度，当出售的商品质量不合格时，买受人与出卖人之间就发生选择之债，或修理、或更换、或退货，当事人须从中选择一种履行。选择权=形成权：

（1）选择权归债务人：标的有多项而债务人只需履行其中一项的，债务人享有选择权；但是，法律另有规定、当事人另有约定或者另有交易习惯的除外。（《民法典》第515条第1款）

例1：【法律规定权利人选择违约责任1】当事人一方不履行合同义务或者履行合同义务不符合约定的，应当承担继续履行、采取补救措施或者赔偿损失等违约责任。（《民法典》第577条）当事人一方不履行合同义务或者履行合同义务不符合约定的，在履行义务或者采取补救措

施后，对方还有其他损失的，应当赔偿损失。(《民法典》第583条)

例2：【法律规定权利人选择违约责任2】履行不符合约定的，应当按照当事人的约定承担违约责任。对违约责任没有约定或者约定不明确，依据《民法典》第510条的规定仍不能确定的，受损害方根据标的的性质以及损失的大小，可以合理选择请求对方承担修理、重作、更换、退货、减少价款或者报酬等违约责任。(《民法典》第582条)

例3：【交易习惯为由权利人选择】甲坐公交车，买票乘车，与公交公司签订了运输合同。公交公司负有将甲安全运送到目的地的义务。公交车有很多站，这多个站即是标的，甲选择在哪一站下车，是在行使选择权。

例4：【无约定则债务人选择交付】甲方因急需柴油，与乙厂签订了一份买卖合同。双方商定，乙方在1个月内筹集0号或10号柴油10吨供给甲厂，每吨单价为1200元；合同生效后，甲方按合同约定支付了2000元定金。乙厂也在合同生效后第25天，依约向某厂发运了0号柴油10吨。因当时气温下降，0号柴油无法投入使用。故甲厂要求乙厂改供10号柴油，或者退货。乙厂认为其所供0号柴油符合国家质量标准和合同规定，既不应换货，也无货可换；同时要求甲厂依约支付货款。甲厂要求乙厂换货或退货的理由能否成立？①不能成立。②乙厂可以筹集0号或10号柴油供给甲厂，这属于选择之债。③当事人未约定选择权归谁，则选择权归债务人乙厂。④乙厂享有选择权且已履行了义务，甲厂接受了乙厂的履行，故甲厂的理由不能成立。

（2）选择权人转归对方：享有选择权的当事人在约定期限内或者履行期限届满未作选择，经催告后在合理期限内仍未选择的，选择权转移至对方。(《民法典》第515条第2款)

例：【无约定则债务人选择交什么白酒，但债务人一直未选择，选择权转归债权人】王某与惠某合伙经营泾谷酒厂，1年后双方协议合伙终止。约定：王某前期投入费用合计30万元，由惠某承担，双方同意以惠某生产的白酒折抵。王某从惠某处提走各类白酒价值20万元，折抵后余款10万元，惠某在半年内以白酒折抵。协议当日，王某从惠某处提走价值20万元的各类白酒。半年后惠某未交付白酒，经催告后在合理期限内仍未交付。故王某要求惠某以泾谷窖酒抵债，惠某拒绝，称除泾谷窖酒以外，还可以以其他白酒抵债。王某诉至法院，请求判令惠某立即交付价值10万元的泾谷窖酒或立即支付余款10万元。王某主张可否获得支持？①双方在合伙终止时对合伙财产的处理达成协议，约定用白酒抵债，但未约定何种白酒抵债。②协议签订当日，惠某以其所有种类的白酒折抵了20万元，故对争议白酒的理解确定为可以用惠某生产的各类白酒抵债，这属于选择之债。③未约定选择权归属，该选择权在合理期限内由债务人惠某行使。④但惠某在履行期限届满未交付白酒，经催告后在合理期限内仍未选择，故选择权应转归债权人王某享有。⑤王某有权要求只以泾谷窖酒抵债，但如惠某确无泾谷窖酒抵债，王某可选择其他白酒抵债；如果没有任何白酒惠某应给付等值的货币。

（3）通知选择，不得变更：①单方意思表示无须对方承诺：当事人行使选择权应当及时通知对方，通知到达对方时，债务标的的确定。②通知后变成简单之债：确定的债务标的不得变更，但是经对方同意的除外。(《民法典》第516条第1款)

（4）优先选择可以履行的标的：可选择的债务标的之中发生不能履行情形的，享有选择权的当事人不得选择不能履行的标的，但是该不能履行的情形是由对方致使的除外。(《民法典》第516条第2款)

（五）单一之债与多数人之债（根据同一个债的主体双方是单一的还是多数的）

1. 单一之债（1对1）：同一个债的双方主体都仅为一人的债。如甲公司和乙运输公司订立的货物买卖合同所产生的债。还如张三和李四签订的租赁合同所产生的债等都是单一之债。

2. 多数人之债（1 对 2；2 对 1；2 对 2）：同一个债的双方主体均为二人以上或其中一方主体为二人以上的债。可分为按份之债、连带之债、不真正连带之债和补充之债。

（六）按份之债、连带之债、不真正连带之债和补充之债

1. 按份之债 = 按份债务 + 按份债权

（1）按份债务：债务人为二人以上，标的可分，按照份额各自负担债务的，为按份债务。（《民法典》第 517 条）

（2）按份债权：债权人为二人以上，标的可分，按照份额各自享有债权的，为按份债权。（《民法典》第 517 条）

2. 连带之债 = 连带债务 + 连带债权

（1）连带债务：债务人为二人以上，债权人可以请求部分或者全部债务人履行全部债务的，为连带债务。（《民法典》第 518 条）

①【内部追偿】连带债务人之间的份额难以确定的，视为份额相同。实际承担债务超过自己份额的连带债务人，有权就超出部分在其他连带债务人未履行的份额范围内向其追偿，并相应地享有债权人的权利，但是不得损害债权人的利益。其他连带债务人对债权人的抗辩，可以向该债务人主张。被追偿的连带债务人不能履行其应分担份额的，其他连带债务人应当在相应范围内按比例分担。（《民法典》第 519 条）

例 1：【内部等额追偿】甲丙和乙签订买卖房屋合同，甲丙负有支付 100 万元购房款的义务，房屋过户在甲丙名下。乙有权要求甲或丙付款 100 万元，丙支付 100 万元后，可向甲追偿多少？50 万元。

例 2：【债务人的追偿不得损害债权人利益】甲丙对乙负连带债务 100 万元。甲还了 90 万元后，可向丙追 40 万元（甲内部负 50 万元）。乙可向丙追 10 万元。如果丙只有 10 万元，先满足谁？①乙。②因为甲取代乙可向丙要 50 万，乙自己也可继续向丙要 10 万，但乙优先。而甲继续向丙追 40 万元。

例 3：【风险共担继续追偿】甲丙丁对乙负连带债务 300 万元。甲丙丁内部各负 100 万元。甲已经偿还了 300 万元，甲可向丙丁各追 100 万元。甲向丙追时丙破产，甲只向丙追到了 10 万元，剩余 90 万元的风险怎么分担？①甲丁各分担 45 万元。②故甲可向丁追偿 45 万元和 100 万元，合计 145 万元。

②【外部牵连】部分连带债务人履行、抵销债务或者提存标的物的，其他债务人对债权人的债务在相应范围内消灭；该债务人可以依据前条规定向其他债务人追偿。部分连带债务人的债务被债权人免除的，在该连带债务人应当承担的份额范围内，其他债务人对债权人的债务消灭。部分连带债务人的债务与债权人的债权同归于一人的，在扣除该债务人应当承担的份额后，债权人对其他债务人的债权继续存在。债权人对部分连带债务人的给付受领迟延的，对其他连带债务人发生效力。（《民法典》第 520 条）

例 1：【外部履行的牵连】甲丙对乙负有连带债务 100 万元，甲向乙还了 20 万元。乙可向丙主张 100 万元吗？①不可以。②乙只能向丙主张 80 万元。丙向甲追偿 30 万元。

例 2：【外部免除的牵连：父子免除，朋友须负剩余债务】甲乙为父子关系，甲和其友丙对乙负有连带债务 10 万元，乙免除甲的债务。乙可要求朋友丙承担多少债务？5 万元。

例 3：【外部混同的牵连：父子混同，朋友须负剩余债务】甲乙为父子关系，甲和丙对乙负连带债务 10 万元，甲死亡后，有一价值 100 万房屋，乙继承。乙可要求丙履行债务吗？①可要求丙给付 5 万元。②甲丙对乙负连带债务。③连带债务人甲死亡后，乙取代甲成为连带债务人之一，乙同时是债权人，故发生混同。④扣除甲的份额后剩余 5 万元，由丙向乙支付。

例4：【外部受领迟延的牵连：债权人受领迟延，各连带债务人相应免责】甲丙对乙负连带债务交付电脑，届期甲向乙交付电脑，但乙受领迟延，导致增加费用1万元。丙可否要求乙赔偿1万元？①可。②甲丙内部各取得5千元。

> 秒杀："还了"多少是多少，"免了"多少是多少，"混同了"多少是多少。

（2）连带债权：债权人为二人以上，部分或者全部债权人均可以请求债务人履行债务的，为连带债权。（《民法典》第518条）

①【内部等额收益：内部等额享有，多得启动返还】连带债权人之间的份额难以确定的，视为份额相同。实际受领债权的连带债权人，应当按比例向其他连带债权人返还。（《民法典》第521条）

例：【实际受领要退还】甲丙对乙享有连带债权10万元，乙向丙支付了2万元后破产。甲可分得多少？①1万元。②丙应将1万元返还给甲。

> 秒杀：连带债权人内部永远是按份的，实际受领的要按比例分，不管受领多少都要按比例分。

②【外部牵连】向部分连带债权人履行债务，其他连带债权人的债权相应消灭。部分连带债权人免除债务人债务的，在扣除该连带债权人的份额后，不影响其他连带债权人的债权。连带债权中部分连带债权人与债务人同归于一人的，在扣除该债权人所享有的份额后，其他债权人对债务人的债权继续存在。债务人对部分连带债权人给付迟延，对其他连带债权人发生效力。（《民法典》第521条）

例1：【外部履行的牵连】甲乙对丙有连带债权10万元，丙向甲履行了2万元，则丙尚欠8万元。乙可向丙主张10万元吗？不可以。只能向丙主张8万元。而后乙将多获得的3万元给甲。

例2：【外部免除的牵连：父子免除，朋友仍有剩余债权】甲乙为父子关系，甲和其友丙对乙享有连带债权10万元。甲免除乙的债务。朋友丙可要求乙承担多少债务？5万元。

例3：【外部混同的牵连：父子混同，朋友仍有剩余债权】甲乙为父子关系，甲和其友丙对乙享有连带债权10万元。甲死亡后，乙继承了甲的遗产。朋友丙可要求乙履行多少债务？①5万元。①甲乙债权债务混同，但仅甲的5万债权消灭，朋友丙的剩余5万债权继续存在。

例4：【外部债务人给付迟延的牵连：债务人给付迟延，各连带债权人相应增加】甲和丙对乙享有连带债权，乙应交付电脑，乙迟延向甲履行，按约定应赔偿1万元。丙可否要求乙赔偿1万元？①可。②甲丙内部个取得5千元。

> 秒杀：无论是免除、混同、追偿，都是怎么公平怎么来，即具有相对性，相应部分发生效力。

（3）连带债权或者连带债务，由法律规定或者当事人约定。

> 问：为什么连带债权债务需要法律规定或当事人约定？因为A的债务，要由B去连带负责，这本质上是"连坐"，会限制B的自由。因此必须要有合理的理由，否则这样对B是不公平的。所以，连带债权债务必须依法确定或依当事人约定。常见的法定连带之债如下：①滥用代理权中的连带责任：代理人1＋相对人1＝恶意串通损害被代理人利益＝连带责任。②违法代理中的连带：代理人明知代理事项违法仍代理＝代理人和被代理人对外负连带；被代理人明知代理人行为违法仍沉默＝代理人和被代理人对外负连带。③有意思联络教唆帮助的连带责任：教唆人、被教唆人＝连带责任；帮助人、实际加害人＝连带责任。（商标帮助侵权的连带＝须帮助人故意）④无意思联络的连带责任。原因力1独当一面、原因力2独当一

面＝连带责任。⑤有意思联络共同加害的连带责任：加害人1、加害人2……＝连带责任。⑥个人合伙的连带。⑦夫妻共债的连带。⑧公司分立为新公司对外负连带。⑨继承共有物对死者负债的连带。⑩共有物对外债务的连带。

3. 不真正连带之债

（1）外部债权人选择主张：多个债务人就基于不同发生原因而偶然产生的同一内容的给付，各负全部履行之义务，并因债务人之一的履行而使全体债务人的债务均归于消灭的债务（A可以找B要，也可以找C要，但是C是终局责任，所以B可以向C追）。

（2）内部全额追偿：不真正连带债务人之间不存在内部分摊关系，但存在终局责任人。

例1：【侵权和侵权的不真正连带】①产品责任：生产者，销售者不真正连带，但有终局责任人。如甲从乙商场购买丙厂生产的热水器爆炸导致损害，甲可诉乙或丙。如查明是丙导致缺陷，则乙可全额向丙追偿。②医疗产品责任：医院、医疗产品厂家不真正连带，但有终局责任人。如甲从乙医院购买丙厂生产的医疗器械，因缺陷导致损害，甲可诉乙或丙。如查明是丙导致缺陷，则乙可全额向丙追偿。③第三人过错致环境污染责任：污染者、第三人不真正连带，但有终局责任人。如小偷破坏中石油地下管道偷油，导致原油泄漏污染农田，农民可诉小偷或中石油，中石油赔偿后可全额向小偷追偿。④第三人过错致动物损害责任：动物饲养人、第三人不真正连带，但有终局责任人。如乙挑逗丙的狗咬到了甲，甲可诉乙或丙，丙赔偿后可全额向乙追偿。

例2：【合同和合同的不真正连带】①连带保证合同和主债务合同：主债务100万，连带保证人和主债务人不真正连带，有终局责任人即主债务人。②运输合同和保险合同：甲货物交乙运输，甲将货物投保。乙撞树致货损。甲可诉乙合同责任，也可诉保险公司合同责任，乙和保险公司为不真正连带，乙为终局责任人。

例3：【合同和侵权的不真正连带】①违约和侵权：如甲托乙运输鲜鱼，丙交通肇事全责致损。乙违约责任、丙侵权责任，构成不真正连带，丙为终局责任人。②合同和侵权：甲财产向乙保险公司投保，丙毁损该财产。保险公司基于保险合同赔付责任、丙基于侵权赔偿责任，属于不真正连带，丙是终局责任人。

4. 补充之债：当存在多个责任人时，在第一责任人的财产不足以承担其应负的民事责任时，负补充责任的人对不足部分承担的责任。

（1）补充范围：先穷尽第一责任人财产，后补充责任，但补充责任有一定的承担范围。①有的是补充全部，如监护人对被监护人对外侵权所负的补充责任。②有的是补充部分。如会计师事务所在出具虚假验资证明的情况下，仅在其证明资金的范围内承担赔偿责任。

（2）可否追偿：①有的可以追偿，如一般保证人，代偿后可全额追主债务人。还如"安保义务人"，赔偿后可向第三人追偿。②有的不能追偿。个人独资企业财产不足以清偿债务的，投资人应当以其个人的其他财产予以清偿。这里规定的也是一种补充责任，但个人独资企业的财产也是投资人的个人财产，投资人以其他财产清偿个人独资企业的债务后，实际上根本就无法行使追偿权。

> 问：哪些属于补充责任？①一般保证：搞死主债务人才轮到一般保证人。②安保义务：第三人侵权＋安保义务场所过错补充责任。③教育机构中第三人致害：第三人侵权＋教育机构过错补充责任。④出资不足股东：公司负责＋出资不足股东在"未出资本息范围内"承担补充责任。⑤旅行社选任旅游辅助者不当：旅游辅助者侵权责任＋旅行社选择不当过错补充责任。

> 秒杀："二宝（一般保证、安保义务）与（教育机构）股东出资不足（出资不足股东）旅游（旅游）"

第一章 合同基础

> ①我爱你，你爱我吗？这是要约。②我也爱你，这是承诺。③我爱你1年，这是新要约，因其实质性的改变了要约的内容。④我不爱你，这是拒绝要约。

一、要约：希望和他人订立合同的意思表示

（一）要约的构成（《民法典》第472条）

1. 内容具体确定（目的意思）。2. 表明经受要约人承诺，要约人即受该意思表示约束（效果意思）。

例1：【无效果意思和有效果意思】甲对乙声称"我正在考虑卖掉家中祖传的一套家具，价值10万元"，甲有效果意思吗？①甲并没有决定订立合同，故无效果意思。②如甲向乙提出"我愿意卖掉家中祖传的一套家具，价值10万元"，则表明甲已经决定订立合同，且在该意思表示中已表明如果乙同意购买，则甲要受到乙承诺的拘束。

例2：【悬赏广告的特殊缔约方式】甲丢失钱包，发出广告，宣称拾得并归还者，报酬500元。乙拾得并归还。如何评价案涉意思表示？①甲发出了广告，是要约。②乙实施了行为，作出了承诺。③甲乙之间形成了悬赏广告之债：悬赏人以公开方式声明对完成特定行为的人支付报酬的，完成该行为的人可以请求其支付（《民法典》第499条）。

（二）要约的撤回（《民法典》第475条）

撤回要约的通知应当同时于或先时于要约达到相对人，该要约不成立（被撤回的要约实际上是尚未生效的要约）。

例：【要约函1和撤回要约函2】甲对乙发出要约函1，马上发撤回要约函2，函2同时或先于函1到达对方。如何评价甲的要约？①不成立，而非失效。②因为要约函1尚未到达对方，还未生效，就不存在失效问题。③要约函1被撤回了，故要约不成立。

（三）要约的撤销（《民法典》第476、477条）

要约人对已经到达对方的要约发出撤销通知，该通知在对方做出承诺前到达对方，要约失效。例外1 不可撤销：要约人以确定承诺期限或者以其他形式表明要约不可撤销；例外2 不可撤销：受要约人有理由认为要约是不可撤销的，并已经为履行合同作了合理准备工作。

例：【要约函1、撤销要约函2、承诺函3】甲对乙发出要约函1，到达了乙。乙在作出承诺函3之前，甲向乙发出了撤销要约函2。如何评价甲的要约？①失效。②要约到达了乙，要约生效。③但在乙作出承诺前，要约被依法撤销了，故要约失效。

例：【有承诺期限的要约不可撤销】甲对乙发出了出卖手机的要约，请乙在一周内作出回复。乙作出承诺前，甲能否撤销该要约？①否。②1周属于要约有效期，又称承诺期限，甲不得撤销要约。

（四）要约的失效

要约生效后依法失效。要约人依法撤销、对方拒绝要约、对方过期后作出承诺、对方按期

作出承诺但对要约内容作了实质性变更。(《民法典》第488条)

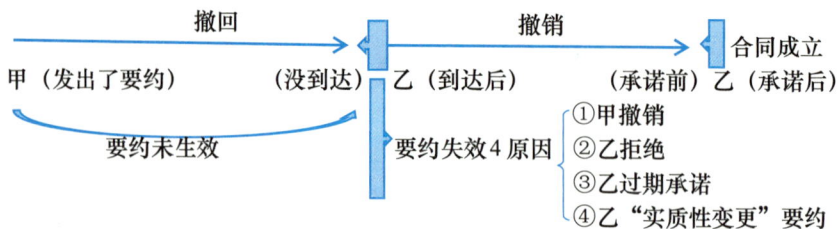

例：【承诺对要约进行实质性变更导致要约失效】甲于6月10日向乙发出要约订购一批红木，要求乙在6月15日前答复。6月12日，甲欲改向丙订购红木，遂向乙发出撤销要约的信件，在6月14日到达乙。而6月13日，甲收到乙的回复，乙表示红木缺货，问甲能否用杉木代替。甲的要约失效时间是？①6月13日。②6月15日属于要约有效期，故此前该要约不能被撤销。③6月13日相对方乙在要约有效期内做出了承诺，但承诺内容实质性变更了要约内容，故属于"新要约"，这会导致甲的要约失效。

二、要约邀请

(一) 要约邀请

希望他人向自己发出要约的意思表示。拍卖公告、招标公告、招股说明书、债券募集办法、基金招募说明书、商业广告和宣传、寄送的价目表等为要约邀请。(《民法典》第473条第1款)

(二) 要约邀请变要约

商业广告和宣传的内容符合要约规定的，构成要约。(《民法典》第473条第2款) 如商品房的销售广告和宣传资料为要约邀请，但是出卖人就商品房开发规划范围内的房屋及相关设施所作的说明和允诺具体确定，并对商品房买卖合同的订立以及房屋价格的确定有重大影响的，应当视为要约。该说明和允诺即使未载入商品房买卖合同，亦应当视为合同内容，当事人违反的，应当承担违约责任。

例：【楼书宣传有健身房】甲房产开发公司在交给购房人张某的某小区平面图和项目说明书中都标明有一个健身馆。张某看中小区健身方便，决定购买一套商品房并与甲公司签订了购房合同。张某收房时发现小区没有健身馆。张某可主张哪些法律救济措施？①楼书内容具体确定对张某是否购房以及购房价格有重大影响，属于要约，进入合同内容。②甲公司明知做不到却提前宣传，构成欺诈，张某可以受欺诈为由撤销合同，撤销后合同溯及无效，故张某可要求甲公司承担缔约过失责任。③甲公司未按合同约定配套健身馆，导致张某购房目的落空，张某可解除合同，要求甲公司承担违约责任。

三、承诺

承诺是受要约人同意要约的意思表示。

(一) 承诺的方式

承诺应当以通知的方式作出，但是根据交易习惯或者要约表明可以通过行为作出承诺的除外。(《民法典》第480条)

例1：【沉默＝承诺】在一项长期供酒协议中，乙惯常接受甲的订单不需要明确表示承诺。

11 月 15 日，甲为准备新年向乙订一大批货。乙既没有答复，也没有按要求的时间进货。甲乙合同是否成立？①成立，如乙不交货会构成违约。②因为根据当事人间业已建立的习惯做法，乙的沉默视同对甲的订单的承诺，这种拟制是公平的。

例 2：【沉默≠承诺】甲和乙之间的供酒合同 12 月 31 日到期，甲要求乙提出续展合同的条件。乙在其要约中规定"最晚在 11 月底以前，如果我方未收到你方的答复，我方将推定你方同意按上述条件续展合同。"甲发现乙所建议的条件均不可接受，因此未予答复。甲乙之间新的合同是否成立？①不成立。②当事人间未能达成新的合同，此前的合同到期失效。③如果将本案沉默拟制为同意，则是不公平的。

（二）承诺的内容

原则上承诺的内容应该和要约一致，就像要约在"照镜子"，称之为镜像规则。

1. 大变＝承诺对要约作出实质性变更＝新要约：承诺的内容应当与要约的内容一致。受要约人对要约的内容作出实质性变更的，为新要约。有关合同标的、数量、质量、价款或者报酬、履行期限、履行地点和方式、违约责任和解决争议方法等的变更，是对要约内容的实质性变更。（《民法典》第 488 条）

2. 小变＝承诺对要约作出非实质性变更＝承诺：承诺对要约的内容作出非实质性变更的，除要约人及时表示反对或者要约表明承诺不得对要约的内容作出任何变更外，该承诺有效，合同的内容以承诺的内容为准。（《民法典》第 489 条）

例：【讨价还价】甲欲 5000 元卖手机给乙，乙说 4800 元才买，甲说 4900 元才卖，乙说 4850 元才买，甲说好。谁是要约人，谁是承诺人？①甲说 5000 元卖手机给乙＝甲的要约。②乙说 4800 元才买＝乙的承诺对甲的要约做了实质性变更，故属于乙的新要约。③甲说 4900 元才卖＝甲的承诺对乙的新要约做出了实质性变更，故属于甲的新要约。④乙说 4850 元才买＝乙的承诺对甲的新要约做了实质性变更，故属于乙的新要约。⑤甲说好＝甲对乙的新要约做出了承诺。⑥以 4850 元成交之合同，乙是要约人，甲是承诺人。

> 秒杀：最后说好的人是承诺人，对方是要约人。

（三）承诺的撤回（《民法典》第 485 条）

撤回承诺的通知应当在承诺通知到达要约人之前或者与承诺通知同时到达要约人。

（四）承诺的效力

1. 承诺正常到达的效力（《民法典》第 484 条）

（1）以通知方式作出的承诺，通知到达时承诺生效。

（2）承诺不需要通知的，根据交易习惯或者要约的要求作出承诺的行为时生效。

（3）承诺生效时合同成立，但是法律另有规定或者当事人另有约定的除外。

2. 承诺应该到达的时点

（1）承诺应当在要约确定的期限内到达要约人。

（2）要约没有确定承诺期限的，承诺应当依照下列规定到达：①要约以对话方式作出的，应当即时作出承诺；②要约以非对话方式作出的，承诺应当在合理期限内到达。

3 承诺迟延到达的效力

（1）承诺人自己的错＝承诺晚了≈新要约：受要约人超过承诺期限发出承诺，或者在承诺期限内发出承诺，按照通常情形不能及时到达要约人的，为新要约；但是，要约人及时通知受要约人该承诺有效的除外。（《民法典》第 486 条）

（2）非承诺人自己的错＝承诺晚了≈承诺：受要约人在承诺期限内发出承诺，按照通常情形能够及时到达要约人，但是因其他原因致使承诺到达要约人时超过承诺期限的，除要约人及时通知受要约人因承诺超过期限不接受该承诺外，该承诺有效。（《民法典》第487条）

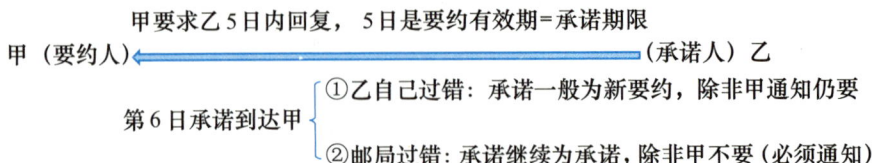

甲要求乙5日内回复，5日是要约有效期＝承诺期限

甲（要约人）◄————————————————————————————————（承诺人）乙

第6日承诺到达甲 { ①乙自己过错：承诺一般为新要约，除非甲通知仍要
②邮局过错：承诺继续为承诺，除非甲不要（必须通知）

四、合同成立

（一）合同成立的时间

1. 一般合同成立时间＝承诺生效时合同成立。

2. 用合同书签约，合同成立时间＝双方签字时或提前履行时。（《民法典》第490条第1款）

（1）双方签字时：当事人采用合同书形式订立合同的，自当事人均签名、盖章或者按指印时合同成立。

（2）提前履行时：在签名、盖章或者按指印之前，当事人一方已经履行主要义务，对方接受时，该合同成立。

3. 书面形式签约，合同成立时间＝书面时或者提前履行时：法律、行政法规规定或者当事人约定合同应当采用书面形式订立，当事人未采用书面形式但是一方已经履行主要义务，对方接受时，该合同成立。（《民法典》第490条第2款）

4. 确认书签约，合同成立时间＝签订确认时：当事人采用信件、数据电文等形式订立合同要求签订确认书的，签订确认书时合同成立。（《民法典》第491条第1款）

5. 网购商品，合同成立时间＝订单提交时：当事人一方通过互联网等信息网络发布的商品或者服务信息符合要约条件的，对方选择该商品或者服务并提交订单成功时合同成立，但是当事人另有约定的除外。（《民法典》第491条第2款）

> 问：合同书、书面形式、确认书有什么差别？合同书是正式严谨的很多页纸（合同）。书面形式普通的几页纸（合同）。确认书是对合同的确认的"纸"。

> **记忆：实践合同成立时间为标的物交付之时。**

（二）合同成立的地点

1. 一般合同成立地点＝承诺生效的地点为合同成立的地点。（《民法典》第492条）

2. 用合同书签约，合同成立地点＝约定优先＋最后一方签字地点

（1）【约定优先】合同约定的签订地与实际签字或者盖章地点不符的，人民法院应当认定约定的签订地为合同签订地。

（2）【无约定，则最后一方签字地】当事人采用合同书形式订立合同的，最后签名、盖章或者按指印的地点为合同成立的地点，但是当事人另有约定的除外。（《民法典》第493条）

例：【最后一方手印地】张某和李某采用书面形式签订一份买卖合同，双方在甲地谈妥合同的主要条款，张某于乙地在合同上签字，李某于丙地在合同上摁了手印，合同在丁地履行。该合同签订地是哪里？丙地。

（3）【无约定，则电子签约中收件人主营业地，无主营业地则收件人经常居住地】采用数

据电文形式订立合同的，收件人的主营业地为合同成立的地点；没有主营业地的，其住所地为合同成立的地点。当事人另有约定的，按照其约定（《民法典》第 492 条第 2 款）。

> 原理：约定签订地的实务价值是什么？如果约定了协议管辖，其中约定合同签订地法院管辖，那么约定的签订地再匹配约定的协议管辖，就可以卡死合同纠纷的管辖法院了。

（三）强制缔约（《民法典》第 494 条）

1. 强制缔约：国家根据抢险救灾、疫情防控或者其他需要下达国家订货任务、指令性任务的，有关民事主体之间应当依照有关法律、行政法规规定的权利和义务订立合同

2. 强制发出要约：依照法律、行政法规的规定负有发出要约义务的当事人，应当及时发出合理的要约。

3. 强制作出承诺：依照法律、行政法规的规定负有作出承诺义务的当事人，不得拒绝对方合理的订立合同要求。

（四）悬赏广告（《民法典》第 499 条）

悬赏人以公开方式声明对完成特定行为的人支付报酬的，完成该行为的人可以请求其支付。

五、合同生效：已经成立的合同对当事人具有法律约束力

（一）区分合同成立与合同生效

1. 合同成立 3 要件：有当事人、有意思表示、有内容（"买卖妇女合同成立"）。

2. 合同生效 3 要件：当事人有行为能力、意思表示真实、内容合法（买卖妇女合同无效）。

3. 在大多数情况下，合同成立时即具备了生效的要件，因而其成立和生效时间是一致的：依法成立的合同，自成立时生效，但是法律另有规定或者当事人另有约定的除外。（《民法典》第 502 条第 1 款）

4. 但是合同成立并不等于合同生效。例如，一份合同已经成立，如果其合同的生效要件不符合法律规定，则仍然不能产生法律效力，也就是说合法合同从合同成立时起具有法律效力，而违法合同虽然成立但不会发生法律效力。

5. 由此可见，合同成立并不是当然生效的，合同是否生效，主要取决于其是否符合国家的意志和社会公共利益。

（二）合同对当事人具有法律约束力的依据

1. 合同对当事人的法律约束力来自于当事人的合意，即"合同是当事人之间的法律"，合同坚持意思自治原则。合同效力的依据是当事人意思。（意定之债）

2. 合同对当事人的法律约束力来自于法律对于当事人合意的肯定，合同的效力也是来自于《民法典》合同编的法条。合同效力的依据也是法条。

3. 但是我们依然认为，合同对当事人的法律约束力来自于当事人的合意，因为《民法典》合同编是以任意性规范为主，这些规范允许当事人"另有约定且该约定优先"。认识到合同的法律约束力来自于当事人合意以及法律对其的肯定，而非仅仅来自于法律，这种观念是否深入法律人骨髓，是区分学法人对合同编是否入门的重要标志。

六、格式条款

当事人为了重复使用而预先拟定，并在订立合同时未与对方协商的条款（《民法典》第

496 条第 1 款）（比如饭店禁止自带酒水条款）。

（一）格式条款订入规则（不说白不说）（《民法典》第 496 条第 2 款）

1. 公平拟定：采用格式条款订立合同的，提供格式条款的一方应当遵循公平原则确定当事人之间的权利和义务。（小额交易都是格式条款；大额交易指向合同编"蒸桑拿"）

2. 合理提示：提供格式条款一方应采取合理的方式提请对方注意免除或者减轻其责任等与对方有重大利害关系的条款。

3. 明确说明：提供格式条款一方按照对方的要求，对该条款予以说明。

4. 未提示或未说明则接收方可主张其不订入合同：提供格式条款的一方未履行提示或者说明义务，致使对方没有注意或者理解与其有重大利害关系的条款的，对方可以主张该条款不成为合同的组成部分。

（二）格式条款无效规则（说了也白说）（《民法典》第 497 条）

1. 存在无效民事法律行为事由。

2. 免除造成对方人身损害的责任。

3. 免除因故意或者重大过失造成对方财产损失的责任。

4. 提供格式条款一方不合理地免除或者减轻其责任、加重对方责任、限制对方主要权利。

5. 提供格式条款一方排除对方主要权利。

（三）格式条款解释规则（《民法典》第 498 条）

1. 通常解释：对格式条款的理解发生争议的，应当按照通常理解予以解释。

2. 不利解释：对格式条款有两种以上解释的，应当作出不利于提供格式条款一方的解释。

3. 优先解释：格式条款和非格式条款不一致的，应当采用非格式条款。

七、合同分类

（一）双务合同与单务合同：依双方当事人是否互负给付义务

1. 双务合同：当事人双方互负对待给付义务的合同，即双方当事人互享债权，互负债务，一方的权利正好是对方的义务，彼此形成对价关系。如买卖合同中，卖方有获得价款的权利，而买方正好有支付价款的义务；反过来，买方有取得货物的权利，而卖方正好有交付货物并转移货物所有权的义务。（双务合同中有同时、顺序和不安抗辩权规则）

2. 单务合同：合同双方当事人中仅有一方负担义务而另一方只享有权利的合同。如在借用合同中，只有借用人负有按约定使用并按期归还借用物的义务。还如在赠与合同中，赠与人负担交付赠与物的义务，而受赠人只享有接受赠与物的权利，不负担任何义务。（单务合同中无同时、顺序和不安抗辩权规则）

（二）有偿合同与无偿合同：依合同当事人之间的权利义务是否存在对价关系

1. 有偿合同：当事人一方给予对方某种利益，对方要得到该利益必须为此支付相应代价的合同。如买卖合同、租赁合同、承揽合同、运输合同、仓储合同等。

2. 无偿合同：一方给付对方某种利益，对方取得该利益时并不支付相应代价的合同。如赠与合同、借用合同等。实践中，无偿合同数量比较少。

3. 两可情形：有的合同既可以是有偿的，也可以是无偿的。（1）自然人之间的借款合同。（2）保管合同。（3）委托合同。

（三）预约和本约

1. 预约：当事人约定未来订立一定合同的合同。（1）当事人约定在将来一定期限内订立

合同的认购书、订购书、预订书、意向书等，构成预约合同。(《民法典》第 495 条第 1 款)

(2) 当事人一方不履行预约合同约定的订立合同义务的，对方可以请求其承担预约合同的违约责任。(《民法典》第 495 条第 2 款)

> 原理：预约合同中，守约方可否要求违约方承担继续履行的违约责任？①否。②如果法院判决违反预约一方签订本约，会违反合同自由原则。③预约属于债的标的不宜强制继续履行情形，如守约方要求违约方继续履行预约，法院判决支持守约方诉讼请求会导致该判决无法执行。④预约的守约方可请求违反预约一方承担继续履行之外的违约责任，如损害赔偿的违约责任。

2. 本约：为了履行预约合同而订立的合同。是预约还是本约，看合同内容而非看合同名字，如商品房的认购、订购、预订等协议具备商品房买卖合同的主要内容，并且出卖人已经按照约定收受购房款的，该协议应当认定为商品房买卖合同。

(四) 有名合同与无名合同：根据法律是否赋予特定名称并设有规范分类

1. 有名合同：又称典型合同，由法律赋予其特定名称及具体规则的合同。对于有名合同的内容，法律通常设有一些规定，但这些规定大多为任意性规范，当事人可以通过约定来改变法律的规定。(非诉律师的作用："架空合同编")("彩礼贷款")

2. 无名合同：又称非典型合同，《民法典》或者其他法律没有明文规定的合同，适用本编通则的规定，并可以参照适用本编或者其他法律最相类似合同的规定。(《民法典》第 467 条第 1 款)

例 1：【购买散装酒】甲向乙酒厂购买散装酒，约定甲使用后向乙返还酒桶。如何评价该合同？①无名合同。②买卖合同附带有借用合同的构成部分，买卖散装酒为主要部分，借用酒桶为非主要部分。

例 2：【律师楼】甲律师事务所与乙饭店订立"包租"10 个房间的合同，乙负有提供办公房间、午餐、清扫房间和洗涤办公用品的义务，甲负有支付一定对价的义务。如何评价该合同？①无名合同。②乙的给付义务分别属于租赁、买卖典型合同的构成部分，还包括提供劳务等无名合同的构成部分。

例 3：【物业管理员】甲物业公司聘乙担任临时管理员，甲为乙免费提供住房。如何评价该合同？①乙的给付义务是劳务合同。②甲的给付义务是借用合同。③都是无名合同。

例 4：【委托开发和设备转让】甲、乙两公司约定：甲公司向乙公司支付 5 万元研发费用，乙公司完成某专用设备的研发生产后双方订立买卖合同，将该设备出售给甲公司，价格暂定为 100 万元，具体条款另行商定。乙公司完成研发生产后，却将该设备以 120 万元卖给丙公司，甲公司得知后提出异议。如何评价甲乙合同？①无名合同。②甲乙合同既然有委托开发技术的权利义务约定，又有设备转让的权利义务，属于无名合同。③不是承揽合同，也不是买卖合同。④乙将设备再卖给丙，属于多重买卖，合同有效。⑤甲可要求乙承担违约责任。

3. 身份协议能否适用合同编规则？

(1)《民法典》合同编所称合同是民事主体之间设立、变更、终止民事法律关系的协议。(《民法典》第 464 条第 1 款)

(2) 婚姻、收养、监护等有关身份关系的协议，适用《民法典》其他编或者其他法律的规定；没有规定的，可以根据其性质参照适用《民法典》合同编规定。(《民法典》第 464 条第 2 款)

第二章 鼓励交易

一、尽量让合同成立

（一）缺书面但已履行＝合同成立

法律、行政法规规定或者当事人约定合同应当采用书面形式订立，当事人未采用书面形式但是一方已经履行主要义务，对方接受时，该合同成立。（《民法典》第 490 条第 2 款）

（二）合同书缺签字但已履行＝合同成立

当事人采用合同书形式订立合同的，自当事人均签名、盖章或者按指印时合同成立。在签名、盖章或者按指印之前，当事人一方已经履行主要义务，对方接受时，该合同成立。（《民法典》第 490 条第 1 款）

例：【借款合同未盖章】甲公司与乙公司签订借款合同，甲公司未盖公章，但乙公司已付款，且该款用于甲公司项目建设，甲公司应否负责？ 应负责。

（三）缺形式但有行为隐含订立合同意愿＝合同成立

1. 当事人订立合同，可以采取要约、承诺方式或者其他方式。

2. 当事人未以书面形式或者口头形式订立合同，但从双方从事的民事行为能够推定双方有订立合同意愿的，属于当事人采用"其他形式"订立的合同。

（四）缺内容但有"人"有"物"有"数"＝合同成立

当事人对合同是否成立存在争议，人民法院能够确定当事人名称或者姓名、标的和数量的，一般应当认定合同成立。

二、尽量让合同有效

（一）未办理批准手续的合同未生效但报批义务条款独立生效

1. 依照法律、行政法规的规定，合同应当办理批准等手续的，依照其规定。未办理批准等手续影响合同生效的，不影响合同中履行报批等义务条款以及相关条款的效力。应当办理申请批准等手续的当事人未履行义务的，对方可以请求其承担违反该义务的责任。（《民法典》第 502 条第 2 款）

2. 依照法律、行政法规的规定，合同的变更、转让、解除等情形应当办理批准等手续的，适用前款规定。（《民法典》第 502 条第 3 款）

（二）超越法人目的事业限制的合同有效

当事人超越经营范围订立的合同的效力，应当依照总则编和合同编的规定确定，不得仅以超越经营范围确认合同无效。（致命超越无效，一般超越有效）

（三）未取得预售许可证明的商品房预售合同无效，但起诉前弥补的，合同有效

出卖人未取得商品房预售许可证明，与买受人订立的商品房预售合同，应当认定无效，但是在起诉前取得商品房预售许可证明的，可以认定有效。

（四）商品房预售合同未备案不是无效事由

1. 当事人以商品房预售合同未按照法律、行政法规规定办理登记备案手续为由，请求确认合同无效的，不予支持。

2. 当事人约定以办理登记备案手续为商品房预售合同生效条件的，从其约定，但当事人一方已经履行主要义务，对方接受的除外。

（五）租赁合同无须出租人是所有权人

租赁合同是出租人将租赁物交付承租人使用、收益，承租人支付租金的合同。

（六）备案不是房屋租赁合同有效前提

1. 当事人未依照法律、行政法规规定办理租赁合同登记备案手续的，不影响合同的效力。（《民法典》第 706 条）

2. 当事人约定以办理登记备案手续为房屋租赁合同生效条件的，从其约定。但当事人一方已经履行主要义务，对方接受的除外。

例：【约定公证为生效条件】甲与乙签订商铺租赁合同，约定待办理公证后合同生效。双方未办理合同公证，甲交付商铺后，乙支付了第 1 个月的租金。甲乙合同是否生效？生效。

（七）违建房屋的租赁合同无效，但一审辩论终结前变成合法建筑，租赁合同有效

出租人就未取得建设工程规划许可证或者未按照建设工程规划许可证的规定建设的房屋，与承租人订立的租赁合同无效。但在一审法庭辩论终结前取得建设工程规划许可证或者经主管部门批准建设的，人民法院应当认定有效。

（八）违法的临时建筑房屋租赁合同无效，但一审辩论终结前变成合法建筑，租赁合同有效

出租人就未经批准或者未按照批准内容建设的临时建筑，与承租人订立的租赁合同无效。但在一审法庭辩论终结前经主管部门批准建设的，人民法院应当认定有效。

（九）租赁期限超过临时建筑的使用期限，超过部分无效。但在一审法庭辩论终结前经主管部门批准延长则有效

租赁期限超过临时建筑的使用期限，超过部分无效。但在一审法庭辩论终结前经主管部门批准延长使用期限的，人民法院应当认定延长使用期限内的租赁期间有效。

第三章　合同相对性

我们约定，你陪汤某喝酒，你不陪得对我负责，不用对汤某负责；我们约定，汤某陪你喝酒，汤某不陪她不用负责，你得对我负责；老爹欠债，儿子不还；上家害中家，中家害下家，连环交易各自算账。以上规则有个共同的名称叫："合同相对性"。

第一节　合同坚持相对性

一、合同当事人才对合同负责

依法成立的合同，仅对当事人具有法律约束力，但是法律另有规定的除外。（《民法典》第465条）

（一）当事人才有资格变更合同内容

当事人协商一致，可以变更合同。（《民法典》第543条）

例：【非当事人不得变更合同】甲公司、乙公司签订《协议一》合作开发房地产，后甲公司的两个股东丙公司、丁公司与乙公司签订《协议二》变更，修改了《协议一》的内容。如何评价《协议一》和《协议二》的效力？①各自有效。②《协议一》继续有效，因为丙公司、丁公司不是《协议一》的当事人，故不能去变更《协议一》。③但是《协议二》本身不存在无效事由，故《协议二》对丙丁公司和乙公司发生法律效力。

（二）当事人才须负违约责任

违约方向对方当事人负违约责任。（《民法典》第577条）

例：【公益赠与合同】神牛公司在H省电视台主办的赈灾义演募捐现场举牌表示向S省红十字会捐款100万元，并指明此款专用于S省B中学的校舍重建。事后，神牛公司仅支付50万元。谁有权请求神牛公司继续支付50万元？S省红十字会。

二、因第三人原因违约

当事人一方因第三人的原因造成违约的，应当依法向对方承担违约责任。当事人一方和第三人之间的纠纷，依照法律规定或者按照约定处理。（《民法典》第593条）

例：【连环交易的违约责任】甲卖1000部手机给乙，单价1000。乙转卖给丙，单价1100，指明由甲直接交付给丙。但甲未按约定期间交货。如何评价甲、乙、丙间违约责任的承担？①甲乙之间的合同，如甲迟延向丙交货，则乙有权要求甲承担迟延交货责任。②乙丙之间的合同，如甲迟延向丙交货，则丙有权要求乙承担迟延交货责任。③上家甲和下家丙之间不存在合同法律关系，无违约责任问题。

秒杀：①连环交易必考合同相对性。如转卖、转租、转赠、转承揽、转保管。②上家和中家固定违约责任。③中家和下家固定违约责任。④上家和下家没有合同关系。"各玩各的"。

三、向第三人履行

（一）坚持相对性 = 债权人请求债务人承担违约责任

当事人约定由债务人向第三人履行债务，债务人未向第三人履行债务或者履行债务不符合约定的，应当向债权人承担违约责任。（《民法典》第522条第1款）（"商家告快递"）

例：【方某给汤某订玉器】方某为送汤某生日礼物，特向余某定作一件玉器。订货单上，方某指示余某将玉器交给汤某，并将订货情况告知汤某。玉器制好后，余某委托朱某将玉器交给汤某，朱某不慎将玉器碰坏。如何评价案涉法律关系？①方某与余某签订的是买卖合同，而不是承揽合同，因为"定作"两字并不一定指向承揽合同，要看合同内容，合同内容是一方付款，一方转移标的物所有权。②方某与余某约定余某应向第三人汤某履行，未约定汤某有直接请求权。③朱某属于余某的债务履行辅助人，其不慎碰坏玉器，故余某未完成交付义务，须对方某承担违约责任。④朱某过错侵犯了余某玉器所有权，须负侵权责任。

（二）突破相对性 = 第三人请求债务人承担违约责任

法律规定或者当事人约定第三人可以直接请求债务人向其履行债务，第三人未在合理期限内明确拒绝，债务人未向第三人履行债务或者履行债务不符合约定的，第三人可以请求债务人承担违约责任；债务人对债权人的抗辩，可以向第三人主张。（"利益第三人合同"中的第三人有拒绝权、履行请求权以及在债务人不履行债务时的违约责任请求权）（《民法典》第522条第2款）

例：【保险合同受益人】甲向保险公司投保，以乙为被保险人，经乙同意指定丙为受益人。如乙死亡，则丙可获得100万元保险金。如乙死亡，丙可否要求保险公司支付100万元保险金？可以。

四、由第三人履行

（一）坚持相对性：债权人请求债务人承担违约责任

当事人约定由第三人向债权人履行债务，第三人不履行债务或者履行债务不符合约定的，债务人应当向债权人承担违约责任。（《民法典》第523条）（买家告商家）

例：【第三人不听话】甲、乙双方约定，由丙每月代乙向甲偿还债务500元，期限2年。丙履行5个月后，以自己并不对甲负有债务为由拒绝继续履行。甲遂向法院起诉，要求乙、丙承担违约责任。甲的主张能否获得法院支持？乙承担违约责任。丙无须承担违约责任。

（二）突破相对性：利害关系第三人代为履行请求权（《民法典》第524条）

债务人不履行债务，第三人对履行该债务具有合法利益的，第三人有权向债权人代为履行；但是，根据债务性质、按照当事人约定或者依照法律规定只能由债务人履行的除外。

债权人接受第三人履行后，其对债务人的债权转让给第三人，但是债务人和第三人另有约定的除外。

例：【车辆被留置车主可代付款】甲车借给乙，乙将车交丙维修，乙不付维修费，丙留置该车。甲代乙向丙支付维修费，丙可拒绝吗？①不可以。②乙丙之间有维修合同，甲不是该合同当事人。③但是甲与车有法律上利害关系，即甲代付维修费，会导致主债消灭，丙留置权消灭，则甲可取回车。

五、经出租人同意转租，原租赁合同和次租赁合同各自独立

承租人经出租人同意，可以将租赁物转租给第三人。承租人转租的，承租人与出租人之间的租赁合同继续有效；第三人造成租赁物损失的，承租人应当赔偿损失。（《民法典》第716条第1款）

例：【一房多租与转租】孙某与李某签订房屋租赁合同，李某承租后与陈某签订了转租合同，孙某表示同意。但是，孙某在与李某签订租赁合同之前，已经把该房租给了王某并已交付。李某、陈某、王某均要求继续租赁该房屋。<u>如何评价3个租赁合同关系？</u>①孙某租1给了钥匙人王某，租2给了合同人李某，然后孙某同意李某转租3给次承租人陈某。②根据先看交付，再看备案，再看合同先后，因为王某占有租赁房屋在先，故王某有权继续租赁该房屋。③租2和转租3只能借助继续履行之外的其他违约责任方式解决，李某有权要求孙某承担违约责任，陈某有权要求李某承担违约责任。④次承租人陈某不能要求出租人孙某承担违约责任。

六、承揽人将工作交给第三人完成，成果不合格，承揽人与委托人的合同、承揽人与第三人的合同，各自独立

（一）辅助工作可随意转承揽

承揽人可以将其承揽的辅助工作交由第三人完成。承揽人将其承揽的辅助工作交由第三人完成的，应当就该第三人完成的工作成果向定作人负责。（《民法典》第773条）

（二）主要工作经同意转承揽，未经同意转承揽，启动定作人解除权

承揽人将其承揽的主要工作交由第三人完成的，应当就该第三人完成的工作成果向定作人负责；未经定作人同意的，定作人也可以解除合同（《民法典》第772条第2款）。

例：【擅自转承揽】甲乙签订合同，由乙为甲作汽车方向盘的电镀，乙擅自将该工作交给丙完成，乙丙签订了合同。后工作成果不合格。<u>如何评价当事人之间的违约责任？</u>①甲可向乙主张违约责任。②甲不能向丙主张违约责任，因无合同关系。③乙可向丙主张违约责任。

第二节 合同相对性的突破

> 问：为什么合同相对性的突破需要法定化？因为合同相对性的突破是对意思自治的破坏，会干扰人的行为自由。

一、债权人代位权（《民法典》第535条）

例：【三角债】甲对乙有10万元债权到期，乙对丙有8万元债权到期，乙怠于向丙主张，<u>如何评价甲乙丙三方关系？</u>①从双方关系观察，甲乙有债权债务关系，乙丙有债权债务关系，一般情形下，坚持相对性，甲与丙无债权债务关系。②从三方关系观察，债权人甲，债务人乙，相对人丙。乙的懈怠行为导致其"<u>应该增加的财产没有增加</u>"且损害了甲的债权。③为了尽快解决"三角债"，《民法典》合同编规定，甲作为债权人享有"代位权"，向法院提起债权人代位权诉讼，即甲以自己名义诉相对人丙直接清偿，债务人乙作为第三人。④上家甲和下

家丙本来没有关系，但是基于"债权人代位权诉讼"，甲和丙会发生关系，这属于"法律明文规定"的突破合同相对性。

二、债权人撤销权（《民法典》第538条）

例：【逃债】甲对乙有10万元到期债权，乙无力清偿，乙将其对公司的股权（对房屋的所有权）等财产赠与给丙或者以明显不合理低价转让给知情的丙，如何评价甲乙丙三方关系？①从双方关系观察，甲乙有债权债务关系，乙丙有债权债务关系，一般情形下，坚持相对性，甲与丙无债权债务关系。②从三方关系观察，债权人甲，债务人乙，第三人丙。乙的"逃债行为"导致其不应该减少的财产减少了且损害了甲的债权。③为了保全甲的债权，《民法典》合同编规定，甲作为债权人享有"撤销权"，向法院提起债权人撤销权诉讼，即甲以自己名义撤销乙的赠与行为或转移财产行为，丙作为第三人。④上家甲和下家丙本来没有关系，但是基于"债权人撤销权诉讼"，甲和丙会发生关系，这属于"法律明文规定"的突破合同相对性。

三、法定承受

（一）所有权变动不破租赁

租赁物在承租人按照租赁合同占有期限内发生所有权变动的，不影响租赁合同的效力。（《民法典》第725条）

例：【买卖不破租＝换房东】甲将房屋出租给乙并交付给乙占有，租赁期间，甲将房屋出卖给丙并且过户。如何评价甲乙丙三方关系？①从双方关系观察，甲乙租赁关系，乙是债权人即租赁权人（超级钥匙人）。甲丙买卖关系，丙是物权人。②从三方关系观察，为了保护租赁权人利益，《民法典》合同编规定，丙要法定承受甲乙的租赁关系，故乙相对于丙而言属于有权占有，有权租住到房屋租期结束。③甲乙、甲丙有法律关系，乙丙本来无关系，因为"买卖不破租赁"导致乙和丙发生了租赁关系，这属于"法律明文规定"的突破合同相对性。

（二）房屋租赁的法定承受

承租人在房屋租赁期限内死亡的，与其生前共同居住的人或者共同经营人可以按照原租赁合同租赁该房屋。（《民法典》第732条）

例1：【民宅】甲将房屋出租给乙，乙和其好友丙共同居住该房屋内。租赁期间乙死亡，丙可否继续住到租期结束？可以。

例2：【商住】甲将房屋出租给乙开餐馆，乙和丙合伙经营。租赁期间内乙死亡，丙可否继续租用该房屋到租期结束？可以。

（三）法人合并、分立，债权债务法定承受

法人合并的，其权利和义务由合并后的法人享有和承担。法人分立的，其权利和义务由分立后的法人享有连带债权，承担连带债务，但是债权人和债务人另有约定的除外。（《民法典》第67条）

例1：【合并】甲公司与乙公司合并为丙公司，丙公司是否需要对甲、乙公司对外负债承担责任？要。

例2：【分立】甲公司分立为乙公司和丙公司，乙、丙公司是否需要对甲公司对外负债承担责任？要。

（四）财产保险代位追偿

因第三者对保险标的的损害而造成保险事故的，保险人自向被保险人赔偿保险金之日起，在赔偿金额范围内代位行使被保险人对第三者请求赔偿的权利。

例1：【保险代位侵权责任】甲车向保险公司投保了车辆损失保险，乙纵火烧毁了甲车。保险公司向甲履行了保险赔偿责任之后，可否要求乙赔偿？①可以。②保险公司对乙享有代位求偿权，保险公司取代甲的地位，故保险公司与乙之间的诉讼按照侵权法律关系来确定管辖法院（被告住所地和侵权行为地法院都可管辖）。

例2：【保险代位合同责任】甲设备向保险公司投保了火灾损失险，该设备由乙提供物业服务，甲乙签订了物业服务合同。因乙过错导致失火设备被烧毁。保险公司向甲履行了保险赔偿责任之后，可否要求乙赔偿？①可以。②保险公司对乙享有代位求偿权，保险公司取代甲的地位，故保险公司与乙之间的诉讼按照合同法律关系来确定管辖法院（被告住所地和合同履行地法院都可管辖）。

（五）财产保险从物主义

保险标的转让的，保险标的的受让人承继被保险人的权利和义务。保险标的已交付受让人，但尚未依法办理所有权变更登记，承担保险标的毁损灭失风险的受让人承继被保险人的权利和义务。

例：【保险车辆买卖】甲将车卖给乙交付了但未过户，此前甲将车辆向保险公司投保，如车辆出险，乙可否依据保险合同要求保险公司赔偿？可以。

（六）概括继承和限定继承

继承遗产应当清偿被继承人的债务、缴纳所欠税款，清偿债务、缴纳税款以所得遗产实际价值为限。超过遗产实际价值部分，继承人自愿偿还的不在此限。继承人放弃继承的，对被继承人的债务和所欠税款可以不负偿还责任。（《民法典》第1161条）

例：【人死了钱没花完债没还完】甲死亡后留有遗产100万元，欠乙到期债务80万元。丙是甲唯一继承人。乙可否要求丙还债？①丙如果放弃继承，则无需还债。②丙如果继承遗产，则需要向乙还80万元。

四、建设工程施工合同

（一）工程质量纠纷，突破相对性

因建设工程质量发生争议的，发包人可以以总承包人、分包人和实际施工人为共同被告提起诉讼。

例：【楼盖烂了】甲开发商将工程发包给乙施工，乙将工程非法转包给丙（或者违法分包给丙），工程质量有问题。甲可诉谁？①乙和丙为共同被告。②甲乙有工程合同。③乙丙有无效转包合同或无效分包合同。丙乃"实际施工人"。④甲丙无法律关系，但是法律明文规定，甲可诉丙，此乃突破合同相对性。

（二）工程价款纠纷，突破相对性

实际施工人以发包人为被告主张权利的，人民法院应当追加转包人或者违法分包人为本案第三人，在查明发包人欠付转包人或者违法分包人建设工程价款的数额后，判决发包人在欠付建设工程价款范围内对实际施工人承担责任。

例：【欠工程款】甲开发商将工程发包给乙施工，乙将工程非法转包给丙（或者违法分包给丙），工程竣工验收合格。乙欠丙工程款，甲欠乙工程款。丙如何主张权利？①丙可以甲为被告，法院应追加乙为第三人。②乙丙为无效转包合同或无效分包合同，但工程竣工验收合格，实际施工人丙可主张工程款。③甲在欠付乙的工程价款范围内对实际施工人丙负责。④甲丙无法律关系，但是法律明文规定，丙可诉甲，此乃突破合同相对性。

第四章 合同履行

合同有漏洞，怎么办？答：三步走填补漏洞；有人要违约，怎么办？答：三个抗辩权；履行有缺陷，怎么办？三种应对法。

- （1）漏洞填补
  - ①第1步：内部消化解决漏洞
  - ②第2步：启动合同编分则解决漏洞
  - ③第3步：启动合同编通则解决漏洞
- （2）双务抗辩
  - ①双方：同时履行抗辩权
  - ②后方：顺序履行抗辩权
  - ③先方：不安抗辩权
- （3）履行瑕疵
  - ①提前履行
  - ②部分履行
  - ③多出履行

第一节 合同履行漏洞填补3步走

一、第1步：内部消化解决漏洞（当事人）

合同生效后，当事人就质量、价款或者报酬、履行地点等内容没有约定或者约定不明确的，可以协议补充；不能达成补充协议的，按照合同相关条款或者交易习惯确定。（《民法典》第510条）

二、第2步：启动合同编分则填补漏洞（法定）

（一）买卖合同

1. 在哪里交货？（1）出卖人应当按照约定的地点交付标的物。（2）当事人没有约定交付地点或者约定不明确：①标的物需要运输的，出卖人应当将标的物交付给第一承运人以运交给买受人。②标的物不需要运输，出卖人和买受人订立合同时知道标的物在某一地点的，出卖人应当在该地点交付标的物；不知道标的物在某一地点的，应当在出卖人订立合同时的营业地交付标的物。（《民法典》第603条）（1交3转）

例：【买卖合同交货地点漏洞填补】甲把电脑卖给乙，未约定交付地点。如何填补交付地点的漏洞？①甲、乙协商。②协商不成，依照交易习惯或通过合同解释确定。③仍无法确定的，则启动《民法典》合同编分则规定，看电脑是否需要运输。④如电脑需要运输，则货交第一承运人即可。⑤如电脑不需要运输，则甲乙签订合同时知道电脑在何地，该地为交付地点；甲乙签订合同时不知道电脑在何地，交付地点为出卖人甲订立合同时营业地。

2. 在哪里付钱？（1）买受人应当按照约定的地点支付价款。（2）对支付地点没有约定或者约定不明确，买受人应当在出卖人的营业地支付，但是约定支付价款以交付标的物或者交付

提取标的物单证为条件的，在交付标的物或者交付提取标的物单证的所在地支付。(《民法典》第627条)

3. 何时交货何时付款？同时。(1) 买受人应当按照约定的时间支付价款。(2) 对支付时间没有约定或者约定不明确，买受人应当在收到标的物或者提取标的物单证的同时支付。(《民法典》第628条)

(二) 借款合同

1. 什么时候还本金？随时。借款人应当按照约定的期限返还借款。对借款期限没有约定或者约定不明确，借款人可以随时返还；贷款人可以催告借款人在合理期限内返还。(《民法典》第675条)

2. 什么时候还利息？按年。借款人应当按照约定的期限支付利息。对支付利息的期限没有约定或者约定不明确，借款期间不满1年的，应当在返还借款时一并支付；借款期间1年以上的，应当在每届满1年时支付，剩余期间不满1年的，应当在返还借款时一并支付。(《民法典》第674条)

例：【借款合同本金和利息支付期限漏洞填补】甲把20万元借给乙，约定年利率20%。但未约定还款期限，也未约定乙支付利息的期限。如何填补本金和利息支付期限的漏洞？(1) 乙返还本金的期限确定：①甲、乙协商。②协商不成，依照交易习惯或通过合同解释确定。③仍无法确定的，适用《民法典》合同编分则规定，"随时"，乙可以随时返还，甲可催告乙在合理期限内返还。(2) 乙返还利息的期限确定：①甲、乙协商。②协商不成，依照交易习惯或通过合同解释确定。③仍无法确定的，适用《民法典》合同编分则规定，"按年"，借期不满1年的，乙应当返还本金时一并支付利息；借期1年以上的，乙应当在借期每届满1年时支付利息，剩余借期不满1年时，乙应当在返还借款时一并支付利息。④支付利息不适用"随时"规则。

(三) 租赁合同

什么时候支付租金？按年。承租人应当按照约定的期限支付租金。对支付期限没有约定或者约定不明确，租赁期间不满1年的，应当在租赁期间届满时支付；租赁期间1年以上的，应当在每届满1年时支付，剩余期间不满1年的，应当在租赁期间届满时支付。(《民法典》第721条)

例：【租赁合同租金支付期限漏洞填补】甲将房屋出租给乙5年3个月，但未约定乙支付租金的期限。如何填补乙支付租金的期限的漏洞？①甲、乙协商。②协商不成，依照交易习惯或通过合同解释确定。③仍无法确定的，则适用《民法典》合同编，"按年"，租期每届满1年支付租金，剩余租赁期间不满1年，应在租赁期间届满支付。④支付租金不适用"随时"规则。

三、第3步：启动合同编通则填补漏洞（法定）

(一) 价款或报酬的确定

在订立合同时履行地的市场价格履行(《民法典》第511条第2项)。

例：【怎么算钱】甲把钢坯卖给乙，价格另行协商确定，未约定交付地点。现交付日期已到，甲乙仍就价格未达成一致。如何确定价格？①合同成立（价格条款是漏洞，可以通过填补来确定）。②按订立合同时履行地市场价格确定。③合同履行地又是漏洞，则适用《民法典》合同编分则，看是否需要运输。④需要运输则货交第一承运人地为交付地点。⑤不需要运输，则双方知道货物在何地，该地为履行地。⑥不需要运输，双方不知道货物在何地，则订立合同时出卖人营业地为履行地。

（二）履行地点的确定（《民法典》第 511 条第 3 项）

1. "送钱上门"：给付货币的，在接受货币一方所在地履行。以支付金钱为内容的债，债权人可以请求债务人以实际履行地的法定货币履行。

2. "不动产地"：交付不动产的，在不动产所在地履行。

3. "义务地"：其他标的，在履行义务一方所在地履行。

（三）履行期限的确定（《民法典》第 511 条第 4 项）

1. 债务人可以随时履行。

2. 债权人也可以随时要求履行，但是应当给对方必要的准备时间。

（四）履行费用的确定（《民法典》第 511 条第 6 项）

1. 由履行义务一方负担。

2. 因债权人原因增加的履行费用，由债权人负担。

（五）电子商务交付时间（《民法典》第 512 条）

1. 实物＝签收时间为交付时间：通过互联网等信息网络订立的电子合同的标的为交付商品并采用快递物流方式交付的，收货人的签收时间为交付时间。

2. 充值＝凭证载明时间为交付时间：电子合同的标的为提供服务的，生成的电子凭证或者实物凭证中载明的时间为交付时间；前述凭证没有载明时间或者载明时间与实际提供服务时间不一致的，实际提供服务的时间为交付时间。

3. 电子快递＝到达特定系统：电子合同的标的采用在线传输方式交付的，合同标的进入对方当事人指定的特定系统并且能够检索识别的时间为交付时间。

第二节　双务合同履行抗辩权

> 问：为什么需要抗辩权？对方提请求，我不满足，我虽然是"违约"，但我不违约。避免双标，避免恶人先告状。

一、双务合同之同时履行抗辩权（双方享有）

当事人互负债务，没有先后履行顺序的，应当同时履行。一方在对方履行之前有权拒绝其履行请求。一方在对方履行债务不符合约定时，有权拒绝其相应的履行请求。（《民法典》第 525 条）

（一）要求是同一双务合同才适用

例：【2 个借用合同】甲于 2 月 3 日向乙借用一台彩电，乙于 2 月 6 日向甲借用了一部手机。到期后，甲未向乙归还彩电，乙因此也拒绝向甲归还手机。如何评价甲乙法律关系？①甲乙有借用彩电合同关系。②甲乙有借用手机合同关系。③这是 2 个独立的单务合同（"借款合同的义务是还"）。③借用到期后，乙有权要求甲退彩电，甲有权要求乙退手机。④双方均不得主张同时履行抗辩权，因为不是同一双务合同。⑤也不得主张留置权，因为不满足民事留置需要同一法律关系的要件。⑥如甲乙都僵持，则会启动 2 个官司。

（二）要求互负债务有对价关系

例：**【一手交钱一手交车】**甲乙签订的汽车买卖合同中约定，甲以 30 万元向乙购买一辆汽车，3 月 1 日一手交钱一手交货。但是，一直到了 3 月 15 日，甲乙均未履行合同中的义务。如何评价甲乙之间的关系？①如甲请求乙交车，乙可以甲未付款为由行使同时履行抗辩权。②如乙请求甲付款，甲可以乙未交车为由行使同时履行抗辩权。③你不做多少，我也不做多少。合同义务的分量要对等。

（三）延期的抗辩，不能消灭对方的请求权，并不解决纠纷，只说明援引者违反义务不构成违约而已

例：**【陷入僵局怎么办＝留置权】**王某客车被负全责的唐某大货车撞坏，客车送往丁厂维修，需要付费 3 万元。王某以事故责任在货车方为由拒付修理费，丁厂则拒绝交车。丁厂可否拒绝交车？①可。②行使同时履行抗辩权。同一双务合同未约定履行时间，一方支付报酬，对方交付工作成果，王某与丁厂形成承揽合同。但同时履行抗辩权本身不解决纠纷，只是用来暂时对抗王某提出的交车请求。③丁厂可主张留置权，彻底解决纠纷，给 60 日以上宽限期，如王某还不支付维修费，则丁厂可实现留置权，就车的变价款优先受偿。

（四）负担有同时履行抗辩权的债权是"有病"的债权

1. 换债权人，新债权人承受该抗辩。（收购方买到该病）

例：**【换提车人】**甲将车出卖给乙，价款 180 万元，双方约定一手交车一手交钱。乙将其对甲请求交车并转移所有权的债权转让给丙。乙未付款，丙请求甲交车，甲可否拒绝？

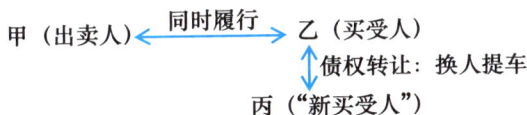

$$甲（出卖人） \xleftrightarrow{\text{同时履行}} 乙（买受人）$$
$$\uparrow 债权转让：换人提车$$
$$丙（"新买受人"）$$

①可以。②甲对原债权人乙有同时履行抗辩权，换言之即乙对甲的提车债权请求权"有病"。③丙收购该债权，取代乙成为新债权人，自然收购到该"病"（买了一个寂寞，因此收购债权是一个坑）。④新债权人丙请求甲交车时，债务人甲对丙也可主张同时履行抗辩权，拒绝丙的提车请求。

2. 换债务人，新债务人可主张该抗辩。（新债务人可主张该病）

例：**【换人交钱】**甲将车卖给乙，价款 180 万元，双方约定一手交车一手交钱。乙将其付款义务转由丙承担，甲同意。甲未向乙交车，要求丙付款，丙可否拒绝？

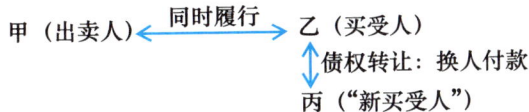

$$甲（出卖人） \xleftrightarrow{\text{同时履行}} 乙（买受人）$$
$$\updownarrow 债权转让：换人付款$$
$$丙（"新买受人"）$$

①可以。②乙对甲的付款请求权享有同时履行抗辩权。③丙取代乙成为新债务人，新债务人可以援引原债务人对债权人的抗辩。④甲要求丙付款时，丙可对甲主张同时履行抗辩权，拒绝甲的付款请求。

3. 负担有抗辩权的债权不得主动提出抵销

例：**【不可主动抵销但可被动抵销】**甲把车以 180 万元卖给乙，双方约定付款和交车同时履行。甲没交车，要求乙交 180 万元，乙享有同时履行抗辩权。另案中甲向乙借款 180 万元，乙对甲有 180 万元借款债权。甲对乙的 180 万元购车款债权，乙对甲的 180 万元民间借贷债权，谁可以主张抵销？

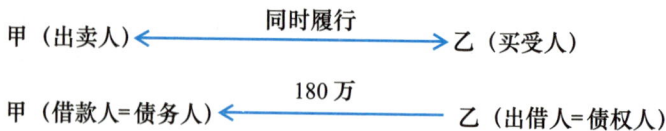

甲（出卖人）◄——同时履行——► 乙（买受人）

甲（借款人=债务人）◄——180万——— 乙（出借人=债权人）

①甲不得主张抵销，因为甲对乙"没东西"，即甲对乙享有180万元债权的前提是甲要交车，甲未交车，则其请求乙付购车款的债权会受到乙的同时履行抗辩权的限制。②乙可主张抵销，因为乙对甲"有东西"，即乙对甲享有180万元民间借贷债权，乙用该180万抵销其应向甲交付的购车款，这约定于乙"用民间借贷债权"去"支付购车款"。接下来风险归乙，乙成为请求甲交车的债权请求权人。

（五）一方不履行却起诉对方履行则启动"交换给付判决"

例：【一方没付首付对方没有解押陷入僵局怎么办="交换给付判决"】张某与王某在中介公司介绍下，双方签订了房屋买卖合同，合同约定卖方王某应在4月30日前办理房屋抵押注销手续，买方张某应在4月30日前支付首付款83万元。张某未按期交付首付款，王某未办理房屋抵押注销手续，导致合同无法继续。张某起诉要求法院判令王某继续履行合同。王某辩称，因张某未按合同约定在4月30日前支付首付款83万元，导致其无法在约定的4月30日前办理房屋抵押注销手续。法院应如何处理？①同一双务合同中，一方交首付，对方办理房屋抵押注销手续，都应在4月30日前完成。②任何一方不履行义务，却要求对方履行义务，则对方可主张同时履行抗辩权。③本案涉及到抵押权人银行配合办理抵押注销手续问题，法院可追加银行为第三人。④法院可判决张某支付首付83万元，王某和银行配合办理抵押权注销手续。⑤学理上称此判决为"交换给付判决"，以此解决同时履行抗辩权带来的困境。⑥因为同时履行抗辩权本身不解决纠纷，只是用来说明援引者行为不构成违约，如本案王某未办理房屋抵押注销手续不构成违约。

（六）合同无效时也存在双务合同同时履行抗辩权

《九民纪要》36【合同无效时的释明问题】在双务合同中，原告起诉请求确认合同有效并请求继续履行合同，被告主张合同无效的，或者原告起诉请求确认合同无效并返还财产，而被告主张合同有效的，都要防止机械适用"不告不理"原则，仅就当事人的诉讼请求进行审理，而应向原告释明变更或者增加诉讼请求，或者向被告释明提出同时履行抗辩，尽可能一次性解决纠纷。例如，基于合同有给付行为的原告请求确认合同无效，但并未提出返还原物或者折价补偿、赔偿损失等请求的，人民法院应当向其释明，告知其一并提出相应诉讼请求；原告请求确认合同无效并要求被告返还原物或者赔偿损失，被告基于合同也有给付行为的，人民法院同样应当向被告释明，告知其也可以提出返还请求；人民法院经审理认定合同无效的，除了要在判决书"本院认为"部分对同时返还作出认定外，还应当在判项中作出明确表述，避免因判令单方返还而出现不公平的结果。

第一审人民法院未予释明，第二审人民法院认为应当对合同不成立、无效或者被撤销的法律后果作出判决的，可以直接释明并改判。当然，如果返还财产或者赔偿损失的范围确实难以确定或者双方争议较大的，也可以告知当事人通过另行起诉等方式解决，并在裁判文书中予以明确。

当事人按照释明变更诉讼请求或者提出抗辩的，人民法院应当将其归纳为案件争议焦点，组织当事人充分举证、质证、辩论。

　　秒杀一句话：房屋买卖合同无效，你退房，我退钱。你诉无效要求退房，法院要判我退房同时你也要退钱。

二、双务合同之顺序履行抗辩权（后方享有）

　　当事人互负债务，有先后履行顺序，应当先履行债务一方未履行的，后履行一方有权拒绝其履行请求。先履行一方履行债务不符合约定的，后履行一方有权拒绝其相应的履行请求。（《民法典》第 526 条）

　　（一）为什么需要顺序履行抗辩权？

　　先履行义务一方没有履行义务，自己先做坏人，在后履行义务一方义务届期时请求后方履行，如果后方没有顺序履行抗辩权（又称先履行抗辩权），无法解释后履行一方届期未履行债务为什么不构成违约，就会使得"道德流氓"（自己道德水平很低却对他人提出很高的道德要求）得逞。

　　例：【"道德流氓"】甲乙签订汽车买卖合同，约定甲应在 1 月 1 日交车，乙应在 10 月 1 日付款。甲未按时交车，到了 10 月 1 日，要求乙付款。甲信誓旦旦："我不交车，你别学我；我能违约，你不能违约"。乙说："谁怕谁！我还就不交钱，怎么滴。"乙在约定的 10 月 1 日未付款，*是否违约*？①否。②因为乙这是在行使顺序履行抗辩权。③可见顺序履行抗辩权是专治"道德流氓"良药。

　　（二）后方才有：对义务排队

　　例：【谁是后方？"当"已结束义务死了，"把"剩余义务排队】甲与乙公司签订的房屋买卖合同约定："乙公司收到首期房款后，向甲交付房屋和房屋使用说明书；收到二期房款后，将房屋过户给甲。"甲交纳首期房款后，乙公司交付房屋但未立即交付房屋使用说明书。甲以此为由行使先履行抗辩权而拒不支付二期房款。*甲的理由是否成立？*

　　义务❶甲交首付〉义务❷乙交付房屋和使用说明书〉义务❸甲交二期款〉义务❹乙过户房屋

　　①否。②甲乙签订的买卖合同是双务合同。③甲交首付款＝义务 1。乙交付房屋和房屋使用说明书＝义务 2。甲交二期房款＝义务 3。乙过户房屋给甲＝义务 4。④甲交纳了首付款，义务 1 死了。⑤剩余义务 2、3、4 排队，义务 2 在义务 3 之前。⑥乙交付房屋但未立即交付房屋使用说明书，即义务 2 中有部分未履行，交付房屋使用说明书义务相对于买卖合同而言属于"从给付义务"，不是"主给付义务"。⑦换言之，先方有从给付义务没有履行，现在先方乙要求甲支付二期房款，后方甲是否可以行使顺序履行抗辩权？不可以。⑧因为先方未交付房屋使用说明书是未履行从给付义务，后方支付二期款是主给付义务，义务不对应和不对等，故甲不能行使顺序履行抗辩权。⑨甲也不可能行使"不安抗辩权"，因为甲付二期款是后方，后方绝不可能行使只有"先方"才可能有的"不安抗辩权"。⑩甲也不可主张解除合同，因为乙未履行从给付义务不会导致甲合同目的落空。⑪甲应支付二期款，同时有权请求乙承担未按期交付房屋使用说明书的违约责任。

　　秒杀：双务合同对义务进行排队，义务 1、义务 2、义务 3、义务 4。已经履行的义务当他死了，剩下的义务继续排队。

（三）比例原则

先履行一方履行债务不符合约定的，后履行一方有权拒绝其<u>相应的</u>履行要求。

例：【交部分购书款只能拿到部分书】甲、乙订立一份价款为 10 万元的图书买卖合同，约定甲先支付书款，乙 2 个月后交付图书。甲由于资金周转困难只交付了 6 万元。甲称余款尽快支付，对此乙并不同意。2 个月后甲要求乙交付图书，遭乙拒绝。<u>乙有权拒绝交付多少图书?</u>①乙有权拒绝交付与 4 万元书款价值相当的部分图书。②甲乙签订了双务合同。③甲是先付款一方，乙是后交图书一方。付款属于买卖合同主给付义务。④先方甲只付了 6 万元，未付 4 万元。⑤后方乙可行使部分顺序履行抗辩权。

三、双务合同之不安抗辩权（先方享有）

（一）先方"不安"

后方出问题导致先方"不安"，要有"真凭实据"，不能"道听途说"。（《民法典》第 527 条）

1. 应当先履行债务的当事人，有证据证明对方有下列情形之一的，可以中止履行：（1）经营状况严重恶化；（2）转移财产、抽逃资金，以逃避债务；（3）丧失商业信誉；（4）有丧失或者可能丧失履行债务能力的其他情形（如债务人列入失信名单）。

例：【"真凭实据"】甲从"长春长生"公司采购狂犬病疫苗，约定甲 5 月 1 日付款，"长春长生"公司在 10 月 1 日交付疫苗。4 月 1 日时，"长春长生"被爆其在市面上销售的狂犬病疫苗是"假的"，经市场监督管理局查证属实。5 月 1 日，"长春长生"要求甲付款，甲拒绝。<u>甲是否有权拒绝?</u>①有权。②甲可行使不安抗辩权，拒不付款。否则甲会成为破产债权人。

2. 当事人没有证据中止履行的，应当承担违约责任。

例：【"道听途说"】甲与乙公司签订购房合同，约定甲 5 月 1 日先交款，乙公司 10 月 1 日过户房屋给甲。经查，此前 2 月 1 日甲在与乙公司的全资子公司丙公司签订另一个购房合同后，丙公司在 3 月 1 日将房屋抵押并登记给了丁公司。5 月 1 日乙公司请求甲付款，甲以乙公司的子公司丙公司有"违约记录"为由拒绝付款。<u>甲主张是否成立?</u>①否。②乙的全资子公司丙公司对甲违约，不代表乙公司必然会对甲违约。③故甲不得主张不安抗辩权。如甲 5 月 1 日未付款，应向乙公司承担违约责任。

> 原理：为什么不安抗辩权需要先方有"真凭实据"证明后方存在令先方"不安"情形？①因为不安抗辩权制度与同时履行抗辩权、顺序履行抗辩权有本质差异，即不安抗辩权是"先发制人"，如果随便让先方启动"不安抗辩权"，会破坏合同交易，任何一个交易都可能被破坏。②同时履行抗辩权和顺序履行抗辩权具有"天然的正当性"，而"不安抗辩权"是先发制人，具有"天然的破坏性"。

（二）不安抗辩权会走向"句号"，不止步于"逗号"（《民法典》第 528 条）

1. 【中止履行】"先方"行使"不安抗辩权"后，中止履行，应及时通知"后方"。

2. 【要么"继续"，要么"分手"】（1）"继续" = 恢复履行："先方"中止履行后，"后方"提供适当担保的，"先方"应恢复履行。（2）"分手" = 解除合同和诉违约责任："先方"中止履行后，"后方"在合理期限内未恢复履行能力并且未提供适当担保的，<u>视为以自己的行为表明不履行合同主要义务</u>，中止履行的一方可以解除合同<u>并可以请求对方承担违约责任</u>。

（三）抗辩权只能用来防御，不能用来攻击

不安抗辩权有暂停自己履行功能，没有请求对方履行的功能。如不安抗辩权人没有履行自己的义务，却请求后方履行义务，则后方有顺序履行抗辩权。

例：【换先方＝"换不安抗辩权人"】2011年5月6日，甲公司与乙公司签约，约定甲公司于6月1日付款，乙公司6月15日交付"连升"牌自动扶梯。合同签订后10日，乙公司销售他人的"连升"牌自动扶梯发生重大安全事故，质监局介入调查。合同签订后20日，甲、乙、丙公司三方合意，由丙公司承担付款义务。丙公司6月1日未付款。<u>如何评价本案付款义务和交付扶梯义务？</u>

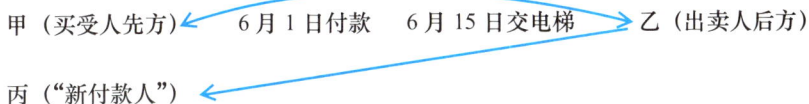

甲（买受人先方）←　6月1日付款　6月15日交电梯　→乙（出卖人后方）

丙（"新付款人"）←

①甲乙签订扶梯买卖合同，是双务合同。②甲6月1日付款＝先方。乙6月15日交货＝后方。③甲乙丙三方合议，丙取代甲成为付款义务人，属于免责债务承担。丙取代甲成为"先方"，丙仅承担义务，并不享有请求乙交付扶梯的债权请求权。④后方乙的产品发生在重大安全事故，被"质监局调查"，会导致先方不安，故甲的不安抗辩权，换成了丙成为不安抗辩权人。⑤乙要求丙在6月1日付款，丙有不安抗辩权暂停付款。⑥如甲要求乙在6月15日交付扶梯，则乙可主张顺序履行抗辩权。这说明，不安抗辩权仅对攻击（乙请求丙付款）的防御，它本身不具有攻击性，不得主张请求后方履行义务。

> 归总：同时履行抗辩权、后方的顺序抗辩权，具有天然的正当性。不安抗辩权有天然的破坏性。

四、合同多选题之母题：解除权、抗辩权与违约责任

例：【合同多选题之母题：解除权、抗辩权与违约责任】热电厂从煤矿购煤200吨，约定交货期限为2017年9月30日，付款期限为2017年10月31日。9月底，煤矿交付200吨煤，热电厂经检验发现煤的含硫量远远超过约定标准，根据政府规定不能在该厂区燃烧。<u>如何评价本案法律争点？</u>

热电厂（买受人后方）←　10月31日付款　9月10日交货　→煤矿（出卖人先方）

（1）双务合同抗辩权角度（防御）（前提是煤矿提出了付款请求）：①热电厂和煤矿签订了买卖合同，为双务合同。②煤矿在9月30日前交煤＝煤矿是先方，热电厂在10月31日前付款＝热电厂是后方。③煤矿交的煤不能烧＝先方没交煤。④如煤矿在10月31日要求热电厂付款，则热电厂作为后方可主张顺序履行抗辩权拒付购煤款。（2）合同解除角度（攻击）（无论煤矿是否提出付款请求）：煤矿交付的煤不能燃烧，意味煤矿存在根本违约，热电厂享有法定解除权，解除买卖合同，同时要求煤矿承担违约责任。（3）违约责任角度（攻击）（无论煤矿是否提出付款请求）：煤矿交付的煤不能燃烧，意味煤矿存在根本违约，热电厂享有法定解除权，解除权为形成权，乃单方意思表示，故热电厂可以不行使该解除权，仅要求煤矿承担继续履行等违约责任如要求煤矿继续交付合格的200吨煤，并赔偿因此导致热电厂的损失。（4）"条条道路通罗马"，属于合同客观案例中最常见的考法。

秒杀1：双务合同抗辩权的统一规则：①同一双务合同（2005－55）。②对等义务（2015－10D）。③防御而非攻击（2011－14B）。④比例原则（2009－10B）。

秒杀2：做题步骤：看到题干合同义务有时间交代尤其是有先后时间交代＝必考双务合同履行抗辩权。①第1步，标志谁是先方，谁是后方。②第2步，已经履行的义务当它死了＝对未履行的义务排序。③第3步，甲义务1、乙义务2、甲义务3、乙义务4。排序结论如下：1先2后；2先3后；3先4后。④第2步，先方＝不安抗辩权。后方＝顺序履行抗辩权。同时方＝同时履行抗辩权。

秒杀3：有抗辩负担（包括同时履行抗辩权、先履行抗辩权、不安抗辩权）的债权，属于有"病"的债权：①换债权人，新债权人承受该抗辩。②换债务人，新债务人可主张该抗辩。③有抗辩负担的债权就是有"病"的债权，无论是换债务人，还是换债权人，永远是有"病"的债权，抗辩的负担一直存在。

第三节　履行瑕疵

一、提前履行无害则不可拒绝

（一）提前履行（《民法典》第530条）

1. 一般要接收，例外不接收：债权人可以拒绝债务人提前履行债务，但是提前履行不损害债权人利益的除外。

2. 新增费用由债务人负担：债务人提前履行债务给债权人增加的费用，由债务人负担。

例：【提前交货】合同约定甲公司应当在8月30日向乙公司交付一批货物。8月1日，甲公司把货物运送到乙公司。乙公司如何应对？①乙公司有权拒绝接收货物。②乙公司有权接收货物并要求对方支付增加的费用。③但无论如何，乙公司都不可要求甲公司承担违约责任，因为现在还不知道在8月30日甲公司是否构成违约。

（二）提前还款（《民法典》第677条）

借款人提前偿还借款的，除当事人另有约定外，应当按照实际借款的期间计算利息。

二、部分履行无害则不可拒绝（《民法典》第531条）

（一）一般要接收，例外不接收

债权人可以拒绝债务人部分履行债务，但是部分履行不损害债权人利益的除外。

（二）新增费用由债务人负担

债务人部分履行债务给债权人增加的费用，由债务人负担。

三、多出履行，买方可拒也可收（《民法典》第629条）

（一）可以要也可以不要

出卖人多交标的物的，买受人可以接收或者拒绝接收多交的部分。

（二）要就补钱，不要就通知

买受人接收多交部分的，按照约定的价格支付价款；买受人拒绝接收多交部分的，应当及时通知出卖人。

第五章　合同的保全

　　我向银行借款 100 万元用于购房，在"双 11"我还有必须做剁手党吗？答：没有必要。届期我无力还款，汤某欠我的 100 万元我也没心思要了，反正要了也白要，何必"为他人做嫁衣"，银行能奈我何？届期我无力还款，我善心大发，把房屋捐出用于希望工程，获得慈善大使称号，"慷他人之慨"，银行能奈我何？答：前者"消极行为"启动"债权人代位权"；后者"积极行为"启动"债权人撤销权"。

导论：债的保障的体系思维

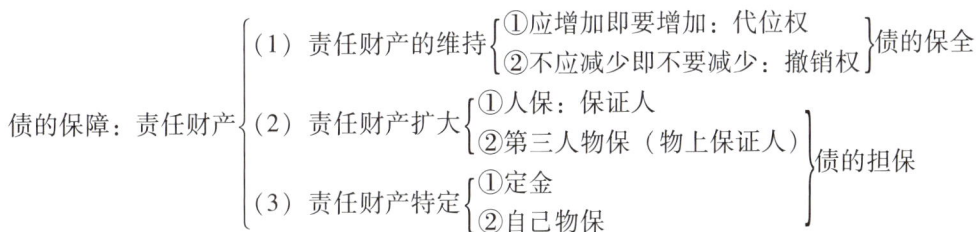

债的保障：责任财产
- （1）责任财产的维持
  - ①应增加即要增加：代位权
  - ②不应减少即不要减少：撤销权　⎫债的保全
- （2）责任财产扩大
  - ①人保：保证人
  - ②第三人物保（物上保证人）　⎫债的担保
- （3）责任财产特定
  - ①定金
  - ②自己物保

一、责任财产：欠债还钱，自己负责

　　民事法律责任分为财产责任与非财产责任。行为人在承担财产责任时所用的物权、知识产权或者债权，即为"责任财产"。

二、责任财产的"维持" = 债的保全

（一）应增加的即要增加 = 代位权（《民法典》第 535 条）

　　因债务人怠于行使其对相对人的权利，对债权人造成损害的，债权人可以向法院请求以自己的名义代位行使债务人对相对人的权利。代位权是债权的一种法定权能，无论当事人是否约定，债权人都享受此权利。债权人代位权是"天生"的 3 方结构：债权人甲、债务人乙、相对人丙。债务人乙 = 懒人（懈怠）。

（二）不应减少的即不要减少 = 撤销权（《民法典》第 538 条）

　　债权人撤销权又称"撤销诉权"或"废罢诉权"，是指当债务人所为的减少其财产的行为危害债权实现时，债权人为保全债权得请求法院予以撤销该行为的权利。债权人撤销权是"天生"的 3 方结构：债权人甲、债务人乙、第三人丙。债务人乙 = 坏人（逃债）。

三、责任财产的"扩大"

（　）人保 = 保证（《民法典》第 681 条）

　　保证人是指与债权人约定，为主合同债务提供担保，当债务人不能履行债务时，由其按照约定履行债务或者承担责任的一方当事人。保证是"天生"的 3 方结构：债权人甲、主债务人乙、保证人丙。保证人丙 ≈ 乙的"亲爹"。

　　例：【代位和保证的交叉】甲对乙有 10 万元到期债权，乙对丙有 8 万元到期债权。丙对乙

欠甲的 10 万元债权提供了连带保证。乙无力向甲清偿又怠于向丙主张，<u>如何评价丙的法律地位？</u>

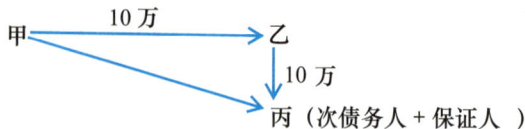

①从债权人代位权角度，甲是 10 万元债权人，乙是 8 万元债权人，丙是相对人，甲可对丙提起代位权诉讼，要求丙还 8 万元，甲的剩余 2 万元继续向乙要。②从保证人角度，甲是 10 万元债权人，丙是连带保证人，甲可要求丙还 10 万元，丙代偿后可向乙追偿 10 万元，但是乙对丙有 8 万元，对等额度抵销掉 8 万元，故丙可向乙追偿 2 万元。③甲乙丙有 2 个三方结构思维，甲乙丙有代位权的三方结构，甲乙丙还有保证的三方结构。甲会选择第二条路径，即要求丙承担保证责任。

（二）物上保证人＝他物保＝第三人提供的物保（《民法典》第 386 条）

物上保证人（也称物上担保人），是指为债务人顺利建立债权债务关系而提供担保物的第三人。债务人不能如期清偿债务，物上保证人提供的担保物便会作为担保物权实现的标的予以折价、变价或拍卖。他物保是"天生"的 3 方结构：债权人甲、主债务人乙、他物保人丙。他物保人丙≈乙半个"亲爹"。

四、责任财产的"特定"

（一）定金（《民法典》第 586 条）

定金是在合同订立或在履行之前支付的一定数额的金钱或替代物作为担保的担保方式。如甲乙主合同是买卖房屋，甲乙从合同是定金合同。

（二）自物保（《民法典》第 392 条）

以债务人的特定财产作为抵偿债权的标的，在债务人不履行其债务时，债权人可以将财产变价，从中优先受偿的制度。如甲乙主合同是借款合同，甲乙从合同是抵押合同。

第一节　债权人代位权

一、债权人代位权

（一）到期债权人提起代位权诉讼【直接清偿】

因债务人怠于行使其<u>债权</u>或者与该债权有关的<u>从权利</u>，影响债权人的到期债权实现的，债权人可以向人民法院请求以自己的名义代位行使债务人对相对人的权利，但是该权利专属于债务人自身的除外。（《民法典》第 535 条第 1 款）

例1：【可以代位债权】甲对乙有到期债权 100 万元，乙到期无力清偿，乙"怠于"主张其对丙的到期债权 100 万元。甲有什么法律救济措施？①甲可以自己名义向丙提起代位权诉讼。②甲为原告，丙为被告，乙为无独立请求权第三人（对诉讼标的没有独立请求权，但甲丙案件处理结果与乙有利害关系），乙和丙不是共同被告。③甲对乙的债权＝原债权。乙对丙的债权=次债权。甲对丙的债权=代位之债权（法定）。④<u>如果甲胜诉，则法院判决丙直接把100万元给甲，这叫"直接清偿规则"</u>。

例2：【可以代位债权和债权的担保物权】 甲对乙有到期债权100万元，乙到期无力清偿，乙"怠于"主张其对丙的到期债权100万元，丁对该100万元债权提供房屋抵押并且办理了抵押权登记。甲有什么法律救济措施？甲可以自己名义向丙和丁提起代位权诉讼。

例3：【不可以代位物权】 甲对乙有到期债权100万元，乙到期无力清偿。乙房屋借用给丙到期未收回，乙"怠于"主张返还房屋请求权。甲可对丙提起代位权诉讼要求返还房屋吗？不可以。

（二）未到期债权人保存行为【入库规则】

债权人的债权到期前，债务人的债权或者与该债权有关的从权利存在诉讼时效期间即将届满或者未及时申报破产债权<u>等</u>情形，影响债权人的债权实现的，债权人可以代位向债务人的相对人请求其向债务人履行、向破产管理人申报或者作出其他必要的行为。（《民法典》第536条）

例：【可以提出保存行为】 甲对乙享有债权100万元，尚未到期。乙对丙享有100万元债权的诉讼时效期间快要届满（或者丙进入了破产程序而乙未申报破产债权去"瓜分"破产债务人丙的财产）。<u>甲对丙可采取什么救济措施？</u>甲可代位向丙主张债权，请求丙向乙履行债务。或者甲可代位向破产管理人申报破产债权。甲或者对丙提起债权人代位权诉讼，或者向丙的破产管理人申报债权。

二、债权人代位权的构成要件："债务人又穷又懒"

> 原理：为什么要严格限定债权人提起代位权诉讼的要件？①乙欠甲10万元后，乙丙谈恋爱，丙欠了乙10万元，乙没向丙要。②如果任由甲对丙提起代位权诉讼，将会严重干扰乙"谈恋爱"的行为自由。③可见，代位权制度会严重的干扰债务人的行为自由，因此必须严格限制其适用条件。④2个条件：债务人乙又"穷"（穷得只剩下一个权利）、又"懒"（懒得去要这个权利）。⑤代位权诉讼是法定的解决三角债的方式之一。

（一）债务人很"穷"：债务人的消极行为必须达到影响债权人债权难以实现的程度=原债权受害

例1：【方志平】 甲对方志平有到期债权10万元，方志平对乙享有到期债权10万元，方志平届期无力向甲清偿，又怠于向乙主张。<u>甲怎么办？</u>甲可对乙提起代位权诉讼。

例2：【丙】 甲对丙有到期债权10万元，丙对乙享有到期债权10万元，丙怠于向乙主张。<u>甲可否对乙提起代位权诉讼？</u>否。因为丙很有钱，不穷！

（二）债务人很"懒"：债务人"怠于"向相对人行使权利

1.【次债权】债务人对相对人享有权利

（1）该权利可以发生在债权人债权之前，也可以发生在债权人债权之后：债权人可以"往前"代位，也可以"往后"代位。

例：【可以"往前"代位也可以"往后"代位】 甲对乙享有10万元债权，5月1日到期。乙对丙享有10万元债权，1月1日到期（或者6月1日到期）。乙届期无力向甲还款，又怠于向丙主张。<u>7月1日，甲可对丙提起代位权诉讼吗？</u>

甲　　5.1 的 10 万债权　　乙
　　　　　　　　　　　　　1.1 的 10 万债权："5.1 向前代位"
　　　　　　　　　　　　　6.1 的 10 万债权："6.1 向后代位"
　　　　　　　　　　丙

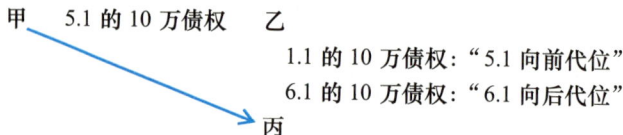

①可以。②无论乙对丙的权利何时到期，只要甲对丙提起代位权诉讼时，乙对丙有权利即可。③甲 5 月 1 日的债权，乙对丙 1 月 1 日到期债权，甲在 5 月 1 日对丙提起代位权诉讼，属于"往前"代位。④甲 5 月 1 日的债权，乙对丙 6 月 1 日到期债权，甲在 6 月 1 日对丙提起代位权诉讼，属于"往后"代位。（如 7 月 1 日，则甲可对丙代位）

> 原理：为什么允许债权人往前或往后代位？因为这没有破坏秩序，本来就是丙需要还的钱，"还谁不是还"。

（2）该权利不可以是人身性的权利

①人身伤害侵权赔偿产生的债权。

例：【欠债被撞】王乙以 12 万元价格卖 6 间房并过户给了曹某。曹某付了 5 万，约定半年后再付剩余 7 万。2019 年 5 月到期时曹某"因生意亏损，已无支付能力"。曹某在 2019 年 4 月外出时遭遇车祸受伤，肇事司机孙某是曹某好友，曹某一直未向孙某提出车祸损害的赔偿请求。如王乙要求以自己名义代位请求孙某支付车祸致人损害的赔偿金，其主张能否得到支持？①不能。②人身赔偿金是专属曹某自身债权，王乙不能行使代位权。③"撞债务人不等于撞债权人"，如果允许代位，则会导致撞人者孙某向王乙"购买"一个撞债务人的权利，会助长侵权。可以脑洞小开一下，将孙某修改为"王思聪"：谁欠钱就打谁，赔款直接给债权人。

②身份关系产生的债权：抚养、扶养、赡养、继承关系。

例 1：【儿子欠债】甲对乙有债权，乙对其父丙有抚养费债权。甲可否对丙说："从今天开始，我是你儿子，请把抚养费给我"？①否。②乙对丙的抚养费债权具有人身性，不可被代位。

例 2：【父亲欠债】甲对乙有债权，乙对其子丙有赡养费债权。甲可否对丙说："从今天开始，我是你老爹，请把赡养费给我"？①否。②乙对丙的赡养费债权具有人身性，不可被代位。

例 3：【老婆欠个债】甲对乙有债权（乙的个人债务），乙对其老公丙有扶养费债权。甲可否对丙说："从今天开始，我是你老婆，请把扶养费给我"？①否。②乙对丙的扶养费债权具有人身性，不可被代位。

③劳动关系产生的债权：劳动报酬、退休金、养老金、抚恤金、安置费等。

例：【员工欠债】甲对乙有债权，乙对公司有工资债权。甲可否对公司说："从今天开始，我是你员工，请把工资发给我"？①否。②乙对公司的劳动报酬债权具有人身性，不可被代位。

④人寿保险金请求权。

例：【被保险人欠债】甲对乙有债权，乙将货币从银行"挪"到保险公司，投保了人寿保险，保险合同到期保险公司需要向乙支付人寿保险金。甲可否对保险公司说："从今天开始，我是被保险人，请把人寿保险金给我"？①否。②人寿保险金不可被代位。③保险权＞债权。③如果乙"挪货币"发生在前甲钱之前，应该坚持保险权＞债权。④如果乙"挪货币"发生在欠甲钱之后，应该坚持债权＞保险权，避免"投保人寿保险"成为"逃债天堂"。

> 秒杀：人身保险工资等必须"多倒一手"，不能被代位。

2.【"怠于主张"次债权】债务人"怠于"向相对人行使权利

（1）债务人不以诉讼或仲裁方式对相对人行使权利，构成"怠于"。

（2）债务人以诉讼或仲裁方式对相对人行使权利，不是"怠于"。

（3）债务人单纯向相对人发函主张，没有去起诉或仲裁，则仍然属于"怠于"。

例：【发函要 = 假装勤快 = "怠于"】甲对乙有 10 万元到期债权，乙对丙有 10 万元到期债权，乙届期无力向甲还款，多次向丙发出催告函，要求丙还款未果。<u>甲可否对丙提起代位权诉讼？</u>①可。②乙届期无力向甲还款 = 乙"很穷"。③乙只是向丙发出催告函，没有起诉或者仲裁（如果乙丙合同纠纷有仲裁条款则仲裁），就是"怠于" = "懒"。④债务人乙"又穷又懒"，故甲可对丙提起代位权诉讼。

> 原理：为什么债务人向相对人单纯发函仍然构成"怠于"？如果债务人向相对人单纯发函就可以"破掉"债权人的代位权诉讼，则代位权诉讼几无发生可能，实务中，债务人都会说："我催告了但是钱还是收不回来，不能怪我……叫破喉咙也没用。"

> 秒杀 1：债务人诉或裁相对人了吗？表述 1：没有诉或没有裁，债务人 = "懒人"。表述 2：没有采取法律措施，债务人 = "懒人"。

> 秒杀 2：债务人又"穷"又"懒"，启动债权人代位权诉讼。

三、债权人代位权诉讼：必须提起诉讼（不能去仲裁）

（一）当事人列明

上家债权人是原告，下家相对人是被告，中家债务人"又穷又懒"的人是无独立请求权第三人。由<u>被告住所地人民法院管辖</u>。

> 秒杀：上家以自己名义起诉，向谁要钱谁被告。

> 原理：为什么上家甲，中家乙，下家丙 3 方结构中，甲只可能对丙提起诉讼主张代位，而绝无可能对丙提起仲裁主张代位？因为甲丙之间绝无可能存在仲裁条款，即仲裁制度中，相对性是其不可突破的红线，"没有仲裁条款就没有仲裁"。

（二）"一箭三雕"

代位之诉之后，原债和次债的诉讼时效全部中断。

例：【3 个诉讼时效中断】甲对乙有 10 万元到期债权，乙对丙有 10 万元到期债权。乙届期无力向甲还款又"怠于"向丙主张。甲对丙提起代位权诉讼，<u>会导致哪 3 个债权诉讼时效中断？</u>①甲对乙的原债权。②乙对丙的次债权。③甲对丙的代位之债权。④一旦甲向丙起诉要，即约等于甲向乙要了、乙向丙要了，故"一箭三雕"。

（三）"三个抗辩"

原债的抗辩、次债的抗辩、代位之债的抗辩（如诉讼时效届满的抗辩、数额抗辩、管辖法院抗辩）

例：【3 个抗辩】甲公司对乙公司享有 10 万元债权，乙公司对丙公司享有 5 万元债权。如甲公司对丙公司提起代位权诉讼，则针对甲公司，<u>丙公司有权提出哪些角度的抗辩？</u>①有权主张乙公司对甲公司的抗辩，这属于"原债的抗辩"，即相对人对债务人的抗辩，可以向债权人主张），比如甲的 10 万元债权诉讼时效届满。②有权主张丙公司对乙公司的抗辩，这属于"次债的抗辩"，比如乙的 5 万元债权诉讼时效届满。③有权主张代位权行使中对甲公司的抗辩，这属于"代位之债的抗辩"，比如甲向丙主张 10 万元则丙可提出额度的抗辩，仅负责 5 万元。

（四）"次债仲裁条款"不可以对抗代位权诉讼

例：【次债仲裁条款不能破代位】甲公司对乙公司有 20 万元到期借款债权，乙公司对丙公

司有 **20** 万元货款到期债权，乙公司曾向丙公司发出催收通知书。乙公司和丙公司之间的供货合同约定，若因合同履行发生争议，由 A 仲裁委员会仲裁。乙公司无力向甲公司还款，甲公司向丙公司提起代位权诉讼，丙公司提出 2 项抗辩：乙已经向丙公司催告了，以及乙公司和丙公司之间有仲裁条款。<u>丙公司抗辩是否成立？</u>①否。②乙公司向丙公司催告，但未申请仲裁，属于"怠于"。③乙丙公司仲裁条款约定，不能影响甲公司对丙公司提起代位权诉讼。④如果允许乙丙的仲裁条款可以破代位权诉讼，则仲裁将彻底架空代位权诉讼。因为根据仲裁规则，乙丙之间在任何时候都可以达成仲裁协议解决他们的纠纷。故乙丙的仲裁条款具有相对性，只能约束乙丙，不能约束甲。

> 原理：债权人代位权诉讼中，次债的仲裁条款为什么是"空气"？①仲裁条款有相对性，不能约束债权人，只可以约束债务人和次债务人。②代位权诉讼不是债权转让，债权人不是受让债务人对次债务人的债权，故不受债务人和次债务人仲裁条款的约束。③**代位权是债权人债权的固有权能**。

例：【原债仲裁条款可以破代位】甲公司对乙公司有 **20** 万元到期借款债权，甲乙公司之间约定发生纠纷提交 A 仲裁委员会仲裁。乙公司对丙公司享有 **20** 万元到期货款债权，乙公司怠于向丙公司主张，且无力向甲公司还款。<u>甲公司可否向丙公司提起代位权诉讼？</u>①不可以。②因为甲公司和乙公司的纠纷只能提交仲裁委员会仲裁，不可以提起诉讼。

（五）代位额度

原债、次债和代位之债中的最小值，即为代位之诉中可得支持的数额。

例：【原债＞次债，只能代位次债额度】甲对乙有 10 万元，乙对丙有 5 万元。如果符合代位权构成要件，即乙"又穷又懒"，<u>甲可对丙代位多少额度？</u>①5 万元。②未获偿 5 万元继续找乙要。

例：【原债＜次债，只能代位原债额度】甲对乙有 5 万元，乙对丙有 10 万元。如果符合代位权构成要件，即乙"又穷又懒"，<u>甲可对丙代位多少额度？</u>①5 万元。②乙可另案向丙要 5 万元。

代位诉讼的额度	原债额度和次债额度（以低的为准）
最高额抵押保护的主债额度	最高额抵押，约定受抵押物保护的债权额度，与实际发生的债权额度有出入，则以低的为准确定真正受最高额抵押物担保的债权额度（以低的为准）
可撤销合同中撤销权期间长度	撤销权除斥期间 3 个月与 1 年，和最长的 5 年相比较，以短的为准（以低的为准）
诉讼时效期间长度	诉讼时效 3 年或最长 20 年，以短的为准（以低的为准）

（六）诉讼成本

1. 诉讼费用由败诉的次债务人负担。

2. 必要费用由债务人负担：支付律师代理费；差旅费；调查取证必须支出的费用；为财产保全所支出的费用；债权人代为受领次债务人的给付所支出的费用。

> 秒杀 1：向谁要钱谁被告，被告输了被告负诉讼费用，"懒人"即债务人负担律师费。
> 秒杀 2：横向记忆"民法"上的必要费用：无因管理必要费用；善意无权占有人必要费用；拾得遗失物必要费用；代位权诉讼中必要费用。

（七）"直接清偿规则"

人民法院认定代位权成立的，由债务人的相对人向债权人履行义务，债权人接受履行后，债权人与债务人、债务人与相对人之间相应的权利义务终止。（《民法典》第537条）

例1：【直接清偿】甲对乙享有2019年8月10日到期的6万元债权，到期后乙无力清偿。乙对丙享有5万元债权，清偿期已届满7个月，但乙未对丙采取法律措施。甲对丙提起了代位权诉讼，如何清偿？①甲可直接请求丙向自己清偿。②甲行使代位权的诉讼费用由丙承担，其他费用由乙承担。

例2：【直接清偿＝优先受偿】甲对乙有60万元到期债权，老甲、大甲、中甲、小甲、小小甲对乙各有60万元到期债权，乙对丙有60万元到期债权，乙到期无力偿债且怠于向丙主张。甲对丙提起了代位权诉讼，丙如何清偿？

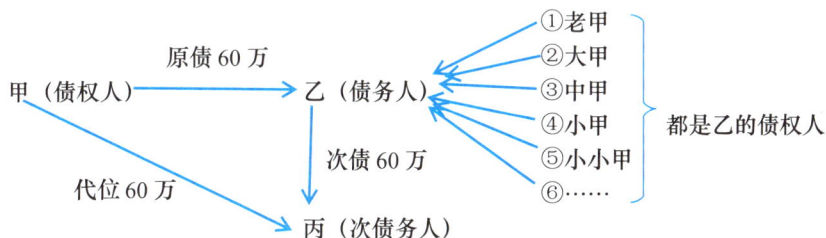

```
                                          ┌ ①老甲 ┐
                                          │ ②大甲 │
          原债60万              ↗          │ ③中甲 │
甲（债权人）─────────→ 乙（债务人）        │ ④小甲 │  都是乙的债权人
                              ↘          │ ⑤小小甲│
          代位60万       次债60万          └ ⑥…… ┘
              ↘
               丙（次债务人）
```

①丙直接给甲60万元，则甲乙之间、乙丙之间债权债务关系消灭，这叫"直接清偿规则"。②如甲没有提起代位权诉讼，则乙对丙的60万元债权属于乙的"责任财产"，应用于清偿其所有债权人即甲、老甲、大甲、中甲、小甲、小小甲，平均每人分得10万元。③可见，谁提起代位权诉讼，基于"直接清偿规则"，就"变相的获得了优先受偿效力"。

> **原理：**为什么代位权诉讼提起后债权人有优先受偿的效力？因为代位权要提起来是非常困难的，债权人很难发现次债务人的存在。既然这么艰难，干脆"直接清偿"得了，谁先告谁优先，尽快了结"三角债"。

> **条件反射词汇：**1. 债务人"资产已不足偿债"。2. 债务人"一直"没有向次债务人"追偿"。3. 欠钱"到期无力偿还"。4. "对债务人未采取法律措施"。5. "届期未偿，债务人怠于向次债务人主张债权"。6. "怠于向某公司主张权利"。7. "约定仲裁条款"。8. "金钱之债"。

> **问1：**为什么说代位权的3方结构是民法的精灵，民法思维的第二个巅峰？
>
> （1）**【三生万物】❶**123方，任何时候都可以与代位权挂上钩，只要符合代位权诉讼的门槛条件。**❷**1生2，2生3，3生万物。这就是民法世界。道家思想的体现，都在民法里头。**❸**物债二分是民法思维的起点。**❹**代位权三方结构思维是民法思维的精灵。**❺**基本上，你给我一个三方结构，我都可以给你设计一个代位权诉讼套你进去！
>
> ```
> 丙（下家）        乙（中家）：中间商或无权处分人或多重买卖卖方
>   ↖
>    甲（上家）
> ```

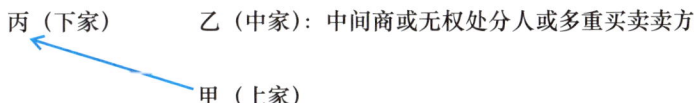

（2）【连环交易与代位权诉讼】❶连环交易可以和代位权 3 方结构挂上钩。❷甲（上家）卖给乙，乙没付款。乙（中家）卖给丙（下家），丙没付款。乙又穷又懒，则甲可启动代位权诉讼。❸连环交易现象很多，包括转卖、转租、转承揽、转包、转保管、转质等。

（3）【善意取得与代位权诉讼】❶无权处分善意取得可以和代位权 3 方结构挂上钩。❷甲，物主，乙，无权处分人，丙善意取得人。甲告乙侵权赔钱，丙善意取得却没向乙付款，乙又穷又懒，则甲可启动代位权诉讼。

（4）【多重买卖与代位权诉讼】❶多重买卖可以和代位权 3 方结构挂上钩。❷乙卖东西给甲，收了甲的钱。乙又卖给丙，丙得到物权（过户不动产或交付动产），但丙尚未付款。乙又穷又懒，则甲可启动代位权诉讼。

问 2：如何区分债权人代位权、代位追偿权、物上代位性？①【甲（债权人）、乙（债务人）、丙（次债务人）】债权人代位权是债权的固有权能，无须约定，满足构成要件即可启动，描述的是"三角债"关系。②【甲（债权人）、乙（债务人）、丙（保证人或连带债务人或保险公司）】代位追偿权是债务人丙清偿完毕后，取代债权人甲地位，享有向债务人乙追偿的权利。丙可能是保证债务人（保证人代偿后有对主债务人乙追偿的权利），也可能是连带债务人之一（实际承担债务超过自己份额的连带债务人丙，有权就超出部分在其他连带债务人乙未履行的份额范围内向其追偿，并相应地享有债权人甲的权利），也可能是保险公司（保险公司向被保险人赔偿后，法定取代被保险人地位，向导致保险事故的肇事者代位追偿）。③【甲（债权人）、担保物】物上代位性是担保物毁损灭失产生的代位物，担保物权人可就该代位物主张优先受偿。

第二节　债权人撤销权

一、债权人撤销权

债务人无偿转移财产、或者债务人以明显不合理低价转让或收购财产，影响债权人的债权实现的，债权人可以请求人民法院撤销债务人的行为。（《民法典》第 538 条"无偿行为逃债"、第 539 条"有偿行为逃债"）

原理：债权人撤销权到底具有什么权能？①如果债务人逃债进入第一阶段，则债权人撤销权诉讼只需要撤销债务人逃债行为，使该行为归于无效即可，这体现了"形成权能"（又称变更权能），此诉被称作"形成之诉"（又称变更之诉）。②如果债务人逃债进入第二阶段，则债权人撤销权诉讼不但需要撤销债务人逃债行为，还需要将转移出去的财产回转，这体现了"形成权能"和"请求权能"，则此诉中既有"形成之诉"（又称变更之诉），又有"给付之诉"。③诉的分类是对诉讼请求的分类，针对逃债第一阶段，债权人提一个诉讼请求就够了，针对逃债第二阶段，债权人至少要提两个诉讼请求。④债权人撤销权诉讼，到底有什么权能，取决于债务人逃债到了哪个阶段以及债权人提出了什么诉讼请求。

（一）逃债第一阶段

刚作出意思表示尚未转走财产。

例：【形成权能】王某对曹某有 80 万元债权已经到期，曹某无力清偿。曹某对赵某有一笔可主张的到期货款 8 万元，因曹某和赵某是亲戚，曹某书面表示不再要求赵某支付该货款。王某怎么办？①王某可以曹某为被告提起债权人撤销权诉讼，请求法院撤销曹某放弃债权的行为。②债权人撤销权诉讼具有形成功能（变更功能），即将曹某放弃行为由有效变成无效。

（二）逃债第二阶段

不但作出意思表示还还转移了财产。

例：【形成权能与请求权权能】 王某对曹某有 80 万元债权已经到期，曹某无力清偿。曹某将其全部财产即价值 80 万元的一套房屋赠与给赵某，曹某和赵某签订了赠与合同，且办理了房屋过户手续。王某怎么办？①王某可以曹某为被告提起债权人撤销权诉讼，请求法院撤销曹某与赵某的赠与合同，债权人撤销权诉讼具有形成功能（变更功能），将曹某与赵某签订的赠与合同由有效变为无效。②王某可请求赵某将房屋回转过户到曹某名下（"入库规则"），债权人撤销权诉讼具有请求权能。（最高院指导案例 118 号：债权人撤销权诉讼的生效判决撤销了债务人与受让人的财产转让合同，并判令受让人向债务人返还财产，受让人未履行返还义务的，债权人可以债务人、受让人为被执行人申请强制执行。）

（三）逃债第三阶段

债务人通过一个生效的裁判文书"逃债"，则《民法典》的债权人撤销权诉讼已经行不通，因为债权人撤销权诉讼只能撤销"逃债"的民事法律行为，不能撤销一个判决。

例：【逃债的第 3 阶段：利用判决逃债】 老公欠甲 1 亿元，将价值 2 亿元股权转让给老婆，签订股权转让协议。老公给老婆打了收条，收到股权款（实际没收到）。老婆诉老公要求过户股权，诉讼中老公"自认"有合同、收到钱、没过户股权，法院判决老公过户股权给老婆。这叫"利用判决逃债"，则债主甲能提起债权人撤销权诉讼吗？不能提起民法上的债权人撤销权诉讼，只能提起民诉法上的第三人撤销之诉，撤销法院错误的生效判决。

> 秒杀：贯通实体和程序，《民法典》的债权人撤销权诉讼，打掉逃债的"合同"；《民诉法》上的第三人撤销之诉，打掉逃债的"判决"。

二、债权人撤销权诉讼的构成要件："债务人又穷又坏"

> 原理：为什么要严格限定债权人撤销权诉讼的构成要件？①因为债权人撤销权诉讼严重突破合同相对性，会干扰人的行为自由，还会破坏交易。②比如甲欠了银行 1 万元，甲与乙谈恋爱送给乙价值 1 万元的戒指，如果银行在任何条件下都可以提起债权人撤销权诉讼，那么一旦甲欠了债，连"恋爱"都谈不成了。

（一）债务人很"穷"

债务人的"逃债"行为必须达到影响债权人债权难以实现的程度甲原债权受害（原债权可以到期也可以是未到期的）

例 1：【方志平】 甲对方志平有到期（或未到期）债权 10 万元，方志平将全部财产即价值 100 万元的房屋赠与给女友乙。方志平届期无力向甲清偿，甲怎么办？甲可对方志平提起撤销权诉讼，撤销其赠与合同。

例 2：【丙】 甲对丙有到期（或未到期）债权 10 万元，丙将其价值 1 亿元的别墅赠与给乙。甲可否对丙提起撤销权诉讼？否。

（二）债务人很"坏"

债务人向第三人"转移"财产"逃债"。

1. 不能"往前撤"，只能"往后撤"：债权存在前，债务人的行为不是"逃债"，不能撤。

债权存在后，债务人的行为才可能是"逃债"，才可能撤。

例1：【"真大方"还是"假大方"】甲公司在2019年6月1日欠乙公司货款500万元，届期无力清偿。2018年12月1日，甲公司向丙公司赠送一套价值50万元的机器设备。2019年3月1日，甲公司向丁基金会捐赠50万元现金。2019年12月1日，甲公司向戊希望学校捐赠价值100万元的电脑。甲公司的3项赠与行为均尚未履行。<u>如何评价该3项赠与行为？</u>

```
乙_____2019.6.1  有500万债权_____甲
                        2018.12.1  赠与机器设备（不能向前撤）
                   →    2019.3.1   赠与现金（不可向前撤）
                   →    2019.12.1  赠与电脑（可以向后撤）
              丙丁戊
```

（1）从三方关系角度观察：①乙公司在2019年6月1日对甲公司享有500万元债权。②此前，甲公司向丙公司送机器设备、向丁基金会送现金，这是"真大方"，乙公司不能启动债权人撤销权诉讼。③此后，甲公司向戊送电脑，这是"假大方"，乙公司能启动债权人撤销权诉讼。④不可撤债务人历史上的"真大方"，可撤债务人现在的"假大方"。

（2）从双方关系角度观察：①因为如果债权人不启动撤销权诉讼，则相关合同都是有效的。②甲丙赠与尚未交付设备，故甲可享有赠与合同中的任意撤销权，不送了。③甲丁赠与合同具有公益性质，甲不可主张赠与合同的任意撤销权，必须兑现。④甲戊赠与具有公益性质，甲也不得主张赠与合同的任意撤销权，必须兑现。

例2：【"撤销"只能"往后撤销"，"代位"可以往前也可以往后】甲公司欠乙公司货款20万元届期未还，其资产已不足偿债。乙公司在追债过程中发现，甲公司在欠乙公司20万元货款之前作为保证人向某银行清偿了丙公司的贷款后一直没有向其追偿，同时还将自己对丁公司享有的30%的股权无偿转让给了丙公司。<u>乙公司可否对丙公司提起代位权诉讼？乙公司可否对甲公司提起撤销权诉讼？</u>

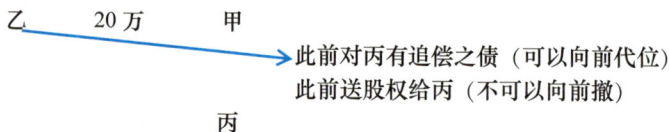

```
乙_____20万_____甲
              →  此前对丙有追偿之债（可以向前代位）
                 此前送股权给丙（不可以向前撤）
          丙
```

①乙公司可对丙公司提起代位权诉讼，因为债权人代位权诉讼中，次债何时发生，是早于还是晚于债权，无关紧要，不是代位权诉讼的构成要件。②乙公司不可对甲公司提起撤销权诉讼，因为债权人撤销权诉讼中，"逃债行为"必须发生在债权之后，才叫逃债行为。甲公司将股权送给丙公司时，乙公司对甲公司的20万元债权还不存在，也就谈不上甲公司送股权行为属于"逃债行为"了。③该股权赠与合同也不存在"恶意串通损害他人利益"之可能，故乙公司也不得诉确认甲丙赠与股权合同无效，这是"真大方"。

> 原理：为什么债权人撤销权中只能往后撤，而债权人代位权中却没有这个时间要求？①因为债权人撤销权诉讼具有侵略性和破坏性，一旦上家对中家提出债权人撤销权诉讼，则会破坏中家和下家的交易关系，需要严格限定。"原债权还没有"，也就谈不上"逃债"。②债权人代位权诉讼中，不存在破坏性，因为本来三方就存在三角债关系，下家"还谁不是还"！

2. "免费"转移财产之"逃债"：债务人以放弃其债权、放弃债权担保、无偿转让财产等方式无偿处分财产权益，或者恶意延长其到期债权的履行期限，<u>影响债权人的债权实现的</u>，债

权人可以请求人民法院撤销债务人的行为。(《民法典》第538条)

例1：【放弃未到期债权的"假大方"】甲对乙享有100万元债权届期，乙无力清偿。乙对丙享有100万元债权尚未到期，乙对丙讲，"不用还了"。甲怎么办？①甲可提起债权人撤销权诉讼，撤销乙放弃未到期债权的行为，乃积极行为，对应债权人撤销权诉讼。②如乙对丙债权到期后，乙迟迟不起诉去要，乃"消极行为"，对应债权人代位权诉讼。

例2：【放弃债权担保的"假大方"】甲对乙享有100万元债权届期，乙无力清偿。乙对丙享有100万元债权，丁为该债权提供了房屋抵押并办理了抵押权登记。乙对丁讲，"放弃抵押权"。甲怎么办？①甲可提起债权人撤销权诉讼，撤销乙放弃债权担保的行为。②乙放弃抵押权，乃放弃他物保，会使得乙对丙的债权由有担保保护的债权变成无担保保护的债权，属于减少乙的责任财产的行为。

例3：【无偿处分财产的"假大方"】甲对乙享有100万元债权届期，无力清偿。乙将其对丁公司的股权赠与给弟弟丙。甲怎么办？甲可提起债权人撤销权诉讼，请求法院撤销乙赠与股权的行为。

例4：【恶意延长到期债权的履行期】甲对乙享有100万元债权届期，乙无力清偿。乙对丙享有100万元届期，乙对丙说，"10年后再还吧"。甲怎么办？甲可提起债权人撤销权诉讼撤销乙恶意延长到期债权履行期的行为。

3. "**明显不合理价格**"转让或收购财产之"逃债"：债务人以明显不合理的低价转让财产、以明显不合理的高价受让他人财产或者为他人的债务提供担保，影响债权人的债权实现，债务人的相对人知道或者应当知道该情形的，债权人可以请求人民法院撤销债务人的行为。(《民法典》第539条)（明显不合理的判断标准＝市价上下浮动超过30%）

（1）**低于（市价×0.7）＝不合理低价转让**：债务人把100万元的财产卖69万元＝以明显不合理的低价转让财产。

例1：【100卖69＝价格不合理】甲对乙享有100万元债权届期，乙无力清偿。乙将其全部财产即唯一价值100万元的房屋以69万元卖给知情的丙，签订买卖合同。甲怎么办？甲可提起债权人撤销权诉讼。

例2：【120卖90＝价格合理】杜某拖欠谢某100万元。谢某请求杜某以登记在其名下的房屋抵债时，杜某称其已把房屋作价90万元卖给赖某，房屋钥匙已交，但产权尚未过户。该房屋市值为120万元。如何评价三方法律关系？①从债权人撤销权角度观察，120万元卖90万元，高于（市价×0.7＝84万元）＝合理低价。谢某不得提起债权人撤销权诉讼请求法院撤销杜某、赖某的买卖合同。②根据区分原则，杜某、赖某买卖合同有效，房屋所有权因未办理过户登记故尚未变动，房屋所有权仍然归杜某所有。

（2）**高于（市价×1.3）＝不合理高价收购**：债务人用131万元购买价值100万元的财产＝以明显不合理的高价受让他人财产。

例：【131买100＝价格不合理】甲对乙享有130万元债权届期，乙无力清偿。乙用131万元购买知情的丙市值100万元的房屋，签订买卖合同。甲怎么办？甲可提起债权人撤销权诉讼。

（3）债务人将自有房屋为他人债务设定"他物保"＝为他人的债务提供担保。

例：【设定"他物保"的"假大方"】甲对乙享有100万元债权届期，乙无力清偿。乙将其全部财产即价值100万元的房屋抵押给知情的丁，以担保丙欠丁的100万元债务。甲怎么办？①甲可提起债权人撤销权诉讼，撤销乙设定"他物保"的行为。②一旦丙不履行债务，则丁要主张抵押权，乙的房屋被变卖，乙"代偿后"可向丙追偿。③如此一来，乙就由房屋所有权人，降格为"追偿之债"的债权人，属于减少债务人乙责任财产行为，故甲有权提起债权人撤销权诉讼，丁不得主张抵押权。④如果丁不知情，则甲不得启动债权人撤销权诉讼。注意，此时乙是有权处分，因此，丁不构成善意取得，而是正常取得抵押权。

> **问1**：为他人负债提供担保，是有偿行为吗？拟制为有偿行为，因为担保背后隐藏了一个交易，需要相对方知情才可以撤。需要保护相对方的交易安全，因为相对方是基于"担保"而与主债务人发生交易的。
>
> **问2**：为自己负债事后"补"担保，是有偿行为吗？是无偿行为，不需要相对方知情。
>
> **问3**：为什么《民法典》增加债务人的相对人"应当知道"该情形？①债务人将价值36万元的东西，卖88元，显然属于明显不合理的低价，但是债权人很难证明相对人知道"债务人在逃债"。②实务中，法官会根据交易价格以及相关证据综合判定，推定相对人"应当知道"。
>
> **问4**：善意取得与债权人撤销权会碰面吗？不会。无权处分他人之物，100元的市价卖了50元，不可能构成善意取得。100元的市价卖了80元，这就不符合债权人撤销权诉讼构成要件，但可能构成善意取得。

> **秒杀**：上下浮动30%。低于（市价×0.7）＝不合理低价。高于（市价×1.3）＝不合理高价。

4. 债权人<u>不得撤销没有增加</u>债务人责任财产的行为：债务人放弃继承权、放弃受遗赠权、拒绝受赠、拒绝富有的要约均属于没有增加债务人责任财产行为，不属于减少债务人责任财产行为，不是"逃债"。债权人不得提起债权人撤销权诉讼。此外，债权人也不可撤销债务人的身份行为（如娶了"穷妻"嫁了"穷老公"），还不可撤销债务人的事实行为（如债务人把面包吃掉的行为）。（避免债务人连结婚都要被干扰）

例：【不可撤放弃遗产】甲对乙有100万元债权到期，乙无力清偿。乙放弃其父价值1000万元的遗产。<u>甲可否对乙的放弃行为提起债权人撤销权诉讼？</u>①不可以。②乙的放弃行为只是未增加其责任财产，并没有减少其责任财产。

三、债权人撤销权诉讼：必须提起诉讼（不能去仲裁）

（一）当事人列明

上家债权人原告，中家债务人被告，下家受益第三人为无独立请求权第三人，由被告住所地人民法院管辖。

当事人列明	原告	被告	无独立请求权第三人
债权人代位权诉讼	债权人	次债务人	债务人
债权人撤销权诉讼	债权人	债务人	受益人或受让人

> **秒杀**：债权人代位权诉讼，向谁要钱谁被告（"次债务人"）；债权人撤销权诉讼，谁逃债谁被告（"债务人"）；另外一个人是无独立请求权第三人。

> **问**：债权人代位诉讼中，债务人是无独三的原因是什么？债权人撤销权诉讼中，受让人是无独三的原因是什么？①他们都是与本案有法律上利害关系，追进来并不会损害他们的自由，也是他们应该预见到的。②代位权诉讼，"懒人"是无独三，追进来便于查明案情，即原债多少，次债多少。③撤销权诉讼，第三人追进来，便于查明案情，即其是否配合逃债。

④他们都没有独立的请求权。他们不是共同诉讼人，因为"套不进来"。不是同一诉讼标的或同种诉讼标的的。代位或撤销的诉讼标的，是他们本身，即代位权诉讼或撤销权诉讼。⑤代位权或撤销权必须诉讼展开。债务人和第三人之间的债权债务关系，不是以诉讼为前提。所以债权人提起的代位权诉讼或者提起的撤销权诉讼，与前者有质的不同。⑥民诉法：法院追加的第三人，必然是无独三。因为无独三是法院追加或者当事人申请参加。有独三是当事人申请参加。

（二）撤销权期间：除斥期间（《民法典》第 541 条）

1. 【主观起算】1 年：撤销权自债权人知道或者应当知道撤销事由之日起 1 年内行使。

2. 【客观起算】5 年：自债务人的行为发生之日起 5 年内没有行使撤销权的，该撤销权消灭。

例：【短的为准】甲对乙有 100 万元债权届期，乙无力清偿。乙在 2014 年 4 月 1 日将唯一房屋赠与给丙。甲在 2019 年 5 月 1 日知道乙丙的赠与合同，甲是否可提起债权人撤销权诉讼？

> 2014.4.1 逃债　2019.5.1 债权人知道　主观起算 1 年内 客观起算 5 年外

①否。②客观起算点计算结果：自乙的"逃债行为"发生之日即 2014 年 4 月 1 日到 2019 年 5 月 1 日，已经超过了 5 年，故甲的撤销权消灭。③主观起算点计算结果：2019 年 5 月 1 日起算再加 1 年到 2020 年 5 月 1 日。④对比观察可知：客观起算点计算的"除斥期间"结点为 2019 年 5 月 1 日，主观起算点计算的"除斥期间"结点为 2020 年 5 月 1 日，客观起算点计算的结点更"早"到来，故适用客观起算点计算结果。

（三）诉讼成本

诉讼费用由败诉的债务人负担，必要费用由债务人负担，第三人知情的要适当分担必要费用。

诉讼成本	诉讼费用	其他必要费用
代位权	被告＝次债务人负担	"无独三"的债务人负担
撤销权	被告＝债务人负担	被告债务人负担，有过错的第三人适当分担

> 秒杀：①谁输了谁负担诉讼费用（代位中次债务人输；撤销中逃债的债务人输）；②其他必要费用，代位中"懒人"负担，撤销中逃债的"坏人"和配合"逃债"的第三人适当分担。

> 原理：为什么考试中会涉及到必要费用分担规则？①因为一般情况下，民事诉讼中，律师费是由原告自己付的。②而在债权人代位权诉讼和债权人撤销权诉讼中，律师费却不是由原告负，这有"鼓励"债权人提起代位权诉讼和撤销权诉讼的价值倾向。

（四）"入库规则"

撤销权行使所指向的债务人财产应先归入债务人的一般责任财产，然后再由债权人依据债的清偿规则从债务人那里接受清偿，债权人无优先受偿权。

例 1：【坚持入库规则的"雨露均沾"】甲对乙享有到期债权 600 万元，乙无力清偿。乙还欠老甲、大甲、中甲、小甲、小小甲各 600 万元。乙将价值 600 万元的汽车赠与并交付给了丙。甲提起债权人撤销权诉讼后，有何法律效果？

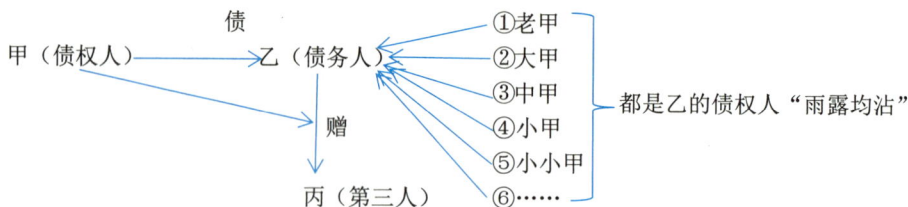

①丙须将汽车退回给乙。甲、老甲、大甲、中甲、小甲、小小甲6人"雨露均沾",平分600万元,各自获得100万元。②甲不因提起债权人撤销权诉讼而获得优先受偿效力。

例2:【"雨露均沾"为全体服务】甲对乙有到期债权100万元,乙无力清偿。乙还欠大甲、中甲、小甲各100万元。乙将价值400万元房屋赠与丙并办理了过户手续。甲提起债权人撤销权诉讼后,<u>有何法律效果?</u>①甲可要求撤销整个400万元房屋的赠与,而不限于其自己拥有的100万元债权。②因撤销的结果是"雨露均沾",而非甲有优先受偿效力。

> **原理:**为什么债权人代位权诉讼坚持"直接清偿"规则使原告获得优先受偿机会,而债权人撤销权诉讼却坚持"入库规则"使让众多债权人"雨露均沾"?①实务中,债权人提起代位权诉讼的前提是要知道"次债务人"的存在,但是只要债务人不提,债权人不可能知道次债务人的存在。②而债权人提起撤销权诉讼的前提是要知道债务人"逃债"行为的存在,即使债务人不提,但是债务人"逃债行为"必然会留下"蛛丝马迹",债权人可"按图索骥"。③因此,实务中,提起债权人代位权的难度要远远高于债权人提起撤销权诉讼的难度。既然这么难,干脆就配置债权人代位权诉讼"直接清偿"得了。

(五)无效与撤销的竞合

无效的法律行为当然无效,债权人可选择主张无效或者主张撤销。

例:【债权人撤销权与恶意串通无效的竞合】甲欠乙20万元到期无力偿还,其父病故后遗有价值15万元的住房1套,甲为唯一继承人。乙得知后与甲联系,希望以房抵债。甲便对好友丙说:"反正这房子我继承了也要拿去抵债,不如送给你算了。"二人遂订立赠与协议。<u>如何评价甲乙丙三方关系?</u>①从债权人撤销权角度观察,乙是债权人,甲是债务人,已经继承了房屋,再将房屋赠与,属于"逃债",乙可提起债权人撤销权诉讼,请求法院撤销甲丙的赠与合同。②从恶意串通损害他人利益角度观察,乙是债权人,甲丙恶意串通损害他人即乙的利益,乙可以请求法院宣告甲丙赠与合同无效。③如果乙没有提起债权人撤销权诉讼,也没有去宣告甲丙赠与合同无效,则甲丙赠与合同是有效的。甲丙赠与合同中,如果赠与房屋有质量问题,比如房屋倾倒,一般情况下甲不负责任,但是甲保证赠与房屋无瑕疵或故意不告知房屋瑕疵,则需要对丙的损害承担赔偿责任。

> **惊天一问:**对于逃债行为,债务人与第三人恶意串通逃债,债权人可以行使撤销权,也可以双方恶意串通损害债权人利益为由宣告合同无效。既然"逃债行为"都无效了为什么还要债权人去提撤销权诉讼呢?❶"各玩各的"。❷符合恶意串通的要件,走恶意串通的宣告无效(无诉讼时效限制)。❸符合债权人撤销权诉讼要件,走撤销权诉讼,撤掉后逃债合同溯及无效(有除斥期间限制)。❹如果没有人去宣告无效,如果没人去撤……既然没有人去确认无效,没有人打债权人撤销权诉讼,凭何锁死这个合同是恶意串通的合同?凭何锁死这个合同属于逃债行为呢?❺没确认无效、没去撤,这个合同不就是有效吗。不能光凭嘴炮说是恶意串通或者逃债。只有启动了程序,才存在确认无效或者撤销后溯及无效的问题。❻简言

之，你没启动程序，你怎么知道未来是什么？既然不知道未来是什么，那现在的就是有效的。❼因此，当我们在说一个"无效"的行为没必要去提债权人撤销权诉讼，这句话就已经隐含了一个前提就是已经提起了宣告无效的程序。如果你已经启动了宣告无效，确实不需要去提债权人撤销权诉讼。❽但是，如果你没启动无效诉讼，凭什么说人家是恶意串通呢？所以，你可以去诉宣告无效，你也可以选择提债权人撤销权诉讼。这不就是"一个恶意串通的逃债行为"，债权人可以选择的"来龙去脉"么！

综合示例1：【债权人撤销权"净身出户离婚逃债"】甲欠乙30万元到期后，乙多次催要未果。甲与丙结婚数日后即办理离婚手续，在《离婚协议书》中约定将甲婚前的一处住房赠与知悉甲欠乙债务的丙，并办理了所有权变更登记。乙认为甲侵害了自己的权益，聘请律师向法院起诉，请求撤销甲的赠与行为，为此向律师支付代理费2万元。如何评价本案法律关系？①乙对甲有30万元到期债权。乙多次催告未果，不等于甲"穷"。②如乙提起债权人撤销权诉讼，应以甲为被告，法院可以追加丙为第三人。③如果甲证明自己有稳定工资收入及汽车等财产可供还债，法院应驳回乙的诉讼请求。④如果法院认定乙的撤销权成立，应一并支持乙提出的由甲承担律师代理费的请求。甲丙离婚乃身份行为，不是债权人撤销的对象。

综合示例2：【民法单选题母题：代位权、撤销权、恶意串通损害第三人利益、第三人侵权的三方结构的4个交叉】甲欠乙1万元到期未还。2018年4月，甲得知乙准备起诉索款，便将自己价值3万元的全部财物以1万元卖给了知悉其欠乙款未还的丙，丙尚未付款。乙于2018年5月得知这一情况，于2019年7月决定向法院提起诉讼。如何评价乙甲丙的法律关系？

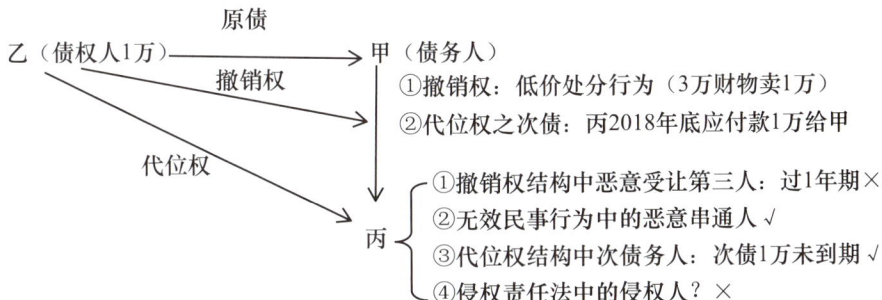

①债权人撤销权角度观察，乙甲丙，甲"又穷又坏"，3万的东西卖1万，属于明显不合理低价，乙可提起债权人撤销权诉讼，但是从知道甲逃债之日已经过了1年（2018年5月起算到2019年5月截止），故乙的撤销权消灭，此路不通。②恶意串通无效角度观察，乙甲丙，甲逃债，丙配合逃债，甲丙构成恶意串通损害乙的利益，乙可提起宣告甲丙买卖合同无效之诉，宣告合同无效不适用诉讼时效，此路通。③债权人代位权角度观察，乙不启动宣告甲丙买卖无效，则甲丙买卖有效，如甲怠于向丙要1万元，则乙可向丙提起债权人代位权诉讼，要求丙直接把1万元给乙（直接清偿规则），此路通。④侵权责任角度观察，丙配合甲逃债，表面上"侵犯了"乙的债权，但是，《民法典》侵权责任编中，债权不是侵权责任的保护对象，故乙不能诉丙承担侵权责任，此路不通。⑤综合观察，丙属于债权人撤销权的第三人、属于恶意串通的串通人、属于债权人代位权中的"次债务人"、属于侵权中的第三人，本质上此案乃4个三方结构的累加，乃民法单选题的母题，从"条条道路通罗马"角度思考判断4个选项，乃民法单选题的巅峰试题！

四、区分可撤销合同中的撤销、债权人撤销权与赠与合同的任意撤销权

（一）可撤销合同的撤销权

维护意思表示真实，故意思表示不真实一方如受欺诈一方可请求法院或仲裁撤销该合同，乃双方结构。

（二）债权人撤销权

维护的是债权的实现，故一旦发现债务人有"逃债行为"，债权人可诉到法院提起债权人撤销权诉讼，乃三方结构。

（三）赠与合同任意撤销权

属于赠与合同特有规则，在赠与人交付动产或过户不动产给受赠人前，赠与人享有任意撤销权，"不送了"，乃双方结构。如果该赠与合同经过公证、具有公益性等，则赠与人不得主张任意撤销权。

例：【3个撤销交叉思维】甲受乙欺诈签订了房屋买卖合同，甲交付100万元购房款后发现自己被骗。乙将其唯一财产价值100万元的房屋赠与给知情的丙，尚未过户给丙，赠与合同办理了公证。如何评价甲乙丙的关系？

①甲乙买卖合同，甲意思表示不真实，甲可以受欺诈为由请求法院撤销房屋买卖合同。②乙丙赠与合同，房屋尚未过户给丙，乙本可行使任意撤销权，不送了。但是因为赠与合同办理了公证，故乙不可主张赠与合同中的任意撤销权。③甲乙丙三方看，乙"又穷又坏"，甲可提起债权人撤销权诉讼，请求法院撤销乙丙的赠与合同。

第六章　合同的变更和转让

第一节　合同的变更

一、协商变更

（一）当事人协商一致，可以变更合同。（《民法典》第 543 条）

例：【变更合同不代表放弃追究对方违约责任】甲在同一小区有 01 号房屋和 02 号房屋。甲卖 01 号房给乙，后甲又卖 01 号房给丙并且过户完毕。甲、乙同意将 01 号房屋买卖变更为 02 号房屋买卖。乙可否要求甲承担违约责任？①可以。②甲乙变更买卖合同，不代表乙通过沉默的方式放弃了追究甲承担违约责任的权利。只有甲乙在变更合同的同时，明确乙放弃追究甲违约责任的条款，由乙签字，甲才无须承担违约责任。

（二）当事人对合同变更的内容约定不明确的，推定为未变更。（《民法典》第 544 条）

二、情势变更（《民法典》第 533 条）

合同成立后，合同的基础条件发生了当事人在订立合同时无法预见的、不属于商业风险的重大变化，继续履行合同对于当事人一方明显不公平的，受不利影响的当事人可以与对方重新协商；在合理期限内协商不成的，当事人可以请求人民法院或者仲裁机构变更或者解除合同。人民法院或者仲裁机构应当结合案件的实际情况，根据公平原则变更或者解除合同。（"叛变难"）

（一）时间限制

情势变更发生在合同成立之后，履行完毕之前。

例：【订立合同前发生的情况不是情势变更】何某与南方集团签订商品房买卖合同，后南方集团以建材大幅涨价为由，拒绝交房并要求涨价。南方集团理由是否成立？法院认为：双方是在自愿平等前提下签订合同，约定了房屋的价格。2003 年建材价格开始上涨，而双方是在建材价格已经上涨后的 2004 年才签订商品房买卖合同的，南方集团在签订合同时应预见到建材价格的波动，应确认为其自愿承受建材价格上涨风险。只有情势变更发生在合同成立之后，合同关系消灭之前，才能适用情势变更原则。

（二）原因限制

情势变更的发生不可归责于当事人。

例：【"非典"】中国银行丹阳支行诉景国庆租赁合同案，法院认为：双方订立房屋租赁合同后出现了"非典"疫情，致使被告的饭店不能正常经营，从而使被告履行合同的能力受到了极大影响，这种情况应当认为出现了情势变更。"非典"是一种突发性的异常事件，签订合同时难以预见，不可归责于当事人的任何一方。

（三）不可预见性

如果当事人订立合同时已经预见到某种情势，表明当事人考虑到这种因素并愿意承担该情势发生变更的风险，则不应适用情势变更原则。

例：【"禽流感"】 广州市汇美公司与江西华阳公司买卖合同纠纷上诉案，原告汇美公司与被告华阳公司2013年4月1日签订《羽绒购销合同》，被告向原告按期供应鸭绒，并交付7万元定金。2013年4月10日，由于大规模禽流感导致水禽交易市场受严重影响，被告提出解除合同并退还定金。法院认为：于2013年4月1日签订合同时，仅在前一天即2013年3月31日才发现3例人感染H7N9禽流感病毒，华阳公司不可能预计此后H7N9禽流感病毒的发展趋势，而在2013年4月8日，发现24例H7N9禽流感病毒，病例分布于上海、江苏、安徽、浙江4省市的17个地市级区域，上述情况相对于双方订立合同时发生了重大的变更，继续履行合同对华阳公司明显不公平，在此情况下，华阳公司及时通知汇美公司解除合同符合法律规定。

（四）结果限制

履行原合同显失公平。

例：【鄱阳湖采砂】 江西省永修县人民政府、永修县鄱阳湖采砂管理工作领导小组办公室与鹏伟公司采矿权纠纷案，最高法院认为：鹏伟公司所享有的鄱阳湖永修段采砂权虽然是通过竞拍方式取得的，但竞拍只是鹏伟公司与采砂办为订立《采砂权出让合同》所采取的具体方式，双方之间的合同行为仍应受《中华人民共和国合同法》的调整。鹏伟公司在履行本案《采砂权出让合同》过程中遭遇鄱阳湖36年未遇的罕见低水位，导致采砂船不能在采砂区域作业，采砂提前结束，未能达到《采砂权出让合同》约定的合同目的，形成巨额亏损。这一客观情况是鹏伟公司和采砂办在签订合同时不可能预见到的，鹏伟公司的损失也非商业风险所致。在此情况下，仍旧依照合同的约定履行，必然导致采砂办取得全部合同收益，而鹏伟公司承担全部投资损失，对鹏伟公司而言是不公平的，有悖于合同法的基本原则。鹏伟公司要求采砂办退还部分合同价款实际是要求对《采砂权出让合同》的部分条款进行变更，符合"情势变更"的构成要件，本院予以支持。

（五）例外情形

1. 商业风险不认定为情势变更

例：【租金涨幅是商业风险】 内乡县万德隆商业有限公司与河南省内乡县电影发行放映公司合同纠纷二审案中，南阳市中院经审理认为：本案争议的租赁物的租金的高低与租赁场地地理位置、商业活动是否活跃、宏观经济是否繁荣等密切相关，属于商业活动中不确定因素引起的，给商业主体带来获利或损失的一种客观经济现象，当事人能够预见或应当预见客观情况的变化会引起租金价格的波动，不属于应当适用情势变更原则的情形。因此，商业风险不认定为情势变更。

2. 合同双方预先对可能发生变化的情形进行了约定，不是情势变更

例：【预先安排】 陕西圣安房地产开发有限公司、陕西圣安房地产开发有限公司延安分公司与延长油田股份有限公司川口采油厂商品房销售合同纠纷二审案中，延长川口采油厂为了解决职工住房，以团购的形式与圣安延安分公司签订《商品房买卖合同》，后由于建筑市场劳务实际价格和建筑材料增长幅度较大，圣安公司请求变更商住房价格，由延长川口采油厂承担违约责任并赔偿损失。最高法院认为：延长川口采油厂支付的购房款完全可以满足工程建设需要，对于设计变更以及与此相关的房屋买卖价款是否调整、交房日期是否变更、相关费用是否增加等事项，当事人之间通过补充协议、会议纪要进行了明确约定，达成了一致，当事人应当按照约定履行。在此情况下，本案不存在适用情势变更原则的前提条件。因此本案不适用情势变更原则，双方应当按照约定继续履行合同。

第二节　合同的转让

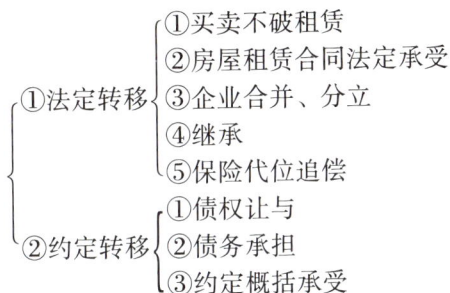

```
         ┌①买卖不破租赁
         │②房屋租赁合同法定承受
①法定转移┤③企业合并、分立
         │④继承
         └⑤保险代位追偿
         ┌①债权让与
②约定转移┤②债务承担
         └③约定概括承受
```

一、债权让与

原理：债权转让可以换"原告"。A 公司给 B 公司多汇了 6 万元服装加工款，有 B 公司开具的发票、银行转账凭证为证。现 A 想以不当得利名义起诉，请问该不当得利之债权能否转让给 C，以 C 的名义去起诉 B 公司？可以。（鼓励交易）

（一）什么债权不能转让（《民法典》第 545 条）

1. 按照当事人约定不得转让。

（1）当事人约定非金钱债权不得转让的，不得对抗善意第三人。

例：【提车债权善意才能收购】汽车买卖合同中出卖人甲与买受人乙约定，乙有提车请求权，不得转让给第三人。乙将该债权转让给不知情的丙。问：丙取得了债权了吗？取得。不知情的丙仍可请求甲交付汽车。（条款合体 = 恶意。抽屉条款 = 善意）

（2）当事人约定金钱债权不得转让的，不得对抗第三人。

例：【金钱债权随便收购】甲对乙有 100 万元债权，约定甲不能转让。后甲转让给丙，通知了乙。问：丙取得债权了吗？取得。金钱债权一概可以转让，即使约定也不得对抗任何第三人，因为需要促进金钱债权的流通性。（鼓励交易）

2. 根据债权性质不得转让：如扶养费债权请求权不得转让。如保证债权不得单独转让。

3. 依照法律规定不得转让：如交强险人身伤亡保险金请求权不得转让或者不得设定担保。如国防、军工等涉及国家安全和敏感信息的债权不得转让。

（二）内外有别：内部意思主义 + 外部通知主义

1. 内部：意思主义，债权让与协议在让与人与受让人之间意思表示一致时发生效力

例：【债权让与协议生效时 = 债权人换人成功】甲对乙有 300 万元债权，甲在 10 月 1 日将该债权卖给丙。丙何时成为新债权人？甲、丙内部，丙在 10 月 1 日成为新债权人。

2. 外部：通知主义，债权人转让债权，未通知债务人的，该转让对债务人不发生效力。（《民法典》第 546 条）（合理期待）

例：【必须通知】甲对乙有 300 万元债权，甲在 10 月 1 日将该债权卖给丙，在 10 月 15 日通知了乙。如何评价债权转让法律效果？①10 月 1 日，甲、丙债权转让协议生效，丙是新债权人。②10 月 15 日债权转让对乙生效，丙可向乙要钱。

3. **通知后不得撤销**：债权转让的通知不得撤销，但是经受让人同意的除外（"通知债务人＝收购方落袋为安"）。如债权卖1，又债权卖2，则债务人接到第一个通知所载明新债权人，债务人向它履行。

4. **一个债权"多卖"**：债权人将同一个债权出让给多个受让人，谁收购成功呢？

（1）一债权两卖的内部关系：①债权转让合同成立生效时债权转让。②再卖债权，卖方构成"无权处分"，"债权无公开性"，不适用善意取得制度。③但是，再卖债权的合同有效。

例：【1个债权2卖的内部关系】甲对乙有300万元债权，甲在10月1日卖给丙，在10月10日又卖给丁。如何评价债权转让法律效果？①10月1日丙是新债权人。②10月10日甲属于"无权处分"丙的债权，丁不能主张善意取得债权，丁可要求甲承担违约责任。

（2）【一债两卖的外部关系：卖1先通知债务人】债务人向第一个收购方清偿，正常。第二个收购方只能要求卖方承担违约责任。

例：【先卖先通知＝正常】甲对乙有300万元债权，甲在10月1日卖给丙，10月5日通知了乙；甲又在10月10日卖给丁，10月15日通知了乙。乙向谁清偿？

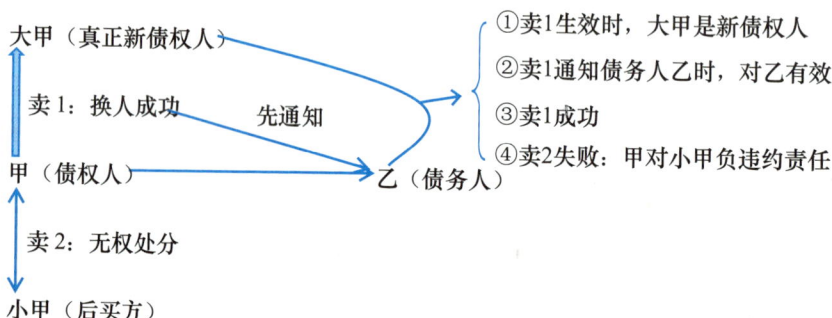

①向丙清偿。②10月1日债权转让协议生效时，债权人换人成功，丙是新债权人。10月10日甲再卖丙的债权给丁，属于无权处分，丁不能主张善意取得，故丁只能诉甲违约。

（3）【一债两卖的外部关系：卖2先通知债务人】债务人向第二个收购方清偿，这不太正常，但是要保护债务人的信赖，因为债务人接到向新债务人的通知在先，表面上看，债务人应向第二个收购方清偿，债务人的这种信赖应该获得保护，称之为"表见让与"。即表面上看，债权让与给了第二个收购方。

例：【后卖先通知＝表见让与】甲对乙有300万元债权，甲在10月1日卖给丙，在10月15日通知了乙；甲又在10月10日卖给丁，当日通知了乙。乙向谁清偿？

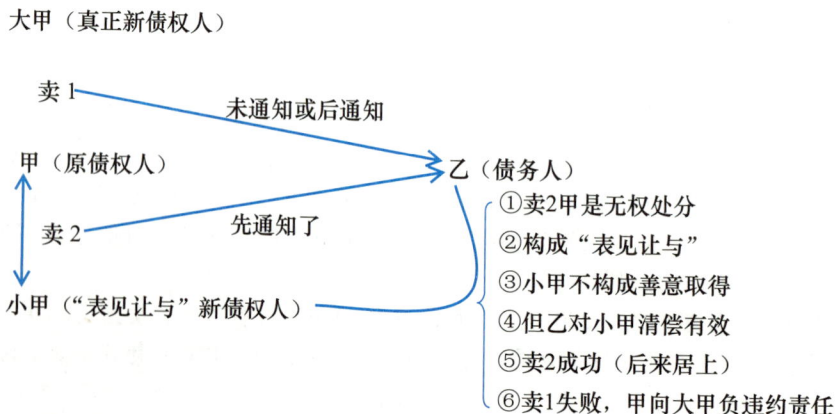

①向丁清偿。②10 月 1 日债权转让协议生效时，债权人换人成功，丙是新债权人。③10 月 10 日甲再卖丙的债权给丁，属于无权处分，丁不能主张善意取得债权。但是债务人在 10 月 10 日接到了债权转让的通知，债务人乙从"表面上看到的"是甲把债权让给了丁（"表见让与"），而债权转让通知发出后不得撤销（除非受让人丁同意，显然丁不会同意）。丁基于"表见让与"成为新的债权人。丙虽然收购债权协议在先，但是通知债务人落后，故丙不能要求乙还债，只能要求甲承担违约责任（债权转让协议的违约责任）。

> 秒杀：①一债权多卖，卖 1、卖 2 都有效，谁先通知债务人谁是新债权人。②先卖先通知，正常；后卖先通知，"表见让与"。

（三）收购方"买到"了什么？

1. 积极方面：买债权得从权利

（1）债权人转让债权的，受让人取得与债权有关的从权利，但是该从权利专属于债权人自身的除外。（《民法典》第 547 条第 1 款）

例：【换债权人同步换保证债权人】甲对乙有 300 万元债权，丙提供保证担保。甲将债权转让给丁，通知了乙。丁可否要求丙承担保证责任？①可以。②丁收购到甲的债权，通知了债务人乙。③甲既是乙的债权人，还是丙的保证债权人。④债权人自动换人，保证债权人也自动换人。⑤丁有权要求保证人丙承担保证责任。

例：【换债权人不换保证债权人】甲对乙有 300 万元债权，保证人丙与甲约定禁止债权转让。甲将债权转让给丁，通知了乙。丁可否要求丙承担保证责任？①不可以。②因为丙属于"专属保证"，禁止债权转让。③丁收购到甲的债权，但不成取代甲成为保证债权人。④简言之，丁只能要求乙还债，丁收购到的是无担保债权。

（2）受让人取得从权利不因该从权利未办理转移登记手续或者未转移占有而受到影响。（《民法典》第 547 条第 2 款）

例：【月亮走影子跟着走】甲对乙有 300 万元债权，乙提供房屋自物保或者丙提供房屋他物保担保，办理了抵押权登记。甲将该债权转让给丁，通知了乙，但未办理抵押权变更登记手续。丁可否就房屋主张抵押权？①可以。②甲是债权人，也是抵押权人。③甲将债权转让给丁，通知了债务人乙。④债权人换人成功，抵押权人同步换人成功，不以办理抵押权变更登记手续未前提。⑤有抵押权担保的债权，"流通性强"，有人买。

2. 消极方面：买"有病"的债权，会买到这个"病"

（1）被抗辩的病：债务人接到债权转让通知后，债务人对让与人的抗辩，可以向受让人主张。（《民法典》第 548 条）

例：【收购到"过了时效"的债权＝收购到"癌症"的债权】甲对乙的 300 万元债权已经过了诉讼时效，甲将该债权让与给丙，通知了乙。丙要求乙还 300 万元，乙可否提出诉讼时效届满的抗辩权？可以。否则会架空诉讼时效制度。

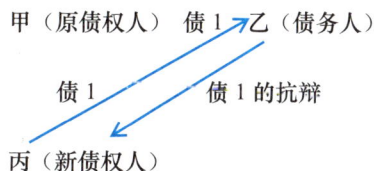

甲（原债权人）　债 1　乙（债务人）

债 1　　　　　债 1 的抗辩

丙（新债权人）

（2）被抵销的病：债务人可以向受让人主张抵销：①债务人接到债权转让通知时，债务人对让与人享有债权，且债务人的债权先于转让的债权到期或者同时到期（都到期）；②债务

人的债权与转让的债权是基于同一合同产生。(《民法典》第549条)

例1:【先到期或同时到期】甲对乙有300万元借款债权,6月1日到期。乙对甲有50万元货款债权,7月1日到期。5月1日甲将债权让与丙,在8月1日通知了乙。丙有权向乙主张300万元还是250万元?

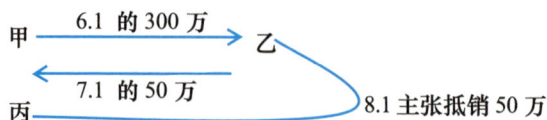

①250万元。②8月1日通知乙时,乙对甲的50万元债权已经在7月1日到期,所以乙可主张抵销50万元。③如果乙对甲的50万元是9月1日到期,那么乙在接到通知时期其50万债权不是"先到期"、也不是"同时到期",所以乙不可主张抵销50万元。

> 秒杀:接到通知时,债务人有东西吗?有东西就可以抵销。"有东西"即有可以用来抵销的债权。

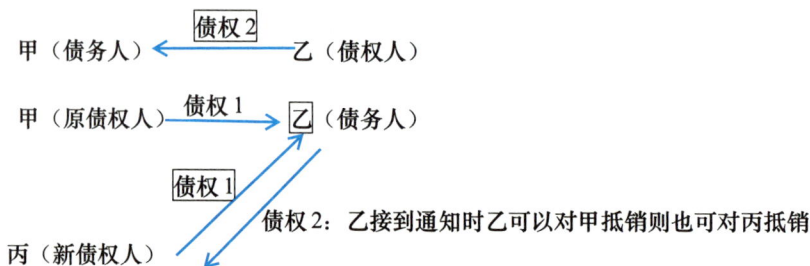

债权2:乙接到通知时乙可以对甲抵销则也可对丙抵销

> 原理:为什么在通知债务人时,才观察债务人是否对原债权可以主张抵销?①为了收购债权一方的信赖利益。受让人购买的是否干净的无抵销负担的债权,应该以债务人接到债权转让的通知时点为准。②在债务人接到让与通知时,"债权有病就是有病",此时收购方对债权进行体检。③如果在债务人接到让与通知后,债务人对让与人享有的债权,则债务人不得对受让人主张抵销。④通知前存在抵销,买到不干净的(眼睛瞎了,自担风险);通知后存在抵销,买到干净的。

例2:【同一合同债权】甲对乙享有300万元租金债权,乙维修房屋对甲享有维修费债权50万元。甲将300万元租金债权转让给丙,通知了乙,乙可向丙主张抵销50万元吗?可以。甲对乙的租金债权和乙对甲的维修费债权都是基于房屋租赁合同这同一合同产生,所以,乙可向丙主张抵销50万元。

(3)被扣减的费用:因债权转让增加的履行费用,由让与人负担。(《民法典》第550条)即债务人可对受让人主张扣减,再由受让人向让与人追要。

> 秒杀1:①债权人换人,不能让债务人的地位变得更差,债务人原有抗辩和原有抵销,都继续有。②债务人收到债权人让与通知时,债务人有东西可拿来抵销吗?有就有,没有就没有。③通知日=体检日。通知债务人时债权没病=干净债权=购买人买到干净债权;通知债务人时债权有病=不干净债权=购买人买到不干净债权。④做题时,看买卖时间点=买卖成功;看通知时间点=买卖对债务人成功+是有病与否的时间点。

秒杀2：债权转让做题3步走。①新债权人什么时候产生？债权转让协议生效时。②新债权人什么时候可以向债务人要钱？通知债务人时。③新债权人买到债权的病了吗？通知债务人时，债权有病吗？有就买到了，即买到债权上负担的抗辩和买到债权上负担的抵销。

二、债务承担

（一）免责债务承担 = "换债务人"（破坏债权人合理期待）

1. 免责债务承担：内外有别、同意、无因性

（1）"内部有效"：原债务人和新债务人达成债务承担协议，该协议对当事人有约束力，但未经债权人同意，对债权人不发生效力。（《民法典》第551条）

（2）"外部同意"：债务人将债务的全部或者部分转移给第三人的，应当经债权人同意。债务人或者第三人可以催告债权人在合理期限内同意，债权人未作表示的，视为拒绝同意。（《民法典》第551条）

例：【内部有效 + 外部同意】甲欠银行100万元，方志平和甲达成协议，由方志平替代甲还款。如何评价方志平和甲之间的协议？①内部协议有效约束方志平和甲。②如经银行同意对银行发生效力，即银行只能找方志平要钱。③如未经银行同意，对银行不发生效力，银行仍然找甲要钱。④如果方志平或甲催告银行表态是否同意，银行未表态，则视为银行拒绝同意，银行继续找甲要钱。

（3）免责债务承担协议具有"无因性"：新债务人基于什么考虑而替代旧债务人还债，属于"原因行为"，新债务人与旧债务人达成免责债务承担协议的效力，不受"原因行为"的影响。

例：【信用卡纠纷：免责债务承担协议具有无因性】甲在乙银行办理信用卡，甲应按期还信用卡的"月供款"。甲、乙银行和丙商场三方同意，甲持信用卡在丙商场消费，丙商场同意不向甲收款，而只能向乙银行收款。假设甲持信用卡在丙商场购买了5000元的衣服，但甲并未向乙银行还款，乙银行可否因此拒绝向丙商场付款？

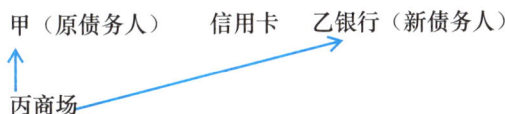

```
甲（原债务人）    信用卡    乙银行（新债务人）
    ↑                      ↗
丙商场
```

①不能。②新债务人乙银行取代旧债务人甲向丙商场支付甲购买衣物的款项，经过债权人丙商场同意，这属于三方签订的"免责债务承担协议"，该协议有效。③甲向乙银行按期还信用卡欠款，属于乙银行愿意取代甲成为债务人的原因，换言之，甲按期还信用卡"月供款"属于原因行为。④但是免责债务承担协议具有"无因性"，不受原因行为的影响。故乙银行应向丙商场付款，乙银行另案诉甲还信用卡欠款。

秒杀：所谓免责债务承担的无因性，就是说，"鬼知道"你新债务人为什么愿意取代旧债务人，我债权人不管原因，你新债务人必须还钱！

2. 新债务人可以主张债权原来负担"抗辩的病"，但不能主张债权原来负担"抵销的病"

（1）可以主张"抗辩的病"：债务人转移债务的，新债务人可以主张原债务人对债权人的抗辩。（《民法典》第553条）

例：【新债务人援引抗辩】甲乙签订买卖自动扶梯合同，约定甲先付款，乙后交付自动扶梯。因乙生产的自动扶梯存在质量问题导致重大安全事故，质监局介入调查。甲乙丙三方合

意，由丙取代甲向乙付款。乙要求丙付款，<u>丙可否拒绝？</u>

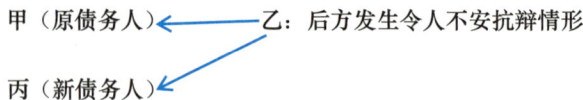

甲（原债务人）◄———— 乙：后方发生令人不安抗辩情形

丙（新债务人）◄————

①甲乙签订了双务合同，先方甲对后方乙提出的付款请求，有"不安抗辩权"。②甲乙丙三方达成免责债务承担协议，新债务人丙取代旧债务人甲，故丙可援引旧债务人甲的不安抗辩权，暂停向乙支付价款。

（2）不可以主张"抵销的病"：原债务人对债权人享有债权的，新债务人不得向债权人主张抵销。（《民法典》第553条）

例：【新债务人不得援引抵销】甲乙签订买卖发电机的合同，乙向甲交付了发电机，甲尚未向乙支付100万元价款。乙曾向甲借款20万元已经届期。经乙同意，甲将债务转移给小甲。乙要求小甲支付100万元，<u>小甲可否以甲对乙享有20万元债权为由主张抵销仅付80万元？</u>

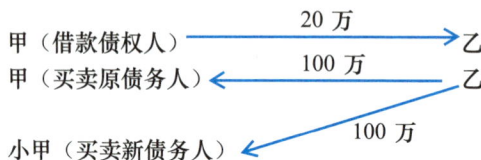

甲（借款债权人）————20万————► 乙

甲（买卖原债务人）◄———100万——— 乙

小甲（买卖新债务人）◄——100万———

①否。②乙对甲有100万元货款债权。甲对乙有20万元民间借贷债权。如果甲乙之间抵销，则乙可对甲主张80万元债权。③甲经乙同意将债务转移给了小甲，构成免责债务承担。新债务人小甲不得援引旧债务人甲对债权人享有的抵销权，故乙有权要求小甲支付100万元。④甲另案要求乙归还民间借贷20万元。

> **原理：**为什么新债务人可以主张抗辩的"病"，不能主张抵销的"病"？①因为抗辩是这个债权本身的固有瑕疵。②而抵销则必须是"有东西的"人才可以主张抵销，这个"东西"（上例中的20万民间借贷债权）是原债务人甲的，而不是新债务人小甲的。（别人的东西不能拿来抵销）

3. 新债务人要承受从债务，除非从债务有专属性

（1）换债务人＝同步换从债务人：债务人转移债务的，新债务人应当承担与主债务有关的从债务。（《民法典》第554条）

例：【本金是主债务，利息是从债务】甲对乙有100万元债权届满1年未还，经甲同意乙将该债务转移给丙。甲要求丙归还100万及迟延1年的相应利息，丙仅同意归还100万元本金，不同意归还利息。<u>丙主张是否成立？</u>①否。②本金债务转移，利息从债务随之转移。

（2）换债务人＝不能换专属原债务人的从债务：从债务专属于原债务人，则新债务人履行"主债务"，原债务人履行"从债务"。（《民法典》第554条）

例：【卖画是主债务，装裱画是专属从债务】甲与乙协议购买乙所收藏的油画一幅，并约定由乙将该油画装裱后交付给甲。因为乙在当地是有名的装裱艺人，所以甲支付的购画钱比较高。此后，由于乙收藏的油画破损以致不能交付，经征得甲的同意后，将交付油画的合同债务转由第三人丙来完成，丙也表示同意，乙便将甲所支付的购画款全部转交给丙。当丙向甲交付该油画时，甲拒绝接受，因为该油画未经装裱。甲提出要么由乙继续装裱该画，要么由丙退回部分钱款，乙和丙均予以拒绝。甲遂向当地法院提起诉讼。<u>如何评价本案？</u>①甲乙签订买卖油画的合同，甲已经支付价款，乙尚未履行交付油画的义务。②乙交付油画属于主债务，乙装裱

油画属于从债务，但具有专属性，只能由乙亲自完成。③债权人甲、旧债务人乙、新债务人丙三方同意由丙取代乙履行交付油画义务。④如此一来，应由旧债务人乙履行具有专属性的从债务即装裱油画义务，新债务人丙履行主债务即交付油画义务。⑤甲有权要求乙装裱画，甲有权要求丙交付画。甲无权要求丙退款，因为乙将甲所付款转交给丙，属于乙丙之间的法律关系，与甲无关。

4. 原债务人已经退出：换人对债权人发生效力后，原债务人彻底退出，再回来清偿构成第三人代为清偿，第三人代为清偿后对债务人有求偿权。（"免责"）

例：【旧债务人再回来已成第三人】甲对乙享有100万元债权，甲乙丙三方同意，由丙取代乙向甲还100万元。岂料，乙又实际向甲还款100万元。<u>如何评价乙的还款行为？</u>①甲乙丙三方达成免责债务承担，丙取代乙成为新债务人，乙再回来向甲还款，属于第三人代为清偿。②甲的债权消灭，第三人乙取代甲的位置，可向新债务人丙追偿。

> 秒杀：<u>免责债务承担3步走</u>。①新债务人何时成为新债务人？债务换人协议生效时。②新债务人换人何时对债权人生效？经债权人同意后。③新债务人可以主张原债权什么病？可以主张原债权负担抗辩的病，但不得主张原债权负担抵销的病（<u>因为新债务人没有权利啊，没有东西，自然不得主张抵销，否则新债务人拿什么去抵销呢？</u>）。

> 秒杀：<u>债权转让做题3步走</u>。①新债权人什么时候产生？债权转让协议生效时。②新债权人什么时候可以向债务人要钱？通知债务人时。③新债权人买到债权的病了吗？通知债务人时，债权有病吗？有就买到了，即买到债权上负担的抗辩和买到债权上负担的抵销。

> 综合秒杀：换债务人必考同意；换债权人必考通知。换债务人是新债务人主张"抗辩病"；换债权人是新债权人承受"抵销病"。

（二）并存债务承担 = 债务加入

1. 新旧约定：新人和旧人约定新人加入债务并通知债权人。债权人在合理期限内未明确表示拒绝的，债权人可以请求第三人在其愿意承担的债务范围内和债务人承担连带债务。（《民法典》第552条）（"翻白眼 = 非常同意"）

例：【新人明明白白加入】甲对乙享有100万元债权，乙和丙约定，丙与乙一起向甲还款，并通知了甲。<u>甲可否拒绝？如甲不拒绝，甲可否要求要求乙和丙负连带责任？</u>①甲可拒绝。②如甲不拒绝，或者甲在合理期间内未明示拒绝，则甲有权要求乙丙负连带还款100万元。

2. 新人主动：新人向债权人表示愿意加入债务。债权人在合理期限内未明确表示拒绝的，债权人可以请求第三人在其愿意承担的债务范围内和债务人承担连带债务。（《民法典》第552条）（剥夺了原债务人的同意权）

例：【新人偷偷摸摸加入】甲对乙享有1万元债权，丙向甲发函，同意与乙一起向甲还款。届期后甲请求丙还款，丙以其债务加入未经乙同意为由拒绝。<u>丙的理由是否成立？</u>①否。②丙直接向债权人甲表示愿意加入债务，甲没有拒绝，故甲有权要求乙丙连带还款1万元。

3. 公司加入债务 ≈ 公司对外担保：《担保制度解释》第12条："法定代表人依照民法典第552条的规定以公司名义加入债务的，人民法院在认定该行为的效力时，<u>可以</u>参照本解释关于公司为他人提供担保的有关规则处理。"

（三）免责债务承担、债务加入、第三人代为履行与保证人

区分角度	免责债务承担	债务加入	第三人代为履行	保证人
"新人"是当事人吗？	是	是	不是	是
"旧人"退出了吗？	退出了	没退出	没退出	没退出
题干措辞如何体现？	新债务人取代旧债务人通知债权人，债权人同意了	债务人通知债权人同意履行债务，未明确原债务人退出	第三人实际履行，未向债权人出具同意还债的意思表示	担保函；保证责任

《担保制度解释》第36条第1款："第三人向债权人提供差额补足、流动性支持等类似承诺文件作为增信措施，具有提供担保的意思表示，债权人请求第三人承担保证责任的，人民法院应当依照保证的有关规定处理。"第2款："第三人向债权人提供的承诺文件，具有加入债务或者与债务人共同承担债务等意思表示的，人民法院应当认定为民法典第552条规定的债务加入。"第3款："前两款中第三人提供的承诺文件难以确定是保证还是债务加入的，人民法院应当将其认定为保证。（因为保证是或有债务）"第4款："第三人向债权人提供的承诺文件不符合前3款规定的情形，债权人请求第三人承担保证责任或者连带责任的，人民法院不予支持，但是不影响其依据承诺文件请求第三人履行约定的义务或者承担相应的民事责任。"

（因为一般保证责任更轻一些，是或有债务，而连带比较重，要法定或约定，否则世界就模糊了，就连坐了，就乱套了）

例：【股东加入公司的债务】甲经乙公司股东丙介绍购买乙公司矿粉，甲依约预付了100万元货款，乙公司仅交付部分矿粉，经结算欠甲50万元货款。乙公司与丙商议，由乙公司和丙以欠款人的身份向甲出具欠条。其后，乙公司未按期支付。如何评价丙在欠条上签名的行为？①债务加入（并存债务承担）。因为丙是当事人，有加入的意思表示。②丙是当事人，故不是第三人代为清偿。③原债务人乙公司仍然继续还债，故不是免责债务承担。④相对于乙公司而言，丙是无因管理；相对于债权人甲而言，丙不是无因管理，是依法还债（债务加入）。

秒杀：分2步走。①第一步：第三人向债权人签字了吗？"打条子了吗"？如果第三人向债权人签字同意还债，则第三人为当事人，不属于第三人代为清偿；②第二步：原债务人还在吗？不在，则为免责债务承担；在，则为并存债务承担。原债务人在还是不在要尊重债权人的意思。③一句话，意思自治为王，不看履行看签字，即看第三人是否向债权人签字了。

三、债权债务概括承受

（一）经对方同意可将合同权利义务一并转移

当事人一方经对方同意，可以将自己在合同中的权利和义务一并转让给第三人。（《民法典》第555条）

（二）债权债务概括转移规则

合同的权利和义务一并转让的，适用债权转让、债务转移的有关规定。（《民法典》第556条）

第七章 合同终止

问：合同终止和合同权利义务的消灭有什么区别？①《民法典》第 7 章的章名（合同的权利义务终止）。②合同终止，又叫狭义合同权利义务终止，《民法典》第 557 条第 2 款规定"合同解除的，该合同的权利义务关系终止"。其第 1 款规定的是，比合同更广义的债权债务的终止。"债权债务终止：（一）债务已经履行；（二）债务相互抵销；（三）债务人依法将标的物提存；（四）债权人免除债务；（五）债权债务同归于一人；（六）法律规定或者当事人约定终止的其他情形。"③单就合同终止而言，按照体系解释，这是合同效力之后的章节，故属于合同有效情形下的合同的终止。④而合同权利义务的消灭，可以是无效合同的合同权利义务消灭；也可以是有效合同权利义务因为终止消灭。⑤权利义务消灭是广义的。

第一节 清 偿

一、第三人代为履行

（一）有利益关系第三人"有权"代为履行，债权人不得拒绝

债务人不履行债务，第三人对履行该债务具有合法利益的，第三人有权向债权人代为履行，但是根据债务性质、按照当事人约定或者依照法律规定只能由债务人履行的除外。债权人接受第三人履行后，其对债务人的债权转让给第三人，但是债务人和第三人另有约定的除外。（《民法典》第 524 条）

例1：【善意取得留置权所有人代为支付维修费】甲车借由乙使用，乙借用期间交由丙维修，乙未支付维修费，丙将车留置。甲提出向丙交纳维修费，丙是否有权拒绝？①否。②乙丙之间签订承揽合同，基于合同相对性，乙是支付维修费义务人。③乙未支付维修费，乙并非车主，丙善意取得对车的留置权。④甲是车主，与乙向丙履行债务具有合法利益，故甲有权代乙向丙支付维修费，丙不得拒绝，以此消灭丙的留置权，取回车。⑤此后甲再向乙追偿。⑥因甲并非承揽合同当事人，丙无权请求甲支付维修费。⑦一句话，车主甲可以主动给，留置权人丙不能主动要。

例2：【转租的次承租人代为支付租金请求权】甲将房屋出租给乙，乙经甲同意将房屋转租给丙。乙到期未向甲付租金，甲欲解除租赁合同。丙提出代乙向甲支付租金，甲是否有权拒绝？①否。②甲乙有租 1，基于合同相对性，乙是支付租金义务人。③乙丙有转租 2，基于合同相对性，次承租人丙是支付租金义务人。④甲丙无合同关系，基于合同相对性，甲无权要求丙支付租金。⑤但是，从丙的角度而言，丙对乙向甲支付租金的债务具有合法利益，故丙有权代乙向甲支付租金，甲不得拒绝，以此对抗甲的解除权。⑥此后，丙代位支付的租金超出其应向乙支付转租 2 的租金，可向乙追偿。⑦一句话，次承租人丙可以主动给，房东甲不能主动要。

例3：【房屋买卖中买方代卖方还债请求权】甲乙双方签订了房屋买卖合同，合同履行过程中，卖方甲因为民间债务纠纷，房屋被债权人丙申请A法院查封了。卖方甲和债权人丙经A法院调解，出具了调解书。卖方甲在还款期限内未还款，买方乙为了清除房屋买卖合同履行障碍，通过A法院和债权人丙沟通由乙代为履行，但是债权人丙明确表示除非卖方甲亲自偿还债务，否则任何第三方偿还都不认可。卖方甲知晓后也对此表示反对，称未经自己同意，外人不得代替自己还债。<u>甲丙理由是否成立？</u>①否。②甲与丙之间有民间借贷法律关系，基于合同相对性，甲负有还款义务，乙不是当事人，乙不负有还款义务。③但是，乙对于甲向丙还款的债务具有合理利益，即解除对乙所购买房屋的查封以办理过户手续。乙属于有法律上利害关系第三人，有权代为清偿，债权人丙不得拒收，债务人甲无资格反对。④如买方乙代替卖方甲偿还债务，则A法院出具解除查封裁定，乙请求甲配合办理房屋过户手续，其代为履行金额可与其应向甲支付的购房款进行冲抵。

（二）债权人和债务人约定由第三人代为履行

当事人约定由第三人向债权人履行债务，第三人不履行债务或者履行债务不符合约定的，债务人应当向债权人承担违约责任。（《民法典》第523条）

例：【债主和债务人约定由第三人来付钱】甲对乙享有毛竹货款债权8万元，双方约定由丙用房屋折价清偿货款。丙未履行，<u>甲是否有权请求丙履行？</u>①否。②甲只能要求乙继续履行，因为丙并非合同当事人。③如果丙将房屋过户给甲折价，则可对乙追偿8万元。

（三）债务人和第三人约定由第三人代为履行

例：【母公司和子公司约定由子公司还母公司欠经理的债】甲建筑公司中标营业楼工程，部分工程分由其有资质的乙子公司承建。高某是乙公司的项目经理，工程施工中，高某为甲公司代缴了5万元的建设规费。工程结束后，甲公司制作了一份管理费明细表与乙子公司对账，由乙公司代甲公司向高某偿还5万元。后高某向甲公司索要，甲公司称债务已经转移给乙公司。高某遂向乙公司索款，乙公司称高某与自己还有其他经济纠纷不愿意归还。高某转而又向甲公司索要，甲公司称既高某都已经向乙公司要了，视为同意债务已经都转移给乙公司了。<u>高某有权向谁要钱？</u>①有权向甲公司要钱。②高某和甲公司之间属于无因管理之债，高某对甲公司享有无因管理之债权。③债务人甲公司和第三人乙公司约定由第三人乙公司向高某还款，这不是免责债务承担，且高某未同意。④故高某仍有权要求甲公司偿还无因管理之债，乙公司不是该债之债务人。

（四）第三人实际代为履行

例：【偷偷摸摸买单】方志平在湘菜公主饭店吃饭，偶遇考友小怦，小怦偷偷给方志平买单了。<u>小怦可否向方志平追偿？</u>可以，这属于第三人代为履行。

（五）第三人代为履行后有追偿权

债权人接受第三人履行后，其对债务人的债权转让给第三人，但是债务人和第三人另有约定的除外。

> 秒杀1：第三人代为履行中，不存在第三人向债权人签字同意履行情形，因为一旦第三人向债权人签字承诺履行债务，则第三人就不是第三人，就是当事人。要么属于免责债务承担新债务人，要么属于债务加入的新债务人。

> 秒杀2：第三人代为履行中，有利害关系的第三人代为履行，债权人不能拒绝。无利害关系的第三人代为履行，债权人可以拒绝。只要第三人代为履行后，都可以向债务人追偿。

二、代物清偿（"以物抵债"）

（一）什么是代物清偿协议？

1. 【债务履行期届满后才是"代物清偿协议"】代物清偿协议是指债务履行期届满后，债务人以他种给付代替原有给付，从而使债消灭的协议。又称"以物抵债"协议。（房屋一般抵债打折7~9折）

例：【抵押权实现之折价方式＝代物清偿协议】甲向乙借款100万元，用自己价值100万元的房屋为乙设定抵押权办理了抵押权登记手续。甲届期无力还款，乙主张对房屋实现抵押权，双方协议用房屋折价。如何评价该折价协议？①这属于代物清偿协议。②折价时应参照市场价格，"多退少补"，如房屋市价120万元，则要退20万元给甲。③如房屋市值80万元，双方可以协议剩余20万元债务免责。④如果折价协议损害甲的其他债权人利益的，则其他债权人可以请求人民法院撤销该协议。

2. 【债务履行期届满前不是"代物清偿协议"】《九民纪要》45【履行期届满前达成的以物抵债协议】当事人在债务履行期届满前达成以物抵债协议，抵债物尚未交付债权人，债权人请求债务人交付的，因此种情况不同于本纪要第71条规定的让与担保，人民法院应当向其释明，其应当根据原债权债务关系提起诉讼。经释明后当事人仍拒绝变更诉讼请求的，应当驳回其诉讼请求，但不影响其根据原债权债务关系另行提起诉讼。

例：【非代物清偿协议】甲向乙借款1000万元，约定将来借款到期时用甲的房屋抵债给乙。借款到期后，乙要求甲履行过户房屋的义务，能否成立？①不能。②借款合同未到期，当事.签订的名为代物清偿协议，实质上是"让与担保合同"，因为甲没有将房屋过户给乙，所以乙没有取得让与担保权。③乙不能要求甲履行房屋过户义务，只能请求甲还借款。

（二）如果是代物清偿协议，则该协议是诺成性合同，债权人可请求债务人履行该协议

> 《九民纪要》第44条【履行期届满后达成的以物抵债协议】当事人在债务履行期限届满后达成以物抵债协议，抵债物尚未交付债权人，债权人请求债务人交付的，人民法院要着重审查以物抵债协议是否存在恶意损害第三人合法权益等情形，避免虚假诉讼的发生。经审查，不存在以上情况，且无其他无效事由的，人民法院依法予以支持。
>
> 当事人在一审程序中因达成以物抵债协议申请撤回起诉的，人民法院可予准许。当事人在二审程序中申请撤回上诉的，人民法院应当告知其申请撤回起诉。当事人申请撤回起诉，经审查不损害国家利益、社会公共利益、他人合法权益的，人民法院可予准许。当事人不申请撤回起诉，请求人民法院出具调解书对以物抵债协议予以确认的，因债务人完全可以立即履行该协议，没有必要由人民法院出具调解书，故人民法院不应准许，同时应当继续对原债权债务关系进行审理。

例：【代物清偿协议是诺诚合同】甲欠乙1000万元已经到期，双方约定用房屋抵债。后来甲没有将房屋过户给乙（在你手里不动了＝不动产），乙请求甲过户房屋，法院是否支持？①法院应该支持，债权人可请求债务人履行代物清偿协议。②但是法院在诉讼中不会出具调解书对以物抵债协议进行确认，因为债务人可以立即履行该协议，没有必要由法院出具调解书。以免当事人利用法院调解书"逃避"债务损害第三人利益。③如果当事人通过协议"逃债"，债权人可以提起债权人撤销权诉讼（民法上制度）；如果当事人通过"调解书""逃债"，债权人可以提起第三人撤销之诉（民诉法上制度），后者会有损法院文书的权威性。

原理：为什么"代物清偿协议""诺成性合同"，而非实践性合同？（1）【诺成性合同＝《九民纪要》观点】我国现行法并非规定代物清偿制度，当事人又未明确约定以债权人受领抵债物作为成立要件的情况下，应当将以物抵债协议认定为诺成性合同，只要双方就以物抵债协议达成合意，以物抵债协议就成立。"以物抵债协议"属于诺成合同而非实践合同，不以抵债物的交付作为成立要件。（2）【代物清偿协议是诺成性合同的原因1："哲学价值"】①因为如果认定代物清偿协议是实践性合同，则"代物清偿协议"仅有"哲学价值"。②所谓实践性合同是指标的物交付后合同才成立。而代物清偿协议标的物都已经交付，意味原债因为清偿而消灭，代物清偿协议也就没有价值。③换言之，如果坚持代物清偿协议属于实践性合同，则会导致其一成立就消灭，岂不是仅有哲学价值吗？生死同步。（3）【代物清偿协议是诺成性合同的原因2："受领他种给付"】①【代物清偿协议】代物清偿协议，是双方约定债权人"受领他种给付"代替原来的给付，债务关系归于消灭的制度。②【实践性合同】实践性合同是"交付标的物"为成立要件。③【"受领他种给付"≠"交付标的物"】"代物清偿"中的"受领他种给付"，既可能是动产，也可能是不动产，还可能是特定的作为或不作为。④在标的物是动产时，"受领动产"与"交付动产"可以替代；⑤但是在标的物是不动产时，则仅仅交付不动产这个标的物尚不足以实现清偿目的，只有在办理过户登记手续后才能实现该目的。⑥如果是特定行为比如用提供服务来代替给付金钱之债，甚至不存在交付问题。⑦可见，债权人以消灭债务为目的所为的"受领"，必须要有所有权的转移。而"物的交付"并不必然意味所有权的转移。⑧据学者考证，传统理论之所以将"代物清偿"理解为实践合同，就是因为误解了"物的交付"和"所有权转移"。（4）【代物清偿协议是诺成性合同的原因3：实践性合同的交付行为，与作为债的消灭原因的清偿行为，完全不同】①【实践性合同的交付行为会产生债】在一般的实践性合同中，作为合同成立要件的物的交付，会导致合同的成立。合同有效成立后，在双方当事人之间会发生债的关系，该债的关系因为履行等原因而消灭。②【代物清偿中的清偿行为会消灭债】代物清偿合同中，代物清偿协议因物的交付而成立，同时也因物的交付（因其同时构成清偿）而消灭，并无债的效力存续问题。因此，与其说代物清偿产生了债，还不如说其消灭了债。（5）【代物清偿协议是诺成性合同的原因4：维护意思自治和诚信社会建立】①如果将代物清偿协议当做实践性合同，会削弱意思自治的效力。②因为仅有协议而未交付替代物，代物清偿协议不成立，对双方不具有约束力。如此一来，代物清偿协议之所以具有约束力，是因为替代物的给付，而非当事人的意思。③因此，如果将代物清偿协议确定为实践性合同，会削弱意思自治的效力，不利于鼓励诚信社会的建立。（6）【代物清偿协议是诺成性合同的原因5：代物清偿协议是无名合同】①代物清偿制度在我国属于无名合同。②《民法典》第467条："本法或者其他法律没有明文规定的合同，适用本编通则的规定，并可以参照适用本编典型合同或者其他法律最相类似合同的规定。"③无名合同适用合同编通则的规定。④合同编通则怎么规定的？⑤《民法典》第483条："承诺生效时合同成立，但是法律另有规定或者当事人另有约定的除外。"⑥在合同成立问题上，以诺成合同为原则，以实践合同未例外。也就是说，只要没有法律的明确规定或当事人的明确约定，合同原则上都是诺成合同。⑦考虑到与"以物抵债协议"性质最相类似的买卖合同都是诺成合同，因此，在我国，只要当事人没有约定将物的交付作为"以物抵债协议"的成立要件，就应当认定"代物清偿协议"为诺成合同，自双方达成合意时成立。

（三）"代物清偿协议"与"旧债"的关系是什么？要么是替代要么是并存，看当事人如何约定

1.【代物清偿协议已经履行则债消灭】自抵债协议有效成立之日起，新旧两债均归于消灭，债权人取得抵债物的所有权。

2.【代物清偿协议尚未履行则看意思自治】要么替代，叫"债的更新"；要么并存，叫"新债清偿"。

（1）【取代】代物清偿协议明确约定原债消灭，则当事人之间只有新债，学理称之为"债的更新"。（剥夺了债权人选择的机会。如果债权人让步了，一旦是取代，那么是给自己下套了）

例：【指导案例72号"汤龙、刘新龙、马忠太、王洪刚诉新疆鄂尔多斯彦海房地产开发有限公司商品房买卖合同纠纷案"裁判要点】自然人对开发商借款债权已经到期，双方约定开发商用房屋抵借款，明确约定借款之债变成"代物清偿"即房屋买卖合同关系。法院如何认定？①借款合同双方当事人经协商一致，终止借款合同关系，建立商品房买卖合同关系，将借款本金及利息转化为已付购房款并经对账清算的，不属于流押条款，该商品房买卖合同的订立目的，亦不属于"买卖合同担保民间借贷"，该商品房买卖合同具有法律效力。②但对转化为已付购房款的借款本金及利息数额，人民法院应当结合借款合同等证据予以审查，以防止当事人将超出法律规定保护限额的高额利息转化为已付购房款。③比如当事人借款1000万元本金，为期1年，年利率约定为40%。双方直接将市值1400万元的房屋折抵给汤某等并过户。如此一来，当事人就可以通过将民间借贷合同转化为商品房抵债协议，规避民间借贷利率制度。④本来汤某等借出去1000万元，最多年底可以回来一年期LPR的4倍（"LPR"即一年期贷款市场利率的4倍比如15.8%，即1158万元），但是通过收房却可以获得1400万元。因此，最高法院认为，超出一年期LPR的4倍的部分是无效的，故汤某等需要补购房款（1400万 − 1158万 = 242万元）。

（2）【并存】代物清偿协议未明确原债消灭，则原债和新债（代物清偿协议）同在，学理称之为"新债清偿"。根据《民法典》第515条规定："标的有多项而债务人只需履行其中一项的，债务人享有选择权；但是，法律另有规定、当事人另有约定或者另有交易习惯的除外。享有选择权的当事人在约定期限内或者履行期限届满未作选择，经催告后在合理期限内仍未选择的，选择权转移至对方。"债务人有选择权，选择履行代物清偿协议，或者选择履行原债务。

例：【用画还100万元民间借贷】王某向丁某借款100万元，后无力清偿，遂提出以自己所有的一幅古画抵债，双方约定第二天交付。如何评价"古画抵债"？①100万元债务已经届期，双方约定用古画抵债，这属于"代物清偿协议"，乃诺成性合同。②原借款合同并没有消灭。③王某可以选择还画，也可以选择还钱。④如果王某交付古画，会导致借款之债消灭。⑤如果王某交付古画后，该画被鉴定为赝品，则王某应承担瑕疵担保责任。

> 原理：为什么当事人没有明确约定"取代"，则视为"并存"？《九民纪要》认为意思自治优先。❶【意思自治优先 = 允许约定为债的更新】合同法规则属于任意法的特点，以及意思自治原则，我们不反对当事人约定债的更新。债的更新的特点是，新债的成立和旧债的消灭互为因果，新债成立后旧债归于消灭，附属于旧债的担保等也一同消灭。❷【无约定则应视为"新债清偿"】考虑到债的更新彻底消灭旧债，附属于旧债的担保也随之消灭，这对债权人非常不利。从保护债权人利益出发，除非当事人有明确的债的更新的意思表示，否则，应将以物抵债协议解释为是"新债清偿"，而非"债的更新"。

> 秒杀1："代物清偿协议"尚未交付抵债物的，"新债清偿为原则"，"债的更新为例外"。

> 秒杀2：代物清偿的3种考法，①第一种考法，当事人无代物清偿协议，直接强行以物抵债，构成侵权，不是自助行为。②第二种考法，当事人有代物清偿协议，明确约定原关系消灭，新关系产生，此为"债的更新"。（最高院72号指导案例）。③第三种考法，当事人有代物清偿协议，未明确约定原关系消灭，则此时简单之债转化为选择之债。

（四）甲与乙有金钱之债债权债务关系，约定甲用"东西"抵顶给乙，甲乙的"抵顶协议"是什么性质？

1. 到期了，约定抵债物还债：代物清偿协议 = 诺成性合同。

2. 没到期，约定"抵债物"归对方：（1）抬头是抵押合同，则该约定是流押条款，该条款无效，不影响其他部分效力。（2）抬头是质权合同，则该约定是流质条款，该条款无效，不影响其他部分效力。（3）抬头是转让合同，该约定是"流让条款"，该条款无效，不影响其他部分效力。①公示了，则设立了让与担保权。②未公示，则未设立让与担保权。

> 秒杀1：【区分代物清偿协议与让与担保合同】（1）到期了吗？到期了就是代物清偿。（2）没到期就是担保。是担保的话，公示了吗？①公示了是设立了让与担保权；②没公示则只有让与担保合同，未设立让与担保权。

> 秒杀2：【识别让与担保合同】让与担保合同有3种描述方法：（1）【直接明了】让与担保合同。（2）【外观是"代物清偿协议"】债务未到期的"代物清偿协议"。（3）【外观是买卖合同】用买卖合同来担保借款合同的履行。

三、清偿的抵充

（一）主债的抵充推定规则

1. 从约定。

2. **无约定则债务人在清偿时指定。**

债务人对同一债权人负担的数个债务种类相同，债务人的给付不足以清偿全部债务的，除当事人另有约定外，由债务人在清偿时指定其履行的债务。

3. **无约定且债务人在清偿时无指定：已期、无担保、负担重、到期先后、比例**

（1）已期：债务人未作指定的，应当优先履行已到期的债务。（2）无担保：几项债务均到期的，优先履行对债权人缺乏担保或者担保最少的债务。（3）负担重：担保数额相同的，优先履行债务负担较重的债务。（4）到期先后：负担相同的，按照债务到期的先后顺序履行。（5）比例：到期时间相同的，按比例履行。

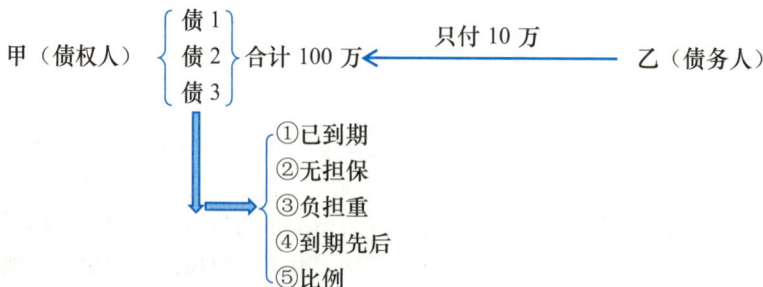

```
甲（债权人）┌ 债1 ┐
            ┤ 债2 ├ 合计 100 万 ←──── 只付 10 万 ──── 乙（债务人）
            └ 债3 ┘
                    ┌ ①已到期
                    │ ②无担保
                    ┤ ③负担重
                    │ ④到期先后
                    └ ⑤比例
```

> 秒杀：已期 > 无担保 > 负担重 > 到期时间先后 > 比例

例1：【已期】胡某于 2016 年 3 月 10 日向李某借款 100 万元，期限 3 年。2019 年 3 月 30 日，双方商议再借 100 万元，期限 3 年。两笔借款均先后由王某承担连带保证，未约定保证期间。李某未向胡某和王某催讨。胡某仅于 2020 年 2 月归还借款 100 万元。<u>胡某归还的 100 万元是哪个借款？</u>

胡某	2016. 3. 10 的 100 万 +3 年	李某 2016. 3. 10 的 100 万 +3 年 +6 个月 × 王某
	2019. 3. 30 的 100 万 +3 年	2019. 3. 30 的 100 万 +3 年 +6 个月√

（1）2016 年的借款。（2）以还债时间即 2020 年 2 月为排队时间点：①2016 年的借款在 2019 年 3 月 10 日到期。②2019 年的借款在 2022 年 3 月 30 日到期。③故 2016 年借款已到期，而 2019 年的借款尚未到期，故还的是 2016 年的借款。（3）往前推进一步，看看担保：①2016 的借款届期是 2019 年 3 月 10 日，再加 6 个月保证期间，即<u>2019 年 9 月 10 日保证期间届满</u>。②同理，2019 年的借款届期是 2022 年 3 月 30 日，再加 6 个月的保证期间，即<u>2022 年 9 月 30 日保证期间届满</u>。③债权人李某最早只可能在 2020 年 2 月提出过履行请求，故此前一直躺在保证债权上睡觉，故 2016 的借款保证责任因保证期间届满已经消灭，而 2019 年的借款保证责任还继续存在。

例2：【已期、无担保、负担重】甲向乙订购挖掘机 1 台，约定 2019 年 8 月 1 日交货。后甲又向乙订购相同挖掘机 1 台，约定 2019 年 9 月 1 日交货，并特别约定如乙未能在 2019 年 9 月 10 日之前交付第二台挖掘机，乙应支付违约金 3000 元。2019 年 9 月 5 日，乙仅向甲交付了一台挖掘机，未做任何其他表示。<u>乙交付的是哪个合同项下的挖掘机？</u>①交付的是 9 月 1 日的挖掘机。②排队起点是履行债务时，即 2019 年 9 月 5 日。③在 9 月 5 日时：8 月 1 日的债务到期，9 月 1 日的债务也到期，两笔债务均到期。④进入下一层次，两笔债务都无担保，且 9 月 1 日债务有违约金，但违约金不是担保，而是从债务。定金才是担保。⑤故进入下一层次，9 月 1 日的债务负担更重一些，有违约金 3000 元。⑥故先抵充 9 月 1 日的债务，即乙向甲交付的挖掘机消灭的是 9 月 1 日的合同，同时符合 9 月 10 日前交付挖掘机的要求，免负 3000 元违约金责任。

秒杀1：【还的是哪个主债】①从约定；②债务人清偿时指定；③已期＞无担保＞负担重＞到期时间先后＞比例。

秒杀2：【如何运用"已期＞无担保＞负担重＞到期时间先后＞比例"】第一步，以还债时间点为排队时间点。第二步，已期＞无担保＞负担重＞到期时间先后＞比例。

（二）费用、从债和主债抵充推定规则（《民法典》第 561 条）

债务人在履行主债务外还应当支付利息和实现债权的有关费用，其给付不足以清偿全部债务的，除当事人另有约定外，应当按照下列顺序履行：（1）实现债权的有关费用；（2）利息；（3）主债务。

例：【利息永远是利息】甲欠乙 1 亿元，利息 1 千万元。甲还了 1 千万元，到底是还利息还是还本金？还的是利息，故甲还欠乙 1 亿元。如果认为还的是本金，则甲欠乙 9 千万元，而甲还乙利息 1 千万元，这利息一直是利息，不能"利滚利"。

秒杀：【是还利息还是本金】①从约定；②无约定则先利息后本金。

第二节　抵　销

一、约定抵销

当事人互负债务，标的物种类、品质不相同的，经协商一致，也可以抵销。（《民法典》第 569 条）

二、法定抵销

（一）同种类品质

当事人互负债务，该债务的标的物种类、品质相同的，**任何一方**可以将自己的债务与对方的到期债务抵销；但是，根据债务性质、按照当事人约定或者依照法律规定不得抵销的除外。（《民法典》第 568 条第 1 款）

例：【电视和手机不能法定抵销】甲借乙电视届期未还，乙借甲手机届期未还。甲向乙要手机，乙主张用手机与电视抵销，<u>是否成立？</u>①否。②甲乙无约定抵销。③甲乙不能适用法定抵销，因为标的物种类品质不同。

> 原理：为什么说抵销有优先受偿的功能？（"个别清偿"）①甲对乙有 30 万元债权，乙对甲有 20 万元债权。乙还欠了大甲、中甲、小甲各 30 万元债权。②如果甲向乙主张抵销 20 万元，则意味甲提前收回了 20 万元，甲对乙还有剩余 10 万元债权未收到。③如果甲不向乙主张抵销 20 万元，则意味着乙对甲的 20 万元债权属于乙的"责任财产"，需要平均满足甲、大甲、中甲、小甲，1 人 5 万元，如此一来，甲只能收回来 5 万元。
>
>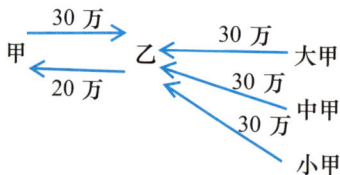

（二）抵销权是形成权 = 通知到达发生效力

当事人主张抵销的，应当通知对方。<u>通知自到达对方时生效（无须通过诉讼进行）</u>。抵销不得附条件或者附期限（《民法典》第 568 条第 2 款）。抵销权既可以通知的方式行使，也可以提出抗辩或者提起反诉的方式行使。（《九民纪要》第 43 条）

例：【攻方有就可以主动抵销】甲对乙有 10 万元债权，5 月 1 日到期。乙对甲有 10 万元债权，10 月 1 日到期。<u>甲何时可以主张抵销？乙何时可以主张抵销？</u>

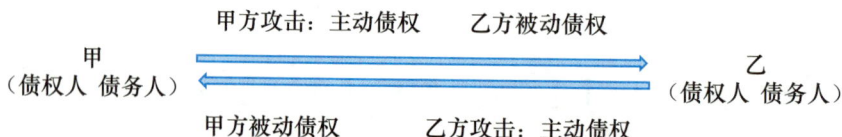

①在 5 月 1 日，甲可以主张抵销，乙不可以，因为 5 月 1 日只有甲"有东西"，而乙却"没有东西"。甲主张抵销 = 甲自愿提前还欠乙的 10 万元。②在 10 月 1 日，甲和乙都可主张抵

销，因为甲乙都"有东西"。

> 秒杀：攻方"有东西"吗？"有东西"就可以主动抵销。双方都"有东西"，则双方都可主动抵销（对等额度内抵销）。

三、抵销具有溯及力

抵销的意思表示自到达对方时生效，抵销一经生效，其效力溯及自抵销条件成就之时，双方互负的债务在同等数额内消灭。（《九民纪要》第43条）

（一）如果在主动债权的诉讼时效期间届满前抵销条件已成就的，债权人依然可以在诉讼时效期间届满后行使抵销权，不受诉讼时效期间是否届满的影响

例：【历史上有东西可以拿来抵销，现在也可以主张抵销】甲对乙有1万元债权，乙对甲有1万元债权，都已经到期。甲或乙均可主张抵销。甲一直未向乙主张，"睡觉3年"，甲的1万元债权≈0元。乙一直向甲不停的要，"诉讼时效不断中断"。第4年，乙起诉到法院要求甲还款1万元，甲是否有权主张抵销？①有权。②一开始甲就"有东西"，有抵销权，故甲在第4年仍可主张抵销，其抵销的效力溯及于一开始。③因为实务中甲"睡觉"是情有可原的，他会认为乙不断要是"瞎胡闹"。

第一阶段：1权和2权达到可抵销状态

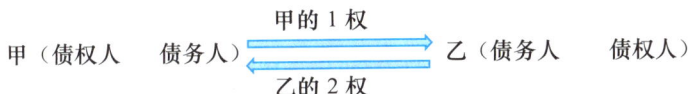

甲（债权人　债务人）⇄乙（债务人　债权人）
甲的1权
乙的2权

第二阶段：甲沉默（睡觉）　　　　　　乙攻击（主张）

甲　　　　　　　　　　　　　　　　乙

第三阶段：甲的1权过了时效，而乙的2权还在时效内，但甲仍可主张抵销：抵销溯及于得为抵销时

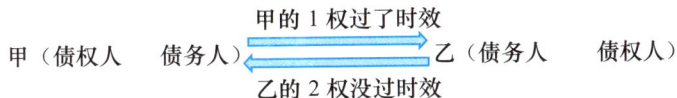

甲（债权人　债务人）⇄乙（债务人　债权人）
甲的1权过了时效
乙的2权没过时效

结论：甲仍可主张抵销。原因：甲沉默的原因是觉得"那不是事，本来就是要抵销的嘛，乙叫破了嗓子也没人理……"这么处理，很公平。

> 原理：为什么抵销可以具有溯及力？因为抵销权本身是形成权，不适用诉讼时效，应适用"除斥期间"，但是法律没有规定抵销权的除斥期间是多久，意味着抵销权可以一直存在，如果很晚行使抵销权，就需要赋予抵销溯及力，才与抵销权行使本身无时间限制相兼容。"什么时候说抵销都不晚"。

（二）如果在主动债权的诉讼时效期间届满前抵销条件尚未成就的，债权人在诉讼时效期间届满后不得行使抵销权

例：【历史上无东西可以拿来抵销，现在也就不可以主张抵销】甲对乙有1万元债权，已

经过了诉讼时效，其实该 1 万元债权 ≈0 元。后来，乙对甲有 1 万元债权，未过诉讼时效。乙对甲索要 1 万元，<u>甲是否有权主张抵销？</u>①无权。②一开始甲就"没有东西"，无抵销权，所以不得主张抵销。③但是，乙可以主张抵销，因为乙"有东西"。如果乙主张抵销，意味着乙愿意放弃诉讼时效届满的抗辩。

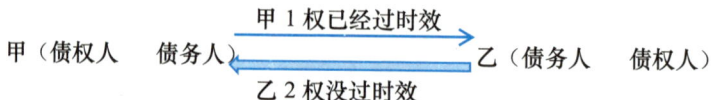

甲 1 权已经过时效 →

甲（债权人　债务人）⇔ 乙（债务人　债权人）

乙 2 权没过时效 ←

> 问：如何区分"历史上无抵销权"（从来不曾有过抵销权）和"历史上有抵销权只是说晚了"（有抵销权只是说晚了）？（1）【历史上无抵销权】①我对你有一个债权已经过了时效，约等于 0。②后来，你对我有一个债权。③我不可以主张抵销，因为我的债权其实是约等于 0，过了时效。④我欠你 10 元，已经过了时效，约等于 0。你欠我 10 元。我不可以主张抵销。（2）【历史上有抵销权只是说晚了】①我对你有一个债权，你对我有一个债权。②我一直没向你要（慢慢时效会届满）；你不断向我要（时效不断中断）。③后来，我的债权终于过了时效，你开始向我要债权，我还是可以抵销，因为历史上我曾经可以主张抵销，只是说晚了而已。④我欠你 10 元到期，你欠我 10 元到期，比如都是 12 月 1 日到期，这可以主张抵销。⑤但是，我一直没向你要；然后，我的这 10 元过了时效。你一直不断向我要，时效中断。⑥然后，到了 4 年后，我的债权过了时效，约等于 0。但是，你的债权因为时效中断没过时效。⑦然后，我现在还可以主张抵销。如果我不可以主张抵销，这事就不公平。⑧所以法律说，我还可以主张抵销，因为我很早以前就可以主张抵销，我只是说晚了而已。

> 秒杀：你有"东西"，才能拿来抵销。你没"东西"，不能抵销。

第三节　提　存

一、提存事由

债务人难以履行债务，可以将标的物提存。（《民法典》第 570 条第 1 款）

（一）债权人无正当理由拒绝受领

（二）债权人下落不明

（三）债权人死亡未确定继承人、遗产管理人或者丧失民事行为能力未确定监护人

二、提存价款

（一）标的物不适于提存或者提存费用过高的，债务人依法可以拍卖或者变卖标的物，提存所得的价款（《民法典》第 570 条第 2 款）

（二）债务人将标的物或者将标的物依法拍卖、变卖所得价款交付提存部门时，提存成立。提存成立的，视为债务人在其提存范围内已经交付标的物（《民法典》第 571 条）

三、提存效果（公证处"睁着眼睛收钱"）

（一）通知债权人

标的物提存后，债务人应当及时通知债权人或者债权人的继承人、遗产管理人、监护人、

财产代管人。(《民法典》第 572 条)

(二) 风险、孳息、费用归债权人

标的物提存后，毁损、灭失的风险由债权人承担。提存期间，标的物的孳息归债权人所有。提存费用由债权人负担。(《民法典》第 573 条)

(三) 领取 (《民法典》第 574 条)

1. 债权人可以随时领取提存物，但是债权人对债务人负有到期债务的，在债权人未履行债务或者提供担保之前，提存部门根据债务人的要求应当拒绝其领取提存物。

2. 债权人领取提存物的权利，自提存之日起 5 年内不行使而消灭，提存物扣除提存费用后归国家所有。但是债权人未履行对债务人的到期债务，或者债权人向提存部门书面放弃领取提存物权利的，债务人负担提存费用后有权取回提存物。

例：【债务另行履行则提存物归债务人】乙在甲提存机构办好提存手续并通知债权人丙后，将 2 台专业相机、2 台天文望远镜交甲提存。后乙另行向丙履行了提存之债，要求取回提存物。但甲机构工作人员在检修自来水管道时因操作不当引起大水，致乙交存的物品严重毁损。如何评价本案法律关系？①债务消灭，提存物归债务人乙所有，不归丙所有。②乙有权诉甲提存机构违约或侵权。

第四节　合同解除

咱俩关系不好了，可以离婚吗？这是合同的解除。财产怎么分呢？这是违约责任。因此，合同的解除和违约责任是两个层次的问题。在民诉法上，仅以解除合同为诉讼标的，不涉及争议金额或者价款的，应当"按件"收取诉讼费（每件交纳 50 元至 100 元）。解除包括双方协议解除和单方解除，其中单方解除包括约定的单方解除和法定的单方解除。

$$合同的解除\begin{cases}①协议解除\\②单方解除\begin{cases}①约定单方解除权\\②法定单方解除权\end{cases}\end{cases}$$

一、合同的解除

1. 合同解除的，该合同的权利义务关系终止。

2. 有效合同才有解除的可能，无效合同不存在解除的可能。如违建房屋租赁合同无效，故不存在解除的问题。

3. 民诉法上，如果当事人既请求解除合同，又请求确认合同无效，法院应当首先审理合同效力。认定合同无效的，应径行判决驳回解除合同的诉讼请求；认定合同有效的，应对解除合同的诉讼请求进行审理，并依法判决。

二、双方协议解除

1. 当事人协商一致，可以解除合同。(《民法典》第 562 条第 1 款)

2. 只有当事人才有权解除合同，非当事人不存在解除合同的可能。(《民法典》第 465 条)（合同相对性）

例：【出租人与次承租人无合同关系】如承租人未经出租人同意转租的，出租人可以解除

合同,此处的"合同"必然限于出租人和承租人之间的合同,不可能是承租人与次承租人的转租合同。因为出租人与次承租人之间没有合同,就不存在出租人解除转租合同的可能。

三、约定单方解除

(一) 约定明确

当事人可以约定一方解除合同的事由。解除合同的<u>事由发生</u>时,解除权人可以解除合同。(《民法典》第562条第2款)(意思自治)

> 问:什么叫约定的单方解除?①当事人可以约定甲方享有单方解除权的事由,也可以约定乙方享有单方解除权的事由,还可以约定甲乙双方享有单方解除权的事由。②简言之,单方解除权之"单方",指的是单方说了算,无须和对方商量,也无须经过对方同意,类似"谈恋爱分手","我说了算"!

例:【约定单方解除权】甲公司与乙公司签订并购协议:"甲公司以1亿元收购乙公司在丙公司中51%的股权。若股权过户后,甲公司未支付收购款,则乙公司有权解除并购协议。"后乙公司依约履行,甲公司却分文未付。乙公司向甲公司发送一份经过公证的《通知》:"鉴于你公司严重违约,建议双方终止协议,贵方向我方支付违约金;或者由贵方提出解决方案。"3日后,乙公司又向甲公司发送《通报》:"鉴于你公司严重违约,我方现终止协议,要求你方依约支付违约金。"<u>合同何时解除?</u>①《通报》送达后,并购协议解除,因为《通报》的内容明确表明乙公司解除并购协议的意思,且乙公司有约定解除权。②经过公证的《通知》,其内容并非意在解除并购协议,而实质是督促甲公司依约履行义务。此处的公证只是对事实的认定,并非对事实的法律效力作出认定。《通知》经公证,只能说明它被公证过,仅此而已。

> 问:如何区分附解除条件的合同和约定单方解除的合同?(1)附解除条件的合同:①是约定的条件限定合同的效力。②如果条件成就,合同失去效力。③如果条件不成就,合同继续有效。④比如甲乙房屋租赁合同约定,在出租人甲的儿子回国时,甲乙合同终止,这是附解除条件的房屋租赁合同。(2)约定单方解除的合同:①是当事人约定解除事由。②如果发生该事由,解除权人有权解除合同,不涉及合同效力问题。③比如甲乙房屋租赁合同约定,在甲的儿子回国时,甲有权解除合同,这是约定单方解除权的合同。

(二) 不得滥用

> 《九民纪要》第47条【约定解除条件】合同约定的解除条件成就时,守约方以此为由请求解除合同的,人民法院应当审查违约方的违约程度是否显著轻微,是否影响守约方合同目的的实现,根据诚实信用原则,确定合同应否解除。违约方的违约程度显著轻微,不影响守约方合同目的的实现,守约方请求解除合同的,人民法院不予支持;反之,则依法予以支持。

例:【违约方已履行了绝大部分主给付合同义务,守约方不得依约解除合同】甲公司与乙公司签订建设用地使用权转让合同,合同约定:"如乙公司逾期支付购买款,甲公司有权解除合同"。合同履行过程中,乙公司按期支付的土地转让款达到合同总额的98.1%,剩余款项逾期支付。<u>甲公司是否有权行使约定解除权以解除合同?</u>①无权。②最高院认为尽管合同的约定解除权优于法定解除权,但不得滥用。③本案中,乙公司虽逾期支付土地转让款构成违约,但其支付的土地转让款已达合同总额的98.1%,已履行了绝大部分合同义务,如因该履行瑕疵而解除合同,则不利于维护合同的稳定性和交易安全。④且乙公司已经将其兴建的别墅区出售给诸多第三人,解除合同将会损害第三人的合法权益,客观上也已经不具备解除的条件。(任何

合同履行都会有点毛病）

（三）约定不明

合同对当事人设定有多项义务，但在违约条款中仅约定一方违约对方即可解除合同，没有具体指明一方违反哪一项或哪几项义务的，这属于对解除事由约定不明，法院应当启动"法定单方解除"规则，检讨当事人是否享有法定解除权。

四、法定单方解除（《民法典》第 563 条）

（一）一般法定单方解除事由

1. 因不可抗力致使不能实现合同目的。双方具有"法定的单方解除权"，但不可抗力对本案合同目的的影响要具体分析。（不可抗力具有相对性）

例：【地震震死牛】甲与乙签订买卖合同，约定甲向乙交付 1 头牛。交付之前，岂料地震将牛震死。乙与丙签订买卖合同，约定丙向乙交付牛饲料。乙是否有权解除买卖牛合同和买卖牛饲料的合同？①乙有权解除买卖牛的合同。②乙无权解除买卖牛饲料的合同。③地震对甲乙牛买卖合同造成影响，导致乙的合同目的落空，甲乙双方均可解除合同。④但是地震没有导致牛饲料毁损，乙丙合同不受地震影响，完全可以继续履行，至于乙买到牛饲料是做什么用，乃缔约动机，不作考察。⑤其机理类似于，买方在淘宝购买结婚用品，后来不结婚了，买方不得以此为由解除买卖合同。

例：【地震震毁房】甲乙签订房屋买卖合同，甲为购房，与银行签订借款合同。甲取得房屋交付和过户后将该房屋抵押给银行并且办理了抵押权登记。后地震将房屋震毁。地震这一不可抗力对本案法律关系产生什么影响？①甲乙房屋买卖合同已经履行完毕，甲成为房屋占有人和所有权人，故地震对房屋买卖合同无任何影响。②甲和银行签订借款合同，地震导致甲"很穷"，但是穷不是可以解除借款合同的理由，甲需要继续向银行还贷。③甲和银行签订了抵押合同，银行对房屋享有抵押权。因为抵押权已经登记，抵押合同已经履行完毕，故地震对抵押合同无影响。④但是地震导致抵押物灭失，则银行作为抵押权人，可主张"物上代位性"，其抵押权效力要追及于抵押物的补偿金、保险金请求权。

> 秒杀：不可抗力对合同目的的影响，要坚持相对性。鼓励交易。

2. 在履行期限届满之前，当事人一方明确表示或者以自己的行为表明不履行主要债务。

例 1：【明示预期主要违约】甲乙签订电视机买卖合同，乙应在 10 月 1 日交付电视机。乙在 1 月 1 日就提前和甲说无法交付电视机。甲是否有权解除合同？①有。②乙构成预期违约。③如乙在 1 月 1 日就提前和甲说无法交付部分电视机使用说明书，则甲无权解除合同，这不是预期违反主要债务。

例 2：【默示预期：借款合同期满前不还利息】2018 年 10 月 6 日，尤金将 200 万元借给吴钱，借期 1 年，约定月利率 2%，并按月清息。当日吴钱收到尤金的 200 万元。2019 年 5 月 6 日，尤金以吴钱未按约定清息为由（已欠 4 个月利息未清），以吴钱未按原协议履行已违约，且影响了原告合同目的的实现，诉至法院，请求法院判令解除借款合同，要求吴钱立即归还 200 万元并赔偿损失。尤金的诉讼请求能否获得支持？①可以。②被告吴钱不按期清息，数额较大，该行为会让一般人都联想到被告经济困难，已严重丧失信誉，不能达到原告"放账为利"的合同的主要目的，更没有理由让人相信被告未来有能力支付数额较大的本金。③借款合同尚未到期，吴钱没有支付利息的行为，构成默示预期违约，故尤金有权解除合同。

3. 当事人一方迟延履行主要债务，经催告后在合理期限内仍未履行。（鼓励交易）

例：【一般迟延履行"不会晚死"】甲乙签订买卖潜水设备的合同，乙应在10月1日交付潜水设备，但一直未交付。甲催告乙在1周内交付。<u>如何评价甲的催告？</u>①乙迟延交付构成违约，但并非必然构成"根本违约"而导致甲合同目的的落空，故需要甲发出催告。②乙在1周内还不交付，甲有权解除合同。

4. 当事人一方迟延履行债务或者有其他违约行为致使不能实现合同目的。

（1）致命迟延 = 根本违约：一方迟延履行"定期性质的债务"，对方可以不经催告直接解除合同。如约定好的8月10日交付中秋月饼，结果并未交付，则对方可直接解除合同，无须催告。月饼买卖的合同对履行期限有特殊要求，学理上称之为"**定期债务**"。

（2）其他根本违约：无论是违反主给付义务、从给付义务、还是违反附随义务，只要导致对方合同目的落空，对方均可解除合同。

例1：【违反从给付义务导致合同目的落空】2016年8月8日，玄武公司向朱雀公司订购了一辆小型客用汽车。2016年8月28日，玄武公司按照当地政策取得本市小客车更新指标，有效期至2017年2月28日。2016年底，朱雀公司依约向玄武公司交付了该小客车，但未同时交付机动车销售统一发票、合格证等有关单证资料，致使玄武公司无法办理车辆所有权登记和牌照。<u>如何评价玄武公司的购车行为？</u>（1）主给付义务：①小客车是特殊动产。②在买卖合同中，交付转移小客车所有权。③玄武公司已经取得交付，故取得所有权，即出卖人朱雀公司履行了买卖合同的主给付义务。（2）从给付义务：①玄武公司有权要求朱雀公司交付有关单证资料，履行从给付义务。②如朱雀公司一直拒绝交付有关单证资料，将会导致玄武公司"合同目的落空"，玄武公司可主张解除购车合同，并要求朱雀公司承担违约责任。

例2：【违反从给付义务未导致合同目的落空】甲、乙约定卖方甲负责将所卖货物运送至买方乙指定的仓库。甲如约交货，乙验收收货，但甲未将产品合格证和原产地证明文件交给乙。乙已经支付80%的货款。交货当晚，因山洪暴发，乙仓库内的货物全部毁损。<u>如何评价货物买卖行为？</u>（1）主给付义务：①交货。②买卖合同中货物因不可归责双方导致毁损，属于"风险"，该风险归属检出交付主义，即交付前风险归卖方，交付后风险归买方。③本案已经交付，产生2个效果，一方面意味甲已经履行了主给付义务；另一方面意味货物毁损灭失风险归乙，故乙虽然货物没了，但要继续付剩余的20%款。（2）从给付义务：①甲未将产品合格证等文件交付给乙，违反从给付义务。②案情未明确交代该从给付义务违反的后果，视为没有导致"合同目的落空"，故乙不得解除合同。③但甲确实有违约行为，故乙可要求甲承担未交付合格证等材料的违约责任。

5. 法律规定的其他情形。比如各个有名合同中规定的法定解除事由；比如先履行义务一方行使不安抗辩权后的法定解除权。

6. 对继续性不定期合同的预告解除：以持续履行的债务为内容的<u>不定期</u>合同，当事人在<u>合理期限之前</u>通知对方后可以解除。（《民法典》第563条第2款）

例：【不定期的小时工】甲乙签订小时工服务合同，乙给甲打扫家务，双方未约定合同期限。<u>甲是否有权解除合同？</u>①有。②甲在合理期限之前通知乙后可解除合同。

原理：为什么规定对继续性不定期合同的预告解除权？①保护个人自由、禁止永久合同。避免合同无止境地继续产生的弊端。②为了给相对方一定时间适应新情况，故解除权人需要在合理期限之前进行预告。

（二）违约方打破合同僵局的司法终止

《九民纪要》第 48 条第 1 款，违约方不享有单方解除合同的权利。但是，在一些长期性合同如房屋租赁合同履行过程中，双方形成合同僵局，一概不允许违约方通过起诉的方式解除合同，有时对双方都不利。在此前提下，符合下列条件，违约方起诉请求解除合同的，人民法院依法予以支持：（1）违约方不存在恶意违约的情形；（2）违约方继续履行合同，对其显失公平；（3）守约方拒绝解除合同，违反诚实信用原则。第 2 款，人民法院判决解除合同的，违约方本应当承担的违约责任不能因解除合同而减少或者免除。

《民法典》第 580 条第 1 款，当事人一方不履行非金钱债务或者履行非金钱债务不符合约定的，对方可以请求履行，但是有下列情形之一的除外：（一）法律上或者事实上不能履行；（二）债务的标的不适于强制履行或者履行费用过高；（三）债权人在合理期限内未请求履行。第 2 款，有前款规定的除外情形之一，致使不能实现合同目的的，人民法院或者仲裁机构可以根据当事人的请求终止合同权利义务关系，但是不影响违约责任的承担。（破解合同僵局）

例：【违约方特殊情形可司法终止合同】甲公司在时代广场开发了商铺出卖给 150 家业主，另外部分商铺自用。其中 01 号商铺 22.5 平方米卖给冯某，总价 368 184 元。合同签订后，冯某支付了全部价款，甲公司将商铺交付但一直未办理产权过户手续。甲公司将自有商铺出租给乙公司经营，乙公司因经营不善停业。期间，甲公司经过 2 次股东变更，新股东为盘活资产，拟对时代广场内的全部经营面积进行调整，重新规划布局，为此陆续与大部分小业主解除了商铺买卖合同，并开始在时代广场内施工。甲公司致函冯某终止合同，冯某不同意，因冯某坚持不退商铺，施工不能继续，6 万平米建筑闲置，同时冯某也不在其商铺内经营。甲公司诉到法院要求终止合同，能否获得法院支持？①可以。②有违约行为的一方当事人请求终止合同，没有违约行为的另一方当事人要求继续履行合同，当违约方继续履约所需的财力、物力超过合同双方基于合同履行所能获得的利益（履行费用过高），合同已不具备继续履行的条件时，为衡平双方当事人利益，可以允许违约方终止合同，但必须由违约方向对方承担赔偿责任，以保证对方当事人的现实既得利益不因合同终止而减少。

（三）买卖合同中买方单方法定解除权

1. 主影响从，从不影响主

因标的物的主物不符合约定而解除合同的，解除合同的效力及于从物。因标的物的从物不符合约定被解除的，解除的效力不及于主物。（《民法典》第 631 条）如电视机买卖合同中，电视机不合格，买方可解除合同；遥控器不合格，买方不可解除合同。

2. 解 1 物影响整体，可解数物

标的物为数物，其中一物不符合约定的，买受人可以就该物解除。但是，该物与他物分离使标的物的价值显受损害的，买受人可以就数物解除合同。（《民法典》第 632 条）

3. 分批交货

（1）一批不合格仅落空该批，解该批

出卖人分批交付标的物的，出卖人对其中一批标的物不交付或者交付不符合约定，致使该批标的物不能实现合同目的的，买受人可以就该批标的物解除。（《民法典》第 633 条第 1 款）

（2）一批不合格却落空全批，解全批

①出卖人不交付其中一批标的物或者交付不符合约定，致使之后其他各批标的物的交付不能实现合同目的的，买受人可以就该批以及之后其他各批标的物解除。（《民法典》第 633 条

第2款）

②买受人如果就其中一批标的物解除，该批标的物与其他各批标的物相互依存的，可以就已经交付和未交付的各批标的物解除。（《民法典》第633条第3款）

（四）商品房屋买卖合同中单方解除权

1．"软房屋"

因房屋主体结构质量不合格不能交付使用，或者房屋交付使用后，房屋主体结构质量经核验确属不合格，买受人有权请求解除合同和赔偿损失。

例：【买房出重问题则退房，出轻问题则索赔】 冯某与丹桂公司订立商品房买卖合同，购买了该公司开发的住宅楼中的一套住房。合同订立后，冯某发现该房屋存在问题，要求解除合同。冯某是否有权解除合同？①如房屋交付使用后，房屋主体结构质量经核验确属不合格，则冯某有权解除合同。②如房屋存在质量问题，在保修期内丹桂公司拒绝修复的，冯某无权解除合同，可以自行或委托他人修复，费用由出卖人承担。

2．"毒房屋"

（1）严重问题：因房屋质量问题严重影响正常居住使用，买受人请求解除合同和赔偿损失的，应予支持。

（2）轻微问题：交付使用的房屋存在质量问题，在保修期内，出卖人应当承担修复责任；出卖人拒绝修复或者在合理期限内拖延修复的，买受人可以自行或者委托他人修复。修复费用及修复期间造成的其他损失由出卖人承担。

3．"贷款失败导致购房失败"

（1）单方原因：商品房买卖合同约定，买受人以担保贷款方式付款、因当事人一方原因未能订立商品房担保贷款合同并导致商品房买卖合同不能继续履行的，对方当事人可以请求解除合同和赔偿损失。

（2）非当事人原因：因不可归责于当事人双方的事由未能订立商品房担保贷款合同并导致商品房买卖合同不能继续履行的，当事人可以请求解除合同，出卖人应当将收受的购房款本金及其利息或者定金返还买受人。

4．"购房失败导致贷款失败"

（1）"不借了"：因商品房买卖合同被确认无效或者被撤销、解除，致使商品房担保贷款合同的目的无法实现，当事人请求解除商品房担保贷款合同的，应予支持。

（2）"原路退钱"：商品房买卖合同被确认无效或者被撤销、解除后，商品房担保贷款合同也被解除的、出卖人应当将收受的购房贷款和购房款的本金及利息分别返还担保权人（银行贷款）和买受人（首付）。

> 秒杀：借不了钱，穷，就买不了房。买不了房，穷，就不用借钱。

5．拖1年不办证：约定或法定办理房屋所有权登记的期限届满后超过1年，由于出卖人的原因，导致买受人无法办理房屋所有权登记，买受人请求解除合同和赔偿损失的，应予支持。

（四）租赁合同中单方解除权

1．承租人解除权

（1）租赁物要命，承租人明知仍随时有单方法定解除权

租赁物危及承租人的安全或者健康的，即使承租人订立合同时明知该租赁物质量不合格，承租人仍然可以随时解除合同。（《民法典》第731条）

（2）租赁物没了，承租人合同目的落空有单方法定解除权

因不可归责于承租人的事由，致使租赁物部分或者全部毁损、灭失的，承租人可以请求减少租金或者不支付租金；因租赁物部分或者全部毁损、灭失，致使不能实现合同目的的，承租人可以解除合同。（《民法典》第729条）

（3）出租人导致租赁物没法用，承租人可以有单方法定解除权：①租赁物被司法机关或者行政机关依法查封。②租赁物权属有争议。③租赁物具有违反法律、行政法规关于使用条件强制性规定情形。（《民法典》第724条）

（4）一房数租，"租不到"的承租人有单方法定解除权：出租人就同一房屋订立数份租赁合同，不能取得租赁房屋的承租人有权请求解除合同、赔偿损失。

2. 出租人解除权

（1）承租人野蛮使用，出租人可解除并索赔

承租人未按照约定的方法或者未根据租赁物的性质使用租赁物，致使租赁物受到损失的，出租人可以解除合同并请求赔偿损失。（《民法典》第711条）（将房屋住成狗窝）

（2）承租人野蛮装修，房东收房并索赔

承租人擅自变动房屋建筑主体和承重结构或者扩建，在出租人要求的合理期限内仍不予恢复原状，出租人有权请求解除合同并要求赔偿损失。

（3）承租人不付租金，出租人有单方法定解除权

承租人无正当理由未支付或者迟延支付租金的，出租人可以请求承租人在合理期限内支付；承租人逾期不支付的，出租人可以解除合同。（《民法典》第722条）

（4）承租人擅自转租，出租人有单方法定解除权：①承租人未经出租人同意转租的，出租人可以解除合同。②出租人知道或者应当知道承租人转租，但是在6个月内未提出异议的，视为出租人同意转租（解除权的特别的法定期间）。（《民法典》第716条第2款、第718条）

例：【证明责任】商业公司未获得出租人投资公司的同意，擅自将租赁房屋转租，投资公司享有法定解除权。商业公司主张投资公司对转租知情且6个月内没提出异议，投资公司否其知情。谁承担证明责任？商业公司应就投资公司知道或者应当知道转租，且在6个月内未提出异议承担证明责任。

（五）融资租赁合同中的单方解除权

1. 双方都有单方解除权（《民法典》第754条）

（1）出租人与出卖人订立的买卖合同解除、被确认无效或者被撤销，且未能重新订立买卖合同。

（2）租赁物因不可归责于当事人的原因毁损、灭失，且不能修复或者确定替代物。

（3）因出卖人的原因致使融资租赁合同的目的不能实现。

2. 出租人有单方解除权

（1）**承租人未付租金**：承租人应当按照约定支付租金。承租人经催告后在合理期限内仍不支付租金的，出租人可以请求支付全部租金；也可以解除合同，收回租赁物。（《民法典》第752条）

（2）**承租人擅自处分**：承租人未经出租人同意，将租赁物转让、抵押、质押、投资入股或者以其他方式处分的，出租人可以解除融资租赁合同。（《民法典》第753条）

3. 承租人有单方解除权

因出租人的原因致使承租人无法占有、使用租赁物，承租人有权请求解除融资租赁合同。

（六）借款合同中，借款人改变用途，启动出借人单方解除权

借款人未按照约定的借款用途使用借款的，贷款人可以停止发放借款、提前收回借款或者

解除合同。(《民法典》第 673 条)

(七) 情势变更原则：能履行但是会不公平，可变可解

合同成立后，合同的基础条件发生了当事人在订立合同时无法预见的、不属于商业风险的重大变化，继续履行合同对于当事人一方明显不公平的，受不利影响的当事人可以与对方重新协商；在合理期限内协商不成的，当事人可以请求人民法院或者仲裁机构变更或者解除合同。人民法院或者仲裁机构应当结合案件的实际情况，根据公平原则变更或者解除合同。(《民法典》第 533 条)

(八) 双方任意解除权

1. 不定期租赁合同（2 个）

(1) 不定期租赁合同：①租赁期限 6 个月以上的，应当采用书面形式。当事人未采用书面形式，无法确定租赁期限的，视为不定期租赁。(《民法典》第 707 条) ②租赁期限届满，承租人继续使用租赁物，出租人没有提出异议的，原租赁合同继续有效，但是租赁期限为不定期。(《民法典》第 734 条) ③当事人对租赁期限没有约定或者约定不明确，视为不定期租赁。(《民法典》第 730 条)

(2) 任意解除权：当事人可以随时解除合同，但是应当在合理期限之前通知对方。(《民法典》第 730 条)

2. 委托合同：委托人和受托人有任意解除权，但要负赔偿责任。（2 个）

委托人或者受托人可以随时解除委托合同。因解除合同造成对方损失的，除不可归责于该当事人的事由外，无偿委托合同的解除方应当赔偿因解除时间不当造成的直接损失，有偿委托合同的解除方应当赔偿对方的直接损失和合同履行后可以获得的利益。(《民法典》第 933 条)

> 原理：为什么规定委托合同的任意解除？①委托他人为财产管理，重在受托人供给的劳务，属于继续性合同；而委托他人为财产登记，则重在处理事务的结果，属于一时性合同。②委托合同是以双方信任为存在的条件，如果一方失信于另一方，继续履行合同已无必要，法律赋予了双方当事人的权利，即只要一方想终止合同，就可以随时解除合同，不需要任何理由。

3. 不定期合伙合同中，合伙人有权随时解除：合伙人可以随时解除不定期合伙合同，但是应当在合理期限之前通知其他合伙人。(《民法典》第 976 条第 3 款)

4. 保管合同中寄存人有任意解除权，未定保管期的保管人有任意解除权。（1.5 个）

(1) 寄存人可以随时领取保管物。(《民法典》第 899 条第 1 款)

(2) 当事人对保管期间没有约定或者约定不明确的，保管人可以随时要求寄存人领取保管物；约定保管期间的，保管人无特别事由，不得要求寄存人提前领取保管物。(《民法典》第 899 条第 2 款)

(九) 单方任意解除权

1. 承揽合同中定作人有（加工人没有）

定作人在承揽人完成工作前可以随时解除合同，造成承揽人损失的，应当赔偿损失。(《民法典》第 787 条)

> 原理：为什么定作人在承揽人完成工作前有任意解除权？①承揽合同中的工作项目是为定作人的利益而进行的，如工作变得对定作人已没有意义，却仍要定作人忍受继续完成工作的结果，这不但不合理，且浪费了资源。②赋予定作人任意解除权的目的，并非为其免除报酬支付义务，而只是容许其阻止工作物继续给付。③只要对承揽人作出充分的损害赔偿，承揽人也完全没有损失。

2. 货物未运到目的地前货运合同中，托运人有

在承运人将货物交付收货人之前，托运人可以要求承运人中止运输、返还货物、变更到达地或者将货物交给其他收货人，但是应当赔偿承运人因此受到的损失。（《民法典》第829条）

3. 物业服务合同中业主有权提前60日通知物业服务人解除合同

业主依照法定程序共同决定解聘物业服务人的，可以解除物业服务合同。决定解聘的，应当提前60日书面通知物业服务人，但是合同对通知期限另有约定的除外。依据前款规定解除合同造成物业服务人损失的，除不可归责于业主的事由外，业主应当赔偿损失。（《民法典》第946条）

4. 旅游合同中，游客在旅游行程开始前或者进行中均有任意解除权；旅行社退未实际发生的费用；扣留合理费用。

旅游行程开始前或者进行中，因旅游者单方解除合同，旅游者有权请求旅游经营者退还尚未实际发生的费用，或者旅游经营者有权请求旅游者支付合理费用。

（十）解除权的除斥期间

法定或约定 > 知道解除事由之日起 1年 或经对方 催告后合理期限 内不行使。

1. 法律规定或者当事人约定解除权行使期限，期限届满当事人不行使的，该权利消灭。（《民法典》第546条第1款）（特别法定解除权期间）

法律规定比如在"商品房"买卖合同中，开发商迟延交房或购房人迟延付款，有"331"规则（《商品房买卖解释》第11条）（"晚了"）：

（1）开发商迟延交房或购房人迟延交款，守约方先催告，3个月没动静，守约方取得解除权。

（2）违约方再催告守约方（解除权人）解除与否，守约方3个月没动静，则守约方解除权归零。

（3）违约方没催告守约方（解除权人）解除与否，则守约方解除权在1年后归零。

例：【331规则】开发商1月1日应交房未交。①购房人1月5日催告 + 3个月 + 开发商没反应 = 购房人4月5日有解除权。②开发商4月10日反催告 + 3个月 + 购房人没表态是否解除 = 7月10日购房人解除权为0。③开发商没有反催告，则从购房人4月5日有解除权之日起 + 1年 = 次年4月5日购房人解除权为0。④如果开发商在次年4月5日之后才反催告 = 视为无催告。

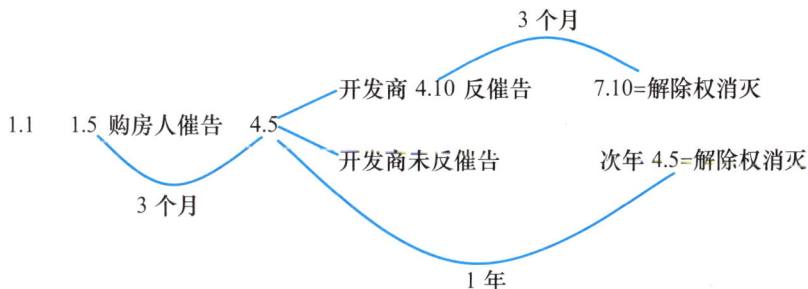

```
                           3 个月
                ┌────────────────────────┐
           开发商 4.10 反催告          7.10=解除权消灭

1.1    1.5 购房人催告    4.5
                ┌────────┐        开发商未反催告          次年 4.5=解除权消灭
           3 个月
                └────────────────────────────────────────┘
                                  1 年
```

2. 法律没有规定或者当事人没有约定解除权行使期限，自解除权人知道或者应当知道解除事由之日起 1 年内不行使，或者经对方催告后在合理期限内不行使的，该权利消灭。(《民法典》第 546 条第 2 款)（一般的法定解除权期间）

（十一）解除权的行使方式：通知到达主义

1. **必须通知对方：**当事人一方依法主张解除合同的，应当通知对方。(《民法典》第 565 条)（"不通知就解除会令人恶心 = 恋爱分手 = 意念回复不是回复 = 会破坏地方的合理期待"）

例：【向对方公司的股东发出解除通知】甲公司、乙公司和丙公司签订《合作协议书》，三方共同对目标地块进行房地产开发。乙公司将有义务将丙公司 100% 股权中的 10% 股权转让给甲公司。协议签订时，乙公司和丙公司的股东都是梅超风和陆玄风。《合作协议书》约定如丙公司没有买到 A 地块，则甲公司有权解除合同。后丙公司没有买到 A 地块，甲公司与梅超风、陆玄风签订《合作合同书》，约定《合作协议书》终止。<u>《合作协议书》是否已经解除？</u>①否。②甲公司要解除《合作协议书》，应将解除通知送达相对人乙公司。甲公司与乙公司的股东之间签订的协议不能约束甲公司和乙公司。③因甲公司的解除意思没有到达乙公司，故《合作协议书》尚未解除。

> 问：合同解除权行使这么严肃的事情为什么可以口头也可书面呢？（当事人一方依法主张解除合同）。①民事法律行为不要式为原则，要式为例外。②行使解除权，属于单方民事法律行为，可以口头，有证据即可。

2. **通知到达对方时解除**

（1）通知解除：①到达日：合同自解除通知<u>到达</u>对方时解除。②到达后的某日：通知载明债务人在一定期限内不履行债务则合同自动解除，债务人在该期限内未履行债务的，合同自通知载明的期限届满时解除。(《民法典》第 565 条第 1 款)

（2）起诉解除：①民事起诉状或仲裁申请书副本送达日：当事人一方未通知对方，直接以提起诉讼或者申请仲裁的方式依法主张解除合同，人民法院或者仲裁机构确认该主张的，合同自起诉状副本或者仲裁申请书副本送达对方时解除（《民法典》第 565 条第 2 款）。②通知解除后又起诉解除则通知日解除：当事人通知解除合同后又向人民法院提起诉讼，请求判令解除合同的，人民法院经审查认为合同应当解除的，合同自解除通知到达对方时解除。（2 手都要抓 2 手都要硬）

> 原理：既然通知到达就解除，为什么法院还需要受理解除合同的诉讼？（1）形成权可区分为形成诉权和单纯形成权。（2）形成诉权，如因受欺诈而撤销合同的撤销权，需要到法院诉讼或仲裁机构仲裁。因为形成诉权形成的诉讼，民诉法上称之为"形成之诉"（变更之诉），即变更了原有民事法律关系，如因受欺诈而诉到法院撤销合同，合同由原来的可撤销变成了无效。（3）单纯形成权，如合同解除权，并不是必须到法院去起诉，自解除通知或抵销通知到达对方时即发生效力。因单纯形成权形成的诉讼属于什么诉？出现观点分歧：①观点 1，属于形成之诉，因为法院判决的实际效果是合同解除了。因为确认之诉是对已经存在的法律关系的确认，而形成之诉则是通过诉讼产生一种诉前尚不存在的法律后果。一旦法院确认了解除通知有效，则双方之间的合同也就解除了，产生的法律效果是变更了双方的合同法律关系，其本质上还是达到了解除合同的法律效果，也即形成之诉的法律效果，即通过诉讼产生了一种诉前尚不存在的法律后果。②观点 2，属于确认之诉，因为法院是对当事人解除合同的确认。该观点认为，将解除权人直接起诉要求解除合同的诉请，理解为请求法院"转

告通知"加"确认解除效力"。故合同解除诉讼，不管是解除权人诉前是否已经通知相对人而提起的诉讼，还是相对人提起的异议之诉，其实质都应是请求法院对合同解除行为的效力进行确认，乃确认之诉，而非形成之诉。

秒杀 3 句话：发函解除、诉讼解除、到达主义。

3. 任何一方可以请求确认解除的效力：**对方对解除合同有异议的，任何一方当事人均可以请求人民法院或者仲裁机构确认解除行为的效力。**（《民法典》第 565 条第 1 款）

例：【确认是否解除】甲有解除权，发出了解除通知；乙有异议。则如何处理？甲可提起确认解除之诉；乙也可以提起确认解除之诉。

原理：甲向乙发出解除通知，无论乙是否提起异议之诉，合同解除与否的判断标准都是甲是否有解除权，那么乙提异议之诉的价值何在？（1）"拖"。①如果甲有解除权，异议人乙提异议之诉就是"拖"。②法院判决驳回异议人乙的异议，合同解除的时间仍然是甲当初发出解除通知之日。③异议人乙拖的目的是"现金流不受影响"，该向解除权人甲赔多少钱一分都不能少。如 1 月 1 日甲送达解除通知，乙提起异议之诉，法院审了几个月后判决异议方乙败诉，则应从 1 月 1 日起算（而非法院判决日起算）异议人乙应向解除人甲赔偿的利息损失。④"省钱"，不是金额，是说时间上，时间就是金钱。（2）"省钱"。①如果甲没有解除权，异议人乙提异议之诉就没必要，完全可以置之不理，提起异议之诉并不是异议人乙的"义务"。②如果甲无解除权却发出解除合同通知，相对方乙何必去提异议之诉？③完全可以提给付之诉，请求甲继续履行。④只能将乙提异议之诉（按件收取诉讼费）解释为暂时"省钱"，并不彻底解决纠纷。**⑤将来提给付之诉，还是得交诉讼费（按财产案件收）。这是一种诉讼策略安排，先打异议，花小钱，"投石问路"；后打给付，花大钱。**

（十二）解除后的法律效果

1. 合同解除后，尚未履行的，终止履行；已经履行的，根据履行情况和合同性质，当事人可以请求恢复原状或者采取其他补救措施，并有权请求赔偿损失。（《民法典》第 566 条第 1 款）

（1）变更诉讼请求

在民诉法上，当事人未明确提出解除合同，直接请求合同解除的法律后果的，法院应当向其释明是否将解除合同作为诉讼请求。当事人经释明后拒不明确解除合同请求的，法院应当对合同是否应当解除进行审理，并在裁判文书判决说理部分予以说明。

（2）增加诉讼请求

在民诉法上，当事人请求解除合同，未请求恢复原状、采取其他补救措施及赔偿损失的，法院应当向当事人进行释明是否增加诉讼请求。

（3）判决相互返还不属于超出诉讼请求

在民诉法上，一方当事人基于合同解除请求相对方返还财产，法院经审理后认为合同应当解除并符合相互返还条件的，可以径行判令双方相互返还。

2. 合同因违约解除的，解除权人可以请求违约方承担违约责任，但是当事人另有约定的除外。（《民法典》第 566 条第 2 款）守约方可要求违约方赔偿可得利益损失。

例：【退房赔偿】甲乙签订房屋买卖合同，因甲交付的房屋质量存在问题无法修复，严重影响居住使用，乙有权解除合同。合同解除后，同地段同面积的房屋市场价已经上涨了 38 万元，乙可否要求甲赔偿 38 万元？可以。

3. 主合同解除后，担保人对债务人应当承担的民事责任仍应当承担担保责任，但是担保

合同另有约定的除外。(《民法典》第566条第3款)

例:【借款人未按期还利息出借人解除合同】2018年10月6日,尤金将200万元借给吴钱,借期1年,约定月利率2%,并按月清息,由吴事连带责任担保。当日吴钱收到尤金的200万元。2019年5月6日,尤金以吴钱未按约定清息为由(已欠4个月利息未清),诉至法院,请求法院判令解除借款合同,要求吴钱立即归还200万元并赔偿损失,吴事承担连带责任。尤金的诉讼请求能否获得支持?①可以。②解除合同:借款合同尚未到期,被告吴钱不付利息,构成默示预期违约,故尤金有权解除合同。③保证责任:主合同解除后,担保人对债务人应当承担的民事责任仍应承担担保责任。

4. 合同的权利义务终止,不影响合同中结算和清理条款的效力。(《民法典》第567条)《九民纪要》第49条【合同解除的法律后果】合同解除时,一方依据合同中有关违约金、约定损害赔偿的计算方法、定金责任等违约责任条款的约定,请求另一方承担违约责任的,人民法院依法予以支持。

例1:【仲裁条款独立】甲乙签订股权转让协议,约定发生纠纷提交A市仲裁委员会仲裁。因乙构成根本违约,甲通知乙解除合同,乙不同意,向法院提起异议之诉,法院是否受理?①否。②该纠纷应该由仲裁委员会解决。

例2:【违约金条款独立】甲乙签订汽车买卖合同,因乙根本违约,甲解除合同,要求乙按合同约定支付违约金1万元,甲的主张是否成立?①成立。②买卖合同因违约而解除后,守约方主张继续适用违约金条款的,人民法院应予支持。③但约定的违约金过分高于造成的损失的(高于造成损失的30%),违约方可请求法院适当降低。

第八章 合同责任

甲将学区房卖给乙后，未办理户口迁出手续，乙可以要求甲继续履行吗？可以要求甲赔偿损失吗？可以要求甲支付违约金吗？答：应根据实际情况适用不同的违约责任承担形式（继续履行、补救措施、赔偿损失、违约金）。甲隐瞒真实情况，将被"树葬区"环绕的房屋卖给了乙，乙以受欺诈为由撤销该房屋买卖合同，可否要求甲承担赔偿责任？答：可以，这是缔约过失责任。

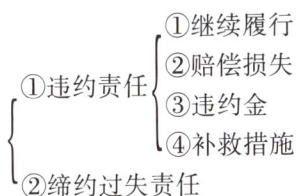

```
         ①继续履行
①违约责任  ②赔偿损失
         ③违约金
         ④补救措施
②缔约过失责任
```

第一节 违约责任

> 原理：违约责任要证明什么？①要证明：损害事实，损失大小，债务人违约行为与遭受损害事实之间的因果关系。②不要证明：过错。违约责任采用严格责任原则，即无过错责任原则（除非不可抗力免责）。③缔约过失、无效合同或可撤销合同则采用过错责任原则，由有过错的一方向受害方承担赔偿损失责任。

一、违约行为

（一）预期违约

当事人一方明确表示或者以自己的行为表明不履行合同义务的，对方可以在履行期限届满之前要求其承担违约责任。（《民法典》第578条）

1. 明示预期违约：合同履行期限到来之前，一方向对方当事人明确表示不履行合同义务。

2. 默示预期违约：合同履行期限到来之前，一方虽未明示不履行债务，但以自己的行为表明其将不会或不能履行债务。

3. 如何区分不安抗辩权制度中解除后的违约责任和"预期违约"制度中的违约责任？

```
        ①明示
预期违约      ①情形1：守约方是先方 = 不安抗辩权前半程：暂停  不安抗辩权
        ②默示                    不安抗辩权后半程：视为
              ②情形2：守约方是后方
```

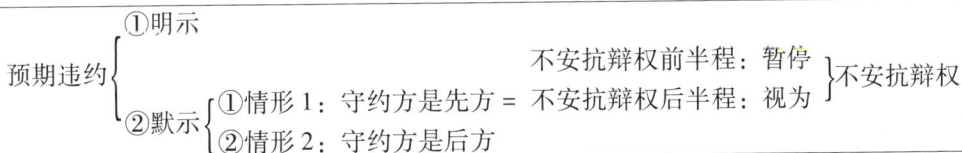

（1）不安抗辩权中的违约责任："先方"中止履行，"后方"未提供担保或未恢复履行能

力，"先方"解除合同并要求"后方"承担违约责任。(《民法典》第528条)

（2）预期违约中的违约责任：当事人一方明确表示或者以自己的行为表明不履行合同义务的，对方可以在履行期限届满之前要求其承担违约责任。(《民法典》第578条)

例1：【先方可能启动"不安抗辩"和"预期违约"中的违约责任之法条竞合】甲乙签订疫苗买卖合同，甲5月1日付款，乙10月1日交货。乙在4月1日被查实其所有卖的"疫苗"都是假疫苗，然后乙在5月1日要求甲付款。甲怎么办？①甲可主张"不安抗辩"，中止履行，乙未提供担保或恢复履行能力，则甲可解除合同要求乙承担违约责任。②甲也可对乙主张预期违约的违约责任，因为乙在履行期到来前，通过其行为表明不履行合同。③如乙没有要求甲付款，甲就只能要求乙承担预期违约的违约责任了。(后方要钱＝先方不安＋先方主张后方预期违约；后方不要钱＝先方主张后方预期违约)

例2：【"后方"不可启动"不安抗辩"下的违约责任，仍可启动"预期违约"的违约责任】甲乙签订疫苗买卖合同，甲10月1日付款，乙5月1日交货。乙在4月1日就说不交货了。甲怎么办？①后方甲肯定不能主张不安抗辩权，因为只有"先方"才有主张"不安抗辩权"的资格。后方甲可诉乙承担预期违约的违约责任，因为乙在履行到来前就说自己要违约了，这属于预期违约。②如果乙一直没交货，到了10月1日要求甲付款，甲作为后方，针对乙的付款请求，甲还可以主张"顺序履行抗辩权"。

> 问：预期违约存在哪些规范竞合？①预期违约径直指向违约责任：只要乙有预期违约行为，守约方甲即可在履行期限届满前请求违约方乙承担违约责任。②严重预期违约指向解除合同：只有乙预期违反主要债务，守约方甲才可主张解除合同。③"后方预期违约"导致先方不安，指向不安抗辩，进而指向解除：甲应5月1日付款，乙应10月1日交货。乙在4月1日称将来不交货，在5月1日乙请求甲付款，则甲可以行使不安抗辩权，暂停付款，待乙提供担保后恢复履行。如乙不提供担保，则甲可解除合同。

> 秒杀：先方可能启用不安抗辩中的违约责任，也可能启用预期违约的违约责任。后方则只能启用预期违约的违约责任。("各玩各的")

（二）现实违约

当事人一方不履行合同义务或者履行合同义务不符合约定的，应当承担继续履行、采取补救措施或者赔偿损失等违约责任。(《民法典》第577条)

1. 不履行

（1）拒绝履行：债务人能够履行却对债权人表示不履行。通过意思表示拒绝或通过行为予以拒绝，如债务人将应交付于债权人的标的物又转卖他人。

（2）履行不能：债务人客观上不能履行。如当事人签订房屋买卖合同后，交付房屋前，房屋在出卖人处毁损。

2. 不适当履行

（1）瑕疵履行

①瑕疵给付：给付本身不完全，具有瑕疵。如给付的标的物的品质不当、数量不当。("短斤少两")

②加害给付：因当事人一方的违约行为，损害对方人身权益、财产权益的，受损害方有权选择请求其承担违约责任或者侵权责任。(《民法典》第186条)

例1：【手机买卖】甲将手机卖给乙。如何评价手机引发的损害责任性质？①如果手机不能充电，则甲构成瑕疵给付，乙可要求甲承担违约责任，乃合同责任。②如果手机充电过程中爆炸，仅损坏了手机，则甲仍然构成瑕疵给付，乙仍然可要求甲承担违约责任，乃合同责任。③如果手机充电过程中爆炸，不但损坏了手机，还炸伤了乙的胳膊，则甲属于"加害给付"，因为甲的违约行为导致乙履行利益（手机）和"固有利益"（手臂）的损害，故乙可选择诉甲承担违约责任或侵权责任。

　　例2：【电热壶漏电伤人】李某用100元从甲商场购买一只电热壶，使用时因漏电致李某手臂灼伤，花去医药费500元。经查该电热壶是乙厂生产的。<u>如何评价本案法律关系？</u>①合同角度：李某和商场之间有合同，商场构成加害给付，李某可选择诉违约或侵权，请求商场赔偿500元。②侵权角度：电热壶属于产品，因瑕疵导致侵权，厂家和商家对此承担不真正连带侵权责任，李某可以要求厂家和商家承担侵权责任，如最后查明瑕疵由厂家导致，则商家全额向厂家追偿；如最后查明瑕疵由商家导致，则厂家全额追商家。

　　原理：加害给付出现违约责任或侵权责任的竞合是指什么的竞合？①是指赔偿损失的竞合，而不是其他责任方式的竞合。②违约责任方式有继续履行、采取补救措施、支付违约金、赔偿损失。③侵权责任方式包括停止侵害、排除妨碍、消除危险、返还财产、恢复原状、赔礼道歉、消除影响、恢复名誉和赔偿损失。

　　（2）部分履行：如借款合同中仅支付了部分利息。

　　3. 迟延履行：债务人迟延履行。

　　问：什么是债权人迟延受领？债务人按照约定履行债务，债权人无正当理由拒绝受领的，债务人可以请求债权人赔偿增加的费用。在债权人受领迟延期间，债务人无须支付利息。（《民法典》第589条）

　　例：【债权人迟延受领】甲、乙因合伙经商向丙借款3万元，甲于约定时间携带3万元现金前往丙家还款，丙因忘却此事而外出，甲还款未果。甲返回途中，将装有现金的布袋夹放在自行车后座，路经闹市时被人抢夺，不知所踪。<u>丙可否要去甲乙继续还款？</u>①可以。②甲乙合伙对外负连带责任。③债权人丙受领迟延，但与3万元现金被抢夺无直接因果关系。④丙可要求甲乙继续还款，但丙应向甲乙承担受领迟延而增加的费用。

二、违约责任

（一）无过错原则

　　一方有违约行为，即须向对方负违约责任，除非有免责事由（"不可抗力"）。

　　例：【穷不是可以违约的理由】甲乙签订了租赁合同，乙未按期向甲支付租金。甲要求乙承担违约责任，乙称因丙欠乙货款一直未付，其不是故意违约，拒绝甲的请求。<u>乙的主张是否成立？</u>①否。②因为违约责任坚持无过错原则（又称严格责任），即不考虑违约方是否恶意违约，只要有违约行为均须承担违约责任。③它不注重于对过错的惩罚，而注重于补偿债权人的损失。

　　问1：什么是无过错责任原则？"过错"不是该责任的构成要件。守约方只要证明对方的违约行为就可以要求对方承担违约责任。

　　问2：是否存在适用过错原则的违约责任？（1）有。（2）《民法典》合同编通则中违约责任适用无过错原则。（3）但在典型合同中如会适用过错原则，以过错作为确定行为人责任的要件。①如租赁合同中承租人过错责任：承租人应当妥善保管租赁物，因保管不善造成租赁物毁损、灭失的，应当承担损害赔偿责任。②赠与人对赠与财产瑕疵导致受赠人损失的过错责任：赠与人<u>故意不告知瑕疵或者保证无瑕疵</u>，造成受赠人损失的，应当承担损害赔偿责任。③保管人保管不善的过错责任：保管期间，因保管人保管不善造成保管物毁损、灭失的，保管人应当承担损害赔偿责任，但是保管是无偿的，保管人证明自己没有故意或者重大过失的，不承担损害赔偿责任。④有偿受托人过错责任、无偿受托人故意或重大过失责任：有偿的委托合同，因受托人的过错给委托人造成损失的，委托人可以要求赔偿损失。无偿的委托合同，因受托人的故意或者重大过失给委托人造成损失的，委托人可以要求赔偿损失。⑤仓储合同保管人保管不善的过错责任：储存期间，因保管人保管不善造成仓储物毁损、灭失的，保管人应当承担损害赔偿责任。因仓储物的性质、包装不符合约定或者超过有效储存期造成仓储物变质、损坏的，保管人不承担损害赔偿责任。⑥客运合同承运人对旅客自带物品损失的责任：在运输过程中旅客自带物品毁损、灭失，承运人有过错的，应当承担损害赔偿责任。

问3：不可抗力是否都是免责事由？①不一定。②是免责事由：当事人一方因不可抗力不能履行合同的，根据不可抗力的影响，部分或者全部免除责任，但是法律另有规定的除外。因不可抗力不能履行合同的，应当及时通知对方，以减轻可能给对方造成的损失，并应当在合理期限内提供证明。（《民法典》第 590 条第 1 款）③不是免责事由：当事人迟延履行后发生不可抗力的，不免除其违约责任。（《民法典》第 590 条第 2 款）

（二）违约责任特点

1. 违约责任是违反有效合同的责任，合同有效是承担违约责任的前提。无效合同不存在违约责任可能。如违建租赁合同无效，任何一方均不可诉违约责任。

2. 违约行为侵害的客体是合同对方的债权，故债权受到侵害，原则上是适用违约责任制度予以解决，不求诸侵权责任制度。

3. 违约责任具有补偿性，违约责任以损害赔偿为主要责任形式。

4. 违约责任具有一定的任意性，违约责任可以由当事人在法律规定的范围内约定，具有一定的任意性。

（三）违约责任适用

1. 一般违约责任：当事人一方不履行合同义务或者履行合同义务不符合约定的，应当承担继续履行、采取补救措施或者赔偿损失等违约责任。（《民法典》第 577 条）

2. 瑕疵担保责任：履行不符合约定的，应当按照当事人的约定承担违约责任。对违约责任没有约定或者约定不明确，根据本法第 510 条的规定仍不能确定的，受损害方根据标的的性质以及损失的大小，可以合理选择要求对方承担修理、重作、更换、退货、减少价款或者报酬等违约责任。（《民法典》第 582 条）

例：【减价权 = 形成权 = 单方说了算】甲将二手车以 27 万元卖给乙，双方交车付款完毕，乙收车后方知该车实际为事故车，市价为 20 万元。乙有权主张什么法律救济措施？①以受欺诈为由撤销合同，退车退钱要求甲承担缔约过失责任。（《民法典》第 500 条）②以合同目的落空为由解除合同，退车退钱要求甲承担违约责任。（《民法典》第 563、577 条）③要求直接减少价款，即向甲发出减价通知，减少到 20 万元。自通知送达甲之日，甲即应向乙退款 7 万元，自此日起算甲逾期退款的利息，因为减价权是形成权，自通知到达对方时发生效力。如果乙尚未付款，也可发减价通知给甲，直接付款 20 万元即视为履行了全部付款义务。（《民法典》第 582 条）（通知到达主义）

（四）一般违约责任方式

1. 继续履行。2. 赔偿损失。3. 违约金。4. 补救措施。

三、违约责任形式之继续履行

（一）能不能请求继续履行？

1. 金钱之债一定可以请求继续履行

当事人一方未支付价款、报酬、租金、利息，或者不履行其他金钱债务的，对方可以请求其支付。（《民法典》第 579 条）

例：【人穷志不短】如贷款买房，后房屋被洪水冲毁，贷款人需要继续向银行还款。

2. 非金钱之债一般可请求继续履行但例外不可请求继续履行

一方不履行非金钱之债，对方可以请求继续履行，如买方甲请求卖方乙按合同约定交付汽车并且办理过户手续。但有下列情形则不能适用继续履行（《民法典》第 580 条）：

（1）法律上不能。

例：【房被过户：过户人＞钥匙人】甲将房屋先卖给"钥匙人"乙，后又卖给了"过户人"丙。乙诉甲承担违约责任，因房屋已经不是甲的，这是"法律上不能"，故乙不能要求甲承担继续履行（过户房屋）的违约责任，只能请求甲承担其他方式的违约责任。如法院强行判决甲过户房屋，则判决处分了丙的房屋，这属于"判决错误"。

（2）事实上不能。

例：【车被烧】甲将汽车出卖给乙，收了乙款后甲未交付汽车，因汽车被烧毁。这是"事实不能"，乙不能请求甲继续交付汽车，只能请求甲承担其他方式的违约责任。

（3）债务的标的不适于强制履行。

例：【不讲课】甲与乙签订授课合同，甲拒绝授课，乙诉甲承担违约责任，因讲课属于有人身性的劳务，故乙不可要求甲继续履行，可请求甲承担其他方式的违约责任。或者乙找到丙代替讲课，请甲负担费用。

（4）履行费用过高。

例：【没开业】甲公司将 3 万平方米商厦分割成商铺销售给 90 家业主。魏某购买商铺一间，面积 20 平方米。双方依约付款及交铺，但一直未办理产权过户。乙公司承租商厦，后因经营不善倒闭，导致商厦停业，众业主纷纷解约。甲公司被迫回购商铺，对大厦重新布局。回购中，仅有魏某不愿退铺，导致 6 万平方米商厦不能完成重新布局。魏某是否有权要求甲公司继续履行合同办理商铺过户？否。履行费用过高。

（5）债权人在合理期限内未要求履行。

例：【不开口】甲乙签订设备买卖合同，甲一直未交付设备，向乙发函表示赔钱。乙在合理期限内未表态也未要求甲继续履行。乙不得再向甲请求继续履行，只能请求甲承担其他方式的违约责任。

> 原理：什么是合理期间 1 次用尽？①如乙在合理期间请求甲履行，则乙请求甲继续履行的权利不消灭。②甲仍不履行，则开始起算乙请求甲继续履行的 3 年诉讼时效。③如乙一直"躺在"权利上睡觉，一旦诉讼时效已过，则甲可提出诉讼时效届满的抗辩，拒不继续履行。

> 秒杀：执行局能执行吗？不能执行的话，审判庭就不能判继续履行，当事人也就无权请求继续履行。

> 原理：民诉法上，一方请求违约方继续履行，但是案件符合上述不得强制继续履行情形的，法院应向原告释明是否变更诉讼请求为解除合同并要求违约方承担违约责任。当事人拒绝变更的，法院可判决驳回原告的诉讼请求。

3. 第三人替代履行

当事人一方不履行债务或者履行债务不符合约定，根据债务的性质不得强制履行的，对方可以请求其负担由第三人替代履行的费用。(《民法典》第581条)

4. 预约不得请求继续履行

预约合同中一方违反预约，对方不得请求强制继续履行预约即签订本约，可以请求违反预约一方承担预约合同的违约责任。(《民法典》第495条)

（二）请求继续履行与其他请求可否同在?

1. 请求继续履行和请求赔偿损失可同在：当事人一方不履行合同义务或者履行合同义务不符合约定的，在履行义务或者采取补救措施后，对方还有其他损失的，应当赔偿损失。(《民法典》第583条)

2. 请求继续履行和请求支付迟延履行违约金可同在：当事人就迟延履行约定违约金的，违约方支付违约金后，还应当履行债务。(《民法典》第585条第3款)

3. 请求继续履行和请求解除合同不可同在：因为这是自相矛盾。

	赔偿损失	迟延履行违约金	合同解除	预约
继续履行	√	√	×	×

四、违约责任形式之赔偿损失

（一）填补原则 = 直接损失 + 可得利益

1. 直接损失和可得利益：当事人一方不履行合同义务或者履行合同义务不符合约定，造成对方损失的，损失赔偿额应当相当于因违约所造成的损失，包括合同履行后可以获得的利益；但是，不得超过违约一方订立合同时预见到或者应当预见到的因违约可能造成的损失。(《民法典》第584条)

例：【直接损失 + 可得利益】甲经乙中介公司介绍与丙签订房屋买卖合同，因房价上涨，甲将房屋转卖给丁。丙向乙中介公司支付了5万元服务费，且同地段房屋上涨了25万元。丙可向甲主张赔偿损失范围是什么? ①5万元服务费为直接损失。②房屋上涨25万元为可得利益。

> 问：什么是积极损失与消极损失?（1）积极损失（所受损害）：现有财产的减少，比如费用支出。（2）消极损失（所失利益）：应增加的财产没有增加，比如可得利润没有赚到。

2. 直接损失包括人身损害

例：【直接损失包括人身损害】赵某从商店购买了一台甲公司生产的家用洗衣机，洗涤衣物时，该洗衣机因技术缺陷发生爆裂，叶轮飞出造成赵某严重人身损害并毁坏衣物。如赵某诉商店违约，可以提出什么要求? ①更换洗衣机、退货、赔偿衣物损失和赔偿人身损害。②因加害给付导致人身损害（如医疗费支出），权利人可通过诉违约主张人身损害。

3. 精神损害：损害对方人格权的违约行为

（1）《民法典》合同编通则没有规定支持诉违约可以主张精神损害。（2）《民法典》人格权编规定诉"违约"可以索赔精神损害：因当事人一方的违约行为，损害对方人格权并造成严重精神损害，受损害方选择请求其承担违约责任的，不影响受损害方请求精神损害赔偿。(《民法典》第996条)

秒杀：违约行为导致损害对方人格权且造成严重精神损害，对方才可诉违约主张精神损害赔偿。

例1：【一般违约中的"精神痛苦"】 甲乙签订汽车买卖合同，乙打算购买新车赠与心仪女神丙。甲交付给乙的车乃二手车，丙发现后黯然神伤，与乙分手。乙诉甲违约要求甲赔偿精神损害，可否支持? ①否。②乙诉甲违约，但损害赔偿范围不包括此等"精神损害"。③任何一个违约行为都会给对方造成"精神痛苦"（"我就是一个很容易痛苦的人"），如果都支持，不但违反了"可预见规则"，也会导致当事人不敢缔约，会阻碍交易。（"买卖桃子之前先做问卷"）

例2：【加害给付损害财产权的"精神痛苦"】 甲乙签订汽车买卖合同，甲向乙交付了质量有问题的汽车，发生自燃，烧毁了乙的手机和车内衣物。乙诉甲违约要求甲赔偿精神损害，可否支持? 否。

例3：【加害给付侵害人格权中的"精神痛苦"】 甲乙签订汽车买卖合同，甲向乙交付了质量有问题的汽车，发生自燃，烧毁了乙的手机、衣物，灼伤乙的手臂。乙诉甲违约要求甲赔偿精神损害，可否支持? 可以。

例4：【加害给付侵害特定财产"人格物"的"精神痛苦"】 沈某与刘某都是独生子女，两人于2010年10月登记结婚。2012年8月，因自然生育困难，沈某与刘某到南京市鼓楼医院，通过人工辅助生殖方式培育了13枚受精胚胎，其中4枚符合移植标准。但就在植入母体前一天，夫妻二人因交通事故死亡。夫妻双方的父母就4枚冷冻胚胎的归属产生争议，协商不成，诉诸法院。2013年11月25日，江苏省宜兴市人民法院立案后，依法追加南京市鼓楼医院为第三人。鼓楼医院认为，根据卫生部的相关规定，胚胎不能买卖、赠送和禁止实施代孕。由此提出，胚胎不具有财产的属性，原、被告都无法继承；沈某夫妇生前已与医院签署手术同意书，同意将过期胚胎丢弃；所以请求法院驳回原告的诉讼请求。4枚冷冻胚胎的监管和处置权归谁? ①归沈某父母和刘某父母。②如鼓楼医院丢弃冷冻胚胎，则沈某父母和刘某父母可诉鼓楼医院侵权或违约。如诉违约，可主张索赔精神损害。

秒杀：违约造成对方财产直接损失、财产可得利益损失、人身损失、"人格物"的精神损害，都要赔偿。

4. 加害给付

履行合同中，一方有违约行为，损害了对方的合同履行利益，还损害了对方合同履行利益之外的固有利益。

例： 甲将牛租给乙，乙将牛打死。甲可诉侵权，或者诉违约。乙的行为构成违约，即违反了租赁合同中妥善保管租赁物的义务；乙的行为同时构成侵权，损害了甲的固有利益即牛。

（二）限制范围=可预见+减损+双方违约+过错相抵+损益相抵

1. 不超过"可预见"范围：守约方不得向违约方索赔超过违约一方订立合同时预见到或者应当预见到的因违反合同可能造成的损失，称之为"可预见规则"。（《民法典》第584条）

例1：【恋爱损失不可预见】 甲将房屋卖给乙，乙用于结婚。乙支付购房款后，甲毁约不交房。乙女友丙因此与乙分手，乙谈恋爱5年合计支出25万元。乙可否要求甲赔偿恋爱支出? ①否。②违反了甲在签约时可以预见的范围。③为了鼓励交易，如果不限制范围，将会导致大家都不敢签约。（又得做"调查问卷"）

例2：【违约损失可预见】 甲公司和乙公司在7月22日签订了《"泰晤士小镇"市场推广演出合同》，乙公司为积极履行合同，与丙演艺公司签订了演出合同，向丙公司支付了5万元定金、服装设计和制作费、公司策划费和管理费、舞蹈编导、礼仪编导、音乐编辑等费用合计1.8万元。甲公司在9月11日突然告知乙公司停止对原合同的履行，导致乙公司对丙公司构成违约承担了赔偿责任。乙公司请求甲公司赔偿5万元定金以及上述费用合计1.8万元，能否获得支持？①可以。②甲公司可以预见，乙公司为履行合同会与演艺公司签订演出合同等协议。③根据合同性质和商业惯例，甲公司能够预见定金的存在。④相关费用属于演出前必须支出的费用，且推广演出合同的附件有载明，甲公司能够预见。（"女模特用后背画户型图"）

> 原理1：违约责任赔偿范围中，哪些损害属于"常见"可预见范围？①责任损害，即甲违反与乙签订的演出合同，乙为履行演出合同与丙签订了演出合同，乙对丙需负违约责任，甲对此可以预见。②利润损失，甲乙签订菊花买卖合同，后甲因菊花未按期开放，违约未交付菊花。乙已经和丙花店签订了菊花转卖合同，可以获得的利润，对此甲能预见需要向乙赔偿。
>
> 原理2：侵权赔偿范围中为什么不存在可预见规则限制？合同是鼓励交易，控制赔偿范围。侵权是避免侵权，不控制赔偿范围。

2. 减少损失扩大：当事人一方违约后，对方应当采取适当措施防止损失的扩大；没有采取适当措施致使损失扩大的，不得就扩大的损失请求赔偿。当事人因防止损失扩大而支出的合理费用，由违约方负担。（《民法典》第591条）（不真正义务）

例：【承包方自己不种地损失自负】泰来县某村村民方某与同村梁某签订了一份《土地转让合同书》，约定方某将自己承包的耕地40亩转包给梁某2年，转包费2万元。梁某在签订合同时给付方某转包费1万元，剩余1万元于当年年底给付。逾期，方某多次索要无果后将梁某起诉至法院，要求给付余欠的1万元转包费。被告梁某提出反诉称，双方在《土地转让合同书》中约定，原告方某必须在2015年4月底前将转包40亩地中的20亩地树苗起出，如果违约，可不支付尾欠承包费。方某并未在约定的期限内将树苗起出，应当承担违约责任，同时要求赔偿清理树苗及因没耕种20亩地产生的损失共1.2万元。经庭审查明，梁某的答辩意见属实，被告雇挖掘机将30亩地的树苗起出，花费4500元，但起树苗仅用了一天时间，并不影响农时。本案法院应如何处理？①承包方梁某金钱之债的违约责任：梁某应按约定给付原告方某转包费1万元。②转包方方某起出树苗义务的违约责任：方某未在合同约定期限内起出树苗，应当承担违约责任。赔偿范围仅包括4500元雇车起树苗费用，不包括梁某提出的未种土地产生的损失，因为该损失是梁某自己"过错"导致，其怠于耕种，违反了"避免损失扩大"的义务，该扩大损失应由梁某自负。③法院判决梁某给付方某承包费1万元，方某赔偿梁某4500元，相互冲抵，梁某给付方某承包费5500元。

3. 双方违约：当事人都违反合同的，应当各自承担相应的责任。（《民法典》第592条第1款）

例：【把猫管瞎＝双方违约】甲将小猫交给宠物店保管，但是某甲没有按照约定支付保管费。宠物店由于过失，导致小猫受伤一只眼睛失明。某甲请求赔偿，宠物店以某甲没有支付保管费为由主张免除责任。如何分析本案涉及法律关系？①甲可诉宠物店侵权或违约。②甲诉侵权，则宠物店可提出反诉请求支付保管费。③甲诉违约，宠物店可反诉请求支付保管费。④从违约角度观察，甲未支付保管费，构成违约；宠物店未妥当保管，构成违约。这就属于双方违约，各自承担相应的责任。⑤从物权角度观察，甲主张保管费债权，对小猫可启动留置权。

原理：既然有同时履行抗辩权、顺序履行抗辩权和不安抗辩权，为什么还会存在双方违约？①比如甲乙签订买卖合同，未约定同时履行，甲不履行，则乙也可以不履行且不构成违约，乙是主张同时履行抗辩权（无人违约）。②比如甲乙签订买卖合同，约定甲先履行，乙后履行，如果乙存在令甲不安情形，甲可以不履行且不构成违约，这是行使不安抗辩权（无人违约）。③比如甲乙签订买卖合同，约定甲先履行，乙后履行，甲没有履行却请求乙履行，乙可以不履行且不构成违约，这是行使顺序履行抗辩权（只有1方违约）。④抗辩权都是从拒绝履行角度说明未履行义务的人不构成违约，但是一旦双方都履行了，履行都有瑕疵，就会存在双方违约问题。

4. 过错相抵：当事人一方违约造成对方损失，对方对损失的发生有过错的，可以减少相应的损失赔偿额。（《民法典》第592条第2款）

例：【发错电话＝过错相抵】农场向水果店商家出售一批新鲜水果，农场由于装箱耽误，发货迟延2天。又由于水果店商家误将收货人的电话号码最后一位数写错，出卖人发货后又在路上耽误了1天。最终造成水果店商家损失10万元。如何评价本案"过错相抵"？出卖人迟延发货、送货造成了买受人的损失，只有一个损害结果，应由出卖人承担赔偿责任，但是买受人对于该损失的造成也存在过错，裁判机构应结合具体情况，适当减轻出卖人的赔偿金额，案件处理的重点在于平衡双方利益冲突。

原理：如何区分双方违约和过错相抵？①双方违约是有2个违约行为（甲害乙，乙害甲），有2个违约责任，且该责任不限于损害赔偿，包括继续履行、补救措施、违约金的违约责任，案件处理侧重界定违约行为，确定违约责任承担方式。②过错相抵是1个违约行为（甲害乙，乙还是害乙），1个损害结果，但是守约方对损害结果有过错（不是违约行为），减轻违约方的责任。

5. 损益相抵：当事人一方因对方违约而获有利益，违约方有权主张从损失赔偿额中扣除该部分利益。（1）损害赔偿成立。（2）债权人受有利益。（3）损害事实与利益之间存在"直接"因果关系。

例：【打车损失省下自家车油费是"益"】甲将自己的车借给乙，甲乙之间存在借用合同关系，约定的使用期限届满乙尚未归还，甲不能使用自己的车产生若干打车费用500元。如甲起诉要求乙赔偿打车费，如何适用损益相抵规则？应当在500元打车费中扣除若甲正常开车产生的油费，这样对双方才显得公平。

秒杀：守约方能得到多少赔偿？对方可预见吗，自己避免损失扩大了吗，自己违约了吗，自己有错吗，自己得益了吗？一句话，看公平还是不公平。

五、违约责任形式之违约金责任

（一）违约金责任和损害赔偿责任有什么本质差异？证明事项完全不同

1. 违约金

（1）原告主张违约金，只需要证明被告有违约行为＋合同存在违约金条款，这个容易做到。

（2）所谓违约金条款，即当事人可以约定一方违约时应当根据违约情况向对方支付一定数额的违约金。（《民法典》第585条）

2. 赔偿损失

原告主张赔偿损失，一旦当事人未约定损失赔偿额的计算方法，则要启动法定的计算规则即包括直接损害和可得利益，原告需要证明被告有违约行为 + 自己的直接损害和可得利益，这个很难做到。

例：【装修支出没发票】 甲乙签订房屋租赁合同，约定租户乙有权装修房屋，乙装修后正准备入住，甲要求提前收房，愿意向乙赔钱。如果未约定违约金，则乙要证明其装修投入是非常困难的，因为乙在请人装修时，一般不会要求装修人开具发票。

> **秒杀：** 原告向被告主张违约金责任，比向被告主张损害赔偿责任更轻松。

（二）一般的违约金责任"变相具有惩罚性"，但要回归补偿性，避免惩罚性

> **原理：** 违约金天生就脱离了"损害"，但是法官自由裁量又会将违约金和损失相比对，更进一步，律师会根据法官思维对违约金进行合理的约定。如此一来，就产生了对合同自由的限制。换言之，当事人可以约定违约金，但不能毫无边际。

1. **违约金＜损失：** 甲方强势且甲方大概率会违约就会出现这种约定。

约定的违约金低于造成的损失的，人民法院或者仲裁机构可以根据当事人的请求予以增加。（《民法典》第585条）增加后的违约金数额以不超过实际损失额为限，增加违约金以后，当事人又请求对方赔偿损失的，人民法院不予支持。

例：【违约金80，损失100】 甲乙签订合同，约定违约金80万元，甲违约造成乙损失100万元。如何评价诉讼思路？①道路1：乙诉甲支付违约金80万元，不能弥补全部损失，故可请求增加到100万元。②道路2：乙诉甲赔偿100万元。③道路1至少有保底的违约金80万元，道路2就没谱，因为原告提交的损失证据能被法院认定多少是个未知数。④乙不能既要违约金，又同时要损害赔偿。

2. **违约金过分＞损失：** 甲方强势且甲方大概率不会违约就会出现这种约定。

（1）违约金是1.3倍的损失 = "过分高于"：约定的违约金过分高于造成的损失的，人民法院或者仲裁机构可以根据当事人的请求予以适当减少。（《民法典》第585条）（"小宝条款"小宝生日1月30日）（不是无效，因为违约方可以认）

例：【违约金200，损失100，"过分高于"】 甲乙签订合同，约定违约金为200万元，甲违约造成乙损失100万元。如何评价诉讼思路？①道路1：乙诉甲支付违约金200万元，甲可请求法院适当减少违约金到损失的1.3倍，即130万元。乙胜诉130万元，败诉70万元。②道路2：乙诉甲赔偿100万元。③道路1有部分败诉风险，故谨慎计算索赔额，省诉讼费。道路2没谱，因为原告提交的损失证据能被法院认定多少是个未知数。

（2）违约金是1.3倍的损失 = 一审法院要向违约方释明 + 二审法院继续向违约方释明：

①买卖合同当事人一方以对方违约为由主张支付违约金，对方以合同不成立、合同未生效、合同无效或者不构成违约等为由进行免责抗辩而未主张调整过高的违约金的，人民法院应当就法院若不支持免责抗辩，当事人是否需要主张调整违约金进行释明。②一审法院认为免责抗辩成立且未予释明，二审法院认为应当判决支付违约金的，可以直接释明并改判。

例：【违约金200，损失100，"过分高于"一审、二审连续帮坏人】 甲乙签订合同，约定违约金为200万元，甲违约造成乙损失100万元。乙起诉要求甲支付200万元违约金，法院如何处理？①一审法院向甲释明可以要求降低违约金到130万元。②如果一审法院认为甲确实没违约，就不会去释明，然后判决甲赢乙输。③乙提起上诉，要求甲支付200万元违约金，二审法院认为甲构成违约，直接向甲释明并改判，甲支付违约金130万元。

原理：为什么法院要帮助"坏人"？①回归违约金的填补性，抑制违约金的惩罚性。②因为损失的1.3倍违约金，意味着已经"容忍"了其惩罚性。③乙损失100万元，通过索要违约金，可以获得130万元，即甲违约给乙带来的收益（130万元），高于甲不违约给乙带来的收益（损失100万元，因为该损失计算时已经包括了乙的可得利益）。④法院帮助的是"违约金制度"。（实务：写高一点没事）

（3）违约金是1-1.3倍的损失 = "高于"：守约方可选择主张违约金或赔偿损失，但显然会选择违约金。

例：【违约金18"一般高于"损失15】甲乙签订一份买卖合同，约定违约方应向对方支付18万元违约金。后甲违约，给乙造成损失15万元。如何评价约定的违约金？①损失15万元，1.3倍损失是19.5万元，超过19.5万元的违约金才属于"过分高于"损失，故当事人约定的18万元违约金属于"高于"损失。②道路1：乙诉甲要违约金18万元。③道路2：乙诉甲要15万元损失。④乙不能既要违约金又要损失，因为虽然违约金是变相的惩罚，但是我们要回归其补偿性，不能让它变成真正的惩罚。

原理1：为什么守约方不能既向违约方要违约金，又要损害赔偿金？①如果守约方乙既可以要损失15万，又可以要违约金18万，则合计得到了33万元。②如此一来，甲违约，乙可以赚到33万元；甲不违约，乙才可以赚到15万元。③这违背了合同制度鼓励守约的精神，会导致当事人希望对方违约。④守约方还是获得了1.3倍损失的违约金，还是多赚了，如何解释这一现象？因为原告作为守约方，还得请律师，律师风险代理费还是30%呢。所以，原告并不能把1.3倍损失全进自己腰包，而是有30%要进律师腰包的。

原理2：守约方和违约方在签订合同时应持什么立场？①守约方应将违约金约定超高，违约方将违约金约定超低。损失100，守约方约定违约金为300，则要由违约方来证明"过分"高于损失，违约方证明守约方的"损失"是很难的。②损失100，违约方约定违约金为60，则要由守约方来证明低于损失，守约方要证明自己的"损失"是很难的。

秒杀：①先看损失，再用损失乘以1.3，用其计算结果和违约金对比，得出违约金是"高于"损失，还是"过分高于"损失。②违约金和损害赔偿只能2选1。

问1：当事人甲乙之间未约定违约金，守约方乙可要求违约方甲要1.3倍损失的违约金吗？这个问题提问思路就不对。①第一，违约金，是来自约定。如果没有约定，谈何违约金？没有违约金，更谈不上损失的1.3倍！②第二，即使约定了违约金，那么你本身也得约定的比较高，至少达到1.3倍的损失，否则法院怎么可能支持你1.3倍的损失的违约金？比如你约定违约金是损失的1.2倍，你怎么可能去诉要1.3倍？只有你约定了1.3倍，你才可以要到1.3倍。如果你约定了1.5倍，你要1.5倍，对方会说你要太多了，请求调低到1.3倍。如果你约定了违约金是损失的70%，这个时候你可以请求提高到损失的100%，但你绝对不能请求提高到损失的1.3倍。③小结：第一，当事人意思自治为王。你约定了什么，我们才考虑。第二，我们避免惩罚性。你约定了太多，我们对方会要求调低；你约定很少，允许你提告到损失，但绝对不能提告到超过损失。

问2：当事人可以把本约的违约责任作为预约的违约责任进行约定吗？①可以。②买卖双方跟中介签订了一个《二手房买卖预约居间服务合同》，合同里约定了将来双方二手房交易的标的物、价格、交易方式和违约责任，违约责任约定违约方按房屋成交价格的20%承担违约责任，还约定了将来签正式的《二手房买卖合同》的时间，这个时间长达半年之久。③后来在约定的时间里买卖双方因故没有签《二手房买卖合同》，而正好这段时间内该地房价上涨了20%，这样卖方就不愿意以原约定的价格成交了，买方就认为卖方违约，要求卖方按原定的房屋成交价格的20%承担违约责任。④《二手房买卖预约居间服务合同》与《二手房买卖合同》是两个合同，如果说《二手房买卖预约居间服务合同》涉及到的二手房买卖事项是预约的话，正式的《二手房买卖合同》才是本约，能在预约合同里约定本约的违约责任吗？⑤违约责任，无论是本约还是预约，都可以以任何数字作为参照。当然，为了限制其惩罚性过大，就有"小宝130"的限制。⑥后来的所谓违约责任，其实就是把本约中的数字，当做预约中违约责任的一个参照。这种数字可以来自任何地方，只不过它来自一个联系比较密切的地方而已，这么做完全可以也符合常理。

问3：违约责任的约定，如何体现民法思维中的"意思自治为王"？①上述案例中，当事人把违反预约的违约责任和违反本约的违约责任这2个违约责任联动起来了，意思自治为王，当事人意思表示真实，肯定要遵守。②如果另案当事人没有联动这2个违约责任，则自然就不能说违反预约的违约责任和违反本约的违约责任完全一样，本质仍然是各玩各的。③意思自治为王，签字就要遵守，除非有"无双二公子"。④这种民法思维要调动起来。如果你想推翻一个意思表示，那么，你就要调动这个思维，即马上开始思考"存在无效的理由吗？"⑤民法不会轻轻松松就让一个意思表示无效的，要进行严格的无效要件检讨，推翻的理由要足够，否则签字都是儿戏了，这才是民法思维。⑥最后我们才能考虑公平不公平，其实法律规定本身已经考虑到公平了，公平的原点就在于是你自己的签字，你应该都考虑到了，是真实意思表示，这就是天然公平了。⑦一句话：意思自治为王，除非"无双二公子"。

（三）迟延履行违约金责任具有惩罚性，法律亦支持

当事人就迟延履行约定违约金的，违约方支付违约金后，还应当履行债务。（《民法典》第585条）（迟来的爱也是爱）

1. 迟延履行违约金的"惩罚性"

例：【晚1天万分之一=0.1‰】甲乙签订房屋买卖合同，房屋价格为500万元。约定如甲迟延交房，每晚1日须向乙支付标的额0.1‰的违约金。后甲晚交房30日，乙接受了房屋。乙可否要求甲支付1.5万元迟延履行违约金？①可以。②乙要求甲继续履行即交付过户房屋，还可要求甲支付迟延履行违约金1.5万元。③这30天，乙未必有损失或未必有这么多损失，但仍然可以向甲主张1.5万元，这充分体现了迟延履行违约金的惩罚性。

2. 迟延履行违约金的"偏袒性"

（1）【付款期限变更导致逾期付款违约金起算点变】买卖合同对付款期限作出的变更，不影响当事人关于逾期付款违约金的约定，但该违约金的起算点应当随之变更。

例：【甲乙付款期限变卦】甲乙原来约定，乙应4月1日前付款，每晚1天要支付标的额千分之五迟延违约金。后甲乙协商，同意乙在10月1日前付款。后来乙在11月1日才付款。甲要求乙支付7个月的迟延履行违约金，乙称既然已经将4月1日修改为10月1日，则原迟延履行违约金条款无效。谁的主张成立？①都不成立。②甲乙将付款期限由4月1日修改为10月1日，应尊重。③但双方未对此前的迟延违约金条款是否作废有明确意思表示，则该迟延履行违约金条款继续有效，但10月1日才是起算点。④故甲有权要求乙支付10月1日到11月1日迟延期间的迟延违约金。⑤这其实是"偏袒"甲（守约方）。

（2）【卖方收钱不代表放弃】买卖合同约定逾期付款违约金，买受人以出卖人接受价款时未主张逾期付款违约金为由拒绝支付该违约金的，人民法院不予支持。

例：【给迟延付款方"下套"】甲乙原来约定，乙应在 4 月 1 日前付款 100 万元，每晚 1 天要支付标的额千分之五迟延违约金。乙在 6 月 1 日付款，甲收取。<u>甲还能向乙要逾期 2 个月付款的违约金吗？</u>①可以。②这是法律帮助守约方甲给违约方乙"下套"，<u>是"偏袒"甲</u>（守约方）。（"解套方法：写清楚"）

（3）**【对账单遗漏逾期付款违约金不代表放弃】**买卖合同约定逾期付款违约金，但对账单、还款协议等未涉及逾期付款责任，出卖人根据对账单、还款协议等主张欠款时请求买受人依约支付逾期付款违约金的，人民法院应予支持，但对账单、还款协议等明确载有本金及逾期付款利息数额或者已经变更买卖合同中关于本金、利息等约定内容的除外。（<u>原理同上</u>）

（4）**【1 年期 LPR 为基础加计 30%～50% 计算逾期付款损失】**买卖合同没有约定逾期付款违约金或者该违约金的计算方法，出卖人以买受人违约为由主张赔偿逾期付款损失，违约行为发生在 2019 年 8 月 19 日之前的，人民法院可以中国人民银行同期同类人民币贷款基准利率为基础，参照逾期罚息利率标准计算；违约行为发生在 2019 年 8 月 20 日之后的，人民法院可以违约行为发生时中国人民银行授权全国银行间同业拆借中心公布的一年期贷款市场报价利率（LPR）标准为基础，加计 30%～50% 计算逾期付款损失。（《买卖合同解释》第 18 条）

六、违约定金责任（定金合同是独立的担保合同）

（一）违约金和违约定金：彼此排斥

当事人既约定违约金，又约定定金的，一方违约时，对方可以选择适用违约金或者定金条款。（《民法典》第 588 条第 1 款）

例：【违约金 2 万元，违约定金 1 万元】甲乙签订买卖合同，约定任何一方违约，须支付违约金 2 万元。同时乙向甲交付了 1 万元定金。<u>后甲违约，乙如何主张？</u>①违约金：乙可选择要求甲支付违约金 2 万元，退其已经向甲交付的 1 万元定金（实得 2 万元）。②违约定金：乙也可选择要求甲双倍返还定金即获得 2 万元（实得 1 万元）。③替换案情：如违约金约定为 2000 元，则乙可选择要 2000 元违约金，退 1 万定金（实得 2000 元）；乙也可选择要求甲双倍返还定金（实得 1 万元）。

> **秒杀：**如果不选择适用定金罚则，则交付的定金是需要退还的。

（二）违约定金和损害赔偿：彼此排斥

定金不足以弥补一方违约造成的损失的，对方可以请求赔偿超过定金数额的损失。（《民法典》第 588 条第 2 款）

例：【违约定金 1 万元，损失 2 万元】甲乙签订买卖合同，乙向甲支付了违约定金 1 万元，后甲违约导致乙损失 2 万元，<u>乙如何主张？</u>①违约定金：乙可要求甲双倍返还定金 2 万元（实得 1 万元），因实际获得 1 万元低于损失，故乙还可要求甲支付 1 万元损失。②损害赔偿：乙可要求甲赔偿 2 万元损失。

> **原理：**为什么违约金、违约定金、损害赔偿金都是排斥关系？①违约金"变相"具有惩罚性，违约定金"天生"具有惩罚性，损害赔偿金"天生"具有补偿性。②合同责任是民事责任，民事责任要坚持填补性为原则。合同责任也应回归填补性。③惩罚与惩罚彼此排斥：都有惩罚性的违约金和违约定金，当事人 2 选 1。④惩罚与补偿彼此排斥：违约金或违约定金太低，可以提到损失；违约金或定金高，则用违约金（损失的 1.3 倍）或定金。⑤不能同时要违约金和损害赔偿金。⑥不能同时要违约定金和损害赔偿金。⑦更不能同时要违约金、违约定金和损害赔偿金。

秒杀：3金只能要1个，哪个高要哪个，其中违约金可到1.3倍损失，如果不选违约定金则定金本金要退。

第二节 缔约过失责任

一、缔约阶段违反先合同义务

（一）违反先合同义务

订立合同过程中，一方当事人因违背诚实信用原则所承担的先合同义务（照顾、通知、协助、保护、保密等），造成对方信赖利益损失时所应承担的民事赔偿责任。

例：【信赖利益】 甲乙协商签订买卖某商品的合同，在这个过程中，甲已经基于依赖，而开始生产相关产品。但在双方约定的正式签订买卖合同时，乙以现在不需要商品为由，不订立合同。甲怎么办？可诉乙承担缔约过失责任。

（二）缔约过失责任坚持相对性

例：【教唆他人恶意磋商】 甲、乙同为儿童玩具生产商。六一节前夕，丙与甲商谈进货事宜。乙知道后向丙提出更优惠条件，并指使丁假借订货与甲接洽，报价高于丙以阻止甲与丙签约。丙经比较与乙签约，丁随即终止与甲的谈判，甲因此遭受损失。甲可向谁主张缔约过失责任？①丙甲正常磋商，甲不得向丙主张缔约过失责任。②丁甲恶意磋商，甲可向丁主张缔约过失责任。③乙教唆丁与甲恶意磋商，因乙甲之间无磋商关系，缔约过失责任坚持相对性，故甲不得向乙主张缔约过失责任。

（三）缔约过失责任不以合同无效为前提

一方违反先合同义务导致对方损害，不论合同是否成立、生效或被撤销，均须向对方承担缔约过失责任。只要该损害未获填补，则缔约过失责任一直在。

问：缔约过失责任只有在合同不成立或被撤销或无效才有吗？①【泄露商业秘密】如果成立合同，你泄露在缔约阶段知悉的商业秘密，我可以找你要泄露商业秘密的缔约过失责任。如果你还有违反合同义务的违约责任，我可以找你要违约责任。虽然最常见的缔约过失责任发生在合同不成立，合同被撤销，合同无效。②【欺诈缔约】如果你欺诈缔约，我撤了，就只能要缔约过失责任。我没撤，可要违约责任。③【特殊情形并非一般情形】商业秘密那个是特别情形。切勿把特别情形当做一般情形。

二、缔约过失责任事由

（一）恶意磋商

假借订立合同，恶意进行磋商。

例1：【恶意磋商】 德凯公司拟为新三板上市造势，在无真实交易意图的情况下，短期内以业务合作为由邀请多家公司来其主要办公地点洽谈。其中，真诚公司安排授权代表往返十余次，每次都准备了详尽可操作的合作方案，德凯公司伴装感兴趣并屡次表达将签署合同的意愿，但均在最后一刻推脱拒签。期间，德凯公司还将知悉的真诚公司的部分商业秘密不当泄露。真诚公司可否诉德凯公司承担缔约过失责任？①可以。②德凯公司构成恶意磋商，应赔偿损失。③德凯公司不当泄露真诚公司的商业秘密。

例2:【正常磋商】甲乙商定,待甲制造出样品后,乙再考虑批量购买甲生产的零件。甲制造出样品后,乙因战略调整不再需要此类零件,故拒不与甲签订合同。甲是否可要求乙承担缔约过失责任? ①否。②因为乙称甲制造出样品才考虑是否购买,并不一定会购买,这属于正常磋商,故甲不能诉乙承担缔约过失责任。

> 秒杀:是否损害信赖利益?损害了,则启动缔约过失责任。

(二) 欺诈缔约

故意隐瞒与订立合同有关的重要事实或者提供虚假情况。

例1:【卖汽车】最高院第17号指导案例。①双方签订的《汽车销售合同》约定,合力华通公司交付张莉的车辆应为无维修记录的新车,现所售车辆在交付前实际上经过维修,这是双方共同认可的事实,故本案争议的焦点为合力华通公司是否事先履行了告知义务。②车辆销售价格的降低或优惠以及赠送车饰是销售商常用的销售策略,也是双方当事人协商的结果,不能由此推断出合力华通公司在告知张莉汽车存在瑕疵的基础上对其进行了降价和优惠。③合力华通公司提交的有张莉签名的车辆交接验收单,因系合力华通公司单方保存,且备注一栏内容由该公司不同人员书写,加之张莉对此不予认可,该验收单不足以证明张莉对车辆以前维修过有所了解。④故对合力华通公司抗辩称其向张莉履行了瑕疵告知义务,不予采信,应认定合力华通公司在售车时隐瞒了车辆存在的瑕疵,有欺诈行为,应退车还款并增加赔偿张莉的损失。

例2:【卖化妆品】甲将化妆品卖给乙,乙使用后导致皮肤红肿。乙可否要求甲承担缔约过失责任? ①否。②题干未交待甲有欺诈的事实。③甲构成加害给付,乙可诉甲侵权或违约。④如果题干交代甲就化妆品提供虚假信息或者隐瞒真实情况,则会构成欺诈,乙才可以对甲主张缔约过失责任,当然,也可选择主张侵权。

(三) 商业秘密

当事人在订立合同过程中知悉的商业秘密或者其他应当保密的信息,无论合同是否成立,不得泄露或者不正当地使用;泄露、不正当地使用该商业秘密或者信息,造成对方损失的,应当承担赔偿责任。(《民法典》第501条)

(四) 其他行为

有其他违背诚信原则的行为。

三、缔约过失责任赔偿范围

(一) 直接损失和间接损失

1. 直接损失:缔约费用、准备履行合同而支出的费用如鉴定费、咨询费等及上述费用的利息。

2. 间接损失:丧失与第三人订立同类合同的机会所产生的损失,即交易机会的丧失所产生的损失。

例:【被骗买凶宅】甲隐瞒了其所购别墅内曾发生恶性刑事案件的事实,以明显低于市场价的价格将其转卖给乙;乙在不知情的情况下,放弃他人以市场价出售的别墅,购买了甲的别墅。几个月后乙获悉实情,向法院申请撤销合同。乙可否申请法院撤销该合同? ①可以。②撤销:甲构成消极欺诈,乙可在知道受欺诈后1年内申请法院撤销合同。③直接损失:如合同被撤销,甲须赔偿乙在订立及履行合同过程当中支付的各种必要费用。④间接损失:如合同被撤销，乙有权要求甲赔偿主张撤销时别墅价格与此前订立合同时别墅价格的差价损失。⑤不当得利：合同撤销后乙须向甲支付合同撤销前别墅的使用费。⑥如果房价下跌呢？乙会说，"多亏甲欺骗了自己"！

（二）受害人有过错减轻对方责任

例：【明知违例还承包林地】康某系某村村民。2012年10月，该村委会主任同康某签订《林木承包合同》，约定村委会将该村内属于该村的树木400余棵交由康某看护管理，待成树后按五五分成。后村委会换届，村委会以该合同当时未经村民代表会议审议，严重侵害了集体权益为由诉至法院，请求判决《林木承包合同》无效。法院认定该村委会对集体财产进行处置和分配未通过村民代表大会形成决议，故判决确认合同无效。后康某以村委会为被告诉至法院，以该村委在与其签订合同时存在缔约过失，要求该村委会赔偿其各项损失4万余元。康某主张能否获得支持？①部分支持。②康某作为该村集体的常住成员，明知村集体在决策等方面多年来一直存在问题的情况下仍与村委会签订内容难以符合村集体成员的一般期冀的《林木承包合同》，若其无责，与法、情、理皆不相符。③故康某作为该村集体的一员，其应与村委会对合同的无效共担责任。④法院综合考虑，认定村委会承担70%的责任，康某承担30%的责任。⑤2015年6月，法院判决村委会赔偿康某劳务费、工具费、农药费共计7000元。

问1：什么是条条道路通罗马的民法思维？方某和万某签订买卖钻石合同，万某伪称人造钻石为真钻石，将其交给方某，收了方某1亿元。方某可采取何救济策略？

道路1：撤销（适用除斥期间）。因为没有要赔，故要赔的请求权会从合同被撤后起算诉讼时效，责任性质为缔约过失责任，因为一旦撤了，合同溯及无效。

道路2：撤销（适用除斥期间）＋索赔（适用诉讼时效）。

道路3：解除（适用除斥期间）。因为没有要赔，故要赔的请求权会从合同解除之日起算诉讼时效，责任性质为违约责任。

道路4：解除（适用除斥期间）＋索赔（适用诉讼时效）。合同有效，不能要求继续履行的违约责任，因为合同已经没了，只能要求继续履行之外的违约责任承担方式。

道路5：索赔（适用诉讼时效）。合同有效，可要求继续履行（要求万某交真钻石）和索赔（交晚了）。

问2：撤销和解除的差异是什么？①撤销是因为意思表示不真实。②解除是因为对方根本违约。③各玩各的。④撤销规则、缔约过失责任规则、解除规则、违约责任规则。⑤一起玩也仍然是各玩各的。撤销规则＋缔约过失责任规则。解除规则＋违约责任规则。⑥本质是一个法律事实，满足了不同法条的构成要件，然后激活了不同的法条，启动不同的救济。⑦撤销、解除，乃形成权，启用除斥期间。⑧缔约过失责任、违约责任，乃债权请求权，适用诉讼时效。

问3：如何区分合同成立、生效、失效；合同有效、无效？①合同成立——合同生效——合同失效。是这种动态观察，动态系统。②合同有效——合同无效。是静态观察。③生效和有效，本质没差异，仅仅是观察角度不同。④你看到方志平，如果联想到方志平不是女人，是男人，这是有效。⑤你看到方志平，如果联想到他小时候还是小男孩，这是生效。⑥比如，附解除条件的合同，这个解除条件满足，合同就会失去效力，但是我们不能说合同无效。合同成立，生效了，后来解除条件满足了，合同失去效力了。⑦合同有效我们说要三要件（主体合格、意思表示真实、内容合法），合同无效我们说"无双二公子"。⑧这个不需要去交叉。各玩各的！

第九章　买卖合同

一、什么是买卖合同

出卖人转移标的物的所有权于买受人，买受人支付价款的合同。（《民法典》第595条）

（一）所有权归谁？

1. 不动产过户登记。2. 动产交付，除非出卖人保留所有权。（"基3"）

（二）孳息归谁？

1. 标的物在交付之前产生的孳息，归出卖人所有。2. 交付之后产生的孳息，归买受人所有。（《民法典》第630条）

例：【所有权和孳息分离】 开发商与购房人签订房屋买卖合同，交付但未过户，购房人尚未支付全款。购房人将房屋出租所得租金归谁？①购房人。②所有权归开发商。③买卖合同中交付转移房屋的孳息即租金，故购房人取得租金。④这里出现了所有权人和孳息归属人的分离。

> 问：卖保险、卖债权、卖股权、卖技术、卖建设用地使用权，是否属于买卖合同？①否。②它们分别属于保险合同、债权让与合同、股权转让合同、技术合同、建设用地使用权出让转让合同。③如果发生纠纷，应各自使用《保险法》、《民法典》（合同编通则）、《公司法》、《民法典》之典型合同技术合同规则、建设用地使用权出让转让规则。④因为他们卖的都不是标的物，而是一种服务、权利或者技术。

二、买卖合同标的物风险归谁？

（一）什么是风险？

不可归责于甲方、乙方原因导致标的物毁损灭失，这个损失就是风险。风险由甲还是由乙承担，这叫买卖合同中风险负担规则。约定优先，无约定则依法转移。

1. 不能归责于甲乙双方的原因：被盗、被骗、泥石流、暴雨、火灾、地震等。

例：【损失算谁的】 甲将房屋卖给乙，签订了房屋买卖合同，在办理过户的过程中，房屋突发大火被烧毁，甲要求乙继续付款，乙要求甲退还首付款，谁的主张能成立？①如风险归甲，则甲应退首付款。②如风险归乙，则乙应继续付款。③风险归谁？④先从约定，无约定则一般采用交付主义：乙拿到钥匙，风险归乙；乙没拿到钥匙，风险归甲。

2. 甲乙双方需存在有效买卖合同：有效合同才存在风险转移规则问题，如试用买卖合同标的物在试用期内毁损、灭失的风险由出卖人承担（《民法典》第640条）；如租赁合同租赁物不可归责承租人事由而毁损灭失，租金风险归出租人，承租人可要求减少租金或不付租金；但融资租赁合同中，租赁物风险采用交付主义，交付后归承租人。

例：【试用买卖】 甲乙签订电动车试用买卖，乙在试用期间，电动车被偷。甲可否要求乙付款？①否。②电动车被偷，乃不可归责双方事由灭失，属于"风险"。③但甲乙签订的合同乃试用买卖，在乙同意购买之前，该合同属于成立但未生效状态，故不适用风险负担规则。

④电动车是谁的谁承担风险，电动车是甲的，故甲承担损失。⑤如果乙向甲表示同意购买后，电动车才被偷，则风险归乙，因为此时"买卖合同已经生效"，故适用买卖合同风险转移规则，交付后风险归乙。⑥分两阶段处理＝试用期间＋买了之后。

例：【过户人与钥匙人】甲将房屋卖给"钥匙人"乙，又卖给"过户人"丙。乙占有控制房屋期间，房屋失火，丙可否要求乙赔偿？①否。②乙丙之间无合同关系，故乙丙之间不适用买卖合同中的风险转移规则。③甲乙之间有合同，房屋已经交付给了"钥匙人"乙，故乙相对于甲而言承担风险，乙需要向甲支付购买款，同时乙有权诉甲承担违约责任。④"钥匙人"乙相对于"过户人"丙而言属于善意无权占有人，"善意不赔"，故丙无权要求乙赔偿。

3. **标的物**须特定化于买卖合同：当事人对风险负担没有约定，标的物为种类物，出卖人未以装运单据、加盖标记、通知买受人等可识别的方式清楚地将标的物特定于买卖合同，买受人主张不负担标的物毁损、灭失的风险的，人民法院应予支持。

例：【是卖哪个设备没说清】甲乙签订设备买卖合同，约定甲将一批设备卖给乙，签约之日起风险归乙。甲在北京和深圳有 2 个仓库，甲乙签订合同后，北京仓库的设备因失火毁损。甲可否要求乙付款？①否。②甲乙签订设备买卖合同，未将设备特定化于合同，故风险归卖方。③如果甲乙签订设备买卖合同，明确指定是在北京的仓库的某某设备，则按约定，签约之日起风险归乙。

> 问：特定物与特定化有什么区别？（1）特定物是我们要卖的东西，比如买卖在途 50 台电脑，这 50 台电脑是特定物。（2）但是，在途 50 台电脑中，哪几台电脑是要卖给买方的，必须指出来，这叫特定化，（3）让买方也清楚自己买的是 50 台中的哪几台。所以，一旦指定清楚，则风险归买方；一旦没指定清楚，则风险仍然归卖方。

（二）风险转移标志 1：交付主义

1. 交付给买方：标的物毁损、灭失的风险，在标的物交付之前由出卖人承担，交付之后由买受人承担，但是法律另有规定或者当事人另有约定的除外。（《民法典》第 604 条）

（1）现实交付。甲将货物交付给乙后，在乙处毁损风险归乙，甲可要求乙付款。

例：【饲料被雨淋湿】2019 年 14 日，赵某因急需饲料找到经销商李某，双方商定，赵某以每袋 23 元的价格购买李某饲料 1000 袋，共计人民币 23 000 元。赵某当即付款 10 000 元。由于该饲料刚从外地调来尚未入库，双方在场院点过数目后，言明第二天上午 10 时前提货并付清余款。因当晚突然下起大雨，致使饲料全部被淋湿。赵某遂要求李某更换饲料或退回 10 000元货款，遭李某拒绝。谁的主张成立？①赵某主张成立。②赵某并没有提走饲料且在允许的时限内，风险由李某承担。

（2）简易交付。甲乙之间先借用后买卖，买卖约定生效时视为交付，交付后风险归买方。（买的人一直控制）

例：【简易交付转移风险】甲公司借用乙公司的一套设备，在使用过程中不慎损坏一关键部件，于是甲公司提出买下该套设备，乙公司同意出售。双方还口头约定在甲公司支付价款前，乙公司保留该套设备的所有权。不料在支付价款前，甲公司生产车间失火，造成包括该套设备在内的车间所有财物被烧毁。乙可否要求甲付款？①甲向乙借用，后甲向乙购买，这属于简易交付。②甲乙之间的买卖合同完成了交付，风险归买受方甲，即甲仍然需要付款。③本来所有权也应该归买受人甲，但双方约定乙保留所有权，故甲未付款前，所有权归出卖人乙。④风险因"简易交付"归买受方甲；所有权因"保留"归卖方乙。（1 交 3 转，可以约定哪个不转）

（3）指示交付。卖方甲将对第三人的货物请求权转让给买方乙，自协议生效时视为完成指示交付，交付后风险归乙。

例：【指示交付转移风险】甲乙签订货物买卖合同，交货时间未4月1日前，交货方式为乙自提，提货地点为货物存放地丙公司仓库，甲有义务在6月1日前向乙办理货权转移证明以便提货。合同签订后，甲向乙交付"出库单"一份，记载货物存放在丙的仓库，并备注"货权转移至乙"。乙在当月凭出库单到丙仓库提货，却发现丙仓库内的所有存货均在出库单交付后灭失（被偷）。甲可否要求乙付款？①可以。②甲乙之间属于指示交付完成所有权变动（意思主义），乙基于指示交付取得对货物间接占有，故风险归乙，甲有权要求乙付款。③乙可诉丙侵权（侵犯所有权），也可诉丙违约。

2. 交付给承运人：承运人≈买方

（1）买方指定地点交付给承运人：出卖人按照约定将标的物运送至买受人指定地点并交付给承运人后，标的物毁损、灭失的风险由买受人承担，但是当事人另有约定的除外。（《民法典》第607条第1款）

例：【货交承运人】甲乙签订设备买卖合同，约定设备交付到乙指定的北京中关村，再由丙快递公司送到乙处。甲将设备交到北京给了丙公司时，风险归乙。

例：【双11网络购物】甲在乙网店购买灯泡，甲提交订单时将甲住址输入了快递送达地（这属于约定了交付地点）。乙网店将灯泡交由丙公司运输。运输途中风险，归谁承担？①归乙网店。②因为双方约定了要送货上门。并非送到指定地点后还需要运输情形，故不能适用交付承运人后风险转移给买方的规则。

（2）无约定交付地点则交付给第一承运人：当事人没有约定交付地点或者约定不明确，标的物需要运输的，出卖人将标的物交付给第一承运人后，标的物毁损、灭失的风险由买受人承担。（《民法典》第607条第2款）

例：【货交第一承运人】甲乙签订设备买卖合同，未约定交付地点，设备需要运输，则甲将货物交付给第一承运人丙时，风险归乙。

3. 未交付或已交付的拟制：根据过错来拟制

（1）卖方过错，已经交付"烂货"，如买方不要，则视为未交付

①"已交付烂货"≈交付与否由买方说了算：因标的物不符合质量要求，致使不能实现合同目的的，买受人可以拒绝接受标的物或者解除合同。买受人拒绝接受标的物或者解除合同的，标的物毁损、灭失的风险由出卖人承担。（《民法典》第610条）

例：【卖方严重错】甲乙设备买卖合同，甲交付的设备不合格导致乙合同目的落空，如果乙不要设备或者解除合同，则视为未交付，风险归甲；如乙要设备，也没有解除合同，则已经交付，风险归乙。

②"已经交付货物"但未交付单证＝视为交付了：出卖人按照约定未交付有关标的物的单证和资料的，不影响标的物毁损、灭失风险的转移。（《民法典》第609条）

标的物毁损、灭失的风险由买受人承担的，不影响因出卖人履行义务不符合约定，买受人请求其承担违约责任的权利。（《民法典》第611条）

例：【卖方轻微错】甲乙签订设备买卖合同，甲交付了设备，但未交付设备使用说明书。乙承担风险，但乙可要求甲承担未履行从给付义务的违约责任。

> 秒杀：卖方严重的错，交了可能等于没交。卖方轻微的错，交了就是交了，但有错就要负违约责任。

（2）买方过错，无法交付"怪买方"，则视为已经交付

①因买方乙导致卖方甲未交付：因买受人的原因致使标的物未按照约定的期限交付的，买受人应当自违反约定时起承担标的物毁损、灭失的风险。（《民法典》第605条）

例：【买方错导致卖方无法交货】 甲乙设备买卖合同，因乙的原因导致甲在4月1日无法交货，则自4月1日起风险归乙。

②因买方乙没有取货：出卖人依约（甲乙有约定）或依法（甲乙在订立合同时知道标的物在A地且标的物不需要运输则在A地交付；甲乙不知道标的物在哪里则在出卖人订立合同时营业地交付）将标的物置于交付地点，买受人违反约定没有收取的，标的物毁损、灭失的风险自违反约定时起由买受人承担。（《民法典》第608条）

例：【买方没有依法"上门提货"】 甲乙设备买卖合同，无须运输，甲乙知道货物在A地，甲将货物交到A地，乙没收取；或者甲乙不知道货物在A地，则在甲的营业地交付，乙没收取。均自乙违反约定时风险归乙。

> 秒杀：谁在控制，谁承担风险；谁有导致交付障碍的错，谁承担风险。

（三）风险转移标志2：在途货物买卖的合同订立主义

1. 合同成立时风险归买方：出卖人出卖交由承运人运输的在途标的物，除当事人另有约定外，毁损、灭失的风险自合同成立时起由买受人承担。（《民法典》第606条）

例1：【甲乙丙丁之"连环承运人"】 甲将设备卖给乙，约定甲交付到北京。甲将设备根据乙的指定交付到北京，给了承运人丙。丙在运输途中，乙将该设备卖给丁，合同签订后，该货物在运输途中因泥石流毁损。甲乙买卖、乙丁买卖标的物风险何时转移？①甲乙之间基于交付给乙指定地点的承运人，完成了交付，风险归乙承担，故甲有权要求乙付款。②乙丁之间属于在途货物买卖，自乙丁合同成立时风险归丁，故乙有权要求丁付款。③基于合同相对性，甲丁之间无合同关系，甲无权要求丁付款。

例2：【甲乙丙丁"多重在途"】 甲2019年4月5日签订合同以120万价格卖在途由丙运输的大蒜给乙。4月7日甲签订合同以150万价格卖该在途大蒜给丁。甲让丙交给丁，4月8日，丙运输途中遇到山洪暴发导致大蒜全部毁损。风险由谁承担？①丁。②甲乙之间自4月5日风险归乙。③甲丁之间自4月7日风险归丁。④换言之，甲负担4月5日前的风险。乙负担4月5日到4月7日的风险。丁负担4月7日之后的风险。⑤毁损发生在4月8日，故丁负担风险，甲可要求丁付款。⑥乙诉甲违约，因出卖人签订了"在途货物"的多重买卖合同，2个大蒜买卖合同都有效。

2. 出卖人明知"在途货物"已经发生了风险则归卖方：出卖人出卖交由承运人运输的在途标的物，在合同成立时知道或者应当知道标的物已经毁损、灭失却未告知买受人，买受人主张出卖人负担标的物毁损、灭失的风险的，人民法院应予支持。

例：【卖方明知"在途货物"是0】 甲的一批货物由丙运输，货物在运输途中已经被泥石流冲毁。甲对此知情，仍与乙签订在途货物买卖合同。甲可否要求乙付款？①否。②风险仍然归出卖人甲。

> 原理：为什么在途货物买卖自合同成立时由买方负担风险？①因为合同成立时，双方都不了解运输中货物的情况。②一旦运输中毁损，则卖方永远无法完成交付，风险都归卖方，这对卖方是不公平的。③如果卖方已经知道货物毁损，还再卖，则卖方不值得保护。

三、买卖合同谁对标的物瑕疵负责？

（一）适用标的物瑕疵异议期间：买方"一次用尽"（对买方的限制）

1. 外观瑕疵：及时检验。

（1）【没说】发现问题未通知卖方，视为标的物符合约定：当事人对检验期限未作约定，买受人签收的送货单、确认单等载明标的物数量、型号、规格的，推定买受人已经对数量和外观瑕疵进行检验，但是有相关证据足以推翻的除外。（《民法典》第623条）

（2）【说了】发现问题通知了卖方，则"一次用尽"，检验期再也没有价值了。买方请求卖方承担违约责任的请求权，开始适用诉讼时效制度。

例：【手机划痕】甲将手机卖给乙，乙收到货后发现手机有划痕，未及时通知甲。甲要求乙付款，乙要求退货。谁的主张成立？①甲。②乙没有在外观瑕疵检验期间内通知出卖人，则视为标的物符合约定。③如乙及时通知了甲，则该"及时检验"期间一次用尽，乙请求甲承担违约责任的债权请求权适用3年诉讼时效。如甲拒绝赔偿，则3年内乙必须再次提出主张才能导致诉讼时效中断，否则一直躺在权利上睡觉可能会导致3年诉讼时效届满，则甲可提出"不要脸抗辩"。

（3）【太短】约定检验期间太短，视为外观瑕疵检验期：当事人约定的检验期限过短，根据标的物的性质和交易习惯，买受人在检验期限内难以完成全面检验的，该期限仅视为买受人对标的物的外观瑕疵提出异议的期限。（《民法典》第622条）

2. 隐蔽瑕疵：质量保证期＞合理期间或自收到标的物之日起2年。

（1）【没说】发现问题未通知卖方，视为标的物符合约定：当事人约定检验期限的，买受人应当在检验期限内将标的物的数量或者质量不符合约定的情形通知出卖人。买受人怠于通知的，视为标的物的数量或者质量符合约定。当事人没有约定检验期限的，买受人应当在发现或者应当发现标的物的数量或者质量不符合约定的合理期限内通知出卖人。买受人在合理期限内未通知或者自收到标的物之日起2年内未通知出卖人的，视为标的物的数量或者质量符合约定；但是，对标的物有质量保证期的，适用质量保证期，不适用该2年的规定。出卖人知道或者应当知道提供的标的物不符合约定的，买受人不受前两款规定的通知时间的限制。（《民法典》第621条）

例：【约定检验期内没异议＝标的物合格】甲乙买卖1000台A型微波炉，乙代甲办托运，多装了50台B型微波炉。甲与丙签订在途货物买卖合同，1000台A型微波炉转卖给丙，约定货物质量检验期为货到后10天内。3月20日货到，4月15日丙以部分货物质量不符合约定为由拒付货款，并要求退货。丙的主张能否成立？①否。②因为过了约定的质量检验期，视为货物质量合格。

（2）【说了】发现问题通知了卖方，则"一次用尽"，检验期再也没有价值了。买方请求卖方承担违约责任的请求权，开始适用诉讼时效制度：买受人在合理期间内提出异议，出卖人以买受人已经支付价款、确认欠款数额、使用标的物等为由，主张买受人放弃异议的，人民法院不予支持。

例：【手机充不上电】甲将手机卖给乙，乙收到货后发现手机多次在充电过程中有问题，半年后乙通知了甲。甲要求乙付款，乙要求甲退货。谁的主张成立？①乙。②手机充电问题属于隐蔽瑕疵，最长在收到货2年内可以通知出卖人手机有瑕疵。③如手机质保期为3年，则适用3年的质量异议期。④本案中，乙通知甲后，半年检验期"一次用尽"。乙可请求甲承担违约责任，开始计算违约责任的3年诉讼时效。

问：如果外观瑕疵异议期或隐蔽瑕疵异议期，买方都没提异议，标的物不合格，卖方依然向买方承担了违约责任，是否可以再反悔？①不可以。②出卖人自愿承担违约责任后，又以异议期间经过为由反悔的，人民法院不予支持。

（二）不适用标的物瑕疵异议期间：卖方明知故犯

1. 卖方明知货物很烂：出卖人知道或者应当知道提供的标的物不符合约定的，则不适用瑕疵异议期间规则。（《民法典》第 621 条）

2. 卖方事先约定货物烂也不负责：当事人约定减轻或者免除出卖人对标的物瑕疵承担的责任，因出卖人故意或者重大过失不告知买受人标的物瑕疵的，出卖人无权主张减轻或者免除责任。（《民法典》第 618 条）

（三）标的物的检验标准：坚持相对性

出卖人依照买受人的指示向第三人交付标的物，出卖人和买受人约定的检验标准与买受人和第三人约定的检验标准不一致的，以出卖人和买受人约定的检验标准为准。（《民法典》第 624 条）

例：【连环交易】甲乙设备买卖约定检验标准 A，乙丙设备转卖约定检验标准 B。乙通知甲将设备交付给丙。甲按 A 标准将设备交付给丙，不符合丙的合理期待。如何处理？①甲对乙不构成违约。②乙对丙构成违约。③丙可要求乙承担违约责任，但不得要求甲承担违约责任。（A 枪 B 导弹）

问：买卖合同中，卖方有什么权利瑕疵担保责任？①卖"自己的"：出卖人就交付的标的物，负有保证第三人对该标的物不享有任何权利的义务。（《民法典》第 612 条）②买方明知卖方卖"别人的"：买受人订立合同时知道或者应当知道第三人对买卖的标的物享有权利的，出卖人不承担前条规定的义务。（《民法典》第 613 条）③买方事后发现有第三人可能主张权利：买受人有确切证据证明第三人对标的物享有权利的，可以中止支付相应的价款，但是出卖人提供适当担保的除外。（《民法典》第 614 条）

四、试用买卖

（一）试用期间多久？卖方定

试用买卖的当事人可以约定标的物的试用期间。对试用期间没有约定或者约定不明确，由出卖人确定。（《民法典》第 637 条）

（二）买还是不买？买方可以选择，沉默也是一种选择

1. 可以选择：试用买卖的买受人在试用期内可以购买标的物，也可以拒绝购买。一旦剥夺买受人选择权，则不是"试用"买卖，而是"买卖"：

（1）约定标的物经过试用或者检验符合一定要求时，买受人应当购买标的物。（应买）

（2）约定第三人经试验对标的物认可时，买受人应当购买标的物。（应买）

（3）约定买受人在一定期间内可以调换标的物。（应买，限期可换过期不能换）

（4）约定买受人在一定期间内可以退还标的物。（应买，限期可退过期就不能退）

2. 沉默也是一种选择，且视为选择购买

（1）拟制购买1：试用买卖的买受人在试用期内可以购买标的物，也可以拒绝购买。试用期限届满，买受人对是否购买标的物未作表示的，视为购买。（《民法典》第 638 条第 1 款）

（2）拟制购买2：试用买卖的买受人在试用期内已经支付部分价款或者对标的物实施出

卖、出租、设立担保物权等行为的，视为同意购买。(《民法典》第 638 条第 2 款)

例：【"无权处分"秒变简易交付】甲将设备卖给乙，双方签订试用买卖合同。试用期间，乙尚未向甲支付价款，便将该设备出质给知情的丙。<u>丙是否取得质权?</u> ①取得。②试用买卖不因交付而转移所有权，其交付的目的是"试用"，而非转移所有权。③乙在试用期间将设备出质，构成"无权处分"，但同步视为乙要购买即完成了"简易交付"，乙成为所有权人，即乙的无权处分瞬间转化为有权处分，丙正常取得质权。

（三）试用付钱吗? 否

试用买卖的当事人对标的物使用费没有约定或者约定不明确的，出卖人无权请求买受人支付。(《民法典》第 639 条)

（四）风险归谁? 看买还是不买

1. 试用期间风险归出卖人：标的物在试用期内毁损、灭失的风险由出卖人承担。(《民法典》第 640 条)

2. 买方同意购买风险归买受人：买方同意购买或拟制买方购买，属于"简易交付"完成交付，即"先试用"，后买卖，交付后风险归买方承担。

五、分期付款买卖：分 3 次或以上付款[1]

（一）分期付款的 20% 规则①

分期付款的买受人未支付到期价款的数额达到全部价款的五分之一，<u>经催告后在合理期限</u>内仍未支付到期价款的，出卖人可以请求买受人支付全部价款或者解除合同。出卖人解除合同的，可以向买受人请求支付该<u>标的物</u>的使用费。(《民法典》第 634 条)

例：【京东分期付款买表】李某在京东商城自营店上购买了浪琴手表一块，总价款 20 000元，分 10 期付款。在李某按期支付了 6 次价款（共计 12 000 元）时，因该手表被其损坏，李某便停止支付全部尾款。<u>如何评价本案法律关系?</u>（1）物权变动角度：李某填写的收货地址是李某与京东商城约定的交付地点，自李某在该地点收到浪琴手表时，李某享有浪琴手表的所有权。（2）分期付款合同角度：①催告权：李某虽已支付 6 期价款共计 12 000 元，但是剩余已到期而尚未支付的价款已达合同标的额的五分之一，出卖人京东商城有权催告李某在合理期限内支付未到期价款。②催告无果，李某仍未支付，则启动分期买卖规则。③方案 1 = 加速到期：京东商城有权要求买受人李某一次性支付剩余的全部价款 8000 元。方案 2 = 回到原来：要求李某退表、支付使用费、支付违约金，向李某退 12 000 元。

（二）分期付款买卖 20% 规则②

分期付款买卖合同的"比例"，损害买受人利益，买受人主张该约定无效的，人民法院应予支持。

例：【可以 >20%，不可以 <20%】甲乙签订分期付款买卖合同，甲向乙供应灰加气砌砖，货值 3 万元，分 4 次支付。双方未签订书面合同，经双方对账，甲向乙交付了全部货物，乙仅支付了 1 半价款。甲公司多次催要未果，故诉至法院，请求判令：第一，被告支付 1.5 万元货款；第二，被告赔偿原告利息损失（以 1.5 万元为基数，按同期银行贷款利率计算，自起诉之日起至付清之日止）；第三，本案诉讼费用由被告承担。乙公司抗辩称因无书面合同，故不成

---

[1] 房屋买卖一般分 2 次付款，故要求分 3 次是有意将一般房屋买卖排除在外了。

立分期付款买卖合同。<u>乙公司的主张能否成立?</u> ①否。②分期付款买卖合同不是必须采用书面形式。

> 秒杀:约定30%,从30%。约定20%,从20%。约定10%,从20%。对买方有利的约定都可以。

(三) 分期付款买卖的标的物:可以是动产,也可以是不动产,但不能是"股权"

例:【最高院指导性案例67号"汤长龙诉周士海股权转让纠纷案"】有限责任公司的股权分期支付转让款中发生股权受让人延迟或者拒付等违约情形,股权转让人要求解除双方签订的股权转让合同的,不适用分期付款买卖中出卖人在买受人未支付到期价款的金额达到合同全部价款的五分之一时即可解除合同的规定。<u>为什么?</u> ①分期付款买卖多发、常见在经营者和消费者之间,一般是买受人作为消费者为满足生活消费而发生的交易。出卖人向买受人授予了一定信用,而作为授信人的出卖人在价款回收上存在一定风险,为保障出卖人剩余价款的回收,出卖人在一定条件下可以行使解除合同的权利。②尽管涉案股权的转让形式也是分期付款,但由于本案买卖的标的物是股权,因此具有与以消费为目的的一般买卖不同的特点。③汤长龙受让股权是为参与公司经营管理并获取经济利益,并非满足生活消费。④周士海作为有限责任公司的股权出让人,基于其所持股权一直存在于目标公司中的特点,其因分期回收股权转让款而承担的风险,与一般以消费为目的分期付款买卖中出卖人收回价款的风险并不同等。⑤双方解除股权转让合同,也不存在向受让人要求支付标的物使用费的情况。

六、保留所有权买卖

(一) 什么是保留所有权买卖

当事人可以在买卖合同中约定买受人未履行支付价款或者其他义务的,标的物的所有权属于出卖人。出卖人对标的物保留的所有权,<u>未经登记,不得对抗善意第三人</u>。(《民法典》第641条)

> 原理:保留所有权买卖的本质是什么? ①"信用买卖"。②买方不用付全款就可以占有、使用标的物,实际上是以卖方给予信用的行使获取融资,这样买方的购买力就大大提高了,从而一定程度上刺激了消费。③出卖人不仅通过保留所有权获得商品价款的担保,而且可以增加商品的销售量。④允许动产所有权保留,即允许当事人意思自治,不违反物权法定。⑤《破产法解释二》第34条告诉我们,保留所有权买卖属于买卖,不是担保合同。乃"附所有权转移停止条件的买卖合同"。

例1:【买方无权处分:卖方所有权未经登记可以对抗恶意第三人】甲乙保留所有权买卖中,卖方甲给买方乙出具的发票上记载"货款未付清,所有权保留",乙将货物出卖给知情的丙,<u>丙能否取得货物所有权?</u> ①否。②甲保留所有权只有发票公示未登记,不可对抗善意第三人,但可以对抗恶意第三人丙。③乙无权处分,丙知情构成恶意,故丙不能取得货物所有权。

例2:【卖方有权处分:卖1保留买卖,卖2一般买卖】甲将其1辆汽车出卖给乙,约定价款30万元。乙先付了20万元,余款在6个月内分期支付。在分期付款期间,甲先将汽车交付给乙,但明确约定付清全款后甲才将汽车的所有权移转给乙。嗣后,甲又将该汽车以20万元的价格卖给不知情的丙,并以指示交付的方式完成交付。<u>如何评价物权变动?</u> ①甲乙保留所有权买卖,乙未付完全款,汽车不因交付转移物权,物权仍归甲。②甲再卖汽车给不知情丙,属于有权处分,同时为"多重买卖",甲丙合同有效,丙因指示交付取得物权,但属于正常取得,而非善意取得。

　　问 1：不动产买卖可以保留所有权吗？不可以，根据物权法定原则，不动产物权是登记生效主义。

　　问 2：货币可以保留所有权吗？不可以，因为货币占有即所有。

　　问 3：所有权保留买卖必须采用书面形式吗？不是。

（二）卖方的取回权：现金流

1. 卖方有取回权

　　（1）何时有取回权？①买方未按照约定支付价款，**经催告后在合理期限内**仍未支付。②未按照约定完成特定条件。③将标的物出卖、出质或者作出其他不当处分。（《民法典》第642 条第 1 款）

　　（2）用何方式取回？①出卖人可以与买受人协商实现取回权。②协商不成的，**参照适用担保物权**的实现程序。（《民法典》第 642 条第 2 款）③取回的标的物价值明显减少的，出卖人有权要求买受人赔偿损失。

　　问：如何参照适用担保物权的实现程序？《担保制度解释》第 63 条【所有权保留】当事人约定出卖人保留合同财产的所有权，出卖人依据民法典第 642 条【取回权】起诉请求取回财产的，人民法院应当向其释明，告知其参照担保物权的实现程序主张权利。出卖人拒绝的，人民法院应当驳回出卖人的诉讼请求。

　　（3）取回权的独立价值之 1：出卖人取回标的物，不用退回买方已经支付的价款。

　　例：【卖方现金流】甲车行将车卖给乙，约定乙付清全款 50 万元前，汽车归甲所有。甲将汽车交付给乙后，乙只付了 25 万元，尾款届期未付。经甲催告，乙在合理期限内仍未支付，甲主张取回汽车。乙主张，既然甲取回汽车了，必须退回 25 万元。乙的主张是否成立？①否。②甲有权基于"取回权"取回汽车，甲没有选择行使"法定解除权"取回汽车。③合同没有解除，故买卖合同仍然有效，故甲保有 25 万元就有了合同依据。④可见，取回权可以保障甲的现金流不受影响。

　　原理：取回权的实务价值是什么？①根据《民法典》合同编关于法定解除权规定，买方迟延履行经卖方催告在合理期间仍未履行，卖方有法定解除权，解除合同后要求买方返还财产。②既然如此，为什么还需要单独给卖方赋予一个"取回权"呢？③给卖方赋予取回权具有独立价值，因为卖方取回货物是基于其选择行使"取回权"，而未选择行使"法定解除权"。④因为合同没有被解除，故合同关系仍然约束买卖双方当事人。故卖方取回标的物，无须向买方退回已经收取的货款。⑤卖方既控制了货物，又控制了钱（现金流），故保留买卖的整个制度架构，维护的是卖方的利益。

　　（4）取回权的独立价值之 2：取回权是权利，而非义务。出卖人也可以选择要求买方继续履行金钱之债。

　　例：【取回权是权利而非义务】4 月 1 日，甲公司与乙公司签订了一份购销废铁合同。合同约定：甲公司自同年 4 月 27 日起给乙公司分批发货；乙公司分批支付货款；甲公司在收到乙公司分批支付的货款之前，该批货的所有权仍属甲公司。合同生效后，甲公司分批给乙公司发废铁 1000 余吨，总价款 1000 万元。乙公司没有完全按合同的约定履行分批支付货款的义务，仅支付货款 100 万元，尚欠甲公司货款 900 万元。甲公司在多次索要货款未果的情况下，考虑到此时废铁已成为滞销产品，且大幅度降价，如果按合同中所有权保留条款的约定，从乙公司处取回与其所欠货款相应的废铁，有损于自己的利益，即向法院提起诉讼，请求法院判令乙公司偿付所欠货款，并承担违约和赔偿损失的责任，而没有请求乙公司退还货物。乙公称，自己未付全款，所有权仍然归甲公司，因此甲公司应取回废铁，不能要求乙公司付款。乙公司主张是否成立？①否。②所有权保留中的取回权实现方式，是参照适用担保物权实现程序。③因此，所有权保留买卖本质上是一种对卖方取得价款的担保。④既然是担保，债权人当然有权选择要求债务人继续履行债务了，债权人有权利但无义务去实现担保物权。

> 秒杀：卖方选择："废铁在呼叫买方；钻石在呼叫卖方"。

2. 卖方无取回权

（1）第三人已经善意取得所有权或者其他物权，卖方不得主张取回权。（《买卖解释》第26条第2款）

例：【买方无权处分：卖方所有权未经登记不可对抗善意第三人】2019年2月，机械公司与纺织公司签订一保留所有权的买卖合同，约定纺织公司以50万元购买机械公司10台纺织机械；机械公司在纺织公司预付20万元货款后发货，余款于货到后3个月内付清；货款付清前，机械公司保留纺织机械所有权。2019年3月，在纺织公司支付20万元货款的情况下，机械公司将50台织机及发票交付纺织公司，而纺织公司却一直未支付余款。2019年5月，纺织公司以上述织机为抵押向不知情银行贷款30万元并办理了抵押登记。2019年10月纺织公司因未按期还贷款被银行起诉，银行请求对抵押物优先受偿。机械公司知情后，以有独立请求权的第三人的身份要求返还纺织机械。机械公司主张能否成立？①否。②机械公司未对保留所有权进行公示，其保留的所有权不可以对抗善意第三人银行，银行善意取得纺织机械的抵押权。

（2）买受人已经支付标的物总价款的75%以上，卖方不得主张取回权。（《买卖解释》第26条第1款）（"4个轮胎中的3个"）

（三）买方的回赎权：亡羊补牢

出卖人取回标的物后，买受人在双方约定或者出卖人指定的合理回赎期限内，消除出卖人取回标的物的事由的，可以请求回赎标的物。（《民法典》第643条第1款）

（四）卖方的再卖权：多退少补

买受人在回赎期限内没有回赎标的物，出卖人可以以合理价格将标的物出卖给第三人，出卖所得价款扣除买受人未支付的价款以及必要费用后仍有剩余的，应当返还买受人；不足部分由买受人清偿。（《民法典》第643条第2款）

例：【卡死保护卖方的总价款】甲车100万元卖给乙，约定乙未付全款前所有权归甲。汽车交付给乙后，乙仅付了20万元，经甲催告仍未支付。甲依法取回了汽车。乙没有回赎。甲分别再卖所得价款扣除必要费用后分别为100万元、80万元、60万元，甲乙之间如何处理"多退少补"关系？

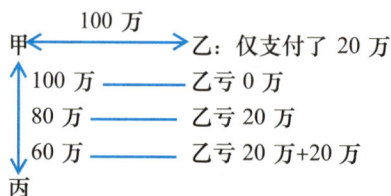

①如甲再卖得100万元，则退20万元给乙（乙没亏）。②如再卖得80万元，则退0元给乙（乙亏了20万元）。③如再卖得60万元，则还可以向乙再要20万元（乙亏了40万元）。④如按市价卖本来扣除必要费用剩余是70万元，甲再却仅卖得60万元，怎么处理？"拟制"甲卖得70万元，还可要求乙再付10万元（乙亏30万元）。

七、商品房买卖合同

（一）商品房买卖合同的订立

1. 售楼广告的内容具体、对缔约和价格有重大影响＝视为要约

商品房的销售广告和宣传资料为要约邀请，但是出卖人就商品房开发规划范围内的房屋及相关设施所作的说明和允诺具体确定，并对商品房买卖合同的订立以及房屋价格的确定有重大影响的，构成要约。该说明和允诺即使未载入商品房买卖合同，亦应当为合同内容，当事人违反的，应当承担违约责任。

例：【开发商楼书吹得天花乱坠】"五一"节期间，开发商售楼员向赵某发送一份"天空之都"楼盘的彩页广告。赵某来到"天空之都"售楼处，工作人员向他介绍："天空之都"将由美国景观大师负责景观规划设计、大厦1楼建本市唯一一处高达9米的热带生态雨林水景大堂、16楼建公共餐厅、31楼建多媒体国际会议中心、37及38层建豪华超五星级俱乐部、顶层建直升机停机坪；业主购房后，开发商将送给每位业主6万元会所VIP储值卡，凭卡可在37、38层俱乐部享受贵宾服务。赵某以疑问的口气问询工作人员，上述承诺是否能够兑现，对方将一沓"楼书"资料递给他说："我们讲的这些都写进了'楼书'中，白纸黑字不会有假！"当天，赵明与"天空之都"开发商签订了购房意向书。二周后又与开发商签订了《商品房买卖契约》，约定次年12月31日前开发商交付所购房屋。在此期间，赵明依约向开发商支付了全部购房款。后赵某拿到新房钥匙发现，"楼书"的承诺与现实相差甚远：一楼的热带生态雨林水景大堂，一滴水没有；16楼餐厅、31楼多媒体国际会议中心空空荡荡；37、38层豪华超五星级俱乐部根本没影儿；送给业主6万元会所VIP储值卡成了一纸空文；楼顶耸立着许多柱子，连玩具直升机都放不下。广大业主诉开发商违约，开发商称，楼书最后一页一行小字明确，楼书仅供参考，一切以商品房买卖合同为准，解释权归开发商，且正式购房合同中没有水景大堂、国际会议中心、皇家俱乐部、停机坪等设施。<u>开发商理由是否成立？</u>①否。②楼书广告内容具体确定对购房人是否买房和价格有重大影响，属于要约，而不是要约邀请。③虽然业主诉求关涉公共设施，但业主诉的请求权基础是合同，而非物权。故单个业主具有原告资格。④结合开发商向上诉人发放的VIP储值卡面值为6万元，法院酌定判定开发商赔偿上诉人每户60 000元，并承担一、二审的所有诉讼费用。

2. 立约定金规则：区分为何没订立正式合同

出卖人通过认购、订购、预订等方式向买受人收受定金作为订立商品房买卖合同担保的，如果因当事人一方原因未能订立商品房买卖合同，应当按照法律关于定金的规定处理；因不可归责于当事人双方的事由，导致商品房买卖合同未能订立的，出卖人应当将定金返还买受人。

例：【合同条件谈不拢未签约则原数退立约定金】开发商和王某签订《商品房认购意向书》，准备认购1套商品房，王某为此向开发商支付了认购该房屋的定金2万元。《商品房认购意向书》规定认购方在签订认购书后7个工作日内必须签署《商品房买卖合同》，买卖条件以合同条款为准，如逾期未签视为自动放弃所订房屋，认购定金不退还。后王某在7个工作日内前往开发商处签订合同，但因双方对于合同条款内容无法达成一致，导致双方无法签订《商品房买卖合同》，王某要求退还定金，开发商拒绝。<u>王某可否要求退回定金？</u>①可以。②因合同条款内容无法达成一致未签约，属于不可归责双方事由，故出卖人应退还定金（不含利息）。③实务启发：购房人可把"如双方合同条款谈不成则全额退定金"字句写入意向书。

3. 履约补正合同形式瑕疵

商品房的认购、订购、预订等协议具备商品房买卖合同的主要内容，并且出卖人已经按照

约定收受购房款的，该协议应当认定为商品房买卖合同。

例：【认购书是预约】甲公司未取得商铺预售许可证，便与李某签订了《商铺认购书》，约定李某支付认购金即可取得商铺优先认购权，商铺正式认购时甲公司应优先通知李某选购。双方还约定了认购面积和房价，但对楼号、房型未作约定。李某依约支付了认购金。甲公司取得预售许可后，未通知李某前来认购，将商铺售罄。<u>李某可否诉甲公司承担违约责任？</u>①可以。②甲公司还未收取购房款，认购书内容不完整，不具备商品房买卖合同内容，故应属于"预约"。③<u>签订预约不需要甲公司取得商品房预售许可证</u>，预约有效，甲公司违反预约须负违约责任。

（二）商品房买卖合同效力

1. 预售许可证诉前取得，商品房预售合同有效

出卖人未取得商品房预售许可证明，与买受人订立的<u>商品房预售合同</u>，应当认定无效，但是在<u>起诉前</u>取得商品房预售许可证明的，可以认定有效。

例：【西安开发商神操作举报自己违规】2016 年 4 月 25 日，李女士与闻天公司签订《紫杉庄园内部认购合同》一份，认购闻天公司开发建设的位于长安区兴隆街办西沣路以西紫杉庄园项目商品房。内部认购合同约定：认购房源销售面积约 200 平米，认购房源销售总价 172 万元；乙方李女士选择总房价款 100%付款比例，根据付款比例，开发商给予总房价款 7 折优惠，优惠后总价 120.4 万元；李女士应于 2016 年 4 月 25 日一次性向甲方闻天公司支付该认购房源 100%房价款。合同还约定，合同签订后，甲方须为乙方保留该房屋至签订正式《商品房买卖合同》时，且不得与第三方签订该房屋的《商品房内部认购合同》或《商品房买卖合同》，并承诺在乙方携本合同与甲方签订《商品房买卖合同》时，甲方将完全履行本合同约定的房屋位置、面积、价款、户型等条款。合同签订当天，李女士即缴纳 120.4 万元购房款，闻天公司出具了收据。2018 年，房价由原来 7000 元/m²，上涨为 2.5 万元/m²。闻天公司先是接受房管局处罚 72 万元，后诉到法院请求确认内部认购协议无效。经查，与李女士相同遭遇的有 12 人，买的都是联排别墅。<u>法院如何处理？</u>①内部认购协议符合商品房买卖合同内容，属于本约，不是预约。②商品房买卖合同需要具备预售许可证，闻天公司已经办理了"4 证"，就差这个"第 5 证"，且在一审判决无效后第 4 天获得预售许可证。③二审法院认定，闻天公司诉合同无效的真正目的是取得超出合同预期更大利益，能够办理预售许可证而不办理，违背了诚实信用原则，视为其已经办理了预售许可证，故判决合同有效。

> 问：买商品房时需要看哪 5 证？《建设用地规划许可证》《建设工程规划许可证》《建筑工程施工许可证》《国有土地使用证》和《商品房预售许可证》。

2. 未备案不影响合同效力，但如约定备案为生效条件则从约定，但实际履行则破约定

当事人以商品房预售合同未按照法律、行政法规规定办理登记备案手续为由，请求确认合同无效的，不予支持。当事人约定以办理登记备案手续为商品房预售合同生效条件的，从其约定，但当事人一方已经履行主要义务，对方接受的除外。

例：【约定网签备案为生效条件】钱某与开发商签订商品房预售合同，约定商品房预售合同自签订之日起 30 日内，办理登记备案手续：如按期办理备案，由网签系统生成合同备案编号，同时在网签系统的商品房楼盘表内显示该套商品房已售。如未按期办理备案，交易系统中商品房买卖合同记录信息自动解除，并自动恢复为"可售"房源状态。钱某交付首付后，因对按揭方式有异议，在开发商将合同办理网签备案前，要求开发商退首付款。<u>钱某主张是否成立？</u>①否。②双方约定网签备案为合同生效条件，从约定。③但钱某已经支付了首付款，开发

商已经接受，故合同已经生效。④开发商后续可以将该合同办理网签备案。

3. 恶意串通损害前手买方，后手交易无效

买受人以出卖人与第三人恶意串通，另行订立商品房买卖合同并将房屋交付使用，导致其无法取得房屋为由，请求确认出卖人与第三人订立的商品房买卖合同无效的，应予支持。

例：【换 1 个卖方与他人恶意串通】2003 年 11 月，张某、刘某夫妻二人与秀山县某大道集贸市场工程指挥部签订《预订房屋合同》，约定以 5000 元/平方米的价格购买工程指挥部位于秀山县中和镇某路 127 号商业门面一间，总价 229 125 元。双方签订正式《房屋买卖合同》，张某、刘某按照约定履行了付款义务，工程指挥部向张某交付了房屋，但一直未办理房屋产权过户登记。后工程指挥部将《房屋买卖合同》的权利义务转让给某房地产公司。2014 年，房地产公司与聂某签订《商品房买卖合同》约定，以 5000 元/平方米的价格将同一商业门面转让给聂某某，总价 226 550 元，并为聂某某办理了过户登记。张某、刘某以房地产公司与聂某于签订的《商品房买卖合同》构成恶意串通为理由，请求秀山县法院确认无效。法院如何处理？①物债两分：工程指挥部与张刘之间虽然未过户房屋，但合同有效。②合同转让：房地产公司取代工程指挥部，与张刘之间存在有效合同。③一房 2 卖与恶意串通：房地产公司与聂某签订合同，房地产公司属于 1 房 2 卖，聂某以 10 年前的价格购买，而张刘一直在该房屋居住。④法院认为，这足以认定房地产公司与聂某构成恶意串通损害他人合法权益，故判决确认该合同无效。⑤实务中，还可能向前延展，即聂某与方某进一步恶意串通签订低价转让合同。依然是无效的，除非后续交易是正常市场交易。

（三）商品房包销合同

1. 由包销人以出卖人的名义销售，包销期满未销售房屋由包销人按约定包销价格购买

出卖人与包销人订立商品房包销合同，约定出卖人将其开发建设的房屋交由包销人以出卖人的名义销售的，包销期满未销售的房屋，由包销人按照合同约定的包销价格购买，但当事人另有约定的除外。

> 问 1：包销人卖不掉房屋，包销人的法律地位有何变化？①包销人不可能取得预售许可证，故不能以自己名义签订出卖合同，因此是代理人。②如果卖不掉房屋，则包销人负有强制购买合同约定剩下商品房的义务，包销人身份由代理人变成了购房人。③如包销人购入后再行转让，则该买卖属于二手房买卖，而非一手房买卖。
>
> 问 2：包销人图什么？①赚取利差。②包销人与开发商包销合同约定 7500 元/平方米，多卖所得归包销人，少卖部分由包销人补。③购买人和开发商按 7500/平方米签订合同，购买人给包销人支付单价 2500 元/平方米。④购房人不能事后反悔要求包销人退 2500/平方米。

2. 出卖人包销出去后不得自行销售，但不属于无权处分

出卖人自行销售已经约定由包销人包销的房屋，包销人请求出卖人赔偿损失的，应予支持，但当事人另有约定的除外。

例：【出卖人自卖属于有权处分但构成违约】甲公司与乙公司签订商品房包销合同，约定甲公司将其开发的 10 套房屋交由乙公司包销。甲公司将其中 1 套房屋卖给丙。乙公司可否要求甲公司承担违约责任？①可以。②甲公司将包销出去的房屋出卖，属于有权处分，但需要对包销人负违约责任。

第十章　赠与合同

一、什么是赠与合同

赠与合同是赠与人将自己的<u>财产</u>无偿给予受赠人，受赠人<u>表示接受</u>赠与的合同。（《民法典》第 657 条）

例：【你送我要 = 双方行为】甲愿替乙向丙还债 500 元，对乙称不用还了，乙表示一定奉还。甲还了 250 元后甲乙交恶，甲要求乙退 250 元，乙要求甲继续还剩余的 250 元。<u>谁的主张成立？</u>①甲的主张成立。②赠与合同是双方民事法律行为，需要双方意思表示一致，甲乙双方未就赠与达成意思表示，赠与合同不成立。

> 问：甲免费为乙搬家，甲乙签订了什么合同？①不是赠与合同，因为赠与合同的对象限于"财产"，如房屋、汽车、股权、知识产权财产权，不包括劳务。②甲未收取报酬，也不是承揽合同。③免费帮忙，这属于帮工，无合同法律关系。如果收费，则属于无名合同。④甲免费为乙去办理工商登记手续，这不是赠与合同，而是无偿委托合同。⑤甲免费为乙看管汽车，这不是赠与合同，这是无偿保管合同。⑥甲将 100 元交给乙，不收利息，这不是赠与合同，这是无偿借款合同。

二、可以反悔不送吗？（通知即可无须诉讼）

（一）任意撤销权（不适用于"三公赠与"）

1. 一般赠与人有任意撤销权：赠与人在赠与财产的<u>权利转移之前</u>可以撤销。（《民法典》第 658 条第 1 款）动产交付之前可任意撤销；不动产过户之前可以任意撤销。

例：【恋爱赠与】甲男与乙女签订赠与合同，同意赠与 10 万元给乙购车。甲未赠与，<u>乙可否要求甲交付 10 万元？</u>①否。②因为赠与财产权利尚未转移，甲有"任意撤销权"。③如甲已经交付了 10 万元，但分手后不能要求乙退 10 万元，因为赠与财产权利已经转移，甲无"任意撤销权"。

2. "三公赠与"人无任意撤销权：经过公证的赠与合同或者依法不得撤销的具有救灾、扶贫、助残等公益、道德义务性质的赠与合同，赠与人不得享有任意撤销权。（《民法典》第 658 条第 2 款）（"公益公德公证" = "三公赠与"）

（1）受赠人有权请求交付：经过公证的赠与合同或者依法不得撤销的具有救灾、扶贫、助残等公益、道德义务性质的赠与合同，赠与人不交付赠与财产的，受赠人可以请求交付。（《民法典》第 660 条第 1 款）

> 问：一般赠与中，受赠人有权请求交付吗？否。因为赠与人有任意撤销权。

（2）受赠人有权请求赔偿：<u>"三公赠与"</u>中应当交付的赠与财产因赠与人<u>故意或者重大过失</u>致使毁损、灭失的，赠与人应当承担损害赔偿责任。（《民法典》第 660 条第 2 款）

例：【侵权还是违约】甲与希望学校签订赠与合同，捐赠一批电脑。交付前，甲毁坏电脑，拒不赠与。交付后，甲毁坏电脑。<u>这两种情形有何差异？</u>①交付前，赠与人故意导致赠与财产毁损，受赠人可请求赠与人承担"违约损害赔偿责任"，不是侵权责任，因为电脑的所有权人归甲，而非希望学校。②交付后，赠与人故意毁坏电脑，因电脑的所有权人是希望学校，故受赠人可请求赠与人甲承担侵权损害赔偿责任。

> 问：一般赠与中，受赠人有权请求赔偿吗？否。因为赠与人有任意撤销权。

（二）法定撤销权（适用于"三公赠与"）

1. 法定撤销权事由（《民法典》第663条第1款）

（1）恩将仇报：严重侵害赠与人或者赠与人近亲属的合法权益。

（2）违反法定义务：对赠与人有扶养义务而不履行。

（3）违反约定义务：不履行赠与合同约定的义务。

> 问1："三公赠与"人不能任意撤销，但是可以法定撤销吗？①可以。②甲与乙签订赠与合同经公证，约定甲赠乙车。后乙将甲的儿子故意打成重伤。甲无任意撤销权，因为赠与合同经过公证。但是甲有法定撤销权，因为受赠人乙严重侵犯了赠与人甲近亲属的合法权益。
>
> 问2：夫妻之间婚前或婚后赠与房屋，属于"道德义务赠与"吗？①不属于。②婚前或者婚姻关系存续期间，当事人约定将一方所有的房产赠与另一方，赠与方在赠与房产变更登记之前撤销赠与，另一方请求判令继续履行的，人民法院可以按照任意撤销权规定处理，即赠与人有任意撤销权。③怎么锁死这个赠与呢？去公证一下。④结婚送恋爱送房屋只要没过户都可以反悔。

2. 法定撤销权期间

（1）赠与人1年：赠与人的撤销权，自知道或者应当知道撤销原因之日起1年内行使。（《民法典》第663条第2款）

例：【负义务赠与中，法定撤销权过期，不可启动解除权】2017年张某与徐某再婚。婚内两人与张女（张某与前妻之女）经公证订立赠与合同，约定："将张某、徐某名下的夫妻共同财产本市一处房屋无偿赠与张女所有，张女表示接受；同时约定张女愿意赡养照料张某与徐某的生活，并保证张某与徐某对上述房屋的终身居住、使用权。本赠与经公证，并办妥房屋产权过户手续后成立。若受赠人违约，赠与人有向法院请求撤销赠与或要求其继续履约的权利。"同年8月，赠与房屋产权转移到张女名下。同年9月，张女将受赠房屋售与他人。2019年10月，张某起诉要求与徐某离婚，未获准许。庭审中，徐某提出送赠房屋已被张女出售，主张送赠房屋之权利，但未在法定期间行使撤销权。2020年1月，张某再度起诉与徐某离婚，获得准许。对徐某坚持主张的送赠房屋之权利，法院认为系争房屋已赠与张女，且已办理产权变更手续，该主张涉及到案外人利益，不宜在离婚案中予以处理。2020年3月，徐某以张女擅自出售房屋，不能履行合同约定的义务，构成根本违约为由向法院提出起诉，要求解除赠与合同。徐某是否有权解除赠与合同？①否。赠与合同经过公证，且属于附义务赠与。②附义务赠与的性质仍属于单务合同，纠纷的发生往往是在赠与人已将赠与物转移给受赠人，即赠与行为已经履行完毕之后。③而合同解除则适用于双务合同，且发生在合同成立以后、未履行或未完全履行之前。

（2）非赠与人6个月：因受赠人的违法行为致使赠与人死亡或者丧失民事行为能力的，赠与人的继承人或者法定代理人可以撤销赠与。赠与人的继承人或者法定代理人的撤销权，自知道或者应当知道撤销事由之日起6个月内行使。（《民法典》第664条）

> 问：父子可以同时行使法定撤销权吗？①否。②甲与乙签订赠与合同经公证，约定甲赠与乙车。后乙将甲的儿子小甲故意打成重伤。小甲无权主张撤销赠与合同，甲才有法定撤销权。

（三）穷困抗辩权（适用于"三公赠与"）

赠与人的经济状况显著恶化，严重影响其生产经营或者家庭生活的，可以**不再履行**赠与义务。（《民法典》第666条）（"东山再起时可主张任意撤销权"）

例：【婆婆比儿媳更惨】牛某与王某原系婆、媳关系，牛某与杜某（王某长子，已于2014年去世）在共同生活期间，曾经常发生家庭矛盾，后为维护其家庭关系，2016母亲节当天，牛某、王某双方签订土地承包合同，合同约定被告将其所分得8.1亩土地交由原告耕种，自2017年起至2020年秋终止。在签订该合同前，牛某已经在该土地种植11年，未支付任何费用。王某年近七旬，主要依靠村集体经济组织分配的口粮田满足生活温饱问题，<u>是否有权要求收回土地承包经营权？</u>①可以。②双方签订的是赠与合同，赠与标的是农村土地承包经营权。③赠与人王某经济状况显著恶化，牛某虽亦历经生活艰辛，但较之王某目前的生活处境，更具有优势地位。④故王某可不在履行赠与义务，有权将土地承包经营权收回。

三、区分附义务的赠与、附条件的赠与和遗赠抚养协议

（一）附义务的赠与

赠与人先完成赠与，受赠人后履行义务。赠与附义务的，受赠人应当按照约定履行义务。（《民法典》第661条）

不履行赠与合同约定的义务，赠与人可以撤销赠与。（《民法典》第663条）

例：【送车后考过是义务】甲乙约定，甲赠乙1车，乙取得该车后需通过研究生考试。甲交付车，乙未通过研究生考试，甲要求退车，乙拒绝。<u>甲能否要求退车？</u>①能。②甲乙签订了附义务的赠与合同，乙参加研究生考试并通过乃赠与合同的义务。③乙未履行该义务，赠与人享有"法定撤销权"。

（二）附条件的赠与

1. 附生效条件的赠与：条件先成就，赠与人后履行赠与义务

例：【考过后再送车】甲乙约定，如乙通过研究生考试，甲赠乙1车。乙未通过研究生考试，<u>可否要求甲交车？</u>①否。②甲乙签订了附生效条件的赠与合同。③乙通过研究生考试与否是不确定事实，将该不确定事实来限定合同的生效，故为附生效条件的赠与合同。④乙未通过研究生考试，条件成就，故赠与合同不生效，乙无权要求甲赠车。（没交付可任意撤销）

2. 附解除条件的赠与：赠与人先履行赠与义务，条件成就，赠与要求退赠与财产

例：【送车后考过是条件】甲乙约定，甲赠乙车，如乙未通过研究生考试，则退车。乙未通过研究生考试，<u>甲可否要求退车？</u>①可。②甲乙签订了附解除条件的赠与。③乙通过研究生考试与否是不确定事实，将该不确定事实来限定生效合同的失效，故为附解除条件的赠与合同。④乙未通过研究生考试，条件成就，故赠与合同失去效力，甲有权要求乙退车。

> 问：如何区分负义务赠与和附解除条件的赠与？①撤销后失去效力：附义务赠与合同是已经生效的合同，受赠人违反义务，则启动赠与人法定撤销权，该撤销权必须行使。赠与人需要通知受赠人，才可要求退回赠与财产。②自动失去效力：附解除条件赠与合同也是已经生效的合同，条件成就，则赠与合同自动失去效力，赠与人什么也不用说什么也不用做，有权直接要求退回赠与财产。

（三）遗赠抚养协议：赠与人死亡时，继承人或遗产管理人履行遗赠义务

例：【生养死葬】甲乙签订遗赠抚养协议，约定乙对甲生养死葬，甲死亡后遗产均归乙。

甲乙签订的协议是遗赠抚养协议，适用《民法典》继承编规则，不适用合同编规则。

四、赠与人要承担瑕疵担保责任吗？（赠坏东西要不要赔）

（一）看"对价"

1. 无"对价"的赠与人不要承担：赠与的财产有瑕疵的，赠与人不承担责任。（《民法典》第 662 条第 1 款）

2. 有"对价"的赠与人要承担：附义务的赠与，赠与的财产有瑕疵的，赠与人在附义务的限度内承担与出卖人相同的责任。（《民法典》第 662 条第 1 款）如甲赠与乙 1 车存在质量问题，给乙附了义务，帮甲的儿子找份工作。履行义务的乙可向甲索赔。

（二）看"过错"

赠与人故意不告知瑕疵或者保证无瑕疵，造成受赠人损失的，应当承担损害赔偿责任。（《民法典》第 662 条第 2 款）

例：【赠与带病毒电脑】甲赠带病毒的电脑给乙，乙使用电脑时因病毒导致文件被删除。乙可否要求甲承担赔偿责任？（1）先看对价：①无对价则乙无权向甲索赔。②有对价则乙有权向甲索赔，如甲赠与乙时给乙附了义务，履行了义务的乙有权向甲索赔。（2）再看过错：无论是否有对价，只要甲故意不告知病毒或保证无病毒，则乙有权向甲索赔。

> 秒杀：赠与的 5 个民法考点。①"限人"可签纯受益的赠与合同。②赠与合同不启动善意取得。③赠与财产"逃债"启动债权人撤销权。④赠与财产"逃债"受赠人配合则启动债权人撤销权，还构成恶意串通损害他人利益无效。⑤赠与夫妻共有财产给外人未经妻子追认该赠与合同无效。

第十一章　借款合同

一、借款合同什么时候成立？

（一）【个人与个人】实践性合同

自然人之间的借款合同，自贷款人提供借款时成立。（《民法典》第 679 条）

1. 以现金支付的，自借款人收到借款时。
2. 以银行转账、网上电子汇款等形式支付的，自资金到达借款人账户时。
3. 以票据交付的，自借款人依法取得票据权利时。
4. 出借人将特定资金账户支配权授权给借款人的，自借款人取得对该账户实际支配权时。
5. 出借人以与借款人约定的其他方式提供借款并实际履行完成时。

（二）【非个人与个人】诺成性合同

当事人达成借款合意，借款合同即成立。

二、民间借贷合同是否有效？（"法官：出借人的钱怎么来的？"）

（一）民间借贷合同无效 = "抢银行生意"的无效

1. 套取金融机构贷款转贷的；
2. 以向其他营利法人借贷、向本单位职工集资，或者以向公众非法吸收存款等方式取得的资金转贷的；
3. 未依法取得放贷资格的出借人，以营利为目的向社会不特定对象提供借款的；
4. 出借人事先知道或者应当知道借款人借款用于违法犯罪活动仍然提供借款的；
5. 违反法律、行政法规强制性规定的；
6. 违背公序良俗的。

（二）民间借贷合同有效 = 生产经营借款

1. 法人之间、非法人组织之间以及它们相互之间为生产、经营需要订立的民间借贷合同。
2. 法人或者非法人组织在本单位内部通过借款形式向职工筹集资金，用于本单位生产、经营订立的民间借贷合同。

三、借款合同的利息怎么算？

（一）未约定利息则无利息

借款合同对支付利息没有约定的，视为没有利息。（《民法典》第 680 条第 2 款）

（二）约定利息不明确要区分处理

1. 自然人之间借款的，视为没有利息。（《民法典》第 680 条第 3 款）

例 1：【%2 = 约定明确】张某向李某借了 10 万元，出具借条一张，借条具体内容如下："今从李某处借到人民币现金壹拾万元整，月息%2，借期一年。张某，2011.10.1"。后李某逾期不还，张某具状起诉至法院。之前双方无借贷往来。审理中，张某认为借条中的"月息2%"为约定不明，视为没有利息。张某主张是否成立？①否。②解释在先，不明在后，只有解释不清，才能曰"不明"。③故所谓的"约定不明"，只能是指用通常的合同解释方法已无法解释明白的情况下，才能认定为"约定不明"。④本案中，根据合同目的及符号意思完全可以推定出其就是"2%"的意思，其表达效果应视为等同于"2%"的表达效果。

例2：【约定支付利息但没说标准 = 约定不明确】张某于 2017 年 5 月向好友李某出借了 20 万元，双方约定借期为 1 年，借期内李某应当向张某支付利息，但双方未约定利息支付标准。1 年时间转眼过去，李某只每月支付 2000 元，共计 24 000 元，借期届满后却迟迟不还钱，张某多次催要，李某都以各种理由拒绝，张某遂将李某起诉至法院，要求李某归还借款并按照 2%/月支付利息。张某的主张能否成立？有权要求归还本金 17.6 万元，无权要求支付 1 年借期内的利息，有权要求支付逾期的利息"参照当时一年期贷款市场报价利率标准计算"。

2. 其他借款，按照当地或者当事人的交易方式、交易习惯、市场利率等因素确定利息。（《民法典》第 680 条第 3 款）

（三）约定利率：一年期 LPR 的 4 倍以内有效；超过部分无效

出借人请求借款人按照合同约定利率支付利息的，人民法院应予支持，但是双方约定的利率超过合同成立时一年期贷款市场报价利率（LPR）4 倍的除外。"一年期贷款市场报价利率"，是指中国人民银行授权全国银行间同业拆借中心自 2019 年 8 月 20 日起每月发布的一年期贷款市场报价利率。

例：【假设一年期 LPR 的 4 倍是 15%】甲向乙借款 100 万元，为期一年，约定利息是 20 万元，如何评价？法院支持年底回收 115 万元，另外 5 万元利息无效。

> 问：什么是一年期 LPR？一年期贷款市场报价利率。老婆啊，每个月 20 日发布 1 次。

（四）"利滚利"：一年期 LPR 的 4 倍以内有效；超过部分无效

借贷双方对前期借款本息结算后将利息计入后期借款本金并重新出具债权凭证，如果前期利率没有超过合同成立时一年期贷款市场报价利率四倍，重新出具的债权凭证载明的金额可认定为后期借款本金。超过部分的利息，不应认定为后期借款本金。

按前款计算，借款人在借款期间届满后应当支付的本息之和，超过以最初借款本金与以最初借款本金为基数、以合同成立时一年期贷款市场报价利率四倍计算的整个借款期间的利息之和的，人民法院不予支持。

例：【利滚利之假设一年期 LPR 的 4 倍是 15%】甲向乙借款 100 万元，为期 5 年，约定 20% 的利率，并且实行"利滚利"，即前期本金和利息作为后期的本金。如何评价？20% 中只有 15% 有效，另外 5% 无效。法院支持的金额分别是：第一年是 115（按约定计算是 120）；第二年是 130（按约定计算是 115×（1＋15%）＝132.25）；第三年是 145【按约定计算是 115×（1＋15%）×（1＋15%）＝152.0875】；第四年是 160【按约定计算是 115×（1＋15%）×（1＋15%）×（1＋15%）＝174.900625】；第五年是 175【按约定计算是 115×（1＋15%）×（1＋15%）×（1＋15%）×（1＋15%）＝201.13571】。

（五）"逾期利息"

1. 【从约定】借贷双方对逾期利率有约定的，从其约定，但是以不超过合同成立时一年期贷款市场报价利率 4 倍为限。

例：【逾期利息之假设一年期 LPR 的 4 倍是 15%】甲乙签订借款合同，甲出借 100 万元给乙并交付，年利率为 10%，为期 1 年，逾期利率为 40%。乙第 2 年尚未还款，甲可要求乙还多少款? ①本金 100 万元, 借期内利息 10 万元, 逾期内利息 15 万元 (逾期利率为 40% 超过 LPR 的部分无效则按 "LPR" 的 4 倍即 15% 计算)。②甲可要求乙还 125 万元。

2.【无约定】(1) 有借期利率, 则逾期利率同借期利率: 约定了借期内利率但是未约定逾期利率, 出借人主张借款人自逾期还款之日起按照借期内利率支付资金占用期间利息的, 人民法院应予支持。(2) 无借期利率则按逾期还款违约责任: 既未约定借期内利率, 也未约定逾期利率, 出借人主张借款人自逾期还款之日起参照当时一年期贷款市场报价利率标准计算的利息承担逾期还款违约责任的, 人民法院应予支持。

(六) "巧立名目利息"

出借人与借款人既约定了逾期利率, 又约定了违约金或者其他费用, 出借人可以选择主张逾期利息、违约金或者其他费用, 也可以一并主张, 但是总计超过合同成立时一年期贷款市场报价利率 4 倍的部分, 人民法院不予支持。

例:【向中间人支付逾期 "工资" = 逾期利息】甲经丙介绍向乙借款 40 万元到期未还, 甲向丙出具了 "保证书" 约定: 每晚 1 天乙还款, 则向丙支付 2000 元 "工资" (解释: 所谓工资是丙认为一旦甲逾期, 就需要丙去催讨, 会导致丙耽误时间)。后甲逾期 60 日向乙支付了 40 万元, 丙可否向甲主张每日 2000 元的 "工资"? 可以主张, 但不得超过借款合同成立时一年期贷款市场报价利率 4 倍。(1) 甲丙的约定本质上是对 "逾期利息" 的约定, 如果允许他们随意约定数额并且获得法院支持, 然后丙就有机会私下将这笔钱给到乙, 那么就会彻底地架空民间借贷利率不得高于 LPR 的 4 倍的约定。因为全体借款人都可以不自己亲自出马要利息, 而找一个 "过桥人" 去主张 "超级高利贷" 的利息。(2) 所以, 这个 "工资" 本质上属于 "逾期利息" 的约定, 需要受到 LPR 的 4 倍的限制。(3) 基于意思自治和契约必守原则, 甲乙之间存在主债, 甲丙之间存在从债即利息之债。(4) 利息之债不存在 "无双二公子" 的情形, 是有效的, 但是利息之债的额度要受到主债 (本金之债) 的约束, 即不得超过本金 × LPR 的 4 倍。(5) 特别注意❶, 不存在乙丙恶意串通损害甲的利益的问题。因为这个利息之债是甲亲自与丙签约的, 不属于 "恶意串通损害第三人" 情形, 因为甲自己即使 "受害", 也不是 "第三人", 而是 "当事人"。(6) 特别注意❷, 分析当事人之间的权利义务关系, 要看本质而不能只看名字, 所以不要被 "工资" 误导。它可以叫 "工资" "劳务费" "财务顾问费" "咨询费" "辛苦费" 等等, 都不影响它是 "逾期利息" 的本质, 因为它来源于 40 万元本金之债。所以不要被当事人写的 "工资" 一词误导走向了对工资的分析。(7) 这里头涉及到一个民法理论问题, 就是我们的合同制度, 是否采用英美法系的 "约因" 和对价理论。英美法系认为, 没有对价的合同是无效的, 赠与合同等特殊情形除外。本案, 就是没有对价的合同, 丙没有对价获得利益。按照英美法系对价理论, 这个合同是无效的。但是我们国家没有采用这个对价理论, 我们坚持的是意思自治, 丙没有支付对价可以获得利益, 但这个合同是有效的, 有效的原因就是这是他们的真实意思表示。所以, 我们不视为这是赠与合同, 因为如果是赠与合同, 那么就会脱离 LPR 的 4 倍的限制。因此, 甲乙之间签订了借款合同, 甲丙之间约定的是利息之债, 案由是民间借贷。

(七) "不能砍头息"

借据、收据、欠条等债权凭证载明的借款金额, 一般认定为本金。预先在本金中扣除利息的, 人民法院应当将实际出借的金额认定为本金。

例:【10 万变 9 万】甲乙约定出借 10 万元, 约定年利率 10%, 甲先收取利息, 甲交付了 9 万元。年底, 甲有权要求乙还多少款? 9 万元是本金, 年利率是 10%, 故年底还款 9.9 万元。

（八）"提前还款算实际利息"

借款人可以提前偿还借款，但是当事人另有约定的除外。借款人提前偿还借款并主张按照实际借款期限计算利息的，人民法院应予支持。

四、借款合同的还款人是谁？

（一）大 BOSS？（"突破合同相对性"）

1. 企业借款用于大 BOSS

法人的法定代表人或者非法人组织的负责人以单位名义与出借人签订民间借贷合同，有证据证明所借款项系法定代表人或者负责人个人使用，出借人请求将法定代表人或者负责人列为共同被告或者第三人的，人民法院应予准许。

2. 大 BOSS 借款用于企业

法人的法定代表人或者非法人组织的负责人以个人名义与出借人订立民间借贷合同，所借款项用于单位生产经营，出借人请求单位与个人共同承担责任的，人民法院应予支持。

（二）担保人？

1. 用买卖合同担保民间借贷

当事人以订立买卖合同作为民间借贷合同的担保，借款到期后借款人不能还款，出借人请求履行买卖合同的，人民法院应当按照民间借贷法律关系审理。当事人根据法庭审理情况变更诉讼请求的，人民法院应当准许。

按照民间借贷法律关系审理作出的判决生效后，借款人不履行生效判决确定的金钱债务，出借人可以申请拍卖买卖合同标的物，以偿还债务。就拍卖所得的价款与应偿还借款本息之间的差额，借款人或者出借人有权主张返还或者补偿。（"废话" ＝出借人成为普通债权人）

例：【借款与买卖】甲乙签订借款合同，自然人乙向甲借款1000万元，同时双方签订房屋买卖合同，如乙不还款，甲有权请求乙过户房屋。乙届期未还款，且乙尚欠丙1000万元。甲诉乙过户房屋，能否获得支持？①否。②法院按照民间借贷法律关系审理。③如甲变更诉讼请求为要求还借款，法院应准许。④法院判决甲胜诉，甲可以申请拍卖乙名下的房屋，如卖1200万元，则甲得1000万元，多出的200万元退给乙。如卖得800万元，则甲得800万元，剩余200万元未获得清偿可以请求乙继续还款。⑤在此过程中，甲并无优先于丙的权利。如丙诉乙也获得胜诉判决，则在执行阶段，丙可申请参与分配，与甲平分1200万元或者800万元，剩余未获得部分都变成了无担保债权。

2. 网贷平电台的担保

（1）平台是中介：借贷双方通过网络贷款平台形成借贷关系，网络贷款平台的提供者仅提供媒介服务，当事人请求其承担担保责任的，人民法院不予支持。

（2）平台是保证人：网络贷款平台的提供者通过网页、广告或者其他媒介明示或者有其他证据证明其为借贷提供担保，出借人请求网络贷款平台的提供者承担担保责任的，人民法院应予支持。

> 问：什么是抢银行生意？银行的钱是大家的。银行借我们的钱再出借，这是银行的生意。我自己的钱出借给陌生人，这是民间借贷。

3. 保证担保

（1）【只告一般保证人，裁定驳回起诉】一般保证人为借款人提供一般保证，债权人未就主合同纠纷提起诉讼或者申请仲裁，仅起诉一般保证人的，人民法院应当驳回起诉；出借人仅起诉借款人的，人民法院可以不追加保证人为共同被告。(《担保制度解释》第 26 条第 1 款优先适用于《民间借贷解释》第 4 条第 2 款)

(2)【连带保证中的"乱告"】保证人为借款人提供连带责任保证，出借人仅起诉借款人的，人民法院可以不追加保证人为共同被告；出借人仅起诉保证人的，人民法院可以追加借款人为共同被告。

(3)【不是保证人】他人在借据、收据、欠条等债权凭证或者借款合同上签名或者盖章，但是未表明其保证人身份或者承担保证责任，或者通过其他事实不能推定其为保证人，出借人请求其承担保证责任的，人民法院不予支持。

五、借款合同履行地在哪里?

借贷双方就合同履行地未约定或者约定不明确，事后未达成补充协议，按照合同相关条款或者交易习惯仍不能确定的，以接受货币一方所在地为合同履行地。

例：【出借地还是还款地】唐某和甲公司签订借款合同，约定唐某将 100 万元借给甲公司。如何确定合同履行地? ①唐某和甲公司的借款合同属于诺成性合同，不是实践性合同。②如甲公司诉唐某出借 100 万元，则甲公司所在地为合同履行地。③如唐某诉甲公司还款 100 万元，则唐某所在地为合同履行地。

第十二章　租赁合同

第一节　租赁合同

一、什么是租赁合同

（一）让渡使用权

1. 租赁合同是出租人将租赁物交付承租人使用、收益，承租人支付租金的合同。（《民法典》第703条）

2. 租赁合同出租人可以不是租赁物的所有权人，因为该合同让渡的是租赁物的使用权，而非所有权。

例：【偷车出租给不知情者】丙公司将该汽车停放在停车场时，该车被丁盗走。丁很快就将汽车出租给不知该车来历的自然人戊。丁与戊的租赁合同是否有效？丁获得的租金属于什么性质？①有效。②因为尽管丁不享有所有权或处分权，但是并不影响租赁合同效力。③其所得的租金属于不当得利。（承租人一般而言比较弱势所以要倾向保护）

（二）一房数租：交、记、先。

1. 排队顺序：①已经合法占有租赁房屋的。②已经办理登记备案手续的。③合同成立在先的。

2. 救济办法：不能取得租赁房屋的承租人有权请求解除合同、赔偿损失。

二、租赁期限可以多久？

（一）租期期限最长20年/次。

1. 租赁期限不得超过20年。超过20年的，超过部分无效（《民法典》第705条第1款）。

2. 租赁期间届满，当事人可以续订租赁合同，但是约定的租赁期限自续订之日起不得超过20年（《民法典》第705条第2款）。

例：【超过20年部分损失利息】A公司承租B公司下属某加油站。《租赁协议》约定，租期48年，租金共计500万元，在租赁开始时一次性支付。2019年B公司以租期超过20年不受法律保护为由，要求法院认定协议无效，判令A归还加油站。A公司提起反诉，要求返还超过20年部分租金及利息。法院如何处理？①法院认定超过20年部分无效，其他部分仍具有法律效力。②A公司租赁到满20年止，B公司返还20年以后租金。③虽然A公司收回了超出20年以后的租金，但还是损失了利息。

（二）不定期租赁

1. 6个月以上却无书面也无证据：租赁期限6个月以上的，应当采用书面形式。当事人未采用书面形式，无法确定租赁期限的，视为不定期租赁。（《民法典》第707条）

2. 到期不说话继续租赁：租赁期限届满，承租人继续使用租赁物，出租人没有提出异议的，原租赁合同继续有效，但是租赁期限为不定期（《民法典》第734条第1款）。

3. 未约定租期：当事人对租赁期限没有约定或者约定不明确，不能协商也无法解释的，视为不定期租赁。（《民法典》第730条）

4. 彼此提前通知对方任意解除：当事人可以随时解除合同，但是应当在合理期限之前通知对方。（《民法典》第730条）

（三）原租赁期间继续：换租户

承租人在房屋租赁期限内死亡的，与其生前共同居住的人或者共同经营人可以按照原租赁合同租赁该房屋。（《民法典》第732条）

三、出租人的义务

（一）出租人有适租义务

1. 租赁物

出租人应当按照约定将租赁物交付承租人，并在租赁期限内保持租赁物符合约定的用途。（《民法典》第708条）

例：【出租人违反适租义务承租人明知还签约有过错】陆某自徐矿集团承租房屋的目的在于经营幼儿园，而根据相关规定，申请注册幼儿园的，除提交申请报告等材料外，举办者在登记注册时还应当提交公安机关消防部门提供的消防安全证明、建筑部门提供的房屋安全合格意见书等。案涉房屋验收报告及消防验收报告系徐矿集团负责办理并掌握，如徐矿集团不提供相关材料，陆某就无法注册经营幼儿园，其订立合同的目的无法实现。经查，双方订立租赁合同时均知晓案涉房屋的现状，当时并没有办理房屋竣工验收及消防验收等手续，陆某对此并未提出异议，双方也未约定何时提供上述材料。法院如何处理？综合考虑徐矿集团的违约情形及陆某的经营情况，法院酌定双方各自承担合同约定标准的50%。

2. 租赁物的权利

因第三人主张权利，致使承租人不能对租赁物使用、收益的，承租人可以请求减少租金或者不支付租金。第三人主张权利的，承租人应当及时通知出租人。（《民法典》第723条）

（二）出租人有维修义务

1. 要么出租人修，要么承租人代修（《民法典》第713条第1款）。

（1）出租人修：出租人应当履行租赁物的维修义务，但是当事人另有约定的除外。承租人在租赁物需要维修时可以要求出租人在合理期限内维修。

（2）承租人代修：出租人未履行维修义务的，承租人可以自行维修，维修费用由出租人负担。

（3）维修期间不能用怎么办？因维修租赁物影响承租人使用的，应当相应减少租金或者延长租期。

例：【转租中二房东有维修义务】甲将房屋出租给乙，经甲同意乙将房屋转租给丙。房屋热水器坏了，谁负担维修义务？①乙。②也可以由丙更换热水器，费用由乙承担。

2. 承租人自己修：因承租人的过错致使租赁物需要维修的，出租人不承担维修义务（《民法典》第713条第2款）。

例：【维修后2次损害】甲将别墅出租给乙，别墅瓦片漏水，甲未维修，乙代为维修后新换瓦片继续漏水，导致损害。乙是否有权要求甲赔偿？①否。②乙代修后可请求甲支付维修费，因维修影响使用可请求相应减少租金或延长租期。③但是新换瓦片继续漏水，应由租户乙自己维修，与出租人甲无关。

四、租户义务之支付租金

（一）什么时候支付租金？

1. 从约定：承租人应当按照约定的期限支付租金。

2. 无约定则年付：（1）对支付期限没有约定或者约定不明确，租赁期间不满一年的，应当在租赁期间届满时支付。（2）租赁期间一年以上的，应当在每届满一年时支付，剩余期间不满一年的，应当在租赁期间届满时支付。（《民法典》第721条）

（二）承租人不付租金怎么办？

1. 出租人有权解除合同

承租人无正当理由未支付或者迟延支付租金的，出租人可以请求承租人在合理期限内支付；承租人逾期不支付的，出租人可以解除合同。（《民法典》第722条）

2. 次承租人代为支付租金请求权

（1）承租人拖欠租金的，次承租人可以代承租人支付其欠付的租金和违约金，但是转租合同对出租人不具有法律约束力的除外（《民法典》第719条第1款）（比如擅自转租）。

（2）次承租人代为支付的租金和违约金，可以充抵次承租人应当向承租人支付的租金；超出其应付的租金数额的，可以向承租人追偿（《民法典》第719条第2款）。

（三）承租人可以少付租金或者不付租金吗？

1. 租赁物没了用不了

因不可归责于承租人的事由，致使租赁物部分或者全部毁损、灭失的，承租人可以请求减少租金或者不支付租金；因租赁物部分或者全部毁损、灭失，致使不能实现合同目的的，承租人可以解除合同。（《民法典》第729条）

2. 租赁物坏了要维修

因维修租赁物影响承租人使用的，应当相应减少租金或延长租期（《民法典》第713条第1款）。

3. 第三人来抢租赁物

因第三人主张权利，致使承租人不能对租赁物使用、收益的，承租人可以请求减少租金或者不支付租金（《民法典》第723条第1款）。

五、租户义务之不得擅自装修

（一）经同意装修，不可分割添附物如何处理？

1. 合同无效

（1）已形成附合的装饰装修物，出租人同意利用的，可折价归出租人所有。

（2）不同意利用的，由双方各自按照导致合同无效的过错分担现值损失。

2. 合同解除

（1）房东违约，房东赔：因出租人违约导致合同解除，承租人请求出租人赔偿剩余租赁期内装饰装修残值损失的，应予支持。

（2）租户违约，租户负：因承租人违约导致合同解除，承租人请求出租人赔偿剩余租赁期内装饰装修残值损失的，不予支持。但出租人同意利用的，应在利用价值范围内予以适当补偿。

（3）双方违约，过错双方分担：因双方违约导致合同解除，剩余租赁期内的装饰装修残值损失，由双方根据各自的过错承担相应的责任。

（4）其他事由，公平分担：因不可归责于双方的事由导致合同解除的，剩余租赁期内的装饰装修残值损失，由双方按照公平原则分担。

3. 正常结束

承租人经出租人同意装饰装修，租赁期间届满时，承租人请求出租人补偿附合装饰装修费用的，不予支持。但当事人另有约定的除外。

例：【工行与玉林烤鸭店】2009年8月，工行通州支行（甲方）与玉林烤鸭店（乙方）签订了《房屋租赁合同》，约定：第四条、装修。甲方允许乙方在保证安全、不修改房屋主体结构的前提下对该房屋进行装修、装饰或添置新物，装修装饰费用由乙方承担。甲方应为房屋的装修、装饰或添置附属设施提供必要的便利和协助；第五条、租赁期限。（一）房屋的租赁期限为5年，自2009年8月1日至2014年7月31日。（二）租赁期满前三个月，甲乙双方没有提出书面异议的，本合同自动顺延，依此类推。"合同签订后，双方均依约履行，直至合同期满，乙方已经支付了合同期限内的全部租金。2014年4月10日、7月30日，工行通州支行两次向玉林烤鸭店邮寄了《关于房屋租赁的告知函》，告知玉林烤鸭店在双方上述合同到期后，其不再继续出租该房屋，要求做好房屋腾退准备工作，这两次邮寄行为均经北京市潞州公证处公证，玉林烤鸭店认可其收到了这两份告知函，但未腾退。2015年5月，工行通州支行诉至法院要求确认双方房屋租赁合同终止，玉林烤鸭店立即返还涉案房屋。玉林烤鸭店不同意工行通州支行的诉讼请求，并提出反诉要求工行通州支行赔偿其为改造涉诉房屋为饭店的装饰装修折价共计1085万元。玉林烤鸭店反诉请求是否成立？①否。②玉林烤鸭店主张的装修、装饰费用补偿的请求，因双方合同已经履行完毕，法院不予支持。

> **秒杀：**按过错来，谁有错谁承担责任。

（二）擅自装修

1. 费用由租户自负：承租人未经出租人同意装饰装修或者扩建发生的费用，由承租人负担。

2. 房东可请求恢复原状或赔偿损失：承租人未经出租人同意，对租赁物进行改善或者增设他物的，出租人可以请求承租人恢复原状或者赔偿损失（《民法典》第715条第2款）。

例：【擅自装修租赁之加油站】甲公司租赁A加油站期间发现一50立方米柴油罐渗漏，未通知出租方对油罐进行了更换，且更换为30立方米。出租方以此为由向法院提起诉讼，要求解除合同，恢复原状。法院审理后认为，甲公司未经出租人同意擅自更换油罐，致使该站按国家规范由一类站降为二类站，属根本性违约，判决解除租赁合同。实务有何预防办法？租赁合同增加一款："为经营需要，不必征得出租方同意，我方享有改建、扩建和重建加油站的权利"。

六、租户义务之不得擅自扩建

（一）经同意扩建

1. 扩建合法，房东付扩建费：办理合法建设手续的，扩建造价费用由出租人负担。

2. 扩建非法，房东和租户过错分担扩建费：未办理合法建设手续的，扩建造价费用由双方按照过错分担。

（二）擅自扩建（法律效果与擅自装修相似）

1. 扩建费由租户自负。

2. 出租人可请求承租人恢复原状或者赔偿损失。

> 秒杀：擅自装修或扩建，法律效果相似；经同意装修或扩建，按过错来，除非扩建合法由出租人负扩建费。

七、租户义务之不得擅自转租

（一）经同意可以转租

1. 租1和转租2的合同效力如何？（各玩各的）

（1）租1和转租2都有效：承租人经出租人同意，可以将租赁物转租给第三人。承租人转租的，承租人与出租人之间的租赁合同继续有效；第三人造成租赁物损失的，承租人应当赔偿损失（《民法典》第716条第1款）。

（2）转租2超出租1的租期部分对出租人不发生效力：承租人经出租人同意将租赁物转租给第三人，转租期限超过承租人剩余租赁期限的，超过部分的约定对出租人不具有法律约束力，但是出租人与承租人另有约定的除外。（《民法典》第717条）

2. 转租2的收益归谁？

（1）"中间商赚差价"：在租赁期限内因占有、使用租赁物获得的收益，归承租人所有，但是当事人另有约定的除外。（《民法典》第720条）

（2）次承租人有代为支付租金请求权：①承租人拖欠租金的，次承租人可以代承租人支付其欠付的租金和违约金，但是转租合同对出租人不具有法律约束力的除外（《民法典》第719条第1款）。②次承租人代为支付的租金和违约金，可以充抵次承租人应当向承租人支付的租金；超出其应付的租金数额的，可以向承租人追偿（《民法典》第719条第2款）。

> 问：承租人擅自转租，出租人要解除合同，次承租人代为支付租金可否破掉出租人的解除权？不可以。次承租人代为支付租金仅仅可以破掉出租人因承租人欠租金而产生的解除权。

3. 次承租人导致租赁物损害怎么办？

（1）合同责任：次承租人造成租赁物损害，出租人可诉承租人负合同上的赔偿责任。

（2）侵权责任：出租人诉次承租人承担侵权赔偿责任。

例：【次承租人野蛮装修】居民甲将房屋出租给乙，乙经甲同意对承租房进行了装修并转租给丙。丙擅自更改房屋承重结构，导致房屋受损。甲可主张什么民事责任？①甲可请求丙承担侵权责任。②甲可请求乙承担违约责任。③基于合同相对性，不可请求丙承担违约责任。

（二）擅自转租

1. 租1和转租2的合同效力如何？

（1）租1和转租2都有效。

（2）租1：承租人未经出租人同意转租的，出租人可以解除合同（《民法典》第716条第2款）。出租人知道或者应当知道承租人转租，但是在6个月内未提出异议的，视为出租人同意转租。（《民法典》第718条）

（3）转租2：①次承租人对承租人属于有权占有。②租1解除后，次承租人对房屋的占有不连续，出租人可请求次承租人返还原物。

例1：【擅自转租之出租人解除租1】丁某将其所有的房屋出租给方某，方某将该房屋转租给唐某。<u>如何评价丁某、方某、唐某的法律关系？</u>①丁某、方某租1有效；方某、唐某转租2有效。②如方某未经丁某同意转租，则丁某有权解除租1后请求唐某返还房屋。如丁某在知道方某擅自转租后6个月内没说话，则视为同意转租。

例2：【加油站擅自转租】A公司与B公司签订《合作经营协议》承租某加油站，租赁费一次性支付。该加油站土地为B公司承租的C公司划拨地。3年后，C公司得知真实情况的C公司通过诉讼收回了（即解除租1）B公司承租的加油站土地，并拆除该加油站。A公司起诉B公司要求退还剩余年限租赁费以及违约金并胜诉。但B公司已无可执行资产，A公司损失巨大。

2. 转租2的收益归谁？归出租人，不归承租人，因为这属于承租人的不当得利。

3. 次承租人导致租赁损害怎么办？

（1）合同责任：次承租人造成租赁物损害，出租人可诉承租人合同上的赔偿责任。

（2）侵权责任：出租人诉次承租人承担侵权责任。

> 秒杀：<u>同意转租与擅自转租的核心差异是什么？</u>①中间商是不是可以赚差价。②出租人是不是有解除租1的权利。③其他规则都一样：租1和转租2都有效；导致损害都是出租人诉承租人违约，出租人诉次承租人侵权。

八、租赁权1：所有权变动不破租赁

（一）所有权变动不破租赁（"换出租人"）：租户 > 买方

<u>租赁物</u>在承租人依据<u>租赁合同占有期间</u>发生所有权变动的，不影响租赁合同的效力。（《民法典》第725条）

例1：【买卖不破租1】甲将设备（房屋）出租并交付给乙，租赁期间甲将设备（房屋）转让给丙（设备指示交付或者房屋过户）。<u>丙可否要求乙返还设备或者房屋？</u>

$$甲（原出租人） \xleftarrow{\quad 出租 \quad} 乙$$

$$丙（新物权人）$$

①否。②"买卖不破租赁"。③因为乙和甲的租赁合同在先，乙占有租赁物也在先。④如甲乙租赁合同，甲丙买卖合同，甲乙完成交付，则不适用"买卖不破租赁"。⑤要求承租人不但租赁合同在先，还要求占有租赁物在先，目标是为了避免"租赁合同时间倒签"，损害买方利益。

例2：【买卖不破租1和不破转租2＝换房东】甲将房屋出租给乙（月租金5000元），乙经甲同意将该房屋转租给丙并交付给丙占有（月租金5500元），租赁期间，甲将房屋出卖给丁并且过户。<u>如何评价甲乙丙丁四方关系？</u>

$$甲（原房东） \xleftarrow{\quad 出租 \quad} 乙$$
$$\updownarrow 转租$$
$$丁（新房东） \quad\quad 丙$$

①从双方关系观察，甲乙租赁关系，乙是债权人即租赁权人（超级钥匙人）。乙丙转租关系，丙是债权人即次租赁权人（超超级钥匙人）。甲丁买卖关系，丁是物权人。②从三方关系观察，出租人甲和次承租人丙没有法律关系。③从四方关系观察，甲丁买卖不破甲乙租赁、也

不破乙丙转租，丁取代甲成为出租人，即丁出租人，乙承租人，丙次承租人。乙相对于丁是有权占有，而丙相对于乙是有权占有，故基于"占有连续"，丙相对于丁也是有权占有，故丁不能要求乙或丙返还租赁房屋，只能在租期结束后要求他们退房。④丙是直接占有人，乙是第一阶层间接占有人，丁是第二阶层间接占有人。⑤根据《民法典》合同编规定，在甲卖房时，乙和丙都有同等条件下的优先购买权，发生冲突，丙作为次承租人，其优先购买权要优先于承租人乙。⑥如果乙购买了涉案房屋，则乙取代甲成为出租人，租赁关系演变为：乙——乙——丙，发生混同，故只有乙丙租赁关系，丙每个月给乙 5500 元租金。⑦如果丙购买了涉案房屋，则丙取代甲成为出租人，租赁关系演变为：丙——乙——丙，不发生混同，因为中间有乙的利益要保护，丙给乙 5500 元每月，乙再给丙 5000 元每月。即乙"中间商赚差价"每月赚 500 元。

例 3：【继承不破租 1 = 换房东】甲将房屋出租给乙并转移占有，租赁期间，甲死亡，其继承人小甲继承了房屋。<u>如何评价小甲和乙的关系?</u>

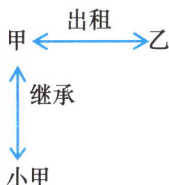

$$甲 \xleftarrow{\quad 出租 \quad} 乙$$
$$\uparrow 继承$$
$$小甲$$

①从双方关系观察，甲乙有租赁关系，乙是债权人即租赁权人（超级钥匙人）。甲死亡后，小甲继承房屋，同时法定承受甲的租赁合同债务。②从三方关系观察，小甲取代甲成为出租人，与乙之间形成租赁关系。③小甲作为物权人，不能要求乙返还租赁物，因为乙相对于小甲属于有租赁权的占有。

例 4：【先继承后买卖还不破租 1 = 换房东】甲将房屋卖给"钥匙人"乙（完成交付），"钥匙人"将房屋出租给"超级钥匙人"丙并交付。甲死亡，小甲继承房屋，在租赁期间将房屋卖给"过户人"丁（完成过户）。<u>如何评价甲乙丙丁四方关系?</u>

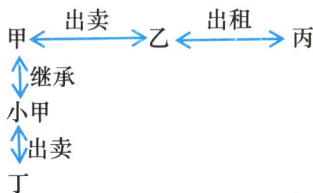

$$甲 \xleftarrow{\quad 出卖 \quad} 乙 \xleftarrow{\quad 出租 \quad} 丙$$
$$\updownarrow 继承$$
$$小甲$$
$$\updownarrow 出卖$$
$$丁$$

①甲乙买卖关系，乙是债权人。②乙丙租赁关系，丙是债权人即租赁权人。③租金归乙而非归房屋所有权人甲，租金是房屋孳息，因为在甲乙买卖合同中，交付转移标的物的孳息，故房屋交付给乙后孳息归乙。④乙相对于甲是有权占有，丙相对于乙是有权占有，构成"占有连续"，租赁权人丙相对于甲是有权占有。租赁关系为：甲（卖方）——乙（买方）——丙（承租人）。⑤甲死亡后，小甲基于继承取得房屋所有权，小甲取代甲后租赁关系为：小甲（卖方）——乙（买方）——丙（承租人）。⑥小甲将房屋过户给丁，基于买卖不破租赁，丁取代小甲后租赁关系为：丁（过户人）——乙（钥匙人）——丙（承租人超级钥匙人）。⑦基于物权优先于债权，丁可要求乙返还房屋（"间接占有人换人"，即乙丙租期结束时，丙将房屋直接给丁，而无需给乙）。⑧基于所有权变动不破租赁，丁不可要求丙返还房屋。⑨归总：丁买到了房屋，也买到了"租户"。

秒杀：租期内，换房东，超级钥匙人老大，谁是超级钥匙人？有租赁合同还要有钥匙。

（二）所有权变动破租赁：买方 ＞ 租户

1. 房屋在出租前已设立抵押权，因抵押权人实现抵押权发生所有权变动，则房屋受让人无须承受原租赁合同。

例：【先抵押后租赁】甲向银行借款 100 万元，将房屋抵押登记给了银行。甲将房屋出租给了乙并交付。甲届期无力向银行还款，银行主张实现抵押权，房屋由丙买到。<u>丙可否要求乙返还房屋？</u>①可以。②银行对房屋抵押权登记早于乙的租赁权，故"押大"。③买到房屋的丙无须承受原租赁关系。④丙买到的是"无负担"的房屋，这样便于银行实现抵押权，因为房屋容易变价以及价格会卖得比较好。

> **问：**先抵押后租赁中，抵押权人实现抵押权要拍卖房屋，房屋承租人可否主张优先购买权？①可以。②出租人与抵押权人协议折价、变卖租赁房屋偿还债务，应当在合理期限内通知承租人。承租人请求以同等条件优先购买房屋的，人民法院应予支持。③因为保护房屋承租人的优先购买权，本质上是"保护"抵押权，因为房屋承租人参与"竞买"，会使得房屋变价更"高"。④银行作为抵押权人，看重的不是谁买这个房屋，而是房屋可以卖多少钱。

2. 房屋在出租前已被法院依法查封的，则房屋受让人无须承受原租赁合同。

例：【先查封后租赁】甲欠乙 100 万元届期无力清偿，乙申请法院查封了甲的房屋后，甲将房屋出租给了丙。后房屋经拍卖被丁买得，<u>丁可否请求丙返还房屋？</u>①可以。②乙作为查封债权人，先将房屋查封。③甲后将房屋出租给丙，则房屋受让人丁无须承受原租赁合同。

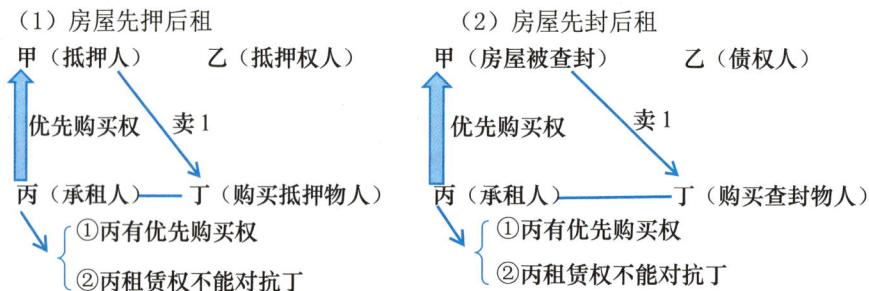

（1）房屋先押后租　　　　　　　（2）房屋先封后租

九、房屋租赁权 2

（一）房屋承租人有优先购买权

1. 房屋承租人优先购买权

（1）"房东不能背着租户偷偷摸摸卖房"：出租人出卖租赁<u>房屋</u>的，应当在出卖之前的<u>合理期限内</u>通知承租人，承租人享有以同等条件优先购买的权利。（《民法典》第 726 条）当事人约定排除房屋承租人优先购买权的约定无效。

例：【优先购买所有权与优先购买使用权】2017 年 5 月，钱某出资 15 万元从某商品市场主办单位处"购得"一间门面房使用权。双方约定，房屋所有权归市场主办单位所有，钱某可长期享有房屋使用权，并可自由转让。同年 8 月，钱某将此房出租给赵某，租期 3 年，租金每年 15000 元。2019 年 12 月，钱某又与张某签订一份合同，约定将门面房"卖给"张某，收取价款 13 万元。2020 年 1 月，张某通知赵某房子已被其所买。赵某得知后，以钱某与张某之间房屋买卖没有事先告知承租人，侵犯其优先购买权为由诉至法院，要求法院宣告钱某与张某之间房屋转让合同无效。<u>本案应如何处理?</u> ①市场主办单位与钱某乃转移房屋使用权合同,并非转移所有权。②钱某将此房出租给赵某,合同有效。③钱某将此房使用权转让给张某,转移的是使用权,而非所有权,该合同有效。④租期内房屋发生买卖,房屋承租人有优先购买权;举重以明轻,租期内房屋使用权转移,房屋承租人亦应有优先购买权(购买使用权)。

> 问1:房屋次承租人是否有优先购买权?有。如甲将房屋出租给乙,乙经甲同意转租给丙,租期内甲将房屋出卖给丙,则承租人乙和次承租人丙都有优先购买权,都要购买则次承租人丙的优先购买权优先。
>
> 问2:承租部分房屋的承租人在出租人整体出卖房屋时是否享有优先购买权?《最高人民法院关于承租部分房屋的承租人在出租人整体出卖房屋时是否享有优先购买权的复函》:第一,从房屋使用功能上看,如果承租人承租的部分房屋与房屋的其他部分是可分的、使用功能可相对独立的,则承租人的优先购买权应仅及于其承租的部分房屋;如果承租人的部分房屋与房屋的其他部分是不可分的、使用功能整体性较明显的,则其对出租人所卖全部房屋享有优先购买权。第二,从承租人承租的部分房屋占全部房屋的比例看,承租人承租的部分房屋占出租人出卖的全部房屋一半以上的,则其对出租人出卖的全部房屋享有优先购买权;反之则不宜认定其对全部房屋享有优先购买权。

(2)"房东背着租户偷偷摸摸卖房"怎么办?

①租户向房东索赔:出租人未通知承租人或者有其他妨害承租人行使优先购买权情形的,承租人可以请求出租人承担赔偿责任。但是,出租人与第三人订立的房屋买卖合同的效力不受影响。(《民法典》第728条)("中介报酬")

例:【索赔范围是什么】 2017年7月,王某与张某签订租赁合同,约定:王某租赁张某店铺1间,为期2年,并约定租金每年1.5万元。2019年5月,李某来到王某所租店铺处,称该店铺张某已于2019年1月以市场价转售给自己,并办理了过户登记手续,要求王某在租赁期届满时迁出店铺。王某遂诉至法院,以优先购买权受到侵害为由,要求张某赔偿自己另行购房价差9900元。<u>王某主张能否获得支持?</u> ①可以。②承租人的优先购买权受到侵害时,承租人可请求出租人承担赔偿责任。③承租人另行购房所支出的费用应酌情予以赔偿。承租人另行购房所支出的费用主要包括交通费、搬家费等交易成本。这些费用是由于承租人的优先购买权受到侵害后,另行看房、购房、办理相关手续所支出的费用。而对于购房必然会产生的办理产权证等费用不能予以认定,因为即使承租人实现了优先购买权,这部分费用也必然会产生。④承租人知道或者应当知道房屋被出售之日与房屋实际被出售之日的房价差应予以赔偿。出租人因未履行通知义务,使承租人丧失了同等条件购买租赁房屋的机会,这种机会可以表现为一种损失,理应由出租人承担相应的赔偿责任。对于房价差的确定应当是以承租人知道或者应当知道之日为准。若是以承租人实际买房或者起诉之日为准,无疑会扩大损失,不应得到法律保护。对于承租人知道房屋被出售之日的房价确定,应以同地段、同类型房屋的市场价为参考,市场价不易确定的,应由专业评估机构确定房价。

②租户不得解除合同,因为合同目的没落空,基于"买卖不破租赁",无非是"换房东"而已。租户的目的是租赁房屋,而非"租房东"。

例:【租户的目的是租房屋而不是租房东】 甲将房屋租给乙,在租赁期内未通知乙就把房屋出卖并过户给不知情的丙。乙得知后劝丙退出该交易,丙拒绝。<u>乙可采取什么民事救济措施?</u> ①乙可主张由甲承担赔偿责任,因甲出卖房屋未通知乙而侵犯了乙的优先购买权。②乙不可主张解除租赁合同,因为乙租赁房屋的合同目的没落空。③乙不可请求丙承担侵权责任,丙不知情故不构成侵权。④乙不可诉甲丙买卖合同无效。

③出租人与第三人订立的房屋买卖合同的效力不受影响。

例：【房东背着租户卖房】甲将房屋出租给了乙。租期内，甲将房屋卖给丙。如何评价乙的优先购买权？①甲应在合理期限内通知乙。无须经乙同意。②如果甲未通知乙，侵犯了乙的优先购买权，则乙可请求甲赔偿。③乙丙的房屋买卖合同有效。

2. 破掉房屋承租人优先购买权

（1）房屋按份共有人行使优先购买权或者出租人将房屋出卖给近亲属（《民法典》第726条第1款）。

（2）出租人履行通知义务后，承租人在15日内未明确表示购买的，视为承租人放弃优先购买权（《民法典》第726条第2款）。

（3）出租人委托拍卖人拍卖租赁房屋的，应当在拍卖5日前通知承租人。承租人未参加拍卖的，视为放弃优先购买权。（《民法典》第727条）

> 问：执行程序中拍卖房屋，房屋承租人如何行使优先购买权？①人民法院在拍卖该房屋前应告知房屋承租人拍卖事项。根据《最高人民法院关于人民法院民事执行中拍卖、变卖财产的规定》第11条规定："人民法院应当在拍卖五日前以书面或者其他能够确认收悉的适当方式，通知当事人和已知的担保物权人、优先购买权人或者其他优先权人于拍卖日到场。"法院在拍卖之前应按照法律规定，将拍卖事项告知承租人。②拍卖过程中，张某应该如何行使优先购买权。根据《最高人民法院关于人民法院民事执行中拍卖、变卖财产的规定》第13条规定："拍卖过程中，有最高应价时，优先购买权人可以表示以该最高价买受，如无更高应价，则拍归优先购买权人；如有更高应价，而优先购买权人不作表示的，则拍归该应价最高的竞买人。顺序相同的多个优先购买权人同时表示买受的，以抽签方式决定买受人。"③如果法院未按规定提前告知张某拍卖事宜，导致张某未能行使优先购买权，张某可以向法院提出执行异议。根据《最高人民法院关于人民法院办理执行异议和复议案件若干问题的规定》第5条规定："有下列情形之一的，当事人以外的公民、法人和其他组织，可以作为利害关系人提出执行行为异议：……（三）认为人民法院的拍卖、变卖或者以物抵债措施违法，侵害其对执行标的的优先购买权的……"。

（二）房屋承租人优先承租权

租赁期间届满，房屋承租人享有以同等条件优先承租的权利。（《民法典》第734条第2款）

例1：【加油站承租人优先承租权】A公司承租B公司某加油站，租赁协议中约定"合同期满后，乙方（A公司）有优先承租权"。2015年A公司得知，B公司已约定在2019年租赁期满后将另行租赁给C公司，并收取了定金。A公司可否继续租赁加油站？①A公司可对B公司主张优先承租权。②C公司找B公司要求双倍返还定金。

例2：【房屋承租人优先购买权、优先承租权、买卖不破租赁】甲将房屋出给乙，租期内，甲将房屋出卖给丙。如何评价甲乙丙三方关系？①乙作为房屋承租人，有优先购买权。②如乙不优先购买，则"买卖不破租赁"，乙与丙形成租赁关系，住到租期结束为止。③如果租期正常结束，丙要求将房屋出租给丁，则乙在同等条件下有优先承租权。

> **原理1：**侵犯优先承租权的租赁合同效力如何？①有效。②举重明轻，侵犯优先购买权，都不能诉买卖合同无效；故侵犯优先承租权，也不能诉出租合同无效。③救济的办法：同等条件租给原承租人。或者由出租人赔偿原承租人。

原理 2：优先承租权的意义何在？①优先承租权是法定权利，保护承租人利益，是政策性保护，还是有很大作用的。②比如，你说你收房，那么你租给谁？涨租金，涨多少，我原租户愿意接受，你就得租给我。③比优先购买权厉害，比买卖不破租赁要厉害得多。

第二节　融资租赁合同

一、3 方结构的一般融资租赁合同

融资租赁合同是出租人<u>根据承租人对出卖人、租赁物的选择</u>，向出卖人购买租赁物，提供给承租人使用，承租人支付租金的合同。（《民法典》第 735 条）

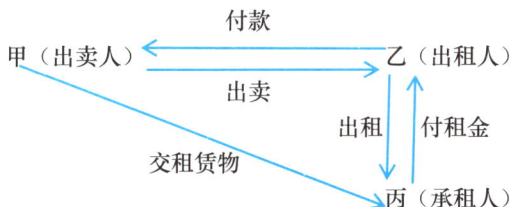

例：【融资＋融物】甲融资公司与乙厂家签订买卖设备合同，甲融资公司和丙租户签订融资租赁合同。甲从乙买设备的目的是为了租给丙，并非为了自用。<u>融资租赁合同的特点是什么？</u>融资租赁合同具有融资与融物相结合的特点，包含两个交易行为，一是出卖人和出租人之间的买卖合同关系，一是承租人和出租人之间的租赁合同关系，两个合同互相结合，构成融资租赁合同关系。

问：租赁合同和融资租赁合同的差别是什么？类似于"超市"与"海外代购"的差别，前者出租人已经备好了各种租赁物由承租人选，后者是出租人根据租户的选定去购进租赁物。

二、2 方结构的"售后回租"融资租赁合同

承租人将其自有物出卖给出租人，再通过融资租赁合同将租赁物从出租人处租回的，承租人和出卖人系同一人不影响融资租赁合同的成立。

例 1：【真融资租赁＝融资＋融物】甲将设备卖给乙融资公司，收取 100 万元。甲再将设备从乙融资公司处租回，租期 1 年，租期结束后设备所有权归甲，甲向乙融资公司支付 140 万元。租期届满后，甲未向乙融资公司支付租金，乙融资公司请求甲支付 140 万元，甲只同意支付 124 万元。<u>乙融资公司主张是否成立？</u>

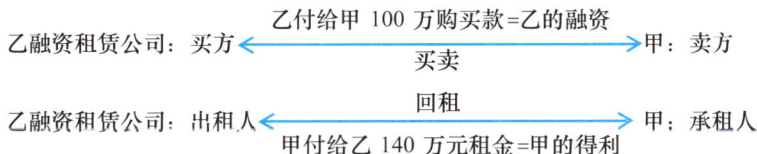

①成立。②甲乙签订了"售后回租"的融资租赁，既有融物，又有融资。③甲乙达成租赁意思时，乙通过占有改定取得设备所有权。④租期届满时，甲依据约定取得设备所有权。⑤甲乙之间不是民间借贷，故不适用民间借贷利率的法律规定。⑥融资公司本质上就是可以

"合法" 的和银行抢生意 "放贷"。

例2：【"售后回租" 的融资租赁合同】甲融资租赁公司与乙公司签订融资租赁合同，约定乙公司向甲公司转让一套生产设备，转让价为评估机构评估的市场价200万元，再租给乙公司使用2年，乙公司向甲公司支付租金300万元。合同履行过程中，因乙公司拖欠租金，甲公司诉至法院。<u>甲乙之间签订的是什么合同？</u>①融资租赁合同。②不是民间借贷合同，不适用民间借贷的利率规则。甲投入200万元，2年后收回300万元，回报率25%每年，可以获得法院全部支持。③"先买卖后租回"，甲通过"占有改定"成为设备所有权人。④乙公司"盘活"了自己的资产。

例3：【假融资租赁＝融资】市政府甲国有资产投资公司将现有固定资产"市府大道"卖给乙融资公司，乙融资公司将市府大道出租给甲公司，甲公司付租金。市府大道账面价值2亿，乙融资公司购买价格为1亿元。<u>甲乙公司是否成立融资租赁合同？</u>①不成立。②租赁物市府大道，没有说是市府大道占用的土地所有权还是附着于占地之上的沙石混合物的所有权。③如果是土地所有权，国有，不能交易。④如果是砂石混合物，显然不值1亿元。⑤本案中只有融资，没有融物。⑥从租金构成上看，1亿元的价款与市府大道的实物价值并无对价关系。⑦双方实际为借款合同关系。

三、租户主导型融资租赁合同（3方构造的融资租赁）

（一）承租人的受领权、索赔权、远程控制权

1. 承租人的受领权

（1）有受领权

出租人根据承租人对出卖人、租赁物的选择订立的买卖合同，出卖人应当按照约定向承租人交付标的物，承租人享有与受领标的物有关的买受人的权利。（《民法典》第739条）

（2）有拒绝受领权

出卖人违反向承租人交付标的物的义务，有下列情形之一的，承租人可以拒绝受领出卖人向其交付的租赁物：①租赁物严重不符合约定；②出卖人未在约定期间或者合理期间内交付租赁物，经承租人或者出租人催告，在催告期满后仍未交付。承租人拒绝受领租赁物的，应当及时通知出租人。（《民法典》第740条）

2. 承租人的索赔权

（1）承租人索赔由融资公司协助

出租人、出卖人、承租人可以约定，出卖人不履行买卖合同义务的，由承租人行使索赔的权利。承租人行使索赔权利的，出租人应当协助。（《民法典》第741条）

（2）承租人索赔但要向融资公司付租金

承租人对出卖人行使索赔权利，不影响其履行支付租金的义务。但是，承租人依赖出租人的技能确定租赁物或者出租人干预选择租赁物的，承租人可以请求减免相应租金。（《民法典》第742条）

（3）承租人因融资公司过错导致索赔失败可向融资公司索赔

出租人有下列情形之一，致使承租人对出卖人行使索赔权利失败的，承租人有权请求出租人承担相应的责任：①明知租赁物有质量瑕疵而不告知承租人；②承租人行使索赔权利时，未及时提供必要协助。出租人怠于行使只能由其对出卖人行使的索赔权利，造成承租人损失的，承租人有权请求出租人承担赔偿责任。（《民法典》第743条）

3. 承租人的远程控制权

出租人根据承租人对出卖人、租赁物的选择订立的买卖合同，未经承租人同意，出租人不得变更与承租人有关的合同内容。(《民法典》第744条)

(二) 租赁物所有权归谁?

1. 归融资公司

(1)【约定归融资公司所有】当事人约定租赁期限届满租赁物归出租人所有，因租赁物毁损、灭失或者附合、混合于他物致使承租人不能返还的，出租人有权请求承租人给予合理补偿。(《民法典》第758条第2款)

(2)【无约定则归融资公司】出租人和承租人可以约定租赁期限届满租赁物的归属;对租赁物的归属没有约定或者约定不明确，租赁物的所有权归出租人。(《民法典》第757条)

(3)【登记对抗主义】出租人对租赁物享有的所有权，未经登记，不得对抗善意第三人。(《民法典》第745条)

> 原理:实务价值即判断是否执行错了，比如租户债权人申请执行租赁物，融资公司对租赁物的所有权经过登记，则可以排除执行。

2. 归承租人

(1)【约定归承租人所有:融资公司要么要剩余租金、要么解除合同收回租赁物实现担保物权】

①【融资公司要剩余租金就租赁物优先受偿】融资公司主张返还租赁物参照担保物权实现程序处理:当事人约定租赁期限届满租赁物归承租人所有，承租人已经支付大部分租金，但是无力支付剩余租金，出租人因此解除合同收回租赁物，收回的租赁物的价值超过承租人欠付的租金以及其他费用的，承租人可以请求相应返还。(《民法典》第758条第1款)"最高人民法院关于适用《中华人民共和国民法典》有关担保制度的解释"第65条第1、2款，融资租赁的当事人约定租赁期限届满后租赁物归承租人所有，承租人支付部分租金后未支付剩余租金，出租人请求承租人支付剩余租金，并就租赁物优先受偿的，人民法院可以参照适用担保物权的实现程序处理。

②【融资公司解除合同收回租赁物实现担保物权】"最高人民法院关于适用《中华人民共和国民法典》有关担保制度的解释"第65条第1、2款，融资租赁的当事人约定租赁期限届满后租赁物归承租人所有，承租人支付部分租金后未支付剩余租金，出租人请求解除合同并收回租赁物的，人民法院可以参照适用担保物权的实现程序处理。承租人主张收回的租赁物价值超过欠付租金及其他费用的，人民法院应当按照融资租赁合同的约定确定租赁物价值;融资租赁合同未约定或者约定不明的，可以参照融资租赁合同约定的租赁物折旧以及合同到期后租赁物的残值确定租赁物价值。

(2)【视为约定归承租人所有:支付象征性价款】当事人约定租赁期限届满，承租人仅需向出租人支付象征性价款的，视为约定的租金义务履行完毕后租赁物的所有权归承租人。(《民法典》第759条)(如医疗设备租赁)

3. 租赁合同无效(《民法典》第760条)

(1)【从约定】融资租赁合同无效，当事人就该情形下租赁物的归属有约定的，按照其约定。

(2)【无约定则归出租人】没有约定或者约定不明确的，租赁物应当返还出租人。

(3)【承租人原因导致合同无效则出租人可选择要钱】但是，因承租人原因致使合同无效，出租人不请求返还或者返还后会显著降低租赁物效用的，租赁物的所有权归承租人，由承租人给予出租人合理补偿。

> 秒杀1：租赁物无论是租期内，租期外，还是合同无效，都归融资公司。有3个例外，合同约定、租期届满租户支付象征性价格、因租户导致租赁合同无效出租人不要租赁物。
>
> 秒杀2：要么融资公司有所有权；要么约定承租人有所有权但融资公司有担保物权。

（三）租赁物质量、维修、侵权、风险

1. 租赁物质量怪谁？租户

（1）租户损失由租户自负

租赁物不符合约定或者不符合使用目的的，出租人不承担责任。但是，承租人依赖出租人的技能确定租赁物或者出租人干预选择租赁物的除外。（《民法典》第747条）

例：【租户主导型融资租赁东西坏了租户自负】甲与顺利融资租赁公司签订融资租赁合同，租赁淀粉加工设备一台，约定租赁期限届满后设备归承租人所有。合同签订后，出租人按照承租人的选择和要求向设备生产商丁公司支付了价款。如租赁期间因设备自身原因停机，造成承租人损失。应如何处理？①租户甲主导型融资租赁，故甲继续支付租金。②甲要求丁公司承担维修义务和赔偿责任，顺利融资公司有协助义务。

（2）融资公司损失找租户赔

①【租户主导导致购买失败则融资公司可找租户索赔】融资租赁合同因买卖合同解除、被确认无效或者被撤销而解除，出卖人、租赁物系由承租人选择的，出租人有权请求承租人赔偿相应损失；但是，因出租人原因致使买卖合同解除、被确认无效或者被撤销的除外（《民法典》第755条第1款）。

②【融资公司已经从出卖方获得赔偿则租户不再赔】出租人的损失已经在买卖合同解除、被确认无效或者被撤销时获得赔偿的，承租人不再承担相应的赔偿责任（《民法典》第755条第2款）

2. 租赁物坏了谁修？租户

承租人应当妥善保管、使用租赁物。承租人应当履行占有租赁物期间的维修义务。（《民法典》第750条）

3. 租赁物侵权谁赔？租户

承租人占有租赁物期间，租赁物造成第三人人身损害或者财产损失的，出租人不承担责任。（《民法典》第749条）

4. 租赁物风险归谁？租户

（1）合同继续，租户按合同分期照付租金：承租人占有租赁物期间，租赁物毁损、灭失的，出租人有权请求承租人继续支付租金，但是法律另有规定或者当事人另有约定的除外。（《民法典》第751条）

（2）合同解除，租户一次性付钱补偿融资公司：融资租赁合同因租赁物交付承租人后意外毁损、灭失等不可归责于当事人的原因解除的，出租人可以请求承租人按照租赁物折旧情况给予补偿。（《民法典》第756条）

　　原理：为什么租赁物灭失风险归承租人？①将出租人将租赁物交付给买方，视为"买卖"合同中的交付。②出租人虽然是"出租交付"，但是出租人享有的所有权象征意义多于实际功能，将其推定为"买卖交付"也有道理。③并且，承租人对租赁物质量、技术标准比出租人更熟悉。实质上，出租人是"出借钱"，不是"出租物"。④出租人一般会从融资交易一开始就对租赁物投保，将保险费摊入各期租金中，"保险"随带租赁物一起租给了承租人。所以，承租人因为有投保的保险保障，实质上是"零"风险。

第十三章 保理合同

一、什么是保理合同？

（一）保理的范围

保理合同是应收账款债权人将现有的或者将有的应收账款转让给保理人，保理人提供资金融通、应收账款管理或者催收、应收账款债务人付款担保等服务的合同。（《民法典》第761条）应收账款包括已经发生的和将来发生的债权。

> 实务：保理是集应收账款催收、管理、坏账担保及融资于一体的综合性金融服务。从保理商的分类来看，主要包括银监会审批监管的银行类保理机构和商务部、地方商务主管机关审批监管的商业保理公司。

A（卖方）　　　　B（买方）

C（保理商）

> 原理：保理合同与债权转让有什么差别？A要卖东西，B要买东西但是暂时穷，保理商先给A钱，收购A对B的应收账款债权，故保理可以帮A"去库存"，可以促进交易，可以产生债权。

（二）2方签约的保理＋通知债务人

1. 应收账款债权人与保理人签订保理合同，转让应收账款债权。

2. 保理人向应收账款债务人发出应收账款转让通知的，应当表明保理人身份并附有必要凭证。（《民法典》第764条）

例：【2方＋通知】甲因向乙供货而对乙有应收账款100万元，甲将该应收账款转让给银行，签订保理合同。如何通知债务人乙？①甲可通知债务人乙。②银行也可通知债务人乙，但银行通知债务人乙时应标明保理人身份并附必要凭证。③债务人乙对甲的抗辩或抵销，可对银行主张。换言之，银行"买到债权也买到该债权的病"。

3. 应收账款债务人接到应收账款转让通知后，应收账款债权人与债务人无正当理由协商变更或者终止基础交易合同，对保理人产生不利影响的，对保理人不发生效力。（《民法典》第765条）

（三）3方签约的保理

1. 应收账款债权人、应收账款债务人、与保理人签订保理合同，转让应收账款债权。

2. 应收账款债权人与债务人虚构应收账款作为转让标的，与保理人订立保理合同的，应收账款债务人不得以应收账款不存在为由对抗保理人，但是保理人明知虚构的除外。（《民法典》第763条）

例：【3方】甲因向乙供货而对乙有应收账款100万元，甲将该应收账款转让给银行，甲乙银行三方签订了保理合同。是否还需要通知债务人乙？①不需要。②因为乙已经是当事人了。③乙不得以其与甲之间的供货关系不存在或者已经消灭为由对抗银行。④但是，如银行知道甲乙虚构供货关系，则银行不得要求乙还款，只能要求甲还款。银行和甲之间不是保理纠纷，而是借款纠纷。

二、有追索权保理（回购型保理）

（一）保理人有选择权

1.【选择】当事人约定有追索权保理的，保理人可以向应收账款债权人主张返还保理融资款本息或者回购应收账款债权，也可以向应收账款债务人主张应收账款债权。（《民法典》第766条）

2.【连带】当事人约定有追索权的保理，保理人以应收账款债权人和债务人为共同被告提起诉讼，请求承担连带责任的，人民法院应予支持。（《最高人民法院关于适用〈中华人民共和国民法典〉有关担保制度的解释》第66条第2款）

（二）保理人多拿的要退

1.【多拿要退】保理人向应收账款债务人主张应收账款债权，在扣除保理融资款本息和相关费用后有剩余的，剩余部分应当返还给应收账款债权人。（《民法典》第766条）

2.【多拿要退】保理人从应收账款债务人处获得的应收账款债权超过保理融资款本息和相关费用，应收账款债权人请求保理人返还超过部分及其利息的，人民法院应予支持。（《担保解释》第64条第2款）

例：【保理人可向债务人要也可向债权人要】2019年12月12日，原告某银行与被告煤炭公司签订《国内保理合同（有追索权）》，约定：煤炭公司将对实业公司的5000万元的应收账款转让给原告，原告向煤炭公司支付2500万元融资款作为转让价款，并按合同约定收取应收账款；应收账款到期后，无论何种原因导致应收账款账户中资金不足银行收款金额，不足以支付相应融资利息及其他应付款的，煤炭公司应进行应收款的回购。在签订国内保理合同的同日，原告与被告吕某、刁某某签订保证合同，两被告对煤炭公司所负债务承担连带清偿责任。原告以保理人名义于2019年6月12日向被告实业公司邮寄了《债务逾期催收通知书》。在上述债务到期后，被告实业公司未向原告支付应付的账款，被告煤炭公司按合同约定也只履行了部分回购义务，被告吕某、刁某某也未履行连带清偿责任，违反了合同约定。为此，原告诉至法院。问：某银行可否选择要求煤炭公司或实业公司承担还款责任？①可以。②如果向实业公司要到了5000万元，扣除2500万元本息和相关费用后，假设剩余1000万元，则该1000万元须要退给煤炭公司。

> 秒杀：有追索权的保理，保理人可选择要求债权人回购，也可选择要求债务人还款。多收到的钱要退给原债权人。

三、无追索权保理（买断型保理）

当事人约定无追索权保理的，保理人应当向应收账款债务人主张应收账款债权，保理人取得超过保理融资款本息和相关费用的部分，无需向应收账款债权人返还。（《民法典》第767条）（"自负盈亏"）

例：【保理人只能向债务人要】浦发银行与湾天公司签订无追索权的《保理合同》：湾天公司将其对中联公司的应收账款债权1000万元以200万元的价格转让给浦发银行。浦发银行可否选择要求湾天公司或中联公司承担还款责任？①不可以。②浦发银行只能向中联公司要求还款，假设获得了 1000 万元，则浦发银行可以保有该 1000 万元，而无需向湾天公司返还多得的部分。

> 秒杀：无追索权保理，保理人没有选择权，只能要求债务人还款，多拿的不用退给原债权人。

> 原理：有追索权保理和无追索权保理的实质差异是什么？①保理商是否承担债务人信用风险，又称保理商是否提供"坏账担保"。②有追索权保理中，保理商不提供"坏账担保"。③无追索权保理中，保理商提供"坏账担保"：保理商对"客户"（债务人）核定信用销售额度，供应商（原债权人）在信用销售额度以内的销售额称为已核准的应收账款，超出额度部分的销售成为未核准的应收账款，保理商对已核准的应收账款提供 100% 的"坏账担保"，即当"客户"（债务人）不付款时，保理商将在该应收账款到期日后的第 90 天向供应商承担付款责任。但前提是该应收账款必须基于已被客户（债务人）所接受的商品销售或者技术服务。

四、保理人怎么排队？登记、通知、比例

应收账款债权人就同一应收账款订立多个保理合同，致使多个保理人主张权利的，<u>已经登记</u>的先于未登记的取得应收账款；均已经登记的，按照<u>登记时间的先后</u>顺序取得应收账款；均未登记的，由最先到达应收账款债务人的转让<u>通知中载明</u>的保理人取得应收账款；既未登记也未通知的，按照保理融资款或者服务报酬的<u>比例</u>取得应收账款。（《民法典》第 768 条）

例：【一债多保理】甲对乙因供货享有应收账款 1000 万元，甲将该债权先后转让给保理人丙、丁、戊，签订了无追索权的保理合同，先后向乙发出了债务催收函。保理人戊的债权登记了，丙丁无登记，保理人都向乙主张 1000 万元，<u>则如何排序？</u>戊（登记）＞丙（通知在先）＞丁。

五、同一应收账款同时存在保理和"质押"，如何排队？登记、通知、比例

《最高人民法院关于适用〈中华人民共和国民法典〉有关担保制度的解释》第 66 条第 1 款，同一应收账款同时存在保理、应收账款质押，当事人主张参照民法典第七百六十八条的规定（登记、通知、比例）确定优先顺序的，人民法院应予支持。

第十四章 承揽合同

一、什么是承揽合同?

承揽合同是承揽人按照定作人的要求完成工作,交付工作成果,定作人支付报酬的合同。承揽包括加工、定作、修理、复制、测试、检验等工作。(《民法典》第770条)

> 条件反射:①有形成果:维修汽车、搬家、装修房屋、加工服装、雕刻印章、印刷书籍、农村建房等。②无形成果:宣传、演戏、评估、看护、设计等。③努力无成果,构成违约:承揽人努力工作,如未形成约定的工作成果,构成违约。

二、承揽1和转承揽2

(一)主要工作转承揽(《民法典》第772条)

1. 经定作人同意才可以转承揽:坚持相对性,固定承揽合同1和转承揽合同2当事人各自违约责任。

2. 未经定作人同意转承揽:定作人可解除承揽合同1。

例:【500套转出去100套=主要工作转承揽】育才中学委托利达服装厂加工500套校服,约定材料由服装厂采购,学校提供"样品",取货时付款。为赶时间,利达服装厂私自委托恒发服装厂加工100套。育才中学按时前来取货,发现恒发服装厂加工的100套校服不符合样品要求,遂拒绝付款。利达服装厂则拒绝交货。如何评价承揽1和转承揽2的法律关系?(1)转承揽问题:①利达服装厂擅自外包100套服装,属于主要工作转承揽。②未经定作人育才中学同意,故育才中学有权解除承揽合同1。③基于合同相对性,育才中学与恒发服装厂无合同关系,故不得向恒发服装厂主张违约责任。(2)同时履行抗辩权和留置权问题:①双方约定取货时付款,这属于双务合同中同时履行义务的约定。②如育才中学不解除承揽合同1,在未付酬金时请求利达服装厂交付服装,则利达服装厂可主张同时履行抗辩权拒绝交付校服。③如育才中学不解决承揽合同,拒不支付酬金,则利达服装厂可对样品行使留置权(乱留)。不存在对服装行使留置权问题,因为服装还没交付则物权仍然是利达服装厂的,不能留置自己的东西。

(二)辅助工作转承揽=无须经定作人同意(《民法典》第773条)

坚持相对性,固定承揽合同1和转承揽合同2当事人各自违约责任。承揽人将其承揽的辅助工作交由第三人完成的,应当就该第三人完成的工作成果向定作人负责。

三、定作人的两个任意

(一)定作人任意变更权

定作人中途变更承揽工作的要求,造成承揽人损失的,应当赔偿损失。(《民法典》第777条)

（二）定作人任意解除权

定作人在承揽人完成工作前可以随时解除合同，造成承揽人损失的，应当赔偿损失。（《民法典》第 787 条）

四、承揽人两个权利

（一）承揽人的同时履行抗辩权

定作人应当按照约定的期限支付报酬。对支付报酬的期限没有约定或者约定不明确，定作人应当在承揽人交付工作成果时支付；工作成果部分交付的，定作人应当相应支付。（《民法典》第 782 条）

（二）承揽人的留置权

定作人未向承揽人支付报酬或者材料费等价款的，承揽人对完成的工作成果享有留置权或者有权拒绝交付，但是当事人另有约定的除外。（《民法典》第 783 条）（留置的是定作人的东西）

第十五章　建设工程合同

一、什么是发包？什么是转包？什么是分包？

（一）发包（一级市场）

建设工程合同是承包人进行工程建设，发包人支付价款的合同。建设工程合同包括工程勘察、设计、施工合同。（《民法典》第788条）

（二）转包（一概无效）

承包人不得将其承包的全部建设工程转包给第三人或者将其承包的全部建设工程支解以后以分包的名义分别转包给第三人（《民法典》第791条第2款）。

（三）分包（有的有效；有的无效）

1. 专业工程分包有效的3要件：（1）承包人经发包人同意，可以将自己承包的非主体结构的施工工作交由具备相应资质条件的第三人完成。（2）分包工程如土石方工程、建筑装修装饰工程、消防设施工程、建筑防水工程、送变电工程、暖气工程、上下水工程。

2. 实际施工人和施工人对发包人负连带责任：第三人就其完成的工作成果与承包人向发包人承担连带责任。

3. 实际施工人的再分包一概无效：禁止分包单位将其承包的工程再分包。

> 秒杀1：分包有效3要件缺一不可，经发包人同意＋非主体工程＋接受分包人有相应资质。
> 秒杀2：4个无效。转包无效。违法分包无效。肢解分包实质为转包无效。再分包无效。
> 秒杀3：建筑企业的3个资质。施工总承包资质、专业承包资质（工程分包）、劳务分包资质。

> 问：什么是劳务分包？①劳务作业发包人（包括施工总承包企业或者专业承包企业）将其承包工程的劳务作业发包给劳务承包企业即劳务作业承包人完成的活动。②劳务分包合同从性质上说属于建设工程施工合同，其既不是劳动合同，也不是在发包人与承包人之间劳务关系的合同。③施工单位一般都有自己的劳务公司，为规避用工风险会把劳务分包，劳务公司只要有资质，该劳务分包合同都有效。④劳务作业分包是将简单劳动从复杂劳动剥离出来单独进行承包施工的劳动。包括木工、砌筑、抹灰、石制作、油漆、钢筋、混凝土、脚手架、模板、焊接、水暖、钣金、架线。

二、无效建设工程施工合同

（一）无效合同情形

1. 无效的一手发包合同

（1）缺乏相应资质的无效：①无资质、超越资质、借用资质：承包人未取得建筑施工企业资质或者超越资质等级的；没有资质的实际施工人借用有资质的建筑施工企业名义的。②超越资质在竣工前补正：承包人超越资质等级许可的业务范围签订建设工程施工合同，在建设工程竣工前取得相应资质等级，当事人请求按照无效合同处理的，不予支持。③借用资质的连带责任。缺乏资质的单位或者个人借用有资质的建筑施工企业名义签订建设工程施工合同，发包人请求出借方与借用方对建设工程质量不合格等因出借资质造成的损失承担连带赔偿责任的，人民法院应予支持。

（2）缺乏规划审批手续的无效：①起诉前补正：当事人以发包人未取得建设工程规划许可证等规划审批手续为由，请求确认建设工程施工合同无效的，人民法院应予支持，但发包人在起诉前取得建设工程规划许可证等规划审批手续的除外。②拟制补正：发包人能够办理审批手续而未办理，并以未办理审批手续为由请求确认建设工程施工合同无效的，人民法院不予支持。

（3）与阳合同矛盾的阴合同内容无效：①阳合同为准：招标人和中标人另行签订的建设工程施工合同约定的工程范围、建设工期、工程质量、工程价款等实质性内容，与中标合同不一致，一方当事人请求按照中标合同确定权利义务的，人民法院应予支持。②变相阴合同内容无效：招标人和中标人在中标合同之外就明显高于市场价格购买承建房产、无偿建设住房配套设施、让利、向建设单位捐赠财物等另行签订合同，变相降低工程价款，一方当事人以该合同背离中标合同实质性内容为由请求确认无效的，人民法院应予支持。（开发商不是购房人）

（4）建设工程必须进行招标而未招标或者中标的无效。

2. 无效的转包合同：转包一概无效。

3. 无效的工程分包合同：（1）"3缺1"的无效：未经发包人同意，或者将主体工程分包，或者接受分包企业无专业承包资质。（2）再分包一概无效。

4. 无效的劳务分包合同：劳务承包人欠缺劳务资质。

> 问：下游无效会导致一手发包合同无效吗？①不会。②承包人将建设工程转包（无效）、违法分包（无效）的，发包人可以解除合同（发包合同有效是解除的前提）。③合同解除后，已经完成的建设工程质量合格的，发包人应当按照约定支付相应的工程价款。

（二）无效的法律后果

1. 工程合格则补偿工程款（《民法典》第793条第1款）

建设工程施工合同无效，但是建设工程经验收合格的，可以参照合同关于工程价款的约定折价补偿承包人。

2. 工程不合格则看修复与否（《民法典》第793条第2、3款）

建设工程施工合同无效，且建设工程经验收不合格的，按照以下情形处理：（1）修复后的建设工程经验收合格的，发包人可以请求承包人承担修复费用；（2）修复后的建设工程经验收不合格的，承包人无权请求参照合同关于工程价款的约定折价补偿。

发包人对因建设工程不合格造成的损失有过错的，应当承担相应的责任。

例：【无资质但工程合格】甲房地产开发公司开发一个较大的花园公寓项目，作为发包人，甲公司将该项目的主体工程发包给了乙企业，签署了建设工程施工合同。乙企业一直未取得建筑施工企业资质。现该项目主体工程已封顶完工。如何评价合同效力及工程价款？①乙企业无资质，故工程合同无效。②如该项目主体工程经竣工验收合格，则乙企业可参照合同约定请求甲公司补偿工程价款。③如该项目主体工程经竣工验收不合格，经修复后仍不合格的，乙企业不能主张工程价款。

二、工程质量（"广大购房人"）

（一）工程不合格：承包人对外负侵权责任

因承包人的原因致使建设工程在合理使用期限内造成人身损害和财产损失的，承包人应当承担赔偿责任。（《民法典》第802条）

（二）工程不合格：承包人对内不能主张工程款

1. 修复后的建设工程经竣工验收合格的，发包人可以要求承包人承担修复费用；

2. 修复后的建设工程经竣工验收不合格的，承包人不能要求参照合同关于工程价款的约定折价补偿。

3. 发包人对因建设工程不合格造成的损失有过错的，应当承担相应的责任。

（三）突破合同相对性：开发商告全部"施工人"

因建设工程质量发生争议的，发包人可以以总承包人、分包人和实际施工人为共同被告提起诉讼。

三、工程价款（广大农民工）

（一）工程价款优先权

1. 法定优先

（1）发包人未按照约定支付价款的，承包人可以催告发包人在合理期限内支付价款。发包人逾期不支付的，除根据建设工程的性质不宜折价、拍卖外，承包人可以与发包人协议将该工程折价（"以物抵债"），也可以请求人民法院将该工程依法拍卖。建设工程的价款就该工程折价或者拍卖的价款优先受偿。（《民法典》第807条）

（2）承包人根据民法典第807条规定享有的建设工程价款优先受偿权优于抵押权和其他债权。（《施工合同解释》第36条）（其他债权包括购房人债权）

2. 优先权主体

（1）与发包人订立建设工程施工合同的承包人的承建工程的价款就工程折价或者拍卖的价款可主张优先受偿，故下游的实际施工人无优先权。

（2）装饰装修工程具备折价或者拍卖条件，装饰装修工程的承包人请求工程价款就该装饰装修工程折价或者拍卖的价款优先受偿的，人民法院应予支持。（《施工合同解释》第37条）

3. 优先权前提：工程质量合格

（1）建设工程质量合格，承包人请求其承建工程的价款就工程折价或者拍卖的价款优先受偿的，人民法院应予支持。

（2）未竣工的建设工程质量合格，承包人请求其承建工程的价款就其承建工程部分折价或者拍卖的价款优先受偿的，人民法院应予支持。

4. 优先权范围：工程价款

（1）包括：承包人建设工程价款优先受偿的范围依照国务院有关行政主管部门关于建设工程价款范围的规定确定（包括成本、利润、税金）。

（2）不包括：承包人就逾期支付建设工程价款的利息、违约金、损害赔偿金等主张优先受偿的，人民法院不予支持。（普通债权）

5. 优先权期间

（1）一般情形：承包人应当在合理期限内行使建设工程价款优先受偿权，但最长不得超

过十八个月，自发包人应当给付建设工程价款之日起算。（《施工合同解释》第41条）

（2）破产情形：指导案例73号"通州建总集团有限公司诉安徽天宇化工有限公司别除权纠纷案"之裁判要点：符合《破产法》第18条[1]规定的情形，建设工程施工合同视为解除的，承包人行使优先受偿权的期限应自合同解除之日起计算。

6. 优先权强制

发包人与承包人约定放弃或者限制建设工程价款优先受偿权，损害建筑工人利益（"成本"），发包人根据该约定主张承包人不享有建设工程价款优先受偿权的，人民法院不予支持。（施工方利益与农名工利益）

（二）实际施工人工程价款的保护

1. 起诉合同对方当事人：实际施工人以转包人、违法分包人为被告起诉的，人民法院应当依法受理（《施工合同解释》第43条第1款）。

2. 起诉发包人

（1）直接突破相对性

实际施工人以发包人为被告主张权利的，人民法院应当追加转包人或者违法分包人为本案第三人，在查明发包人欠付转包人或者违法分包人建设工程价款的数额后，判决发包人在欠付建设工程价款范围内对实际施工人承担责任（《施工合同解释》第43条第2款）。（三角债）

（2）代位权诉讼

实际施工人依据民法典第五百三十五条（代位权诉讼）规定，以转包人或者违法分包人怠于向发包人行使到期债权或者与该债权有关的从权利，影响其到期债权实现，提起代位权诉讼的，人民法院应予支持。（《施工合同解释》第44条）

> 原理：直接突破相对性与代位权诉讼的路径有何差异？直接突破相对性不需要证明代位权诉讼的构成要件，比如无须证明转包人或违法分包人懈怠、无财力等情形。

（三）工程垫资款视为工程价款

1. 当事人明确约定垫资款为借款，则适用民间借贷规则。

2. 当事人未明确约定垫资款为借款，则垫资款视为工程欠款，受优先权保护。

（四）多个合同工程价款不一致怎么办？

1. 阴阳合同则采用阳合同工程价款

当事人就同一建设工程另行订立的建设工程施工合同与经过备案的中标合同实质性内容不一致的，应当以备案的中标合同作为结算工程价款的根据。

2. 数份合同都无效

（1）实际履行合同：当事人就同一建设工程订立的数份建设工程施工合同均无效，但建设工程质量合格，一方当事人请求参照实际履行的合同结算建设工程价款的，人民法院应予支持。

（2）实际履行合同难以确定则最后合同为准：实际履行的合同难以确定，当事人请求参照最后签订的合同结算建设工程价款的，人民法院应予支持。

---

[1] 《企业破产法》第18条规定，人民法院受理破产申请后，管理人对破产申请受理前成立而债务人和对方当事人均未履行完毕的合同有权决定解除或者继续履行，并通知对方当事人。管理人自破产申请受理之日起2个月内未通知对方当事人，或者自收到对方当事人催告之日起30日内未答复的，视为解除合同。管理人决定继续履行合同的，对方当事人应当履行；但是，对方当事人有权要求管理人提供担保。管理人不提供担保的，视为解除合同

第十六章　运输合同、保管合同、仓储合同、委托合同、行纪合同、中介合同

一、运输合同

（一）客运合同

1. 承运人救人义务（《民法典》第822条）

承运人在运输过程中，应当尽力救助患有急病、分娩、遇险的旅客。

2. 承运人对旅客人身无过错责任（《民法典》第823条）

（1）承运人对运输过程中旅客人身伤亡承担赔偿责任。（2）有2个免责事由：伤亡是旅客自身健康原因造成的、故意或重大过错造成的。（3）该规定适用于按照规定免票、持优待票或者经承运人许可搭乘的无票旅客。

3. 承运人对旅客物品的责任（《民法典》第824条）

（1）承运人对旅客自带物品负过错责任。（2）承运人对旅客托运行李负无过错责任。

4. 实名制客票丢失承运人不得再次收钱（《民法典》第815条）

实名制客运合同的旅客丢失客票的，可以请求承运人挂失补办，承运人不得再次收取票款和其他不合理费用。

（二）货运合同

1. 货物承运人无过错违约责任（《民法典》第832条）

（1）承运人对运输过程中货物的毁损、灭失承担损害赔偿责任

（2）免责事由：①不可抗力。②货物本身的自然性质或者合理损耗。③托运人、收货人的过错造成。

2. 单式联运：损失区段人与总承运人负连带（《民法典》第834条）（车运）

（1）两个以上承运人以同一运输方式联运的，与托运人订立合同的承运人应当对全程运输承担责任。

（2）损失发生在某一运输区段的，与托运人订立合同的承运人和该区段的承运人承担连带责任。

例：【车运】甲与乙签订货物运输合同，由乙将货物运输用车辆运输。乙车运输A段，丙车运输B段，丁车运输C段。货物在C段因翻车受损，甲如何索赔？甲可要求乙和丁负连带责任。

3. 多式联运：内外有别（坚持合同相对性）

（1）多式联运经营人对全程运输负责（《民法典》第838条）

（2）多式联运经营人可以与参加多式联运的各区段承运人就多式联运合同的各区段运输约定相互之间的责任；但是，该约定不影响多式联运经营人对全程运输承担的义务。（《民法典》第839条）

4. 承运人留置权（《民法典》第836条）

（1）托运人或者收货人不支付运费、保管费以及其他运输费用。

（2）承运人对相应的运输货物享有留置权，但当事人另有约定的除外。

二、保管合同

（一）什么是保管合同？

1. 保管与返还：（1）保管合同是保管人保管寄存人交付的保管物（动产或不动产），并返还该物的合同。（2）寄存人到保管人处从事购物、就餐、住宿等活动，将物品存放在指定场所的，视为保管，但是当事人另有约定或者另有交易习惯的除外。（《民法典》第888条）

2. 实践性合同：保管合同自保管物交付时成立，但是当事人另有约定的除外。（《民法典》第890条）

3. 有偿或无偿：（1）约定有偿：①同时履行：未约定何时交保管费，则寄存人领取保管物时支付保管人。（《民法典》第902条）②留置权：寄存人未按照约定支付保管费以及其他费用的，保管人对保管物享有留置权，但是当事人另有约定的除外。（《民法典》第903条）（2）未约定则无偿：当事人对保管费没有约定或者约定不明确，保管是无偿的。（《民法典》第889条）

（二）可以转保管吗？（《民法典》第894条）

1. 保管人不得将保管物转交第三人保管，但当事人另有约定的除外。

2. 保管人擅自将保管物转交第三人保管，对保管物造成损失的，应当承担损害赔偿责任。

（三）管坏了怎么办？（《民法典》第897条）

1. 无偿保管人减轻责任：一般过错不赔，只有重大过错或故意才赔。

例：【无偿管书】贾某因装修房屋，把一批古书交朋友王某代为保管，王某将古书置于床下。一日，王某楼上住户唐某家水管被冻裂，水流至王某家，致贾某的古书严重受损。王某是否需要赔偿？①不需要。②因为贾某王某之间签订的是无偿保管合同，无偿保管人王某没有过错，故不赔偿。③贾某可诉唐某承担过错侵权责任。

2. 有偿保管人过错责任：一般过错也要赔。

（四）可以随时解除吗？（《民法典》第899条）

1. 寄存人有任意解除权：寄存人可以随时领取保管物。

2. 保管人有半个任意解除权：（1）没有任意解除权：约定了保管期间，保管人不得要求寄存人提前领取保管物。（2）有任意解除权：未约定保管期间，保管人可随时要求寄存人领取保管物。

三、仓储合同

（一）什么是仓储合同？

1. 动产和有偿：仓储合同是保管人储存存货人交付的仓储物（动产），存货人支付仓储费（有偿）的合同。（《民法典》第904条）

2. 诺成性合同：仓储合同自保管人和存货人意思表示一致时成立。（《民法典》第905条）

3. 仓储合同保管人：经工商行政管理机关核准登记的专营或兼营仓储业务的法人组织或其他经济组织、个体工商户等。

> **秒杀：**仓储合同与保管合同的区别，标的物限于动产，必须有偿，诺成性合同。

（二）什么是仓单？

1. 仓单是提取仓储物的凭证。

2. 存货人或者仓单持有人在仓单上背书并经保管人签名或者盖章的，可以转让提取仓储物的权利。（《民法典》第910条）

（三）什么时候提取仓储物？

1. 有约定储存期间：（1）提早了或提晚了：存货人或者仓单持有人逾期提取的，应当加收仓储费；提前提取的，不减收仓储费。（《民法典》第915条）（2）不提：存货人或者仓单持有人不提取仓储物的，保管人可以催告其在合理期限内提取，逾期不提取的，保管人可以提存仓储物。（《民法典》第916条）

2. 无约定储存期间：（1）存货人或者仓单持有人的任意解除：可以随时提取仓储物。（2）保管人的任意解除：可以随时要求存货人或者仓单持有人提取仓储物，但是应当给予必要的准备时间。（《民法典》第914条）

四、委托合同

（一）什么是委托合同？

1. 处理事务：委托合同是委托人和受托人约定，由受托人处理委托人事务的合同。（《民法典》第919条）（不限于代理）

2. 有偿或无偿：（1）有偿的一般过错也要赔：有偿的委托合同，因受托人的过错给委托人造成损失的，委托人可以要求赔偿损失。（2）无偿的一般过错不赔：无偿的委托合同，因受托人的故意或者重大过失给委托人造成损失的，委托人可以要求赔偿损失。（3）超越权限了无论是否有偿都要赔：受托人超越权限给委托人造成损失的，应当赔偿损失。（《民法典》第929条）

3. 成果归委托人：受托人处理委托事务取得的财产，应当转交给委托人。（《民法典》第927条）

例：【委托代买彩票】甲去购买彩票，其友乙给甲10元钱让其顺便代购彩票，同时告知购买号码，并一再嘱咐甲不要改变。甲预测乙提供的号码不能中奖，便擅自更换号码为乙购买了彩票并替乙保管。开奖时，甲为乙购买的彩票中了奖，二人为奖项归属发生纠纷。奖项归谁？①归乙。②因为乙是委托人，委托事务成果归委托人，而非归受托人。

（二）双方怎么行使任意解除权？（《民法典》第933条）

1. 双方有任意解除权：委托人或者受托人可以随时解除委托合同。

例：【无用律师】某律师事务所指派吴律师担任某案件的一、二审委托代理人。第一次开庭后，吴律师感觉案件复杂，本人和该事务所均难以胜任，建议不再继续代理。但该事务所坚持代理。一审判决委托人败诉。律师事务所是否有权解除合同？①有。②律师事务所有权单方解除委托合同，但须承担赔偿责任。③即使一审胜诉，委托人也可解除委托合同，但须承担赔偿责任。

2. 赔偿范围是什么？

（1）无偿委托合同赔直接损失：因解除合同给对方造成损失的，除不可归责于该当事人的事由外，无偿委托合同的解除方应当赔偿因解除时间不当造成的直接损失。

（2）有偿委托合同赔直接损失和可以利益：有偿委托合同的解除方应当赔偿对方的直接损失和可以获得的利益。

五、行纪合同

（一）什么是行纪合同？

1. 行纪合同：行纪人以自己的名义为委托人从事贸易活动，委托人支付报酬的合同。（《民法典》第951条）（限于民事法律行为）

2. 行纪人：经批准经营行纪业务的法人、自然人或其他组织。

3. 坚持相对性：行纪人与第三人订立合同的，行纪人对该合同直接享有权利、承担义务（《民法典》第958条第1款）。

例：【两两相对性】 某配件厂（甲方）委托某销售公司（乙方）代销产品，卖给超市（丙方），乙接受甲的委托并以自己的名义代甲销售，代销价款归甲方，乙方收取代销费。在这个关系中，甲为委托人，乙为行纪人，丙为相对人。行纪合同坚持相对性，即甲乙是行纪合同当事人（劳务）；乙丙是行纪行为当事人（交易）。

4. 行纪费用：行纪人处理委托事务支出的费用，由行纪人负担，但是当事人另有约定的除外。（《民法典》第952条）

（二）行纪结果怎么处理？

1. 亏了，行纪人补

行纪人低于委托人指定的价格卖出或者高于委托人指定的价格买入的，应当经委托人同意；未经委托人同意，行纪人补偿其差额的，该买卖对委托人发生效力（《民法典》第955条第1款）。

2. 赚了，归委托人

行纪人高于委托人指定的价格卖出或者低于委托人指定的价格买入的，可以按照约定增加报酬；没有约定或者约定不明确，该利益属于委托人（《民法典》第955条第2款）。

例：【行纪合同综合】 甲将10吨大米委托乙商行出售。双方只约定，乙商行以自己名义对外销售，每公斤售价2元，乙商行的报酬为价款的5%。<u>如何评价甲乙的关系？</u>①甲与乙商行之间成立行纪合同关系。②乙商行为销售大米支出的费用应由自己负担。③如乙商行与丙食品厂订立买卖大米的合同，则乙商行对该合同直接享有权利、承担义务。④如乙商行以每公斤2.5元的价格将大米售出，双方对多出价款的分配无法达成协议，该利益归甲。

3. 行纪人有介入权：行纪人卖出或者买入具有市场定价的商品，除委托人有相反的意思表示外，行纪人自己可以作为买受人或者出卖人。行纪人有前款规定情形的，仍然可以请求委托人支付报酬。（《民法典》第956条）（活干好了）

4. 行纪人有留置权：行纪人完成或者部分完成委托事务的，委托人应当向其支付相应的报酬。委托人逾期不支付报酬的，行纪人对委托物享有留置权，但是当事人另有约定的除外。（《民法典》第959条）

六、中介合同

（一）什么是中介合同？

中介合同是中介人向委托人报告订立合同的机会或者提供订立合同的媒介服务，委托人支付报酬的合同。（《民法典》第961条）

（二）中介成功或者失败怎么办？

1. 成功可以要报酬不能要费用：（1）委托人付报酬：中介人促成合同成立的，委托人应当按照约定支付报酬。对中介人的报酬没有约定或者约定不明确，根据中介人的劳务合理确定。因中介人提供订立合同的媒介服务而促成合同成立的，由该合同的当事人平均负担中介人的报酬。（2）中介人自负费用：中介人促成合同成立的，中介活动的费用，由中介人负担。（《民法典》第 963 条）

2. 失败不可以要报酬但可以要必要费用：（1）不能要报酬：中介人未促成合同成立的，不得请求支付报酬。（2）可以要必要费用：中介人未促成合同成立的，可以按照约定请求委托人支付从事中介活动支出的必要费用。（《民法典》第 964 条）

（三）中介欺诈怎么办？

中介人应当就有关订立合同的事项向委托人如实报告。中介人故意隐瞒与订立合同有关的重要事实或者提供虚假情况，损害委托人利益的，不得请求支付报酬并应当承担赔偿责任。（《民法典》第 962 条）

（四）委托人跳单怎么办？

委托人在接受中介人的服务后，利用中介人提供的交易机会或者媒介服务，绕开中介人直接订立合同的，应当向中介人支付报酬。（《民法典》第 965 条）（"不挂独家了，形成中介之间的良性竞争"）

例：【不是跳单】指导案例 1 号"上海中原物业顾问有限公司诉陶德华居间合同纠纷案"之裁判要点：房屋买卖居间合同中关于禁止买方利用中介公司提供的房源信息却绕开该中介公司与卖方签订房屋买卖合同的约定合法有效。但是，当卖方将同一房屋通过多个中介公司挂牌出售时，买方通过其他公众可以获知的正当途径获得相同房源信息的，买方有权选择报价低、服务好的中介公司促成房屋买卖合同成立，其行为并没有利用先前与之签约中介公司的房源信息，故不构成违约。

第十七章　物业服务合同

一、什么是物业服务合同？

（一）物业服务合同

物业服务合同是物业服务人在物业服务区域内，为业主提供建筑物及其附属设施的维修养护、环境卫生和相关秩序的管理维护等物业服务，业主支付物业费的合同。物业服务人包括物业服务企业和其他管理人。（《民法典》第 937 条）

（二）公开承诺进入合同

物业服务人公开作出的有利于业主的服务承诺，为物业服务合同的组成部分（《民法典》第 938 条第 2 款）。

（三）多数人说了算

建设单位依法与物业服务人订立的前期物业服务合同，以及业主委员会与业主大会依法选聘的物业服务人订立的物业服务合同，对业主具有法律约束力。（《民法典》第 939 条）

二、前期物业服务合同

建设单位依法与物业服务人订立的前期物业服务合同约定的服务期限届满前，业主委员会或者业主与新物业服务人订立的物业服务合同生效的，前期物业服务合同终止。（《民法典》第 940 条）

三、新换物业服务合同

（一）解聘原物业（《民法典》第 946 条）（本质是"委托合同"）

业主依照法定程序共同决定解聘物业服务人的，可以解除物业服务合同。决定解聘的，应当提前 60 日书面通知物业服务人，但是合同对通知期限另有约定的除外。依据前款规定解除合同造成物业服务人损失的，除不可归责于业主的事由外，业主应当赔偿损失。

（二）续聘原物业（《民法典》第 947 条）

1. 物业服务期限届满前，业主依法共同决定续聘的，应当与原物业服务人在合同期限届满前续订物业服务合同。

2. 物业服务期限届满前，物业服务人不同意续聘的，应当在合同期限届满前 90 日书面通知业主或者业主委员会，但是合同对通知期限另有约定的除外。

（三）原物业既没被解聘也没被续聘＝不定期物业服务合同（《民法典》第 948 条）

1. 不定期物业服务合同：物业服务期限届满后，业主没有依法作出续聘或者另聘物业服务人的决定，物业服务人继续提供物业服务的，原物业服务合同继续有效，但是服务期限为不定期。

2. 不定期物业服务合同双方任意解除：当事人可以随时解除不定期物业服务合同，但是应当提前60日书面通知对方。

（四）事实上物业服务合同

1. 原物业过渡服务（《民法典》第950条）

物业服务合同终止后，在业主或者业主大会选聘的新物业服务人或者决定自行管理的业主接管之前，原物业服务人应当继续处理物业服务事项，并可以请求业主支付该期间的物业费。

2. 原物业"耍赖"服务（《民法典》第949条）

（1）原物业应该交接：物业服务合同终止的，原物业服务人应当在约定期限或者合理期限内退出物业服务区域，将物业服务用房、相关设施、物业服务所必需的相关资料等交还给业主委员会、决定自行管理的业主或者其指定的人，配合新物业服务人做好交接工作，并如实告知物业的使用和管理状况。

（2）原物业不交接：原物业服务人违反前款规定的，不得请求业主支付物业服务合同终止后的物业费；造成业主损失的，应当赔偿损失。

四、转托物业服务合同（《民法典》第941条）

（一）可以部分转托

物业服务人将物业服务区域内的部分专项服务事项委托给专业性服务组织或者其他第三人的，应当就该部分专项服务事项向业主负责。（"电子青蛙"）

（二）不得全部转托

物业服务人不得将其应当提供的全部物业服务转委托给第三人，或者将全部物业服务支解后分别转委托给第三人。

五、业主义务和物业服务人义务

（一）业主义务

1. 支付报酬（《民法典》第944条）

（1）业主应当按照约定向物业服务人支付物业费。（2）物业服务人已经按照约定和有关规定提供服务的，业主不得以未接受或者无需接受相关物业服务为由拒绝支付物业费。（3）业主违反约定逾期不支付物业费的，物业服务人可以催告其在合理期限内支付；合理期限届满仍不支付的，物业服务人可以提起诉讼或者申请仲裁。（4）物业服务人不得采取停止供电、供水、供热、供燃气等方式催交物业费（"合同相对性"）。

2. 告知信息（《民法典》第945条）

（1）业主装饰装修房屋的，应当事先告知物业服务人，遵守物业服务人提示的合理注意事项，并配合其进行必要的现场检查。（2）业主转让、出租物业专有部分、设立居住权或者依法改变共有部分用途的，应当及时将相关情况告知物业服务人。

（二）物业服务人义务（《民法典》第943条）

物业服务人应当定期将服务的事项、负责人员、质量要求、收费项目、收费标准、履行情况，以及维修资金使用情况、业主共有部分的经营与收益情况等以合理方式向业主公开并向业主大会、业主委员会报告。

第十八章　合伙合同

一、什么是合伙合同？

（一）合伙合同（《民法典》第967条）

合伙合同是两个以上合伙人为了共同的事业目的，订立的共享利益、共担风险的协议（基础关系，走向民事合伙或商事合伙）。

（二）不定期合伙合同（《民法典》第976条）

1. 未约定合伙期限：合伙人对合伙期限没有约定或者约定不明确，视为不定期合伙。

2. 合伙期限届满大家默认继续：合伙期限届满，合伙人继续执行合伙事务，其他合伙人没有提出异议的，原合伙合同继续有效，但是合伙期限为不定期。

3. 合伙人任意解除权：合伙人可以随时解除不定期合伙合同，但是应当在合理期限之前通知其他合伙人。

（三）合伙合同终止（《民法典》第977条）

合伙人死亡、丧失民事行为能力或者终止的，合伙合同终止；但是，合伙合同另有约定或者根据合伙事务的性质不宜终止的除外。

二、什么是合伙财产？（《民法典》第969条）

合伙人的出资、因合伙事务依法取得的收益和其他财产，属于合伙财产。合伙合同终止前，合伙人不得请求分割合伙财产。

三、怎么办理合伙事务？

（一）怎么决定？人头决（《民法典》第970条第1款）

合伙人就合伙事务作出决定的，除合伙合同另有约定外，应当经全体合伙人一致同意。

（二）怎么执行？（《民法典》第970条第2款）

1. 全体合伙人共同执行：合伙事务由全体合伙人共同执行。

2. 委托部分合伙人执行：按照合伙合同的约定或者全体合伙人的决定，可以委托一个或者数个合伙人执行合伙事务；其他合伙人不再执行合伙事务，但是有权监督执行情况。

3. 合伙人分别执行：合伙人分别执行合伙事务的，执行事务合伙人可以对其他合伙人执行的事务提出异议；提出异议后，其他合伙人应当暂停该项事务的执行。

4. 执行人不拿报酬：合伙人不得因执行合伙事务而请求支付报酬，但是合伙合同另有约定的除外。（《民法典》第971条）

四、怎么分配合伙利润和分担合伙亏损？

（一）合伙运营中利润和亏损：约定＞协商＞实缴出资比例＞平均（《民法典》第972条）

1. 约定：合伙的利润分配和亏损分担，按照合伙合同的约定办理。

2. 协商：合伙合同没有约定或者约定不明确的，由合伙人协商决定。

3. 实缴：协商不成的，由合伙人按照实缴出资比例分配、分担。

4. 平均：无法确定出资比例的，由合伙人平均分配、分担。

> 问：合伙合同的权利义务终止后，合伙财产在支付因终止而产生的费用以及清偿合伙债务后有剩余的，怎么分配？约定＞协商＞实缴出资比例＞平均。（意思自治＋看钱）

（二）合伙彻底亏了：合伙财产＞合伙人（《民法典》第973条）

1. 合伙人对合伙财产不足以清偿的合伙债务，承担连带责任。

2. 清偿合伙债务超过自己应当承担份额的合伙人，有权向其他合伙人追偿。

五、合伙人怎么换人？（《民法典》第974条）

除合伙合同另有约定外，合伙人向合伙人以外的人转让其全部或者部分财产份额的，须经其他合伙人一致同意。

六、合伙中的代位（《民法典》第975条）

合伙人的债权人不得代位行使合伙人依照本章规定和合伙合同享有的权利，但是合伙人享有的利益分配请求权除外。

例：【代位与不代位】甲乙签订合伙合同，开设"湘菜公主"餐馆。甲欠丙10万元届期无力清偿。丙是否有权主张代替甲享有合伙人权利？①部分成立，部分不成立。②丙不得主张自己是"合伙人"。③丙可以代位行使甲对合伙产生的利益分配请求权。

第十九章 技术合同

一、什么是技术合同？

（一）技术合同（《民法典》第 843 条）

技术合同是当事人就技术开发、转让、许可、咨询或者服务订立的确立相互之间权利和义务的合同。

（二）技术开发合同（《民法典》第 851 条第 1、2 款）

技术开发合同是当事人之间就新技术、新产品、新工艺、新品种或者新材料及其系统的研究开发所订立的合同。技术开发合同包括委托开发合同（广义委托合同）和合作开发合同。

（三）技术转让合同（《民法典》第 862 条第 1 款）

技术转让合同是合法拥有技术的权利人，将现有特定的专利、专利申请、技术秘密的相关权利让与他人所订立的合同。技术转让合同包括专利权转让、专利申请权转让、技术秘密转让等合同

（四）技术许可合同（《民法典》第 862 条第 2 款）（无形的东西导致可以"一女多嫁"）

技术许可合同是合法拥有技术的权利人，将现有特定的专利、技术秘密的相关权利许可他人实施、使用所订立的合同。技术许可合同包括专利实施许可、技术秘密使用许可等合同。

（五）技术咨询合同（《民法典》第 878 条第 1 款）

技术咨询合同是当事人一方以技术知识为对方就特定技术项目提供可行性论证、技术预测、专题技术调查、分析评价报告等所订立的合同。

（六）技术服务合同（《民法典》第 878 条第 2 款）

技术服务合同是当事人一方以技术知识为对方解决特定技术问题所订立的合同，不包括承揽合同和建设工程合同。

二、技术在呼叫哪个主人？（"物权的归属"）

（一）职务技术成果在呼叫"单位"，但员工"得钱""优先买"

1. 什么是职务技术成果？（《民法典》第 847 条第 2 款）

（1）工作任务：执行法人或者非法人组织的工作任务。如员工原来的任务是研发鼠标，老板交待新任务研发键盘，则新任务成果也是职务技术成果。

（2）物质条件：主要是利用法人或者非法人组织的物质技术条件所完成的技术成果。

（3）跳槽太短：离职后 1 年内继续从事与其原所在法人或者其他组织的岗位职责或者交付的任务有关的技术开发工作。（1 年怎么来的？技术遗忘期）

2. 职务技术成果在呼叫"单位"，但员工"得钱""优先买"（《民法典》第 847 条第 1 款）

（1）单位有使用权和转让权：职务技术成果的使用权、转让权属于法人或者非法人组织

的，法人或者非法人组织可以就该项职务技术成果订立技术合同。

（2）员工有获得奖励权、获得报酬权和优先受让权：①法人或者非法人组织应当从使用和转让该项职务技术成果所取得的收益中提取一定比例，对完成该项职务技术成果的个人给予奖励或者报酬。②法人或者非法人组织订立技术合同转让职务技术成果时，职务技术成果的完成人享有以同等条件优先受让的权利。

> 秒杀：单位可"用"可"卖"，"理工男"得"钱"可"优先买"。（3 份钱）

（二）委托开发之发明创造在呼叫"开发人"，但委托人可"免费用""优先买"（《民法典》第 859 条）

1. 开发人有专利申请权：委托开发完成的发明创造，除法律另有规定或者当事人另有约定外，申请专利的权利属于研究开发人。研究开发人可同时主张约定报酬。

2. 委托人可免费实施和优先购买专利申请权：（1）委托人可依法实施：研究开发人取得专利权的，委托人可以依法实施该专利。（2）委托人可优先购买专利申请权：研究开发人转让专利申请权的，委托人享有以同等条件优先受让的权利。

（三）合作开发之发明创造在呼叫"合作人"（《民法典》第 860 条）（类似于"共有"）

1. 合作人共有专利申请权：合作开发完成的发明创造，申请专利的权利属于合作开发的当事人共有。

2. 一方转让他方优先购买：当事人一方转让其共有的专利申请权的，其他各方享有以同等条件优先受让的权利。

3. 一方放弃他方可申请专利，放弃方可免费实施该专利：合作开发的当事人一方声明放弃其共有的专利申请权的，除当事人另有约定外，可以由另一方单独申请或者由其他各方共同申请。申请人取得专利权的，放弃专利申请权的一方可以免费实施该专利。

4. 一票否决制：合作开发的当事人一方不同意申请专利的，另一方或者其他各方不得申请专利。

> 原理：为什么存在一票否决制？①如果选择通过专利保护技术，意味着要公开，才可以获得"垄断"。专利的本质是通过公开，借助"垄断"，卖专利或许可他人实施专利获得回报。②如果选择通过秘密保护技术，则不需要公开，可一直"垄断"，秘密的本质是通过保密来垄断，图的是自己使用秘密获得回报。③关键的技术都是秘密，比如制造核武器的技术。

（四）委托开发或合作开发之技术秘密成果在呼叫"大家"来雨露均沾（《民法典》第 861 条）

1. 有约定从约定：委托开发或者合作开发完成的技术秘密成果的使用权、转让权以及收益的分配办法，由当事人约定。

2. 无约定则共有：没有约定或者约定不明确，在没有相同技术方案被授予专利权前，当事人均有使用和转让的权利。但是，委托开发的研究开发人不得在向委托人交付研究开发成果之前，将研究开发成果转让给第三人。

（1）有权使用：大家都可以自己使用、普通许可他人使用独占由此获得的收益。

（2）无权使用：不能将技术秘密成果独占许可他人使用、也不得排他许可他人使用。因为这和大家都可以用是矛盾的。所谓独占许可使用即只有被许可人可以用，其他人都不能用。所谓排他许可使用即只有许可人和被许可人可以用，其他人都不能用。

> 问1：一方和外人签订了独占许可使用合同、排他许可使用合同、或者转让合同，效力如何？效力待定。（"类似某人无权处分了共有物"）
>
> 问2：委托开发技术秘密成果合同中，开发人未向委托人交付开发成果前，将研究成果转让给外人，合同效力如何？无效。因为违背了"大家都可以使用和转让的"基本逻辑，在未交付给委托人时，委托人根本不知道这个技术秘密成果。违背了"同一起跑线"规则，即大家都有使用或转让权，前提是大家都得知道这个技术。合作开发不存在这个问题，因为大家都参与，自然会知道技术秘密成果。

例：【委托开发技术秘密成果的同一起跑线规则】 甲公司委托乙公司开发一种浓缩茶汁的技术秘密成果，未约定成果使用权、转让权以及利益分配办法。甲公司按约定支付了研究开发费用。乙公司按约定时间开发出该技术秘密成果后，在没有向甲公司交付之前，将其转让给丙公司。如何评价该技术秘密成果归属和乙丙转让合同的效力？①委托开发的技术秘密成果合同，未约定归属，则大家都有，甲公司和乙公司均有该技术秘密成果的使用权和转让权。②受托人乙未向甲交付技术秘密成果前就将其转让给外人丙，违反了同一起跑线规则，故无效。

（五）转让或许可他人使用专利技术或技术秘密中，后续改进的技术成果归属无约定则归改进方，其他各方无权分享（《民法典》第 875 条）

1. 当事人可以按照互利的原则，在合同中约定实施专利、使用技术秘密后续改进的技术成果的分享办法。

2. 没有约定或者约定不明确，一方后续改进的技术成果，其他各方无权分享。

三、技术的进步：非法垄断技术的技术合同无效（《民法典》第 850 条）

（一）不让改进

限制当事人一方在合同标的技术基础上进行新的研究开发或者限制其使用所改进的技术，或者双方交换改进技术的条件不对等，包括要求一方将其自行改进的技术无偿提供给对方、非互惠性转让给对方、无偿独占或者共享该改进技术的知识产权。

（二）不让选择

限制当事人一方从其他来源获得与技术提供方类似技术或者与其竞争的技术。

（三）不让实施

阻碍当事人一方根据市场需求，按照合理方式充分实施合同标的技术，包括明显不合理地限制技术接受方实施合同标的技术生产产品或者提供服务的数量、品种、价格、销售渠道和出口市场。

（四）不让拒绝

要求技术接受方接受并非实施技术必不可少的附带条件，包括购买非必需的技术、原材料、产品、设备、服务以及接收非必需的人员等。

（五）不让配套

不合理地限制技术接受方购买原材料、零部件、产品或者设备等的渠道或者来源。

（六）不让抗议

禁止技术接受方对合同标的技术知识产权的有效性提出异议或者对提出异议附加条件。

四、技术的变动（类似于物权的变动）

（一）无权处分共有技术的合同效力待定：侵害熟悉他人技术秘密合同

1. 委托开发或者合作开发的技术秘密合同中，单方擅自将技术秘密成果的转让权让与他人。

2. 委托开发或者合作开发的技术秘密合同中，单方以独占或者排他使用许可的方式许可他人使用技术秘密。

（二）无权处分偷来技术的合同无效：侵害陌生他人技术成果的技术合同

1. 丙是技术主人，甲是小偷，甲乙签订盗赃技术转让合同。

2. 甲乙技术转让合同一概无效，不论乙是否知情。

3. 乙知情购买，属于配合销赃，则甲乙乃共同侵权，对丙负连带责任。乙不得继续使用该技术。

4. 乙不知情购买，故不构成侵权，乙不对丙负赔偿责任。乙可以向丙补交全部使用费后继续使用该技术。乙可要求甲退已经交付的使用费，同时要求甲承担缔约过失赔偿责任。

例：【卖盗赃技术】甲公司向乙公司转让了一项技术秘密。技术转让合同履行完毕后，经查该技术秘密是甲公司通过不正当手段从丙公司获得的，但乙公司对此并不知情，且支付了合理对价。如何评价甲乙技术秘密转让合同？①无效。②乙不知情，无须对丙负侵权责任。③乙可在其取得时的范围内继续使用该技术秘密，但应向丙公司支付合理的使用费。④乙有权要求甲公司返还其支付的对价，以及要求甲公司赔偿其因此受到的损失。

> 秒杀：从小偷那里买技术合同一概无效，善意购买可以付费使用，恶意购买需要负连带侵权责任。

（三）有权"处分"自己的技术

1. 专利申请权转让合同

（1）"区分原则"：区分专利申请权转让合同与专利申请权转让。合同自成立时生效，专利申请权转让自过户登记时生效。（"物债"）

例：【新药专利申请权转让】甲研究院研制出一种新药技术，向我国有关部门申请专利后，与乙制药公司签订了专利申请权转让合同，并依法向国务院专利行政主管部门办理了登记手续。如何评价合同效力？①专利申请权的转让合同自成立时生效，乙公司依法获得药品生产许可证不是该合同生效要件。②专利申请权的转让自向国务院专利行政主管部门登记之日起生效。

（2）"欠缺新颖性"导致专利申请被驳回的风险转移：以是否办理专利申请权转让登记为标准（过户）。过户前，归卖方；过户后，归买方。

例：【过户转移风险】甲有一项手机充电技术，甲将专利申请权转让给乙，双方签订了专利申请权转让合同，乙支付了购买费。因该技术是公开的技术，没有新颖性，其专利申请被驳回。乙是否可以要求甲退钱？①如专利申请权尚未过户，则风险归甲，乙可解除合同要求甲退钱。②如专利申请权已经过户，则风险归乙，乙不可解除合同要求甲退钱。

（3）"抵触申请"导致专利申请被驳回的不公平交易：受让人可申请法院撤销该交易。

例：【注定不公平】甲有一项手机充电技术，甲将专利申请权转让给乙，双方签订了专利申请权转让合同，乙支付了购买费。因该技术是丙申请在先，故专利部门将专利授予给了丙。乙可否要求甲退钱？①可以。②乙可主张撤销合同要求退钱。③因为既然丙申请在先，甲的专利申请权必然是要失败的，这"不是风险"，注定不公平。

> 秒杀：欠缺新颖性的风险归属坚持过户主义，过户前风险归卖方，过户后风险归买方；因为抵触申请被驳回导致注定不公平坚持撤销退钱。

2. 专利权转让合同

（1）卖了，自己不能再实施：订立专利权转让合同或者专利申请权转让合同前，让与人自己已经实施发明创造，在合同生效后，受让人要求让与人停止实施的，人民法院应当予以支持，但当事人另有约定的除外。

（2）买卖不破在先许可 = 先卖1（实施许可），后卖2（转让），则卖2不影响卖1效力 = "换许可人"：让与人与受让人订立的专利权、专利申请权转让合同，不影响在合同成立前让与人与他人订立的相关专利实施许可合同或者技术秘密转让合同的效力。

3. 专利实施许可合同

（1）3种专利实施许可合同：①独占实施许可：让与人在约定许可实施专利的范围内，将该专利仅许可一个受让人实施，让与人依约定不得实施该专利。②排他实施许可：让与人在约定许可实施专利的范围内，将该专利仅许可一个受让人实施，但让与人依约定可以自行实施该专利。排他许可的被许可人自己能力有限，则可以普通许可外人实施，可将此视为被许可人自己实施。③普通实施许可：让与人在约定许可实施专利的范围内许可他人实施该专利，并且可以自行实施该专利。

（2）2中推定普通许可：①推定为普通许可：当事人对专利实施许可方式没有约定或者约定不明确的，认定为普通实施许可。（1级市场）②如当事人约定受让人可再许可，推定允许该再许可为普通实施许可：专利实施许可合同约定受让人可以再许可他人实施专利的，认定该再许可为普通实施许可，但当事人另有约定的除外。（2级市场）

（3）专利实施许可期限受专利权期限限制，超过者无效：①专利实施许可合同只在该专利权的存续期间内有效。②专利权有效期限届满或者专利权被宣布无效的，专利权人不得就该专利与他人订立专利实施许可合同。

（4）专利实施许可被许可人不得再许可，否则构成侵权和违约，乃加害给付：①专利实施许可合同的被许可人应当按照约定实施专利，不得许可约定以外的第三人实施该专利，并按照约定支付使用费。（《民法典》第867条）②未经许可人同意擅自许可第三人实施该专利或者使用该技术秘密的，应当停止违约行为，承担违约责任。（《民法典》第873条第1款）

4. 技术秘密的使用许可合同

（1）3种技术秘密使用许可合同：独占、排他和普通。

（2）如该技术秘密签订使用许可合同后，许可人又就该技术秘密申请专利（意味要公开技术秘密），则原使用许可合同如何处理？①技术秘密公开前适用技术秘密转让合同。②技术秘密公开后到专利授权前，参照适用专利许可合同。③专利授权后，原技术秘密许可合同为专利实施许可合同。

5. 技术秘密转让合同

（1）让与人义务：①技术秘密转让合同的让与人应当按照约定提供技术资料，进行技术指导，保证技术的实用性、可靠性，承担保密义务。②前款规定的保密义务，不限制让与人申请专利，但是当事人另有约定的除外。

（2）受让人义务：技术秘密转让合同的受让人应当按照约定使用技术，支付使用费，承担保密义务。

19 有名合同：（1 买卖 ＋2 ＋供用热电气 ＋3 保理 ＋4 保证）；（5 租赁 ＋6 融资租赁），（7 承揽 ＋8 建设工程），（9 保管 ＋10 仓储），（11 委托 ＋12 行纪），13 中介 ＋14 运输 ＋15 合伙 ＋16 物业，17 赠与 18 借款 19 技术。

民法
宝典 ＞ 第四编 人格权编

人格权编说明：殡仪馆把骨灰摆错了，家属痛哭半天才发现哭错了，侵犯了 一般人格权 。人死了吗？ 生命权 。人残了吗？ 身体权和健康权 。妹妹用姐姐的名字结婚，结果姐姐被结婚了，老公是妹夫，妹妹侵犯了姐姐的 姓名权 。我的照片，你擅自拿去作广告"照骗"，你侵犯了我的 肖像权 。你说我是个女汉纸，我的内心是崩溃的，这是名誉感，不是 名誉权 。我爱你，你把这个信息告诉她，结果她说："我也收到了一样的……"，你侵犯了我的 隐私权 。你把我的个人信息出卖了，骗子打我电话把我钱给骗了，你侵犯了我的 个人信息权 。你说某死人是因花柳病而薨，死者近亲属不爽，这是侵犯了 死者人格利益 。

一、一般人格权

自然人享有基于人身自由、人格尊严产生的其他人格权益。（《民法典》第990条第2款）

例：【发现自己的屁股】甲"丰乳肥臀"，屁股很大。某日，看到乙网店居然贴出了一张图片，截取了甲照片中的屁股那一部分，用于说明乙网店销售的一款弹力内裤。乙侵犯了甲的什么权利？①一般人格权。②因为我们无法通过甲的屁股识别出来甲，故屁股不是甲的肖像。

> 原理：为什么需要一般人格权？①缓解具体人格权法定带来的法律困境。②为了避免具体人格权爆炸，方便案由归类，我们将人格权具体化为法律规定的几种类型，比如生命权、健康权、身体权等。以免当事人被打歪了嘴去以接吻权受害为由起诉到法院、或者以吃饭权、喝酒权等受害为由诉到法院。③但是，人格权法定带来另外一个问题：有些案件当事人的人格尊严受到损害，但是却无与之匹配的具体人格权。比如兄弟不睦，哥哥擅自将父母坟墓迁移，导致弟弟不知道去哪里"上坟"。立法上不存在"祭奠"权，故弟弟可以一般人格权受害为由诉到法院。

> 记忆：具体人格权有哪些？生命权、身体权、健康权、姓名权、名称权、肖像权、荣誉权、名誉权、隐私权。
> 口诀："出生后身体健康，名称，像荣誉隐。"（"出生后身体健康，名称，像荣毅仁"）

> 问：身份权纠纷如何适用法律？①对自然人因婚姻家庭关系等产生的身份权利的保护，适用《民法典》总则编、婚姻家庭编和其他法律的相关规定。②没有规定的，可以根据其性质参照适用人格权编的有关规定。（《民法典》第1001条）

二、生命权

自然人享有生命权，有权维护自己的生命安全和生命尊严。生命权是人格权中唯一一项对

其侵害只能由被侵权人之外的第三人主张赔偿请求权的权利。(《民法典》第1002条)

例:【安乐死构成侵犯生命权】丙应丁要求,协助丁完成自杀行为,丙是否构成侵权?①构成。②丙侵犯丁的生命权。

三、身体权

自然人享有身体权,有权维护自己的身体完整和行动自由。(《民法典》第1003条)

例1:【假肢不是"肢"】彭某因车祸双腿截肢,安装了假肢,晚上睡觉时将假肢取下。某晚,唐某误以为假肢是贵重物品将其偷走。唐某侵犯了彭某什么权利?①所有权。②与人身体已经分离的部分,如取下的假肢、剪掉的头发、拔去的牙齿、捐献的血液、精子或其他人体器官,属于独立的物,如果受到侵害,属于所有权而非人格权受害。

例2:【假肢是"肢"】彭某因车祸双腿截肢,安装了科技含量高、只能由专业人员拆卸的假肢,一日与李某发生口角,李某一怒之下将彭某的假肢打碎。彭某有权提出什么主张?①可主张身体权受到侵害、可主张精神损害赔偿。②不可主张所有权受到侵害、不可主张生命健康权受到侵害。

例3:【不得搜身】甲在乙超市购物,乙超市工作人员认为甲偷盗其货品,对甲进行强行搜身。乙超市侵犯了甲的什么权利?①身体权。②甲有权维护自己的行动自由。③以非法拘禁等方式剥夺、限制他人的行动自由,或者非法搜查他人身体的,受害人有权依法请求行为人承担民事责任。

例4:【父母捐献已亡孩子眼角膜】小强罹患不治之症而过世,小强父母决定向医院捐献小强的眼角膜。是否可行?①行。②器官不能买卖,但可以捐献。③生前:"完人"采用书面形式或者有效遗嘱形式,有权依法自主决定无偿捐献人体细胞、人体组织、人体器官、遗体。④死后:"自然人"生前没有表示不同意捐献的,死亡后,其配偶、成年子女、父母可采用书面形式共同决定捐献(《民法典》第1006条)。⑤买卖人体细胞、人体组织、人体器官、遗体的行为(合同)无效。

四、健康权

自然人享有健康权,有权维护自己的身心健康。(《民法典》第1004条)

例1:【侵害生理健康】如将带有病毒的血液输入他人体内致感染疾病;如故意殴打他人致脏器损伤;如美容机构过失致他人毁容。

例2:【侵害心理健康】。如甲谎称乙父死亡请殡仪馆人前来接尸,致乙极为愤怒。如装修工人在装修房屋内上吊自杀,致业主受到惊吓。

辨析三项物质性人格权	身体权	健康权	生命权
砍掉他人手臂	√	√	
强行剪去他人头发、指甲	√	×	
注射有毒药物导致住院、故意给人传染疾病	×	√	
医院误摘肾脏,患者于索赔期间死亡	√	√	√

问：性骚扰构成侵权吗？①《民法典》第1010条规定，"违背他人意愿，以言语、文字、图像、肢体行为等方式对他人实施性骚扰的，受害人有权依法请求行为人承担民事责任。机关、企业、学校等单位应当采取合理的预防、受理投诉、调查处置等措施，防止和制止利用职权、从属关系等实施性骚扰"（本质上是一般人格权）。②例：甲女美貌如花，乘坐地铁上班，乙男在并不拥挤的地铁车厢，多次恶意触碰甲的胸部。乙是否构成侵权？构成。

五、姓名权

自然人享有姓名权，有权依法决定、使用、变更或者许可他人使用自己的姓名，但是不得违背公序良俗。任何组织或者个人不得以干涉、盗用、假冒等方式侵害他人的姓名权。（《民法典》第1012、1014条）

（一）"取名"（《民法典》第1015条）

自然人的姓氏应当随父姓或者母姓。有3个例外：从外婆姓（选取其他直系长辈血亲的姓氏）；从养父姓（因由法定扶养人以外的人扶养而选取扶养人姓氏）；其他正当理由（有不违反公序良俗的其他正当理由）。

例：【北雁云依和王者荣耀】父亲姓吕、母亲姓张，给女儿取名为"北雁云依"，来自诗经，寓意北方美丽的女子，派出所说：不可以。父亲姓王、母亲姓张，给儿子取名为"王者荣耀"，派出所说：可以。

（二）"改名"（《民法典》第1016条）

依法办理登记手续，改名前实施的民事法律行为继续有效。（名称权保护同理）

例：【小强变小果】唐某向张某借款10万元，小强出具担保书，愿意承担保证责任，张某同意。后小强将名字变更为小果，则小果是否需要承担保证责任？①需要。②民事主体变更姓名的，变更前实施的民事法律行为对其具有法律约束力。

（三）"有名"（《民法典》第1017条）

具有一定社会知名度，被他人使用足以造成公众混淆的笔名、艺名、网名、译名、字号、姓名和名称的简称等，参照适用姓名权和名称权保护的有关规定。（名称权保护同理）

例：【Angelababy】杨某参与一档电视娱乐节目《跑男》而为公众知悉，其艺名为AN-GELABABY。甲公司申请将ANGELABABY注册在茶叶上，在宣传其所售普洱茶时广告如下："知名商标ANGELABABY，一饼59元普洱带来的艳遇，免费把ANGELABABY抱回家，想怎么泡就怎么泡，直到泡到没味为止，今天，你泡了我吗？"。甲公司是否构成侵权？①构成。②侵犯了杨某的姓名权。

（四）盗用他人姓名

未经姓名权人同意，擅自以姓名权人的名义实施民事活动。（名称权保护同理）

例：【刘德华来了】甲公司要举办一场大型活动，但是没有赞助单位，于是谎称明星"刘德华"将来参加，出于不同的目的，不少单位都出了钱来赞助。甲公司是否构成侵权？①构成。②"以刘德华的名义"，而不是说"自己是刘德华"，属于盗用他人姓名，侵犯了刘德华的姓名权。

（五）假冒他人姓名

使用他人的姓名，冒充他人进行活动。行为人自称是"他人"，参加民事活动。（名称权保护同理）

例：【冒名顶替上大学】湖南邵东县学生罗彩霞被当地公安局政委的女儿王佳俊冒名顶替，失去在贵州师范大学读书的机会。王佳俊冒名顶替罗彩霞后，被贵州师范大学以定向招生形式补录为本科生，再后顺利入党、毕业、工作。王佳俊是否构成侵权？①构成。②假冒他人，侵犯了姓名权。

六、名称权

法人、非法人组织享有名称权，有权依法使用、变更、转让或者许可他人使用自己的名称。任何组织或者个人不得以干涉、盗用、假冒等方式侵害他人的名称权。（《民法典》第1013、1014条）

例：【企业名称简称受法律保护】指导案例29号：天津中国青年旅行社诉天津国青国际旅行社擅自使用他人企业名称纠纷案。①对于企业长期、广泛对外使用，具有一定市场知名度、为相关公众所知悉，已实际具有商号作用的企业名称简称，可以视为企业名称予以保护。②擅自将他人已实际具有商号作用的企业名称简称作为商业活动中互联网竞价排名关键词，使相关公众产生混淆误认的，属于不正当竞争行为。

七、肖像权

自然人享有肖像权，有权依法制作、使用、公开或者许可他人使用自己的肖像。

肖像是通过影像、雕塑、绘画等方式在一定载体上所反映的特定自然人可以被识别的外部形象。（《民法典》第1018条）对自然人声音的保护，参照适用肖像权保护的有关规定。（《民法典》第1023条）

（一）侵权责任法保护肖像权（消极防御）（《民法典》第1019条）

1. 丑化他人肖像构成侵权：任何组织或者个人不得以丑化、污损，或者利用信息技术手段伪造等方式侵害他人的肖像权。

2. 一般人擅自使用构成侵权：未经肖像权人同意，不得制作、使用、公开肖像权人的肖像，但是法律另有规定的除外。（不再限于侵权人以营利为目的使用他人肖像）

例：【无法识别则不侵犯肖像权】甲到乙医院做隆鼻手术效果很好。乙为了宣传，分别在美容前后对甲的鼻子进行拍照（仅见鼻子和嘴部），未经甲同意将照片发布到丙网站的广告中，介绍该照片时使用甲的真实姓名。丙网站在收到甲的异议后立即作了删除。如何评价本案侵权问题？①乙医院侵犯了甲的姓名权。②乙医院没有侵犯甲的肖像权。③丙网站不承担责任，因其及时做了删除。

3. 著作权人擅自使用构成侵权：未经肖像权人同意，肖像作品权利人不得以发表、复制、发行、出租、展览等方式使用或者公开肖像权人的肖像。

> 问：照片上通常会存在的哪3个权利？物权、肖像权和摄影作品的著作权。①照片这张纸，指向物权，归物的主人。②照片上的人，指向肖像权，归照片主人。③照片属于摄影作品，承载了智力创造成果，指向著作权，归摄影者。

例1：【乱用他人图片】摄影爱好者李某为好友丁某拍摄了一组生活照，并经丁某同意上传于某社交媒体群中。蔡某在社交媒体群中看到后，擅自将该组照片上传于某营利性摄影网站，获得报酬若干。如何评价蔡某的行为？①侵害了丁某的肖像权。②侵害了李某的著作权中的信息网络传播权和获得报酬权。

例2：【嫁接半裸照片】甲女委托乙公司为其拍摄一套艺术照。不久，甲女发现丙网站有其多张半裸照片，受到众人嘲讽和指责。经查，乙公司未经甲女同意将其照片上传到公司网站做宣传，丁男下载后将甲女头部移植至他人半裸照片，上传到丙网站。如何评价本案侵权关系？①甲女"受到众人嘲讽和指责"，说明该照片可以识别甲女，甲女社会评价降低名誉权受害。②甲女有肖像权，乙公司侵犯了甲女的肖像权。③甲女有名誉权，丁男侵犯了甲女的名誉权和肖像权。④甲女有权就肖像权和名誉权受害，主张精神损害赔偿。⑤乙公司有著作权，丁男侵犯了乙公司的著作权，侵犯了乙公司著作权中的信息网络传播权和获得报酬权。

（二）肖像权许可使用合同（积极使用）（对姓名、名称等的许可使用，参照适用肖像许可使用的有关规定）（《民法典》第1021、1022条）

1. 许可使用条款解释规则：当事人对肖像许可使用合同中关于肖像使用条款的理解有争议的，应当作出有利于肖像权人的解释。（《民法典》第1021条）

2. 许可使用期限规则：（1）不定期则双方有任意解除权：当事人对肖像许可使用期限没有约定或者约定不明确的，任何一方当事人可以随时解除肖像许可使用合同，但是应当在合理期限之前通知对方。（2）定期则肖像权人单方有任意解除权：当事人对肖像许可使用期限有明确约定，肖像权人有正当理由的，可以解除肖像许可使用合同，但是应当在合理期限之前通知对方。因解除合同造成对方损失的，除不可归责于肖像权人的事由外，应当赔偿损失。（《民法典》第1022条）

例：【四字弟弟】易烊千玺与著名品牌"范思哲"签订了肖像权许可使用合同，为期3年。"范思哲"旗下一款系列T恤，将中国香港、中国澳门划分至"国家"，引起了广大中国同胞的不满。易烊千玺是否有权解除肖像许可使用合同？有权解除。

（三）未经肖像权人同意，合理使用其肖像，不侵权，也无须付酬（《民法典》第1020条）

1. 为个人学习、艺术欣赏、课堂教学或者科学研究，在必要范围内使用肖像权人已经公开的肖像；

2. 为实施新闻报道，不可避免地制作、使用、公开肖像权人的肖像；

3. 为依法履行职责，国家机关在必要范围内制作、使用、公开肖像权人的肖像；

4. 为展示特定公共环境，不可避免地制作、使用、公开肖像权人的肖像；

5. 为维护公共利益或者肖像权人合法权益，制作、使用、公开肖像权人的肖像的其他行为。

八、荣誉权

民事主体享有荣誉权。任何组织或者个人不得非法剥夺他人的荣誉称号，不得诋毁、贬损他人的荣誉。获得的荣誉称号应当记载而没有记载的，民事主体可以要求记载；获得的荣誉称号记载错误的，民事主体可以要求更正。（《民法典》第1031条）

例1：【"优秀学生干部"与"三好学生"】1998年毕业于锦州中学的贾跃参加高考，由于发挥失常。仅以2分之差未能进入重点大学。但是，贾跃在高中期间一向品学兼优，年年被评为"三好学生"并荣获锦州市"优秀学生干部"称号。按当年高考招生政策规定，获市级以上优秀学生干部的考生可享受加十分的待遇。而锦州市教委在整理审核学生档案时，把"优秀学生干部"换成了"三好学生"，致使该生不能享受到这种荣誉待遇。锦州市教委侵犯了贾跃什么权利？①荣誉权。②锦州市凌河区人民法院判决，责令锦州市教委向受害者赔礼道歉，恢复其荣誉，并赔偿受害者经济和精神损失8万余元。（学习好是唯一指标）

例2：【荣誉权与物权】如当众摘人荣誉牌匾、撕人荣誉证书，属于侵犯荣誉权。过失损毁他人的奖杯、奖品等物，属于侵犯物权。

九、名誉权

民事主体享有名誉权。任何组织或者个人不得以侮辱、诽谤等方式侵害他人的名誉权。名誉是对民事主体的品德、声望、才能、信用等的社会评价。（社会评价降低＝侵犯名誉权）（《民法典》第1024条）（伤害性不大，侮辱性很强）

（一）侮辱方式侵犯名誉权

用语言（包括书面和口头）或行动，公然损害他人人格、毁坏他人名誉的行为。如用大字报、小字报、漫画或极其下流，肮脏的语言等形式辱骂、嘲讽他人、使他人的心灵蒙受耻辱等。

例：【当街泼粪】甲乙夫妻，因甲与第三者丙同居，乙当场将丙拖至街上，在众目睽睽之下，向丙泼粪。如何评价乙的行为？以侮辱方式侵犯了丙的名誉权。

（二）诽谤方式侵犯名誉权

捏造并散布某些虚假的事实，破坏他人名誉的行为。如毫无根据或捕风捉影地捏造他人作风不好，并四处张扬、损坏他人名誉，使他人精神受到很大痛苦。

例：【被当妈】张某旅游时抱着当地一小女孩拍摄了一张照片，并将照片放在自己的博客中，后来发现该照片被用在某杂志的封面，并配以"母女情深"的文字说明。张某并未结婚，朋友看到杂志后纷纷询问张某，熟人对此也议论纷纷，张某深受困扰。如何评价本案侵权问题？①张某未结婚被当妈且社会评价降低，故杂志社侵犯了张某的名誉权。②未经张某同意，使用其肖像，故杂志社侵犯了张某的肖像权。③张某有权基于名誉权和肖像权受害，要求杂志社赔偿精神损害。④张某去外地旅游的隐私信息通过其发布微博而被放弃，故杂志社没有侵犯张某的隐私权。

1. 文学艺术作品（《民法典》第1027条）

（1）含沙射影，指向明确：行为人发表的文学、艺术作品以真人真事或者特定人为描述对象，含有侮辱、诽谤内容，侵害他人名誉权的，受害人有权依法请求该行为人承担民事责任。

（2）如有雷同，纯属巧合：行为人发表的文学、艺术作品不以特定人为描述对象，仅其中的情节与该特定人的情况相似的，不承担民事责任。

2. 媒体报道内容（《民法典》第1028条）

（1）如实报道，影响他人名誉，不构成侵权。

（2）失实报道，影响他人名誉，构成侵权：民事主体有证据证明报刊、网络等媒体报道的内容失实，侵害其名誉权的，有权请求该媒体及时采取更正或者删除等必要措施。

3. 新闻报道内容（《民法典》第1025条）

（1）正当舆论监督，影响他人名誉，不构成侵权。

（2）不正当舆论监督，影响他人名誉，构成侵权。①捏造事实、歪曲事实。②对他人提供的严重失实内容未尽到合理核实义务。[1]③使用侮辱性言辞等贬损他人名誉。

---

〔1〕《民法典》第1026条，行为人是否尽到合理核实义务应考虑下列因素：①内容来源的可信度；②对明显可能引发争议的内容是否进行了必要的调查；③内容的时效性；④内容与公序良俗的关联性；⑤受害人名誉受贬损的可能性；⑥核实能力和核实成本。

（三）信用错误评价侵犯名誉权（《民法典》第1029条）

民事主体可以依法查询自己的信用评价；发现信用评价不当的，有权提出异议并请求采取更正、删除等必要措施。信用评价人应当及时核查，经核查属实的，应当及时采取必要措施。

例：【欠款人逾期，保证人信用遭殃】张桂平从农商行处借款10万元，期限1年。刘某为该笔借款提供连带责任保证。张桂平届期未还，案外人张来平与农商行签订《个人借款合同》一份，张来平用其从农商行借来的钱，履行了张桂平欠农商行的本息。因刘某所担保的张桂平贷款已逾期，成为不良贷款，刘某便产生了不良担保记录。因张桂平已经不欠农商行的本息，<u>刘某是否有权要求农商行删除不良担保记录？</u>①否。②刘某无法再在银行申请贷款，不能办理信用卡，社会信用评价降低，本案为名誉权纠纷。③张桂平的贷款本息还清，无法消除其曾有的不良贷款记录，以及刘某曾经有的不良担保记录。④当然，根据《征信业管理条例》规定，不良信息记录在不良行为或事件终止之日起超过5年应当予以删除。

十、隐私权

自然人享有隐私权。任何组织或者个人不得以刺探、侵扰、泄露、公开等方式侵害他人的隐私权。隐私是自然人的私人生活安宁和不愿为他人知晓的<u>私密空间、私密活动、私密信息</u>。（《民法典》第1032条）

（一）侵犯隐私权情形（《民法典》第1033条）

1. 以电话、短信、即时通讯工具、电子邮件、传单等方式侵扰他人的私人生活安宁；
2. 进入、拍摄、窥视他人的住宅、宾馆房间等私密空间；
3. 拍摄、窥视、窃听、公开他人的私密活动；
4. 拍摄、窥视他人身体的私密部位；
5. 处理他人的私密信息
6. 以其他方式侵害他人的隐私权。

（二）不侵犯隐私权情形

1. 被放弃的"隐私"不是隐私：权利人主动公布个人信息，则就该信息不得再主张隐私权保护。

例：【宁可在宝马车里哭也不愿意在自行车后坐笑】女青年马某因在一档电视相亲节目中言词犀利而受到观众关注，一时应者如云。有网民对其发动"人肉搜索"，在相关网站首次披露马某的曾用名、儿时相片、家庭背景、恋爱史等信息，并有人在网站上捏造马某曾与某明星有染的情节，导致评价被降低。<u>如何评价网民的"人肉搜索"行为？</u>①"首次披露"相关信息，故网民侵犯了马某隐私权。②捏造有染情节，故网民用诽谤方式侵犯马某名誉权。③擅自使用马某儿时相片，故网民侵犯了马某肖像权。④不存在盗用或假冒姓名行为，故网民未侵犯姓名权。

2. 公布非真实信息没有侵犯隐私权：非真实信息不是隐私，故未侵犯隐私权。如造成被害人社会评价降低，则构成"诽谤方式"侵犯被害人名誉权。

十一、个人信息保护

自然人的个人信息受法律保护。个人信息是以电子或者其他方式记录的能够单独或者与其他信息结合<u>识别特定自然人</u>的各种信息，包括自然人的姓名、出生日期、身份证件号码、生物识别信息、住址、电话号码、电子邮箱、健康信息、行踪信息等。个人信息中的私密信息，适

用有关隐私权的规定；没有规定的，适用有关个人信息保护的规定。(《民法典》第1034条)

（一）处理个人信息构成侵权的情形（《民法典》第1035条）

未经自然人同意或自然人监护人同意。（不以行为人营利为前提）。个人信息的处理包括个人信息的收集、存储、使用、加工、传输、提供、公开等。

例：【买卖个人信息】张某因出售公民个人信息被判刑，孙某的姓名、身份证号码、家庭住址等信息也在其中，买方是某公司。从人格权法上如何评价张某和某公司的行为？①买卖个人信息违反效力性强制性规定，该合同无效。②张某侵害了孙某对其个人信息享有的民事权益。③某公司构成共同侵权，应负连带责任。

（二）处理自然人个人信息不构成侵权的情形（《民法典》第1036条）

1. 在该自然人或者其监护人同意的范围内合理实施的行为；

2. 合理处理该自然人自行公开的或者其他已经合法公开的信息，但是该自然人明确拒绝或者处理该信息侵害其重大利益的除外；

3. 为维护公共利益或者该自然人合法权益，合理实施的其他行为。

（三）信息收集者、信息控制者的法定义务（《民法典》第1037、1038条）

1.【查阅复制更正】自然人可以依法向信息处理者查阅或者复制其个人信息；发现信息有错误的，有权提出异议并请求及时采取更正等必要措施。

2.【删除】自然人发现信息处理者违反法律、行政法规的规定或者双方的约定处理其个人信息的，有权请求信息处理者及时删除。

3.【不得泄露篡改】不得泄露、篡改其收集、存储的个人信息。未经自然人同意，不得向他人非法提供其个人信息，但是经过加工无法识别特定个人且不能复原的除外。

4.【确保信息安全】信息处理者应当采取技术措施和其他必要措施，确保其收集、存储的个人信息安全，防止信息泄露、篡改、丢失；发生或者可能发生个人信息泄露、篡改、丢失的，应当及时采取补救措施，按照规定告知自然人并向有关主管部门报告。

十二、精神损害赔偿

自然人在人身权或者"人格物"受到不法侵害，致使其人身利益或者财产利益受到损害并遭到精神痛苦时，受害人本人、本人死亡后其近亲属有权要求侵权人给予损害赔偿的民事法律制度。

（一）主体

1. 自然人：自然人才有权提出精神损害赔偿。法人或非法人组织不得提出精神损害赔偿请求权。

2. 顺序：如果自然人因被侵权而死亡，则死者的配偶、子女、父母有权向加害人提出精神损害赔偿请求。如果不存在这些人，才由死者的近亲属提出精神损害赔偿。

（二）客体

1. 对象：人身权受害或者"人格物"（如冷冻卵子、冷冻胚胎、骨灰盒）受害，才可以提出精神损害赔偿请求权。

2. 程度：受害达到严重程度，受害人才可主张精神损害赔偿。

（三）路径

诉侵权可以主张精神损害赔偿；诉违约也可主张精神损害赔偿。

例：【冷冻卵子】甲与乙辅助生殖中心达成冷冻卵子协议，为期1年，手术费1万1千元，每个月保存费110元。乙中心不慎将冷冻卵子丢失或损坏。甲可提出什么法律救济措施？①甲可诉乙中心侵权，主张精神损害赔偿。②甲也可诉乙中心违约，主张精神损害赔偿。因当事人一方的违约行为，损害对方人格权并造成严重精神损害，受损害方选择请求其承担违约责任的，不影响受损害方请求精神损害赔偿。③根据《人类辅助生殖技术管理办法》，申请人必须要身份证、结婚证、生育证明等'三证'齐全，而且夫妻双方都要到场。未婚女性不在此列。

（四）双重

1. 死者生前自己的痛苦：加害人书面承诺同意赔偿精神损害或者受害人已经提出了精神损害赔偿诉讼，受害人死亡的，则受害人的精神损害赔偿请求权可以作为遗产发生继承。

2. 死者死亡后近亲属的痛苦：自然人因受害死亡，痛苦留给了近亲属，故近亲属可提出精神损害赔偿，当然，要符合顺序要求。

例：【错拿腰子】张某因病住院，医生手术时误将一肾脏摘除。张某向法院起诉，要求医院赔偿治疗费用和精神损害抚慰金。法院审理期间，张某术后感染医治无效死亡。如何评析本案？①医院构成加害给付，侵犯了张某的健康权和生命权。②张某请求精神损害赔偿，既可在侵权之诉提出，又可在合同之诉提出。③张某已经就其痛苦诉到法院，故张某死亡后，张某继承人有权继承张某的精神损害抚慰金请求权，当然，自然可以继承张某的医疗费赔偿请求权。④张某死后其配偶、父母和子女有权另行起诉，请求医院赔偿自己的精神损害。

十三、死者人格利益

死者的姓名、肖像、名誉、荣誉、隐私、遗体（"除了生命和健康"）等受到侵害的，其配偶、子女、父母有权依法请求行为人承担民事责任；死者没有配偶、子女且父母已经死亡的，其他近亲属有权依法请求行为人承担民事责任。（《民法典》第994条）（"三代"）

例：【鞭尸】宋某实名制微博发布文章，称已经过世的著名导演谢某生前与婚外第三人有私生子，且罹患花柳病而死亡。宋某所言查无实据，均系子虚乌有。谢某配偶徐某以宋某侵犯谢某名誉为由，将宋某诉至法院。徐某提出的哪些诉讼请求能够获得法院的支持？①停止侵权撤下相关博客。②说明事实真相并赔礼道歉。③请求经济损失赔偿。④请求精神损害赔偿。⑤法院后来支持了停止侵权、赔礼道歉、经济损失8.9万元，精神损害赔偿金20万元。

十四、人格权统一规则

（一）人格权人身性

1. 不得放弃、转让、继承：人格权不得放弃、转让、继承。（《民法典》第992条）

2. 姓名、名称、肖像等可以许可他人使用：民事主体可以将自己的姓名、名称、肖像等许可他人使用，但是依照法律规定或者根据其性质不得许可的除外。（《民法典》第993条）

（二）人格权请求权

1. 损害赔偿请求权：适用诉讼时效。

2. 停止侵害、排除妨碍、消除危险、消除影响、恢复名誉请求权：不适用诉讼时效。（《民法典》第995条）

3. 比例原则：行为人因侵害人格权承担消除影响、恢复名誉、赔礼道歉等民事责任的，应当与行为的具体方式和造成的影响范围相当。（《民法典》第1000条）

4. 替代履行：行为人拒不承担前款规定的民事责任的，<u>人民法院可以采取在报刊、网络等媒体上发布公告或者公布生效裁判文书等方式执行</u>，产生的费用由行为人负担。(《民法典》第 1000 条)

5. 诉前禁令：民事主体有证据证明行为人正在实施或者即将实施侵害其人格权的违法行为，不及时制止将使其合法权益受到难以弥补的损害的，有权依法向人民法院申请采取责令行为人停止有关行为的措施。(《民法典》第 997 条)

(三) 合理使用不侵权

为公共利益实施新闻报道、舆论监督等行为的，可以合理使用民事主体的姓名、名称、肖像、个人信息等；使用不合理侵害民事主体人格权的，应当依法承担民事责任。(《民法典》第 999 条)

(四) 加害给付侵害人格权可诉违约主张精神损害赔偿

因当事人一方的违约行为，损害对方人格权并造成严重精神损害，受损害方选择请求其承担违约责任的，不影响受损害方请求精神损害赔偿。(《民法典》第 996 条)

民法宝典 ▷ 第五编 | 婚姻家庭编

婚姻家庭编说明：每个人都是来自于婚姻，大部分人也要走向婚姻，没有结过婚，就无法理解《民法典》婚姻编；没有离过婚，就无法理解离婚规则；没有生过孩子，就无法理解抚养权。婚姻编需要解决如下问题：进入婚姻即婚姻效力问题、逃离婚姻即离婚问题。在逃离婚姻过程中，需要解决"4子"问题，房子即夫妻财产问题、条子即夫妻债务问题、银子即夫妻经济关系问题、孩子即孩子抚养问题。

- ① 婚姻效力
  - ① 有效婚姻
  - ② 无效婚姻
  - ③ 可撤销婚姻
- ② 离婚方式
  - ① 协议离婚
  - ② 诉讼离婚
- ③ 房子
  - ① 彩礼退还
  - ② 约定财产制
  - ③ 个人所有（个有）
  - ④ 共同共有（共有）
- ④ 条子
  - ① 个人债务（个债）
  - ② 共同债务（共债）
- ⑤ 银子
  - ① 离婚过错损害赔偿请求权
  - ② 离婚困难帮助请求权
  - ③ 离婚经济补偿权
- ⑥ 孩子
  - ① 亲生子女
  - ② 收养子女

一、有效婚姻

（一）结婚的实质条件

1. 必须符合一夫一妻制。（《民法典》第 1041 条第 2 款）

2. 必须男女双方完全自愿。（《民法典》第 1046 条）

3. 男女双方必须达到法定的结婚年龄：男不得早于 22 周岁，女不得早于 20 周岁。（《民法典》第 1047 条）

（二）结婚的程序条件：登记

要求结婚的男女双方应当亲自到婚姻登记机关申请结婚登记。符合本法规定的，予以登记，发给结婚证。完成结婚登记，即确立婚姻关系。未办理结婚登记的，应当补办登记。（《民法典》第 1049 条）

> 问：什么是事实婚姻？1994年2月1日之前，因为婚姻登记条例尚未出台，所以没有婚姻登记，当事人也没有补办登记。法律上认可此种未办理登记的婚姻为"事实婚姻"。

（三）同居与结婚

1. 正常同居

（1）法院不管无婚同居关系的解除问题。

（2）法院要管无婚同居中出现的"房子"和"孩子"纠纷，该同居财产，为按份共有。

2. 非法同居

（1）婚外与他人同居，当事人申请解除同居关系，法院不管。

（2）有配偶者与他人同居，可以通过这个达到离婚目的，但要有过错者须向对方赔偿。

（四）家庭与结婚

1. 夫妻之间

（1）扶养费债权：夫妻有相互扶养的义务。需要扶养的一方（平辈之间用"扶养"），在另一方不履行扶养义务时，有要求其给付扶养费的权利。（《民法典》第1059条）

（2）继承遗产：夫妻有相互继承遗产的权利。（《民法典》第1061条）

2. 父母孩子：夫妻双方平等享有对未成年子女抚养、教育和保护的权利，共同承担对未成年子女抚养、教育和保护的义务。（《民法典》第1058条）

3. 亲属、近亲属和家庭成员

（1）【亲属】亲属包括配偶、血亲和姻亲。

（2）【近亲属】配偶、父母、子女、兄弟姐妹、祖父母、外祖父母、孙子女、外孙子女为近亲属。

（3）【家庭成员】配偶、父母、子女和其他共同生活的近亲属为家庭成员。

（五）财产与结婚

1. 婚内处分共有财产

（1）【小额财产日常家事代理】夫妻一方因家庭日常生活需要而实施的民事法律行为，对夫妻双方发生效力，但是夫妻一方与相对人另有约定的除外。夫妻之间对一方可以实施的民事法律行为范围的限制，不得对抗善意相对人。（《民法典》第1060条）

（2）【大额财产启动善意取得】大额无权处分，启动第三方适用善意取得制度，无权处分方须向配偶他方负侵权之债，因婚姻关系存续导致诉讼时效中止。

例：【老公和过桥人坑"老婆"】 房屋登记在老公名下而实际是双方共有即名实不符，老公背着老婆卖房给不知情的第三人，房屋市价100万，出卖价格为70万元。如何评价本案？（1）善意取得：第三人＝"过桥人"。①70万买到100万房屋，30万由第三人和老公分，其中15万是老婆的。因为离婚时，老婆本来可以分到100万中的50万，但是因为老公这种行为，导致老婆只能分到35万。其中15万被老公和"过桥人"给分了。②如果过桥人是老公的爹，法院不会认可其构成善意，而是推定其恶意。③如果过桥人是一个"好基友"，那么，过桥人可以装傻，老婆很难证明其恶意（民法善意是推定的，知道不知情就是善意）。因为过桥人会相信老公说自己并非已婚，过桥人对交易信息的审查义务是有限的，不能让过桥人做太多的审查，否则会增加交易成本。毕竟过桥人要买的是房屋，而不是八卦，没有义务去查卖房人的祖宗八代。（2）侵权责任：老婆可以告老公侵权。①离婚时老婆原来可以分房屋，现在只能分70万，损失就是那15万。②女人由物权人降格为债权人。③这个过程就是善意取得制度所发挥的作用，保护了动态财产交易安全，牺牲了静态财产归属。（3）诉讼时效：老公背着老婆卖房 5 年后，老婆离婚，要和前夫算旧账。老公提出 3 年时效已过的不要脸抗辩。老婆说，中国法不承认婚内赔偿，此前没法索赔。

2. 婚内分割共有财产：婚姻关系存续期间，有下列情形之一的，夫妻一方可以向人民法院请求分割共同财产。（《民法典》第 1066 条）

（1）【蚂蚁搬家】一方有隐藏、转移、变卖、毁损、挥霍夫妻共同财产或者伪造夫妻共同债务等严重损害夫妻共同财产利益的行为；

（2）一方负有法定扶养义务的人患重大疾病需要医治，另一方不同意支付相关医疗费用。

例：【不给老婆看病】甲与乙结婚多年后，乙患重大疾病需要医治，甲保管夫妻共同财产但拒绝向乙提供治疗费，致乙疾病得不到及时治疗而恶化。如何评价甲的行为？①构成虐待，乙有权请求公安机关对甲进行行政处罚。②乙在婚内可请求分割夫妻共同财产。③乙可提起离婚诉讼并且提出离婚过错赔偿。④乙不可主张请求多分夫妻财产，因为这需要坚持区分看待，甲的过错负其应负责任，不因此损害其物权。

3. 离婚分割共有财产（《民法典》第 1087 条）

（1）离婚时，夫妻的共同财产由双方协议处理。

（2）协议不成的，由人民法院根据财产的具体情况，按照照顾子女、女方和无过错方权益的原则判决。

> 问 1：如果夫妻离婚时孩子跟妈妈一起生活，孩子跟妈妈（子女）、妈妈（女方）和妈妈没过错（无过错方），则如何处理对女方的"三重照顾"（要照顾子女、女方和无过错方）？法条是法官的护身符，故法官判决会比较保守，避免"得罪人"。
>
> 问 2：照顾无过错方是不是意味着惩罚有错方？①是。②罚的方法是扣财产，这其实违背了处罚与所有权分离原则。③比如对交通违章，不能没收车主的所有权；比如犯罪，不能将罪犯的房屋充公；比如马车卖苹果，城管不能把苹果带食堂吃了。④婚姻中，男的家暴，却要罚男的，方法是扣财产。这符合老百姓的预期，是民法典重大的修改。

（3）对夫或者妻在家庭土地承包经营中享有的权益等，应当依法予以保护。

4. 死亡分割共有财产：夫妻共同共有财产，遗产继承时，应一分为二，分出后才可确定遗产范围。

5. 共有财产产生债务：夫妻对外负连带责任。

二、无效婚姻

（一）无效婚姻的事由（《民法典》第 1051 条）

1. "小"：未到法定婚龄。如男 20 周岁，女 18 周岁办理了结婚登记，婚姻无效。但是，2年后再请求法院确认无效婚姻时，双方已经达到了法定婚龄，故婚姻有效。

2. "近"：直系血亲或者三代以内的旁系血亲禁止结婚。如贾宝玉与林黛玉的婚姻，即属于 3 代内旁系血亲，婚姻无效。贾宝玉 1 代，贾政 2 代，贾母 3 代。林黛玉 1 代，贾敏 1 代，贾母 3 代。3 代找到同源，即为 3 代以内旁系血亲。

3. "多"：重婚。如甲与乙结婚后，甲又与丙办理了结婚登记。甲乙婚姻有效，甲丙属于重婚无效。且乙可诉与甲离婚，并且以甲重婚为由请求甲承担离婚过错赔偿责任。

秒杀1：小近多，其中年龄小这个无效因素可以被治愈。

秒杀2：无效＞可撤销；无效＞离婚。

秒杀3：无效婚姻事由是"小近多"；离婚过错赔偿事由是其他重大过错；离婚事由是"感情破裂"。

（二）无效就是无效，告了就必须理：不能自由撤诉

1．"告"无效婚姻，则不能任由原告撤诉。

2．"告"离婚，发现无效婚姻，法院审查确属无效婚姻，则判婚姻无效。

（三）无效就是无效，无效不能"离婚"：申请无效与诉讼离婚同时出现，无效婚姻优先

1．诉讼离婚＋申请无效：无效婚姻优先

2．无效婚姻后涉及财产分割和子女抚养：继续审理

（四）无效就是无效，"死了都无效"

1．利害关系人是原告，婚姻关系当事人双方为被告。

2．夫妻一方死亡的，生存一方为被告。

原理：为什么人死了还要去宣告婚姻无效？争财产，一旦夫妻婚姻无效，则彼此不得继承财产。比如爸爸的个人房屋，死后有爷爷、孩子和老婆，如婚姻无效，则房屋由爷爷和孩子分2份来继承；如婚姻有效，则房屋由爷爷、孩子和老婆分3份来继承。

（五）无效婚姻一审终审

1．无效婚姻判决：不调解、一审终审。

2．房子孩子判决：可以调解、可以上诉。

（1）同居期间财产按共同共有处理，毕竟曾经拿过结婚证。

（2）孩子属于非婚生子女，与婚生子女具有同一法律地位。

三、可撤销婚姻

（一）一方胁迫对方（《民法典》第1052条）

1．因胁迫结婚的，受胁迫的一方可以向人民法院请求撤销该婚姻。

2．请求撤销婚姻的，应当自胁迫行为终止之日起1年内提出。

3．被非法限制人身自由的当事人请求撤销婚姻的，应当自恢复人身自由之日起1年内提出。

（二）一方隐瞒重大疾病欺诈对方（《民法典》第1053条）

1．一方患有重大疾病的，应当在结婚登记前如实告知另一方；不如实告知的，另一方可以向人民法院请求撤销婚姻。（隐瞒精神疾病）

2．请求撤销婚姻的，应当自知道或者应当知道撤销事由之日起1年内提出。

问1：无效婚姻或者可撤销婚姻有什么法律后果？无过错方可以要赔偿吗？（《民法典》第1054条）（1）【不是夫妻】无效的或者被撤销的婚姻自始没有法律约束力，当事人不具有夫妻的权利和义务。（2）【财产照顾无过错方】同居期间所得的财产，由当事人协议处理；协议不成的，由人民法院根据照顾无过错方的原则判决。对重婚导致的无效婚姻的财产处理，不得侵害合法婚姻当事人的财产权益。（3）【子女】当事人所生的子女，适用本法有关父母子女的规定。（4）【赔偿】婚姻无效或者被撤销的，无过错方有权请求损害赔偿。

问2：有效婚姻与无效婚姻中处理"共有财产"的原则有何差异？（1）有效婚姻要照顾子女、女方和无过错方权益。（2）无效婚姻要照顾无过错方。

四、离婚方式

（一）协议离婚

1. 离婚冷静期（《民法典》第 1077 条）

（1）【冷静 30 日】自婚姻登记机关收到离婚登记申请之日起 30 日内，任何一方不愿意离婚的，可以向婚姻登记机关撤回离婚登记申请。（自然日）

（2）【拿离婚证 30 日】前款规定期限届满后 30 日内，双方应当亲自到婚姻登记机关申请发给离婚证；未申请的，视为撤回离婚登记申请。

问：30 日期间会发生什么故事？"躺赢"。"离婚协议书"增加条款弥补"bug"：约定冷静期期间财产归属。

2. 协议离婚与财产分割

（1）协离成功才多得财产：以协议离婚登记为财产分割协议前提，如未办理协议离婚登记，则财产分割协议不生效，当事人转为诉讼离婚时应重新依法分割共有财产。

问：为什么财产分割协议对财产做让步？为了尽快开开心心上班。协议离婚和诉讼离婚之间隔了 3 年。"和平分手"是用金钱堆出来的。

（2）协离成功但财产被骗：协议离婚中的财产分割协议存在欺诈、胁迫等时，对方可在拿离婚证后请求撤销该协议。

（3）协离成功但遗漏离婚过错赔偿：离婚过错损害赔偿可在拿到离婚证后提出，但协议离婚时明确放弃该权利的除外。

（二）诉讼离婚：调解前置，感情破裂（《民法典》第 1079 条）

1. 重婚或者与他人同居。
2. 实施家庭暴力或者虐待、遗弃家庭成员。
3. 有赌博、吸毒等恶习屡教不改（"倾家荡产的爱好"）。
4. 因感情不和分居满 2 年；
5. 一方被宣告失踪，另一方提起离婚诉讼的，应当准予离婚。
6. 经人民法院判决不准离婚后，双方又分居满一年，一方再次提起离婚诉讼的，应当准予离婚（2＋1）。
7. 生育权纠纷

（1）我的身体我做主。

（2）生育权纠纷不是损害赔偿的情形，是可以离婚的情形。

问：什么是生育权纠纷？生还是不生，权利归女方。而不是"怀还是不怀"。

8. 其他导致夫妻感情破裂的情形。

问1：如何对女方"三期"给予特别保护？怀孕、生产 1 年、流产半年，女方可主动离，男方一般不可以主动离。（《民法典》第 1082 条）

问2：如何给精神病人特别保护？无行为能力之精神病人被配偶虐待、遗弃等，其他监护人要求变更监护关系取得监护权，后代理精神病人提起离婚诉讼。

问 3：如何给军婚特别保护？现役军人的配偶要求离婚，应当征得军人同意，但是军人一方有重大过错的除外。(《民法典》第 1081 条)

问 4：有重大过错的一方也可基于"感情破裂情形"提出离婚，但应向对方负过错赔偿责任。如果有错一方不能离婚，那么，离婚不自由，就不可能有高结婚率。嫁错人，娶错人都下不了贼船。

例：【大学同学结婚后离婚】董楠（男）和申蓓（女）是美术学院同学，共同创作一幅油画作品《爱你一千年》。毕业后二人结婚育有一女。董楠染上吸毒恶习，未经申蓓同意变卖了《爱你一千年》，所得款项用于吸毒。因董楠恶习不改，申蓓在女儿不满 1 周岁时提起离婚诉讼。如何评价该离婚案？①女方 3 期保护：申蓓虽在分娩后 1 年内提出离婚，法院应予受理。②离婚事由之吸毒恶习不改：如调解无效，应准予离婚。③董楠出售《爱你一千年》侵犯了申蓓的物权和著作权。

五、"房子"

（一）3 种情形返还彩礼

1. 没拿结婚证。

2. 拿结婚证但未共同生活，后离婚。

3. 拿结婚证但婚前给付并导致给付人生活困难的，后离婚。

例：【退彩礼】刘男按当地习俗向戴女支付了结婚彩礼现金 10 万元及金银首饰数件，婚后不久刘男即主张离婚并要求返还彩礼。刘男可否主张返还彩礼？①如未离婚，则不得主张返还彩礼。②如离婚，曾共同生活了，则不得主张返还彩礼。③如离婚，未曾共同生活，则可主张返还彩礼。

问：为什么一般情况下的离婚不存在退彩礼问题？

秒杀：离婚退彩礼是变态；离婚不退彩礼是常态。

（二）夫妻约定财产制

1. 【乱约定】男女双方可以约定婚姻关系存续期间所得的财产以及婚前财产归各自所有、共同所有或者部分各自所有、部分共同所有。约定应当采用书面形式。没有约定或者约定不明确的，则依法处理（《民法典》第 1065 条第 1 款）。

原理：减少老年人再婚的障碍。

2. 【乱约定有效】夫妻对婚姻关系存续期间所得的财产以及婚前财产的约定，对双方具有法律约束力（《民法典》第 1065 条第 2 款）。

例：【爱老婆】甲、乙结婚第 10 年，甲父去世留下遗嘱，将其拥有的一套房子留给甲，并声明该房屋只归甲一人所有。甲、乙如约定将房屋变为共同财产，该协议有效。

原理：约定很少见，大部分情况都是共有。

3. 【债主知道夫妻约定 AA 制则属于个债】夫妻对婚姻关系存续期间所得的财产约定归各自所有，夫或者妻一方对外所负的债务，相对人知道该约定的，以夫或者妻一方的个人财产清偿（《民法典》第 1065 条第 3 款）。

（三）个人所有（《民法典》第 1063 条）

1. 一方的婚前财产。（1）婚前个人财产在婚后的孳息（存款利息、果树果实）和自然增值（房屋增值、玉石升值），仍然归个人所有。（2）如在婚后投资所得，本金归个人所有，投资所得归双方共有。

> 原理1：劳动创造价值＝幸福是奋斗出来的。
> 原理2：婚内投资＝夫妻投资共同体。你投资我有劳动贡献。
> 原理3：男方的钱，从银行，挪到房市，再挪到股市，本钱归男方。收益给女方和男方。亏损归男方。
> 原理4：婚前的房变成婚后的货币、婚前的货币变成婚后的房，都是个人财产，对方无贡献，因为不能把购房行为本身视为投资行为，正如不能把去银行存钱视为投资行为一样。

2. 一方因受到人身损害获得的赔偿或者补偿。

3. 遗嘱或者赠与合同中确定只归一方的财产。

> 原理：这条规定会一些人立遗嘱，因为如果不立遗嘱，则公公的财产归儿子和儿媳妇，财产会"流入外戚"。

4. 一方专用的生活用品。

5. 其他应当归一方的财产。

> 秒杀1：破除8年抗战规则：夫妻一方所有的财产，不因婚姻关系的延续而转化为夫妻共同财产。但当事人另有约定的除外。
> 秒杀2：老公说送房屋没过户：婚前或者婚姻关系存续期间，当事人约定将一方所有的房产赠与另一方，赠与方在赠与房产变更登记之前撤销赠与，另一方请求判令继续履行的，则法院判决赠与方胜诉，可任意撤销赠与。

例：【土豪结婚】 甲婚前全款买了一个房子，现结婚了，该房归谁？如婚后甲将该房屋出售，卖房款归谁？如甲用该卖房款又买了新的房产，后买的房产归谁？甲、甲、甲。

> 秒杀：①个人的、人身的、专用的，均归个人。②树木结果、房屋增值、玉石增值，均归婚前个人。③股市投资，归夫妻共有。

（四）夫妻共有（《民法典》第1062条）（幸福是奋斗出来的）

夫妻在婚姻关系存续期间所得的下列财产，为夫妻的共同财产，归夫妻共同所有：

1. 工资、奖金、劳务报酬

如双方实际取得或者应当取得的住房补贴（"安家费现金"）、住房公积金（约等于"工资"）；还如男女双方实际取得或者应当取得的养老保险金、破产安置补偿费。

2. 生产、经营、投资的收益

如婚前10万股市投资得利5万，该5万归夫妻共有。

3. 知识产权的收益

婚内知识产权收益，实际取得或已经明确可以取得的财产性收益。如婚前发表的小说，在婚内收到10万元，该10万元归夫妻共有。

例：【3本小说】 男方创作了3本小说：①小说《昨天》在婚前发表，婚后收益归共有（婚内实际取得）；②小说《今天》婚内发表，婚后收益归共有（婚内实际取得）；③小说《明天》离婚后发表，离婚后收益归共有（婚内明确可以取得）。

> 秒杀：知产收益，发表点或收益点落入婚内，就是共有。

4. 继承或者受赠的财产，但明确归一方的除外。

> 原理："不是一家人不进一家门"。送东西就是要送得不明不白，那就归双方，事后补证据倒签时间不容易，还是要公证或第三人见证才可以。

5. 债权

夫妻之间订立借款协议，以夫妻共同财产出借给一方从事个人经营活动或用于其他个人事务的，应视为双方约定处分夫妻共同财产的行为，离婚时可按照借款协议的约定处理。

> 秒杀：把债主娶回家，得继续还债。

例：【老公向老婆和老公借款】甲（男）、乙（女）结婚后，甲承诺，在子女出生后，将其婚前所有的一间门面房，变更登记为夫妻共同财产。后女儿丙出生，但甲不愿兑现承诺，导致夫妻感情破裂离婚，女儿丙随乙一起生活。后甲又与丁（女）结婚。未成年的丙因生重病住院急需医疗费 20 万元，甲与丁签订借款协议从夫妻共同财产中支取该 20 万元。如何评价本案？①门面房赠与，过户前可以反悔，甲可不送门面房。②甲与丁签订借款协议，应视为双方约定处分共同财产。甲丁共有的 20 万元货币，变成了甲丁共同对甲有 20 万元债权，该债权归甲丁夫妻共有，如甲、丁离婚，有关医疗费按借款协议约定处理。③如丁不同意甲支付医疗费，甲有权主张在婚内分割共有财产。

6. 其他应当归共同所有的财产。如共同财产投保商业保险，保险金归夫妻共同所有。

7. 夫妻对共同财产，有平等的处理权。

8. 军人复员费、自主择业费等一次性费用，分摊到（70 周岁－入伍年龄）得出每年额度，乘以结婚年限，得出的数额归夫妻共有。

例：【保护军人财产】甲 20 岁入伍，退伍时获得 100 万元复员费和自主择业费。退伍前甲与乙结婚，再过 10 年离婚。离婚时乙可从该 100 万元获得多少？①100 万元要分摊到预期寿命 70 年－20 岁，即每年 2 万元。②2 万元×10 年，即 20 万元，为夫妻共有。③乙可分得 10 万元。④如甲乙结婚 50 年后离婚，则乙可分得 50 万元。

> 秒杀：①婚内时间标准，工资奖金、住房补贴住房公积金、知产收益、继承遗赠收益、军人复员费择业费。②贡献标准，生产经营、投资收益、个人缴付费用的养老保险金。

（五）房产归属

1. "房比情坚"：男人说赠房屋给女人，只要没过户，可任意撤。

2. 中产夫妻：共有货币变成共有房屋，虽然登记为一方，但是归共有房产。

3. 赠送房产：（1）婚前一般视为送给个人。当事人结婚前，父母为双方购置房屋出资的，该出资应当认定为对自己子女个人的赠与，但父母明确表示赠与双方的除外。（2）婚后一般视为送给双方。当事人结婚后，父母为双方购置房屋出资的，依照约定处理；没有约定或者约定不明确的，按照《民法典》第 1062 条第 1 款第 4 项规定的原则处理（归共有）。（赠与的前提下进行讨论）

4. 白手起家：婚前付首付，婚后还月供，登记为个人名下房产归个人，仅还贷钱和对应房屋增值部分为共同共有。

例：【首付方＝借款方＝房屋方＝抵押方】甲婚前首付 20 万元，贷款 80 万元，买价格 100 万元房屋，登记在甲名下。如甲、乙婚后用工资还贷 20 万元。现在房屋价格上涨为 300 万元。则离婚时如何分割？（1）房屋物权归属＝甲所有。（2）欠银行 60 万元借款＝甲负担。（3）乙可分得：①还贷 20 万元中 10 万元归乙。②10/100×（300－100）＝20 万（乙还贷款项对应房屋增值部分）。③甲补给乙 30 万。

> 问：什么是一方付首付？1 方签订房屋买卖合同；1 方签订借款合同；1 方签订抵押合同。婚恋模式的变化，女方付首付，男方给嫁妆。

5. 分房屋：（1）双方抢房屋，竞价，出价高者获得房屋，对方获得钱。（2）一方要房，一方得钱，一方获得房屋，一方获得钱。（3）没人要房，分钱，房屋卖掉变成钱，双方分钱。

（六）分有限公司股权：入股或者分钱

1. 过半数股东同意且其他人不优先购买，老婆是股东。
2. 不同意，其他股东购买出资额，分钱。
3. 不同意，不购买，老婆是股东。

> 问：什么是股权？人合性。

（七）分合伙：入伙或分钱

1. 一致同意，老婆是合伙人。
2. 不同意，但购买，分钱。
3. 不同意，不购买，退伙，分钱。
4. 不同意、不购买、不退伙，老婆是合伙人。

> 问：为什么一致决？

（八）分独资企业：好办，不涉及其他人，随意。

1. 一方要企业，我得企业你得钱。
2. 双方抢企业，竞价，我得企业你得钱。
3. 没人要企业，卖了企业结算分钱。

（九）"一方对财产使坏"则"可以少分或者不分夫妻共有财产"（《民法典》第 1092 条）

夫妻一方隐藏、转移、变卖、毁损、挥霍夫妻共同财产，或者伪造夫妻共同债务企图侵占另一方财产的，在离婚分割夫妻共同财产时，对该方可以少分或者不分。离婚后，另一方发现有上述行为的，可以向人民法院提起诉讼，请求再次分割夫妻共同财产。

例： 指导案例 66 号"雷某某诉宋某某离婚纠纷案"之裁判要点：一方在离婚诉讼期间或离婚诉讼前，隐藏、转移、变卖、毁损夫妻共同财产，或伪造债务企图侵占另一方财产的，离婚分割夫妻共同财产时，可以少分或不分财产。

六、条子

（一）共债还是个债？（《民法典》第 1064 条）

1. 共债

（1）共签 = 共债：夫妻双方共同签字或者夫妻一方事后追认等共同意思表示所负的债务，属于夫妻共同债务。

（2）个签 + 日常生活 = 共债：夫妻一方在婚姻关系存续期间以个人名义为家庭日常生活需要所负的债务，属于夫妻共同债务。日常生活如为抚养子女、治疗疾病等。

（3）个签 + 超出日常生活 + 债权人证明成功 = 共债：债权人能够证明该债务用于夫妻共同生活、共同生产经营或者基于夫妻双方共同意思表示的，则属于夫妻共同债务。

2. 个债

【个签 + 超出日常生活 + 债权人证明失败】夫妻一方在婚姻关系存续期间以个人名义超出

家庭日常生活需要所负的债务，不属于夫妻共同债务。

> 问：为什么用"日常生活"来判断"个签"是个债还是共债？①中国婚姻第一阶段，用离婚逃债坑债主。②故启动"个签都是共债"，即只要是婚姻存续期间发生以老公个人名义发生的债务，妻子都要负连带责任。③中国婚姻第二阶段，老公和债主用"个签都是共债"来坑老婆。④债主利益（不特定人）和老婆利益（不特定人）。⑤所以这是一个价值判断问题，而不是法律规则问题。⑥因为法律规则很清楚，按照金额大小来判断个债还是共债。⑦金额告，谁借谁还；金额低，连带还。

（二）共债内外有别

1. 离了也连带

（1）外部连带：①离婚时，夫妻共同债务，应当共同偿还。共同财产不足清偿或者财产归各自所有的，由双方协议清偿；协议不成的，由人民法院判决。（《民法典》第1089条）②当事人的离婚协议或者人民法院的判决书、裁定书、调解书已经对夫妻财产分割问题作出处理的，债权人仍有权就夫妻共同债务向男女双方主张权利。

> 问：什么是判决的既判力？①判项对当事人有既判力。②对法院有既判力，即一事不再理。③对案外人无既判力。

（2）内部追偿：一方就共同债务承担连带清偿责任后，基于离婚协议或者人民法院的法律文书可向另一方主张追偿的。

例：【净身出户内部有效外部连带】黄某与唐某自愿达成离婚协议并约定财产平均分配，婚姻关系存续期间的债务全部由唐某偿还。经查，黄某以个人名义在婚姻存续期间向刘某借款10万元用于购买婚房。如何评价该10万元债务？①属于夫妻共同债务。②离婚后仍然是夫妻共同债务。③外部：刘某可要求黄某或唐某偿还。④内部1：如果黄某偿还了10万元，则内部可向唐某追偿10万元，而不是只追偿5万元，因为内部约定唐某承担全部债务是有效的。⑤内部2：如果唐某还了10万元，则唐某不能向黄某追偿5万元，因为唐某同意自己承担全部的10万元，不存在追偿问题。

2. 死了也连带：夫或妻一方死亡，生存一方应当对婚姻关系存续期间的共同债务承担连带清偿责任。

> 问：老公死了怎么办？①共债，老婆还了后再追老公遗产。②个债，债权人不能告"去世的人"，列谁为被告，继承人；无继承人或无人继承则列遗产管理人。

七、"银子"（赔、帮、补）

（一）离婚过错损害赔偿请求权

1. 事由法定："其他重大过错"（《民法典》第1091条）

有下列情形之一，导致离婚的，无过错方有权请求损害赔偿：（1）重婚。（2）与他人同居。（3）实施家庭暴力。（4）虐待、遗弃家庭成员。（5）有其他重大过错。

> 问：为什么有离婚过错赔偿这个制度？离婚自由，但是要负有限的代价，是对离婚自由的支撑。一般过错要排除在外。所以要解释其他重大过错是同等严重才可以。

2. 内容法定：物质损害赔偿、精神损害赔偿。

3. 主体法定：索赔一方自己没过错。

4. 前提法定：以离婚为前提。

5. 程序法定：（1）**典型诉法**：被家暴一方起诉离婚，起诉要求离婚过错赔偿。（2）**非典型诉法**。家暴一方起诉离婚：①被家暴方可能一审中直接诉离婚过错赔偿。②被家暴方可能在一审未诉离婚过错赔偿，在二审才诉，则法院调解，如调解失败，告知在离婚后 1 年内另诉。目的是确保离婚过错赔偿案获得二审终审的机会（"审级利益"）。

（二）离婚困难帮助请求权（《民法典》第 1090 条）

离婚时，如果一方生活困难，**有负担能力的另一方**应当给予适当帮助。具体办法由双方协议；协议不成的，由人民法院判决。

> 问 1：离婚时你穷我也穷怎么帮？有负担能力意味我曾和你在一起，一天五毛；我现在和你分了，一天 5 亿。
>
> 问 2：什么是困难？不是一般困难。

（三）离婚经济补偿权（《民法典》第 1088 条）

夫妻一方因抚育子女、照料老年人、协助另一方工作等负担较多义务的，离婚时有权向另一方请求补偿，另一方应当给予补偿。具体办法由双方协议；协议不成的，由人民法院判决。

> 问 1：《民法典》关于该规则发生了什么变化？①原来限于夫妻书面约定婚姻关系存续期间所得的财产归各自所有，一方家庭付出多，离婚时才可启动经济补偿权。②现在去掉这一限制条件，更加符合实际。③当然，如果夫妻约定了 AA 制，只要一方付出较多，离婚时自然也可以启动经济补偿权。
>
> 问 2：新规则会导致什么倾向？①鼓励在家里上班。②原来是为了 AA 制契约必守的精神，现在却把这个前提抽走，会导致某种尴尬的结果。③如男方 6 小时 +3 小时（单位加班），女方 6 小时 +3 小时（家里付出）。男方的 9 小时收入为夫妻共有，女方的 6 小时收入为夫妻共有，女方的 3 小时却可多向男方要补偿，故法院应慎用自由裁量权进行判决。④总体原理是鼓励在家里付出更多者。

例：【3 个银子问题】2013 年 5 月王某（男）与赵某结婚，双方书面约定婚后各自收入归个人所有。2015 年 10 月王某用自己的收入购置一套房屋。2015 年 11 月赵某下岗，负责照料女儿及王某的生活。2018 年 8 月王某提出离婚，赵某得知王某与张某已同居多年。赵某可提出哪些主张？①离婚经济补偿权：赵某因抚育女儿、照顾王某生活付出较多义务，王某应予以补偿。②离婚过错赔偿权：王某与张某同居导致离婚，应对赵某进行赔偿。③可因此要求多分夫妻共有财产。

八、孩子

（一）谁是"孩子"？

1. 非婚生子女 = 婚生子女（《民法典》第 1071 条）

（1）非婚生子女享有与婚生子女同等的权利，任何组织或者个人不得加以危害和歧视。

（2）不直接抚养非婚生子女的生父或者生母，应当负担未成年子女或者不能独立生活的成年子女的抚养费。

例：【人工授精女方受孕为婚生子女】指导案例 50 号"李某、郭某阳诉郭某和、童某某继承纠纷案"之裁判要点：①夫妻关系存续期间，双方一致同意利用他人的精子进行人工授精并使女方受孕后，男方反悔，而女方坚持生出该子女的，不论该子女是否在夫妻关系存续期间出生，都应视为夫妻双方的婚生子女。②如果夫妻一方所订立的遗嘱中没有为胎儿保留遗产份额，该部分遗嘱内容无效。分割遗产时，应为胎儿保留继承份额。

2. 收养子女 = 亲生子女：自收养关系成立之日起，养父母与养子女间的权利义务关系，适用父母子女关系的规定。（"拟制血亲"）（《民法典》第 1111 条）

3. 有抚养关系的继子女 = 亲生子女：继父或者继母和受其抚养教育的继子女间的权利义务关系，适用本法关于父母子女关系的规定。（《民法典》第 1072 条）

4. "隔代关系"（《民法典》第 1074 条）

（1）长辈对隔代晚辈抚养：有负担能力的祖父母、外祖父母，对于父母已经死亡或者父母无力抚养的未成年孙子女、外孙子女，有抚养的义务。

> 问：奶奶对孙女有法定抚养义务吗？没有。对孙女的付出可以要求父母返还不当得利。

（2）晚辈对长辈隔代赡养：有负担能力的孙子女、外孙子女，对于子女已经死亡或者子女无力赡养的祖父母、外祖父母，有赡养的义务。

5. "长兄如父"（《民法典》第 1075 条）

（1）兄姐对弟妹：有负担能力的兄、姐，对于父母已经死亡或者父母无力抚养的未成年弟、妹，有扶养的义务。

（2）弟妹对兄姐：由兄、姐扶养长大的有负担能力的弟、妹，对于缺乏劳动能力又缺乏生活来源的兄、姐，有扶养的义务。

（二）"谁的"孩子？

1. 离婚

（1）夫妻离婚不影响孩子：①父母与子女间的关系，不因父母离婚而消除。离婚后，子女无论由父或者母直接抚养，仍是父母双方的子女。②离婚后，父母对于子女仍有抚养、教育和保护的权利和义务。（《民法典》第 1084 条第 1、2 款）

（2）夫妻离婚孩子跟谁？①离婚后，不满 2 周岁的子女，以由母亲直接抚养为原则。②已满 2 周岁的子女，父母双方因抚养问题发生争执不能达成协议的，由人民法院根据双方的具体情况，按照最有利于未成年子女的原则判决。③子女已满 8 周岁的，应当尊重其真实意愿。（《民法典》第 1084 条第 3 款）

> 问 1：什么是诉讼拖延？爸爸拖，到孩子到 2 周岁。
> 问 2：什么是最有利于未成年子女的原则？孩子是人，不是东西。孩子是主体，不是客体。

（3）夫妻离婚要掏抚养费：①离婚后，子女由一方直接抚养的，另一方应当负担部分或者全部抚养费。负担费用的多少和期限的长短，由双方协议；协议不成的，由人民法院判决。②前款规定的协议或者判决，不妨碍子女在必要时向父母任何一方提出超过协议或者判决原定数额的合理要求。（《民法典》第 1085 条）

> 问 1：为什么父母可以约定孩子的抚养费？孩子还可以再要？①"各玩各的，不影响孩子再要"。②抚养费的请求权是孩子的权利，不是大人的权利。③所以，一方面说，契约必守，大人要认自己的签字。另一方面，要保护第三方即孩子的权利，体现公平。
> 问 2：为什么判了还可以再判继续要？这是一事不再理、法院判决既判力的例外，因为发生了新的事实和新的情况。
> 问 3：什么情况下孩子可以多要抚养费？通货膨胀、爹发财了。

2. 鉴定

（1）父或母启动：对亲子关系有异议且有正当理由的，父或者母可以向人民法院提起诉讼，请求确认或者否认亲子关系（《民法典》第 1073 条第 1 款）。

> 问：如果不限制消极的确认之诉，为何会导致诉讼泛滥？比如我确认甲不是我女儿，则可以在法院见到甲。如果不限制，就会打开诉讼的闸门。

（2）成年子女启动：对亲子关系有异议且有正当理由的，成年子女可以向人民法院提起诉讼，请求确认亲子关系（《民法典》第 1073 条第 2 款）。

（三）如何"养"孩子？

1. 不能独立生活的成年子女可要抚养费

父母不履行抚养义务的，未成年子女或者不能独立生活的成年子女，有要求父母给付抚养费的权利（《民法典》第 1067 条第 1 款）。（与此对应孩子也要关照老人，第 2 款规定，"成年子女不履行赡养义务的，缺乏劳动能力或者生活困难的父母，有要求成年子女给付赡养费的权利。"）

2. 坑爹的孩子：父母有教育、保护未成年子女的权利和义务。未成年子女造成他人损害的，父母应当依法承担民事责任。（《民法典》第 1068 条）

> 问：孩子打人怎么办？孩子打人，全家连坐，会有 3 个被告，孩子，爸爸，妈妈。

3. 探望孩子（《民法典》第 1086 条）

（1）父或母：离婚后，不直接抚养子女的父或者母，有探望子女的权利，另一方有协助的义务。

> 问 1：为什么不规定祖父母、外祖父母有探望权？分歧太大，如果规定会加剧家庭矛盾。故先行搁置。
>
> 问 2：为什么不把探望权规定为探望义务？规定为探望义务不是可以间接起到保护父或母的探望权利的目的么。孩子不是对象，孩子是主体，所以，规定为受探望权更宜。

（2）探望方式：行使探望权利的方式、时间由当事人协议；协议不成的，由人民法院判决。①不能对子女的人身进行强制执行。②对拒不履行协助另一方行使探望权的有关个人和单位采取拘留、罚款等强制措施。

（3）父或者母探望子女，不利于子女身心健康的，由人民法院依法中止探望；中止的事由消失后，应当恢复探望。

例：【孩子随父】屈赞与曲玲协议离婚并约定婚生子屈曲由屈赞抚养，另口头约定曲玲按其能力给付抚养费并可随时探望屈曲。如何评价探望问题？①曲玲有探望权，屈赞应履行必要的协助义务。②探望并非父或母的法定义务，故曲玲连续几年对屈曲不闻不问，谈不上违反义务问题。③屈赞拒不履行协助曲玲探望的义务，经由裁判可依法对屈赞采取拘留、罚款等强制措施。④屈赞拒不履行协助曲玲探望的义务，法院不得强制从屈赞处接领屈曲与曲玲会面。

九、收养孩子：必须办理收养登记

（一）陌生人收养（《民法典》第 1098 条）

1. 最多收养"2"个孩子，如收养人有 1 个孩子，则只能收养 1 个孩子。

2. 收养人年满"30"周岁。

3. 单身的异性相差"40"周岁。

（二）继父母收养继子女

只要经孩子生父母同意即可随便收养，没有什么条件限制。（《民法典》第 1103 条）

（三）"华侨"收养"三代以内同辈旁系血亲"子女（《民法典》第 1099 条第 2 款）

1. 送养人（生父母）可以很有钱。
2. 异性之间不需要年龄相差 40 周岁。
3. "华侨"可以有多个自己的孩子。

> 条件：自己年满 30 周岁。

（四）收养"三代以内同辈旁系血亲"子女（《民法典》第 1099 条第 1 款）

1. 送养人（生父母）可以很有钱。
2. 异性之间不需要年龄相差 40 周岁。

> 条件：最多收养 2 个，自己年满 30 周岁。

（五）任何人收养孤、残、弃婴：收养孤儿、残疾未成年人或者儿童福利机构抚养的查找不到生父母的未成年人（《民法典》第 1100 条）

1. 可以收养多个。
2. 收养人可以有子女。

> 条件：自己年满 30 周岁，异性差异 40 周岁。收养残疾儿童的人太多则属于不正常现象。

（六）"单亲"家庭送养，启动长辈优先抚养权（《民法典》第 1108 条）

1. 爸爸早亡，妈妈送养孩子，爷爷奶奶有优先抚养权。
2. 妈妈早亡，爸爸送养孩子，外公外婆有优先抚养权。

（七）孩子 8 周岁以上，收养需要征得孩子同意。（《民法典》第 1104 条）

例：【寡母改嫁送养孩子给大姨，爷爷抢】小强现年 9 周岁，生父谭某已故，生母徐某虽有抚养能力，但因准备再婚决定将其送养。徐某的姐姐要求收养，其系华侨富商，除已育有一子外符合收养人的其他条件；谭某父为退休教师，也要求抚养。如何抢孩子？①虽然生母徐某有抚养能力，但其送养给姐姐，属于三代以内旁系血亲，故徐某仍可以送养。②徐某姐姐是华侨，故有自己的子女不影响其收养小强。③爷爷即谭某父母有优先抚养的权利。④小强 9 周岁 >8 周岁，故收养应征得小强同意。

> 步骤：能不能收养？反其道而行之。①第一步，是继母收养继子吗？无限制。②第二步，是华侨收养三代旁系血亲吗？30（收养人 30 周岁）。③第三步，是收养三代旁系血亲吗？2（最多收养 2 个）+30 周岁（收养人 30 周岁）。④第四步，是好心人收养孤残吗？30（收养人 30 周岁）+40（异性相差 40 周岁）。⑤第五步，是陌生人收养吗？2+30+40+穷（最多 2 个+收养人 30 周岁+异性相差 40 周岁+生父母很穷）。
>
> 记忆：亲属没有异性年龄限制，孤残没有人数限制，华侨亲属没有人数限制和没有异性年龄限制，都要收养人 30 周岁。继母收养继子，没有一切限制。

（八）收养登记（《民法典》第 1105 条）

1. 登记了 = 收养关系：（1）收养应当向县级以上人民政府民政部门登记。收养关系自登记之日起成立。（2）未办理收养登记的，应当补办登记。（3）自收养关系成立之日起，养父母与养子女间的权利义务关系，适用关于父母子女关系的规定。（4）养子女与养父母的近亲属间的权利义务关系，适用关于子女与父母的近亲属关系的规定。（5）养子女与生父母及其他近亲属间的权利义务关系，因收养关系的成立而消除。

2. 没登记 = 抚养关系：孤儿或者生父母无力抚养的子女，可以由生父母的亲属、朋友抚养；抚养人与被抚养人的关系不适用关于父母子女关系的规定。

（九）收养解除

1. 可以解除收养关系吗？

（1）孩子成年前（《民法典》第 1114 条）

①收养人、送养人双方可以协议解除：养子女 8 周岁以上的，应当征得本人同意。

②收养人不得单方解除：收养人在被收养人成年以前，不得解除收养关系。

③送养人可依法单方解除：收养人不履行抚养义务，有虐待、遗弃等侵害未成年养子女合法权益行为的，送养人有权要求解除养父母与养子女间的收养关系。送养人、收养人不能达成解除收养关系协议的，可以向人民法院提起诉讼。

（2）孩子成年后：养父母与成年养子女关系恶化、无法共同生活的，可以协议解除收养关系。不能达成协议的，可以向人民法院提起诉讼。（《民法典》第 1115 条）

（3）解除收养登记：当事人协议解除收养关系的，应当到民政部门办理解除收养关系登记。（《民法典》第 1116 条）

2. 解除收养关系有什么法律后果？

（1）养父母子女身份关系（《民法典》第 1117 条）

①孩子没成年，则"一灭一生"：收养关系解除后，养子女与养父母及其他近亲属间的权利义务关系即行消除，与生父母及其他近亲属间的权利义务关系自行恢复。

②孩子成年，则"一灭"：成年养子女与生父母及其他近亲属间的权利义务关系是否恢复，可以协商确定。

（2）养父母子女财产关系（《民法典》第 1118 条）

①孩子没成年，无错养父母可要求生父母退抚养费，有错养父母不可要求生父母退抚养费：生父母要求解除收养关系的，养父母可以要求生父母适当补偿收养期间支出的抚养费，但是因养父母虐待、遗弃养子女而解除收养关系的除外。

②孩子成年，困难养父母向成年孩子要生活费：收养关系解除后，经养父母抚养的成年养子女，对缺乏劳动能力又缺乏生活来源的养父母，应当给付生活费。

③孩子成年，被虐待遗弃的养父母向成年养子女要求补偿抚养费：因养子女成年后虐待、遗弃养父母而解除收养关系的，养父母可以要求养子女补偿收养期间支出的抚养费。

被收养人	解除	财产	身份
未成年	①双方协议解除	①要回抚养费（父母对孩子好）	与生父母及亲属关系自动恢复
	②送养人单方解除（孩子被虐待遗弃）	②不能要回抚养费（养父母虐待孩子）	
	③收养人不得解除		
成年	关系恶化协议解除	①要回抚养费（养父母被害）	与生父母及亲属关系恢复与否协商确定
		②要生活费（养父母困难）	

民法宝典 ▶ 第六编 | 继承编

继承编说明：我们都在拼命的努力赚钱，大部分给"别人"花。孔子说：不知生，安知死。人终归有一死，尘归尘，土归土，遗产归应该获得的人。本编需要解决如下问题：继承的发生，即人死的时候发生；继承的方式，即遗赠抚养协议、遗赠、遗嘱继承、法定继承；遗产的分割，即"内人"任何分割和"外人"如何获得；债务的清偿，即概括继承和限定继承，也就就是说继承人继承死者遗产，也需要在该遗产限度内清偿死者生前所负债务。

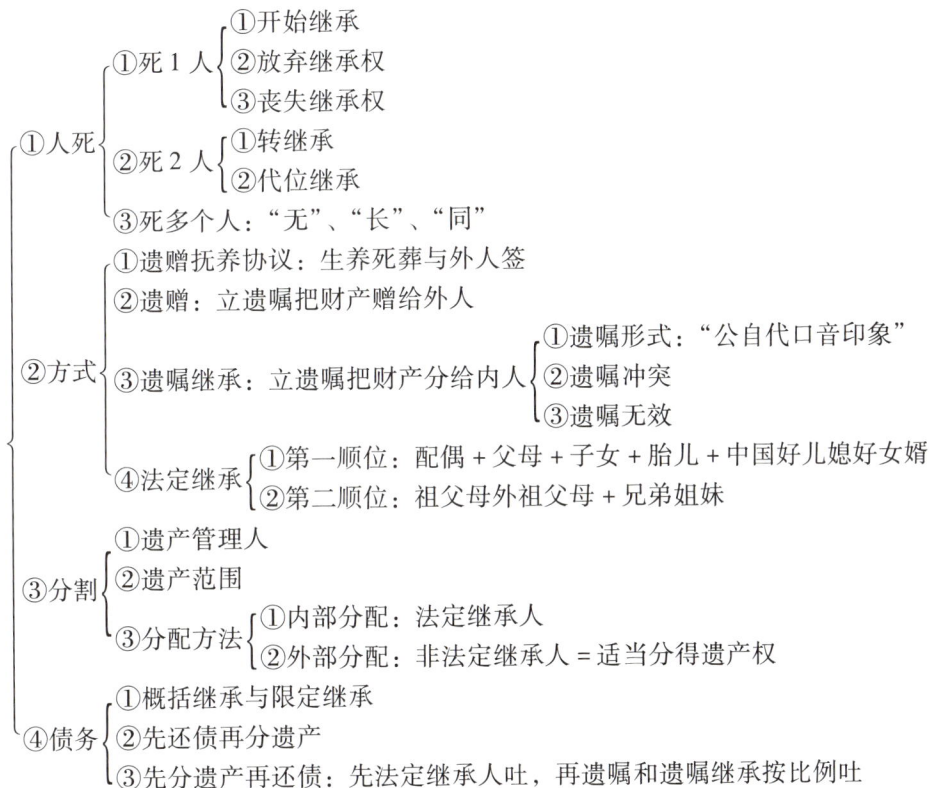

```
        ┌①死1人┌①开始继承
        │      │②放弃继承权
        │      └③丧失继承权
        │
①人死  ┤②死2人┌①转继承
        │      └②代位继承
        │
        └③死多个人："无"、"长"、"同"

        ┌①遗赠抚养协议：生养死葬与外人签
        │
        │②遗赠：立遗嘱把财产赠给外人
        │
②方式  ┤③遗嘱继承：立遗嘱把财产分给内人┌①遗嘱形式："公自代口音印象"
        │                              │②遗嘱冲突
        │                              └③遗嘱无效
        │
        └④法定继承┌①第一顺位：配偶＋父母＋子女＋胎儿＋中国好儿媳好女婿
                  └②第二顺位：祖父母外祖父母＋兄弟姐妹

        ┌①遗产管理人
        │②遗产范围
③分割  ┤③分配方法┌①内部分配：法定继承人
        │        └②外部分配：非法定继承人＝适当分得遗产权
        │
        ┌①概括继承与限定继承
④债务  ┤②先还债再分遗产
        └③先分遗产再还债：先法定继承人吐，再遗嘱和遗嘱继承按比例吐
```

一、人死

（一）死1人

1. 开始继承

（1）被继承人死亡时开始继承（《民法典》第 1121 条）

①自然死亡或宣告死亡。

②"活死人"立遗嘱不因被宣告死亡而无效。

例：【活死人的遗嘱】甲先立遗嘱遗产归妻子乙，后甲被宣告死亡，再后甲自然死亡，乙通过何种方式继承遗产？遗嘱继承。

（2）被继承人死亡时遗嘱和遗赠生效

①生前行为撤回遗嘱：立遗嘱后，遗嘱人实施与遗嘱内容相反的民事法律行为的，视为对遗嘱相关内容的撤回。（《民法典》第1142条）

例：【行为破遗嘱】甲立遗嘱房屋给儿子，甲生前将房屋卖掉获得100万元，甲死亡后，儿子通过何种方式继承？法定继承。因为遗嘱已经被撤回，应适用法定继承。

②遗嘱生效时判断"二无人员"：遗嘱应当为缺乏劳动能力又没有生活来源的继承人保留必要的遗产份额。（《民法典》第1141条）"二无"人员的判断时间点是"遗嘱生效时"，即被继承人死亡时。

例：【遗嘱偏心】甲立遗嘱，未给缺乏劳动能力又无生活来源的法定继承人乙保留必要份额，甲死亡时，乙已经成年且有收入，则甲遗嘱有效。如甲死亡时，乙仍然是"二无人员"，则甲的遗嘱部分无效，在分割遗产时必须给乙保留必要遗产份额。

③遗嘱生效后判断"胎儿"是否活体：胎儿是活体则启动遗嘱继承；胎儿是死体则启动法定继承

例：【遗嘱保留胎儿份额】甲立遗嘱，将房屋分配给妻子乙怀孕中的胎儿，后甲死亡。遗嘱生效后，如乙娩出为活体，则启动遗嘱继承。如乙娩出为死体，则启动法定继承，当胎儿是空气。如甲立遗嘱未给胎儿保留份额，则强制保留，如胎儿娩出为活体，则保留份额归胎儿；如胎儿娩出为死体，则保留份额启动法定继承，当胎儿是空气。

【原理：为什么设立遗嘱必留份制度？遗嘱自由，可以偏心，但不能太偏心。不存在绝对的自由。】

2. 放弃继承权（死者负资产死亡）

（1）【内人没说话＝要继承】继承开始后，继承人放弃继承的，应当在遗产处理前，以书面形式作出放弃继承的表示；没有表示的，视为接受继承（《民法典》第1124条第1款）。①如明确放弃继承权，则放弃的意思表示具有溯及力，追溯到继承开始时。如甲死亡，其房屋就发生继承权变动，法定继承人乙已经成为物权人，按逻辑，乙不可能再放弃继承权，放弃的应该是所有权。但是，解释上认为，乙放弃继承权的意思表示溯及于甲死亡时：即甲死亡的瞬间乙就放弃了继承权。"解决了时间差问题"。②如在遗产分割之后，在放弃的只能是遗产权利，而非继承权。

> 问：怎么列被告？债主是原告，死者不是被告，房屋不是被告，放弃的人不是被告，遗产管理人可以是被告。

（2）【外人没说话＝不要受遗赠】受遗赠人应当在知道受遗赠后60日内，作出接受或者放弃受遗赠的表示；到期没有表示的，视为放弃受遗赠（《民法典》第1124条第2款）。

3. 继承人丧失继承权（《民法典》第1125条）

（1）故意杀害被继承人（如隋炀帝杨广杀隋文帝杨坚）。

（2）为争夺遗产而杀害其他继承人（如唐太宗李世民杀李建成）

（3）遗弃被继承人，或者虐待被继承人情节严重。

（4）伪造、篡改、隐匿或者销毁遗嘱，情节严重。

（5）以欺诈、胁迫手段迫使或者妨碍被继承人设立、变更或者撤回遗嘱，情节严重。

　　问1：哪些情形可以被宽恕，哪些情形不可以被宽恕？①隋炀帝和唐太宗不存在宽恕问题。②"（3）（4）（5）"存在宽恕问题，继承人确有悔改表现，被继承人表示宽恕或者事后在遗嘱中将其列为继承人的，该继承人不丧失继承权。

　　问2：受遗赠人在哪一情形下会丧失受遗赠权？受遗赠人有上述5种情形之一时丧失受遗赠权。

　　问3：丧失对父亲遗产继承权，会导致同步丧失对母亲遗产继承权吗？①否。②如儿子故意杀害父亲未遂，后父亲自然死亡，则儿子丧失对父亲遗产的继承权，但不因此丧失对母亲遗产的继承权。

　　问4：父亲丧失了对爷爷遗产继承权，在父亲先死亡，爷爷后死亡时，孙子对爷爷的遗产可以"代位继承"吗？否。

（二）死2人

　　1. 转继承：继承开始后，继承人于遗产分割前死亡，并没有放弃继承的，该继承人应当继承的遗产转给其继承人，但是遗嘱另有安排的除外。（《民法典》第1152条）

　　（1）"爸爸"无遗嘱安排：①爷爷、爸爸和孩子。②爷爷先死，爸爸后死，来不及拿爷爷遗产爸爸就死了。③爸爸的法定继承人来分爸爸的遗产。④其中爸爸从爷爷那来不及拿的部分属于转继承。⑤爸爸自己的那部分遗产属于正常继承。

```
                                                          继3：转继承公公遗产
          继1                            继1              继3：继承老公遗产
爷爷（先死）←──── 爸爸（后死）     爷爷（先死）←──── 爸爸（后死）←──── 妈妈
                  ↑ 继2：转继承爷爷遗产              ↑ 继2：转继承爷爷遗产
                  ↑ 继2：继承爸爸遗产                ↑ 继2：继承爸爸遗产
                  孩子                              孩子
```

　　（2）"爸爸"有遗嘱安排：①上例中，如果爸爸立了遗嘱，称其所有遗产归孩子。②则爸爸从爷爷那里拿到的遗产和爸爸自己的那部分遗产均发生遗嘱继承，全部归孩子，就轮不到了"妈妈"了。

　　原理：为什么说转继承具有普适性？老爷爷、老奶奶、1套夫妻共有房屋、3个孩子、老爷爷先过世。房屋怎么分割？

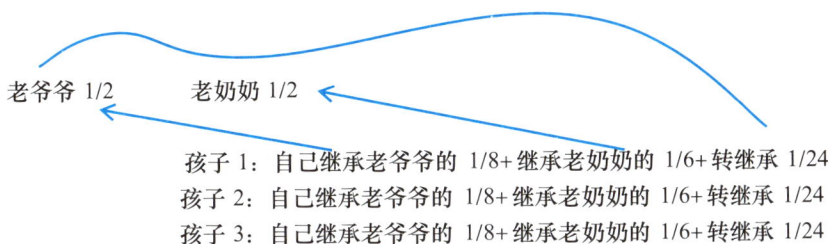

```
          老爷爷 1/2        老奶奶 1/2 ←─────────────────

                    孩子1：自己继承老爷爷的 1/8+继承老奶奶的 1/6+转继承 1/24
                    孩子2：自己继承老爷爷的 1/8+继承老奶奶的 1/6+转继承 1/24
                    孩子3：自己继承老爷爷的 1/8+继承老奶奶的 1/6+转继承 1/24
```

　　①老爷爷先过世，老奶奶后过世。②老爷爷过世时发生遗产继承，应将老爷爷和老奶奶的夫妻共有房屋作分割，其中1/2房屋是遗产，然后由老奶奶和孩子们一起来分这1/2。③一旦分割，老奶奶将"无家可归"。因此，孩子们一定不会去分割老爷爷的遗产。④后来，老奶奶过世了，此时，孩子们开始来分割老奶奶的遗产包括这套房屋。⑤老爷爷的遗产是1/2房屋，一共4个法定继承人（老奶奶+3个孩子），这么分配：老奶奶得1/8；3个孩子分别

得到1/8。⑥老奶奶的遗产是（1/8＋1/2＝5/8），一共3个法定继承人（3个孩子），这么分配：每人得5/24。⑦其中，老奶奶从老爷爷处分得的1/8，尚未到手，老奶奶就死亡了，这部分由3个孩子来分，即属于转继承。⑧老奶奶自己的1/2，这部分由3个孩子来分，即属于正常继承。⑨没有哪个孩子会在父亲过世时着急分房子然后将自己老妈从房屋里轰出来，故"转继承"必然发生，因为夫妻之间一般不会同年同月同日同时死。

例：【妈妈通过女婴转继承爸爸的遗产】熊某与杨某结婚后，杨某与前夫所生之子小强由二人一直抚养，熊某死亡，未立遗嘱。熊某去世前杨某孕有一对龙凤胎，于熊某死后生产，产出时男婴为死体，女婴为活体但旋即死亡。假设熊某遗产为3套面积相同的房屋，对熊某遗产如何继承？①熊某死亡时有2个法定继承人（妻子杨某和有抚养关系的继子小强），还有2个胎儿，男婴为死体，女婴为活体，故合计3个法定继承人（杨某＋小强＋女婴），1人1套房屋。②为男婴保留的遗产份额，复位到熊某遗产范围，仍然是3个法定继承人来分（杨某＋小强＋女婴）。③女婴死亡后，发生法定继承，其法定继承人只有其母亲杨某（小强属于同母异父的兄弟，乃第2顺序法定继承人，因存在第1顺序法定继承人，故轮不到小强）。女婴来不及拿其1套房屋就死亡，故其母杨某通过转继承分得女婴的这1套房屋。④总结：杨某得到2套房屋，小强得到1套房屋。

2. 代位继承：代位继承人一般只能继承被代位继承人有权继承的遗产份额（《民法典》第1128条第3款）。

（1）孙子代替爸爸继承爷爷的遗产：被继承人的子女先于被继承人死亡的，由被继承人的子女的直系晚辈血亲代位继承（《民法典》第1128条第1款）。（白发人送黑发人的孙子）

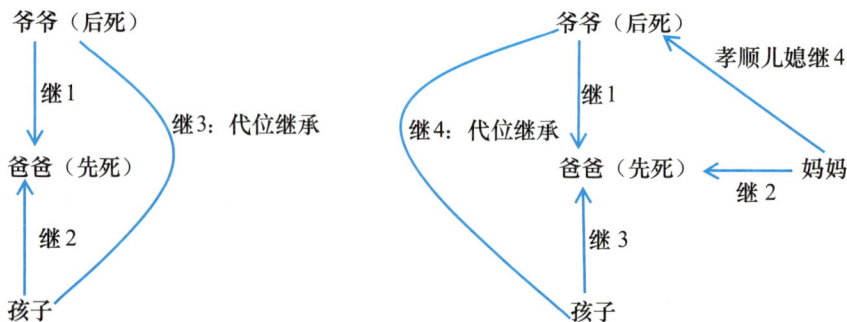

例1：【孙子代替爸爸继承爷爷遗产1】①爷爷，爸爸和孩子。②爸爸先死时，则爷爷和孩子继承爸爸遗产。③爷爷后死时，孩子代替爸爸继承爷爷的遗产。

原理：代位继承是继承不可逆的例外。本来爸爸已经死亡，没有继承资格的，但是因为爸爸有后代所以后代可以代位继承。

例2：【孙子代替爸爸继承爷爷遗产2】①上例中，如孩子还有妈妈。②爸爸先死时，爷爷、妈妈和孩子继承爸爸遗产。③爷爷后死时，孩子代替爸爸继承爷爷的遗产。④如妈妈尽了主要赡养义务，妈妈也可继承爷爷的遗产。⑤如此一来，妈妈和孩子（孤儿寡母）可以从爷爷那里获得2份遗产，但是"孤儿寡母一起家人"妈妈仅尽了一份赡养义务，实务中，孩子的叔叔或姑姑经常会因此"鸣不平"，认为"孤儿寡母一家人"对老人尽1份义务却得到老人2份遗产，不公平。

原理：为什么法定继承人中没有规定孙子女、外孙子女？①因为当祖父母、外祖父母死亡时，当然是爸爸妈妈作为继承人继承，轮不到孙子女外孙子女，他们可以通过爸爸妈妈获得保护。②如果爸爸妈妈先过世，则孙子女与外孙子女可以通过代位继承获得保护。因此没有必要单独规定孙子女外孙子去继承爷爷奶奶外公外婆的遗产。

（2）侄子代替爸爸继承叔叔的遗产：被继承人的兄弟姐妹先于被继承人死亡的，由被继承人的兄弟姐妹的子女代位继承（《民法典》第 1128 条第 2 款）。（光棍叔叔的侄子）

无爷爷奶奶

爸爸（先死） →　叔叔（光棍最后死）
代位爸爸继承叔叔
爸爸有孩子　　　　　叔叔无孩子

原理：爸爸是叔叔的第二顺位法定继承人，意味叔叔没有第一顺位继承人，才存在让侄子代位继承的结果。叔叔无父母；叔叔无老婆；叔叔无孩子。简称"三无叔叔"，类似还有"三无伯伯"、"三无姑姑"、"三无大姨"、"三无小姨"、"三无舅舅"。

例：【侄子代替爸爸继承叔叔遗产】叔叔光棍无老婆无子女，爷爷奶奶已经死亡，爸爸已经死亡，爸爸留有孩子，即叔叔的侄子。叔叔死亡时，没有法定继承人，叔叔遗产是否属于无人继承遗产？①否。②因侄子不是法定继承人，但侄子可通过代位继承取得叔叔的遗产。③这么规定，会变相扩大我国"法定继承人"的范围。

（3）爷爷偏心立遗嘱遗产都给爸爸，但爸爸先于爷爷死亡，遗嘱继承转化为法定继承，法定继承再转化为代位继承。（遗嘱是空气）（《民法典》第 1154 条第 3 项）

继2　　爷爷（立遗嘱偏心）后死
　　　　　　　　　　　　　　法定继承3
爸爸（全得）先死　　　　　　　叔叔（得0）
继1
孩子　　　　　　　代位继承3

例：【遗嘱是空气】爷爷、爸爸、叔叔、孩子。爷爷立遗嘱，遗产全部给爸爸，不给叔叔。岂料，爸爸先死，爷爷后死。如何继承？（1）爸爸遗产：爸爸死亡时爸爸的遗产归爷爷和孩子继承。（2）爷爷遗产：①爷爷死亡时，因爸爸已经死亡，故爷爷的遗嘱是空气，转化为法定继承。②爷爷的遗产分成 2 份，由叔叔得 1 份，孩子代位爸爸的那 1 份。③可见，代位继承还有鼓励"爸爸"生孩子的功能，如果"爸爸"没有后代，他这一脉就断了，不会发生代位继承了。

原理1：为什么遗嘱变成了空气？①遗嘱继承中，要求遗嘱继承人、受遗赠人要活得够久，要晚于立遗嘱人死亡。"你妈喜欢你不等于喜欢你的老婆（婆媳千古难题）"。②如果他们早于立遗嘱人死亡，则遗嘱中处分给他们的财产回复到法定继承。③因为立遗嘱人爸爸将遗产给了孩子1，是喜欢孩子1，不代表他会喜欢孩子1的孩子（孙子）。④一旦孩子1先死亡，则遗嘱是空气，因为爸爸还有孩子2、孩子3、孩子4，他们应该得到遗产，因为孩子1、2、3、4是爸爸与自己老婆生的，而孩子1的孩子是孩子1与他老婆生的。

原理2："爱憎超级分明的爷爷" + "偏心谁谁先死"。"痛苦的爷爷增加了遗产 = 爷爷自己的遗产 + 爸爸的遗产"。

原理3:【遗产外流】爷爷 = 110 = 100 + 10,这 10 来自乙。爷爷的这 10,将被叔叔丙分到 5,戊己合并分到 5。意味着,遗产从乙(爸爸)(下)到甲(爷爷)(上),即遗产从下向上流,必然会因此再向"外"流,流向了"叔叔"丙,然后如丙又有妻子,则将外流到"丙妻"。

套路:①遗嘱偏心,偏好的人死太早。②遗嘱是空气。③要谁早死,就给他送一个遗嘱。④一旦遗嘱是空气,启动法定继承。⑤因为一般是白发人送黑发人,故法定继承中又对接代位继承。

3. 转继承与代位继承

(1)代位继承:白发人送黑发人 + 三无叔叔。

(2)转继承是普世现象:爷爷先死不分遗产,待老奶奶后死时分遗产,奶奶从爷爷那里继承但未分的遗产,叫转继承。

秒杀:①第 1 步,死 2 个人要么是转继承,要么是代位继承。②第 2 步,白发人送黑发人孙子代替爸爸继承爷爷吗?有三无叔叔侄子代替爸爸继承叔叔吗?是代位继承("不常见")。③第 3 步,接手过世者已经继承了的他人的遗产份额,是转继承("最常见")。④代位的是"位置"身份,转的是遗产份额。

例:【有的外甥代位继承 + 有的外孙女转继承】李某死后留下一套房屋和数十万存款,生前未立遗嘱。李某有三个女儿,并收养了一子。大女儿中年病故,留下一子。养子收入丰厚,却拒绝赡养李某。在两个女儿办理丧事期间,小女儿因交通事故意外身亡,留下一女。本案如何继承?

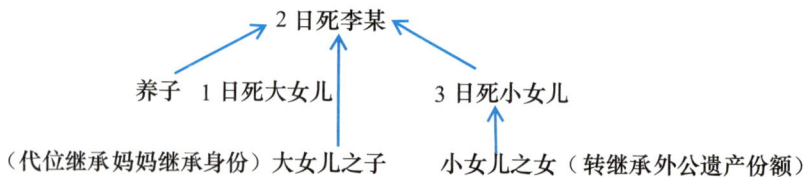

(1)大女儿遗产:大女儿之子 + 李某。(2)小女儿遗产:小女儿之女。(3)李某遗产:①养子(有继承权但应不分或者少分遗产)。②大女儿之子代位继承,代替大女儿的位置。③小女儿之女转继承,接手小女儿已经继承了李某的遗产份额。

(三)死多个人:"无"、"长"、"同"

相互有继承关系的数人在同一事件中死亡,难以确定死亡时间的,推定没有其他继承人的人先死亡。都有其他继承人,辈分不同的,推定长辈先死亡;辈分相同的,推定同时死亡,相互不发生继承(《民法典》第 1121 条第 2 款)。

例1:【3 口之家有老人】爸爸、妈妈和孩子在一起交通事故中死亡,不能确定死亡先后顺序。经查,爷爷奶奶和外公外婆均在世。如何继承?

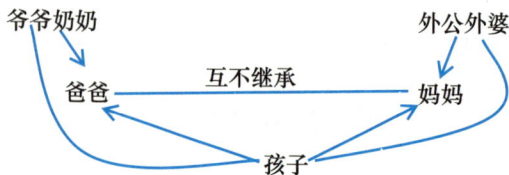

（1）第1步，是不是都"无"继承人？①都有继承人。②爸爸有爷爷奶奶。③妈妈有外公外婆。④孩子有爷爷奶奶和外公外婆。（2）第2步，有"长"辈吗？①长辈先死。②爸爸妈妈先死，孩子后死。（3）第3步，有"同"辈吗？爸爸妈妈是同辈，同时死亡互不继承。（4）第4步，遗产分割：①爸爸的遗产分为3份，归爷爷、奶奶和孩子。②妈妈的遗产分为3份，归外公、外婆和孩子。③孩子的遗产分为4份，归爷爷、奶奶和外公、外婆。

> 区分：爸爸遗产100元＝90元＋10元。妈妈遗产10元＝0＋10元。夫妻共有财产20元，1人10元。爸爸个人财产＞妈妈个人财产，则爷爷奶奶这边就分得更多。

例2：【3口之家无老人】王某与李某系夫妻，二人带女儿外出旅游，发生车祸全部遇难，但无法确定死亡的先后时间。如何确定继承死亡时间？①都无继承人，故推定长辈王某和李某先于晚辈女儿死亡。②推定同辈王某和李某同时死亡，互不继承。③王某遗产归女儿；李某遗产归女儿。④女儿死亡时其全部遗产无人继承又无人受遗赠，故归国家所有。

例3：【综合：遗嘱继承、法定继承、代位继承、转继承和"无长同"】甲自书遗嘱将所有遗产全部留给长子乙，并明确次子丙不能继承。乙与丁婚后育有一女戊、一子己。后乙、丁遇车祸，死亡先后时间不能确定。甲悲痛成疾，不久去世。丁母庚健在。本案遗产应如何继承？

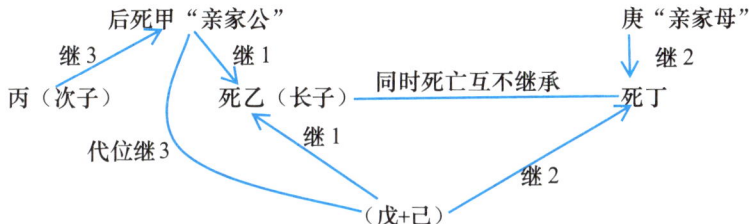

（1）先看死者乙丁：①乙丁夫妻在车祸中死亡，属于互有继承关系的人不能确定死亡先后情形，启动"无、长、同"。②乙丁都有法定继承人，属于同辈，故同时死亡，彼此互不继承。③乙的遗产归：父亲甲＋女儿戊＋儿子己。④丁的遗产归：母亲庚＋女儿戊＋儿子己。⑤因为乙不可以继承丁的，故甲不能转继承儿媳丁的。⑥因为丁不可以继承乙的，故庚不能转继承女婿乙的。

（2）再看死者甲的遗产：①甲立遗嘱全部遗产给长子乙，但乙却"死得太早"，遗嘱为空气，故对甲遗产启动法定继承，并且因乙死后有子女戊和己，启动代位继承。②甲的遗产由丙得到1/2，然后戊己代位另外1/2。

（3）一句话归总本案：亲家公甲和亲家母乙，各自继承各自的；亲家公甲的遗嘱变空气转化为法定继承再启动代位继承。

二、方式

（一）遗赠抚养协议

1. 什么是遗赠抚养协议？（自然人或单位）

自然人可以与继承人以外的组织或者个人签订遗赠扶养协议。按照协议，该组织或者个人承担该自然人生养死葬的义务，享有受遗赠的权利。（《民法典》第1158条）

问1：甲与其子乙签订遗赠抚养协议，效力如何？无效。只能与继承人之外的人签订遗赠抚养协议。

问2：甲与保姆签订遗赠抚养协议，如何评价法律性质？①双务有偿：遗赠方和扶养方都应承担相应的义务。"内容可以是部分财产对应部分抚养义务"。②生前死后：生前法律行为＋死后法律行为。扶养人应对遗赠人尽扶养义务，这是其在生前的效力。但财产的赠与在遗赠人死亡后才能发生效力。

2. 遗赠抚养协议中途"变卦"怎么办？

（1）养的人不守信，供养费白出：扶养人无正当理由不履行，致协议解除的，不能享有受遗赠的权利，其支付的供养费用一般不予补偿。

（2）遗赠人不守信，应吐供养费：遗赠人无正当理由不履行，致协议解除的，则应偿还扶养人已支付的供养费用。

3. 遗赠扶养协议＞遗嘱继承（遗赠）＞法定继承。（《民法典》第1123条）

例：【保姆大还是女儿大】甲与保姆乙约定：甲生前由乙照料，死后遗产全部归乙。乙一直细心照料甲。后甲女儿丙回国，与乙一起照料甲，半年后甲去世。丙认为自己是第一顺序继承人，且尽了义务，主张甲、乙约定无效。甲的遗产归谁？①归乙。②因甲、乙之间签订了遗赠抚养协议。③遗赠抚养协议优先于法定继承。

（二）遗赠

1. 什么是遗赠？遗产"赠"给外人（自然人或单位）

自然人可以立遗嘱将个人财产赠与国家、集体或者法定继承人以外的组织、个人（《民法典》第1133条第3款）。

例：【遗赠乃单方法律行为】爷爷、爸爸和5周岁的孙子，爷爷有1房1车，立遗嘱将房屋分配给其5周岁的孙子。后爷爷死亡。如何继承房屋和汽车？（1）关于房屋：①孙子不属于法定继承人，故这属于遗赠。②遗嘱属于单方法律行为，它是爷爷的意思，无须其他人的意思，故该遗赠房屋的意思表示在爷爷死亡时发生效力。③孙子接受遗赠属于意思表示，需要由法定代理人代为作出。如果爸爸没表态，则视为放弃受遗赠，孙子不能得到房屋。（2）关于汽车：①如爸爸还在世，则汽车归爸爸继承。②如爸爸早于爷爷过世，则5周岁的孙子可代位爸爸继承爷爷的汽车，乃代位继承人，属于第一顺位法定继承人。③如爸爸来不及拿汽车就死亡，则5周岁的孙子可转继承爷爷的汽车。

秒杀：一般的孙子是外人；代位的孙子是内人。

2. 什么时候可以启动遗赠？

（1）表态：受遗赠人应当在知道受遗赠（双知道＝知道人死＋知道遗赠）后60日内，作出接受或者放弃受遗赠的表示。到期没有表示的，视为放弃受遗赠（《民法典》第1124条第2款）。

例：【内人不表态与外人不表态】甲的法定继承人为其子乙。立有遗嘱，存款赠与侄女丙。乙和丙被告知3个月后参与甲的遗产分割，知道遗产分割时，乙和丙均沉默。存款归谁？①乙。②甲立遗嘱存款给外人丙，丙到期未表示是否接受遗赠，故视为放弃受遗赠。③故本案启动法定继承，法定继承人没表态，视为接受继承。

（2）长寿：受遗赠人要活得够久，否则遗赠作废（《民法典》第1154条第3项）。

例：【受遗赠人短命】甲立遗嘱，将汽车赠给朋友乙，岂料乙限于甲死亡，甲死亡时，乙的继承人可否主张继承汽车？①否。②受遗赠人先于立遗嘱人死亡，则遗嘱是空气，启动法定继承。

3. 遗赠可以附义务吗？（《民法典》第 1144 条）

（1）遗赠附有义务的，受遗赠人应当履行义务。

（2）没有正当理由不履行义务的，经利害关系人或者有关组织请求，人民法院可以取消其接受附义务部分遗产的权利。

（三）遗嘱继承：广义的遗嘱继承 = 狭义的遗嘱继承（给内人）+ 遗赠（给外人）

1. 什么是遗嘱继承？遗产给内人（自然人）。自然人可以立遗嘱将个人财产指定由法定继承人中的一人或者数人继承（《民法典》第 1133 条第 2 款）。（意思自治修改法定继承规则）

例：【遗嘱继承乃死后生效的单方法律行为】爸、妈和 5 周岁的孩子，爸个人有 1 车 1 房，立遗嘱车给妈妈，房给孩子。爸死亡时如何分配遗产？①妈妈获得车，孩子获得房。②立遗嘱是单方法律行为，不需要遗嘱继承人具有民事行为能力，因为遗嘱是爸爸的意思，无须考虑妈妈或孩子的意思。

2. 什么时候启动遗嘱继承？（《民法典》第 1154 条）

（1）无遗赠抚养协议：只有在没有遗赠扶养协议或遗赠扶养协议无效或虽遗赠扶养协议有效，但遗产中遗赠扶养协议尚未涉及的部分才可以适用遗嘱继承。

（2）遗嘱继承人没有丧失继承权、没有放弃继承权。

（3）遗嘱继承人没有先于遗嘱人死亡。如遗嘱继承人"死太早"，则遗嘱是"空气"。

3. 遗嘱有什么形式？"公子代口音印象"

> 问：为何遗嘱属于要式法律行为？因为"死无对证"，故对形式要求高。

（1）"公"证遗嘱：公证遗嘱由遗嘱人经公证机构办理。（《民法典》第 1139 条）

（2）"自"书遗嘱：自书遗嘱由遗嘱人亲笔书写，签名，注明年、月、日。（《民法典》第 1134 条）

> 问：自书遗嘱有何特点？自书遗嘱是既有文化（如诗人遗嘱），又秘密；其他遗嘱是露骨，又公开。

（3）"代"书遗嘱：代书遗嘱应当有两个以上见证人在场见证，由其中一人代书，并由遗嘱人、代书人和其他见证人签名，注明年、月、日。（《民法典》第 1135 条）

（4）"口"头遗嘱：遗嘱人在危急情况下，可以立口头遗嘱。口头遗嘱应当有两个以上见证人在场见证。危急情况消除后，遗嘱人能够以书面或者录音录像形式立遗嘱的，所立的口头遗嘱无效。（《民法典》第 1138 条）

例：【回光返照死前纠结】甲有乙、丙和丁三个女儿。甲于 2019 年 1 月 1 日亲笔书写一份遗嘱，写明其全部遗产由乙继承，并签名和注明年月日。同年 3 月 2 日，甲又请张律师代书一份遗嘱，写明其全部遗产由丙继承。同年 5 月 3 日，甲因病被丁送至医院急救，甲又立口头遗嘱一份，内容是其全部遗产由丁继承，在场的赵医生和李护士见证。甲病好转后出院休养，未立新遗嘱。如甲死亡，其遗产的继承权人是？①乙。②1 月 1 日是自书遗嘱遗产给乙。③3 月 2 日是无效代书遗嘱，见证人还差 1 人。④5 月 3 日口头遗嘱紧急情况消除后是无效遗嘱。

> 原理：为什么口头遗嘱这么弱？①"口头遗嘱不靠谱"。因为容易出现版本 1、版本 2、版本 3，……版本 N。未必是死者生前本意。②"口头遗嘱糊弄人"。老爷爷 1 套房，老大找 2 个村民见证说有口头遗嘱该房归老大；老二找另外 2 个村民见证说有口头遗嘱该房归老二；老三找另外 2 个村民见证说有口头遗嘱该房归老三；老四……，老 N……。

秒杀：口头遗嘱有效 = 情况紧急 + 马上挂掉。

（5）录"音"遗嘱：以录音录像形式立的遗嘱，应当有两个以上见证人在场见证。遗嘱人和见证人应当在录音录像中记录其姓名或者肖像，以及年、月、日。（《民法典》第1137条）（"3人对话模式的录音"，因为"见证是给别人看不是给自己看"）

（6）打"印"遗嘱：打印遗嘱应当有两个以上见证人在场见证。遗嘱人和见证人应当在遗嘱每一页签名，注明年、月、日。（《民法典》第1136条）

（7）录"像"遗嘱：以录音录像形式立的遗嘱，应当有两个以上见证人在场见证。遗嘱人和见证人应当在录音录像中记录其姓名或者肖像，以及年、月、日。（《民法典》第1137条）（"3人合影剪刀手"，因为"见证是给别人看不是给自己看"）

> 问：什么人不能做遗嘱见证人？"回避"。①无民事行为能力人、限制民事行为能力人以及其他不具有见证能力的人。②继承人、受遗赠人。③与继承人、受遗赠人有利害关系的人。（《民法典》第1140条）

> 秒杀："公子代口音印象、遗嘱得罪人"。

4. 遗嘱可以中途"变卦"吗？（去世前可随意更改）（《民法典》第1142条）

（1）用意思表示撤回旧遗嘱：遗嘱人可以撤回、变更自己所立的遗嘱。

（2）用行为撤回旧遗嘱：立遗嘱后，遗嘱人实施与遗嘱内容相反的民事法律行为的，视为对遗嘱相关内容的撤回。

例：【行＞言】老夫妇王冬与张霞有一子王希、一女王楠，王希婚后育有一子王小力。王冬和张霞曾约定，自家的门面房和住房属于王冬所有。2018年8月9日，王冬办理了公证遗嘱，确定门面房由张霞和王希共同继承。2019年7月10日，王冬将门面房卖给他人并办理了过户手续。2019年12月，王冬去世，不久王希也去世。对住房和出售门面房价款如何继承？（1）住房启动法定继承：①妻子张霞＋儿子王希＋女儿王楠。②儿子王希来不及拿就死了，故孙子王小力可以转继承父亲王希对爷爷王冬的遗产份额。（2）门面房价款也启动法定继承：①公证遗嘱将门面房给妻子张霞和儿子王希。②但是立遗嘱人王冬生前将门面房出售，通过行为撤回了公证遗嘱，故转化为法定继承。③门面房价款的处理方式与住房的处理方式一样。

（3）用新遗嘱取代旧遗嘱：立有数份遗嘱，内容相抵触的，以最后的遗嘱为准。（"回光返照"与"季承继承案"）

5. 遗嘱可以附义务吗？（《民法典》第1144条）

遗嘱继承附有义务的，继承人应当履行义务。没有正当理由不履行义务的，经利害关系人或者有关组织请求，人民法院可以取消其接受附义务部分遗产的权利。（"虽然义务像对价，但仍然是遗嘱不是买卖"）

例：【附义务遗嘱】王某立有遗嘱，表示将遗产50万元留给妹妹甲，但此款须全部用于资助贫困大学生。王某死后，甲取得王某的50万元遗产，但并未履行资助义务且无正当理由。王某有一子一女。本案如何处理？①王某所立遗嘱为附义务遗嘱。②遗嘱继承人未履行义务，则王某的儿子或女儿可以请求法院取消甲取得遗产的权利。③王某的儿子或女儿必须按照王某的要求履行义务，才能取得王某的遗产。④如何理解其与物权法定原则中"所有权权能不受当事人自由意思的限制"的关系？第一，如还没获得遗产，未履行义务，则取消其取得遗产的权利。第二，已经获得遗产，未履行义务，还将该遗产出卖给第三人，这属于有权处分（因为不能限制所有权的权能，附义务不发生"物权效力"），但是王某儿子或女儿需要将接受的遗产退回遗产管理人（附义务发生债的效力）。

6. 哪些遗嘱是无效？（《民法典》第1142条）

（1）"无人"、"限人"立遗嘱无效：①立遗嘱的那一刻定格立遗嘱人的行为能力。②"250"立，后变"520"，遗嘱无效。③"520"立，后来变"250"，遗嘱有效。

（2）受胁迫、欺骗所立遗嘱无效。

（3）伪造的遗嘱无效。（"全部假全部无效"）

（4）遗嘱被篡改的，篡改的内容无效。（"100＋0＝100"、"不改白不改，被发现不会少，没被发现会增多"、"部分无效因为死者为大"）

（5）遗嘱没有为"二无人员"扣下必留份，则遗嘱对应部分的处分无效：遗嘱应当为缺乏劳动能力又没有生活来源的继承人保留必要的遗产份额。（必留份制度1："遗嘱可以偏心但不能太偏心"）

（6）遗嘱没有为胎儿扣下继承份额，则遗嘱对应部分的处分无效：遗产分割时，应当保留胎儿的继承份额。胎儿娩出时是死体的，保留的份额按照法定继承办理。（必留份制度2："遗嘱可以偏心但不能太偏心"）

（7）遗嘱处分了别人的财产，这部分内容无效。（"立遗嘱说天下归自己儿子?"）

例：【长子太乐观】贡某立公证遗嘱：死后财产全部归长子贡文所有。贡文知悉后，自书遗嘱：贡某全部遗产归弟弟贡武，自己全部遗产归儿子贡小文。贡某随后在贡文遗嘱上书写：同意，但还是留10万元给贡小文。其后，贡文先于贡某死亡。如何评价本案2个遗嘱?

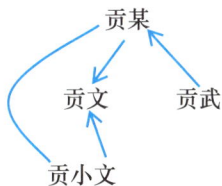

（1）贡某：①先立公证遗嘱，财产给贡文。②后立贡某在他人遗嘱上签字，不属于自书遗嘱。③遗嘱继承人贡文"死太早"，故公证遗嘱是空气。④贡某遗产启动法定继承，贡武得1/2，贡小文代位继承1/2。"叔叔一半，侄子一半"。（2）贡文：①自书遗嘱处分自己的遗产给贡小文，有效。②自书遗嘱处分贡某遗产，不好意思，因为贡文先死，即在贡文死亡那一刻，贡某还活着，故贡文处分了他人遗产，该部分遗嘱无效。③贡某在贡文遗嘱上写字，属于篡改贡文遗嘱，故篡改部分无效，不影响贡文遗嘱其他部分效力。

理由：居然将活的父亲的财产作为自己财产处理。

（8）"危急情况消除"后的口头遗嘱无效。

（9）遗嘱指定财产给"故意杀害被继承人的恶人"或者给"为争夺遗产杀害其他继承人的人"。

（10）收尾：遗嘱无效涉及的遗产，归入法定继承范畴。

（四）法定继承（《民法典》第1127条）

1. 配偶：配偶一方死亡，配偶他方是第一顺序法定继承人。

（1）老公死亡，老婆是法定继承人。

（2）老婆死亡，老公是法定继承人。

2. "广义"子女：父母死亡，子女是父母的第一顺序法定继承人。

（1）子女：婚生子女、非婚生子女、养子女和有扶养关系的继子女。

（2）收养子女：养父母死亡，收养子女是养父母的第一顺序法定继承人。生父母死亡，则被他人收养的孩子不是生父母的第一顺序法定继承人。但如养子女对生父母扶养较多的，生父母死亡，则养子女可作为生父母法定继承人以外的人适当分得生父母遗产。

（3）收养孙子女仍为养子女：白发爷爷依法收养孙女，则仍为父女关系，爷爷死亡，孙女是"子女"为爷爷的第一顺序法定继承人。

> 问：父母双亡，亲爷爷可否收养孙子？可以。爷孙关系变成了父子关系。手动升级辈分：孙1，孙2，孙3，如收养了孙3，孙3自动变成孙1、孙2的叔叔。

（4）继子女：与继子女有抚养关系的继父母死亡，继子女是继父母的第一顺序法定继承人。如生父母死亡，其同时也是生父母的第一顺序法定继承人。（"双边继承"）

> 问：产房抱错的孩子是什么？①A1、A2生的a。②B1、B2生的b。③A1、A2把b养大。④B1、B2把a养大。⑤28年后发现真相。⑥A1、A2与b，B1、B2与a是什么关系？⑦不是生子女，也不是收养子女，更不是继子女。⑧A1、A2是b的"奶妈奶爸"。B1、B2是a的"奶妈奶爸"。⑨不是法定继承人，但可以启动"爱的分配遗产制度"，即"适当分得遗产权"。

3. "广义"父母：子女死亡，父母是子女的第一顺序法定继承人。（"白发人送黑发人"）

（1）父母：生父母、养父母和有抚养关系的继父母。

（2）生父母：被别人收养的亲生子女死亡，生父母不是第一顺序法定继承人。

（3）养父母：自己收养的子女死亡，养父母是第一顺序法定继承人。生子女死亡，其亲生父母是第一顺序法定继承人。

（4）继父母：有抚养关系的继子女死亡，继父母是第一顺序法定继承人。生子女死亡，其亲生父母是第一顺序法定继承人。

4. 中国好儿媳、中国好女婿：丧偶儿媳对公婆，丧偶女婿对岳父母，尽了主要赡养义务的，作为第一顺序继承人。（《民法典》第1129条）

（1）丧偶儿媳：公婆死亡，"孝顺"丧偶儿媳是第一顺位法定继承人。

（2）丧偶女婿：岳父母死亡，"孝顺"丧偶女婿是第一顺位法定继承人。

5、胎儿：无论法定继承还是遗嘱继承，都必须保留胎儿份额，遗产分割后仍"须追及"。

（1）遗产分割时，应当保留胎儿的继承份额。

（2）胎儿娩出时是死体的，保留的份额按照法定继承办理。

6. 代位继承人之孙子女、外孙子女及其晚辈直系血亲。

（1）被继承人的子女先于被继承人死亡的，由被继承人的子女的晚辈直系血亲代位继承（《民法典》第1128条第1款）。

例：【继来的孙子不能代位继承】爷爷、爸爸、孙子，爸爸先死亡，爷爷后死亡。孙子可否代位继承？①爸爸是爷爷亲生的、收养的、"继"过来抚养的。②孙子是爸爸亲生的、收养的，孙子都可以代位继承。③如孙子是爸爸"继"过来抚养的，则不得代位继承。④如杨某与翁某结婚，杨某的儿子与翁某形成抚养关系，如翁某过世先于翁某他爹，对翁某他爹遗产，杨某儿子不得主张代位继承。因为杨某是"继"过来的孙子。

> 问：为什么"继过来的孙子"不可以代位继承？①【非自愿】继孙不是爷爷自愿形成的，继子是爷爷自愿形成的。②【不亲近】继孙和爷爷关系是比较远的。③【有亲爹】继孙有自己的亲生父亲抚养，可以找亲爹。

> 秒杀："继过来的孙子"，不得主张代位继承。其他孙子有代位继承的"资格"。

（2）被继承人的兄弟姐妹先于被继承人死亡的，由被继承人的兄弟姐妹的子女代位继承（《民法典》第 1128 条第 2 款）。

> 秒杀："白发人送黑发人"的代位继承 + "三无叔叔"的代位继承。

（3）代位继承人一般只能继承被代位继承人有权继承的遗产份额（《民法典》第 1128 条第 3 款）。但如代位继承人是"二无"人员或尽了主要赡养义务，则可以多分。

> 秒杀 1：死 1 个人，其"上"、"下"、"左右"都是第一顺序法定继承人。"上" = 父母。"下" = 子女。"左右" = 配偶。
> 秒杀 2：一般的孙子不是法定继承人，代位的孙子是第一顺位法定继承人。

7. 第二顺序法定继承人（《民法典》第 1127 条）

> 问：第一顺序法定继承人与第二顺序法定继承人是什么关系？①得"死绝了"才能轮到第二顺序法定继承人。②继承开始后，由第一顺序继承人继承，第二顺序继承人不继承。没有第一顺序继承人继承的，由第二顺序继承人继承。

（1）兄弟姐妹：同父母的兄弟姐妹、同父异母或者同母异父的兄弟姐妹、养兄弟姐妹、有扶养关系的继兄弟姐妹。（"三无叔叔"，无父母，无配偶，无子女，才轮到兄弟姐妹来继承）

①养兄弟姐妹的特殊规则：养兄弟姐妹为第二顺序，但被收养人与其亲兄弟姐妹之间"永远隔离"（不互为第二顺位继承人）。

②继兄弟姐妹的特殊规则：继兄弟姐妹须有扶养关系才为第二顺序，随母再嫁或跟父再娶者，与其亲兄弟姐妹之间"血肉相连"（互为第二顺位继承人）。

> 问 1：什么是同父异母或同母异父的兄弟姐妹？AB 生了 a，BC 生了 b，ab 是同父异母或同母异父的兄弟姐妹。
> 问 2：什么是有抚养关系的继兄弟姐妹？AB 生了 a，CD 生了 b，BC 结婚后，ab 就是继兄弟姐妹，如果 a 扶养了 b，则 ab 属于有扶养关系的继兄弟姐妹。
> 问 3：什么时候兄弟姐妹之间可以继承遗产？"死绝了"，"三无叔叔"场合，叔叔无父母、无配偶、无子女，然后叔叔的大哥（孩子的爸爸）来继承叔叔的遗产。

（2）祖父母、外祖父母。

> 问：什么时候祖父母、外祖父母会继承孙子女的遗产？"超级惨活得久的老人"。爸爸妈妈过世，孙子女、外孙子女过世，此时，爷爷奶奶外公外婆可以继承孙子女、外孙子女的遗产。

三、分割

（一）遗产管理人

1. 谁是遗产管理人？（《民法典》第 1145 条）

（1）被继承人指定遗嘱执行人：自然人立遗嘱指定遗嘱执行人，继承开始后，遗嘱执行人为遗产管理人。

（2）继承人推选：没有遗嘱执行人的，继承人应当及时推选遗产管理人。

（3）全体继承人：继承人未推选的（比如都选自己），由继承人共同担任遗产管理人。

（4）无人继承或都放弃继承：没有继承人或者继承人均放弃继承的，由被继承人生前住所地的民政部门或者村民委员会担任遗产管理人。

> 秒杀：遗嘱执行人 > 继承人推选 > 全体继承人 > 民政部门或村委会

（5）争议处理：对遗产管理人的确定有争议的，利害关系人可以向人民法院申请指定遗产管理人。（《民法典》第1146条）

2. 遗产管理人的工作内容是什么？原告或被告（《民法典》第1147条）

（1）清理遗产并制作遗产清单；

（2）向继承人报告遗产情况；

（3）采取必要措施防止遗产毁损；

（4）处理被继承人的债权债务；

（5）按照遗嘱或者依照法律规定分割遗产；

（6）实施与管理遗产有关的其他必要行为。

3. 遗产管理人的激励是什么？

（1）一般过错不负责：遗产管理人应当依法履行职责，因故意或者重大过失造成继承人、受遗赠人、债权人损害的，应当承担民事责任。（《民法典》第1148条）

（2）取得报酬：遗产管理人可以依照法律规定或者按照约定获得报酬。（《民法典》第1149条）

> 原理：避免民政部门成为中国最大的被告，架空兜底遗产管理人制度，因为兜底都不"兜底"。

（二）遗产范围

1. 先析产

（1）夫妻析产：夫妻共同所有的财产，除有约定的外，遗产分割时，应当先将共同所有的财产的一半分出为配偶所有，其余的为被继承人的遗产（《民法典》第1153条第1款）。

例：【夫妻析产】王某与张某结婚育有二子，王甲和王乙。王甲生有王小甲。王甲在2018年5月车祸身亡。王某于2019年10月病故，留有与张某婚后修建的面积相同的房屋6间。王某过世后留下的6间房屋由哪些人分配？①6间房屋中3间是遗产，另外3间归张某。②遗产之法定继承人有：张某（配偶）、王乙（儿子）、王小甲（孙子，代位继承权人）。③分配结果：张某分得4间，王乙、王小甲各分得1间。

（2）家庭析产：遗产在家庭共有财产之中的，遗产分割时，应当先分出他人的财产（《民法典》第1153条第2款）。

2. 哪些财产可以是遗产？死者的个人合法财产

（1）自然人死亡时遗留的个人合法财产及其替代物：如房屋拆迁，房屋的变价款为遗产。如死者生前的医疗费赔偿请求权。

（2）死者享有的精神损害赔偿请求权：死亡前享有的，"中途不治身亡"对方书面承诺赔或者已经起诉。

（3）死者生前投保的保险金，如无受益人，则均归入死者遗产发生继承。

3. 哪些财产不可以是遗产？法律规定或者按照其性质不得继承的财产

（1）死亡赔偿金不是遗产，因为这属于支付给死者的亲属的财产。

（2）死者生前被侵权，为其支付医疗费、丧葬费等合理费用的人，享有对侵权人的索赔权，该债权不是遗产。

（3）与死者人身有关的人格权、身份权不能继承。有一个例外，即作品的发表权虽然是作者的人身权，但可由继承人行使。

（4）支付给近亲属的抚恤金不是死者遗产，因为这是对死者家属的经济补偿。

（5）死者的土地承包经营权，不能作为遗产继承，但承包受益可以继承。

（6）死者的宅基地使用权，不能作为遗产继承，但房屋可以继承。

> 问：冷冻胚胎是否遗产？①夫妻双方在医院进行试管婴儿移植手术期间，男方被查出患有急性白血病，确诊后仅过了25天就离世，但留下了与女方共有的6枚冷冻囊胚还在医院保存。②妻子想生下这个孩子，请求医院继续进行移植手术。③医院予以拒绝，其认为男方生前冷冻保存的胚胎并非女方一人所有，而是其与男方的第一顺序法定继承人共有，女方一人无权处理，且该手术涉及伦理问题，必须要考虑孩子出生后的合法权益能否被保障。④女方将医院诉至朝阳法院要求医院继续履行医疗服务合同。⑤朝阳法院判决女方有权单独要求医院继续履行医疗服务合同。⑥理由是女方作为签订医疗服务合同的一方当事人之一，且是男方的第一顺位法定继承人，有权利单独要求继续履行合同。且女方的公婆同意女方要这个孩子，因此孩子不会因为其是通过人类辅助生殖技术出生的而受到影响，再加上夫妇与医院订立医疗服务合同本身的目的就是通过人类辅助生殖技术生育子女，显然继续进行移植手术不违反男方可推知的生前意愿。

4. 无人继承又无人受遗赠的遗产怎么办？

（1）先要清偿被继承人生前所负债务。

（2）后要满足在死者生前依靠死者抚养的人。

（3）最后才启动无人继承又无人受遗赠的遗产规则：①归国家所有，用于公益事业。②死者生前是集体所有制组织成员的，归所在集体所有制组织所有。（《民法典》第1160条）

（三）分配方法

1. 法定继承人"内部"进行分配："内人"基于法定继承权（《民法典》第1130条）

（1）同一顺序继承人继承遗产的份额，一般应当均等。

（2）对生活有特殊困难又缺乏劳动能力的继承人，分配遗产时，应当予以照顾。

（3）对被继承人尽了主要扶养义务或者与被继承人共同生活的继承人，分配遗产时，可以多分。

（4）有扶养能力和有扶养条件的继承人，不尽扶养义务的，分配遗产时，应当不分或者少分。（能者不劳，不劳无获）

（5）继承人协商同意的，也可以不均等。

> 秒杀：困难应当照顾，孝顺可以鼓励，不孝应该惩罚。

2. 法定继承人"外部"分配遗产：外人不是基于继承权，而是基于"适当分得遗产权"（《民法典》第1131条）

（1）"你爱的人"：对继承人以外的依靠被继承人扶养的人，可以分割适当的遗产。

例：【收养未登记】甲收养乙，未办理收养登记，乙依靠甲抚养。甲死亡后，乙不是甲的法定继承人，但可主张适当分得遗产。

（2）"爱你的人"：继承人以外的对被继承人扶养较多的人，可以分给适当的遗产。

例：【双边子】甲收养乙，乙对其生父丙尽了赡养义务。丙死亡，乙不是丙的法定继承人，但可以主张适当分得遗产。甲死亡，乙是甲的第一顺位法定继承人。

（3）优先：分得"适当遗产"权可优先于国家或集体。有了适当分得遗产权人，就不属于遗产无人继承又无人受遗赠的情形。

> 原理1：为什么说适当分得遗产权是继承中"最温暖"的法条？①解决好人有好报，解决母胎单身养老问题，对你好的人就可以获得遗产，依据不是继承权，而是"对你好"或"你对他好"。②属于继承编中解决法定继承人范围过窄的调节阀。

> 原理2：继承权与遗产分割"各玩各的"。《民法典》第1131条，"依依相依"，有关爱的法条，任何人都可以爱你，你可以爱任何人。

四、债务

（一）"二无人员"＞债权人（《民法典》第1159条）

遗产分割前，应当支付丧葬费、遗产管理费，清偿被继承人的债务，缴纳所欠税款。但是，应当为缺乏劳动能力又没有生活来源的继承人保留适当的遗产。

（二）概括继承＋限定继承（《民法典》第1161条）

1. 继承人以所得遗产实际价值为限清偿被继承人依法应当缴纳的税款和债务。
2. 超过遗产实际价值部分，继承人自愿偿还的不在此限。
3. 继承人放弃继承的，对被继承人依法应当缴纳的税款和债务可以不负清偿责任。

> 秒杀：父债子要还吗？继承了遗产就看法律；没继承遗产就看家风。

（三）"债"指向"钱"（遗产）：先还债（家风好）

1. 遗产归各继承人共同共有，债务属于共有人对外负连带责任。
2. 各继承人的债务范围以其所能继承的"财产"为限。

（四）"债"追及"钱"（遗产）：先分遗产（家风不好）（《民法典》第1163条）

1. 先由法定继承人（多人则按比例）吐回去。
2. 再由遗嘱继承人和受遗赠人按比例吐回去。
3. 尽量实现死人的遗嘱。

例：【吐回去】徐某死后留有遗产100万元。徐某立有遗嘱，将价值50万元的房产留给女儿，将价值10万元的汽车留给侄子。遗嘱未处分的剩余40万元存款由妻子刘某与女儿按照法定继承各分得一半。遗产处理完毕后，张某通知刘某等人，徐某死亡前1年向其借款，本息累计70万元至今未还。经查，张某所言属实，此借款系徐某个人债务。女儿应向张某偿还多少钱？

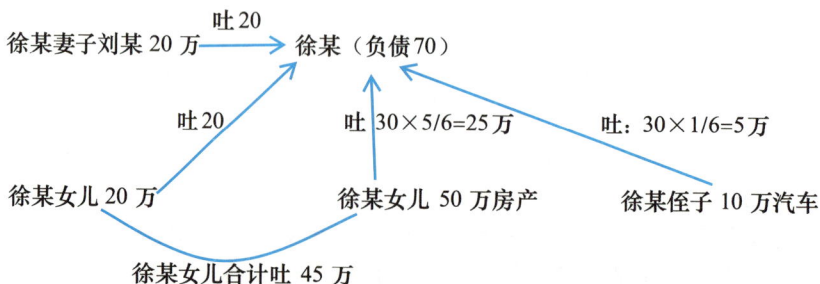

徐某妻子刘某20万 ——吐20→ 徐某（负债70）

吐20

吐30×5/6＝25万

吐：30×1/6＝5万

徐某女儿20万

徐某女儿50万房产

徐某侄子10万汽车

徐某女儿合计吐45万

①45 万元。②徐某负债 70 万元，遗产 100 万元，实际遗产是 30 万元。③本案继承人是先分遗产，后还债，故启动"吐回去"规则。④先法定继承人吐：妻子刘某吐回去 20 万元。女儿吐回去 20 万元。合计 40 万元，还有 30 万元的缺口。⑤后遗嘱继承和遗赠按比例吐回去：女儿占比 5/6，侄子占比 1/6。故女儿吐回去 5/6 × 30 = 25 万元，侄子吐回去 1/6 × 30 = 5 万元。⑥女儿合计吐回去 20 万元 + 25 万元 = 45 万元。⑦最后，女儿获得 70 − 45 = 25 万元；侄子获得 10 − 5 = 5 万元；老婆刘某得 0。

民法宝典 ▶ 第七编 侵权责任编

侵权责任编说明：甲法考得了第1名，导致乙无法获得第1名，乙受"损害"而甲无须承担侵权责任，因为甲没有过错，过错责任是侵权责任的基石。孩子在幼儿园受害，幼儿园不能证明自己没有过错，需要承担侵权责任，这属于过错推定责任。丙厂排污导致环境污染，丙厂排污符合国家标准，没有过错，但需要承担侵权责任，因为这属于无过错责任。高空掉下苹果致人损害，找不到谁家抛的，由可能抛的家庭来公平分担损失，这叫公平责任。过错责任、过错推定责任、无过错责任和公平责任，是侵权责任的四大主线。

①侵权责任基础
②过错责任
③过错推定责任
④无过错责任
⑤公平责任
⑥物件致人损害
⑦多数人侵权
⑧侵权责任承担方式

第一节 侵权责任基础

一、什么是侵权责任中的"权"？民事权益（《民法典》第 1164 条）

（一）绝对权（1 个权利人与 N 个义务人）

生命权、健康权、姓名权、名誉权、荣誉权、肖像权、隐私权、婚姻自主权、监护权、所有权、用益物权、担保物权、著作权、专利权、商标专用权、股权、继承权<u>等</u>。

例：**【侵犯抵押权】**甲将房屋抵押给乙银行办理抵押借款，房屋办理了抵押权登记。丙公司与甲达成拆迁协议，约定将 100 万元拆迁款给甲，双方履行完毕。甲将该 100 万元付给丁清偿其欠丁的到期债务。<u>乙银行可否要求丙公司承担侵权责任？</u>①可以。②丙公司侵犯了乙银行对房屋的抵押权。③担保物权是绝对权，属于侵权责任中所要保护的"权"。

> 问：什么是"等"？（1）等内等：比如性骚扰、比如悼念纠纷，不是上述权利范围，但属于与人格权利相关，即一般人格权，属于侵权责任的"权"。（2）等外等：比如死者人格利益、商业秘密等，属于侵权责任的"权"。（3）不包括债权。（4）我们允许侵权责任的"权"爆米花，但不允许"爆炸"。

（二）相对权（1个权利人与1个义务人）

1. 一般情况下，侵权责任中的"权"不包括债权

（1）基于合同或准合同（无因管理或不当得利）产生的债权，因债权人对债务人的债权不具有公示性，外人一般不知晓该债权的存在，故侵权责任中的"权"不包括债权。

（2）如债权受到"侵害"，则分别启动合同责任、不当得利返还与无因管理规则解决。

（3）这与"物债两分"类似，可之称为合同责任与侵权责任两分。

例：【违约责任与侵权责任】甲乙签订买卖房屋合同，乙付款后甲交付了房屋。后甲将房屋出卖给知情的丙并且完成了过户登记手续。乙请求甲办理过户房屋的债权受到了"侵权"，可否要求甲或丙承担侵权责任？①否。②乙只能请求甲承担违约责任。

> 问：侵权责任本身是债权吗？❶是。❷从责任角度观察，是义务人应承担的责任。❸从权利角度观察，是权利人享有的债权请求权，要求侵权人承担侵权责任。

2. 特殊情况下，侵权责任中的"权"包括债权：侵权人故意以悖于善良风俗的方法侵害债权，不法阻扰债务人履行债务。

例1：【恶意侵害债权】甲演出公司故意将奔赴演唱会路途中的歌星控制，使乙演出公司请求歌星演出的债权受到侵害，乙演出公司可否诉甲演出公司承担过错侵权责任？①可以。②甲公司属于故意以违反善良风俗的方法侵害乙的债权。③乙演出公司请求歌星履行演出合同的债权请求权受害。④甲公司固然侵犯了歌星的人格权，但是，乙公司利益却无从得到保护，只能求助于侵权责任规则即"甲公司恶意侵害乙公司债权"，获得救济。

例2：【恶意侵害债权】原告对被告合同债权10万元已经胜诉，法院查封被告在银行（或者保险公司或者证券公司）账户10万元。银行（或者保险公司或者证券公司）却擅自放款，则侵犯了原告对被告的合同债权。

（三）民事利益

1. 人身利益：如死者之名誉、隐私、肖像、具有人格象征意义的特定纪念物品上的人格利益。

例：【"荷花女"案保护死者人格利益】魏某以已经故去的吉某为人物原型，创作《荷花女》的人物传记。人物传记中涉及对吉某的一些事实重构，添加狗血剧情（"祷告时可以抽烟吗，不可以；抽烟时可以祷告吗，可以"），吸引读者阅读。死者吉某的遗属告到法院，主张魏某侵犯了死者人格利益，法院是否支持？❶死者无人格权利。因为死者没有民事权利能力，无取得民事权利的资格。❷死者也无人格利益，因为人已经死去，谈不上利益。陆游著《示儿》："死去元知万事空，但悲不见九州同；王师北定中原日，家祭无忘告乃翁。"❸实际保护的是"遗属"的利益。❹为平衡言论自由，限于"三代遗属"的利益（寻梦环游记）。❺狗熊的事实评价也有自由，岳王庙中秦桧跪拜像，秦桧的后人情何以堪？秦桧的后人不能诉请求拆除跪拜像。❻英雄不能被戏说，否则会启动公益诉讼。比如狼牙山五壮士案，被告戏说英雄，检察院提起公益诉讼要求停止侵权。

2. 财产利益

（1）商业秘密：不为公众所知悉、能为权利人带来经济利益、具有实用性并经权利人采取保密措施的技术信息和经营信息。

例：【技术和工艺秘密】金龙集团花费20多年自主研发的我国第一家利用铸轧法制造制冷用精密铜管的生产技术和生产工艺处于国际领先水平。从2004年起，金龙集团对自己的专有技术进行了严密保护，进入集团的所有员工都要进行保密培训，与金龙集团签订保密协议。每

一个月，金龙集团按照工资标准的高低和从事岗位的不同给大家发放保密津贴。2005年，金龙集团主管生产技术的副总经理王某提出辞呈，要到同行业位于江西鹰潭的江西耐乐公司工作。金龙集团明确表示不同意，并向王某说明其签订有竞业禁止的保密协议，此行为属于严重违约。但王某在高薪和股份的许诺下，还是到了耐乐公司上班，被任命为副总经理。王某离开前后，又有多名生产技术人员陆续"跳槽"到江西耐乐公司。江西耐乐公司通过不正当手段获取并使用了金龙集团的技术秘密，<u>金龙集团是否有权要求江西耐乐公司承担侵权责任?</u> ①有权。②因为江西耐乐公司侵犯了金龙集团的商业秘密。

（2）占有：占有人对不动产或者动产的实际控制。

例：【坑租户】甲将门面房出租给乙。丙公司负责拆迁该门面房，因未就补偿达成一致，丙公司派人将乙的门面房包围，还把经营设备全部搬出，不允许乙继续经营。<u>乙可要求丙公司承担侵权责任吗?</u> ①可以。②丙公司侵害了乙的占有，应赔偿乙无法继续营业遭受的损失。

（3）纯粹经济上损失：在受害人的人身和财产事先都未受到侵害的情形下，"单独"发生的损害。换言之，甲的整体经济状况变坏，不是直接基于甲人身伤害或某一特定财产损害而发生的结果。

①一般情况下，侵权责任的"权"不包括纯粹经济上损失。

例：【交通事故连锁反应】甲在高速公路因违规驾车撞到乙车，致乙人伤车损。另因车祸而导致交通车中断，丙因此迟延向丁交货需要向丁赔偿损失10万元，丁因此上班迟到被单位扣500元，戊因此搭乘飞机延误付出改签费300元。<u>乙、丙、丁、戊可否要求甲承担侵权责任?</u> ①甲违规驾车撞到乙车，直接导致乙人身和财产损害，故乙可要求甲承担侵权责任，乙的"人身和财产"属于侵权责任中的"权"。②丙、丁、戊人身或财产没有受到直接损害，但是其有各项费用损失，属于"纯粹经济上损失"，纯粹经济上损失不是侵权责任中的"权"，故甲对丙、丁、戊不构成侵权，既然不成立侵权，也就谈不上侵权赔偿了。【八竿子打不着纯倒霉】

②特殊情况下，侵权责任的"权"包括纯粹经济上损失，<u>这需要法律明文规定</u>。

例：【法盲律师代书遗嘱】律师给甲草拟一份遗嘱，甲欲将全部财产500万元分配给长子乙，不给次子丙。因律师业务不熟悉，指导甲书写遗嘱时，没有告诉要注明年、月、日，导致甲死后遗嘱被法院认定无效。甲死亡后，乙丙各自分得250万元。<u>乙可否要求律师承担侵权责任赔偿250万元?</u> ①可以。②律师提供的服务瑕疵，没有导致乙身体或财产直接损失，但是使得乙间接损失了250万元，这250万元即属于纯粹经济上损失。③法律规定，注册会计师、律师、公证机构、资产评估机构、产品质量检验机构等因专业服务致人纯粹经济上损失，须负侵权责任。④乙可要求律师承担侵权责任，赔偿纯粹经济上损失。

二、一般侵权责任的4大构成要件是什么?

（一）过错：行为人违反"注意义务"，实施侵权行为导致被侵权人损害

1. 故意：行为人明知自己的行为可能产生违法后果，仍有意促成该违法后果的发生。

2. 过失：行为人对自己的行为可能产生的违法后果应当预见而未预见到，或者虽然预见到了却轻信其不会发生，以致造成违法后果。

例1：【陌生人注意义务1】甲乙相约一夜情，乙因过于激动导致心脏病发，甲"落荒而逃"，乙因无人呼救而死亡。<u>乙家属是否有权请求甲承担侵权责任?</u> ①可以。②甲违反应该进行呼救的注意义务。③乙自负部分损失。

例2：【恋人注意义务2】甲乙谈恋爱，乙生气称要跳桥自杀，甲不但没阻止，还称有本事

跳就跳，乙跳桥自杀死亡。乙家属是否有权请求甲承担侵权责任？①可以。②甲违反应该进行劝阻的注意义务。③乙自负部分损失。

例3：【夫妻注意义务3】甲乙夫妻吵架，乙称要跳楼自杀，甲非但未阻止，还进行怂恿，乙跳楼自杀死亡。岳父岳母是否有权请求甲承担侵权责任？①可以。②甲违反应该进行劝阻的注意义务。③乙自负部分损失。

例4：【朋友不劝酒】甲乙丙相约喝酒，庆祝丙出狱。当日甲乙力劝丙喝酒，导致丙酒精中毒死亡。丙家属可否要求甲承担侵权责任？①可以。②甲乙违反了不得劝酒的注意义务。③丙自负部分损失。（"我干了，你随意"）

> 秒杀1：侵权责任表述的是陌生人之间的关系，要求陌生人之间要尽到基本的注意义务，即通常情形下一般人注意到而行为人却没有注意到，即可判定行为人违反了注意义务，主观上存在过错。
>
> 秒杀2：【门槛较低】女友、驴友、酒友、球友，一般人做到了而你没做到，你就有过错。

> 问：孩子有注意义务吗？①有。②行为人是否有注意义务，与行为能力无关。③因为侵权行为在法律性质上属于"事实行为"，与意思表示无关，即只要有侵权行为就应承担侵权责任。④故侵权行为不适用行为能力制度。

（二）行为：行为人实施了侵害他人权益的行为

1. 积极侵权行为：致害人以积极"作为"的形式致人损害的行为。如殴打他人、发表污蔑他人的文章、偷窃他人的财物、损坏别人的汽车、纵火烧毁房屋等。

2. 消极侵权行为：致害人以消极"不作为"的形式致人损害的行为。如夫妻之间应该履行保护义务而未履行、如恋人之间应该尽到注意义务而未注意、如成年人带孩子去游泳则对孩子溺水有积极救助义务而未救助。

（三）结果：被侵权人的权益被侵害

例：【权益被侵害】甲擅自印制了乙注册商标标识，准备出售这些标识给丙用。后因被举报，伪造的商标标识未出售即被工商局查封和销毁。乙可否要求甲承担侵权责任？①可以。②甲的行为并未给乙造成任何经济损失。③甲的行为属于《商标法》上的"擅自制造他人注册商标标识"的侵权行为。④甲的行为导致了乙的注册商标专用权受害。

（四）因果关系

1. 责任成立的因果关系：行为与权益受侵害之间的因果关系，考量的问题是责任的成立。

（1）如行为与结果之间有直接因果关系，则侵权责任成立。

（2）如行为与结果之间无直接因果关系，则侵权责任不成立。

例：【乱装防盗窗】一小偷利用一楼住户甲违规安装的防盗网，进入二楼住户乙的室内，行窃过程中将乙打伤。乙可否要求甲承担侵权责任？①不可以。②甲违规安装防盗网，与乙被小偷打伤不存在直接因果关系，故乙不可要求甲承担侵权责任。③乙可要求小偷承担侵权责任。

2. 责任范围的因果关系：权益受侵害与损害之间的因果关系，涉及的是责任成立后责任形式以及大小的问题。（"可预见原则"）

（1）如损害是共性损害，则属于责任范围。每一个遭受同类侵害的人，都会发生这些损害，如因人身受害而支出医药费。

（2）如损害是个性损害，则不属于责任范围。不同的人遭受同类侵害，不一定都会发生这些损害，如因人身受害而住院治疗，住院期间家中财产被盗窃遭受损失。

例1：【被撞住院损失】 甲驾车撞伤乙，乙支出医药费，住院期间感染传染病，家中财物被盗。<u>乙可否要求甲承担侵权责任？乙可要求甲赔偿医药费、感染传染病的费用和家中财物被盗的损失吗？</u>（1）责任成立：因甲驾车撞伤乙，满足责任成立因果关系，乙可要求甲承担侵权责任。（2）责任范围：①甲驾车撞伤乙与乙支出的医疗费存在直接因果关系，满足责任范围因果关系，甲应赔偿。②甲驾车撞伤乙与乙住院期间感染传染病的费用、家中财产被偷的损失之间不存在直接因果关系，不满足责任范围因果关系，甲无须赔偿。感染传染病的费用找医院；家中财产被偷找小偷。

> **问：** 责任范围的因果关系，与"纯粹经济上损失"有什么区别？①责任范围因果关系是在侵权责任成立的前提下，判断某损失是否属于赔偿范围。②纯粹经济上损失是判断是否成立侵权责任。③责任范围因果关系，如甲驾车撞倒乙，乙因为住院导致家中失窃，甲撞倒乙构成侵权，但是赔偿范围不包括家中失窃。④纯粹经济上损失，如甲驾车撞倒乙，乙住院，因交通事故导致拥堵丙上班迟到被扣250元，丙的损失属于纯粹经济上损失。甲对乙构成侵权，要赔偿乙的损失。但是，甲对丙不构成侵权，因为此类"纯粹经济上损失"不是侵权责任的"权"，既然甲对丙不构成侵权，自然无须对丙承担赔偿责任了。⑤责任范围因果关系讨论的是侵权责任成立后讨论责任范围多大；纯粹经济上损失讨论的是侵权责任是否成立。

例2：【被撞索赔奶粉钱】 2017年7月10日，周某靠边停车开车门下车时，因疏于观察，与骑电动车正常通过的王某发生碰撞，致王某左耻骨上支骨折，未构成伤残。经交警部门认定周某负事故的全部责任，王某无责任。王某儿子出生于2017年2月13日，事故发生时王某处于哺乳期。事故发生后王某住院治疗，2017年10月3日王某出院，医嘱意见为注意休息，加强营养，用药期间禁止母乳喂养。无奈之下，王某只能选择奶粉喂养。由于习惯了母乳，一开始，王某幼子不愿意喝奶粉，望着不住啼哭的孩子，王某非常痛苦，经常以泪洗面。<u>王某可要求周某赔偿奶粉费用吗？</u>①可以。②周某致王某损害，与王某不能母乳喂养而只能选择奶粉喂养有直接因果关系，故需要赔"奶粉钱"（<u>这是"共性损害"</u>）。③"赔奶粉钱但不赔被偷的钱。"

> **秒杀：** 大家都会遭受的共性损害，赔；个别人才会遭受的个性损害，不赔。

三、什么是侵权责任的归责原则？

归责原则是关于侵权责任"归责"的基本规则，即行为人因为何种事由被要求承担责任。

- ❶过错侵权4要件：一般侵权
- ❷无过错侵权3要件：特殊侵权（严格责任）
- ❸公平责任

（一）过错责任原则： 行为人的主观过错是构成侵权责任的必备要件的归责原则

1. 过错责任：行为人因过错侵害他人民事权益<u>造成损害</u>的，应当承担侵权责任（《民法典》第1165条第1款）。

2. 过错推定责任：依照法律规定推定行为人有过错，其不能证明自己没有过错的，应当承担侵权责任（《民法典》第1165条第2款）。

> 问1：过错推定责任是独立的归责原则吗？①不是。②过错推定责任是以过错作为承担责任的基础，不是一项独立的归责原则，只是过错责任原则的一种特殊形式。
>
> 问2：过错责任和过错推定责任有什么实务差异？①过错责任中，原告对被告存在过错承担证明责任。②过错推定责任中，被告对自己没有过错承担证明责任。

3. 过错责任侵权类型的构成要件：过错、行为、结果、因果关系。

（二）无过错责任原则

行为人实施了加害行为，虽然其主观上无过错，但根据法律规定仍应承担责任的归责原则。

1. 无过错责任：行为人造成他人民事权益损害，不论行为人有无过错，法律规定应当承担侵权责任的，依照其规定。（《民法典》第1166条）

2. 无过错侵权类型的构成要件：行为、结果、因果关系。

> 问1：无过错责任在实务中怎么运用？①原告或被告都不需要证明"过错"。②但一般而言，原告要对行为、结果、因果关系承担证明责任。
>
> 问2：在无过错责任中，过错对侵权责任有意义吗？（1）有。（2）从受害人角度观察：①如果加害人有过错，受害人也可以诉加害人承担过错侵权责任。②在产品质量侵权的无过错责任中，加害人有过错，明知缺陷产品还生产或销售，造成他人死亡或健康严重受损，受害人才有权请求加害人承担相应的惩罚性赔偿责任。（3）从加害人角度观察：如果受害人有过错，在无过错侵权中，加害人可主张减轻自己的责任。

（三）公平责任原则

损害双方的当事人对损害结果的发生都没有过错，但如果受害人的损失得不到补偿又显失公平的情况下，由人民法院根据依法要求当事人分担损害后果。

1. 公平责任：受害人和行为人对损害的发生都没有过错的，<u>依照法律的规定</u>由双方分担损失。（《民法典》第1186条）

2. 万不得已：如能适用过错责任，则启动过错归责。如有过错推定，则适用过错推定。如属于无过错责任，则启动无过错归责。

> 原理：为什么将原来的依照"实际情况"，修改为现在的"依照法律"？①避免公平责任被滥用。②如没有法律明文依据，法官断案不得启动公平责任来处理。

> 秒杀：<u>无过错侵权依法认定、过错推定侵权依法认定、公平归责依法认定、过错侵权依"法官"认定。</u>

第二节 过错责任

一、两个"王牌"法条

（一）加害人过错

行为人因过错侵害他人民事权益造成损害的，应当承担侵权责任（《民法典》第1165条）。

例1：【日常生活过错判断】兹有4个事例：①张某驾车违章发生交通事故致搭车的李某残

疾；②唐某参加王某组织的自助登山活动因雪崩死亡；③吴某与人打赌举重物因用力过猛致残；④何某心情不好邀好友郑某喝酒，郑某畅饮后驾车撞树致死。如何评价上述案例？（1）好意搭乘，乃情谊行为：①当事人之间不成立合同法律关系，不成立违约责任。②当事人之间仍应负侵权责任法上的注意义务，如有违反，会产生侵权责任。③在搭乘关系中，搭乘提供人和搭乘人之间并非不能产生民事法律关系。搭乘提供人应承担一般注意义务，安全、合法、合规驾驶，确保车上人员、财产和车外人员、财产的安全。（"棺材躲雨案"）④无论是有偿搭乘还是无偿搭乘，搭乘提供人的这一基本注意义务不能免除。（2）自助游：①旅游者形成共同体，相互有注意、照料、救助的义务，如有违反，即属于不作为侵权。②如队员旅游中发生意外，组织者有积极救助的义务。③王某作为自助登山活动的组织者，对参与人员唐某因雪崩意外死亡，无需承担赔偿责任。（3）打赌：①成年人能够预见到损害结果的发生，而未尽注意义务，导致损害，因负过错侵权责任。②吴某与人打赌，举重物致残，参赌人员均有过错，吴某自己应对损害承担部分责任，但与吴某打赌的人也应承担部分责任。（4）喝酒：①"聚餐喝酒"，参与者对喝醉者负有注意、照料、通知喝醉者家人等义务，如有违反，则构成不作为侵权。各方均应负过错责任。②何某虽无劝酒但对郑某酒驾有劝阻义务。

例2：【好意分享食物】刘婆婆回家途中，看见邻居肖婆婆带着外孙小勇和另一家邻居的孩子小因（均为4岁多）在小区花园中玩耍，便上前拿出几根香蕉递给小勇，随后离去。小勇接过香蕉后，递给小因一根，小因吞食时误入气管导致休克，经抢救无效死亡。刘婆婆、肖婆婆、小勇父母，需要承担侵权责任吗？①否。②好意分享食物，当事人没有过错，不成立侵权责任。

（二）受害人过错

被侵权人对同一损害的发生或者扩大有过错的，可以减轻侵权人的责任。（《民法典》第1173条）

例1：【逗狗被狗咬＝受害人有过错】张某挑逗唐某的狗因此被咬伤，张某是否可要求唐某承担侵权责任？①可以。②但受害人张某有重大过错，可以减轻饲养人责任。③受害人张某并非找狗"碰瓷"，不属于故意造成损害，故不能免除狗饲养人责任。（偷超市鸡蛋被拦而后心肌梗死）

例2：【受害人体质差＝不是受害人有过错】指导案例24号：荣宝英诉王阳、永诚财产保险股份有限公司江阴支公司机动车交通事故责任纠纷案之裁判要点："交通事故的受害人没有过错，其体质状况对损害后果的影响不属于可以减轻侵权人责任的法定情形。"①2012年2月10日14时45分许，王阳驾驶号牌为苏MT1888的轿车，沿江苏省无锡市滨湖区蠡湖大道由北往南行驶至蠡湖大道大通路口人行横道线时，碰擦行人荣宝英致其受伤。②2月11日，滨湖交警大队作出《道路交通事故认定书》，王阳一方全责，宋宝英一方无责。③荣宝英申请并经无锡市中西医结合医院司法鉴定所鉴定，结论为：第一，荣宝英左桡骨远端骨折的伤残等级评定为十级；左下肢损伤的伤残等级评定为九级。损伤参与度评定为75%，其个人体质的因素占25%。第二，荣宝英的误工期评定为150日，护理期评定为60日，营养期评定为90日。④一审法院据此确认残疾赔偿金27658.05元扣减25%为20743.54元。⑤二审法院认为，交通事故中在计算残疾赔偿金是否应当扣减时应当根据受害人对损失的发生或扩大是否存在过错进行分析。⑥本案中，虽然原告荣宝英的个人体质状况对损害后果的发生具有一定的影响，但这不是侵权责任法等法律规定的过错，荣宝英不应因个人体质状况对交通事故导致的伤残存在一定影响而自负相应责任，原审判决以伤残等级鉴定结论中将荣宝英个人体质状况"损伤参与度评定为75%"为由，在计算残疾赔偿金时作相应扣减属适用法律错误，应予纠正。⑦从交通事故受害人发生损伤及造成损害后果的因果关系看，本起交通事故的引发系肇事者王阳驾驶机动车穿越人行横道线时，未尽到安全注意义务碰擦行人荣宝英所致；本起交通事故造成的损害后果系受害人荣宝英被机动车碰撞、跌倒发生骨折所致，事故责任认定荣宝英对本起事故不负责任，其对事故的发生及损害后果的造成均无过错。虽然荣宝英年事已高，但其年老骨质疏松仅是事故造成后果的客观因素，并无法律上的因果关系。⑧因此，受害人荣宝英对于损害的发生或者扩大没有过错，不存在减轻或者免除加害人赔偿责任的法定情形。⑨同时，机动车应当遵守文明行车、礼让行人的一般交通规则和社会公德。⑩本案所涉事故发生在人行横道线上，正常行走的荣宝英对将被机动车碰撞这一事件无法预见，而王阳驾驶机动车在路经人行横道线时未依法减速慢行、避让行人，导致事故发生。因此，依法应当由机动车一方承担事故引发的全部赔偿责任。

秒杀：身体不抗撞不是错（"变形金刚"）；但撞不出来糖尿病（全面体检）。

二、承揽活动致人损害定做人的过错侵权责任

承揽人在完成工作过程中造成第三人损害或者自己损害的，定作人不承担侵权责任。但是，定作人对定作、指示或者选任有过错的，应当承担相应的责任。（《民法典》第1193条）（高风险高收益"开门1分钟"）

问：怎么区分雇佣合同和承揽合同？①雇佣合同：当事人约定，一方于一定或不定期限内为他方服劳务，他方给付报酬的合同。②承揽合同：当事人约定一方为他方完成一定工作，他方在工作完成时给付报酬的合同。③雇佣的根本目的在于给付劳务，以劳务本身为其标的，不对劳务产生的结果负责任，即使受雇人的劳务未产生预期的结果，该受雇人仍可以受领报酬。④承揽的目的在于劳务的结果，即它以完成一定工作为目的，承揽人提供劳务仅是实现目的的手段，其只有在完成一定工作时，才能请求报酬。

例1：【承揽人导致自己损害】甲公司经营空调买卖业务，并负责售后免费为客户安装。乙为专门从事空调安装服务的个体户。甲公司因安装人员不足，临时叫乙自备工具为其客户丙安装空调，并约定了报酬。乙在安装中因操作不慎坠楼身亡。如何评价本案侵权关系？①甲公司与乙之间不是雇佣合同，而是承揽合同。②甲公司、乙之间的合同目的是完成安装空调这一工作，而不是仅仅在于提供劳务，只有安装好了空调，乙才可以取得相应的报酬。③因此，甲公司和乙之间的合同属于承揽合同。④甲公司作为定作人，乙是专门从事空调安装服务的个体户，故甲公司无选任过错。⑤承揽人乙完成工作中造成自己损害，应该自己负责。

例2：【承揽人负责+定作人相应负责】甲请不具备装修资质的A公司装修。装修工张某因操作失误将水管砸坏，漏水导致邻居乙家具损坏约5000元。乙可要求谁承担侵权责任？①甲和A公司之间属于承揽合同。②A公司员工张某执行工作任务致人损害，应由A公司对外负侵权责任。③定作人甲有选任过错，应承担与其过错相应的责任。

秒杀：装修侵权谁负责？装修公司和有错的业主。

三、网络过错侵权责任

（一）侵权责任视野下区分两种网站：内容网站和技术网站

1. 内容网站：内容由网站提供，网站可以直接控制。如中国知网、新闻网站、学术网站、在线播放影音作品的网站。

例：【人民网是内容网站】人民网，属于典型的内容网站，其刊登的各种文章，都经过网

站编辑组织、筛选、审查后发表，网络内容由网站提供和直接控制，网民不可以左右这些内容。

> 问：网民能够在内容网站上侵犯他人民事权益吗？一般不可以，除非网民在内容网站的评论区下实施侵犯他人民事权益。

2. 技术网站：内容由网民提供，网站可以间接控制。如豆瓣网、高效 BBS 论坛、腾讯 QQ、微信订阅号、百度、谷歌。

例：【豆瓣网是技术网站】 豆瓣网，属于典型的技术网站，其刊登的各种影评，由网民投稿发表，网络内容由网站间接控制。

> 问1：一个网站有无可能既是内容网站，又是技术网站？①有。②比如爱奇艺网站，其有自制的综艺节目《奇葩说》，也有网民自己创作后上传的短视频。③关于其自制内容，启动内容网站规则；关于网民制作内容，启动技术网站规则。

> 问2：区分内容网站和技术网站有什么实务价值？①内容网站是自己提供内容，该内容是否侵权，内容网站要尽到更高的注意义务。②技术网站是网民提供内容，这些信息是海量的，不能强求技术网站尽过高的注意义务，否则会阻碍信息网络的发展，故会给技术网站启动特有的"避风港规则"和"红旗规则"。

（二）网民的过错侵权责任

网络用户利用网络侵害他人民事权益的，应当承担侵权责任。（《民法典》第1194条）

（三）"内容网站"的过错侵权责任

网络服务提供者利用网络侵害他人民事权益的，应当承担侵权责任。（《民法典》第1194条）

（四）网民过错侵权，"无辜"的"技术网站"需要"背锅"吗？

1. "避风港"规则：协调技术网站的发展与受害者权益保护

（1）被告网民发帖侵犯原告的民事权益：①网络用户利用网络服务实施侵权行为。②侵犯他人的人身权益。如发帖诽谤他人侵他人名誉权。③侵犯他人的信息网络传播权：作者、表演者、录音录像制作者的信息网络传播权。如擅自将他人录制好的歌星演唱会发布到优酷网站，侵犯了词曲作者的信息网络传播权、表演者歌星的信息网络传播权、录制者的信息网络传播权。

（2）原告向网站发出"通知"：①通知网络服务提供者采取删除、屏蔽、断开链接等必要措施。②通知应当包括构成侵权的初步证据及原告的真实身份信息。（《民法典》第1195条第1款）

（3）网站采取必要措施且向被告网民"转送该通知"：①网络服务提供者接到通知后，应当及时将该通知转送相关网络用户。②并根据构成侵权的初步证据和服务类型的不同采取必要措施。③未及时采取必要措施的，对损害的扩大部分与该网络用户承担连带责任。（《民法典》第1195条第2款）

例：【给同事泼污水】 甲、乙是同事，因工作争执甲对乙不满，写了一份丑化乙的短文发布在丙网站。乙发现后要求丙删除，丙不予理会，致使乙遭受的损害扩大。谁对扩大的损害承担责任？甲和丙承担连带责任。

（4）被告网民向网站发出"声明"：①被告接到转送的通知后，可以向网络服务提供者提交不存在侵权行为的声明。②声明应当包括不存在侵权行为的初步证据及自己的真实身份信

息。(《民法典》第 1196 条第 1 款)

(5) 网站向原告"转送该声明"：①网络服务提供者接到声明后，应当将该声明转送发出通知的权利人。②告知原告可以向有关部门投诉或者向人民法院提起诉讼。(《民法典》第 1196 条第 2 款)

(6) 原告在接到转送的声明后的合理期限内投诉或者起诉：①原告投诉了或起诉了，则网站已经采取的"必要措施""继续"。②原告没投诉也没起诉，则网站及时终止所采取的"必要措施"。(《民法典》第 1196 条第 2 款)

> 秒杀：原告发通知→网站采取必要措施且转发通知给被告→被告发声明→网站转发声明给原告→原告合理期限内投诉或起诉了吗？诉了则网站必要措施继续；没诉网站终止必要措施。

> 问 1：原告滥发通知导致网站错误采取"必要措施"删除了被告发布内容，被告能否要求网站承担"加害给付"的责任？①否。②被告不能诉加害给付：发布的信息被采取删除、屏蔽、断开链接等措施的网络用户，主张网络服务提供者承担违约责任或者侵权责任，网络服务提供者以收到通知为由抗辩的，人民法院应予支持。③被告可以诉网站恢复：被错误采取措施的网络用户请求网络服务提供者采取相应恢复措施的，人民法院应予支持，但受技术条件限制无法恢复的除外。
> 　　问 2：原告滥发通知折腾网站和被告网民，需要因此负责吗？①要。②因错误通知造成网络用户或者网络服务提供者损害的，应当承担侵权责任(《民法典》第 1195 条第 3 款)。
> 　　问 3：原告与被告达成协议有偿删除侵权内容、原告与网站达成协议有偿删除侵权内容，该约定是否有效？①无效。②被侵权人与构成侵权的网络用户或者网络服务提供者达成一方支付报酬，另一方提供删除、屏蔽、断开链接等服务的协议，人民法院应认定为无效。

2. "红旗规则"：连带责任

(1) 网络服务提供者知道或者应当知道网络用户利用其网络服务侵害他人民事权益，未采取必要措施的，与该网络用户承担连带责任。(《民法典》第 1197 条)

(2) 网民的侵权行为显而易见，就像"五星红旗"一样飘扬，技术网站有义务直接删除侵权内容，不得以等待原告通知为由拒绝删除或者迟延删除侵权内容。

> 秒杀：如"草拟马、TMD"等，应直接删。人身侵权更多的是启动红旗规则；侵犯著作权更多的是启动避风港规则。

(五) 网民过错侵权，"技术网站"进行教唆帮助的，负连带责任

1. 教唆或帮助：网络服务提供者在提供网络服务时教唆或者帮助网络用户实施侵害信息网络传播权行为的，人民法院应当判令其承担侵权责任。

2. 教唆：网络服务提供者以言语、推介技术支持、奖励积分等方式诱导、鼓励网络用户实施侵害信息网络传播权行为的，人民法院应当认定其构成教唆侵权行为。

3. 帮助：网络服务提供者明知或者应知网络用户利用网络服务侵害信息网络传播权，未采取删除、屏蔽、断开链接等必要措施，或者提供技术支持等帮助行为的，人民法院应当认定

其构成帮助侵权行为。

> 问：技术网站教唆帮助网民过错侵犯他人人身权，怎么办？负连带责任。

四、安全保障义务人的过错侵权责任

（一）场所直接侵权（《民法典》第 1198 条第 1 款）（家乐福踩踏案；马拉松踩踏案；餐馆打手机踩空门案）

1. 安保义务人：宾馆、商场、银行、车站、机场、体育场馆、娱乐场所等经营场所、公共场所的经营者、管理者或者群众性活动的组织者，未尽到安全保障义务，造成他人损害的，应当承担侵权责任。如公园确保游乐设备安全、灯会组织者要通过安排治安人员、设置疏散通道防止发生踩踏事件等。

例：【洗澡洗残】某洗浴中心大堂处有醒目提示语："到店洗浴客人的贵重物品，请放前台保管"。甲在更衣时因地滑摔成重伤，并摔碎了手上价值20万元的定情信物玉镯。经查明：因该中心雇用的清洁工乙清洁不彻底，地面湿滑导致甲摔倒。如何处理本案侵权关系？（1）人身损害：①洗浴中心有过错，应负过错侵权责任。②员工乙不对外。③受害人甲无过错。（2）财产损害：①洗浴中心有过错，应负过错侵权责任。②员工乙不对外。③受害人甲有过错，未将贵重玉镯放前台保管，减轻洗浴中心的责任。（3）甲也可诉洗浴中心承担合同责任。人身全赔，财产要过错分责。

2. "他人"：（1）可能与安保义务人有合同关系，如住宿合同、储蓄合同、买卖合同。（2）也可能曾有合同但已消灭，如在饭店吃饭并结账正准备离开。（3）还可能压根无合同关系，如到宾馆拜访朋友的人。（4）不能是安保义务人自己的管理人或组织者工作人员，因为他们受害启动工伤保险（社会保障法），而非启动侵权责任（民法）。

> 问1：如安保义务场所发生建筑物倒塌致人损害（医院大楼倒塌），怎么办？启动建设单位与施工单位负过错推定的连带责任。如倒塌是因为甲开车撞倒所致，则甲负无过错责任。
>
> 问2：如安保义务场所的搁置物、悬挂物脱落、坠落致人损害（医院灯笼掉落），怎么办？启动物件致人损害的过错推定责任。

（二）第三人介入侵权（《民法典》第 1198 条第 2 款）（住酒店被仇家追杀案；吃饭被邻桌打案）

1. 第三人侵权：因第三人的行为造成他人损害的，由第三人承担侵权责任。（1）第三人实施的侵权行为，可能是过错责任：如犯罪分子进入宾馆抢劫并杀害客人。（2）第三人实施的侵权行为，也可能是无过错责任：如某人携带烈性犬进入宾馆将住客咬伤。

2. 安保义务人过错相应补充责任：经营者、管理者或者组织者未尽到安全保障义务的，承担相应的补充责任。如宾馆公共区域未安装摄像头、门卫未在岗导致凶手上下5次电梯如入无人之境，将客人杀害。宾馆负相应的补充责任。

例1：【室内：吃饭被隔壁打】甲在某酒店就餐，邻座乙、丙因喝酒发生争吵，继而动手打斗，酒店保安见状未出面制止。乙拿起酒瓶向丙砸去，丙躲闪，结果甲头部被砸伤。甲支出的医疗费可以向谁要？①无关第三人丙：丙与乙吵架、丙躲闪，相对于甲的损害，丙无过错、无侵权行为，其丙行为与甲的损害之间无直接因果关系，丙不负责。②第三人乙：乙用酒瓶砸到甲，有过错、有侵权行为、与损害有直接因果关系，故乙构成过错侵权。③安保义务人酒店：酒店保安未制止，酒店作为安保义务人应承担与其过错相应的补充赔偿责任。保安是员工，不对外。④酒店承担责任后，可向乙追偿，承担多少追多少。

　　问：受害人可否诉安保义务人"加害给付"？甲可选择诉酒店合同责任（乙属于民诉法上的无独立请求权第三人），也可选择诉酒店负安保义务侵权责任（乙属于民诉法上的共同被告），这属于"加害给付"。

　　例2：【室内：借用商场厕所被撞】 小偷甲在某商场窃得乙的钱包后逃跑，乙发现后急追。甲逃跑中撞上欲借用商场厕所的丙，因商场地板湿滑，丙摔成重伤。丙可向谁主张侵权责任？①无关第三人追小偷的人乙：乙急追小偷，无过错、无侵权行为、该行为与丙的损害结果无直接因果关系，故乙不负责。②第三人小偷甲：甲逃跑撞上乙，有过错、有侵权行为、该行为与丙的损害结果有直接因果关系，故甲要负侵权责任。③安保义务人商场：安保义务场所地板湿滑有相应过错，故商场承担与其过错相应的责任。④商场承担责任后，可向小偷甲追偿，承担多少追多少。

　　例3：【户外：游客互挤】 某旅行社导游李某带团游览一处地势险峻的景点时，众人争相拍照，李某未提示注意安全，该团游客崔某不慎将唐某撞下陡坡摔伤。唐某可向谁主张侵权责任？①第三人游客崔某：崔某不慎推倒唐某，有过错、有侵权行为、与损害有直接因果关系，故崔某构成过错侵权。②安保义务人旅行社：导游李某未提示，旅行社作为安保义务人应承担与其过错相应的补充赔偿责任。导游是员工，不对外。③旅行社承担责任后，可向崔某追偿，承担多少追多少。

　　3. 经营者、管理者或者组织者承担补充责任后，可以向第三人追偿。

　　原理：为什么允许安保义务人向"肇事第三者"追偿？①第三者在一般场合侵权对受害人负全责；第三者在安保义务场所对受害人也应该是负全责。②如果不允许安保义务人向第三者追偿，将会导致矛盾和不合理现象：第三者在街上偷东西要赔500元，第三则在"酒店"偷同样的东西可能只要赔250元，因为另外的由酒店赔。

第三节　过错推定责任

1. 幼儿园：教育机构对"无人"遭受损害的赔偿责任
2. 动物园：动物园的动物致害责任
3. 医院：违规诊疗、破坏病历
4. 脚下的"窨井"等地下设施"在施工"中致人损害责任
5. 头上的林木："林木"折断致人损害责任
6. 头上的搁置物悬挂物：建筑物、构筑物等及其搁置物、"悬挂物"致人损害责任
7. 堆放物、建筑物、构筑物："堆放物"倒塌致人损害责任
8. 公共道路管理人：堆放、倾倒、遗撒的行为人无过错责任，但公共道路管理人过推
9. 非法占有高度危险物：非法占有高度危险物致害，所有人、管理人的连带责任

> 侵权责任编第1大记忆口诀：①从 幼儿园 接璁璁。②去 动物园 玩。③注意，进大门就遇到"井盖""在"施工"，小心过井盖。④过了井盖要走林荫小道，注意掉 林木 。⑤过完小道走楼边，注意掉 悬挂物等物件 。⑥一路走来发现掉的东西很多都堆放起来形成 堆放物 ，建筑物、构筑物，注意倒塌。⑦被道路遗撒物品绊倒怪公共道路管理人，⑧然后，到达"猛兽区"，非法占有高度 危险物 所有人、管理人的过错推定连带责任（与非法占有人的连带）。⑨有人受伤去 医院 看，医疗机构违规诊疗或不提供病历或破坏病历。
> 原理：过错推定是为难侵权人，属于变相的"严格责任"。
> 秒杀：园园园掉掉掉。

一、"幼儿园"：教育机构对无人遭受损害的赔偿责任

（一）无人受害：学校过错推定

无民事行为能力人在幼儿园、学校或者其他教育机构学习、生活期间受到人身损害的，幼儿园、学校或者其他教育机构应当承担侵权责任；但是，能够证明尽到教育、管理职责的，不承担侵权责任。（《民法典》第1199条）（幼儿园 + 小三 = 8 周岁以下）

（二）限人受害：学校过错

限制民事行为能力人在学校或者其他教育机构学习、生活期间受到人身损害，学校或者其他教育机构未尽到教育、管理职责的，应当承担侵权责任。（《民法典》第1200条）

（三）外人致害：学校承担与过错相应的补充责任

无民事行为能力人或者限制民事行为能力人在幼儿园、学校或者其他教育机构学习、生活期间，受到幼儿园、学校或者其他教育机构以外的第三人人身损害的，由第三人承担侵权责任；幼儿园、学校或者其他教育机构未尽到管理职责的，承担相应的补充责任。幼儿园、学校或者其他教育机构承担补充责任后，可以向第三人追偿。（《民法典》第1201条）

例1：【校内：霸凌】小学生小杰和小涛在学校发生打斗，在场老师陈某未予制止。小杰踢中小涛腹部，致其脾脏破裂。小涛如何主张侵权责任？①小涛在校内受害，属于在学校学习生活期间。②小杰侵害小涛，小杰属于第三人，应负过错侵权责任，但是小杰属于"坑爹"的孩子，由小杰的监护人承担侵权责任。③学校老师陈某在场未制止，视为学校有过错，员工不对外，应由学校承担与其过错相应的补充责任。④学校赔偿后，可向小杰的监护人追偿，赔多少追多少。

例2：【校外：春游被小贩打】某小学组织春游，队伍行进中某班班主任张某和其他教师闲谈，未跟进照顾本班学生。该班学生李某私自离队购买食物，与小贩刘某发生争执被打伤。李某如何主张侵权责任？①小学组织春游，视为孩子在学校学习生活期间。②学生被小贩刘某打，刘某属于第三人，应负过错侵权责任。③班主任张某未跟进照顾本班学生，视为学校有过错，员工不对外，应由学校承担与其过错相应的补充责任。④学校赔偿后，可向小贩刘某追偿，赔多少追多少。

> 问1：什么是教育机构？幼儿园、小学、初中、高中和中等职业教育学校、培训学校、补习学校、特殊教育学校、公办学校、民办学校。
>
> 问2：什么是受害人与受害对象？①"无限人"的"人身"受害。②如果是"无限人"的财产受害，则适用普通过错侵权责任。③如果是"完人"受害，则适用普通过错侵权责任。
>
> 问3：什么是在教育机构学习、生活期间？①在校内。②在校外但由学校控制期间如春游。③在上学和放学回家路上，不属于在教育机构学习生活期间。

二、"动物园"：动物园的动物致害责任

动物园的动物造成他人损害的，动物园应当承担侵权责任；但是，**能够证明尽到管理职责的**，不承担侵权责任。（《民法典》第1248条）

三、"医院"：违规诊疗、不提供病历、破坏病历，医疗致人损害责任

> 原理：医院需要照顾，以过错侵权为原则，过错推定侵权为例外。比如延误治疗是最常见的"侵权"，但是很难证明。

（一）一般情况下医疗过错责任

1. "过错"：（1）患者在诊疗活动中受到损害，医疗机构或者其医务人员有过错的，由医疗机构承担赔偿责任。（《民法典》第1218条）（2）医务人员在诊疗活动中未尽到与当时的医疗水平相应的诊疗义务，造成患者损害的，医疗机构应当承担赔偿责任。（《民法典》第1221条）

2. 说明和取得明确同意义务（《民法典》第1219条）

（1）【患者】医务人员在诊疗活动中应当向患者说明病情和医疗措施。需要实施手术、特殊检查、特殊治疗的，医务人员应当及时向患者具体说明医疗风险、替代医疗方案等情况，并取得其明确同意。

（2）【患者近亲属】不能或者不宜向患者说明的，应当向患者的近亲属说明，并取得其明确同意。

（3）【有损害结果】医务人员未尽到前款义务，造成患者损害的，医疗机构应当承担赔偿责任。

3. 紧急处置义务（《民法典》第1220条）

因抢救生命垂危的患者等紧急情况，不能取得患者或者其近亲属意见的，经医疗机构负责人或者授权的负责人批准，可以立即实施相应的医疗措施。

（二）特殊情况下"医疗过错推定"责任

患者在诊疗活动中受到损害，因下列情形之一的，推定医疗机构有过错。（《民法典》第1222条）

1. 违反法律、行政法规、规章以及其他有关诊疗规范的规定。（不是水平不行，而是不守规矩）

2. 隐匿或者拒绝提供与纠纷有关的病历资料。

3. 遗失、伪造、篡改或者违法销毁病历资料。

秒杀：①教育和医疗很类似，一般是过错责任，例外是过错推定责任。②教育：限人对应学校的过错责任；无人对应幼儿园的过错推定责任。③医疗：一般医疗对应过错责任（"医疗延误"是最普遍的"侵权"但难以认定，体现了对医疗机构的照顾）；特殊情形对应过错推定责任。

（三）医疗责任中医疗机构免责事由

患者在诊疗活动中受到损害，因下列情形之一的，医疗机构不承担赔偿责任。（《民法典》第 1224 条）

1. 患者或者其近亲属不配合医疗机构进行符合诊疗规范的诊疗。医疗机构或者其医务人员也有过错的，应当承担相应的赔偿责任；

2. 医务人员在抢救生命垂危的患者等紧急情况下已经尽到合理诊疗义务；

3. 限于当时的医疗水平难以诊疗（"中毒"）。

（四）与医院有关不属于医疗责任的侵权责任

1. 医疗产品致人损害责任（《民法典》第 1223 条）

（1）【外部"连带"】因药品、消毒产品、医疗器械的缺陷，或者输入不合格的血液造成患者损害的，患者可以向药品上市许可持有人、生产者、血液提供机构请求赔偿，也可以向医疗机构请求赔偿。

（2）【内部"全额追偿"】患者向医疗机构请求赔偿的，医疗机构赔偿后，有权向负有责任的药品上市许可持有人、生产者、血液提供机构追偿。

例：【医疗产品致人损害责任】田某突发重病神志不清，田父将其送至医院，医院使用进口医疗器械实施手术，手术失败，田某死亡。田父认为医院在诊疗过程中存在一系列违规操作，应对田某的死亡承担赔偿责任。如何评价本案侵权责任？①医疗损害适用过错责任原则，由患方承担举证责任。②如医疗器械缺陷致害，患方可向生产者主张赔偿，也可向医疗机构主张赔偿，生产者和医疗机构属于不真正连带侵权责任人。③如医院拒绝提供病历，则须承担相应后果，即启动过错推定归责原则。

例：【医疗产品质量责任】甲因工伤导致左手被切断，在乙医院做了安装假肢手术。出院后，甲发现假肢经常出问题，无法正常使用。甲可否要求乙医院承担侵权责任？①否。②假肢不能使用，而非假肢这一产品本身导致甲损害，故甲不得主张医疗侵权责任，甲仅可要求乙医院承担违约责任。

2. 医疗机构侵害患者隐私权或个人信息（《民法典》第 1226 条）

医疗机构及其医务人员应当对患者的隐私和个人信息保密。泄露患者的隐私和个人信息，或者未经患者同意公开其病历资料的，应当承担侵权责任。

3. 医疗机构作为安保义务人承担过错侵权责任（《民法典》第 1198 条）

例：【住院期间摔跤】甲在医院住院，晚上去上厕所时，因地面湿滑而摔倒，导致右腿骨折。甲如何主张侵权责任？①甲可要求安保义务人医院承担过错侵权责任。②如甲在医院被乙殴打，在场医务人员未劝止，则第三人侵权人乙负侵权责任，安保义务人医院承担与其过错相应的责任。

四、脚下的井盖在"施工"：窨井等地下设施致人损害责任

（一）脚下的井盖

窨井等地下设施造成他人损害，管理人不能证明尽到管理职责的，应当承担侵权责任

（《民法典》第 1258 条第 2 款）。

例：【被粪坑淹死】名行人正常经过北方牧场时跌入粪坑，1 人获救 3 人死亡。据查，当地牧民为养草放牧，储存牛羊粪便用于施肥，一家牧场往往挖有三四个粪坑，深者达三四米，之前也发生过同类事故。如何评价牧场的侵权责任？①之前发生过同类事故，可见这不是不可抗力。②粪坑属于地下设施致人损害，适用过错推定责任。③牧场管理人可通过证明自己尽到管理职责而免责。

（二）在施工

在公共场所或者道路上挖掘、修缮安装地下设施等造成他人损害，施工人不能证明已经设置明显标志和采取安全措施的，应当承担侵权责任（《民法典》第 1258 条第 1 款）。

五、头上的"林木"：林木折断致人损害责任

因林木折断、倾倒或者果实坠落等造成他人损害，林木的所有人或者管理人不能证明自己没有过错的，应当承担侵权责任。（《民法典》第 1257 条）

六、头上的"搁置物、悬挂物"：建筑物、构筑物等及其搁置物、悬挂物致人损害责任

建筑物、构筑物或者其他设施及其搁置物、悬挂物发生脱落、坠落造成他人损害，所有人、管理人或者使用人不能证明自己没有过错的，应当承担侵权责任。所有人、管理人或者使用人赔偿后，有其他责任人的，有权向其他责任人追偿。（《民法典》第 1253 条）

七、"堆放物"、建筑物：堆放物或建筑物倒塌致人损害责任

（一）堆放物倒塌

堆放物倒塌、滚落或者滑落造成他人损害，堆放人不能证明自己没有过错的，应当承担侵权责任。（《民法典》第 1255 条）

（二）建筑物倒塌

1. "楼本身倒了"：发包方和承包方负连带过错推定

（1）【建设单位和施工单位的连带】建筑物、构筑物或者其他设施倒塌、塌陷造成他人损害的，由建设单位与施工单位承担连带责任，但是建设单位与施工单位能够证明不存在质量缺陷的除外（《民法典》第 1252 条第 1 款）。

（2）【向勘察、设计、监理人追偿】建设单位、施工单位赔偿后，有其他责任人的，有权向其他责任人追偿（《民法典》第 1252 条第 1 款）。

2. "楼被撞倒了"：撞的人负无过错侵权责任

因所有人、管理人、使用人或者第三人的原因，建筑物、构筑物或者其他设施倒塌、塌陷造成他人损害的，由所有人、管理人、使用人或者第三人承担侵权责任（《民法典》第 1252 条第 2 款）。

例：如业主不当使用，破坏承重墙导致房屋倒塌、超过合理使用期限导致倒塌；如船舶把大桥撞倒等。只能让这些直接肇事者赔，因为建筑物的危险不是来自施工、建设、设计、监理，而是来自外力原因。

八、公共道路管理人

堆放、倾倒、遗撒的行为人无过错责任，但公共道路管理人过推。

在公共道路上堆放、倾倒、遗撒妨碍通行的物品造成他人损害的，由行为人承担侵权责任。**公共道路管理人不能证明已经尽到清理、防护、警示等义务的**，应当承担相应的责任。（《民法典》第1256条）

九、"高度危险物"：非法占有高度危险物致害，所有人、管理人的"过错推定"的连带责任

非法占有高度危险物造成他人损害的，由非法占有人承担侵权责任。**所有人、管理人不能证明对防止非法占有尽到高度注意义务的**，与非法占有人承担连带责任。（《民法典》第1242条）

第四节　无过错责任

1. **监**护人责任
2. 用**人**单位责任
3. 被**帮**工人责任
4. **产**品责任
5. 机动**车**致人损害责任
6. **高**度危险作业
7. 环境**污**染责任
8. 饲养动物损害责任
9. 在公共道路堆放、倾倒、遗**撒**妨碍通行物品致人损害

> 侵权责任编第2大记忆口诀："坑爹的孩子"（监护人责任）在"用人单位"（用人单位责任）"帮工"（被帮工人责任）时驾驶新"产品"（产品责任）"机动车"（机动车撞人）"高速"（高度危险作业），在公共道路倾倒物品（行为人倾倒责任）"污染了环境"（环境污染致人损害）然后"go die"（狗，饲养动物致人损害）。

> **秒杀：监人帮产车高污垢撒。**

一、监护人责任

（一）"坑爹"

1. 一般监护：孩子坑爹

（1）【受害人、加害人、监护人"3方角度"的无过错责任】无民事行为能力人、限制民事行为能力人造成他人损害的，由监护人承担侵权责任。监护人尽到监护**职责**的，可以减轻其侵权责任（《民法典》第1188条第1款）。

（2）【层次①孩子的侵权责任】孩子是否需要承担侵权责任，要根据情况判断。如孩子打人，孩子存在过错，乃过错侵权。如孩子驾驶汽车撞人，乃无过错侵权。

（3）【层次②"监护人无过错替代侵权责任"】监护人尽到监护职责也只是可减轻侵权责任，不能免除监护责任，故即使监护人没错，也需负侵权责任，我们称之为"监护人为孩子的行为承担无过错替代侵权责任"。

例1：【餐厅中的"霸凌"】小刘（16岁）因获奖请小王（15）和小李（15）在曾某开的

餐厅里吃饭，期间小王与小李闹矛盾，服务员并未劝阻，而后小王趁小李去洗手间期间，用一瓶大汽水砸小李脑袋致其脑震荡。小李如何主张侵权责任？①小刘：无过错，无侵权行为，无须负侵权责任。②小王：小王打小李，存在过错，构成侵权。但这属于"坑爹"，故由小王监护人负无过错替代侵权责任。③餐馆：安保义务人承担与其过错相应的补充责任。

例2：【偷摘葡萄争抢受害】丁某在自家后院种植了葡萄，并垒起围墙。谭某（12岁）和马某（10岁）爬上围墙攀摘葡萄，在争抢中谭某将马某挤下围墙，围墙上松动的石头将马某砸伤。马某如何主张侵权责任？①丁某：丁某葡萄种植在自家后院，垒起围墙，故丁某不属于安保义务人。围墙松动的石头致人损害，启动物件致人损害的过错推定责任，但是丁某没有过错，故不承担侵权责任。②谭某：谭某将马某挤下导致马某受害，谭某有过错、有侵权行为、且与马某受害有直接因果关系，谭某构成过错侵权。谭某父母作为监护人，应承担无过错替代侵权责任。③马某：马某作为受害人，对损害的发生有部分过错，故自负部分损失。

2. 委托监护：孩子坑爹＋坑有过错的受托人

无民事行为能力人、限制民事行为能力人造成他人损害，监护人将监护职责委托给他人的，监护人应当承担侵权责任；受托人有过错的，承担相应的责任。（《民法典》第1189条）

例：【坑爹妈和坑托管班】小明9周岁是小学4年级学生，因为小学放学比较早，小明父母便将小明托管在甲公司开设的课后兴趣班，每次托管2个小时。岂料在托管班中，托管班老师属于看管，小明打了小亮导致后者住院治疗花去1万元。谁承担侵权责任？①小明父母将监护职责全部委托给了甲公司，每次为期2小时。②小明打了小亮，属于过错侵权。③小明父母作为监护人，应承担无过错替代侵权责任。④甲公司作为受托人，承担与其过错相应的责任。

（二）"富二代坑爹"：先孩子财产，再大人财产

有财产的无民事行为能力人、限制民事行为能力人造成他人损害，从本人财产中支付赔偿费用；不足部分，由监护人赔偿（《民法典》第1188条第2款）。

例：【"富二代坑爹"】甲的儿子乙（8岁）因遗嘱继承了祖父遗产10万元。某日，乙玩耍时将另一小朋友丙的眼睛划伤。丙的监护人要求甲承担赔偿责任2万元。后法院查明，甲已尽到监护职责。本案如何赔偿？①乙过错侵害了丙，构成过错侵权。②乙的监护人甲承担无过错替代侵权责任，但因孩子乙自己有财产10万元，足够赔偿丙监护人索赔的2万元，故本案用乙的财产赔偿就足矣。③根据民诉规则，无民事行为能力人、限制民事行为能力人造成他人损害的，无民事行为能力人、限制民事行为能力人和其监护人为共同被告。④故本案在程序法上，应该这么列当事人：原告丙，原告丙的法定诉讼代理人是其监护人。被告1乙，被告2甲。

二、用人者责任

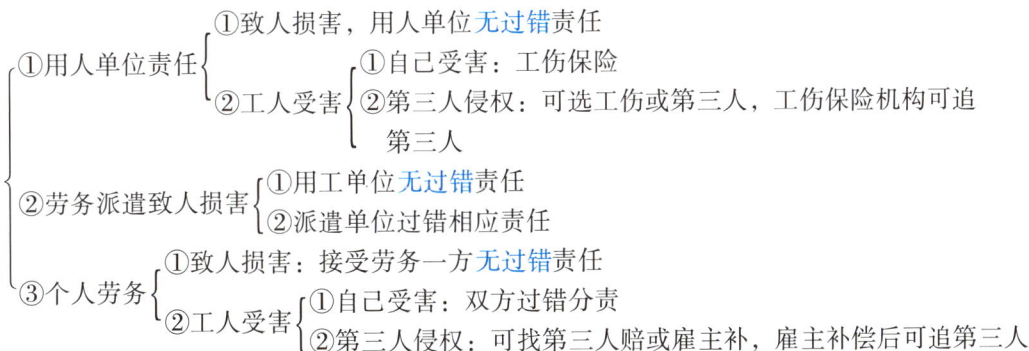

①用人单位责任 ┬ ①致人损害，用人单位无过错责任
　　　　　　　└ ②工人受害 ┬ ①自己受害：工伤保险
　　　　　　　　　　　　　　└ ②第三人侵权：可选工伤或第三人，工伤保险机构可追第三人

②劳务派遣致人损害 ┬ ①用工单位无过错责任
　　　　　　　　　└ ②派遣单位过错相应责任

③个人劳务 ┬ ①致人损害：接受劳务一方无过错责任
　　　　　└ ②工人受害 ┬ ①自己受害：双方过错分责
　　　　　　　　　　　　└ ②第三人侵权：可找第三人赔或雇主补，雇主补偿后可追第三人

（一）单位用人者责任

1、员工坑单位（《民法典》第 1191 条第 1 款）

（1）【单位对外，员工不对外】用人单位的工作人员因执行工作任务造成他人损害的，由用人单位承担侵权责任。

（2）【单位找有错员工算账】用人单位承担侵权责任后，可以向有故意或者重大过失的工作人员追偿。

问1：什么是用人单位？①广义"用人单位"，自然人之外，都是单位。②具有法人资格的用人单位，机关法人（立法、行政、司法、军事机关）、事业单位法人、社会团体法人、企业法人。③不具有法人资格的用人单位，合伙企业（普通合伙企业、有限合伙等）、法人的分支机构（如分公司）、合伙律师事务所、合伙会计师事务所、个人独资企业、个体工商户等。

问2：什么是工作人员？①既包括用人单位的正式员工，也包括临时在单位工作的员工。②如医疗"空中飞刀"，医疗机构邀请本单位以外的医务人员对患者进行诊疗，因受邀医务人员的过错造成患者损害的，由邀请医疗机构承担赔偿责任。

问3：什么是工作任务？（1）岗位职责标准 = 授权或指示范围内的活动：无论是否生产经营活动，是法律行为还是非法律行为，只要致人损害，都属于"因"执行工作任务造成损害。如代驾公司司机代驾致人损害，代驾公司负责。如酒店为客人安排代驾致人损害，酒店负责。（2）岗位职责外标准 = 区分判断是否客观关联。①超出授权或指示范围的活动，但与执行任务客观关联：如快递公司快递员利用从事快递机会窃取邮件中的财物，应属于与执行工作任务具有相关性。②违反指示或命令从事的活动且与执行工作任务没有相关性：如公交售票员在公交车上掐死学生，与执行任务没有关联，应由售票员个人负责。（3）个人劳务中保姆是否属于"因劳务"致人损害，参照上述判断标准。

原理：为什么员工坑单位，员工不对外，由单位对外承担无过错替代侵权责任？①控制力理论：被使用者要听从用人者的指令，受用人者的管理和控制。控制方法如扣发工资、奖金甚至解雇等处分，形成威慑力。②报偿理论：用人者使用他人为自己服务，扩展了业务范围，增加了获利机会，享受了社会分工带来的好处。用人者享受利益时也应承担相应的风险。③深口袋理论：用人者责任有助于更好地保护被侵权人的合法权益。大部分情况下，用人者的赔偿能力强于被使用者。作为公司、企业来讲，其因此产生的成本完全可以通过提高产品与服务的定价、投保责任保险等措施予以分散。

例1：【换人完成工作 = 岗位职责】某机关法定代表人甲安排驾驶员乙开车执行公务，乙以身体不适为由拒绝。甲遂临时安排丙出车，丙在途中将行人丁撞成重伤。有关部门认定丙和丁对事故的发生承担同等责任。丁如何主张侵权责任？①机动车撞人，启动无过错责任，但受害人丁也有过错，故机动车一方负50%责任。②机动车一方是机关，不是法定代表人甲，也不是员工丙，更不是员工乙。③因为丙是在执行工作任务中致人损害，启动用人单位承担无过错替代责任，员工不对外，故丁向机关主张50%责任。④机关赔偿后，可向丙追偿。追偿多少，由法官裁量。

例2：【运货顺路回家撞人 = 客观关联】甲是乙运输公司的雇员，乙派甲承担一批货物的长途运输任务。由于途经甲的老家，甲便想顺路回家看看。在回家途中，因车速过快与丙驾驶的轿车相撞，造成丙车毁人伤，交通部门认定甲负全责。丙如何主张侵权责任？①交通部门认定甲负全责是从行政责任角度作的认定，即本起事故是甲引起的。②民事侵权责任的判定，要看甲是"为谁开车"。③甲运输货物是执行工作任务，顺路回家是与执行工作任务客观外观关联，故仍应由乙运输公司对外无无过错替代侵权责任。④乙运输公司承担责任以后，可向甲追偿。追偿多少，由法院自由裁量。

> 秒杀：员工是执行工作任务吗？是岗位职责吗？是客观关联吗？是的话，由单位对外，员工永远不对外。单位内部追有错的员工。

2. 派遣员工坑 2 个单位（《民法典》第 1191 条第 2 款）

(1)【用工单位对外，员工不对外】劳务派遣期间，被派遣的工作人员因执行工作任务造成他人损害的，由接受劳务派遣的用工单位承担侵权责任。

(2) 派遣单位过错相应责任：劳务派遣单位有过错的，承担<u>相应的责任</u>。

> 问：民诉中怎么列被告？原告可以告用工单位；可以告用工单位和派遣单位；如只告派遣单位则必须追加用工单位为共同被告。（与一般保证的诉讼安排类似）

例：【派去搬家摔坏电视机】甲公司为劳务派遣单位，根据合同约定向乙公司派遣搬运工。搬运工丙脾气暴躁常与人争吵，乙公司要求甲公司更换丙或对其教育管理，甲公司不予理会。一天，乙公司安排丙为顾客丁免费搬运电视机，丙与丁发生激烈争吵故意摔坏电视机。<u>丁如何主张侵权责任？</u>①乙公司是用工单位，甲公司是派遣单位，丙是派遣员工。②丙搬运电视机而摔坏电视机，不是岗位职责，但是与执行任务客观关联，属于在执行工作任务致人损害。③应由用工单位乙负责，派遣单位甲公司承当与其过错相应的责任。

3. 员工坑自己

(1) 员工自己坑自己：工伤保险。工伤保险属于社会保险范畴，其本质是国家对劳动者劳动权益的社会保障措施，目的是将损害负担社会化，实现对劳动者利益的充分保护和快速补偿。<u>例：工人在操作机床时不慎被机器切断了手。</u>

(2) 员工被第三人侵权：①医疗费用不可兼得，故工伤保险机构可向第三侵权人追偿。②除医疗费用外，员工可以兼得工伤保险和第三人侵权赔偿。<u>例：快递小哥送快递被人撞。</u>

（二）个人用人者责任（《民法典》第 1192 条）

1. 保姆坑雇主

(1)【雇主对外，保姆不对外】个人之间形成劳务关系，提供劳务一方因劳务造成他人损害的，由接受劳务一方承担侵权责任。

(2)【雇主追有错的保姆】<u>接受劳务一方承担侵权责任后，可以向有故意或者重大过失的提供劳务一方追偿。</u>

例：【误将游泳者当小偷】甲在乙承包的水库游泳，乙的雇工丙、丁误以为甲在偷鱼苗将甲打伤。<u>甲向谁主张侵权责任？</u>①丙、丁受乙雇佣，形成个人劳务关系。②丙、丁劳务显然不包括打人，但是其打人与劳务客观关联，故应由接受劳务一方乙承担无过错替代侵权责任。③乙赔偿后，可向丙、丁追偿。（追偿多少，由法官裁量）

2. 保姆坑自己

(1)【保姆自己坑自己：过错分责】提供劳务一方因劳务受到损害的，根据双方各自的过错承担相应的责任。

(2)【保姆被第三人侵权：第三人侵权、雇主补偿、雇主补偿后追第三人】提供劳务期间，因第三人的行为造成提供劳务一方损害的，提供劳务一方有权请求第三人承担侵权责任，也有权请求接受劳务一方给予补偿（"公平"）。接受劳务一方补偿后，可以向第三人追偿。

原理：不同的"劳务"合同，为什么归责形态不一样？（1）不同的"劳务合同"：①单纯提供劳务型合同，如雇佣合同，当事人之间存在支配关系，如劳动内容、劳动时间、劳动地点、劳动方式等。②处理事务型合同，如委托、中介、行纪、仓储合同，当事人之间没有身份上的支配和从属关系。③完成工作成果型合同，如承揽合同，当事人之间没有身份上的支配和从属关系，承揽人可按自己的独立意志完成交付的工作任务，向定作人提供工作成果。（2）法律上处理方案：①单纯提供劳务合同汇总，"干活"是手段式债务，不是结果性债务，手段性债务如何履行，由债权人（接受劳务一方）决定，时间、地点、方式。接受劳务一方对"干活"的人具有很强的控制力，符合用人者责任要求。因此，个人劳务对外致害，启动无过错责任。②处理事务型合同和完成工作成果型合同，接受劳务者都无法支配和控制"干活"人。因此，不能要求他们承担无过错替代责任。

三、被帮工人责任

①致人损害 { ①接受帮工：被帮工人对外后可追有故意或重大过失的帮工人
②拒绝帮工：帮工人对外

②工人受害 { ①自己坑自己 { ①接受帮工：双方按过错分责
②拒绝帮工：被帮工人受益范围内适当补偿
②第三人坑帮工人 { ①可请求第三人赔偿
②也可请求被帮工人适当补偿，后者再追第三人

③致被帮工人损害：启动过错责任

（一）帮工害人

1.【接受帮工则被帮工人赔后追有错的帮工人】无偿提供劳务的帮工人，在从事帮工活动中致人损害的，被帮工人应当承担赔偿责任。被帮工人承担赔偿责任后向有故意或者重大过失的帮工人追偿的，人民法院应予支持。[《最高人民法院关于审理人身损害赔偿案件适用法律若干问题的解释》（以下简称《人身损害解释》）第4条]

2.【拒绝帮工不赔】被帮工人明确拒绝帮工的，不承担赔偿责任。（《人身损害解释》第4条）

例：【帮代驾撞人】甲酒后不能开车，便请朋友乙帮忙代驾。乙违章驾驶撞伤了丙，交通部门认定乙负全责。丙如何主张侵权责任？①甲邀请乙帮工，乙对外致人损害，由甲负无过错侵权责任，乙有重大过失，故甲承担对丙承担侵权责任，此后甲可向乙追偿。②如甲拒绝乙帮工，乙强行要求帮忙，则由乙对丙负侵权责任。

秒杀：帮工对外害人≈员工执行任务致人损害（《民法典》第1191条第1款）。

（二）帮工害己

1.【接受帮工则赔】无偿提供劳务的帮工人因帮工活动遭受人身损害的，根据帮工人和被帮工人各自的过错承担相应的责任（《人身损害解释》第5条第1款）。

例：【被帮工人害帮工人】甲搬家公司指派员工郭某为徐某搬家，郭某担心人手不够，请同乡蒙某帮忙。搬家途中，因郭某忘记拴上车厢挡板，蒙某从车上坠地受伤。蒙某向谁主张侵权责任？①甲公司郭某请蒙某来帮忙，郭某属于执行工作任务，故蒙某帮的是甲公司，甲公司是被帮工人，蒙某是帮工人。②蒙某在帮工过程中受害，该侵害来自郭某执行任务，故本质是来自被帮工人甲公司，因此，蒙某应向甲公司主张侵权责任。因蒙某无过错，故其不负担损失。③徐某是定作人，无选任、指示、定作的过错，不负侵权责任。

2.【拒绝帮工则不赔+公平补】被帮工人明确拒绝帮工的，被帮工人不承担赔偿责任，

但可以在受益范围内予以适当补偿（《人身损害解释》第5条第1款）。

3.【有第三人则可找第三人；也可找被帮工人适当补偿，被帮工人补偿后可向第三人追偿】帮工人在帮工活动中因第三人的行为遭受人身损害的，有权请求第三人承担赔偿责任，也有权请求被帮工人予以适当补偿。被帮工人补偿后，可以向第三人追偿（《人身损害解释》第5条第2款）。

例1：【第三人害帮工人】甲为父亲祝寿宴请亲友，请乙帮忙买酒，乙骑摩托车回村途中被货车撞成重伤，公安部门认定货车司机丙承担全部责任。<u>乙如何主张侵权责任？</u>①乙是在帮工过程中遭受第三人侵权，由第三人丙负侵权责任。②也可要求被帮工人甲予以适当补偿，甲补偿后，可向第三人丙追偿。

例2：【自己害自己还害外人】甲家盖房，邻居乙、丙前来帮忙。施工中，丙因失误从高处摔下受伤，乙不小心撞伤小孩丁。<u>如何评价侵权责任？</u>①甲邀请乙丙来帮工。②丙帮工中导致自己受害，由被帮工人甲承担无过错替代侵权责任，但是丙"失误"，也有过错，故应根据帮工人丙和被帮工人甲各自的过错承担相应的责任。③乙帮工中对外致人损害，由甲对外承担无过错替代侵权责任，乙有重大过失。甲承担赔偿责任后可向乙追偿。④本案，假设甲拒绝乙丙来帮工，其他事实不变，则丙的损害，由被帮工人在受益范围内适当补偿。丁的损害，由帮工人乙承担侵权责任，被帮工人甲不承担责任。

> 秒杀：帮工人自己受害≈个人劳务中保姆受害。（《民法典》第1192条）

（三）帮工害被帮工人

例：【月嫂照顾大人＝无因管理；钟点工帮忙照看邻居孩子＝帮工】甲聘请乙负责照看小孩，丙聘请丁做家务。甲和丙为邻居，乙和丁为好友。一日，甲突生急病昏迷不醒，乙联系不上甲的亲属，急将甲送往医院，并将甲的小孩委托给丁临时照看。丁疏于照看，致甲的小孩在玩耍中受伤。<u>甲如何代理小孩主张侵权责任？</u>①乙是甲的月嫂，负责照看小孩，但是乙却将甲送医院救治，这属于无因管理。②乙将小孩临时托付给他人照看，采取措施适当，没有过错，不负侵权责任。③丁是丙的钟点工，属于个人劳务关系，丁帮甲照看小孩，相对于丙来讲，超出工作范围，亦无客观关联，故丙不负任何责任。④丁帮忙照看小孩，故丁是帮工人，甲是被帮工人，丁在帮工中不慎导致被帮工人损害，应启动过错侵权责任，故由丁承担过错侵权责任。

> 问1：如何区分帮工和委托？（1）宏观层面，区分帮工和委托是很简单的，帮工是我来帮忙。没有缔结合同的意思表示。委托是要有缔结合同的意思表示。具体到实务中的判断，就是根据是否有缔约的意思表示来进行。（2）做题上，就比较麻烦。这个是2014年的真题。题干中出现了"委托"两个字，这个会增加我们判断的麻烦。但是，按照通常理解，这不是委托合同的意思表示，属于帮忙，无合同关系。帮工会产生侵权关系。小孩受伤，小孩就是被帮工人一方，不能认为月嫂是被帮工一方，虽然月嫂请保姆帮忙。帮工人导致被帮工人损失，没有特别的侵权归责，就适用过错责任。

> 问2：如何区分好意施惠、无因管理、帮工侵权？（1）【好意施惠】"一上来"就说"帮忙"把老人扶起来，乃好意施惠，此处的"帮忙"是日常生活用语层面的"帮忙"。（2）【未事先沟通是无因管理】①必要费用："未经与老人沟通"即"帮忙"把老人扶起来然后送去医院看病代垫了钱，这属于无因管理过程中支出的"必要费用"，属于无因管理。②遭受损失："未经与老人沟通"，"帮忙"把老人扶起来送去医院的过程中自己累骨折了，这属于无因管理过程中遭受的"损失"，仍然启动无因管理之债。③法律适用：此处"帮忙"是指未与老

人有意思沟通，即直接帮忙，乃无法律上原因即"无因"管理的"无因"，指向适用《民法典》合同编的"准合同"。(3)【有事先沟通则属于帮工】①帮工侵权："经与老人沟通"即"帮忙"把老人扶起来过程中自己累骨折了，启动帮工侵权。既然"经沟通"，就不是无因管理，而是"有因"管理。法律适用指向《民法典》侵权责任编的"帮工侵权"（在人身损害解释中）。②无名合同："经与老人沟通"，即"帮忙"代垫医药费，这是一个无名合同，存在意思表示，将来需要还，只是暂时代垫。法律适用指向《民法典》的合同编一般规定。

秒杀：①不需要"花钱"的是好意施惠；②沟通了的是帮工侵权（受害）或合同关系（金钱支出）；③没沟通了的是无因管理之债关系（所受损害或必要费用支出）。④第一步，涉及到钱吗？第二步，涉及到钱，则有事先沟通吗？

问3：区分无因管理和帮工的实务意义是什么？"舅舅"的儿子结婚，请"外甥"开车去迎亲，途中"外甥"因驾车转弯过急致使乘坐在小货车后车厢（半开放式，有栏板）上的乐队成员林某摔下受伤。事故发生后，经交警部门认定，"外甥"承担事故的全部责任。林某受伤后经治疗，被评定为九级伤残。林某请求"舅舅"和"外甥"负连带责任，理由是否成立？①如果将"外甥"的行为定性为无因管理，那么，"外甥"在无因管理中致人损害，"外甥"自己负责，这属于不当管理，由管理人自己负责。②如果将"外甥"的行为定性为帮工，那么，"外甥"在帮工（帮舅舅）致人损害，被帮工人"舅舅"负无过错侵权责任。③因此，定性不同，责任效果完全不同。④本案，应定性为帮工侵权，而非"无因管理"中的不当管理。

问4：为什么无因管理中被管理人责任更轻，帮工中被帮工人责任更重？①无因管理中，毕竟是干涉他人事务，没有事先沟通，所以不能给被管理人配置太重的责任。②而帮工中，是有事先沟通的，所以，要给被帮工人配置重一点的责任。③如果被帮工人拒绝接受帮工，则由帮工人自己对外负侵权责任；如果被帮工人接受帮工，则被帮工人对外负无过错责任。④背后体现的是一种公平的思想在里头。

终极秒杀口诀：老板（用人单位、雇主、被帮工人）一致对外。自己自害，过错分责。外人加害外人负责，老板补补完可追。

四、产品责任

（一）生产者、销售者无过错连带侵权责任

1.【外部：受害人选择主张】因产品存在缺陷造成他人损害的，被侵权人可以向产品的生产者请求赔偿，也可以向产品的销售者请求赔偿（《民法典》第1203条第1款）。

2.【内部：向终局责任人追偿】产品缺陷由生产者造成的，销售者赔偿后，有权向生产者追偿。因销售者的过错使产品存在缺陷的，生产者赔偿后，有权向销售者追偿（《民法典》第1203条第2款）。

例：【大学生看球赛被电视炸】大学生甲在寝室复习功课，隔壁寝室的学生乙、丙到甲寝室强烈要求甲打开电视观看足球比赛，甲只好照办。由于质量问题，电视机突然爆炸，甲乙丙三人均受重伤。三人遭受的损害如何主张侵权责任？①电视机是产品，学校是购买者，电视机质量问题爆炸导致了电视机之外的损害，属于产品责任。②受害人不是学校，而是与商家无合同关系的甲乙丙，故甲乙丙可诉电视机商家或厂家承担不真正连带的无过错侵权责任。③甲的损害不能诉乙丙，因为乙丙无过错。乙丙不能诉甲，因为甲无过错。④甲乙丙不能诉学校，因为这不是学校过错。

问1：外部连带，内部终局追偿而不是按份，这叫什么责任？不真正连带责任。

问2：什么是产品？①加工制作的动产。②未经过加工、制作的动产，如原煤、原油和矿石，不适用产品责任。③没有用于销售的产品，不适用产品责任。如果是只供自己试验、测试用，未进入流通领域，不会对他人造成损害。④不动产责任不适用产品责任，而适用建筑物致人损害责任。⑤动物不是产品，不适用产品责任，而适用动物致人损害规则。

问3：什么是缺陷？①产品存在危及人身、他人财产安全的不合理的危险。②无视缺陷的三种情形：未投入流通；产品投入流通时，引起损害的缺陷尚不存在；将产品投入流通时的科学技术水平尚不能发现缺陷的存在。

问4：什么是产品缺陷责任（产品责任）？什么是产品瑕疵责任（产品质量）？两者有何差异？①购买手机，无法充电，启动产品瑕疵责任，是产品质量问题，仅可以诉商家违约。②购买手机，发生爆炸，未损及其他，虽然产品有缺陷，但没有导致产品之外的其他利益损害，故仍然属于产品瑕疵责任，是产品质量问题，仅可以诉商家违约。③购买手机，发生爆炸，损害了手机，还导致人身或其他财产损害，启动产品责任，是产品缺陷问题，导致侵权。购买人针对商家可选择诉合同或诉侵权，购买人针对厂家和商家可诉侵权。非直接购买人如借用人或二手购买人则只能诉厂家和商家侵权。

（二）运输者、仓储者不是产品责任被告

因运输者、仓储者等第三人的过错使产品存在缺陷，造成他人损害的，产品的生产者、销售者赔偿后，有权向第三人追偿。（《民法典》第1204条）

（三）流通后发现存在产品缺陷的补救

1. 产品投入流通后发现存在缺陷的，生产者、销售者应当及时采取停止销售、警示、召回等补救措施；未及时采取补救措施或者补救措施不力造成损害扩大的，对扩大的损害也应当承担侵权责任（《民法典》第1206条第1款）。

2. 采取召回措施的，生产者、销售者应当负担被侵权人因此支出的必要费用（《民法典》第1206条第2款）。

（四）产品责任中的对恶意者启动惩罚性赔偿

明知产品存在缺陷仍然生产、销售，或者没有对流通后发现产品存在缺陷采取补救措施，造成他人死亡或者健康严重损害的，被侵权人有权请求相应的惩罚性赔偿。

例：【召回不当没造成健康严重损害】甲系某品牌汽车制造商，发现已投入流通的某款车型刹车系统存在技术缺陷，即通过媒体和销售商发布召回该款车进行技术处理的通知。乙购买该车，看到通知后立即驱车前往丙销售公司，途中因刹车系统失灵撞上大树，造成伤害。乙如何主张侵权责任？①产品存在缺陷，厂家采取召回措施不当造成损害，启动产品责任。②受害人乙可诉厂家甲、商家丙承担无过错侵权责任。③受害人可诉商家丙承担违约责任。④本案未导致人死亡或健康严重损害，故不启动惩罚性赔偿。

秒杀：产品责任，告商家违约。告商家和厂家侵权。不能告物流或仓储侵权。坏人＋损害人身＝惩罚性赔偿。

五、机动车致人损害责任

（一）机动车责任保险与机动车致人损害

【交强险＞商业三者险＞侵权】机动车发生交通事故造成损害，属于该机动车一方责任

的，先由承保机动车强制保险的保险人在强制保险责任限额范围内予以赔偿；不足部分，由承保机动车商业保险的保险人按照保险合同的约定予以赔偿；仍然不足或者没有投保机动车商业保险的，由侵权人赔偿。(《民法典》第1213条)

> 秒杀：甲车撞乙致害，甲车"顶"上有蛋糕(交强险)。①先分这块蛋糕，不管责任不责任，一定要分。②不过，如果车方有责任，那么蛋糕大；③如果车方无责任，蛋糕小。④用"蛋糕"补偿受害人。⑤如果损失全部填补完毕，那么结案。⑥如果损失没有填补完毕，则启动该车之商业三者险；⑦如果商业三者险还搞不定，那么就按侵权责任法分配的双方责任解决损失问题。

1. 什么是机动车责任保险？机动车使用人将对受害人的民事赔偿责任向保险公司投保的责任险。

例：甲车撞了行人乙导致乙死亡，交警认定甲负全责。甲对此事故须承担如下责任：行政责任：如吊销驾照。刑事责任：如有期徒刑。民事责任：如赔偿10万元。问：甲可将什么责任投保给保险公司？①甲可将民事责任向保险公司投保，由保险公司取代甲，向受害人承担民事赔偿责任。我们把这个险种叫"责任保险"，因为是机动车致人损害产生的民事责任，故称"机动车责任保险"。②责任保险的起初宗旨是转移责任风险，即为了甲的利益，既然如此，就应该由甲选择是否投保，是否转移其责任风险给保险公司。③但是机动车要上路行驶，会影响到不特定的人，故其产生的风险具有公共性。故法律将机动车责任保险区分为：强制责任保险，简称"交强险"，强制甲投保。商业第三者责任险，简称"三者险"，由甲自愿投保。④交强险的价值是保护"路人"获得赔偿，三者险的价值是转移"车方"风险。

2. 什么是交强险？机动车使用人将对受害人的民事赔偿责任向保险公司投保的责任险，因为是强制投保，故称为交强险。

例：甲有车，必须投保交强险，才能上路。甲车撞了行人乙。甲投保的交强险如何运行？(1)如甲有责，则交强险限额是20万元：①死亡伤残限额18万元。②医疗费用限额1.8万元。③财产限额2000元。(2)如甲无责，则交强险限额是1.99万元：①死亡伤残限额1.8万元。②医疗费用限额1800元。③财产限额100元。(3)如甲没投交强险就上路，甲车撞了行人乙。①如交警认定甲有责，甲必须先就交强险20万元范围内赔偿受害人乙。如果乙损失20万元，则甲全部赔偿，即使交警可能认定甲只有30%责任。②如交警认定甲无责，甲必须先就交强险1.99万元范围内赔偿受害人乙。③未投交强险就上路，则必须就交强险范围内负全部赔偿，不考虑交警认定的责任比例。超出交强险范围则启动交警认定的责任比例。

3. 什么是商业三者险？机动车使用人将对受害人的民事赔偿责任向保险公司投保的责任险，因为是自愿投保，故称为商业三者险。

例：甲有车，投保了交强险后，还另外购买了60万元的第三者责任险。甲车撞了行人乙导致人身损失100万元。交警认定甲有70%责任。如何理赔？①先用交强险19.8万元赔偿乙，乙还有80.2万元未获得赔偿。②因为甲有70%责任，故甲需赔偿56.14万元，该责任由保险公司通过商业三者险(上限60万元)全部赔偿。如此一来，本起交通事故，甲不用再掏钱。③假设交警认定甲负全责，则交强险之外甲需要赔偿80.2万元，商业三者险只能赔到60万元，则剩余20.2万元就需要甲自己掏腰包了。④可见，侵权责任在有机动车责任保险制度框架下，发挥的作用是确定交强险的限额、确定商业三责险赔偿比例。

（二）机动车致人损害责任

1. 车撞车：过错分责

（1）1 车全错，1 车全责

例： 1 车撞了 2 车导致损害 10 万元，1 车自己损害 5 万元，则合计 1 车自负 5 万元，赔 2 车 10 万元。

（2）1 车部分错，1 车部分责。

例： 1 车撞了 2 车导致损害 10 万元，1 车自己损害 5 万元。假设 1 车是 30% 责任，2 车是 70% 责任。则 1 车承担 $15 \times 0.3 = 4.5$ 万元，2 车承担 $15 \times 0.7 = 10.5$ 万元。1 车可向 2 车要 0.5 万元，结案。

（3）1 车无错，1 车无责。

例： 1 车撞了 2 车导致损害 10 万元，1 车自己损害 5 万元，则 1 车可要求 2 车赔偿 5 万元。

2. 车撞车外人

（1）车方无错，则车方负无过错责任，不超过全部损失的 10%。

（2）车方有错：①车方全错，车方全赔。②车方部分错，双方分责。

（3）人故意"碰瓷"，车方免责。

3. 车撞导致本车内人损害

（1）合同责任：①有合同关系，启动无过错违约责任。②无合同关系，则不发生合同责任。

（2）侵权责任：①本车方有过错，受害人可要求本车方承担侵权责任。②本车方无过错，受害人不可要求本车方承担侵权责任。③提供好意搭乘一导致搭乘人损害，负侵权责任，但应减轻其责任。如果提供方有故意或重大过失则不应减轻其责任。

例：【坐车内被石头砸中】 小牛在从甲小学放学回家的路上，将石块扔向路上正常行驶的出租车，致使乘客张某受伤，张某经治疗后脸上仍留下一块大伤疤。出租车为乙公司所有。张某向谁主张索赔？①张某可诉乙公司承担违约责任，因为张某和乙公司之间有合同关系，合同责任采用无过错责任原则。②张某不可诉乙公司承担侵权责任，因为乙公司不存在过错，不负侵权责任。③张某可诉小牛和小牛的监护人承担侵权责任，因为小牛实施了侵权行为，小牛监护人承担无过错替代侵权责任。④放学回家路上孩子致人损害而发生的侵权，与学校无关。⑤乙公司承担违约责任后，可向小牛和小牛监护人追偿（他们是终局责任人）。

4. 无偿搭乘致害减轻车方责任

非营运机动车发生交通事故造成无偿搭乘人损害，属于该机动车一方责任的，应当减轻其赔偿责任，但是机动车使用人有故意或者重大过失的除外。（《民法典》第 1217 条）

> **终极秒杀：** ①先走交强险。②然后，车车事故，过错责任。③车人事故，车方有 10% 的无过错责任。人过错，减轻车方责任。④人"碰瓷"，车方无责。

（三）谁是机动车致人损害的"车方"？

1. 租赁人、借用人是车方，所有人、管理人负与过错相应的赔偿责任（《民法典》第 1209 条）

（1）**【租借人是车方】** 因租赁、借用等情形机动车所有人、管理人与使用人不是同一人时，发生交通事故造成损害，属于该机动车一方责任的，由机动车使用人承担赔偿责任。

（2）**【车主是过错责任】** 机动车所有人、管理人对损害的发生有过错的，承担相应的赔偿责任。①车有病；②用车人喝酒有病；③用车人没驾照。

2. 买方"钥匙人"是车方

（1）当事人之间已经以买卖或者其他方式转让并交付机动车但是未办理登记，发生交通事故造成损害，属于该机动车一方责任的，由受让人承担赔偿责任。（《民法典》第1210条）

例：【试用买车取得交付人是车方】周某从迅达汽车贸易公司购买了1辆车，约定周某试用10天，试用期满后3天内办理登记过户手续。试用期间，周某违反交通规则将李某撞成重伤。现周某困难，无力赔偿。<u>李某有权向谁主张侵权责任?</u>①周某。②汽车基于买卖合同已经交付给了周某，故周某是车方。

（2）借用身份证购车，取得交付方是车方。

3. 挂靠人和被挂靠人是车方负连带责任

以挂靠形式从事道路运输经营活动的机动车，发生交通事故造成损害，属于该机动车一方责任的，由挂靠人和被挂靠人承担连带责任。（《民法典》第1211条）

4. 偷开人是车方，所有人、管理人负与过错相应的赔偿责任

未经允许驾驶他人机动车，发生交通事故造成损害，属于该机动车一方责任的，由机动车使用人承担赔偿责任；机动车所有人、管理人对损害的发生有过错的，承担相应的赔偿责任，但是法律另有规定的除外。（《民法典》第1212条）

5. 非法买卖双方是车方负连带责任

以买卖或者其他方式转让拼装或者已经达到报废标准的机动车，发生交通事故造成损害的，由转让人和受让人承担连带责任。（《民法典》第1214条）

6. 盗抢人是车方（《民法典》第1215条）

（1）【盗抢人是车方】盗窃、抢劫或者抢夺的机动车发生交通事故造成损害的，由盗窃人、抢劫人或者抢夺人承担赔偿责任。

（2）【盗抢人A与实际用车人B负连带责任】盗窃人、抢劫人或者抢夺人与机动车使用人不是同一人，发生交通事故造成损害，属于该机动车一方责任的，由盗窃人、抢劫人或者抢夺人与机动车使用人承担连带责任。

（3）【交强险垫付盗抢车致害的抢救费用后追偿】保险人在机动车强制保险责任限额范围内垫付抢救费用的，有权向交通事故责任人追偿。

7. 套牌人是车方

套牌机动车致人损害，套牌人为"车方"。如被套牌人同意套牌则套牌人和被套牌人负连带责任。

例：【同意套牌连带】指导案例19号"赵春明等诉烟台市福山区汽车运输公司、卫德平等机动车交通事故责任纠纷案"之裁判要点：机动车所有人或者管理人将机动车号牌出借他人套牌使用，或者明知他人套牌使用其机动车号牌不予制止，套牌机动车发生交通事故造成他人损害的，机动车所有人或者管理人应当与套牌机动车所有人或者管理人承担连带责任。

8. 提供试乘人是车方

试乘车致人损害，则提供试乘服务方负侵权责任。导致致试乘人损害，提供试乘服务人负过错侵权责任。

9. 试驾人是车方

试驾致人损害，驾驶人承担责任。提供试驾服务一方有过错，承担相应责任。

10. 驾校是车方

驾校学员驾驶培训车致人损害，驾校是"车方"。

六、高度危险责任

（一）高度危险物致害：无过错责任（《民法典》第1239条）

占有或者使用易燃、易爆、剧毒、高放射性、强腐蚀性、高致病性等高度危险物造成他人损害的，占有人或者使用人应当承担侵权责任；但是，能够证明损害是因受害人故意或者不可抗力造成的，不承担责任。被侵权人对损害的发生有重大过失的，可以减轻占有人或者使用人的责任。

（二）高度危险作业致害：无过错责任（《民法典》第1240条）

从事高空、高压、地下挖掘活动或者使用高速轨道运输工具造成他人损害的，经营者应当承担侵权责任；但是，能够证明损害是因受害人故意或者不可抗力造成的，不承担责任。被侵权人对损害的发生有重大过失的，可以减轻经营者的责任。

例：【放风筝被电死】12周岁的吴某放风筝，突然风筝挂到了路边的电线杆上，于是吴某爬上电线杆欲取下风筝。电线杆上的变压器早前已被挪走，但尚有装变压器的平台和横杆没有拆除，故吴某顺利爬了上去，突然吴某被一股强劲的电流击中并从电线杆跌落，后经抢救无效死亡。吴某父母起诉某电力公司，主张该电力公司从事高速危险作业致吴某某死亡应当承担侵权损害赔偿责任。<u>吴某父母主张能否成立？</u>①能。②电力公司属于从事高度危险作业者，应承担无过错责任。③吴某对损害的发生有重大过失，故应减轻电力公司责任。

（三）乱丢"月光宝盒"致人损害（《民法典》第1241条）

遗失、抛弃高度危险物造成他人损害的，由所有人承担侵权责任。所有人将高度危险物交由他人管理的，由管理人承担侵权责任；所有人有过错的，与管理人承担连带责任。

（四）抢"月光宝盒"致人损害（《民法典》第1242条）

非法占有高度危险物造成他人损害的，由非法占有人承担侵权责任。所有人、管理人不能证明对防止非法占有尽到高度注意义务的，与非法占有人承担连带责任。

七、环境污染和生态破坏责任

（一）污染方负无过错责任

因污染环境、破坏生态造成他人损害的，侵权人应当承担侵权责任。（《民法典》第1229条）

（二）连带污染方负连带责任

1. 【主观共同故意】两个以上污染者共同实施污染行为造成损害，被侵权人有权请求污染者承担连带责任。

例：【1故意+1故意=连带】甲厂和乙厂共同故意排污导致丙养殖鱼类死亡，甲乙构成故意加害行为。<u>丙如何主张权利？</u>丙可诉甲乙承担连带侵权责任。

2. 【客观共同结果】两个以上污染者分别实施污染行为造成同一损害，每一个污染者的污染行为都足以造成全部损害，被侵权人有权请求污染者承担连带责任。

例：【1=全部损害结果；1=全部损害结果；1+1="2个"全部损害结果】甲厂排污、乙厂也排污，彼此之间无意思沟通。但是甲厂排放的污水足以导致丙养殖鱼类死亡，乙厂排放的污水也足以导致丙养殖鱼类死亡，"鱼死了2次"。<u>丙如何主张权利？</u>丙可诉甲乙负连带侵权责任。

3.【客观共同重合结果】两个以上污染者分别实施污染行为造成同一损害，部分污染者的污染行为足以造成全部损害，部分污染者的污染行为只造成部分损害，被侵权人有权请求足以造成全部损害的污染者与其他污染者就共同造成的损害部分承担连带责任，并对全部损害承担责任。

例：【1＝全部损害结果；1＝部分损害结果；1＋1＝重合部分损害结果负连带】 甲厂排污、乙厂也排污，彼此之间无意思沟通。但是甲厂排污足以导致丙养殖鱼类全部死亡，乙厂排放污水会导致丙养殖鱼类部分死亡。<u>丙如何主张权利？</u> 就重合部分丙可诉甲乙负连带责任，就剩余部分丙要求甲负侵权责任。

（三）按份污染方负按份责任

1.【按份责任】两个以上污染者分别实施污染行为造成同一损害，每一个污染者的污染行为都不足以造成全部损害，被侵权人有权请求污染者承担按份责任。

2.【份额确定】两个以上侵权人污染环境、破坏生态的，承担责任的大小，根据污染物的种类、浓度、排放量，破坏生态的方式、范围、程度，以及行为对损害后果所起的作用等因素确定。（《民法典》第 1231 条）

例：【1＋1＋1＝损害结果】 甲、乙、丙三家公司生产三种不同的化工产品，生产场地的排污口相邻。某年，当地大旱导致河水水位大幅下降，三家公司排放的污水混合发生化学反应，产生有毒物质致使河流下游丁养殖场的鱼类大量死亡。经查明，三家公司排放的污水均分别经过处理且符合国家排放标准。后丁养殖场向三家公司索赔。<u>如何评价本案侵权纠纷？</u>①三家公司无过错，但要承担环境污染侵权责任。②三家公司应按照污染物的种类、排放量等因素承担责任。③损害赔偿请求权诉讼时效期间为 3 年。

（四）恶意污染方负惩罚性赔偿责任

侵权人违反法律规定故意污染环境、破坏生态造成严重后果的，被侵权人有权请求相应的惩罚性赔偿。（《民法典》第 1232 条）

（五）第三人导致污染与污染方负不真正连带责任

因第三人的过错污染环境、破坏生态的，被侵权人可以向侵权人请求赔偿，也可以向第三人请求赔偿。侵权人赔偿后，有权向第三人追偿。（《民法典》第 1233 条）

例：【偷油污染农田】 小偷甲凿开中石油埋在地下的管道偷油，导致原油泄漏污染了乙的农田。<u>乙如何主张权利？</u> 乙可诉中石油和小偷承担责任，如中石油赔偿，则可向小偷甲全额追偿，这属于"不真正连带责任"。

（六）环境污染、破坏生态纠纷的证明责任分配

1. 原告证明：（1）被告的污染行为。（2）原告的损害结果。

2. 被告证明：（1）存在减免责事由。（2）被告行为与原告损害结果无因果关系。（《民法典》第 1230 条）

（七）环境污染、破坏生态侵权责任承担方式

1. 停止侵害、排除妨碍、消除危险

被侵权人有权提起诉讼，请求污染者停止侵害、排除妨碍、消除危险。

2. 修复责任

违反国家规定造成生态环境损害，生态环境能够修复的，国家规定的机关或者法律规定的组织有权请求侵权人在合理期限内承担修复责任。侵权人在期限内未修复的，国家规定的机关

或者法律规定的组织可以自行或者委托他人进行修复，所需费用由侵权人负担。（《民法典》第 1234 条）

3. 赔偿损失

违反国家规定造成生态环境损害的，国家规定的机关或者法律规定的组织有权请求侵权人赔偿下列损失和费用：（1）生态环境受到损害至修复完成期间服务功能丧失导致的损失；（2）生态环境功能永久性损害造成的损失；（3）生态环境损害调查、鉴定评估等费用；（4）清除污染、修复生态环境费用；（5）防止损害的发生和扩大所支出的合理费用。（《民法典》第 1235 条）

八、饲养动物损害责任

（一）"违例动物"的绝对责任：仅受害人故意可减责（1 减）

1. 违反管理规定，未对动物采取安全措施致人损害

违反管理规定，未对动物采取安全措施造成他人损害的，动物饲养人或者管理人应当承担侵权责任；但是，<u>能够证明损害是因被侵权人故意造成的，可以减轻责任。</u>（《民法典》第 1246 条）（碰瓷）

2. 禁止饲养的烈性犬等危险动物致人损害。

禁止饲养的烈性犬等危险动物造成他人损害的，动物饲养人或者管理人应当承担侵权责任。（《民法典》第 1247 条）

例：【孩子翻墙被藏獒咬】甲 8 周岁的儿子翻墙进入邻居院中玩耍，被院内藏獒咬伤，<u>邻居应否承担侵权责任？</u>①应承担侵权责任。②藏獒，为烈性、危险动物，指向绝对责任，只有一个减责事由，即受害人故意。③甲 8 周岁的儿子没有找藏獒"碰瓷"，不构成故意。

（二）"家养动物"的无过错责任：受害人故意无责、受害人重大过失可减责（1 无 1 减）

饲养的动物造成他人损害的，动物饲养人或者管理人应当承担侵权责任；但是，能够证明损害是因被侵权人故意或者重大过失造成的，可以不承担或者减轻责任。（《民法典》第 1245 条）

例 1：【小猪拌人】丁下夜班回家途经邻居家门时，未看到邻居饲养的小猪趴在路上而绊倒摔伤，<u>邻居应否承担侵权责任？</u>①应承担侵权责任。②小猪是家养动物，启动无过错侵权责任。③动物的危险来自于饲养人和管理人，因为它会"动"，一会这儿，一会那儿，管理不当使得危险暴发。可见，动物积极行为＋动物消极行为，均属于侵权的不同表现形态。④丁可要求邻居承担无过错侵权责任。

例 2：【牛斗牛的受害人过错】甲乙各牵一头牛于一桥头相遇。甲见状即对乙叫道："让我先过，我的牛性子暴，牵你的牛躲一躲"。乙说"不怕"，继续牵牛过桥，甲也牵牛上桥。结果二牛在桥上打架，乙的牛跌入桥下摔死。<u>乙如何主张侵权责任？</u>①甲牛导致乙牛死亡，属于动物致人损害侵权责任，即动物致人财产损害。②甲牛是家养牛，启动无过错侵权责任。③乙作为受害人，明知可能发生损害而没有采取措施去避免，对损害结果的发生有一定过错，应减轻甲的责任。

（三）"动物园动物"的过错推定责任：受害人故意无责、受害人重大过失可减责、动物园尽到管理职责可免责（1 无 1 减 1 无）

动物园的动物造成他人损害的，动物园应当承担侵权责任；但是，能够证明尽到管理职责的，不承担侵权责任。（《民法典》第 1248 条）

例：【动物园老虎笼子破损】 戊带女儿到动物园游玩时，动物园饲养的老虎从破损的虎笼蹿出将戊女儿咬伤，<u>动物园应否承担侵权责任？</u> ①应承担侵权责任。②老虎，是动物园动物，启动过错推定责任。③虎笼破损，可见动物园管理失职的过错。

（四）因第三人过错致动物致人损害：动物饲养人或管理人，与第三人负不真正连带责任

因第三人的过错致使动物造成他人损害的，被侵权人可以向动物饲养人或者管理人请求赔偿，也可以向第三人请求赔偿。动物饲养人或者管理人赔偿后，有权向第三人追偿。（《民法典》第1250条）

例1：【第三人挑逗狗是过错】 小学生乙和丙放学途经养狗的王平家，丙故意逗狗，狗被激怒咬伤乙，<u>乙如何主张侵权责任？</u> ①家养狗，启动无过错侵权责任。②王平负无过错侵权责任。③受害人乙没有过错，不减轻加害人责任。④丙故意逗狗导致狗被激怒咬人，属于第三人过错导致动物造成他人损害，丙也需要承担侵权责任。⑤乙可要求王平或丙承担侵权责任，如王平赔偿后，可向丙追偿。

例2：【第三人壮胆不是过错】 小女孩甲（8岁）与小男孩乙（12岁）放学后常结伴回家。一日，甲对乙讲："听说我们回家途中的王家昨日买了一条狗，我们能否绕道回家？"乙答："不要怕！被狗咬了我负责。"后甲和乙路经王家同时被狗咬伤住院。<u>该案赔偿责任应如何承担？</u> ①家养狗，启动无过错侵权责任。②王家负无过错侵权责任。③受害人甲没有过错，不减轻加害人责任。④乙给甲壮胆，并无挑逗激怒狗的过错，不属于第三人导致动物致人损害，故乙无须承担侵权责任。

（五）流浪狗咬人，原主人或管理人赔

遗弃、逃逸的动物在遗弃、逃逸期间造成他人损害的，由动物原饲养人或者管理人承担侵权责任。（《民法典》第1249条）

> 秒杀：由重到轻，免减责事由，1→2→3：①违规动物＝绝对责任，有1项减责＝受害人故意。②家养动物＝无过错责任，有1项免责＝受害人故意，有1项减责＝受害人重大过失。③动物园动物＝过错推定责任，有1项免责＝受害人故意，有1项减责＝受害人重大过失，有1项免责＝动物园尽到管理职责。

> 秒杀：①是家养动物吗？无过错责任。②是动物园动物吗？过错推定责任。③是违规动物吗？绝对责任。④是第三人逗狗吗？不真正连带责任。⑤是流浪狗吗，原饲养人或管理人承担责任。

九、农村晒谷子：无过错责任

1. 行为人无过错责任

在公共道路上堆放、倾倒、遗撒妨碍通行的物品造成他人损害的，由行为人承担侵权责任。（《民法典》第1256条）

2. 道路管理人过错推定责任

公共道路管理人不能证明已经尽到清理、防护、警示等义务的，应当承担相应的责任。（《民法典》第1256条）

第五节　公平责任

①"高空"抛物或坠物：由可能加害的建筑物使用人对受害人补偿
②见义勇为：受助人对被侵权人补偿
③帮工两种情形下的被帮工人对帮工人公平补偿：帮工人受自己或他人害
④自然原因引起紧急避险：避险人对受害人公平补偿
⑤完全民事行为能力人突发无意识："完人"对受害人公平补偿

> 侵权责任编第3大记忆口诀：①楼上掉下来一个孩子（高空抛物），②有的人见义勇为（见义勇为），③因此帮倒忙害了自己（帮工坑自己或者被第三人坑），④有的人紧急避险（自然原因引起险情），⑤有的人当做没看见（完人无意识致害）。
>
> 秒杀：高见帮避人。

一、为什么要把"根据实际情况"修改为"依照法律的规定"？

（一）原来的规定："根据实际情况"

受害人和行为人对损害的发生都没有过错的，可以根据实际情况，由双方分担损失。

（二）现在的规定："依照法律的规定"

受害人和行为人对损害的发生都没有过错的，依照法律的规定由双方分担损失。（《民法典》第1186条）

例1：【电梯内劝禁烟气死人】医生在小区电梯内劝阻一吸烟老人不要吸烟，吸烟老人愤怒之下与劝阻吸烟者发生争吵，随后老人回家后心脏病发作身亡。事后，老人家属将医生告上法庭，要求赔偿40余万元。医生要赔吗？否。

例2：【交通肇事逃逸跳站台找死】唐山小伙朱振彪追踪交通肇事逃逸者的过程中，逃逸者逃入火车铁道被火车撞死，逃逸者家属竟然将追踪者朱振彪告上法庭，要求其赔偿各项费用60万元人民币。朱振彪要赔吗？否。

例3：【英雄救美无赖作死】一个成年男人在KTV酒后乱性试图性侵同行女子，在女子受伤流血之后仍不停手，最后遭众人殴打。这人还不服气非要追到二楼，怒踹房门想要找别人报复，结果门没踹开，自己被反弹回来掉楼下摔死了。然后这个男人的全家（父母妻女）将同行者们告上法院，要求打他的人赔偿经济损失130万元。英雄要赔吗？否。

例4：【盗开小黄车被撞】一个11周岁的小孩子，捅开了共享单车的密码锁，骑着车在大街上发生了交通意外身亡。然后小孩儿的父母将共享单车公司告上了法庭，索赔精神损害赔偿金以及死亡赔偿金760多万元。索赔的理由很简单，家长认为共享单车公司的车锁太容易被打开，存在安全隐患，所以才导致了孩子出现了安全事故。单车公司要赔吗？否。

例5：【公园爬树摔倒害自己】一个65周岁的老人，在公园爬树偷摘柿子，岂料树枝枯老被压断，老人摔下受伤，要求公园赔偿医疗费支出5万元。公园要赔吗？否。

（三）公半责任不能被滥用

对公共场合吸烟者，任何人都有劝阻的权利。对交通肇事逃逸者，任何人都有追踪的权利。对侵犯他人权益者，任何人都有提供援助之手的权利。盗窃他人财产导致自己受害，自甘风险。公园不得破坏公物，风险自负。法院不能因为一方死人了、一方受伤了，就觉得结果不公平，因此滥用公平责任。以上情形均无适用公平责任的依据，系受害人"自作自受"。

二、高空抛物或坠物

由可能加害的建筑物使用人对受害人的补偿（《民法典》第 1254 条）

（一）找到侵权人由侵权人负责

【谁抛谁负责】从建筑物中抛掷物品或者从建筑物上坠落的物品造成他人损害的，由侵权人依法承担侵权责任。

（二）找不到侵权人由可能加害的建筑物使用人给予补偿（公平）

1. 【公平补偿】经调查难以确定具体侵权人的，除能够证明自己不是侵权人的外，由可能加害的建筑物使用人给予补偿。

2. 【终局责任人】可能加害的建筑物使用人补偿后，有权向侵权人追偿。

例：【高空抛砚台】张小飞邀请关小羽来家中做客，关小羽进入张小飞所住小区后，突然从小区的高楼内抛出一块砚台，将关小羽砸伤。如何评价砸伤关小羽的责任承担？①张小飞没有过错，不负侵权责任。②如顶层业主通过证明当日家中无人，可以免责。③如查明系从 10 层抛出，则 10 层以上业主无需承担责任。④小区物业并未违反安全保障义务，因为案件事实不存在建筑物管理人应采取必要安全措施而未采取的情形。

（三）无论是否找到侵权人，建筑物管理人应负安保义务侵权责任

【物业过错责任倒逼安装摄像头】物业服务企业等建筑物管理人应当采取必要的安全保障措施防止前款规定情形的发生；未采取必要的安全保障措施的，应当依法承担未履行安全保障义务的侵权责任。

> 原理：楼上住户怎样才可以不用补偿？①证明自己不是侵权人即可，无需找到真凶。②因为这个规则本身天生就是会"冤枉"好人，因此给好人一个比较容易的脱责机会，即证明自己不是就可以。

（四）补丁

公安等机关应当依法及时调查，查清责任人。

三、见义勇为：受助人对被侵权人的补偿

（一）受益人可以给"英雄"适当补偿

因保护他人民事权益使自己受到损害的，由侵权人承担民事责任，受益人可以给予适当补偿。（《民法典》第 183 条）

例 1：【英雄救美反被揍】甲调戏美女乙，丙路见不平拔刀相助，甲将丙痛打继续将美女乙调戏完毕。丙因受伤支出医疗费 1 万元。如何评价本案侵权关系？①甲故意侵害丙的人身，须对丙负侵权责任。②乙作为受益人，可以给丙适当补偿。

例 2：【就小学生反被马踢伤】李某赶着马车运货，某食品店开业燃放爆竹（该地并不禁止燃放爆竹），马受惊，带车向前狂奔，李某拉扯不住，眼看惊马向刚放学的小学生冲去，张某见状拦住惊马，但是被惊马踢伤。张某可怎么主张侵权责任？①马是家养动物，致人损害，启动无过错侵权责任。②张某为保护小学生权益而自己受害，故张某可要求李某承担侵权责任，同时，受益人即小学生可给予适当补偿。③食品店燃放爆竹，没有挑逗马的过错，不属于第三人过错导致动物致人损害，无须承担责任。

（二）受益人应当给"英雄"适当补偿

没有侵权人、侵权人逃逸或者无力承担民事责任，受害人请求补偿的，<u>受益人应当给予适当补偿</u>。（《民法典》第183条）

例：【就落水者成功而救人者死亡】甲将不慎落水的乙救起，甲自己死亡。<u>如何评价本案侵权关系？</u>甲保护他人民事权益而使自己受害，没有侵权人，故受益人乙应当给予适当补偿。

> 秒杀：鼓励见义勇为，允许自不量力。

四、帮工两种情形下的被帮工人对帮工人的公平补偿

（一）被帮工人拒绝帮工，帮工人因帮工活动遭受人身损害，被帮工人不承担赔偿责任，但<u>可以在受益范围内适当补偿</u>。

（二）帮工人受第三人侵权，第三人不能确定或者没有赔偿能力，可以由<u>被帮工人予以适当补偿</u>。

> 秒杀：反正不是由被帮工人负无过错责任情形，帮工人受害，无论是第三人害还是自己害自己，都启动公平补偿。

五、自然原因引起紧急避险由避险人对受害人公平补偿

（一）人祸＝险情引起人承担民事责任。

因紧急避险造成损害的，由引起险情发生的人承担民事责任（《民法典》第182条第1款）。

（二）天灾＝避险人可以给予适当补偿

危险由自然原因引起的，紧急避险人不承担民事责任，<u>可以给予适当补偿</u>（《民法典》第182条第2款）。

（三）避险过当＝赔偿

紧急避险采取措施不当或者超过必要的限度，造成不应有的损害的，紧急避险人应当承担适当的民事责任（《民法典》第182条第3款）。

六、完人突发无意识致人损害对受害人公平补偿（《民法典》第1190条）

（一）完人因过错突发无意识致人损害，应负过错侵权责任

完全民事行为能力人对自己的行为暂时没有意识或者失去控制造成他人损害有过错的，应当承担侵权责任。

（二）完人因明显过错突发无意识致人损害，应负过错侵权责任

完全民事行为能力人因醉酒、滥用麻醉药品或者精神药品对自己的行为暂时没有意识或者失去控制造成他人损害的，应当承担侵权责任。

（三）完人无过错而突发无意识致人损害，完人给受害人适当补偿

完全民事行为能力人对自己的行为暂时没有意识或者失去控制造成他人损害没有过错的，根据<u>行为人的经济状况对受害人适当补偿</u>。

例：【突发癫痫病致人损害】李某患有癫痫病。一日李某骑车行走时突然犯病，将一在路边玩耍的6岁儿童撞伤，用去医疗费200元。<u>如何评价本案侵权纠纷？</u>①李某是完人，突然丧

失意识致人损害。②李某对其突然丧失意识并无过错，故启动公平补偿，根据李某的经济状况对受害人儿童适当补偿。③6岁儿童在路边玩耍，没有过错。

问：为什么根据行为人的经济状况对受害人适当补偿，而非根据双方的经济状况对受害人适当补偿？①因为如果根据双方经济状况对受害人适当补偿，会背离公平责任的初衷。②如我晕倒撞到有钱的甲，我穷就少补点；甲晕倒撞到我，甲有钱就多补点。③如果我晕倒撞到甲，我穷但甲有钱，我取折中数补偿甲，这显然会导致不公平结果。

第六节　建筑物和物件损害责任

谁不是个东西？产品、医疗产品、机动车、高度危险物、狗，不都是东西吗？也就是物件。因此，物件致人损害，属于兜底"大箩筐"。物件损害责任是指为自己管领下的物件造成他人损害，应当由物件的所有人、管理人或者使用人承担侵权责任的特殊侵权责任。

一、1个无过错责任：公共道路遗撒物等妨碍通行的物品致人损害

1. 堵路人的无过错责任

在公共道路上堆放、倾倒、遗撒妨碍通行的物品造成他人损害的，由行为人承担侵权责任。（《民法典》第1256条）

2. 公路管理人过错推定责任

公共道路管理人不能证明已经尽到清理、防护、警示等义务的，应当承担相应的责任。（《民法典》第1256条）

秒杀：城市楼倒倒过推；农村路堵堵管理人过推农民无过错。

二、5个过错推定责任

（一）建筑物及其搁置物、悬挂物等脱落、坠落致害责任

建筑物、构筑物或者其他设施及其搁置物、悬挂物发生脱落、坠落造成他人损害，所有人、管理人或者使用人**不能证明自己没有过错的**，应当承担侵权责任。**所有人、管理人或者使用人赔偿后，有其他责任人的，有权向其他责任人追偿。**（《民法典》第1253条）

例：**【装好的广告牌掉落】** 大华商场委托飞达广告公司制作了一块宣传企业形象的广告牌，并由飞达公司负责安装在商场外墙。某日风大，广告牌被吹落砸伤过路人郑某。经查，广告牌的安装存在质量问题。如何评价本案侵权纠纷？①广告牌制作完毕，不属于承揽合同履行过程中发生的侵权，也不是施工中发生的侵权。②本案属于物件致人损害的侵权。③大华商场作为所有人应负过错推定责任。④大华商场赔偿后，可以向飞达广告公司追偿。

（二）建筑物、堆放物倒塌致害责任

1. 建筑物等倒塌致人损害

（1）楼自己倒了的过错推定责任

建筑物、构筑物或者其他设施倒塌、塌陷造成他人损害的，**由建设单位与施工单位承担连带责任**，但是建设单位与施工单位能够证明不存在质量缺陷的除外。建设单位、施工单位赔偿后，有其他责任人的，有权向其他责任人追偿（《民法典》第1252条第1款）。

（2）楼被撞倒了的侵权责任

因所有人、管理人、使用人或者第三人的原因，建筑物、构筑物或者其他设施倒塌、塌陷造成他人损害的，由所有人、管理人、使用人或者第三人承担侵权责任（《民法典》第1252条第2款）。

2. 堆放物倒塌、滚落或者滑落造成他人损害，堆放人<u>不能证明自己没有过错的</u>，应当承担侵权责任。（《民法典》第1255条）

（三）林木折断致害责任

因林木折断、倾倒或者果实坠落等造成他人损害，林木的所有人或者管理人<u>不能证明自己没有过错的</u>，应当承担侵权责任。（《民法典》第1257条）

（四）窨井等地下设施致害责任

窨井等地下设施造成他人损害，管理人<u>不能证明尽到管理职责的</u>，应当承担侵权责任（《民法典》第1258条第2款）。

（五）挖坑、修缮安装地下设施致害责任

在公共场所或者道路上挖掘、修缮安装地下设施等造成他人损害，施工人<u>不能证明已经设置明显标志和采取安全措施的</u>，应当承担侵权责任（《民法典》第1258条第1款）。

例：【施工人负责】甲开发商将工程发包给乙施工，乙施工中致人损害，<u>谁承担侵权责任？</u>①乙。②施工致人损害，由施工人负过错推定侵权责任，发包人并不负侵权责任。

> 秒杀：上往下掉；下往地下掉。"施工"、"道路未及时清扫路堵堵"的过错推定责任。

三、1个公平责任：抛掷物或坠落物致害责任

（一）可能加害人公平补偿

禁止从建筑物中抛掷物品。从建筑物中抛掷物品或者从建筑物上坠落的物品造成他人损害的，由侵权人依法承担侵权责任；经调查难以确定具体侵权人的，除能够证明自己不是侵权人的外，由可能加害的建筑物使用人给予补偿。可能加害的建筑物使用人补偿后，有权向侵权人追偿（《民法典》第1254条第1款）。

（二）安保义务人过错责任

物业服务企业等建筑物管理人应当采取必要的安全保障措施防止前款规定情形的发生；未采取必要的安全保障措施的，应当依法承担未履行安全保障义务的侵权责任（《民法典》第1254条第2款）。

第七节　多数人侵权

甲货车在路上高速行驶把高压线撞下来了，后乙货车路过此地再次撞到高压线致无过错行人丙受伤，问甲、乙该如何担责？按份责任。

```
①有意思联络数人侵权 ┌ ①共同加害行为 ┐
                    │ ②教唆帮助行为 ├ 连带责任
                    └ ③共同危险行为 ┘
②无意思联络数人侵权 ┌ ①每个原因力均足以导致全部损害 = 连带责任（聚合因果关系）
                    └ ②单个原因力不足以导致全部损害 = 按份责任（累积因果关系）
```

一、有意思联络数人侵权：连带责任

（一）共同加害行为

二人以上共同实施侵权行为，造成他人损害的，应当承担连带责任。（《民法典》第1168条）

例1：【2打1】甲乙共同殴打丙，致丙支出医疗费500元。如何评价甲乙行为？甲乙之间有意思联络，共同殴打丙，这属于共同加害行为，甲乙应对丙负连带责任。

例2：【委托他人做黑客】擅自篡改、删除、屏蔽特定网络信息或者以断开链接的方式阻止他人获取网络信息，发布该信息的网络用户或者网络服务提供者请求侵权人承担侵权责任的，人民法院应予支持。接受他人委托实施该行为的，委托人与受托人承担连带责任。

例3：【网民与网站分工合作侵犯他人知识产权】有证据证明网络服务提供者与他人以分工合作等方式共同提供作品、表演、录音录像制品，构成共同侵权行为的，人民法院应当判令其承担连带责任。

（二）教唆帮助行为

1. 教唆帮助的连带责任：教唆、帮助他人实施侵权行为的，应当与行为人承担连带责任（《民法典》第1169条第1款）。

例1：【糊弄"打小偷"】赵某在公共汽车上因不慎踩到售票员而与之发生口角，售票员在赵某下车之后指着他大喊："打小偷！"赵某因此被数名行人扑倒在地致伤。如何评介本案侵权纠纷？①售票员与赵某发生口角，指使他人殴打乘客，不属于执行工作任务，应由售票员对外承担过错侵权责任。②售票员与数名行人属于教唆与被教唆关系，应对赵某负连带侵权责任。③售票员和数名行人内部责任份额上，分配责任时应考虑行为人的主观状态。售票员属于故意，且其动机为恶意报复，应当承担主要的赔偿责任；行人属于过失，且其动机为见义勇为，应当承担次要责任。

例2：【教唆帮助他人利用网络侵犯人身权】雇佣、组织、教唆或者帮助他人发布、转发网络信息侵害他人人身权益，被侵权人请求行为人承担连带责任的，人民法院应予支持。

例3：【网站教唆网民侵犯他人信息网络传播权】网络服务提供者以言语、推介技术支持、奖励积分等方式诱导、鼓励网络用户实施侵害信息网络传播权行为的＝教唆侵权行为。

例4：【网站帮助网民侵犯他人信息网络传播权】网络服务提供者明知或者应知网络用户利用网络服务侵害信息网络传播权，未采取删除、屏蔽、断开链接等必要措施，或者提供技术支持等帮助行为的＝帮助侵权行为。

2. 教唆帮助无限人

（1）**【教唆人帮助人承担侵权责任】**教唆、帮助无民事行为能力人、限制民事行为能力人实施侵权行为的，应当承担侵权责任（《民法典》第1169条第2款）。（被告1）

（2）**【无限人的监护人承担相应责任】**该无民事行为能力人、限制民事行为能力人的监护人未尽到监护职责的，应当承担相应的责任（《民法典》第1169条第2款第2句）。（被告2＋被告3）

（三）共同危险行为

二人以上实施危及他人人身、财产安全的行为，其中一人或者数人的行为造成他人损害，能够确定具体侵权人的，由侵权人承担责任；不能确定具体侵权人的，行为人承担连带责任（《民法典》第1170条）。

例：【楼上扔酒瓶】 甲乙丙均未成年人，各拿一酒瓶从 3 楼往下扔，以比试谁扔得远，岂料 2 个酒瓶掉地上，1 个击中 2 岁的丁致其死亡。无法查明砸中丁的酒瓶是谁扔的，丁的监护人如何主张侵权责任？①甲乙丙明知其行为可能导致危险，而放任危险的发生，彼此之间有意思联络，构成共同危险的侵权行为。②如果能够确定砸中丁的酒瓶是谁扔的，则由其承担侵权责任。③如果不能确定是谁砸中丁，则由甲乙丙负连带责任。甲乙丙内部各 1/3 责任。

> 问 1：如何区分共同加害行为和共同危险行为？①共同加害行为 = 积极追求损害发生：甲乙丙在楼上扔啤酒瓶，向丁砸去，结果甲的酒瓶砸中了丁，甲乙丙构成共同加害行为，负连带责任。②共同危险行为 = 消极放任危险发生：甲乙丙在楼上扔啤酒瓶，看谁扔得最远，岂料丁恰巧经过被砸中，甲乙丙构成共同危险行为，负连带责任。
> 问 2：共同危险行为中行为人的脱责理由是什么？必须找到具体侵权人，才能脱责。
> 问 3：高空抛物中楼上业主的脱责理由是什么？只要证明自己不是侵权人，就可以脱责。

（四）起诉共同侵权人的释明（《人身损害解释》第 2 条）

赔偿权利人起诉部分共同侵权人的，人民法院应当追加其他共同侵权人作为共同被告。赔偿权利人在诉讼中放弃对部分共同侵权人的诉讼请求的，其他共同侵权人对被放弃诉讼请求的被告应当承担的赔偿份额不承担连带责任。责任范围难以确定的，推定各共同侵权人承担同等责任。

人民法院应当将放弃诉讼请求的法律后果告知赔偿权利人，并将放弃诉讼请求的情况在法律文书中叙明。

二、无意思联络数人侵权

（一）每个原因力均足以导致全部损害 = 连带责任（聚合因果关系 = 等价因果关系）

二人以上分别实施侵权行为造成同一损害，每个人的侵权行为都足以造成全部损害的，行为人承担连带责任。（《民法典》第 1171 条）

例：【可以让人死 2 次】 甲、乙"不约而同"投放剂量均足以导致人死亡的毒药于丙早餐，丙因此死亡。如何评价甲乙的侵权责任？①甲要置丙于死地、乙也要置丙于死地。②甲、乙之间无意思联络，不属于共同加害行为。③甲、乙之间属于无意思联络数人侵权。④甲的原因力可以导致全部损害，乙的原因力也可以导致全部损害，故甲乙应负连带侵权责任。

（二）单个原因力不足以导致全部损害 = 按份责任（累积因果关系 = 部分因果关系）

二人以上分别实施侵权行为造成同一损害，能够确定责任大小的，各自承担相应的责任；难以确定责任大小的，平均承担责任。（《民法典》第 1172 条）

例 1：【羊 1 和羊 2 啃中药】 甲、乙、丙三家毗邻而居，甲、乙分别饲养山羊各一只。某日二羊走脱，将丙辛苦栽培的珍稀药材悉数啃光。如何评价甲、乙的责任？①山羊属于家养动物，启动无过错责任。②甲羊致人损害，乙羊致人损害，甲乙之间无意思联络，且任何一只羊都不足以导致全部损害，故甲乙应负按份责任。③如果不能确定二羊各自啃食的数量，则甲乙平均承担相应赔偿责任。

例 2：【车 1 和摩托车 2 致人损害】 甲晚 10 点 30 分酒后驾车回家，车速每小时 80 公里，该路段限速 60 公里。为躲避乙逆向行驶的摩托车，将行人丙撞伤，丙因住院治疗花去 10 万元。如何评价本案侵权责任？甲或乙的行为单独均不会导致全部损害的发生，甲乙之间无意思联络，故甲乙对丙承担按份责任。

例 3：【狗 1 咬狗 2 导致人跌入施工坑中】 甲饲养的一只狗在乙公司施工的道路上追咬丙

饲养的一只狗，行人丁避让中失足掉入施工形成的坑里，受伤严重。乙公司不能证明其采取了安全措施。<u>如何评价本案侵权责任？</u>①狗是家养动物，启动无过错侵权责任。②甲狗和丙狗追咬，导致丁避让跌入坑里，甲和丙无意思联络，任何一个单一的原因力都不足以导致全部损害，故甲丙负按份责任。③乙公司施工致人损害，启动过错推定责任，乙公司对本案损害发生也有原因力。④甲丙乙三方无意思联络，且单一原因力均无法导致全部损害，故甲、丙、乙公司对丁承担按份责任。

> **秒杀：**①原因力1或原因力2可以独当一面，则负连带责任。②原因力1+原因力2才能导致全部损失，则按份责任，无法确定份额，则对半开。

> 　问：多个侵权责任人之间可以约定侵权责任份额吗？（1）侵权责任发生前不存在约定可能：①侵权行为是事实行为，一旦发生侵权行为，就依法发生侵权责任，和当事人意思表示无关。②所以，侵权责任不能约定。多个侵权责任人，要么是按份责任，要么是连带责任，都是法定的，无当事人意思自治的空间。（2）侵权责任发生后可以约定：①侵权责任发生之后，侵权人1和侵权人2约定责任比例。②侵权人1和侵权人2内部约定，这个内部有效，不能对抗受害人。③侵权人1和侵权人2与受害人约定，这样就有效了，这就是典型的按份责任。按份责任的基础是当事人意思，而非"《民法典》侵权责任编"上的按份责任。

> **步骤：**①一起帮助教唆加害，连带责任。②多个危险行为，能确定具体谁，才可免责。③原因力合计才侵权，按份责任。④原因力单独即侵权，连带责任。

第八节　侵权责任的承担

一、非损害赔偿

侵权行为危及他人人身、财产安全的，被侵权人有权请求侵权人承担停止侵害、排除妨碍、消除危险等侵权责任。（《民法典》第1167条）

二、损害赔偿

（一）人身损害

1. 常规赔偿项目

侵害他人造成人身损害的，应当赔偿医疗费、护理费、交通费、营养费、住院伙食补助费等为治疗和康复支出的合理费用，以及因误工减少的收入。（《民法典》第1179条）

2. +残疾赔偿项目

造成残疾的，还应当赔偿辅助器具费和残疾赔偿金。（《民法典》第1179条）

3. +死亡赔偿项目

（1）死亡赔偿项目：造成死亡的，还应当赔偿丧葬费和死亡赔偿金。（《民法典》第1179条）

（2）同命同价：因同一侵权行为造成多人死亡的，可以以相同数额确定死亡赔偿金。（《民法典》第1180条）

（3）原告的列明：①被侵权人死亡的，其近亲属有权请求侵权人承担侵权责任。②被侵权人死亡的，支付被侵权人医疗费、丧葬费等合理费用的人有权请求侵权人赔偿费用，但是侵

权人已经支付该费用的除外。(《民法典》第 1181 条)

(二)人身权益造成财产损失

1. 受害人损失或侵权人得益

侵害他人人身权益造成财产损失的，按照被侵权人因此受到的损失或者侵权人因此获得的利益赔偿。(《民法典》第 1182 条)("举证")

2. 搞不定则法院定

被侵权人因此受到的损失以及侵权人因此获得的利益难以确定，被侵权人和侵权人就赔偿数额协商不一致，向人民法院提起诉讼的，由人民法院根据实际情况确定赔偿数额。(《民法典》第 1182 条)

(三)精神损害赔偿

1.【自然人人身权益受害】侵害自然人人身权益造成严重精神损害的，被侵权人有权请求精神损害赔偿(《民法典》第 1183 条第 1 款)。

2.【自然人人格物受害】因故意或者重大过失侵害自然人具有人身意义的特定物造成严重精神损害的，被侵权人有权请求精神损害赔偿(《民法典》第 1183 条第 2 款)。

(四)财产损害赔偿

1.【损失发生时市场价格】侵害他人财产的，财产损失按照损失发生时的市场价格或者其他合理方式计算。(《民法典》第 1184 条)

例 1：【试戴手镯不慎摔坏】姚某旅游途中，前往某玉石市场参观，在唐某经营的摊位上拿起一只翡翠手镯，经唐某同意后试戴，并问价。唐某报价 18 万元(实际进货价 8 万元，市价 9 万元)，姚某感觉价格太高，急忙取下，不慎将手镯摔断。姚某的赔偿责任范围是多少？①9 万元。②姚某不慎摔断手镯，须负过错侵权责任。③财产损失按照损害发生时的市场价格计算。

例 2：【不慎摔坏假"古董"】王某以 5 万元从甲商店购得标注为明代制品的瓷瓶一件，放置于家中客厅。李某好奇把玩，不慎将瓷瓶摔坏。经鉴定，瓷瓶为赝品，市场价值为 100 元，甲商店系知假卖假。王某可提出何种索赔主张？①王某可向甲商店提出惩罚性赔偿。经营者提供商品或者服务有欺诈行为的，应当按照消费者的要求增加赔偿其受到的损失，增加赔偿的金额为消费者购买商品的价款或者接受服务的费用的三倍。故王某可请求甲商店增加赔偿 15 万元。②李某不慎导致瓷瓶摔坏，负过错侵权责任，赔偿范围为损失发生时市场价格，即 100 元。

2.【故意侵害知识产权的惩罚性赔偿】故意侵害他人知识产权，情节严重的，被侵权人有权请求相应的惩罚性赔偿。(《民法典》第 1185 条)

三、免责事由

(一)不可抗力(《民法典》第 180 条)

1. 因不可抗力不能履行民事义务的，不承担民事责任。法律另有规定的，依照其规定。

2. 不可抗力是不能预见、不能避免且不能克服的客观情况。

(二)正当防卫(《民法典》第 181 条)

1. 因正当防卫造成损害的，不承担民事责任。

2. 正当防卫超过必要的限度，造成不应有的损害的，正当防卫人应当承担适当的民事责任。

（三）紧急避险（《民法典》第 182 条）

1. 因紧急避险造成损害的，由引起险情发生的人承担民事责任。

2. 危险由自然原因引起的，紧急避险人不承担民事责任，可以给予适当补偿。

3. 紧急避险采取措施不当或者超过必要的限度，造成不应有的损害的，紧急避险人应当承担适当的民事责任。

（四）见义勇为（《民法典》第 183 条）

1. 因保护他人民事权益使自己受到损害的，由侵权人承担民事责任，受益人可以给予适当补偿。

2. 没有侵权人、侵权人逃逸或者无力承担民事责任，受害人请求补偿的，受益人应当给予适当补偿。

（五）紧急救助（《民法典》第 184 条）

因自愿实施紧急救助行为造成受助人损害的，救助人不承担民事责任。

（六）自甘风险（《民法典》第 1176 条）

1. 自愿参加具有一定风险的文体活动，因其他参加者的行为受到损害的，受害人不得请求其他参加者承担侵权责任；但是，其他参加者对损害的发生有故意或者重大过失的除外。

2. 活动组织者的责任适用"安保义务侵权"规则。

（七）自助行为（《民法典》第 1177 条）

1. 合法权益受到侵害，情况紧迫且不能及时获得国家机关保护，不立即采取措施将使其合法权益受到难以弥补的损害的，受害人可以在保护自己合法权益的必要范围内采取扣留侵权人的财物等合理措施；但是，应当立即请求有关国家机关处理。

2. 受害人采取的措施不当造成他人损害的，应当承担侵权责任。

（八）受害人故意（《民法典》第 1174 条）

损害是因受害人故意造成的，行为人不承担责任。

> 侵权责任编终极秒杀做题步骤：第 1 步，看是否无过错责任（法定类型）。第 2 步，看是否过错推定责任（法定类型）。第 3 步，看是否公平责任（法定类型）。第 4 步，看是否有过错责任。第 5 步，以上各步都要考虑受害人是否自己有过错，如果有，要减轻被告的责任。